tantius II. (337–361 n. Chr.)

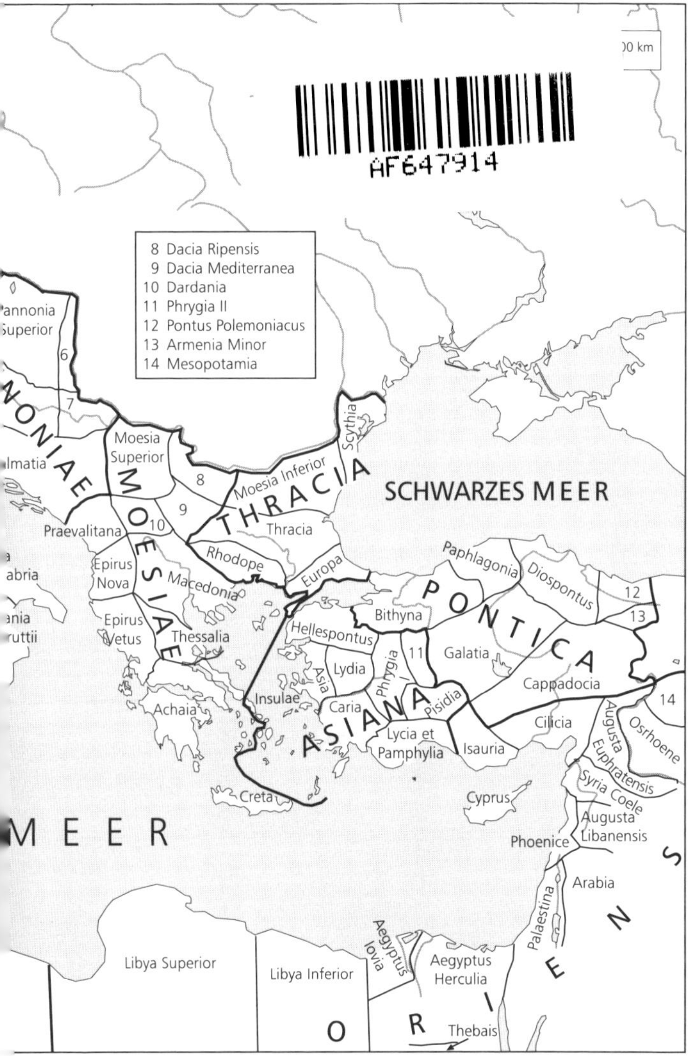

KRÖNERS TASCHENAUSGABE BAND 458

Michael Sommer

Römische Geschichte

Zweiter Band

Rom und sein Imperium
in der Kaiserzeit

2., aktualisierte und ergänzte Auflage
mit 44 Abbildungen, 16 Zeittafeln und 5 Karten

ALFRED KRÖNER VERLAG STUTTGART

Michael Sommer
Römische Geschichte
Zweiter Band: Rom und sein Imperium in der Kaiserzeit
2., aktualisierte und ergänzte Auflage
mit 44 Abbildungen, 16 Zeittafeln und 5 Karten
Stuttgart: Kröner 2014
(Kröners Taschenausgabe; Band 458)
ISBN 978-3-520-45802-5

Gesamtherstellung: Friedrich Pustet, Regensburg

Inhalt

Verzeichnis der Karten

Verzeichnis der Zeittafeln

Abkürzungsverzeichnis

1. Griechische Autoren und Werktitel

App. civ.	Appianus, *Bellum civile*
App. Gall.	Appianus, *Gallika*
Aristeid. or.	Ailios Aristeides, *Orationes*
Bas. epist.	Basileios, *Epistulae*
Cass. Dio	Cassius Dio
Dion Chrys.	Dion Chrysostomos
Eus. hist. eccl.	Eusebios, *Historia Ecclesiastica*
Eus. vita Constant.	Eusebios, *Vita Constantini*
Greg. Naz. epist.	Gregorios Nazianzos, *Epistulae*
Greg. Nyss. epist.	Gregorios Nyssa, *Epistulae*
Greg. Nyss. vit. Macr.	Gregorios Nyssa, *Vita Macrinae*
Herodian.	Herodianos
Ioh. Chrys. hom.	Iohannes Chrysostomos, *Homiliae*
Ios. ant. Iud.	Flavius Iosephus, *Antiquitates Iudaicae*
Ios. bel. Iud.	Flavius Iosephus, *Bellum Iudaicum*
Iul. epist.	Iulianus, *Epistulae*
Iul. mis.	Iulianus, *Misopogon*
Lib. or.	Libanios, *Orationes*
Phil. leg.	Philon, *Legatio ad Gaium*
Plut. Galba	Plutarchos, *Galba*
Prok. Pers.	Prokopios, *De bello Persico*
Prok. Vand.	Prokopios, *De bello Vandalico*
Synes. prov.	Synesios, *De providentia*
Them. or.	Themistios, *Orationes*
Zos.	Zosimos

2. Lateinische Autoren und Werktitel

Ambr. epist.	Ambrosius, *Epistulae*
Amm.	Ammianus Marcellinus, *Res gestae*
Aristeid. or.	Aelius Aristides, *Ad Romam*
Aug. epist.	Augustinus, *Epistulae*
Aur. Vict. Caes.	Aurelius Victor, *De Caesaribus*
Aur. Vict. epit.	Pseudo-Aurelius Victor, *Libellus de vita e moribus imperatorum* (Epitome)

Auson. ord. urb. nob.	Ausonius, *Ordo urbium nobilium*
Caes. Gall.	Caesar, *De bello Gallico*
Cassiod. chron.	Cassiodorus, *Chronica*
Cic. Att.	Cicero, *Epistulae ad Attalum*
Cic. de orat.	Cicero, *De oratore*
Claud. bel. Gild.	Claudianus, *De bello Gildonico*
Cypr. Demetr.	Cyprianus, *Ad Demetrianum*
Dig.	*Iustiniani Digestae*
Eutr.	Eutropius, *Breviarium ab Urbe condita*
Hist. Aug.	*Historiae Augustae Scriptores*
Hor. carm. saec.	Horatius, *Carmen saeculare*
Hor. epist.	Horatius, *Epistulae*
Iuv.	Iuvenalis, *Saturae*
Lact. mort. pers.	Lactantius, *De mortibus persecutorum*
Merob. paneg.	Flavius Merobaudes, *Panegyricus*
Mon. Ancyr.	*Res gestae divi Augusti* (Monumentum Ancyranum)
Optat.	Optatus, *Contra Parmenianum Donatistam*
Oros. hist.	Orosius, *Historia contra paganos*
Ov. trist.	Ovidius, *Tristiae*
Paneg.	*Panegyrici Latini XII*
Plin. epist.	Plinius minor, *Epistulae*
Plin. nat.	Plinius maior, *Naturalis Historia*
Plin. paneg.	Plinius minor, *Panegyricus*
Prop.	Propertius
Ps.-Sen. Oct.	Pseudo-Seneca, *Octavia*
Sen. benef.	Seneca, *De beneficiis*
Sen. brev.	Seneca, *De brevitate vitae*
Sidon. epist.	Sidonius Apollinaris, *Epistulae*
Suet. Aug.	Suetonius, *Divus Augustus*
Suet. Cal.	Suetonius, *Caligula*
Suet. Claud.	Suetonius, *Divus Claudius*
Suet. Dom.	Suetonius, *Domitianus*
Suet. Galba	Suetonius, *Galba*
Suet. Iul.	Suetonius, *Divus Iulius*
Suet. Nero	Suetonius, *Nero*
Suet. Tib.	Suetonius, *Tiberius*
Suet. Tit.	Suetonius, *Divus Titus*
Suet. Vesp.	Suetonius, *Divus Vespasianus*
Symm. epist.	Symmachus, *Epistulae*
Tac. ann.	Tacitus, *Annales*
Tac. dial.	Tacitus, *Dialogus de oratoribus*
Tac. Germ.	Tacitus, *Germania*
Tac. hist.	Tacitus, *Historiae*
Tib.	Tibullus, *Elegiae*
Vell.	Velleius Paterculus

Verg. Aen.	Vergilius, *Aeneis*
Vict. Vit. hist. persec.	*Victor Vitensis, Historia persecutionis Africanae provinciae sub Geiserico et Hunerico Wandalorum*
Vitr.	Vitruvius, *De architectura*

3. Syrische Autoren und Werktitel

Ephr. syr. carm. Nis.	Ephraem Syrus, *Carmina Nisibena*
Ephr. syr. hymn.	Ephraem Syrus, *Hymni*

4. Reihen, Zeitschriften und Sammelwerke

AA	*Archäologischer Anzeiger*
ACO	*Acta Conciliorum Oecumenicorum*, hg. v. Eduard Schwartz (1927ff.)
AE	*L'Année Epigraphique.*
AJA	*American Journal of Archaeology*
AKG	*Archiv für Kulturgeschichte*
ANRW	*Aufstieg und Niedergang der römischen Welt*, hg. v. Hildegard Temporini/Wolfgang Haase
AJPh	*American Journal of Philology*
BJ	*Bonner Jahrbücher*
CAH	*Cambridge Ancient History*
Christ RGW	Karl Christ: *Römische Geschichte und Wissenschaftsgeschichte*, Bde. 1–3, Darmstadt 1982–83
CIL	*Corpus Inscriptionum Latinarum*, hg. v. d. Königlich-Preußischen Akademie der Wissenschaften bzw. der Berlin-Brandenburgischen Akademie der Wissenschaften (1853ff.)
Clemente et al., 1991	Guido Clemente et al. (Hg.): *L'impero mediterraneo, Storia di Roma Bd. 2: I principi e il mondo*, Torino 1991
ClJ	*The Classical Journal*
ClPh	*Classical Philology*
ClQ	*The Classical Quarterly*
Erdkamp, 2007	Paul Erdkamp (Hg.): A companion to the Roman army, Oxford 2007
FHG	*Fragmenta Historicorum Graecorum*, hg. v. Theodor Müller/Karl Müller
GaR II	*Greece and Rome*, second series
ILS	*Inscriptiones Latinae Selectae*, hg. v. Hermann Dessau (1892ff.)

Inv.	*Inventaire des inscriptions de Palmyre*, hg. v. Jean Cantineau (1930ff.)
JJS	*Journal of Jewish Studies*
JQR	*The Jewish Quarterly Review*
JRA	*Journal of Roman Archaeology*
JRS	*Journal of Roman Studies*
Krause/Witschel, 2006	Jens-Uwe Krause/Christian Witschel (Hg.): *Die Stadt in der Spätantike – Niedergang oder Wandel? Akten des internationalen Kolloquiums in München am 30. und 31. Mai 2003, Historia Einzelschriften Bd. 190*, Stuttgart 2006
Lehmann/Wiegels, 2007	Gustav Adolf Lehmann/Rainer Wiegels (Hg.): *Römische Präsenz und Herrschaft im Germanien der augusteischen Zeit. Der Fundplatz von Kalkriese im Kontext neuerer Forschungen und Ausgrabungsbefunde*, Göttingen 2007
MEC	*Medieval European Coinage*, hg. v. Philip Grierson/Mark Blackburn/Lucia Travaini (1986ff.)
MedAnt	*Mediterraneo Antico*
MHR	*Mediterranean Historical Review*
PAT	*Palmyrene Aramaic texts*, hg. von Delbert R. Hillers/Eleonora Cussini (1996)
PBSR	*Papers of the British School at Rome*
PCPhS	*Proceedings of the Cambridge Philological Society*
P. Giss.	*Griechische Papyri im Museum des Oberhessischen Geschichtsvereins zu Gießen*, hg. von Ernst Kornemann und Paul M . Meyer (1912ff.)
P. Oxy.	*The Oxyrhynchus papyri*, hg. v. d. Egypt Exploration Society (1898ff.)
RG	*Recueil général des monnaies grecques d'Asiemineure*, hg. v. William H. Waddington/Ernest Babelon (1908ff.)
RIC	*Roman imperial coinage*, hg. v. Harold Mattingly et al. (1923ff.)
RM	*Römische Mitteilungen*
SCI	*Scripta Classica Israelica*
WA	*World Archaeology*
ZPE	*Zeitschrift für Papyrologie und Epigraphik*

Für Sir Fergus Millar

Vorwort

Die römische Kaiserzeit ist aus heutiger Sicht ferne Vergangenheit. Über 1500 Jahre liegt die erzwungene Abdankung des letzten weströmischen Kaisers zurück, über 2000 Jahre die Verwandlung des Gewaltherrschers Oktavian in den Princeps Augustus, der als Friedensfürst ins kollektive Gedächtnis späterer Generationen einging. Die dazwischen liegenden 500 Jahre sind Gegenstand dieses Buches: fünf Jahrhunderte, in denen die Mittelmeerwelt entscheidend ihr Gesicht veränderte, in denen römische Soldaten und Beamte, römische Gesetze und römische Wertvorstellungen von der Atlantikküste bis zum Euphrat, von den grünen Hügeln Northumberlands bis zur Sahara das Sagen hatten; in denen aber auch Technologie, Bildung und Kunst der klassischen Zivilisationszentren Hellas und Rom einen beispiellosen Siegeszug antraten.

So fern die römische Kaiserzeit als Epoche und so fremd das Handeln ihrer Protagonisten anmutet: In ihr wurden wichtige Grundlagen der modernen Welt gelegt, ohne die das heutige Europa und die westliche Zivilisation undenkbar wären. Römische Juristen systematisierten und kodifizierten zuvor disparate Rechtssätze und -normen; sie schufen mit den großen Codices der Spätantike Regelwerke, die lokale Rechtstraditionen in den Hintergrund drängten und einer einheitlichen Rechtsauffassung überall im Reich Geltung verschafften; und sie prägten elementare Rechtsbegriffe wie Besitz und Eigentum, ohne die moderne Gesellschaften schwerlich auskämen. Latein wurde in der Westhälfte des römischen Imperiums zur Volkssprache und lebt bis heute in den romanischen Sprachen, aber auch in unzähligen Lehn- und Fremdwörtern unserer eigenen Sprache weiter. Das Christentum stieg unter den römischen Kaisern aus bescheidenen Anfängen zur Staatsreligion auf; seine Ethik speist sich aus unterschiedlichsten antiken Traditionen, die vielfach gebrochen bis heute fortwirken. Auch die Spaltung Europas in einen lateinischen Westen und einen orthodox geprägten Osten ist schließlich ein Erbe Roms: Präzise entlang der Teilungslinie des Jahres 395, entlang von Save und Drina, verläuft bis heute eine der markantesten Strukturgrenzen auf dem alten Kontinent, mit Folgewirkungen bis hin zum Jugoslawienkrieg der 1990er Jahre.

Zugleich ist die römische Kaiserzeit die mit Abstand am besten dokumentierte Periode der antiken Geschichte. Keine Epoche hat eine vergleichbar reiche materielle Kultur hinterlassen, und jeden Tag erschließen Archäologen von Großbritannien bis Ägypten neues Fundgut; jeden Tag wird damit auch unser Bild vom Imperium der römischen Kaiser ein wenig vollständiger. Die letzten Jahrzehnte haben deshalb einen gewaltigen Zuwachs an Wissen erbracht. Für ganze Regionen – wie unlängst das römische Germanien zur Zeit des Augustus – musste die Geschichte sogar völlig neu geschrieben werden.

Im selben Umfang haben sich aber auch die Fragen verändert, die wir an die Geschichte stellen. Eine Generation von Altertumswissenschaftlern, deren Erfahrungshorizont von forciertem gesellschaftlichem Wandel durch Globalisierung, Migration und Kulturkontakt geprägt ist, sucht zwangsläufig nach Parallelen in der Vergangenheit. Damit verändert sich unser Blick auch auf das Imperium Romanum, das nicht mehr als monolithischer Block dasteht, sondern als polyethnisches, multikulturelles Großreich, in dem die Allmacht des Herrschers durch Netzwerke auf unterschiedlichen Ebenen gebändigt wurde. »Romanisierung« erscheint aus diesem Blickwinkel nicht mehr als Diffusion römischer Traditionen vom Zentrum aus an den Rand, sondern als Prozess, in dessen Verlauf sich, durch Adaption und Innovation, allmählich eine »globale« Kultur herausschälte, die in den unterschiedlichen Regionen und Segmenten des Reiches Spielraum für Interpretationen ließ.

Angesichts der fundamental veränderten Perspektiven auf die römische Kaiserzeit ist es folgerichtig, dass der Alfred Kröner Verlag sich dazu entschlossen hat, statt der zweibändigen *Römischen Geschichte* des Breslauer Althistorikers Ernst Kornemann (1868–1946), die zwischen 1938 und 1977 acht Auflagen erlebte, ein völlig neues Werk in sein Programm aufzunehmen. Der vorliegende Band ist zwar der chronologisch zweite Teil dieses Werkes, erscheint aber – Expertise und Interessen des Verfassers folgend – als erstes. Ohnehin möchte er als in sich abgeschlossene Darstellung les- und verstehbar sein: Die Kenntnis um die republikanische Geschichte Roms ist für das Verständnis der Kaiserzeit wünschenswert, aber nicht unabdingbar. Bei aller Kontinuität war es gerade der beschleunigte Wandel auf allen Feldern, der den augusteischen Prinzipat deutlich von der späten Republik absetzt. Im mediterranen Maßstab überschritt Rom unter Augustus eine »Schwelle«: Aus der Hegemonie über eine zusammeneroberte Peripherie wurde so überhaupt erst ein Imperium, das diesen Namen auch verdiente.

Der Untertitel des Bandes – Rom und sein Imperium – ist Leitlinie für die Darstellung: Nur eine Perspektive, die konsequent die Provinzen einbezieht, wird einem Reich gerecht, in dem sich die anfangs strikt vertikale Hierarchie zwischen Zentrum und Peripherie zusehends verflachte. Im Folgenden wird daher über weite Strecken von Roms Grenzen und seinen entlegenen Provinzen die Rede sein, während das alte Zentrum, Italien mit der Hauptstadt am Tiber, zeitweise nur eine Nebenrolle spielen wird. Die Akzentsetzung mag auf den ersten Blick überraschen, steht aber in guter historiographischer Tradition: Bereits für Tacitus lag das *arcanum imperii*, die geheime Quelle der römischen Herrschaft, am Rand – repräsentiert durch die Legionen, die Roms Grenzen bewachten. Autoren, die, jeder für sich, unser modernes Bild vom römischen Kaiserreich geprägt haben, sind Tacitus darin gefolgt, von Theodor Mommsen über Michail Rostovtzeff bis hin zu Sir Fergus Millar. Zum ersten Mal indes findet sich die Perspektive hier konsequent umgesetzt in einer Gesamtdarstellung römischer Geschichte.

Während der Anspruch räumlicher Totalität – in den Grenzen eigenen Wissens und seiner Beschränkungen – wenigstens im Prinzip einlösbar ist, kann die Totalität des historischen Prozesses, unter Einschluss von Politik-, Wirtschafts-, Sozial-, Alltags-, Kultur- und Mentalitätsgeschichte im Rahmen einer Gesamtdarstellung als Ziel nur ein ferner Leitstern sein. Nur am Rand konnten lebensweltliche Aspekte und das *imaginaire* von bildender Kunst und Literatur Berücksichtigung finden; stärker schon flossen ökonomische und gesellschaftliche Fragen in die Darstellung ein. Unverzichtbar für das Verständnis von Zusammenhängen aber ist, gerade weil die groben Fakten nicht mehr zur Allgemeinbildung gehören, jene oberste Schicht der Geschichte, die die Vertreter der Annales-Schule *histoire événementielle* nannten: Die Ereignisse, die der Totalität mit ihrem hektischen Rhythmus den Takt schlugen. Um den Text zu straffen und den unter der Ereignisebene liegenden Strukturen, die erst das Verständnis von Geschichte ermöglichen, den ihnen gebührenden Platz einzuräumen, flankieren die Darstellung zu wichtigen Themen an geeigneter Stelle Zeittafeln, über die sich rasch ein Überblick über das Faktengerüst erhalten lässt. Gleichwohl musste auch hier eine Auswahl getroffen, mussten Schwerpunkte gesetzt werden: Die Darstellung möchte den Weg zum Verständnis ebnen; gern verzichtet sie darauf, enzyklopädisch zu sein.

Dafür durchzieht ein dritter Leitgedanke den Text: Jede Überlegung soll für jeden Leser nachvollziehbar sein. Deshalb ist ein für eine Überblicksdarstellung recht umfangreicher Anmerkungsapparat mit Verweisen zu teilweise sehr spezieller Forschungsliteratur selbstverständlich Teil dieser *Römischen Geschichte*. Vor allem nimmt die Darstellung an vielen Stellen explizit Bezug auf Quellen aller Art, auf literarische Texte, besonders aber immer wieder auf Relikte der materiellen Kultur. Der Leser hat nicht nur einen legitimen Anspruch darauf, zu wissen, was wir wissen, sondern auch zu erfahren, woher wir unsere Informationen beziehen. Ganz nebenbei vermittelt das Buch so den Einstieg in die antike Quellenkunde.

Die Anregung zu dem Großprojekt einer *Römischen Geschichte* ging von Alfred Klemm vom Alfred Kröner Verlag aus. Er hat nicht nur mit Engelsgeduld und nie versiegender Hilfsbereitschaft das Entstehen des Manuskripts betreut, sondern auch große Teile des Apparats beigesteuert, der den Band erst zu dem macht, was er ist. Von meinem Institut, der School of Archaeology, Classics and Egyptology der University of Liverpool, erhielt ich ein Freisemester, ohne das sich die Arbeit an dem Buch wohl noch einige Zeit hingezogen hätte. Meinen Liverpooler Kollegen, insbesondere Colin Adams, John Davies, Phil Freeman, Tom Harrison, Fiona Hobden, Graham Oliver und Christopher Tuplin, bin ich dankbar für ihre Freundschaft und stete Diskussionsbereitschaft. Gespräche mit Ittai Gradel (Kopenhagen) und Ted Kaizer (Durham) schärften mein Verständnis antiker Religionen. Burkhard Meißner (Hamburg) war stets kompetenter Ratgeber, vor allem, aber längst nicht nur, in Sachen Militärgeschichte. Er las auch das Manuskript und half, peinliche Fehler zu vermeiden. Alessandra Bravi (Heidelberg), Stefan Freyberger (Rom) und Arthur Segal (Haifa) öffneten dem an Texten geschulten Althistoriker für viele Aspekte klassischer Bildersprache bzw. antiker Architektur buchstäblich erst die Augen. Arthur Segal führte mich über die Schauplätze des Jüdischen Aufstands; das entsprechende Kapitel entstand frisch unter diesem Eindruck. Schließlich begleiteten mich, jeder auf eigene Art, Hans-Joachim Gehrke (Freiburg/Berlin), Imanuel Geiss (Bremen) und Marlies Heinz (Freiburg) bei meinen ersten akademischen Gehversuchen. Wenn ich dieses Buch schreiben konnte, habe ich es ihnen zu danken.

Die römische Geschichte als Forschungsdisziplin, aber auch diese spezielle *Römische Geschichte*, schuldet Wenigen so viel wie Sir Fergus Millar (Oxford). Ihm sei daher das Buch in Dankbarkeit gewidmet.

Vorwort zur zweiten Auflage

Fünf Jahre sind seit Erscheinen der ersten Auflage vergangen: Zeit für die Forschung, neue Fragen zu stellen und auf alte Fragen neue Antworten zu finden; genug Zeit auch für den Verfasser, durch Forschen und Lehren dazuzulernen. Die Neuauflage bietet die willkommene Gelegenheit, die Bibliographie auf den neuesten Stand zu bringen, Fehler zu korrigieren und einige Ergänzungen vorzunehmen.

Oldenburg, im März 2014 *Michael Sommer*

Abb. 1: Theodor Mommsen (1817–1903). Gemälde von Franz von Lenbach (1897). Berlin, Staatliche Museen, Alte Nationalgalerie.

Einleitung

Als Theodor Mommsen am 1. November 1903 starb, war seine *Römische Geschichte* ein monumentales Fragment: Der junge Mommsen hatte in drei Bänden, erschienen in erster Auflage zwischen 1854 und 1856, die Geschichte der Republik bis zum endgültigen Sieg Caesars über seine Bürgerkriegsgegner abgehandelt; ihnen hatte der reife Gelehrte 1885 einen fünften Band folgen lassen, der den Provinzen und ihrer Geschichte in der römischen Kaiserzeit gewidmet war. Der vierte Band, von Mommsen oft angekündigt, blieb ungeschrieben.[1] Über die Motive, warum Mommsen die Geschichte der Kaiserzeit aus seinem *opus magnum* aussparte, hat die Mommsen-Forschung ausgiebig spekuliert: Fehlte ihm schlicht die Zeit, wie er bisweilen behauptete? War es die für Mommsen überragende Gestalt Caesars, die keine Fortsetzung duldete? Fürchtete der spätere Nobelpreisträger, dass eine Geschichte der Kaiserzeit zum Ladenhüter werden könnte? Störte ihn, den liberalen Säkularisten, das Christentum? Oder die monarchische Despotie? Glaubte er gar, in seinem eigenen Zeitalter eine neue Spätantike wiederzuerkennen, in der es moralisch wie politisch steil bergab ging? Waren ihm die Parallelen zum preußisch-deutschen Kaisertum zu offensichtlich? Mommsen selbst bemerkte in seiner Vorlesung zur römischen Kaiserzeit einmal, es sei

> lebhaft zu bedauern, daß es sowohl in alter wie in neuer Zeit viele Historiker gegeben hat, welche es als ihre wissenschaftliche Aufgabe erblickten, sich wie Schmeißfliegen auf derartige unsaubere Stoffe zu setzen.[2]

1 Mommsen unternahm wohl tatsächlich mehrere Anläufe zu einer Behandlung der römischen Kaiserzeit; vgl. Christ 1983d, 32f.

2 Mommsen 1992, 407. Zu den in der Forschung diskutierten Motiven: Alexander Demandts Einleitung zur *Kaisergeschichte*: ebd., 21–23

Die Kaiserzeit in der Forschung: Periodisierung und Darstellung

Freilich dachten nicht alle so. Zu einer Zeit, da Geschichtsschreibung vorwiegend belletristischen Leitlinien verpflichtet war und unter dem Primat eherner Sätze à la »Männer machen Geschichte«[3] stand, versprach gerade die Geschichte der römischen Kaiserzeit reiches Material für unterhaltsame, biographisch ausgerichtete und vor allem von moralischen Werturteilen beherrschte Darstellungen.[4] Doch gab es sehr wohl auch Versuche, den Stoff auf methodisch subtilere Art zu bändigen. So hatte sich schon in der Antike der Gedanke durchgesetzt, der augusteische Prinzipat habe eine neue Epoche der römischen Geschichte eingeleitet, die sich strukturell von der Republik abhob: In seinem *Dialogus de oratoribus* (»Dialog über die Redner«) reflektiert der Geschichtsschreiber Tacitus deutlich das Bewusstsein seiner Zeitgenossen im 1./2. Jh. n. Chr. darüber, dass die Herrschaft eines Mannes nicht nur politisch eine neue Ära eingeläutet, sondern sich auch die intellektuellen Parameter des Hauptstadtlebens gründlich gewandelt hatten: Wie Mehltau hätten sich »der lange Friede der Zeiten, die ununterbrochene Ruhe des Volkes, die ständige Ungestörtheit des Senates und besonders die Ordnung des Princeps« auf die Kunst der Beredsamkeit gelegt.[5]

3 Treitschke ²1898, 6, eigentlich: »Wäre die Geschichte eine exakte Wissenschaft, so müßten wir imstande sein, die Zukunft der Staaten zu enthüllen. Das können wir aber nicht, denn überall stößt die Geschichtswissenschaft auf das Rätsel der Persönlichkeit. Personen, Männer sind es, welche die Geschichte machen.«

4 Vor allem die zu ihrer Zeit immens einflussreiche, ganz den wilhelminischen Zeitgeist atmende biographisch ausgerichtete Darstellung des Heidelberger Althistorikers Alfred von Domaszewski (³1921). Ihr populärwissenschaftliches Pendant waren zwei Biographiensammlungen des Marburger Ordinarius Theodor Birt (1916 und 1919). Jüngst werden mit der Renaissance des biographischen Genres einzelne Kaiserbiograiphen immer beliebter. Vgl. auch das faktenreiche, sehr zugängliche Sammelwerk Clauss ²2001.

5 Tac. dial. 38.

In der Neuzeit[6] interessierte der Prinzipat als solcher zunächst weniger als die ihn begleitenden historischen Prozesse der Christianisierung und des allmählichen Niedergangs. So verfasste der französische Historiker Louis-Sébastien Le Nain de Tillemont (1637–98) eine 6-bändige *Histoire des empereurs et des autres princes qui ont régné durant les six premiers siècles de l'Église*, die als Grundlage einer größeren Kirchengeschichte konzipiert war, aber immerhin erstmals ungefähr den zeitlichen Rahmen durchmisst, den wir als ›Kaiserzeit‹ bezeichnen; der englische Adlige und Politiker Edward Gibbon (1737–94) verknüpfte in seinem 6-bändigen Monumentalwerk *History of the Decline and Fall of the Roman Empire* ebenfalls römisches Kaiserreich und Christentum, sah in der neuen Religion aber einen der Hauptfaktoren des Niedergangs. Chronologisch reicht sein Werk von der Zeit Marc Aurels bis zum Fall Konstantinopels 1453, rechnet also die gesamte byzantinische Geschichte mit zum Römischen Reich.

Im 18. Jh. setzte sich endlich die Gewissheit durch, die Kaiserzeit sei ebenso historische Epoche *sui generis* wie der Prinzipat als politisches System eine Erscheinung aus eigenem Recht sei. Bereits der Baron de Montesquieu (1689–1755) war in seinen *Considérations sur les causes de la grandeur des Romains et leur décadence* staats- und naturrechtlichen Fragen nachgegangen und hatte das Großwerden Roms als Hauptursache für das Scheitern der Republik benannt: Die Gesetze der Republik seien nicht für ein Weltreich geschaffen gewesen und hätten daher der Monarchie weichen müssen. Mommsen erkannte, dass der staatsrechtliche Begriff der ›Monarchie‹ mit seinen anachronistischen Implikationen die politische Wirklichkeit der römischen Kaiserzeit nur unzureichend abbildete; tatsächlich ist ›Kaiserzeit‹ ein irreführender Begriff, war der römische Herrscher doch alles andere als ein ›Kaiser‹ im modernen Sinne. Mommsen prägte stattdessen in Anlehnung an den von Augustus benutzten Titel ›Prin-

6 Zum Folgenden vor allem: Dahlheim [2]1989, 141–150; Christ [3]1995, 2–13.

ceps‹ den Kunstbegriff des ›Prinzipats‹, in dem sich die historische Einmaligkeit der von Augustus begründeten Herrschaftsform niederschlägt – den Beginn des Prinzipats setzte Mommsen entsprechend 27 v. Chr. an. Leopold von Ranke (1795–1886) und sein jüngerer Zeitgenosse Jacob Burckhardt (1818–97) stellten schließlich einmütig fest, dass die »Ausbildung der monarchischen Verfassung«[7] in Rom eine der elementaren Voraussetzungen dafür gebildet habe, »daß wir jetzt in den wesentlichen geistigen Dingen nicht mehr dem einzelnen Volk und Land, sondern der okzidentalen Kultur angehören.«[8]

Allerdings zog das 19. Jh. auch den Schlussstrich unter die bis dahin vorherrschende universalhistorische Einordnung der Prinzipatsgeschichte. Barthold Georg Niebuhr (1776–1831) schwor die Geschichtswissenschaft auf kompromisslose Quellenkritik ein, die wiederum jedem historisch Arbeitenden profunde Sprachkenntnisse abverlangte. Jede Darstellung des Vergangenen könne, so Niebuhrs Forderung, unweigerlich nur aus den Quellen – lateinischen und griechischen Texten – geschöpft werden. Damit verbannte er für die klassische Altertumswissenschaft Germanen, Hunnen, Araber und Perser dahin, wo sie bis heute geblieben sind: an den ›Rand‹, wo sie als ›Randkulturen‹ ein vom Mainstream der Forschung und Lehre weitgehend unbeachtetes Dasein fristen. Bald war aber selbst eine Geschichte der Kaiserzeit, die nur die lateinisch- und griechischsprachigen Kernprovinzen mit einbezog, zu unhandlich geworden, um sie umfassend darzustellen. Eine Lösung bestand darin, die Epoche chronologisch in verschiedene Segmente zu teilen. Als Zäsur bot sich das Zeitalter der Tetrarchie an, das politisch, wirtschaftlich und kulturell eine Entwicklung einzuleiten schien, die prägnant von der vermeintlich monolithischen Prinzipatszeit wegführte. So wurde der Prinzipat für Mommsen vom »Dominat« abgelöst,

7 Ranke 1989, 19.
8 Burckhardt 1957, 13f. Burckhardt (ebd.) hielt das Römische Kaiserreich für eine »antike Gesamtkultur«, die »in die unsrige übergegangen ist.«

in dem die rechtliche Bindung des Princeps der schrankenlosen Herrschaftsgewalt eines absoluten Monarchen gewichen sei; obwohl der Begriff sich im Gegensatz zum ›Prinzipat‹ nicht allgemein durchsetzen konnte und vor allem von der jüngeren Forschung meist abgelehnt wird, haben sich viele Darstellungen die von Mommsen gesetzte Zäsur zu eigen gemacht: Die meisten Abhandlungen zur römischen Kaiserzeit enden noch immer mit dem Zeitalter Diokletians,[9] und das unlängst in der angelsächsischen Altertumswissenschaft erwachte Interesse an der ›Spätantike‹ gab Anlass zu einer ganzen Serie von Überblicksdarstellungen, die den Zeitraum zwischen der Tetrarchie und Justinian (565 n. Chr.) bzw. Herakleios (641 n. Chr.) als eigenständige Epoche abhandeln.[10]

Ein anderer Zugang besteht darin, die Geschichte des Imperium Romanum nach systematischen Gesichtspunkten zu ordnen und Segmente gleichsam im Längsschnitt darzustellen. Im Mittelpunkt standen hier zunächst – neben der bis ins 20. Jh. eindeutig dominierenden Politik- und Ereignisgeschichte[11] – Aspekte der Rechts- und Verfassungsgeschichte;[12] später rückten dann, unter dem Eindruck der großen sozialen Umwälzungen des 20. Jh., Probleme der Wirtschafts- und Gesellschaftsgeschichte in den Vordergrund;[13] andere

9 In deutscher Sprache vor allem Dahlheim ²1989; Christ ³1995 und 2001. Ähnlich auch das aus dem Französischen übersetzte, zweibändige Überblickswerk Jacques/Scheid 1998, Lepelley 2001. Die aus dem Englischen übersetzte Darstellung von Wells (1985; Original ²1992) schließt bereits mit der frühen Soldatenkaiserzeit (Maximinus Thrax), Goodman (1997) sogar bereits mit dem Ende der Regierungszeit Marc Aurels.

10 So bereits Seeck ⁴1921. Als Überblicksdarstellungen zur Spätantike Jones 1964; Maier 1968; Brown 1998; Demandt 1998; Bowersock 1999; Brandt 2001; Martin ⁴2001; Cameron ³2006; König 2007; Mitchell 2007. Zu den Details siehe unten, S. 422–434.

11 So vor allem das Vorgängerwerk der vorliegenden Darstellung: Kornemann 1938, Bd. 2 (zahlreiche Folgeauflagen).

12 Zuerst Mommsen ²1907. Vgl. Wieacker 1964 und 1988; De Martino 1995.

13 Vgl. Rostovtzeff 1929; Alföldy ²1979; Bleicken 1981. Aus marxistischer Perspektive u. a.: De Martino 1979; Dieter/Günther 1979.

Untersuchungen gingen verschiedenen Aspekten der römischen Institutionengeschichte nach.[14] Viel Beachtung fand und findet außerdem, besonders im angelsächsischen Sprachraum, die Geschichte der römischen Armee;[15] in den letzten Jahren ist aber auch die Zahl solcher Studien immens angewachsen, die sich auf Aspekte der Religions- und weiteren Kulturgeschichte, einschließlich der Kunstgeschichte, konzentrieren.[16]

Die Quellen

Damit sind die zahlreichen Hilfsmittel, die die Forschung heute auch Einsteigern in die Materie an die Hand gibt, nicht einmal annähernd ausgeschöpft.[17] Jede Beschäftigung mit Geschichte – und eben auch mit der Geschichte des Imperium Romanum – sollte aber eher früher als später auf die Quellen selbst zurückgehen. Eine »Quelle« ist, was oft übersehen wird, beileibe nicht nur ein Schriftstück, sondern alles, was irgendwie Aufschluss über die Vergangenheit geben kann. Gerade für das Altertum spielen materielle Zeugnisse – Architektur, Artefakte aller Art, sogenannte Ökofakte und Eingriffe des Menschen in den Naturraum, Bildwerke,

14 Zur Verwaltung: Eich 2005. Das Rolle des Kaisers behandelt umfassend Millar (1977 und 2004). Zu den Städten: Jones 1940; Vittinghoff 1994a. Das Bürgerrecht erörtert umfassend Sherwin-White ²1973.

15 Vgl. Le Bohec 1989; Goldsworthy 1996; Erdkamp 2002 und 2007.

16 Religion: Beard et al. 1989; Rives 2007. Für die Kunstgeschichte beispielhaft nur Zanker 2007.

17 Zu nennen ist hier an erster Stelle die sehr nützliche Kaisertabelle von Kienast (²1996). Einen guten Überblick über die Chronologie vermittelt auch Lauffer (³1987). Die geographische Dimension der antiken Geschichte veranschaulichen zwei neue, vorzügliche Kartenwerke: Talbert 2000; Wittke et al. 2007; gutes Kartenmaterial für Anfänger und obendrein prägnante Schaubilder enthält auch Kinder et al. ³⁸2005. Enzyklopädisches Wissen vermitteln die Nachschlagewerke *Der kleine Pauly* (1964–75) und, ausführlicher und aktueller, aber insgesamt weniger zuverlässig, *Der neue Pauly* (1996–2003).

Münzen, Graffiti, Papyri und Pergamente, Inschriften – eine Schlüsselrolle, denn sie lassen nicht nur Einblicke in Lebensbereiche zu, die von literarischen Texten, die ja in der Regel von Angehörigen geistiger und sozialer Eliten verfasst wurden und entsprechende Kontexte beleuchten, so gut wie unberührt bleiben; vor allem vermehrt sich ihr Bestand dank der Arbeit unzähliger professioneller und ehrenamtlicher Archäologen nahezu jeden Tag. So mancher Fund einer einzigen Inschrift oder eines einzigen Steins hat schon ein in Jahrzehnten errichtetes, von zahlreichen Prämissen abhängiges Gedankengebäude zum Einsturz gebracht.[18]

Die wichtigsten literarischen Texte zur Kaiserzeit sind dagegen schon seit Langem bekannt, vor allem natürlich die römische – lateinische oder griechische – Geschichtsschreibung.[19] Geschichtsschreibung war bereits in der Republik eine Angelegenheit der höchsten Kreise. Schließlich ging es darum, eine verbindliche Tradition zu schaffen, die den eigenen Standort im historischen Kontinuum unterstreichen sollte. Deshalb waren schon in der Frühzeit die Sippenoberhäupter an der – zunächst mündlichen – Überlieferung ihrer Familiengeschichten interessiert. Später machten sich Senatoren daran, die Geschichte ihrer *res publica* für die Zeitgenossen und die Nachwelt aufzuschreiben. Die sogenannte ältere Annalistik trat mit kaum verborgenem apologetischen Anspruch auf: Ihr Begründer Fabius Pictor (2. Hälfte des 3. Jh. v. Chr.) schrieb auf Griechisch, um einem griechischem Publikum römische Standpunkte in der Mittelmeerpolitik nahezubringen. Vor dem Hintergrund der Bürgerkriege ab 133 v. Chr.

18 Zur Einführung in die klassische Archäologie: Bianchi Bandinelli 1978; Borbein 2000; Hölscher 2002; Lang 2002. Der materiellen Kultur der römischen Provinzen widmet sich im deutschsprachigen Raum mit der Provinzialrömischen Archäologie ein eigener altertumswissenschaftlicher Forschungszweig. Einen ersten Überblick hierüber geben Bechert 1999; Fischer 2001. Ausführlicher zu den materiellen Quellengattungen demnächst die Einleitung zu Teil I der vorliegenden *Römischen Geschichte.*

19 Als besonders nützliche Handreichung zur römischen Historiographie: Mehl 2001; vgl. auch Flach ^{3}1998.

wurde die Geschichtsschreibung dann zu einer Front im Kampf um die innergesellschaftliche Hegemonie.[20]

Mit der Zeit bildeten sich charakteristische Merkmale der römischen Geschichtsschreibung heraus: vor allem die stark rhetorischen Ansprüchen genügende Gestaltung des Stoffes, der Verzicht auf die explizite Nennung von Quellen und der Grundsatz, dass die Lektüre von Geschichte Beispiele (*exempla*) vorbildlichen Handelns vermitteln müsse. Das heißt nicht, dass römische Geschichtsschreiber ohne jeden Anspruch auf historische Wahrhaftigkeit schrieben, aber es bedeutet doch, dass Auswahl des Stoffes und Komposition des Berichts zumindest auch von anderen Bedürfnissen mitgeleitet wurden. Oft genug ist es deshalb kaum möglich, durch den Schleier hindurchzusehen, den die literarische Bearbeitung zwischen uns und die Ereignisse gelegt hat. Außerdem schrieben natürlich alle römischen Historiker – so wie wir auch – aus ihrer jeweiligen Perspektive heraus –, die von ihrem Standort in der Gesellschaft abhing und durch ihren Werdegang, ihren Rang, ihre soziale Rolle und ihren Erfahrungshorizont maßgeblich vorgegeben war.

Zwei Senatoren prägen unser Bild von der frühen und mittleren Kaiserzeit, und besonders bei dem ersten und bedeutenderen der beiden, dem wohl aus Gallien oder Norditalien stammenden, unter Trajan schreibenden Publius Cornelius Tacitus (ca. 55–120 n. Chr.), fällt es enorm schwer, sich seinen suggestiven Urteilen zu entziehen. Zwar reklamiert Tacitus mit einer berühmten Formulierung für sich, er schreibe »ohne Zorn und innere Anteilnahme« (*sine ira et studio*),[21] doch ist eben das Gegenteil der Fall: Nicht immer subtil, aber mit erheblicher Überzeugungskraft bezieht Tacitus Position: gegen Kaiser wie Tiberius, Nero und Domitian, gegen die angebliche Disziplinlosigkeit der Soldaten, gegen die Masse der stadtrömischen *plebs* – aber stets für die Privilegien der senatorischen Führungsschicht, deren intellektuelles Sprach-

20 Vgl. dazu: Timpe 1996; Walter 2004; Gehrke 2005.
21 Tac. ann. I, 1.

rohr Tacitus ist. Seine beiden Hauptwerke, die *Annalen* und die *Historien*, beide nur in Teilen erhalten, behandeln die Zeit zwischen dem Regierungsantritt des Tiberius und Domitians Tod (14–96 n. Chr.); als Quellen lagen dem Autor heute nicht mehr erhaltene historiografische Werke (darunter eine Abhandlung über die Germanenkriege des 79 n. Chr. beim Vesuv-Ausbruch ums Leben gekommenen älteren Plinius und ein Geschichtswerk seines älteren Zeitgenossen, des Senators Domitius Corbulo) sowie Memoiren, Briefe, Senatsprotokolle, die täglich veröffentlichten amtlichen Bekanntmachungen (*acta diurna*), kaiserliche Archivalien (*commentarii principis*) und Inschriften vor. Drei kleine Werke, die Biografie seines Schwiegervaters Agricola, der *Dialogus de oratoribus* und das ethnografische Werk *Germania* ergänzen das großformatige historiografische Werk.[22]

Chronologisch noch umfassender ist das Geschichtswerk des Griechisch schreibenden bithynischen Senators Lucius Claudius Cassius Dio Cocceianus (155 – nach 235 n. Chr.), der wie Tacitus eine dezidiert senatsfreundliche Position vertritt, ohne in seiner Deutung des historischen Geschehens vergleichbar originell zu sein. Sein Werk ist nur partiell im Original erhalten, der Großteil hat aber in Form späterer Exzerpte wenigstens in groben Zügen überdauert: Die *Römische Geschichte* reicht, für die annalistische Tradition typisch, von der Ankunft des mythischen Helden Aeneas in Italien bis zum zweiten Konsulat des Verfassers, 229 n. Chr. Für weite Abschnitte der frühen und mittleren Kaiserzeit – so für den augusteischen Prinzipat und vor allem die Zeit ab Nerva – ist Cassius Dio die unverzichtbare Hauptquelle.[23]

Das dritte Hauptwerk, das in seiner Bedeutung für die Geschichte des späteren Rom mit Dios und Tacitus' Darstellungen vergleichbar ist und chronologisch direkt an Tacitus anknüpft, ist die *Römische Geschichte* des Lateinisch schreiben-

22 Vgl. dazu: Syme 1958; Christ 1983c; Clarke 2002; Timpe 2007. Speziell zur *Germania* und ihrer Rezeptionsgeschichte jetzt Krebs 2012.

23 Das Standardwerk dazu ist noch immer Millar 1964.

den Antiocheners Ammianus Marcellinus (4. Jh. n. Chr.). Sie reicht bis zur Schlacht von Adrianopel (378), unter deren übermächtigem Eindruck er stand. Nur die Bücher 14 bis 31 sind erhalten – weitgehend der Teil der Geschichte, den Ammianus Marcellinus aus eigenem Erleben kannte: Er hatte als Offizier an Julians Perserkrieg 363 teilgenommen und sich danach der Geschichtsschreibung zugewandt. Als Heide sympathisierte Ammianus Marcellinus zwar mit Julians paganer Wende, war aber auch dem Christentum gegenüber durchaus aufgeschlossen.

Neben diesen Hauptquellen stehen zahlreiche andere historiographische, biographische und sonstige literarische Texte, die bestimmte Aspekte der römischen Kaiserzeit ausleuchten: Die bis zu Domitian reichenden Kaiserbiographien Suetons, entstanden im frühen 2. Jh., etwa neigen zwar zum Anekdotischen, enthalten aber doch auch viel Material, das sich an keiner anderen Stelle findet – vor allem zu den Abschnitten des 1. Jh., für die die entsprechenden *Annalen*- und *Historien*-Bücher fehlen. Noch weit problematischer sind die mit Hadrian einsetzenden Biographien der spätantiken *Historia Augusta*, die mitsamt ihrer Datierung Gegenstand zahlreicher kontrovers geführter Debatten ist und auf die hier nur der Vollständigkeit halber zu verweisen ist. Als ähnlich unzuverlässig gilt das Geschichtswerk des aus Kleinasien oder Syrien stammenden mutmaßlichen Ritters Herodian (erste Hälfte des 3. Jh.): Freilich setzt gerade dieser nicht senatorischen Zirkeln zuzurechnende Autor in seinen Wertungen eigene Akzente, die Manches von den Erschütterungen des 3. Jh. ahnen lassen.

Zeugen kultureller Umwälzungen sind aber auch die christlichen Autoren, die ab dem 2. Jh. zu einer eigenen Deutung der Historie fanden: Von besonderer Wichtigkeit für das Zeitalter Konstantins des Großen ist das Werk des Kirchenhistorikers Eusebios von Kaisareia (ca. 260–340 n. Chr.); unter den jüdischen Schriften sticht das in griechischer Sprache verfasste Geschichtswerk des Flavius Josephus (ca. 37–100 n. Chr.) hervor, der in Rom unter Domitian unter anderem eine *Geschichte des Jüdischen Krieges* und das chronologisch weit ausholende Werk *Jüdische Altertümer* schrieb. Beide Werke sind von elementarer Bedeutung, weil sie die gewohnte Sichtweise um eine Perspektive von der römischen Peripherie ergänzen; ähnlich hat auch die *Mischna* (1.–3. Jh.), die rabbinischen Kommentare zum jüdischen Recht, viel Material zum jüdisch-römischen Verhältnis beizusteuern.

Zur nicht im engen Sinne historiographischen Literatur sind weiterhin die biographischen Schriften Plutarchs (45–125 n. Chr.) zu rechnen, von denen freilich die meisten Kaiserbiographien verloren sind; für die Zeit Trajans enthalten die Briefe des jüngeren Plinius (62 – ca. 115 n. Chr.) wertvolle Informationen zur Provinzverwaltung und zum Regierungsstil des Kaisers. So können wir beobachten, wie Plinius, der über direkten Zugang zum Kaiser verfügte, diese Ressource nutzte, um sich bei Trajan für weniger gut aufgestellte Freunde zu verwenden. Per »Maklerpatronage« suchte er ihnen Statusverbesserungen und andere kaiserliche Wohltaten (*beneficia*) zu verschaffen: Plinius lässt uns so einen seltenen Einblick in die aus heutiger Sicht mafiös anmutenden vertikalen Nahverhältnisse tun, die den Prinzipat als soziales System zusammenhielten. Mittel der Wahl, um seinen Princeps für sich und seine Ziele einzunehmen, war für den Senator, wie für unzählige seiner Standesgenossen, das »affirmative Fordern«: Der Bittsteller zeichnet, gleichsam in Vorwegnahme der Gewährung, ein idealisiertes Bild vom Adressaten seines Gesuchs, in der Hoffnung, der Gebetene möge sich darum bemühen, dem Ideal zu entsprechen. Mechanismen wie »Maklerpatronage« und »affirmatives Fordern« waren Teil des Erbes, das der Prinzipat von der Republik übernommen hatte und behaupteten ihre Wirksamkeit bis weit in die Spätantike.[24]

Eine Fundgrube für die Sozial- und Alltagsgeschichte sind auch die Dichter der augusteischen Zeit (Ovid, Horaz, Vergil, Properz, Tibull) und des 1. und 2. Jh. (Lucan, Martial, Juvenal) sowie Romanciers und Satiriker (Petronius im 1., Lukian von

24 Seelentag 2004, 30–53.

Samosata im 2. Jh.). Besonders für die quellenarme Zeit des 3. Jh. haben in späteren Werken überlieferte historische Fragmente erheblichen Wert. Zu nennen ist insbesondere das Werk des attischen Historikers Publius Herennius Dexippus, der eine Darstellung der Gotenkriege seiner Zeit verfasste (ca. 210–275).[25] Auch die kurzgefassten Geschichtsabrisse der Spätantike (sogenannte Breviarien: Eutrop, Aurelius Victor, Festus, alle 4. Jh.) und byzantinische Geschichtswerke, die heute verlorenes älteres Material auswerten (Zosimos im 5. und 6., Johannes Zonaras im 12. Jh.) sind für diese Periode heranzuziehen. Schließlich beleuchten die in syrischer Sprache verfassten Chroniken aus den Zentren des östlichen Christentums wichtige Aspekte der regionalen Geschichte der römischen Orientprovinzen in Kaiserzeit und Spätantike. Heute wird man jedoch keine Geschichte der römischen Kaiserzeit mehr schreiben wollen, die allein auf textlichen Zeugnissen fußt. Deshalb kommen im folgenden immer wieder auch die materiellen Hinterlassenschaften Roms und seiner Provinzen zu Wort, die Aufschluss über ganz andere Aspekte der Epoche geben, nicht zuletzt die Alltagskultur, durch deren Kenntnis die Zeitgenossen für uns erst zu dem werden, was sie schließlich waren: Menschen aus Fleisch und Blut, die lebten, liebten, arbeiteten, wohnten, geboren wurden und schließlich starben.

25 Vgl. die neue Edition der Fragmente durch Martin 2006. Einen kritischen Überblick über die Probleme, die Dexippus aufwirft, gibt Mecella 2006b.

Erster Teil: Pax Romana

Mit dem Sieg von Actium 31 v. Chr. zog Oktavian den Schlussstrich unter ein Jahrhundert der Bürgerkriege. Die senatorische Aristokratie, die über Jahrhunderte die Geschicke Roms bestimmt hatte, war entmachtet; der Wille eines einzelnen Mannes war fortan – jedenfalls de facto – Gesetz. Dass Rom nun eine Monarchie und keine Republik mehr war, war ein offenes Geheimnis, das niemand auszusprechen wagte: Oktavian selbst nannte sich ›Princeps‹, der ›Erste‹ – und als solcher gab er alle außerordentlichen Befugnisse, die er im Laufe der Jahre erlangt hatte, feierlich an Senat und Volk zurück und erklärte in einem festlichen Akt die Republik für ›wiederhergestellt‹. Der ›Prinzipat‹, wie die Forschung die von Oktavian, dem nunmehrigen Augustus (der ›Erhabene‹), begründete Regierungsform nennt, war ein Herrschaftssystem *sui generis*: hochkomplex, voll von inneren Paradoxien, aber außerordentlich langlebig: Immer wieder den Herausforderungen neuer Zeitalter angepasst und schließlich bis zur Unkenntlichkeit verwandelt, überlebte es bis in die Spätantike und wurde schließlich zum Anknüpfungspunkt für das Kaisertum des lateinischen wie byzantinischen Mittelalters.

Der erste Princeps hatte Rom, mindestens theoretisch, innerlich wie äußerlich befriedet. Er prägte dafür die Formel der *pax Augusta*, die mit dem Friedensaltar, der ›Ara Pacis‹, auf dem römischen Marsfeld ihren steinernen Ausdruck fand. Die *pax Augusta* stand für das Ende der blutigen Bürgerkriege, für Aussöhnung nach Innen, Sicherheit, Wohlstand und für Stärke nach Außen. Freilich gab es auch Episoden, die den Eindruck des wiedergewonnenen ›Goldenen Zeitalters‹ unter dem vom Gewalt- zum Friedensherrscher mutierten Oktavian-Augustus zu trüben drohten. So wissen wir von der Verschwörung eines Aulus Terentius Varro Murena, die im offiziellen Rom rasch unter den Teppich gekehrt wurde; die desaströse Niederlage dreier römischer Legionen gegen den Cherusker Arminius, die Augustus zu dem verzweifelten Ausruf »Quinctilius Varus, gib mir meine Legionen wieder!« hinriss, erschütterte den Glauben an die Unbesiegbarkeit römischer Waffen wenigstens für ein paar Jahre, und die ›Klagelieder‹ (*Tristien*) des von Augustus buchstäblich ans Ende der Welt, nach Tomi am Schwarzen Meer, verbannten Dichters Ovid gehen noch modernen Lesern zu Herzen. Doch konnte der Kaiser, als er gegen Ende seines Lebens Bilanz zog, in der ruhigen Gewissheit sterben, seine Sache alles in allem gut gemacht zu haben: Er hinterließ seinem Nachfolger Tiberius ein Reich, das dank der überragenden Autorität des Princeps gefestigter dastand als jemals zuvor in seiner langen Geschichte.

Die Menschen, die das Römische Reich bewohnten, verwandelte die Schöpfung Oktavians, der Prinzipat, unabhängig von ihrem rechtlichen und sozialen Status, sämtlich unmittelbar in Untertanen. Mittelfristig – im Verlauf weniger Generationen, und damit nach historischen Maßstäben in einem Augenblick – wurden so die enormen Disparitäten, die für die Republik kennzeichnend gewesen waren, nivelliert: Die Senatoren verloren ihr Machtmonopol, und neue Gruppen und Individuen, die Angehörigen des Ritterstandes etwa, aber auch Berufsmilitärs, Freigelassene und sogar kaiserliche Sklaven, gewannen an Einfluss. Vor allem änderte sich das Verhältnis zwischen Zentrum und Peripherie: Hatte die Römische Republik einst das gesamte Mittelmeerbecken militärisch unterjocht und dann mit Tributen belegt, so glich sich das Gefälle zwischen Rom, Italien und den Provinzen nun stetig aus. Aus Beherrschten, die mit ihren Abgaben ein parasitäres Zentrum ernährten, wurden so à la longue Teilhaber an Roms Macht und Wohlstand. Das augusteische Rom überschritt im Wortsinn eine ›Schwelle‹: Die mediterrane Hegemonialmacht transformierte sich in ein Imperium, das in sich die Oikumene – nach griechisch-römischem Verständnis die gesamte zivilisierte Welt – barg: Die *pax Augusta* universalisierte sich zur *Pax Romana*, zum ›römischen Frieden‹.[1]

Die folgenden Seiten berichten von dieser Glanzzeit römischer Macht, in der sich das Mittelmeerbecken einschließlich seiner Randgebiete zu einem in der Antike präzedenzlosen Herrschafts-, Kultur- und Wirtschaftsraum verdichtete, der bei aller Einheitlichkeit doch nichts von seiner Vielfältigkeit verlor. Sie erzählen von Kaisern wie Vespasian und Trajan, die durch ihre Siege das Erreichte sicherten und die römischen Feldzeichen an die Grenzen der bekannten Welt trugen, von Herrschern wie Claudius und Hadrian, die weitsichtig der Multikulturalität ihres Reiches Tribut zollten, und von Männern wie Caligula, Nero und Domitian, die als abscheuliche Tyrannen in die Geschichte eingingen. Zugleich wird aber immer wieder von der römischen Peripherie, den Provinzen, die Rede sein – und davon, wie sich am Rand des Imperiums Römisches und Einheimisches auf höchst fruchtbare Weise zu etwas ganz Neuem verbanden.

1 Das Modell der augusteischen Schwelle verdankt die Altertumswissenschaft dem Politikwissenschaftler Michael Doyle (Doyle [2]1988, 93–97). Zum Begriff der ›Oikumene‹ und seiner Genese über die Rezeption des klassischen Griechenland durch frühkaiserzeitliche Intellektuelle jetzt Richter 2011, 6: »[...] the idea of the unity of humankind evolved in the fifth and fourth centuries as a response to and an engine for the creation of a rapidly shrinking and increasingly integrated *oikoumenê*. [...] In the second century CE, by contrast, the empire of the Romans imposed a political space that was imagined by many to be coterminous with the *oikoumenê* itself.«

I. Aurea Saecula: vom Anbruch eines neuen Zeitalters

Zeittafel 1: Der augusteische Prinzipat

v. Chr.	
63	(23.9.) Geburt des späteren **Augustus** als Gaius Octavius (Oktavian) in Rom
44	(15.3.) Ermordung Caesars: Adoption **Oktavians** durch testamentarische Verfügung, Vergöttlichung Caesars: **Oktavian** *Divi filius*
42	Schlacht bei Philippi: Tod der Caesar-Mörder Cassius und Brutus
31	Seeschlacht bei Actium: Sieg **Oktavians** über den ehemaligen Triumvirn Marcus Antonius
27	(13.1.) **Oktavian** legt die außerordentliche Triumviratsgewalt nieder; Verleihung des *imperium proconsulare* an Oktavian: ›Wiederherstellung‹ der Republik (16.1.) **Oktavian** erhält den sakralen Ehrentitel ›**Augustus**‹ Einrichtung der Prätorianergarde; **Augustus** in Gallien und Spanien (bis 24)
25	Feldzug des Marcus Aelius Gallus, Präfekt der Provinz Ägypten, auf der Arabischen Halbinsel (bis 24)
23	Verschwörung des Fannius Caepio und des Aulus Terentius Varro Murena: Hinrichtung der Verschwörer, **Augustus** legt den Konsulat nieder und erhält die *tribunicia potestas* übertragen
22	Versorgungsengpass in Rom: **Augustus** übernimmt die *cura annonae*
20	Die Parther geben die 53 v. Chr. von Crassus verlorenen Feldzeichen zurück; Armenien römische Klientelmonarchie
18	*Lex Iulia de maritandis ordinibus* (1. Ehegesetz über die Ehepflicht); *lex Iulia de adulteriis* (2. Ehegesetz gegen Ehebruch)
17	Säkularfeier; Marcus Vipsanius Agrippa erhält ein außerordentliches *imperium* im Osten (bis 13)
16	**Augustus** in Gallien (bis 13)
15	Eroberung der Alpen durch Tiberius und Drusus
13	Senat gelobt den Bau der ›Ara Pacis‹ (eingeweiht 9 v. Chr.)
12	Germanienfeldzüge des Drusus (bis 9); Tod Agrippas
11	**Augustus** in Germanien (bis 10)
8	1. Germanienfeldzug des Tiberius
6	Tiberius Mitinhaber der tribunizischen Gewalt: Rückzug ins Privatleben nach Rhodos (bis 2 n. Chr.)
2	Verleihung des Ehrentitels *pater patriae* an **Augustus**
n. Chr.	
2	Tod des Augustus-Enkels Lucius Caesar
4	2. Germanienfeldzug des Tiberius (bis 5); Tod des Augustus-Enkels Gaius Caesar: Tiberius wird designierter Nachfolger des **Augustus**
6	Pannonieraufstand (bis 9)

9 *Lex Papia Poppaea* (3. Ehegesetz gegen Kinderlosigkeit); ›Schlacht im Teutoburger Wald‹: Niederlage des Statthalters Publius Quinctilius Varus gegen den Cherusker Arminius
10 Oberbefehl des Tiberius am Rhein: Abwehrsiege gegen Germanen (bis 12)
14 (19.8.) Tod des **Augustus** in Nola

Abb. 2: Augustus mit der Bürgerkrone. Die Krone besteht aus Eichenblättern. Rom, Musei Capitolini.

Am 13. Januar 27 v. Chr. trat Oktavian,[2] nunmehr im dritten Jahr Inhaber der alleinigen Herrschaftsgewalt, vor den Senat und erklärte feierlich die Rückgabe jener außerordentlichen Gewalten, die ihm in der Vergangenheit übertragen worden waren. Der Senat verlieh ihm daraufhin die Bürgerkrone (*corona civica*), eine Auszeichnung, die im Allgemeinen nur für höchste militärische Verdienste vergeben wurde. Drei Tage später versammelten sich die Senatoren abermals und überhäuften den ehemaligen Triumvirn mit weiteren Ehren: Das Portal seines Hauses auf dem Palatin[3] durften von nun an zwei Lorbeerbäumchen flankieren, darüber wurde der Tugendschild (*clipeus virtutis*) – eine andere Tapferkeitsauszeichnung – angebracht. Am wichtigsten war indes der Ehrenname ›Augustus‹, den Oktavian

2 An auch Anfängern zugänglicher Literatur zum ersten Princeps herrscht kein Mangel. Ein Klassiker ist Syme ²1992 (engl. Original 1939). Einen soliden Überblick geben Bleicken ²1998; Bringmann 2007; Bringmann/Schäfer 2002; Dahlheim 2010; Eck 1998; Galinsky 2013; Kienast 1982; Levi ²1994; Schlange-Schöningen 2005; Zanker ²1990 sowie die Beiträge in Bowman ²1996; Galinsky 2005; Heilmeyer et al. 1988; Schmitthenner ²1985.

3 Siehe unten, S. 25–29.

annahm und der weit mehr war als ein schmückender Beiname: ›Augustus‹ sollten sich fortan alle Inhaber der höchsten Gewalt im römischen Kaiserreich nennen – und zwar buchstäblich bis zum bitteren Ende: Selbst der halbwüchsige Marionettenherrscher namens Romulus, den im Jahr 476 n. Chr. der germanische Föderatenführer Odoaker absetzte und mit dem das weströmische Kaisertum erlosch, war noch ein ›Augustulus‹.

Princeps

Augustus selbst bemerkt in seinen *Res gestae*, dem inschriftlich erhaltenen Tatenbericht, der gegen Ende seines Lebens entstand, zu den Tagen im Januar 27 v. Chr. nur lapidar, er habe seitdem »alle an Autorität überragt, aber nichts mehr an Machtbefugnissen besessen als jene, die meine Kollegen in öffentlichen Ämtern waren.«[4] Diese Formulierung – und die bloße Tatsache einer ›Rückgabe‹ der Republik an den Senat – hat ganzen Generationen von Gelehrten Rätsel aufgegeben. Der angelsächsischen Forschung wies im Schicksalsjahr 1939 Ronald Syme den Weg, als er in seiner *Roman Revolution* kurz und bündig formulierte: »Augustus behauptete, die *libertas* und die Republik wiederhergestellt zu haben. Das war ein notwendiger und heilsamer Betrug; seine Nachfolger zahlten dafür.«[5] Noch heute gilt der Prinzipat den meisten Althistorikern englischer Zunge als notdürftig verkappte Autokratie.[6] In Deutschland dagegen interessierte man sich zunächst vor allem für die staatsrechtliche Seite des Problems: War das System, das Augustus in Rom einführte, eine Monarchie, gar eine absolute, von keinem Gesetz gebundene? Oder war es eine Fortsetzung der Republik mit an-

4 Mon. Ancyr. 34: *post id tempus auctoritate omnibus praestiti, potestatis autem nihilo amplius habui, quam ceteri, qui mihi quoque in magistratu conlegae fuerunt.*

5 Syme ^{2}1992.

6 Vgl. aber Millar 1977, 203–272, der auf imposanter Quellengrundlage ein pragmatisches Bild des *emperor at work* entwirft.

deren Mitteln, die Herrschaft *eines* Mannes zwar, die sich aber in den altehrwürdigen Institutionen der alten Staatsform einrichtete?

Tatsächlich suchte Augustus ganz offensichtlich nach Wegen, seiner Herrschaft einen Platz in der gewachsenen institutionellen Ordnung der Republik zu sichern. Vor Augen hatte er das warnende Beispiel Caesars, der es – obschon er das Königsdiadem ostentativ zurückgewiesen hatte – auf einen Bruch mit dem antimonarchischen Grundkonsens der republikanischen Elite hatte ankommen lassen.[7] Hatte die Macht des Augustus bis zum Januar 27 ausschließlich auf seiner faktischen Kontrolle der Legionen durch Patronage beruht, so wurde der Oberbefehl jetzt in einen rechtlichen Rahmen gegossen: Man übertrug ihm die Statthalterschaft über die Provinzen, in denen Militär stationiert war – im Wesentlichen also über die Grenzprovinzen. Da er aber die Statthalterschaft nicht persönlich ausüben konnte, erhielt Augustus faktisch nur das *imperium* – die Amtsgewalt – eines Prokonsuls, während das Regiment in den Provinzen selbst weisungsgebundenen *legati Augusti* (je nach Bedeutung der Provinz: *pro consule* oder *pro praetore*) übertragen wurde. Dieses *imperium proconsulare*, das der Princeps 27 (befristet auf zehn Jahre), 18 und 13 v. Chr. (auf jeweils fünf Jahre) sowie 8 v. Chr., 3 und 13 n. Chr. (wiederum jeweils auf zehn Jahre) erhielt, wurde zur wichtigsten rechtlichen Säule seiner Herrschaft und schuf obendrein den Präzedenzfall für weitere Amtsbefugnisse, die ihm übertragen wurden, ohne dass er die entsprechende Magistratur bekleidete.[8]

7 Diesen Bruch unterstreicht auch Zecchini 2001, 161, der im Übrigen betont, dass Caesars Handeln hier weitgehend im Einklang mit der Tradition des *mos maiorum* gestanden habe. Vgl. *Römische Geschichte I*, 530–542.

8 Vgl. dazu: Bleicken 1981, Bd. 1, 27f.; Serrao 1991, 37–42; Christ [3]1995, 88; Schlange-Schöningen 2005, 88. Zur Datierung: Kienast 1982, 74. Betroffen von dem *imperium proconsulare* waren 12 der zu diesem Zeitpunkt 22 Provinzen. Freilich erstreckte sich die Regierungstätigkeit des Augustus auch auf die nach wie vor von ›senatorischen‹ Statthaltern geleiteten Provinzen, so dass für die Teilung des Reichs in ›senatorische‹ und ›kaiserliche‹ Provinzen, wie

Zunächst bekleidete Augustus Jahr für Jahr den Konsulat, um in Rom und Italien eine rechtlich wirksame Grundlage seiner Herrschaft zu haben. Die fortgesetzte Ausübung dieses Amtes vertrug sich jedoch auf die Dauer schlecht mit dem republikanischen Grundgedanken der zeitlichen Begrenztheit von Magistraturen (Annuität); deshalb führte auch hier, vielleicht unter dem Eindruck einer ersten Krise der augusteischen Herrschaft,[9] der Weg bald über die Trennung von Amt und Amtsgewalt: Spätestens 23 v. Chr. wurde Augustus die *tribunicia potestas* verliehen, die Gewalt des Volkstribunen, die ihm das Antragsrecht in der Volksversammlung einbrachte, das Recht, den Senat einzuberufen, und das Interzessionsrecht, mit dem er gegen Entscheidungen von Amtsträgern einschreiten konnte. Außerdem machte die tribunizische Gewalt ihren Inhaber sakrosankt: Seine Person war mit einem religiösen Bannkreis geschützt und damit – zumindest auf dem Papier – vor Angriffen geschützt; die vom Volkstribunat entlehnte *sacrosanctitas* bildete den Kern jener sakralen Weihe, die das Kaisertum ab Augustus umgab und an deren Ausbau spätere Kaisergenerationen eifrig arbeiten sollten.[10]

Die Herrschaft des Augustus hatte also de facto eine staatsrechtliche Form erhalten und stand nun institutionell auf dem Boden der *res publica*. Mehr noch: Das Kaisertum im römischen Staat war keine neue Institution, kein neues ›Amt‹, wenn man so will, sondern es lieh sich seine Kompetenzen – anfangs zeitlich befristet – schlicht von den bestehenden Magistraturen aus. Entsprechend stellte auch Theodor Mommsen in seinen durch studentische Mitschriften erhaltenen

sie die Forschung bisher meist vorgenommen hat, die Grundlage fehlt (vgl. Millar 1984, 27).

9 Hervorstechendes Ereignis 23 v. Chr. war die Verschwörung des Fannius Caepio, in die auch Augustus' Mitkonsul dieses Jahres, Aulus Terentius Varro Murena, verstrickt war, wobei die Chronologie bis heute einige Fragen offen lässt. So wird die Verschwörung von einigen Forschern erst für das Jahr 22 v. Chr. angesetzt; sie wäre dann nicht Ursache, sondern Folge der von Augustus 23 v. Chr. getroffenen Weichenstellungen (vgl. Wells 1985, 64f.).

10 Vgl. dazu: Bleicken 1981, 29–31.

Vorlesungen zur römischen Kaisergeschichte kategorisch fest: »Alles was der Princeps ausführt, bewegt sich im Kreise republikanischer Ämter. Er steht nicht über den Gesetzen, sondern die Gesetze stehen über ihm«.[11] Ist das aber bereits die ganze Wahrheit über den Prinzipat? Wohl kaum, denn die tatsächliche Machtfülle des Princeps lässt sich nicht allein mit der Kumulation republikanischer Amtsbefugnisse erklären. Zweifel daran, dass sich der Prinzipat in solch rechtlichen Kategorien erschöpfend fassen lasse, kamen bereits Mommsen: »Dies ist der mythische Zug an Augustus, daß er sich als Gott feiern ließ. Er brauchte die Glorie um seinen Stern. [...] Hier liegt das Rätsel der Stellung des Augustus.«[12] Die religiöse Verehrung der Person des Augustus im Kaiserkult ist jedoch nur ein Randaspekt jener Seite des Prinzipats, die sich auf keinen rechtlichen Nenner bringen lässt; bei dem Versuch, die gleichsam immaterielle Komponente augusteischer Herrschaft zu ergründen, ist man – sucht man in den zeitgenössischen Quellen – auf die von Augustus selbst ins Spiel gebrachte *auctoritas* zurückgeworfen: Hier liegt der Schlüssel zum Verständnis dessen, was Karl Christ treffend als »Dialektik« des augusteischen Prinzipats bezeichnet hat.[13]

Woraus speiste sich also die *auctoritas*, die überragende Autorität jenes Mannes, der als 18-jähriger in die Politik eingestiegen war und seitdem mit einer Mischung aus Zielstrebigkeit, realpolitischem Gespür und Skrupellosigkeit einen Widersacher nach dem anderen aus dem Feld schlug? Oder anders gewendet: Warum nahmen die anderen – jene Aristokraten, die 100 Jahre lang so erbittert um den großen Preis der Vorherrschaft gekämpft hatten, aber auch das Volk von Rom, das seinen politischen Willen bislang in der Volksversamm-

11 Mommsen 1992, 94.

12 Ebd. An anderer Stelle (^{2}1907, Bd. II. 2, 1077) nennt Mommsen den Prinzipat eine »nicht bloß praktisch, sondern auch theoretisch [...] durch die rechtlich als permanent anerkannte Revolution temperierte Autokratie.«

13 Christ 1983d. Die analytischen Probleme, die sich im Zusammenhang mit dem Prinzipat als Regierungsform auftürmen, hat Winterling (2001) eingehend diskutiert.

lung artikuliert hatte, und die Soldaten, die von den Konflikten zwischen rivalisierenden Condottieri bis dato entscheidend profitiert hatten – die Machtfülle eines Einzelnen so einfach hin? Nachvollziehbar wird das erst, wenn man den Scherbenhaufen bedenkt, den gerade der 100-jährige Machtkampf, der seit den Gracchen in der römischen Nobilität und weit über sie hinaus getobt hatte, hinterlassen hatte: Bürgerkriege, Proskriptionen, Massenhinrichtungen und sonstige Gewaltexzesse hatten tiefe Lücken in die Reihen der Eliten gerissen und drohten, Rom auf Dauer politisch zu paralysieren. Bei allen Differenzen, von denen die Führungsschicht nach wie vor zerrissen wurde, herrschte daher – spätestens nachdem Oktavian bei Actium über seinen Gegenspieler Marc Anton triumphiert hatte – doch Einigkeit darüber, dass es so unmöglich weitergehen konnte: Schon 61 v. Chr. hatte Cicero geklagt, man lebe in einem »schwachen, elenden, wetterwendischen Staat.«[14] In dieser Situation entpuppte sich ausgerechnet Oktavian, der kurz zuvor noch als einer der brutalsten Führer im Bürgerkrieg Teil des Problems gewesen war, unversehens als Hoffnungsträger, der die Lösung versprach.

Die Gruppen, auf die es in Rom ankam – Senatoren, stadtrömische *plebs* und Militär –, akzeptierten Oktavian, weil sie in ihm den Retter in der Not erblickten, nicht mehr und nicht weniger. Als Ansprech- und Bündnispartner waren sie für ihn von vitaler Bedeutung; wollte er seine Alleinherrschaft konsolidieren, war ihre Akzeptanz gleichsam das Lebenselixier des von ihm begründeten augusteischen Prinzipats.[15] Akzeptanz wuchs dem Kaiser aber nicht zum Nulltarif zu, sondern dadurch, dass er die Interessen der ihn tragenden Gruppen berücksichtigte und sie gewissermaßen in sein ›Pro-

14 Cic. Att. I. 17, 8.

15 Flaig (1992, 174–204) hat den Prinzipat deshalb zu Recht als »Akzeptanzprinzip« bezeichnet, in dem das Kaisertum nicht im klassischen Sinne – also etwa durch Herrschaftsinsignien, Investiturakte oder ein dynastisches Prinzip – legitimiert werde, sondern von der Akzeptanz der drei Gruppen Senatoren – *plebs urbana* – Militär abhänge.

gramm‹ aufnahm. Welche Gestalt der Prinzipat erhielt und wie er sich nach außen darstellte, war deshalb maßgeblich Gegenstand eines ›Aushandelns‹ zwischen dem Kaiser einer-, den relevanten Gruppierungen in der Gesellschaft andererseits. Der Kaiser war folglich zwar Alleinherrscher, aber alles andere als ein Autokrat, der sämtliche Parameter seiner Herrschaft nach Gutdünken selbst festlegen konnte; von fundamentaler Bedeutung für die Ausgestaltung der Monarchie war das System, das sich in der Regierungszeit des Augustus allmählich herausbildete, durchaus auch nach dem Verfahren von *trial and error*, und das zum *exemplum* für alle Nachfolger wurde. Das heißt indes nicht, dass die Architektur des augusteischen Prinzipats mit ihm ein für alle Mal festgeschrieben waren; im Gegenteil: In den folgenden Jahrhunderten wurden immer wieder Neujustierungen vorgenommen und das Kaisertum veränderten Situationen und Bedürfnissen angepasst.

Die Fähigkeit, in der Kommunikation mit den relevanten Gruppen Senat, *plebs urbana* und Militär den richtigen Ton anzuschlagen, war und blieb also Schlüsselqualifikation für alle Kaiser: Ein ›guter‹ Kaiser war, verkürzt formuliert, ein Kaiser, der es verstand, den Konsens mit all jenen herzustellen, die wichtig waren. Ein Kaiser, der hier versagte, verlor entsprechend bald die für ihn lebenswichtige Akzeptanz, drohte zu stürzen und als ›schlechter‹ Kaiser in die Geschichte einzugehen. Dreh- und Angelpunkt der Idee vom ›guten‹ Kaiser war der Eindruck von Nähe, in deren Genuss er die Vertreter der relevanten Gruppen brachte; diese Nähe konnte er ihnen auf unterschiedlichen Ebenen demonstrieren: im Circus oder Amphitheater als Ausrichter von Gladiatorenspielen und Wagenrennen, bei denen der Herrscher den Schulterschluss mit dem Volk demonstrierte, das, nach Ständen gegliedert, die Ränge bevölkerte, oder auch im Feld, wo er sich den Soldaten als tapferer, ihre Strapazen teilender Anführer präsentierte, der sie – vor oder nach der Schlacht – mit einer Rede (*adlocutio*) ansprach und damit ihre erbrachten oder noch zu erbringenden Leistungen würdigte. Besonders diffizil war der Dialog mit den Senatoren, die über Jahrhunderte die Führungselite der Republik gestellt hatten und ein ausgeprägtes Standesbewusstsein besaßen, das sich im Grunde nicht mit der de facto monarchischen Stellung des Princeps vertrug. Deshalb tat Augustus gut daran, sich den ›Vätern‹, wie man die Mitglieder des ehrwürdigen Gremiums nannte, nicht als Herrscher, gar als ›Herr‹ (*dominus*), zu präsentieren, sondern als jovialer Standesgenosse und *primus inter pares*. Die Senatoren wussten es ihm zu danken: Am 5. Februar 2 v. Chr., dem Jahr, als das Augustus-Forum[16] eingeweiht wurde, stellte der Konsular Marcus Valerius Messala Corvinus den versammelten Senatoren den Antrag, Augustus den Titel *pater patriae* (›Vater des Vaterlands‹) zu verleihen. Natürlich wurde der Antrag angenommen. Die Ehrung zeigt anschaulich, wie der Dialog zwischen Augustus und den Senatoren funktionierte: Als Gegenleistung für dessen Verzicht darauf, die Alleinherrschaft explizit zu machen, übertrugen ihm die Senatoren aus freien Stücken die Ehrungen und Vollmachten, derer er bedurfte, um als Alleinherrscher wirken zu können.

Aber schon aus viel pragmatischeren Gründen hatte sich der Kaiser mit den Senatoren gut zu stellen: Aus ihrem Kreis – und vorläufig, mit Ausnahme des ritterständischen Präfekten der Provinz Ägypten, nur daraus – rekrutierte sich das administrative und militärische Spitzenpersonal, ohne das in Rom schlechterdings kein Staat zu machen war. Erst allmählich sollten sich die Kaiser auch andere personelle Reserven erschließen – vor allem Angehörige des Ritterstandes (*ordo equester*, des zweiten Standes der römischen Oberschicht nach den Senatoren) und kaiserliche Freigelassene –, und tatsächlich nahm die Bedeutung des Senatorenstandes als des für die Stabilität des Prinzipats entscheidenden (und daher entsprechend zu privilegierenden) Kollektivs in einem Prozess der langen Dauer bis zum 3. Jh. n. Chr. ab. Da aber stand schon das Militär als neue Schlüsselgruppe bereit.

16 Siehe unten, S. 31–34.

Dass der Kaiser auch mit den Soldaten zu einem modus vivendi zu finden hatte, beleuchtet den Prinzipat von einer ganz anderen Seite. Für die Soldaten nämlich war der nach außen zur Schau getragene Konstitutionalismus irrelevant; sie interessierten sich vor allem für zwei Dinge: erstens für ihr materielles Auskommen, zu dem außer einem angemessenem Sold – was jeweils ›angemessen‹ war, war natürlich Auslegungssache – auch Sonderzahlungen gehörten, sogenannte Donative, die bei Amtsantritt und zu besonderen Anlässen fällig waren, und zweitens für die militärische Sieghaftigkeit des *imperators*, der es verstehen musste, Roms Feinde in Schach zu halten. Die Erwartungen, die die Soldaten an den Kaiser hatten, gingen über das reine Akzeptanzprinzip hinaus, indem sie dem Kaisertum eine entschieden charismatische Komponente im Sinne Max Webers verliehen: Der *imperator* als militärischer Führer musste sich immer aufs Neue bewähren, auf ihn wurden alle Hoffnungen und die oft ganz diesseitigen Heilssehnsüchte seiner Untergebenen projiziert. Wurde er diesen Erwartungen nicht gerecht, so konnte es bald einsam werden um den Mann, dem die Soldaten ihren Eid geleistet hatten.[17]

Während Augustus seine Titulaturen und die mit ihnen verknüpften rechtlichen Kompetenzen ohne Weiteres vererben konnte, waren Autorität, Akzeptanz und Charisma also an seine Person gebunden, und genau hier lag das Dilemma des Prinzipats: Es war ein »ungedeckter Wechsel auf die Zukunft«[18] – und das gleich doppelt: Das erste Problem, das der neuen Regierungsform innewohnte, war das Paradox, dass die Monarchie nicht als solche bezeichnet wurde und werden durfte. Augustus war ein Alleinherrscher, der sich alle Mühe

17 Grundlegend Weber 1956. Zur Anwendung auf die römische Kaiserzeit Sommer 2011. Beispiele zuhauf für die Tücken charismatischer Herrschaft bietet das 3. Jh. n. Chr. Den Typus des charismatischen Herrschers hat Gehrke 1982 am Beispiel der hellenistischen Könige und der Zwänge, denen sie ausgesetzt waren, eingängig beschrieben. Das römische Kaisertum als Militärmonarchie mit charismatischer Komponente hat unlängst Ando (2007, 361–366) gewürdigt.

18 Winterling 2003, 17.

gab, so zu tun, als sei er gar keiner. Die Senatoren durchschauten die Scharade, vermieden es aber ebenfalls, die Dinge beim Namen zu nennen. Diesem unausgesprochenen Schweigegelübde folgten, bis tief ins 2. Jh. hinein, die meisten Kaiser- und Senatorengenerationen. Einige wenige Kaiser jedoch – von ihnen wird noch zu berichten sein – versuchten das Paradox aufzulösen, indem sie in Caesars Spuren wandelten und den implizit monarchischen Charakter des Prinzipats offenbar machten oder gar besonders herauskehrten. Meist war ihnen, jedenfalls im ersten Jahrhundert der römischen Kaiserzeit, kein langes Leben beschieden.

Als zweite das Kaisertum belastende Hypothek erwies sich das Akzeptanzprinzip selbst: Der Princeps blieb im Kern immer ein illegitimer Militärdiktator; versagte er im Dialog mit den entscheidenden gesellschaftlichen Gruppierungen, so war der Akzeptanzverlust nur mehr eine Frage der Zeit. War seine Autorität erst einmal lädiert, so waren seine Tage als Kaiser meist gezählt, sein physisches Ende praktisch besiegelt, denn der Akzeptanzverlust des Amtsinhabers machte stets offenbar, dass es eine Fülle von Kandidaten gab, die allesamt wie Tacitus sich ausdrückte, *capaces imperii* waren,[19] ›kaiserfähig‹ also, und entsprechend an seine Stelle treten konnten. Infrage kamen besonders jene Männer, denen der Kaiser selbst höchste Befehlsstellen an den militarisierten Grenzen des Imperiums anvertraut hatte – die Statthalter, die in den Provinzen auch die Legionen befehligten. Das Standardszenario für den blutigen Kaiserwechsel im Römischen Reich war deshalb die Usurpation, die immer nach demselben Drehbuch ablief: Per Akklamation riefen die Soldaten einer Grenzgarnison ihren Kommandeur zum Kaiser aus; der Prätendent führte sein Heer, dem sich oft noch weitere Legionen anschlossen, gegen den Amtsinhaber, der seinerseits ein Aufgebot um sich scharte. Die Usurpation gewann rasch an Eigendynamik: Der

19 Tac. hist. I. 49, 4 (über den Kaiser Galba): *omnium consensu capax imperii nisi imperasset* (»nach übereinstimmendem Urteil aller [schien er] kaiserfähig, wenn er nicht Kaiser gewesen wäre«).

Bürgerkrieg war unvermeidlich, wenn sich nicht im letzten Moment die Soldaten einer Partei ihres Anführers entledigten, um der Konfrontation aus dem Weg zu gehen. Solche Usurpationen waren relativ selten, so lange das römische Staatsschiff im 1. und 2. Jh. n. Chr. durch relativ ruhiges Fahrwasser steuerte; sie wurden aber epidemisch, als im 3. Jh. äußere Bedrohungsszenarien es den Kaisern unmöglich machten, den in sie gesetzten Erwartungen gerecht zu werden.[20] Dem Prinzipat haftet deshalb – obwohl es eine ungeheure Leistung war, ihn durchzusetzen – das Odium der ›Schönwettermonarchie‹ an, die reibungslos funktionierte, so lange die Gesamtlage relativ ruhig war. Die Rechnung für den ungedeckten Wechsel kam auf den Tisch, sobald sich dies änderte.

Herrschaft und *imago*

Augustus freilich brauchte keine Usurpationen zu fürchten. Seine Autorität war einfach zu überragend, als dass der Kommandeur einer weitab von Rom stationierten Legion es gewagt hätte, eine Revolte zu entfachen. Für die Kommunikation mit jenen, die zählten im Reich, bediente sich der Kaiser virtuos einer ganzen Reihe von Medien, die uns wiederum in die Lage versetzen, einigermaßen gut über das ›Programm‹ des augusteischen Prinzipats unterrichtet zu sein: In den Jahren zwischen 30 v. Chr. und 14 n. Chr. entstanden viele Hauptwerke der lateinischen Literatur. Vor allem die Dichtung florierte unter dem Patronat des Princeps und seines Freundes Maecenas, dessen Name noch in unserer Sprache als Sinnbild für die großzügige Förderung von Kunst und Wissenschaft steht: Die Dichter Vergil und Horaz, die Elegiker Tibull, Properz und Ovid – sie alle wirkten mit ihrem Schaffen daran mit, ein Gesamtbild – die *imago* – des Prinzipats zu kommunizieren, in dem die Taten und Tugenden des ersten Kaisers einen zentralen Platz einnehmen. Das heißt nicht, dass die *Aeneis* Vergils

20 Zum Problem der Usurpation allgemein: Szidat 2010, 13–16.

(entstanden 30–19 v. Chr.) oder Horaz' *Carmen Saeculare* (entstanden 17 v. Chr.) nichts sind als die Produkte einer geölten Propagandamaschinerie, die darauf aus war, das System wahrheitswidrig schönzureden; der Begriff ›Propaganda‹, der auf die gezielte Irreführung bzw. Manipulation des Publikums abzielt, würde, bezogen auf die Antike allgemein und den Prinzipat im Besonderen, auch völlig an der Wirklichkeit vorbeigehen.[21] Die Dichter waren nicht propagandistisches Sprachrohr ihres kaiserlichen Patrons, sondern beteiligten sich ganz bewusst an der Kommunikation seiner *imago*, denn indem sie dem Kaiser bestimmte Tugenden zuschrieben – etwa Großzügigkeit, Milde oder Gerechtigkeitssinn – forderten sie implizit genau diese Eigenschaften von ihm ein.

Dieser Dialog, der schließlich auch ein breites Lesepublikum mit einbezog, barg allerdings immer auch das Risiko des Scheiterns. Warnendes Beispiel für künftige Dichtergenerationen war Ovid (43 v. Chr. – ca. 17/18 n. Chr.): Der Elegiker, der einer reichen Familie entstammte, die aus den Abruzzen kam, und der deshalb keiner Patronage bedurfte, hatte sich mit seinem Erstlingswerk *Amores* (›Liebeserfahrungen‹, erschienen um 15 v. Chr.), das um die Liebesabenteuer eines jungen Dichters der römischen Bohème kreist,[22] einen Namen gemacht und schrieb später die mythische Themen variierenden 15 Bücher *Metamorphosen* (entstanden um 2–8 n. Chr.) und gleichzeitig einen poetischen Kommentar zum römischen Festkalender (*fasti*) sowie noch davor die sehr freizügige *Ars amatoria* (›Liebeskunst‹, ca. 1

21 Zum für die folgenden Überlegungen zentralen Konzept der *imago*: Seelentag 2004, 35–42. Das Problem der ›Propaganda‹ in der römischen Kaiserzeit in seinen verschiedenen Facetten ist unlängst in dem Sammelband Weber/Zimmermann 2003 untersucht worden. Die Anwendbarkeit des modernen, freilich durch die Großtotalitarismen des 20. Jh. massiv belasteten ›Propaganda‹-Begriffs auf die Antike weist insbesondere Eich (2003, 81) zurück: »Die Texte, Monumente, Bilddarstellungen oder Münzen aus der Kaiserzeit sind als ›Medien‹ einer gesteuerten Sinnstiftung, die für Systemangehörige handlungsleitend hätten fungieren können, nicht adäquat.«

22 Vgl. Holzberg 1990, 87–119.

v. Chr.). Mit diesem Lehrgedicht, in dem es vor allem um die geeigneten Formen des Anbandelns für Männer und Frauen geht, überspannte Ovid offensichtlich den Bogen; Augustus scheint es jedenfalls als Kritik an seiner Sitten- und Ehegesetzgebung[23] aufgefasst zu haben, zu der ihn die Sorge um die Integrität des Senatorenstandes und wohl nicht zuletzt auch die dynastische Kohäsion seiner eigenen Familie bewogen haben dürften: Er verbannte den Dichter nach Tomi am Schwarzen Meer, für einen Römer buchstäblich das Ende der Welt.[24] Seinen Trennungsschmerz hat Ovid, der die Großmut des ›Friedensfürsten‹ Augustus offensichtlich überschätzt hatte, in der unsterblichen Poesie der *Tristien* (›Trauerlieder‹, 12–17 n. Chr.) der Nachwelt überliefert.

Die meisten Dichter wussten jedoch die Balance zwischen Lobpreis des Prinzipats und vorsichtiger Distanz zu wahren. Der ideale Princeps begegnet, in der Maske des Gründerheroen Aeneas, in Vergils (70–19 v. Chr.) Epos *Aeneis*: Aeneas, den trojanischen Helden, verschlägt es auf seiner Irrfahrt durchs Mittelmeer an die Küste Karthagos, wo er bei der Königin Dido gastliche Aufnahme findet. Er berichtet vom Untergang Trojas und von seiner Seereise. Während seines Aufenthalts verlieben sich Dido und Aeneas ineinander, aber Merkur, als Abgesandter Jupiters, erinnert den Helden an den Auftrag des obersten Gottes: die ›alte Mutter‹ (*antiqua mater*) zu suchen und ein Volk zu gründen, das dereinst zur Weltherrschaft berufen sei. Aeneas gehorcht und trennt sich von

23 Die jeweils 18 v. Chr. erlassenen *leges Iuliae de adulteriis coercendis* (über den Ehebruch) und *de maritandis ordinibus* (über den Ehestand) sowie die beide ergänzende *lex Poppaea* (9 v. Chr.) stellten Ehebruch unter Strafe und machten den Ehestand für alle Männer vom 25. bis zum 60. und für alle Frauen vom 20. bis zum 50. Lebensjahr zur Pflicht (vgl. Kienast 1982, 137f.; Gardner 1995, 129–133; Kaser [2]1971, 318–321; Mette-Dittmann, 1991).

24 Ovid nennt in seiner poetischen ›Autobiographie‹ (trist. X. 4) als Gründe für die Relegation (eine milde Form des Exils, die dem Bestraften sein Vermögen und Bürgerrecht belässt) »ein Versehen, nicht ein Verbrechen« (*errorem* […], *non scelus*, 90) bzw. den »Zorn des beleidigten Herrschers« (*laesi principis ira*, 98).

Dido, die sich das Leben nimmt – aber nicht, ohne zuvor Rache zu schwören. Der Held segelt mit seinen Gefährten nach Sizilien, wo er Leichenspiele für seinen im Jahr zuvor gestorbenen Vater Anchises abhält; von dort gelangen die Trojaner nach Italien: In Cumae (Kyme) begleitet die Sibylle, die Priesterin des dortigen Orakels, Aeneas in die Unterwelt, wo ihm die spätere Sendung Roms enthüllt wird. Er erfährt, dass sein Ziel in Latium liegt, wo er landet und von König Latinus aufgenommen wird, der ihm die Hand seiner Tochter Lavinia verspricht, doch entbrennt bald der Kampf mit den Rutulern des gleichfalls um Lavinia buhlenden Turnus. Nach vielen Kämpfen und Gefahren kann Aeneas Turnus schließlich besiegen und sich in Latium niederlassen – sein Sohn Ascanius wird dort die Stadt Alba Longa gründen, deren Tochterstadt in einer fernen Zukunft Rom sein wird.

Die Mythen um die Vorgeschichte der Stadtgründung verdichtet Vergils unvollendet gebliebenes Epos zu einer Erzählung, die mit Anspielungen und Bezügen auf die eigene Gegenwart des Dichters gesättigt ist. So erscheint Aeneas mit seinem keine Kompromisse duldenden Pflichtbewusstsein (*pietas*), welches das Leitmotiv des gesamten Erzählstrangs ist, aber auch mit seinem Anstand (*humanitas*) und seiner Milde (*clementia*) als Alter Ego des ersten Princeps; er ist aber zugleich jemand, der in fernster Vergangenheit eine Entwicklung angestoßen hat, die mit Augustus ihrem Kulminationspunkt zustrebt. Eben dadurch, dass die *Aeneis* in dieser fernen Vergangenheit ansetzt, ist »die römische Geschichte an der Wurzel erfaßt«:[25] Rom ist ein *imperium sine fine* verheißen – eine Herrschaft, die weder zeitlich noch räumlich je an ein Ende stoßen wird. Besser lässt sich der proklamierte Universalismus des augusteischen Prinzipats nicht auf eine Formel bringen: Es sind die Themen des rechten Verhaltens gegenüber Göttern und Menschen, der Milde – auch den Feinden Roms gegenüber –, des Friedens und der Zivilisation, für die

25 So treffend von Albrecht 1992, 553.

Aeneas ebenso steht wie das augusteische Imperium. Im Wort vom grenzenlosen Imperium steckt auch ein Reflex jener Triebkraft, die ab Augustus so gut wie alle Kaiser nach beständiger Vergrößerung des Imperiums streben ließ: Roms imperialer Imperativ war gewissermaßen die außenpolitische Doktrin der Kaiser – oder wäre es gewesen, wenn sie denn eine wirkliche Außenpolitik gekannt hätten. Der universelle Anspruch des Prinzipats machte praktisch die gesamte bewohnte Welt, soweit sie bekannt war, zur Sphäre römischer Innenpolitik. Wie alle Kaiser nach ihm strebte auch Augustus beständig danach, die Lücke zwischen dem idealen *imperium sine fine* und dem realen, begrenzten Reich so weit wie möglich zu schließen.

Gleichwohl ist die *Aeneis* keine ›Augusteis‹, weil Vergil seinen Stoff trotz allem autonom gestaltete und damit eher aktiv an der *imago* des Princeps mitstrickte, als dass er sich von ihm hätte instrumentalisieren lassen. Vor allem US-amerikanische Philologen haben in Vergil sogar einen geschickt agierenden Regimekritiker sehen wollen, der subversive Botschaften, gleichsam eine »second voice«, in der offiziellen Lobeshymne auf den Friedensfürsten Augustus versteckt habe. Plausibel ist die seit den 1960er Jahren jenseits des Atlantik ungebrochen populäre »two-voices-Theorie« nicht: Zu bruchlos positiv ist das Augustus-Bild, das Vergils gesamtes dichterisches Schaffen durchzieht, zu fest ist sein Held Aeneas im römischen Tugendkanon verwurzelt, als dass hier eine verschlüsselt vorgetragene Prinzipatskritik vernehmbar sein könnte.[26]

Passgenaues Gegenstück zu Vergils großformatiger *Aeneis* ist das vergleichsweise kurze und ganz und gar gegenwartsbezogene *Carmen Saeculare* aus der Feder seines Zeitgenossen Horaz (65–8 v. Chr.). Es entstand aus Anlass der Säkularfeiern des Jahres 17 v. Chr. und im direkten Auftrag des Princeps. Die religiösen Säkularfeiern waren eine alte republikanische Tradition und fanden bis ins 3. Jh. v. Chr. in 100-jährigem

26 Die »two-voices-Theorie« wurde erstmals von Parry 1963 vorgetragen. Skeptisch mit guten Gründen: Holzberg 2006, 60f.

Rhythmus statt. Verbunden damit war der Glaube, dass sich die Welt alle 100 (oder, nach anderer Überlieferung: 110) Jahre erneuere und damit jeweils ein neues Zeitalter einzuläuten sei. In der späten Republik war der Brauch allmählich abgestorben, aber in augusteischer Zeit, nach Beendigung der Bürgerkriege, hatten viele Menschen das – vom Princeps eifrig genährte – Gefühl, ein neues, glückliches Zeitalter voller Frieden, Wohlstand und Glück breche an. Entsprechend tat auch Vergils *Aeneis* die Überzeugung kund, mit Caesar Augustus beginne ein »neues Goldenes Zeitalter« (*aurea saecula*).[27] Im Mai 17 v. Chr. war es so weit: Die Römer reinigten mit Fackeln und Schwefel rituell ihre Häuser, Augustus opferte in drei aufeinanderfolgenden Nächten erst den Schicksalsgöttinnen, dann der griechischen Göttin der Geburt, Eilithya, und schließlich der Göttin Tellus (Mutter Erde). An den jeweils folgenden Tagen opferte er Jupiter Optimus Maximus (dem kapitolinischen Jupiter), Juno und seinem persönlichen Schutzgott Apoll. Anlässlich dieser Opferhandlung trat ein Chor aus 27 Jungen und ebenso vielen Mädchen auf, der den Säkulargesang des Dichters Horaz vortrug.[28]

Der erste Teil des Gedichts ist eine Bitte an die Götter, sie möchten die an sie gerichteten Gebete erhören und den Enkeln des ›frommen Aeneas‹ auch künftig ihre Gunst schenken: »Gebt Gedeihn und Kinder und alles Schöne Romulus' Volke!«[29], dann kündigt sich machtvoll das neue Goldene Zeitalter, das *saeculum Augustum*, an:

> Seinem Arm, allmächtig zu Land und Meer, und Albas Beilen beugt sich nun scheu der Meder [die Parther im Osten]; Skythen [generell die Nordnomaden der Steppe], jüngst noch trotzig, und Inder holen seine Bescheide. Und schon wagt auch Frieden und Treu und Ehre und der Vorzeit Zucht und vergeßne Tugend sich zurück; glückspendend erscheint mit vollem Horne der Segen.[30]

27 Verg. Aen. VI. 792f. Zu Säkularfeiern generell: Ogilvie 1984, 124f.
28 Vgl. Ogilvie 1984, 125.
29 Hor. carm. saec. 47f.
30 Ebd. 53–60.

Das vergilische Motiv des *imperium sine fine* variiert Horaz zum optimistischen Blick in eine Zukunft, in der »Roms Macht und das Glück Italiens auf ein neu Jahrhundert von Jahr zu Jahr stets schöner erblühn.«[31] »Der neun Camenen erkorner Liebling, dessen Kunst heilbringend des Leibes kranke Glieder erleichtert«[32] – mit anderen Worten: der die Wunden des Bürgerkriegs geheilt hat und Rom nun einer glücklichen, sorglosen Zukunft ohne inneren Hader entgegenführt –, ist niemand anderes als Augustus. Horaz' bildreiche Sprache scheint bereits Motive des großen Friedensaltars zu zitieren, den der römische Senat dem Princeps freilich erst einige Jahre später (13 v. Chr.) widmete: Auf der ›Ara Pacis‹ begrüßen den Besucher an den Frontseiten Aeneas, Mars und Roma auf der einen, eine weibliche Trias mit Zwillingspaar auf der anderen Seite: Sinnbilder für Wohlstand und Sicherheit, für die kosmische Ordnung und die Gewissheit, dass das Glück auch für die Zukunft Bestand hat – und für den Krieg, der die Voraussetzung des (römischen) Friedens ist. Der seitliche Fries zeigt eine Opferprozession, in deren Mitte wir den Kaiser ausmachen können, umgeben von seiner Familie, hohen Würdenträgern, Senatoren und den wichtigsten Priesterkollegien. Augustus und sein engster politischer Weggefährte Agrippa schreiten verhüllten Hauptes, dicht umringt von den Priestern; den Kaiser kennzeichnet allein die Zahl der Liktoren, die den hohen Magistraten in Rom mit den *fasces* – in Rutenbündel gewickelte Beile – als Zeichen ihrer Amtsgewalt voranschritten. Von der Prozession, mit den einträchtig versammelten Männern, Frauen und Kindern, geht der Eindruck geradezu familiärer Solidarität aus – hier wird, im wahrsten Sinne des Wortes, der Schulterschluss der Elite mit jenem Mann praktiziert, der Rom das Ende der Bürgerkriege und eine Ära wiedergefundenen Friedens und Wohlstands beschert hat. Von den Bildern strahlen Wohlstand (*copia*), Eintracht (*concordia*), Frieden (*pax*), Anstand (*humanitas*) und

31 Ebd. 66–68.
32 Ebd. 62–64.

Abb. 3: Detail der Ara Pacis. Figurengruppe mit Agrippa (links) und Angehörigen der kaiserlichen Familie.

Pflichtgefühl (*pietas*) aus – genau die Elemente also, die auch für Horaz die *aurea saecula* ausmachten, für die Augustus der Garant war.[33]

Der Friedensaltar auf dem Marsfeld war, obwohl er seiner künstlerischen Bedeutung nach herausragt, kein Solitär, sondern eingelassen in ein Bau- und Bildprogramm, das bald das Gesicht der Hauptstadt am Tiber von Grund auf veränderte. Neu an der Bilderflut, die jetzt auf die Römer niederstürzte, waren nicht so sehr die Details, die formalen und stilistischen Ausdrucksmittel; sie alle waren der Bildersprache des Hellenismus und, in geringerem Umfang, auch der Römischen Republik entlehnt. Neu war vielmehr, dass die verschiedenen Versatzstücke sich erstmals zu einem Kanon verdichteten, in dessen Mittelpunkt der Princeps stand. Und wieder war es

33 Zur ›Ara Pacis‹: Coarelli 1975, 270–275; Settis 1988; Zanker ²1990, 126–130; Kolb 1995, 340–343; Reinhardt/Sommer 2008, 62f.

nicht die Zentrale, die Kunst als ›Propagandamittel‹ gezielt gesteuert hätte, um für den Prinzipat zu werben. Vielmehr fand auch hier ein zwar nicht gänzlich offener, aber eben auch nicht gesteuerter Dialog statt, der sich aus unterschiedlichen Quellen speiste, verschiedene Teilnehmer hatte und in dem das Kaiserhaus lediglich eine moderierende Rolle spielte: »Es wurde nichts vorgeschrieben, es wurde nichts kontrolliert und es gab keine Werbekampagnen.«[34] Es war aber gerade das Versatzstückhafte, Eklektische der so entstehenden Bildersprache, das sie überall versteh-, deut- und adaptierbar machte. Sie wurde so gleichsam von oben nach unten durch die römische Gesellschaft durchgereicht, blieb nicht auf offizielle Monumentalbauten und -ensembles oder die Repräsentationsräume der Eliten beschränkt, sondern wurde – gewissermaßen als erste Massenkultur – zum festen Bestandteil der Lebens- und Wohnwelt auch bescheidenerer Ränge der römischen Gesellschaft.

Die Transformation des Stadtbildes: Rom unter Augustus

Rom wurde nicht an einem Tag erbaut, und so dauerte es auch längere Zeit, bis das organisch gewachsene, einer imperialen Kapitale aber nur bedingt angemessene Erscheinungsbild des republikanischen Rom dem marmornen Glanz wich, mit dem Augustus die Siebenhügelstadt ausstattete. Rom war nun ohne Übertreibung der Mittelpunkt der Welt, und die Mitte symbolisierte der goldene Meilenstein (›Miliarium Aureum‹), den Augustus auf dem ›Forum Romanum‹ aufstellen ließ, unweit der Rednertribüne, von der die politischen Protagonisten der Politik die Massen in ihren Bann gezogen hatten. Hier liefen auch die Adern des gewaltigen Straßennetzes zusammen, mit dem Rom die von ihm beherrschte Welt

34 Zanker ^{2}1990, 332.

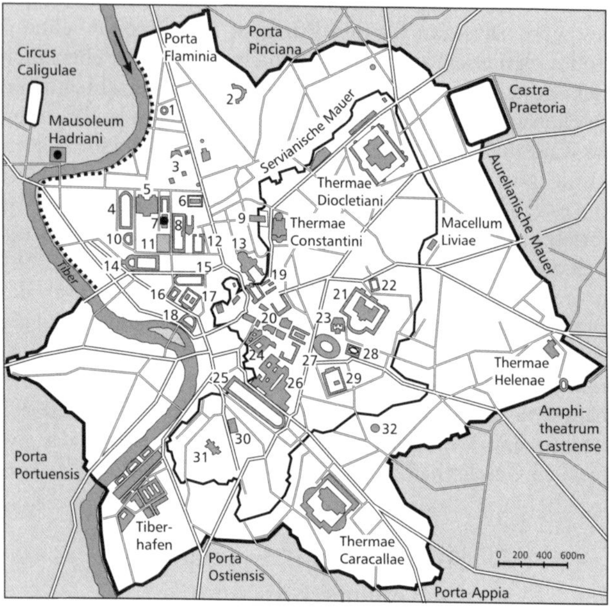

1 Mausoleum des Augustus
2 Horti Luculliani
3 Ara Pacis
4 Stadium Domitiani
5 Thermae Neronianae
6 Templum Hadriani
7 Pantheon
8 Saepta Iulia
9 Templum Serapidis
10 Odium
11 Thermae Agrippae
12 Templum Divorum
13 Basilica Ulpia
14 Theatrum Pompeii
15 Theatrum et Crypta Balbi
16 Porticus Philippi
17 Porticus Octaviae
18 Theatrum Marcelli
19 Kaiserforen
20 Forum Romanum
21 Thermae Traiani
22 Porticus Liviae
23 Thermae Titi
24 Domus Tiberiana
25 Circus Maximus
26 Domus Augustana
27 Amphitheatrum Flavium (Colosseum)
28 Ludus Magnus
29 Templum Divi Claudii
30 Thermae Suranae
31 Thermae Decianae
32 Macellum Magnum

Abb. 4: Stadtplan des augusteischen Rom.

überzogen hatte und das seinerseits pragmatisch wie symbolisch für die Kräfte stand, mit denen die Stadt in der Mitte Italiens die Provinzen durchdrang. Konkret trafen sich auf dem Forum die von Norden kommende Via Flaminia, die nach Ostia führende Via Ostiensis, die Via Tiburtina, Via Amerina und Via Nomentana, die alle nach Nordosten und Osten das Bergland von Latium, Umbrien und den Abruzzen mit der Hauptstadt verbanden, und schließlich die Via Appia, die den Süden der Appeninhalbinsel erschloss. Gemeinsam gliederten sie die Stadt, die – dafür stand der goldene Meilenstein – auch wirtschaftlich und verkehrstechnisch der Knotenpunkt des Reiches war.

Sein politisches und symbolisches Gravitationszentrum wurde, während sich das Forum rapide entpolitisierte, der Kaiser selbst, der unweit auf dem Palatin residierte. Dabei war das Haus, das Augustus auf dem Hügel bewohnte, von geradezu provozierender Bescheidenheit: Die Residenz des mächtigsten Mannes der römischen Welt, die in unmittelbarer Nähe des Tempels stand, den Augustus auf dem Westausläufer des Palatins ›seinem‹ Gott Apoll gebaut und 28 v. Chr. geweiht hatte, war de facto ein Komplex zusammengelegter Privathäuser, die alle in der späten Republik errichtet worden waren: Die Architektur mit den um Innenhöfe angeordneten Räumen lehnte sich an die Tradition des aristokratischen Stadthauses an, wie es sich in den Jahrhunderten der Republik herausgebildet hatte. Im Norden der Anlage wurde zunächst (1869) das sogenannte Haus der Livia ausgegraben, das vermutlich tatsächlich von der Kaiserin bewohnt worden war; im *triclinium*, dem Speiseraum des Hauses, haben sich Wandmalereien des sogenannten Zweiten Stils erhalten, der für das 1. Jh. v. Chr. charakteristisch war: Gemalte Scheinarchitektur eröffnet illusionistisch Ausblicke auf eine dahinter liegende Gartenlandschaft, belebt wird das Ganze durch Menschen- und Göttergestalten sowie dekorative Elemente wie Sphingen, Pflanzenmotive, Kandelaber und geflügelte Gottheiten. Auch der südlich angrenzende Trakt, der ›Haus des Augustus‹ genannt wird, zeichnet sich durch kunstvolle

Wandgemälde mit Architektur- und Theaterthematik aus; obwohl die Ausstattung mit Wandbildern, Marmor- und Mosaikfußböden sowie Stuckdecken von feinem Geschmack und gehobenem Wohnkomfort kündet, trumpft das Haus doch keineswegs mit übertriebenem Luxus auf. Schon gar nicht war der Bau, in dem der Princeps täglich seinen Staatsgeschäften nachging, ein Palast:

> Anfangs wohnte er direkt am ›Forum Romanum‹ oberhalb der Ringmachertreppe in einem Haus, das im Besitz des Redners Calvus gewesen war; später auf dem Palatin, aber auch dort lediglich in einem anspruchslosen Haus des Hortensius, das weder durch Geräumigkeit noch durch Luxus hervorstach, in dem sich vielmehr nur niedrige Hallen mit Säulen aus Tuffstein und Gemächer ohne Marmor und auffallende Mosaikböden befanden. Und er schlief über vierzig Jahre lang, winters wie sommers, in ein und demselben Gemach.[35]

Vermutlich übertreibt Sueton hier die Anspruchslosigkeit des Herrschers ein wenig, aber dessen Absicht, durch selbst auferlegte Bescheidenheit und Verzicht auf unangemessene Repräsentation das Außerordentliche seiner Stellung zu verhüllen und die Senatoren seine Standesgenossenschaft spüren zu lassen, wird doch deutlich: Dadurch, dass er keinen ›Palast‹, sondern eben ein im Prinzip privates ›Haus‹ bewohnte, ein Haus zudem, das keineswegs von den Prachtbauten anderer reicher Römer abstach, setzte er ein klares Zeichen: Ich bin einer von euch, lautete die Botschaft, die vom Palatin an die Senatoren ausging.

Freilich war der um drei Peristyle herumgruppierte Komplex letztlich dann doch zu klein, um all das zu beherbergen, dessen der Kaiser, seine Familie und sein Hofstaat bedurften – so bescheiden das alles auch gewesen sein mag. Tatsächlich gehörten zur ›Domus Augusti‹ wohl noch weitere, eher öf-

35 Suet. Aug. 72, 1 (Übersetzung nach D. Schmitz). Die Möglichkeit, dass der Hausherr zwischen mehreren Räumen mit derselben Funktion saisonal wechseln konnte, gehörte an sich zu den standardmäßigen Statusmerkmalen vornehmer römischer Häuser.

fentliche als private Gebäudeteile, die später von den flavischen Palastanlagen, der ›Domus Augustana‹, überbaut wurden. Die Anlage, die über dem Circus Maximus thronte, nahm insgesamt eine Fläche von 150 × 80 m ein.[36]

Sorgfalt verriet aber nicht nur die Ausführung des Baus, sondern auch die Wahl des Ortes: Die Residenz entstand genau dort, wo der Mythos die Keimzelle der Stadt Rom vermutete. Hier, auf dem Cermalus, lag die ›Roma Quadrata‹ (der viergeteilte heilige Bezirk), die vermutlich dem *templum* des Augurs nachempfunden war, der die Gründungszeremonie überwacht haben soll;[37] in unmittelbarer Nähe lagen die wichtigsten mythischen Erinnerungsorte des antiken Rom: das ›Lupercal‹ (die Grotte, in der man die Wölfin verehrte, die einst Romulus und Remus gesäugt haben soll), eine Treppe, die man mit dem legendären, von Hercules zur Strecke gebrachten Räuber Cacus in Verbindung brachte, der Victoria-Tempel, den der Sage nach Euander, der mit Aeneas verbündete Arkader, geweiht hatte, und schließlich die Hütte des Stadtgründers Romulus. Augustus baute demnach auf geweihtem Grund, und nicht nur das: Als, kurz nach dem Kauf des Grundstücks, der Blitz einschlug, verstand man dies als Wink des Apoll und begann mit dem Bau des Apollo-Tempels, der als korinthischer Pseudoperipteros ausgeführt wurde. Schon von Weitem bot er einen beeindruckenden Anblick: Das Dach war mit Marmor gedeckt, die Türflügel verkleideten elfenbeinerne Reliefplatten mit Darstellungen der vom Parnass stürzenden Gallier und der trauernden Niobe, den Giebel krönte eine Statue des Sonnengottes Sol[38] und für das Tympanon war schließlich gar eine archaische Figu-

36 Vgl. Coarelli 1975, 142–145; McKay 1980, 62–65; Kolb 1995, 334f.; Tomei 2000 und [2]2006.

37 Tatsächlich fanden sich hier, auf dem 43 m hohen, trapezförmigen Gipfel von Cermalus und Palatin, frühe Siedlungsreste, die ins 8. Jh. v. Chr. datieren. An diese in republikanischer Zeit vielleicht noch sichtbaren Überreste kann sich später der Mythos der von Romulus gegründeten ›Roma Quadrata‹ geknüpft haben. Vgl. *Römische Geschichte I*, 63–65.

38 Prop. II. 31.

rengruppe aus Griechenland herbeigeschafft worden.[39] Eingerahmt wurde Apolls Tempel von einer prächtigen Portikus, die mit gelbem Marmor ausgekleidet war und in der die Statuen aller 50 Danaiden sowie der zugehörigen 50 Aigyptos-Söhne aufgestellt waren.[40] Der Tempelbezirk umfasste ferner eine lateinische Bibliothek, in die Augustus häufig den Senat einberief.[41]

Der Residenzkomplex auf dem Palatin mit seiner bewusst im Vagen gehaltenen Abgrenzung zwischen ›privat‹ und ›öffentlich‹ bildete also die genaue Entsprechung zum Prinzipat, in dem ja juristisch fassbare Kompetenz und persönliche Autorität des Augustus in ebenso absichtsvoller Uneindeutigkeit verschwammen. Er war aber beileibe nicht der einzige Ort in Rom, an dem das neue System markante Spuren hinterließ: Am meisten Spielraum für baulichen Gestaltungswillen ließ nach wie vor das Marsfeld, der ›Campus Martius‹, nördlich des antiken Stadtzentrums, zwischen Tiberknie und heutiger Via del Corso, wo bereits Pompeius (mit dem Pompeius-Theater) und Caesar (mit den von Agrippa vollendeten, ursprünglich als Versammlungsplatz für die *comitia tributa* vorgesehenen ›Saepta Iulia‹) markante eigene Akzente gesetzt hatten; noch vor Pompeius war hier außerdem der Sakralkomplex auf dem heutigen Largo di Torre Argentina mit vier Tempeln und das Bauensemble um den Circus Flaminius (im Bereich der heutigen Synagoge) entstanden. Den Norden des Marsfeldes fand Augustus dagegen noch weitgehend unbebaut vor. Das gesamte Areal bildete im vom Kaiser in 14 (noch heute als *rioni* weitgehend in der Stadttopographie erhaltenen) Regionen eingeteilten Rom die *regio IX*.[42] Unter Augustus erhielt das Viertel um den Circus Flaminius nun ein

39 Plin. nat. XXXVI. 11–13.

40 Die Danaiden, Töchter des Ahnherrn der Griechen, des libyschen Königs Danaos, mordeten, mit einer Ausnahme, der Sage nach ihre Gatten, die Söhne des Aigyptos.

41 Vgl. dazu: Kolb 1995, 335.

42 Zu den augusteischen Bauten auf dem Marsfeld: Vgl. auch Reinhardt/Sommer 2008, 57–64.

ganz neues Gesicht: Aus Anlass der Säkularfeiern des Jahres 17 v. Chr. entstand das Marcellus-Theater zu Füßen des Kapitols, in der Nähe wurde eine vorhandene Säulenhalle zur Portikus der Octavia ausgebaut, die nun auch eine Bibliothek beherbergte, nördlich der Tempelzone auf dem Largo Argentina entstand, neben den von Agrippa vollendeten ›Saepta Iulia‹, das – später unter Domitian und unter Hadrian erneut sanierte – Pantheon, für das ebenfalls Agrippa die Verantwortung trug, wobei der von Agrippa errichtete rechteckige Tempel freilich weitaus weniger spektakulär war als der Nachfolgebau, den Hadrian hier ausführen ließ. Der 118–125 n. Chr. entstandene überkuppelte Zentralbau[43] mit vorgelagerter Portikus erinnert mit seiner Bauinschrift allerdings weiter an den Freund des Augustus: M AGRIPPA L F COS TERTIVM FECIT (›Marcus Agrippa, Sohn des Lucius, Konsul zum dritten Mal, hat es gebaut‹).

War Agrippa damit ein prominenter Platz im öffentlichen Raum des ›Campus Martius‹ gesichert, so war die nördlich sich anschließende Fläche dazu ausersehen, den Princeps selbst zu würdigen: Im Laufe der Zeit entstand in dem Dreieck zwischen Tiber, Via del Corso und der Straßenflucht der heutigen Via del Seminario eine regelrechte Augustus-Topographie, ein einzigartiges Ensemble aufeinander bezogener Erinnerungsorte, deren Kernstück der große, 30 m hohe Obelisk war, der heute auf der Piazza Montecitorio steht, vor dem Gebäude der italienischen Abgeordnetenkammer. Der von einer goldenen Kugel gekrönte Obelisk, den man eigens aus dem ägyptischen Heliopolis, der Stadt des Sonnenkults und – nach ägyptischer Vorstellung – dem Entstehungsort der Götter, hatte herbeischaffen lassen, war dort von Pharao

43 Die Kuppel des vollständig erhaltenen Rundbaus mit ihrer kassettierten Decke war mit ihrem Durchmesser von 43,3 m lange Zeit – bis zum Bau der Jahrhunderthalle in Breslau (1913) – die größte freitragende Kuppel der Welt. Rekordverdächtig war auch die Bauweise: Mithilfe von ›mitwachsenden‹ Kränen und einer vierbeinigen ›Spinne‹, die das allmählich kleiner werdende Loch im Kuppelscheitel überspannte, ließ man die Kuppel Steinreihe um Steinreihe in die Höhe wachsen.

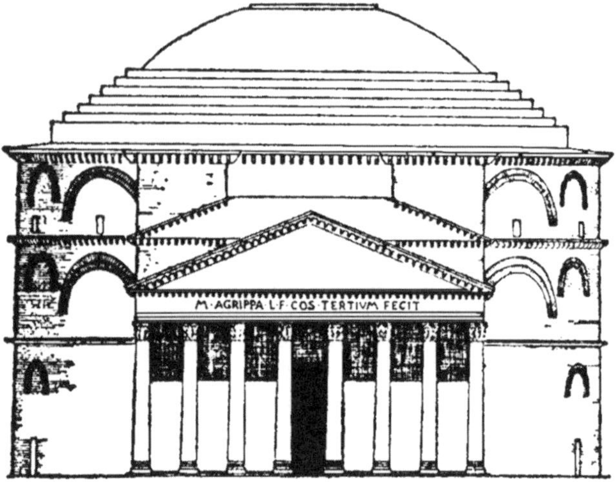

Abb. 5: Das Pantheon in Rom. Die Bauinschrift nennt den Stifter des ursprünglichen Tempels, Marcus Agrippa. Der Bau, wie er sich heute präsentiert, stammt allerdings aus der Zeit Hadrians.

Psammetich II. (595–589 v. Chr.) errichtet worden; wie die übrige ›Beutekunst‹ auch, die in der Tiberstadt – seit Augustus deutlich verstärkt – ihren neuen Aufstellungsort fand, bekundete er als steinerner Zeuge Roms Anspruch auf Hegemonie.[44] In diesem speziellen Fall allerdings ging es noch um mehr: Der Sieg über Ägyptens Königin Kleopatra verband sich mit dem Triumph über Oktavians letzten römischen Widersacher Marcus Antonius. Nach der Lesart der neuen Ära freilich hatte es sich hier nicht um einen Bürgerkrieg, sondern um die Auseinandersetzung mit einem äußeren Reichsfeind gehandelt:

> Imperator Caesar Augustus, Sohn des vergöttlichten Caesar, *pontifex maximus*, Imperator zum 12., Konsul zum 11., Inhaber der tribunizischen Gewalt zum 14. Mal, nachdem Ägypten un-

44 Zur systematischen Plünderung von Kunstwerken im eroberten Griechenland: Sauron 2013, 13–48.

ter die Herrschaft des römischen Volkes gebracht worden war, hat diesen Obelisk der Sonne zum Geschenk gegeben.

– so lautete die Weihinschrift, die man dem Sockel bei der Aufstellung in Rom um 10 v. Chr. einmeißelte, wobei sich der Bezug zur Sonne in diesen Zeilen nicht erschöpfte: Der Obelisk war zugleich das *gnomon* (Zeiger) einer gigantischen Sonnenuhr, des sogenannten ›Solarium Augusti‹. Den Besuchern des Marsfeldes zeigte der über ein überdimensionales, in den Fußboden gemeißeltes Zifferblatt wandernde Schatten des Obelisken, was die Stunde geschlagen hatte; am Geburtstag des Princeps, dem 23. September, wies er genau zur Mittagszeit auf das Zentrum der ›Ara Pacis‹, am Abend desselben Tages erreichte er das Mausoleum, das Augustus sich bereits 29 v. Chr. als massiven, einen konischen Erdhügel (*tumulus*) tragenden Rundbau mit einem Durchmesser von 90 m ganz im Norden des ›Campus Martius‹ hatte errichten lassen. Rom konnte also ruhig schlafen, denn der Staatsgott Divus Augus-

Abb. 6: Das bereits 29 v.Chr. errichtete Augustus-Mauseoleum auf dem Marsfeld trug ursprünglich einen mit Zypressen bepflanzten Grabhügel. Neben Augustus fanden hier zahlreiche Angehörige der julisch-claudischen Dynastie ihre letzte Ruhestätte, darunter Agrippa und Germanicus sowie die Kaiser Tiberius Tiberius, Caligula und Claudius.

tus, zu dem der Senat den Kaiser nach seinem Tod erheben sollte, wachte gnädig über die Stadt am Tiber und ihr Imperium.[45]

Originell und durchdacht, wie die Augustus-Topographie auf dem nördlichen Marsfeld war, an Pracht und Symbolkraft wurde sie noch übertrumpft von dem Bauensemble, das in den letzten Jahren vor der Zeitenwende im Stadtzentrum, nördlich des ›Forum Romanum‹, aus dem Boden gestampft wurde: Das 2 v. Chr. eingeweihte Augustus-Forum belebte eine Tradition neu, die bereits Caesar begonnen hatte:[46] Wie einst der Diktator, so ergänzte nun auch Augustus das aus allen Nähten platzende ›Forum Romanum‹ durch einen eigenen, gänzlich mit seinem Namen verbundenen Komplex aus Sakral- und Profanbauten. Wie konnte ein römischer Herrscher sich einen besseren Erinnerungsort schaffen als durch die Kombination aus Zweckmäßigkeit und sakraler Weihe, für die das Forum stand? Wie im notorisch an sich selbst erstickenden Moloch Rom sich besser um sein Volk verdient machen als mit einem Ensemble, das der Gerechtigkeit, der Geschäftigkeit, dem Vergnügen und der Religion Platz verschaffte? Weichen mussten diesem Vorhaben Teile der ›Subura‹, des armseligen Gassenviertels, das sich über die Senke zwischen Quirinal, Viminal und Esquilin ausdehnte: Um eine deutlich sichtbare Grenze zwischen dem neuen Forum und den hauptstädtischen Slums zu ziehen, entstand im Rücken des Forums eine 30 m hohe Mauer aus massiven Steinquadern, davor flankierten seitliche Portiken einen offenen Hof, in dessen rückwärtigem Teil, entlang der Mittel-

45 Der *tumulus* war von einer Augustus-Statue gekrönt und mit Zypressen bepflanzt. Nach diesem Modell entstand in Rom später auch das noch größere Mausoleum des Kaisers Hadrian, die sogenannte ›Engelsburg‹. Im Augustus-Mausoleum wurden außer dem vergöttlichten Augustus auch Agrippa und andere Angehörige der kaiserlichen Familie bestattet (vgl. Buchner 1988; Kolb 1995, 342; Reinhardt/Sommer 2008, 58–63, gegen Buchners These und den Zusammenhang zwischen Obelisk und Mausoleum allerdings Schütz 1990, der mathematische Unstimmigkeiten nachweist).

46 *Römische Geschichte 1*, 519f.

Abb. 7: Augustus-Forum. Rechts im Bild zu erkennen die gewaltige Mauer, die das neue Forum zur Subura, dem Armeleuteviertel, abschirmte. Links das Podium des Mars-Ultor-Tempels.

achse, das Prunkstück des Forums stand: der Mars-Ultor-Tempel, nicht von ungefähr dem ›Rächer‹ geweiht, einer besonderen Manifestation des Kriegsgottes: Ihm hatte schon der blutjunge Oktavian einen Tempel gelobt, als er einst bei Philippi (42 v. Chr.) dem Heer der Caesarmörder gegenübergestanden hatte; Mars Ultor stand sinnbildlich auch für all jene Widersacher, die sich der *pax Augusta* entgegenzustellen gewagt hatten: Ihnen war der Zorn des Gottes gewiss. Das Innere des Tempels beherbergte die Feldzeichen, die einst der Triumvir Crassus bei Karrhai (53 v. Chr.) an die Parther verloren hatte und die Augustus – auf dem Verhandlungsweg – von Roms östlichen Nachbarn zurückerhalten hatte.[47]

47 Die Rückgabe wurde in Rom als Eingeständnis parthischer Unterlegenheit gedeutet: Die um 20 v. Chr. entstandene Panzerstatue des Augustus von Primaporta zeigt im Mittelteil des Panzerreliefs, wie ein Parther (König

Beziehungsreich war schließlich auch die Finanzierung des Tempels: Sie wurde aus der Beute der vielen Kriege bestritten, die in Augustus' Namen geführt worden waren.

An Pracht war der Tempel des Mars Ultor kaum zu überbieten: Schon die den Hof einfassenden Portiken waren ein architektonisches Wunderwerk ganz eigener Art: Errichtet aus verschiedenfarbigen Marmorsorten, sorgten zwei symmetrisch einander gegenüberliegende Exedren für Ruhemöglichkeiten. Die Portiken selbst waren mit reichem Statuenschmuck versehen; nicht fehlen durfte hier, als Ahnherr und mythisches Alter Ego des Princeps, der pflichtbewusste Aeneas, der mit seinem Vater Anchises auf den Schultern und seinem kleinen Sohn Ascanius an der Hand dargestellt wurde. Es folgte die gesamte Galerie großer Männer des Mythos und des historischen, republikanischen Rom: die Könige von Alba Longa, Romulus, die Scipionen, die Vertreter der *gens Octavia*, Sulla und natürlich Caesar, aber auch dessen Widersacher Pompeius. Im historischen Kabinett des Augustus-Forums waren sie alle einträchtig versammelt: reale und fiktive Helden, Optimaten und Popularen – Roms erster Kaiser erhob für alle sichtbar Anspruch auf das ungeteilte Erbe republikanischer Geschichte.[48] Der Tempel war folgerichtig auch der Ort, wo die Provinzialen zusammenkamen, um Augustus Dankgeschenke darzubringen – für eine Herrschaft, die sie in den Genuss all jener Segnungen brachte, die der römische Friede zu bieten hatte.

Phraates IV.?) einer Figur im militärischen Ornat (Mars Ultor?) die Feldzeichen übergibt. Eingebettet ist die Szene in allegorische Darstellungen unterworfener Völker. Gleichzeitig erschienen im Reich Münzserien mit Legenden, die SIGNIS RECEPTIS (›für die zurückerhaltenen Feldzeichen‹) oder ähnlich lauteten und einen knieenden Parther mit bittend nach vorn gereckter linker Hand zeigen. Zu den Zusammenhängen zwischen Ikonographie und römischem Partherbild ausführlich: Landskron 2005, 102–109.

48 Suet. Aug. 31.

Vom Princeps zum Gott

Identitätsstiftend wie die neue Bildersprache war, war die integrierende Wirkung, die von der Person des Princeps selbst ausging, doch noch weitaus stärker. Bereits in der späten Republik hatten herausragende Vertreter der senatorischen Aristokratie die Belange ganzer Provinzen als mächtige Patrone vertreten; Modell gestanden für die patronale Fürsorge, die ein vornehmer Römer den Provinzialen angedeihen lassen konnte, hatte die Eingliederung des Orients ins Römische Reich durch Pompeius (64 v. Chr.): Pompeius war den Menschen in den Ostprovinzen Ansprechpartner und ehrlicher Makler gewesen, wenn es um ihre Sorgen und Nöte gegangen war, er hatte Schutz geboten gegen Willkür, etwa von Steuerpächtern (*publicani*) oder senatorischen Amtsträgern, und die Provinzialen auch sonst seine Nähe fühlen lassen.[49] Dieses Nahverhältnis – *fides* oder ›Treue‹ auf Gegenseitigkeit – zwischen aristokratischem Patron und provinzialer Klientel hatte sich als ein Kitt erwiesen, der im innerrömischen Machtkampf rasch seine Wirksamkeit unter Beweis gestellt hatte: Pompeius' Klientel im Osten war seine Trumpfkarte gewesen, als sich die latente Rivalität mit Caesar zum Bürgerkrieg zugespitzt hatte.

Etwas Ähnliches dürfte Oktavian in der Endphase der Auseinandersetzung mit Marcus Antonius vorgeschwebt haben, als er die Bevölkerung ganz Italiens und der Westprovinzen einen Eid auf seine Person ablegen ließ, dessen Freiwilligkeit er in den *Res gestae* ausdrücklich betont.[50] Die Eidesleistung verpflichtete die Schwörenden in der bevorstehenden heißen Phase des Konflikts auf militärische Gefolgschaft; im

49 Die besondere Qualität, die Roms Präsenz in den Provinzen durch das Modell der patronalen Fürsorge erhielt, hat besonders Baltrusch (2004, 37) klar herausgearbeitet.

50 Mon. Ancyr. 25: »Den Gefolgschaftseid hat mir ganz Italien (*tota Italia*) aus freien Stücken (*sponte sua*) geleistet und mich in dem Krieg, in dem ich Sieger bei Actium war, nachdrücklich als Führer gefordert.« (Übersetzung M. Giebel)

Kern steckte dahinter der Versuch, sein rechtlich nicht einwandfreies Handeln als Exekution des allgemeinen Volkswillens – *consensus universorum* – zu legitimieren: Von hier führt eine direkte Linie zu den Eidesformeln, mit denen später die gesamte Reichsbevölkerung auf Loyalität dem Princeps gegenüber eingeschworen wurde. Alle späteren Kaiser sollten auf dieses Instrument zurückgreifen, um jeden Einzelnen unmittelbar anzusprechen und in die kaiserliche Universalklientel zu integrieren, zu der die Reichsbevölkerung faktisch geworden war.

Bei der Stiftung solcher Nahverhältnisse war aber immer auch noch etwas anderes im Spiel: die Idee, dass ein Einzelner, dessen Macht aus der Perspektive der Vielen so überwältigend war, dass sie sich kaum noch auf menschliche Begriffe bringen ließ, göttliche Ehren verdiente. Bereits der Republik war dieses Denken keineswegs fremd gewesen: In der archaischen Großfamilie (*familia*), zu der auch die Sklaven zählten, war der *genius* – die numinose, einem Menschen innewohnende ›Lebenskraft‹ – des Oberhaupts (*pater familias*) als göttlich verehrt worden; ähnlich hatten die Klienten eines großen Mannes dessen *genius* göttliche Ehrungen dargebracht. Von hier zur göttlichen Verehrung der eigentlichen Person war es nur noch ein kleiner Schritt. Was aus moderner, unverkennbar christlich-jüdisch geprägter Perspektive wie Blasphemie anmutet, war für die Menschen des Altertums kein Problem: Extreme soziale Rangunterschiede konnten sich auch – und durchaus häufig – in einer Verehrung niederschlagen, die auf die religiöse Sphäre übergriff.[51]

51 Gradel (2002, 48) weist mit Recht auf darauf hin, wie irreführend das moderne Konzept von ›Religion‹ ist, wenn es auf antike Verhältnisse angewandt wird: »In this light, divine worship of humans, as of gods, an aspect of the ›relative‹ as opposed to the ›absolute‹ status system, is indeed the ›natural‹ state; only the later invention of ›religion‹, and the concept of the realm of God as sharply distinct and separate from this world, has problematized the phenomenon.« Demgegenüber hält Clauss (1999, 17), der sich ebenfalls gegen einen von christlich-jüdischen Paradigmen geleiteten Religionsbegriff wendet, den Kaiserkult für den Ausdruck echter Religiosität: »Der römische Kaiser war

Interpretiert man die göttliche Verehrung eines Menschen im antiken Rom als Ausdruck eines extremen Statusunterschiedes und mithin des menschlichen Bedürfnisses, dieses Gefälle auf eine religiöse Formel zu bringen, so löst sich die von der Forschung konstruierte Problematik, wie die evidente Menschlichkeit und die proklamierte Göttlichkeit des Herrschers miteinander zu vereinbaren sind, von selbst in Wohlgefallen auf: Die Frage, ob die Menschen, wenn sie dem Herrscher Opfer darbrachten, wirklich an die Göttlichkeit seiner Person ›glaubten‹, stellt sich überhaupt nicht, und auch die Unterstellung, es habe sich um einen politisch motivierten Propagandatrick gehandelt, um die Machtfülle eines Einzelnen zu legitimieren und die Vielen gefügig zu machen, entbehrt jeder Grundlage: Dass der Kaiserkult durchaus legitimierende und herrschaftsstabilisierende Wirkung hatte, heißt im Umkehrschluss nicht, dass es für die Verehrenden etwas zu ›durchschauen‹ gab: Wenn man dem Kaiser opferte, so tat man dies aus eigenem inneren Antrieb, weil man seine Stellung anerkannte und sich ihm verbunden wusste. Man tat es, um sich für erwiesene Wohltaten – materielle wie immaterielle – erkenntlich zu zeigen, getreu der lateinischen Losung *do ut des* (›ich gebe, damit du geben mögest‹). Die banale Tatsache, dass jeder – einschließlich des Kaisers selbst – im Herrscher einen sterblichen Menschen sah, stand dazu nicht im Widerspruch.

Im hellenistischen Osten, den Pompeius unterworfen hatte, speiste sich der Herrscherkult noch aus einer anderen Quelle. Hier hatte die göttliche Verehrung des Königs eine lange, weit über Alexander den Großen hinausreichende Tradition: Man sah in ihm einen ›Wohltäter‹ (*euergetes*), ›Retter‹ (*soter*) oder ›erschienenen Gott‹ (*epiphanes*) und begriff seine kultische Verehrung entsprechend als Anerkennung buchstäblich ›übermenschlicher‹ Leistungen, wobei die Manifestationen der kultischen Verehrung im Einzelnen unterschiedlich aus-

Gottheit. Er war dies von Anfang an, seit Caesar und Augustus, er war es zu Lebzeiten, er war es auch im Westen des Reiches, in Italien, in Rom.«

fallen konnten: Herrschern wurde geopfert als göttergleichen Menschen bzw. Heroen, als Halbgöttern, als Stellvertretern der Götter auf Erden, als spezifischen Inkarnationen von Gottheiten oder als neuen Erscheinungen altbekannter Götter.[52] Römischen Aristokraten der Republik, die im östlichen Mittelmeerraum große Siege errungen hatten, wurden die gleichen Ehrungen zuteil: zuerst dem Konsul T. Quinctius Flamininus, der nach seinem Sieg bei Kynoskephalai (197 v. Chr.) als ›Befreier‹ Griechenlands aufgetreten war, später immer mehr römischen Statthaltern und Feldherren, wie etwa Lucullus und natürlich Pompeius.

Die östlich hellenistische und die römische Tradition der göttlichen Verehrung großer Männer flossen unter Caesar ineinander, dem nach seinem endgültigen Sieg über die Pompeius-Anhänger (45 v. Chr.) nie dagewesene Ehrungen zuteil wurden: In den Orientprovinzen wurde Caesar verehrt wie ein hellenistischer König; in Rom bewilligte der Senat ihm ein ›öffentliches Wohnhaus‹ (*domus publica*), richtete ein 50-tägiges Dankfest für seinen Sieg aus und verordnete, dass bei Festumzügen eine elfenbeinerne Statue des Diktators mitten unter den Götterbildern mitgeführt wurde; im Tempel des mit dem Stadtgründer Romulus identifizierten altsabinischen Gottes Quirinus wurde eine weitere Caesar-Statue aufgestellt, die obendrein noch die Inschrift *Deo invicto* (›dem unbesiegten Gott‹) erhielt. Dem Machthaber wie seiner sprichwörtlichen *clementia* (›Milde‹) sollten ferner eigene Tempel geweiht werden, Caesar wurde als ›Jupiter Julius‹ angesprochen, der Monat Sextilis nach ihm umbenannt und schließlich wurde ihm bei allen Gladiatorenspielen ein eigener Tag gewidmet. Marcus Antonius wurde eigens unter die Patrizier erhoben, um dem Caesarkult als Priester dienen zu können. Freilich provozierte diese Kumulation menschlicher und göttlicher Ehren – die jeweils für sich genommen kaum Anstoß erregt hätten – auch den Unmut senatorischer Kreise:

52 Zum hellenistischen Herrscherkult: Gehrke ^{2}1995, 80f.

Caesar hatte, wie er an den Iden des März grausam erfahren musste, den Bogen überspannt.[53]

Caesars postume Erhebung unter die römischen Staatsgötter per Senatsbeschluss (42 v. Chr.) hatte seinen Adoptivsohn Oktavian zum *Divi filius* gemacht – ein quasi-göttlicher Status, der für seinen rasanten Aufstieg zur Macht mitentscheidend war, denn in der so ostentativ proklamierten Gottessohnschaft des Triumvirn und späteren Alleinherrschers – *Divi filius* wurde offizieller Bestandteil von Oktavians Namen, der nun lautete: C. Julius Caesar Divi filius – schwang natürlich auch ein Quäntchen eigene Göttlichkeit mit. Sobald der Actium-Sieger als alleiniger Herrscher feststand, wurde er entsprechend überall im Reich als Gott verehrt, besonders intensiv wiederum in den griechischsprachigen Ostprovinzen: Städte und Provinzen richteten Kulte für den *theos* (Gott) Augustus ein und wetteiferten miteinander um den reichsten Tempel, den prächtigsten Altar, das am großzügigsten dotierte Priesterkollegium, wobei mit dem Princeps selbst häufig auch die Angehörigen des kaiserlichen Hauses verehrt wurden.

Wie Pilze schossen lokale Kulte aus dem Boden; sie waren eine kommunale oder private Angelegenheit. Die Augustus-Verehrung auf Provinzebene hingegen lag in den Händen eines *koinon*,[54] das für die Ehren, die dem Princeps in der jeweiligen Provinz erwiesen werden sollten, dessen Zustimmung einzuholen hatte. Als erste wurden nach dem Sieg von Actium die kleinasiatischen Provinzen Asia und Bithynien bei Augustus vorstellig, um einen Herrscherkult einrichten zu können. Augustus reagierte allerdings zurückhaltend: Er genehmigte

53 Zu den »übermäßigen Ehrungen« (Sueton, Iul. 76, 1), die »das Attentat in gewisser Weise rechtfertigten« (Canfora 2001, 268), ebd. 265–274.

54 Im lateinischen Westen eines *concilium*. *Koina* bzw. *concilia* waren Versammlungen, zu denen Abgesandte aus den einzelnen Städten einer Provinz zusammenkamen, hauptsächlich dazu bestimmt, den provinzialen Kaiserkult zu organisieren. Solche im Deutschen missverständlich als ›Provinziallandtage‹ bezeichnete Gremien vertraten allerdings auch die Interessen der Städte dem Statthalter und sogar dem Kaiser gegenüber (vgl. Deininger 1965 und, zu den *koina* des kaiserzeitlichen Kleinasien, Stephan 2002, 183–199).

den in den beiden Provinzen ansässigen römischen Bürgern einen Kult der Göttin Roma und des ›Divus Julius‹, den peregrinen (nichtrömischen) Einwohnern hingegen einen Kult für seine eigene Person in Verbindung mit der Dea Roma. Dennoch folgten bald weitere Provinzen in der Osthälfte des Reiches: Kreta, Zypern, Galatien, Syrien und wohl auch Makedonien erhielten ihre provinzialen Kaiserkulte, 12 v. Chr. folgten auf Initiative des älteren Drusus, Augustus' Stiefsohn, schließlich die gallischen Provinzen und damit erstmals eine Region im lateinischen Westen: Die südgallische Stadt Narbo (Narbonne) widmete dem *numen* – dem ›göttlichen Wirken‹ – des Kaisers im Jahr 11 n. Chr. einen Altar, dessen Darstellungen und Inschrift einen lebendigen Eindruck vom Kaiserkult in der westlichen römischen Peripherie vermitteln. Was das *numen* genau sein sollte, ist umstritten; der Kult hatte aber vermutlich die Person des Kaisers selbst zum Gegenstand.[55] Die Inschrift, die eine später angefertigte Abschrift der ursprünglichen Weihinschrift ist, schildert das am Altar gefeierte Ritual, wenngleich nicht in allen wünschenswerten Details:

> Die *plebs* der Narbonenser hat in Narbo auf dem Forum einen Altar errichtet. An ihm sollen alljährlich am 23. September, dem Tage, an welchem die Gunst der Zeit ihn dem Erdkreis als Herrscher geboren hat, drei römische Ritter aus der *plebs* und drei Freigelassene je ein Opfertier darbringen, und sie sollen an diesem Tage aus eigenen Mitteln den *coloni* [Bürgern der Kolonie] und den *incolae* [Einwohnern ohne Bürgerrecht] Weihrauch und Wein zur Verfügung stellen, damit diese dem *numen* des Augustus opfern können. Ebenso sollen sie am 24. September den *coloni* und den *incolae* Weihrauch und Wein zur Verfügung stellen.[56]

Dasselbe Ritual wie am 24. September sollte am 1. Januar begangen werden, und am 7. Januar, »dem Tag, an welchem er die Herrschaft über den Erdkreis antrat«, war es vorgeschrie-

55 Zur Diskussion des *numen Augustum* und seiner Bedeutung: Gradel 2002, 245f.

56 CIL XII. 4333 (Übersetzung P. Kneißl). Die Inschrift diskutieren Champlin 1981; Levick 1985, 119f.; Christ [3]1995, 163f.; Gradel 2002, 239f.

ben, dem Kaiser außer Weihrauch und Wein – gleichsam der Aperitif einer Opferhandlung – wie auch an seinem Geburtstag ein nicht näher spezifiziertes Opfertier darzubringen. Konkreter Anlass für die Stiftung des Kults war die Schlichtung eines Konflikts zwischen *plebs* und *decuriones* – der ratsfähigen lokalen Oberschicht – von Narbo, für die beide Seiten dem Kaiser ihre Dankbarkeit zu demonstrieren wünschten. Wie an vielen Orten im Reich war die Stiftung des Altars in Narbo ein *quid pro quo* für eine Gunst, die der Princeps zuvor erwiesen hatte – klares Indiz dafür, dass auch beim Kaiserkult die Regeln des dialogischen Aushandelns galten, durch das seine *imago* Konturen gewann.

Der provinziale Kaiserkult mit seinen dem Princeps verliehenen göttlichen Ehren war also vor allem ein Angebot an die peregrinen Eliten, den Schulterschluss mit dem Kaiser zu vollziehen und mit ihm in ein Nahverhältnis auf Gegenseitigkeit einzutreten. Umgekehrt war es ein Angebot der Provinzialen an den Kaiser, das Dankbarkeit sowie Loyalität signalisierte und all das versprach, was der vielschichtige lateinische Begriff der *pietas* impliziert: Für die ihnen von höchster Stelle erwiesenen Gesten kaiserlicher Huld revanchierten sich die Provinzialen, indem sie dem Kaiser kultische Ehren darbrachten.

In den unzähligen italischen und stadtrömischen Augustus-Kulten, die allesamt privaten Charakter hatten, ging es dagegen in erster Linie um die Einlösung des *do-ut-des*-Prinzips; allerdings gab es auch hier eine offiziöse Plattform für die Kaiserverehrung, die in ein traditionelles Gewand gekleidet wurde: Augustus reorganisierte 7 v. Chr. das römische Stadtgebiet durch Einrichtung der 14 *regiones*, die wiederum in insgesamt 265 *vici* (›Stadtviertel‹) gegliedert waren. Die *vici* hatten in anderem Zuschnitt bereits in republikanischer Zeit bestanden und waren Zentren eines Kults, in dessen Mittelpunkt die *lares compitales* gestanden hatten, die Schutzgeister der Wegkreuzungen. Mit der Reorganisation der Stadtteile wurde dieser Kult umgewidmet und galt fortan den *lares Augusti*, in deren Mitte der *genius Augusti* als Gott verehrt wurde. Geleitet wurde der Kult jeweils vom *magister vici*, dem Stadtteilvorsteher, der damit ›Bürgermeister‹ und ›Priester‹ in einem war. Überall in den *vici* entstanden nun kleine Schreine und Altäre mit Reliefdarstellungen, auf denen meist die Laren, der *genius Augusti* und die *magistri* beim Vornehmen der Opferhandlung zu sehen sind. Wie groß das Bedürfnis der italischen Bevölkerung nach kultischer Verehrung des Princeps war, zeigte sich also in der Gründungswelle neuer, an die Compitalien angelehnter Kulte in ganz Italien und darüber hinaus.[57]

Während in privaten und halboffiziellen Kulten Wesenheiten wie der *genius Augusti*, dessen *numen* und die Person des Kaisers selbst verschwammen, wobei ihre Unterscheidung für das, was den Kult seiner Substanz nach ausmachte, auch nicht von Belang war, wurde im römischen Staatskult sehr wohl säuberlich getrennt: Hier kam es gewissermaßen auf das Kleingedruckte an, und so verbot sich die göttliche Verehrung der kaiserlichen Person in diesem Umkreis von selbst: Warnend stand allen Beteiligten noch immer das Beispiel des Diktators Caesar vor Augen, der es mit der kultischen Überhöhung seiner Person zu weit getrieben und dafür den Preis hatte zahlen müssen. Aber ein Staatskult für den *genius Augusti* hätte auch nicht in Einklang mit der sorgsam austarierten *imago* des Kaisers gestanden: Die Verehrung eines *genius* gemahnte zu sehr an das Verhältnis zwischen Herrn und Sklaven bzw. zwischen *pater familias* und Klienten, und beides durfte ja gerade nicht Modell für die Beziehung zwischen dem Princeps und den Senatoren stehen. Erst spätere Kaisergenerationen wagten sich hier weiter vor; das Äußerste, was Augustus selbst zuließ, war seine Erhebung zum *pater patriae*, der ein besonders intensives Verhältnis zu den Staatsgöttern pflegte und so gleichsam die Reichsbevölkerung vor den Unsterblichen repräsentierte. Statthaft waren außerdem Fürbitten für das Wohlbefinden des Kaisers (*pro salute Augusti*) und die Verehrung von Gottheiten, deren Existenz sich aus der kaiserlichen *imago* herleitete, wie etwa der *pax Augusta*. Die offizielle Gottwerdung war dem ersten römischen Kaiser erst nach seinem

57 Vgl. dazu: Gradel 2002, 116–128.

Tod beschieden, als eine feierliche Senatssitzung seine Erhebung unter die Staatsgötter als *Divus Augustus* verfügte.

Von Augustus zu Tiberius

Als der fast 76-jährige Augustus am 19. August 14 n. Chr. für immer die Augen schloss, stand der Nachfolger in Gestalt seines Stief- und Adoptivsohns Tiberius (geboren 42 v. Chr.) schon bereit, um die Macht im römischen Imperium zu übernehmen. Dass dieser Vorgang weitgehend reibungslos über die Bühne gehen und dass überhaupt der Prinzipat auf einen Nachfolger vererbt werden würde, war beileibe nicht selbstverständlich. Wäre Augustus nicht erst nach schier endlosen 44 Jahren an der Macht gestorben, sondern etwa bereits 23 v. Chr., als er schwer erkrankt war, so wäre die römische Monarchie womöglich wieder erloschen. 14 n. Chr. hingegen stellte sich die Alternative einer Rückkehr zur *res publica* traditioneller Prägung nicht mehr. Dass Rom wieder einen Princeps haben und dass dieser Princeps Tiberius heißen würde, nachdem alle anderen potenziellen Nachfolger gestorben oder anderweitig von der Erbfolge disqualifiziert worden waren, zog niemand mehr in Zweifel.

Dennoch: Wie für alle monarchischen Systeme, so war auch für den augusteischen Prinzipat die Nachfolge in der Herrschaft ein besonders kritischer Moment.[58] So konnte Augustus Tiberius als seinem Erben keine Titel und Vollmachten hinterlassen, denn diese waren ihm von Senat und Volk übertragen worden. Seine *auctoritas* war untrennbar an die eigene Person gebunden und nicht vererbbar. Vererben konnte er immerhin sein Vermögen, sein materielles Kapital, und das, was man als symbolisches Kapital bezeichnen könnte – das Privileg einer herausgehobenen Stellung in den aristokratischen Netzwerken, die Rom zusammenhielten, denn schon im republikanischen Rom war die Einbindung des Einzelnen

58 Zu den rechtlichen und sozialen Implikationen: Pani 1991, 221–229.

in das Netzwerk persönlicher, nicht durch das Recht genormter Nahverhältnisse – *amicitia* (›Freundschaft‹) und *clientela* (›Klientel‹) – stets vom Familienoberhaupt auf den Erben – im Normalfall den ältesten Sohn – übergegangen. Der Sohn hatte auf diese Weise, neben dem Vermögen und der hausväterlichen Gewalt des *pater familias*, in vollem Umfang auch die soziale Stellung des Vaters, einschließlich seiner politischen und persönlichen Verbindungen geerbt.[59] Analog war es für die Römer selbstverständlich, dass auch der *pater patriae* seine *amici* und *clientes* – die gesamte Reichsbevölkerung also – an den von ihm ausersehenen Erben übertrug. Der Sohn oder Adoptivsohn eines Kaisers hatte damit einen klaren Startvorteil gegenüber etwaigen Thronrivalen, mehr aber auch nicht: In der Prinzipatsordnung war damit kein ›dynastisches Prinzip‹ verankert, das automatisch den ältesten Sohn eines Kaisers zur legitimen Nachfolge prädestinierte; vielmehr war jeder neue Kaiser ebenso wie sein Vorgänger darauf angewiesen, in den prägenden sozialen Gruppen um Akzeptanz zu werben.[60]

Viel hing deshalb von der Person des Nachfolgers ab, und entsprechend schwer machte sich Augustus die Wahl. Nicht leichter wurde sie durch die Serie von Todesfällen, die das kaiserliche Haus heimsuchte und nacheinander vier potenzielle Thronkandidaten dahinraffte. Zusätzlich komplizierend wirkte schließlich noch die latente Rivalität zwischen Augustus' eigenem verwandtschaftlichen Anhang, den Juliern, und dem claudischen Zweig der Familie, den Livia mit in die Ehe gebracht hatte: Tiberius und Drusus (geboren 38 v. Chr.), den leiblichen Söhnen des Tiberius Claudius Nero, jenes Mannes, den Oktavian – noch während die künftige Kaiserin mit Drusus schwanger war – überredete oder auch zwang, sich von Livia zu trennen.

59 Vgl. dazu: Bleicken 1975, 31; Saller 1989, 546–551.

60 Bleicken (1981, Bd. 1, 118) sieht im antiken Rom zwar ein dynastisches Prinzip am Wirken, betont aber gleichzeitig, »daß der dynastische Gedanke sich auf die Vererbbarkeit von sozialer Macht, mit der sich charismatische Vorstellungen mischen mochten, bezog, nicht auf die Vorrangigkeit des Blutes.«

Die im Januar 38 v. Chr. geschlossene Ehe zwischen Oktavian-Augustus und Livia war kinderlos geblieben. Einziges leibliches Kind des Kaisers war daher die 39 v. Chr. geborene Tochter Julia, von deren Mutter Scribonia sich der Triumvir noch am Tag der Geburt hatte scheiden lassen. Julia wurde deshalb unvermeidlich zum Dreh- und Angelpunkt der dynastischen Pläne, die Gestalt annahmen, sobald Augustus seine eigene Position konsolidiert hatte: 25 v. Chr. wurde der 17-jährige Marcus Claudius Marcellus, der Sohn von Augustus' Schwester Octavia und des Konsulars Gaius Claudius Marcellus, mit Julia verheiratet. Er wurde Ädil (23 v. Chr.), fand als Prätorier ehrenhalber Aufnahme in den Senat und erhielt das Recht, zehn Jahre vor dem dafür vorgeschriebenen Alter für den Konsulat zu kandidieren. Tiberius hingegen bekleidete im selben Jahr das – dem Ädil untergeordnete – Amt eines Quästors und durfte fünf Jahre vor der Zeit für alle höheren Ämter kandidieren.

Bei der privilegierten Stellung, die dem jungen Marcellus damit zufiel, konnte es nicht ausbleiben, dass mancher auf einen künftigen Princeps Marcellus spekulierte. Als Augustus dann allerdings 23 v. Chr. so schwer erkrankte, dass sein Tod nur mehr eine Frage der Zeit zu sein schien, war es nicht Marcellus, der den Siegelring des Kaisers erhielt, sondern dessen langjähriger Weggefährte Marcus Agrippa; als Konsul händigte Augustus seinem Amtskollegen Gnaeus Calpurnius Piso, einem überzeugten Anhänger der alten *res publica*, das *rationarium imperii* – ein Verzeichnis der Staatseinkünfte und in den Provinzen stationierten Truppen – aus. Nach seiner Genesung legte er sein Testament offen, um Gerüchten zu begegnen, er habe hinter dem Rücken von Senat und Volk mit Marcellus einen Nachfolger für sich bestimmen wollen.[61]

Welche Rolle genau Marcellus bestimmt war, werden wir nie wissen, denn der Hoffnungsträger starb unerwartet noch im selben Jahr (September 23 v. Chr.). Seine Witwe Julia wur-

61 Zu den Regelungen des Jahres 23 v. Chr.: Kienast 1982, 87; Syme ^{2}1992, 315.

de nun mit Agrippa verheiratet und gebar in rascher Folge vier Kinder: Gaius (20 v. Chr.), Julia (19/18 v. Chr.), Lucius (17 v. Chr.) und Agrippina (14 v. Chr.). Ihnen folgte der erst nach Agrippas Tod (12 v. Chr.) geborene und deshalb ›Postumus‹ genannte jüngere Agrippa. Agrippa selbst hatte bereits 23 v. Chr. erstmalig das *imperium proconsulare* und 18 v. Chr. auch die *tribunicia potestas* erhalten, so dass er rein rechtlich Augustus gleichgestellt war. An die *auctoritas* des Princeps freilich reichte die Macht des in Dalmatien geborenen Sohns eines Ritters nicht auch nur annähernd heran. Schon seiner niederen Herkunft wegen kam er nur interimsweise als Nachfolgekandidat infrage, und zwar genau so lange, bis seine ältesten Söhne, Gaius und Lucius, herangewachsen waren und Verantwortung übernehmen konnten.

Die Brüder wurden bereits 17 v. Chr., im Jahr der Säkularspiele, von Augustus adoptiert und führten fortan den Namen ›Caesar‹. Als aber Agrippa 12 v. Chr. starb und die Knaben erst acht bzw. fünf Jahre alt waren, bedurfte es eines neuen, erwachsenen Nachfolgekandidaten: Für diese Rolle kam nur Tiberius infrage, der deshalb von Augustus gezwungen wurde, sich von Vipsania Agrippina – einer Tochter Agrippas aus erster Ehe – scheiden zu lassen und Agrippas Witwe Julia zur Frau zu nehmen. Der widerstrebende Tiberius hatte bereits 13 v. Chr. den Konsulat bekleidet, wurde 7 v. Chr. ein zweites Mal Konsul und erhielt 6 v. Chr. die *tribunicia potestas* sowie möglicherweise das *imperium proconsulare.* Außerdem konnte der Sohn Livias, gegen dessen vom Senat bereits bewilligten Triumphzug für den Sieg in Pannonien Augustus 12 v. Chr. persönlich sein Veto eingelegt hatte, 7 v. Chr. dann doch noch einen glänzenden Triumph für seinen Sieg in Germanien feiern; allerdings gab ihm Augustus gleichzeitig zu verstehen, dass er nicht mehr als ein Platzhalter für die heranwachsenden Brüder Gaius und Lucius Caesar war: Der ältere der beiden, Gaius, war zum *princeps iuventutis*, zum ›Ersten‹ der senatorischen Jugend, bestimmt und für das Jahr 1 v. Chr. zum Konsul designiert worden. Er und Lucius begannen früh, den *cursus honorum*, die senatorische Ämterlaufbahn, zu absolvieren. 5 v. Chr. sollte Gaius Caesar dann die *toga virilis* des Erwachsenen anlegen – eine Zeremonie, die ihn endgültig in den Kreis der politisch Verantwortlichen einführte. Bereits 6 v. Chr. zog sich ein tief gekränkter Tiberius daraufhin von allen politischen Ämtern zurück und ging ins selbst gewählte Exil auf die Insel Rhodos.[62]

Ausgelöst durch Tiberius' Rückzug schlitterte der Prinzipat prompt in seine zweite Krise seit der schweren Erkrankung des Augustus: Julia, die nach dem Weggang ihres Mannes in Rom blieb, wurde auf die Insel Pandateria (heute Ventotene, eine Insel vor der kampanischen Küste) verbannt, Tiberius zur Scheidung gezwungen. Offiziell lautete die Begründung, Julia habe sich Ehebruch und sonstige sexuelle Ausschweifungen zuschulden kommen lassen,[63] tatsächlich aber dürften andere Gründe den Ausschlag gegeben haben: Mit Jullus Antonius, dem Sohn des Triumvirn Marcus Antonius, wurde ein enger Freund Julias zum Tode verurteilt, weitere Vertraute der Kaisertochter wurden ebenfalls ins Exil geschickt. Auch Tiberius' Einsatz, der sich aus dem fernen Rhodos mit Briefen für seine wenig geliebte Frau einsetzte, blieb wirkungslos: Julia durfte nicht nach Rom zurückkehren. Schon die Zeitgenossen munkelten daher, Julia sei in eine Verschwörung verstrickt gewesen. In der Tat würde es nicht überraschen, wenn senatorische Kreise an der kaum verschleierten Vorbereitung einer Erbfolge Anstoß genommen hätten, die nach Auffassung vieler so gar nicht zur Formel von der ›Wiederherstellung‹ der Republik passen wollte, auf die sich Augustus mit den Senatoren verständigt hatte.[64]

Auch die Stellung von Tiberius selbst wurde mit der Zeit immer prekärer: Nach dem Auslaufen seiner auf fünf Jahre

62 Gegen eine bloße Platzhalterfunktion von Agrippa wie Tiberius hat allerdings Corbett (1974) argumentiert.

63 Vell. II. 100.

64 Eine Verschwörung sehen am Werk: Sen. brev. IV. 6; Plin. nat. VII. 149; Cass. Dio LV. 10, 15 (vgl. Kienast 1982, 112; Pani 1991, 225; Syme ²1992, 392–394).

verliehenen *tribunicia potestas* wurden die Vollmachten nicht verlängert. Da er der einzige war, der dem Kaisertum eines Gaius oder Lucius Caesar im Weg stehen konnte, musste er zudem fürchten, beseitigt zu werden. Allerdings hatte er in seiner Mutter Livia eine eifrige Fürsprecherin, und 2 n. Chr. gewährte ihm der Princeps wenigstens die Rückkehr aus dem inzwischen nicht mehr ganz so freiwilligen Exil nach Rom; politisch aktiv zu werden war ihm aber untersagt. Politik machte unterdessen Gaius Caesar: 2 v. Chr. erhielt er das *imperium proconsulare* für den Osten und bereiste intensiv Roms orientalische Provinzen, wo er mit einigem Erfolg diplomatisch tätig wurde. Höhepunkt seiner Mission war 1 v. Chr. das auf einer Euphratinsel arrangierte Treffen mit dem parthischen König Phraatakes (2 v. Chr. – 4 n. Chr.), das half, den im Jahr zuvor über Armenien ausgebrochene Konflikt beizulegen und so einen Krieg zwischen den Großmächten letztlich abwendete.[65] Weniger glücklich agierte Gaius, als 3 n. Chr. Armenien abermals zum Krisenherd wurde: Mit Augustus' Billigung installierte der präsumptive Nachfolger den Meder Ariobarzanes auf dem armenischen Thron; die Parther schürten unterdessen Unruhen in dem Königreich. Im Brennpunkt des Konflikts lag die Stadt Artagira, in die sich die proparthischen Rebellen zurückgezogen hatten. Im September ließ Gaius sich bei der Belagerung in einen Hinterhalt locken und wurde verwundet. Obwohl Artagira bald eingenommen wurde, scheint den jungen Mann der Lebensmut verlassen zu haben. Er suchte um Erlaubnis nach, sich ins Privatleben zurückzuziehen, ließ sich jedoch umstimmen und trat die Heimreise nach Italien an. Dort kam er nie an: Noch in Lykien, in der Stadt Limyra, fand er den Tod.[66] 18 Monate zuvor war bereits der andere Hoffnungsträger für die Nachfolge,

65 Vgl. Millar 1993, 33.

66 Vell. II. 102; Cass. Dio LV. 12. In Limyra wurde für Gaius Caesar ein Kenotaph errichtet, das identifiziert werden konnte: Ganzert et al. 1984; Marek 2010, 407f.

Lucius Caesar, in Massalia (Marseille) unter obskuren Umständen ums Leben gekommen.

Gaius und Lucius Caesar erhielten ein ehrendes Angedenken, aber an Tiberius führte nun kein Weg mehr vorbei: Augustus verlieh ihm abermals die *tribunicia potestas* und das *imperium proconsulare* und adoptierte den nun 45-jährigen. Zugleich zwang er ihn, seinerseits Germanicus zu adoptieren, den ältesten Sohn seines, Tiberius', 9 v. Chr. in Germanien ums Leben gekommenen Bruders, des älteren Drusus. Augustus hatte damit faktisch die Nachfolge bereits bis in die übernächste Generation geregelt; sein Enkel Agrippa Postumus, den Augustus 4 n. Chr. gemeinsam mit Tiberius adoptiert, dann aber wie seine Mutter Julia in die Verbannung geschickt hatte, und Tiberius' eigener Sohn, der jüngere Drusus, waren damit von der Nachfolge ausgeschlossen.

Zehn Jahre später, im Sommer 14 n. Chr., verschlechterte sich der Gesundheitszustand des nun 75-jährigen Princeps rapide. Vorbereitungen wurden getroffen: Die Legionen am Rhein wurden in Alarmbereitschaft versetzt, um gegen eventuelle Aufstände in Gallien vorgehen zu können; Angst vor Bürgerkrieg und Rückkehr des Chaos' machte sich breit. Schließlich wurde Tiberius in das kampanische Nola gerufen, wo Augustus, der sich auf dem Weg von Beneventum nach Rom befand, starb. Am Todestag wurde lediglich noch die lange vorbereitete Regelung ratifiziert; die geordnete Übernahme der Amtsgeschäfte durch Tiberius war nur mehr reine Formsache.

Da das Kaisertum kein ›Amt‹ war und mehr auf der persönlichen Autorität seines Inhabers beruhte als auf staatsrechtlicher Verankerung, konnte ein Kaiser seinem Nachfolger auch keine dynastische Legitimität mit auf den Weg geben: Jeder Versuch, eine dynastische Monarchie zu etablieren, wäre automatisch mit der sinnstiftenden Fiktion von der ›Wiederherstellung‹ der Republik in Konflikt geraten, in der die Gewalt von Senat und Volk ausging und nicht vom Princeps. Umgekehrt konnte unmöglich auf die dynastische Erbfolge verzichtet werden, weil nach den sozialen Spielregeln der römischen Aristokratie nur ein Sohn oder Adoptivsohn das soziale Kapital des Familienoberhaupts erben konnte – und der Princeps eben auch so etwas war wie ein *pater familias* im imperialen Rahmen. Der einzige Weg, beide Prinzipien miteinander zu versöhnen, führte deshalb über die Weitergabe der zentralen Vollmachten, die den Prinzipat rechtlich ausmachten – *tribunicia potestas* und *imperium proconsulare* –, und über die Verleihung von Titeln und Namen – *imperator* und Caesar –, die untrennbar mit ihm verbunden waren, schon zu Lebzeiten des regierenden Herrschers: Der Senat konnte das Ansinnen des amtierenden Princeps schlechterdings nicht zurückweisen, und war erst der Fall der Nachfolge eingetreten, so besaß der neue Kaiser alle juristischen Prärogative aus eigenem Recht, wenn auch verliehen durch den Senat. Diesen Weg beschritten daher nach Augustus alle Kaiser, denen es vergönnt war, ihre Herrschaft in geordneten Bahnen in die Hände eines Nachfolgers zu legen.[67]

67 Vgl. dazu: Bleicken 1981, Bd. 1, 114; Pabst 1997, 33.

II. Pax Augusta: Rom, Italien und die Provinzen in der frühen Kaiserzeit

Die Errichtung der römischen Monarchie beendete den Bürgerkrieg und veränderte die innerrömische Machtbalance von Grund auf. Sie verwandelte aber auch das Antlitz des gesamten Mittelmeerraums; aus einem Flickenteppich zusammeneroberter Provinzen formte sich erst jetzt ein Reich, das diesen Namen auch verdiente: In Spanien und Gallien wurde der kulturelle Einfluss Roms immer spürbarer; Germanien wurde zum Expansionsziel römischer Waffen und zum Experimentierfeld römischer Administratoren und Stadtplaner; Ägypten wurde römische Provinz und die unentbehrliche Kornkammer des Reiches; der römische Orient wuchs allmählich hinaus über den Brückenkopf Syrien, von dem aus Pompeius einen Kranz von Klientelstaaten gesteuert hatte, und dehnte sich bald bis in die Ebenen Nordmesopotamiens. Städte wuchsen dort empor, wo zuvor nur Dörfer gewesen waren; dort, wo Stadtkultur bereits eine lange Tradition hatte, nahmen die Städte ein römisches Erscheinungsbild an.

Tota Italia

Nicht allein die monumentale Schauseite der Hauptstadt Rom veränderte unter Augustus' Ägide ihr Gesicht, auch das profane Rom, in dem die Menschen lebten und liebten, geboren wurden, arbeiteten und starben, war am Ende der fast 50-jährigen Alleinherrschaft des *pater patriae* nicht mehr das alte. Seit der späten Republik hatte die Stadt in der Mitte Italiens zahlreiche Menschen aus allen Teilen der antiken Welt angezogen, vor allem aber aus dem ländlichen Italien, dessen wirtschaftliche Struktur sich seit den Punischen Kriegen markant zu Ungunsten von Kleinbauern verändert hatte, die nun – zusammen mit Kaufleuten und immer mehr Sklaven aus größerer Ferne – in die Hauptstadt drängten. Der Kaiser trug dem urbanen Wachstum Roms insofern Rechnung, als er mit der Aufteilung des Stadtgebietes in die 14 augusteischen Regionen weite Teile des bisherigen *suburbium*, des bereits verdichteten unmittelbaren Umlandes der *urbs*, dem städtischen Territorium zuschlug. Administrativ vergrößerte sich die Stadt damit auf einen Schlag auf nahezu das Doppelte ihrer alten Fläche: Mehr Menschen als je zuvor konnten sich als echte Römer fühlen.[1]

Die vielen Neurömer brauchten natürlich Wohnraum. In der späten Republik waren Wohnhäuser oft von zwielichtigen Geschäftsleuten unter weitgehender Nichtbeachtung der ohnehin laxen Sicherheitsvorschriften errichtet worden: als Spekulationsobjekte, die rasche Rendite versprachen. Viele Menschen wohnten daher zusammengepfercht in gemieteten Etagenwohnungen (*cenaculae*), meist in zwei Räumen pro Familie, ohne Küche und Latrinen. Die *insulae* (›Inseln‹, nach der Blockbauweise) genannten Mietskasernen erreichten zudem oft eine beträchtliche Höhe, mit sechs und mehr Geschossen. Wenn es brannte, wurden sie deshalb häufig zur tödlichen Falle für ihre Bewohner, außerdem breiteten sich Krankheitserreger, Lärm und Ausdünstungen aller Art aus. Die sanitären Verhältnisse stanken in den einfachen Quartieren, wo die Häuser nicht mit Wasserleitungen ausgestattet waren, buchstäblich zum Himmel.[2]

In der beginnenden Kaiserzeit wandelten sich solche bedrückenden Zustände nicht unbedingt zum Besseren: Zwar begrenzte Augustus per Gesetz die Höhe der Mietskasernen auf 18 m, um den häufigen Feuersbrünsten und Einstürzen einen Riegel vorzuschieben; auch war Vitruv, der unter Augustus schreibende einschlägige Fachschriftsteller, voll des Lobes für die Wohnsilos alla Romana:

1 Vgl. dazu: Kolb 1995, 406f., der auch die terminologischen und rechtlichen Probleme erörtert. Allgemein zu den Wohn- und Lebenswelten römischer Städte: Kunst 2000 und 2006.
2 Vgl. dazu: McKay 1980, 76–94.

> Da also Häuser, die nur ein Erdgeschoss haben, eine so große Menge zum Wohnen in der Stadt nicht aufnehmen können, zwangen die Umstände selbst dazu, dass man sich damit half, die Häuser in die Höhe zu bauen [...]. Da also das Fassungsvermögen der Stadtmauern durch die verschiedenen Stockwerke nach der Höhe zu vervielfältigt ist, hat das römische Volk ohne Schwierigkeit ausgezeichnete Wohnungen.[3]

Wirklich? Der Zustrom in die Hauptstadt hielt ungebrochen an, dem urbanen Wachstum aber waren Grenzen gesetzt, weil weite Teile der Ebene, in der Rom lag, versumpft waren. Zusätzlichen Platz beanspruchten nun auch noch die Repräsentationsbauten, die zu errichten fast jeder Kaiser seit Augustus für seine vornehmste Pflicht hielt. Die rechtlichen Vorgaben, mit denen der Kaiser Pfusch am Bau vorzubeugen gedachte, erwiesen sich als weitgehend wirkungslos. So musste Nero einige Jahrzehnte nach Augustus wieder ein Edikt zur Traufhöhe erlassen: Diesmal waren es 21 m, die man festlegte, bei 3 m Mindestabstand zwischen den Gebäuden. Und selbst wenn diese Vorschriften eingehalten wurden, waren die Wohnverhältnisse in der Metropole am Tiber immer noch nicht befriedigend. Selbst ›Besserverdienende‹, wie der Satiriker Juvenal, beklagten sich bitter über die unzumutbaren Bedingungen: »Hier sterben viele, weil sie krank geworden durch Schlaflosigkeit [...], denn in welcher Mietwohnung lässt es sich schlafen? Immens reich muss man sein, um in Rom Schlaf zu finden.«[4] Auch dann, wenn man dem Dichter hier ein gerüttelt Maß an poetischer Freiheit und satirischer Überzeichnung zubilligen kann, wird es um die Lebensqualität in den *insulae* nicht eben gut bestellt gewesen sein. Besser waren jene Wenigen dran, die sich eine *domus* leisten konnten, den Typus des italischen Stadthauses schlechthin: Hinter den unscheinbaren Fassaden dieser meist einstöckigen Privathäuser verbargen sich komfortable bis luxuriöse Räumlich-

3 Vitr. II. 8, 17.
4 Iuv. III. 232–235.

keiten, die um das Atrium herumgruppiert waren, den charakteristischen Innenhof.

Archäologische Einblicke in die tatsächlichen Wohnwelten der Hauptstadt eröffnen sich uns kaum: Die kontinuierliche Siedlungsgeschichte Roms hat im Laufe der Jahrhunderte das meiste von dem, was nicht für die Ewigkeit gebaut war, unter sich begraben. Wir sind deshalb auf das verwiesen, was sich in zwei weit kleineren Städten der näheren Umgebung erhalten hat: Ostia und Pompeji. Allerdings sind die Erkenntnisse über die Wohnsituation breiter Schichten auch hier spärlich gesät. Ostia, gelegen an der Tibermündung, knapp 25 km vor den Toren Roms, war der lebenswichtige Hafen, über den die Hauptstadt mit dem meisten von dem versorgt wurde, was sie nicht selbst produzieren konnte – und das war fast alles: Getreide aus Sizilien, Nordafrika oder Ägypten, Gewürze und wertvolle Tuche aus dem Orient, Öl aus Süditalien oder Griechenland, Keramik aus dem südlichen Gallien, Marmor aus den Apuanischen Alpen oder aus Attika, Holz und Wein aus allen Teilen der mediterranen Welt. Nirgendwo haben sich *insulae* in solcher Zahl und Vielfalt erhalten wie in dieser Stadt, die arme Hafenarbeiter, aber auch wohlhabende Kaufleute beherbergte: Ostia hatte ab dem 2. Jh. v. Chr., als Roms Expansion in Übersee abgeschlossen war, einen regen Aufschwung genommen, der in der frühen Kaiserzeit noch einmal deutlich Fahrt aufgenommen hatte; erst unter Claudius und dann wieder unter den Adoptivkaisern zu einem leistungsfähigen Hafen mit Hafenbecken und Lagerhäusern ausgebaut, erreichte es im 2. Jh. n. Chr. seine urbane Blütezeit. Allerdings vermitteln die überwiegend aus der Zeit Hadrians stammenden Häuser einen durchaus plastischen Eindruck auch von vergleichbaren Verhältnissen in augusteischer Zeit: Repräsentativ für die (gehobenen) *insulae* von Ostia und wohl auch für Bauten derselben Kategorie in Rom ist die sogenannte ›Casa di Diana‹, ein vierstöckiger, um einen Innenhof herum errichteter Bau, dessen Erdgeschoss Ladenlokale (*tabernae*) für kleine Geschäfte und Garküchen beherbergte. Die Bewohner des ersten Stocks verfügten über einen großen

Balkon und bewohnten Räume, die mit qualitätvollen Wandmalereien des pompejanischen Dritten Stils (ca. 15 v. Chr. – 50 n. Chr.) ausgestattet waren. Die beiden Wohnungen in diesem Stockwerk waren durchaus herrschaftlich; zugänglich waren sie über Holztreppen von der Straße aus bzw. aus dem Innern des Hauses. Von den höher gelegenen, wohl noch zwei Stockwerken hat sich nichts erhalten, doch ist davon auszugehen, dass die Wohnverhältnisse hier viel bescheidener waren.[5]

Zeigt schon die ›Casa di Diana‹, dass es sich auch in einer Mietskaserne durchaus komfortabel leben ließ, so übertreffen zwei mehrstöckige Wohnhäuser nahe des Stadtzentrums, die ›Casa dei Dipinti‹ und die nach einem großflächigen, mehr-

Abb. 8: ›Casa di Diana‹ in Ostia. Im Erdgeschoss des Gebäudekomplexes in der römischen Hafenstadt befanden sich Ladenlokale, darüber Wohnungen, die mit gehobenem Komfort ausgestattet waren.

5 Vergleichbare Wohnhäuser sind auf der *Forma Urbis*, dem severischen Stadtplan Roms, eingezeichnet (vgl. McKay 1980, 91). Über das Ostia der Epoche allgemein: Meiggs ²1985; Calza et al. 2005 und jetzt, auf dem neuesten Stand der Forschung, Freyberger 2013.

teiligen Wandgemälde benannte ›Casa di Giove e Ganimede‹, alle Vorstellungen, die wir uns vom Luxus römischer Etagenwohnungen machen können: Die *cubicula* – in diesem Fall weitläufige Zimmerfluchten, teils mit Räumen, die sich über zwei Stockwerke erstrecken – sind durchgängig mit vorzüglichen Wandgemälden und Mosaikfußböden ausgestattet; die größte Wohnung in der ›Casa dei Dipinti‹ besaß auf zwei Stockwerken zwölf Zimmer und blickte auf einen Innenhof, der als prachtvolle Gartenanlage gestaltet war.[6] Freilich werden sich diese Verhältnisse nur bedingt auf das viel dichter bebaute Rom übertragen lassen, wo Immobilien und Mieten selbst für die Mittelschicht oft unerschwinglich waren. Die Situation im selbst in seinen Boomjahren nie mehr als 20.000 Einwohner zählenden Ostia zeigt aber bereits, dass Mietshaus nicht gleich Mietshaus war und dass wir vermutlich auch in der Metropole Rom an Wohnverhältnisse von einer erheblichen Bandbreite denken müssen.

Eine andere Form des Luxus begegnet in Pompeji, der kampanischen Landstadt, die 79 n. Chr. Opfer des großen Vesuv-Ausbruchs wurde. Hier hatten sich die oskischen Notabeln, welche die städtische Elite repräsentierten, bereits früh – im frühen 2. Jh. v. Chr. – Modelle zum Vorbild genommen, die von den nahen griechischen Städten Unteritaliens ausstrahlten: In Forumsnähe hatten sich in der späten Republik die großen Familien ihre Residenzen geschaffen, von denen aus sie das politische Leben ihrer Stadt bestimmten. Viele dieser Häuser überstrahlten ihre stadtrömischen Gegenstücke sogar an ostentativer Größe und Pracht: Das private Haus – dessen Repräsentationstrakt durchaus eine halböffentliche Funktion hatte, etwa wenn der Hausherr des Morgens seine Klienten zur *salutatio* (›Begrüßung‹) empfing – war ganz darauf ausgelegt, Besucher zu beeindrucken und seinem Besitzer einen möglichst hohen Platz in der sozialen Hackordnung der Stadt zu sichern; neben einer möglichst prachtvollen, am

6 Vgl. dazu: Reinhardt/Sommer 2008, 56f.

jeweils neuesten Geschmack orientierten Ausstattung war die Raumaufteilung ein entscheidendes Kriterium: Besucher mussten erst den rückwärtigen Ziergarten mit Säulenhalle (Peristyl) und andere sorgsam arrangierte Repräsentationsräume passieren, um zum Gastgeber vorzudringen; außerdem musste das Raumangebot groß genug sein, damit der Hausherr für unterschiedliche Anlässe und zu verschiedenen Jahreszeiten auf ein breites Spektrum von Räumlichkeiten zurückgreifen konnte. So verfügte ein hochstehender Gastgeber über Empfangsräume, in denen ihm seine Klienten ihre Aufwartung machen konnten, und über eine Auswahl unterschiedlicher Speiseräume, wo er seine Freunde bewirten konnte.[7]

Haupterkennungsmerkmal des italischen Stadthauses (*domus*) in Pompeji und dem ebenfalls beim Vesuv-Ausbruch begrabenen Herculaneum war, neben der Anordnung um ein Atrium herum, seine durchgängige Axialität und Symmetrie. Das Haus selbst war zur Straße hin durch Mauern abgegrenzt, durch die nur wenige kleine Fenster den Blick freigaben; ein kleiner ›Schlund‹ (Fauces) gab Zutritt. Dahinter tat sich dem Besucher, der das Haus durch das Vestibulum, eine kleine Vorhalle, betrat und von dort ins Atrium gelangte, eine abgeschirmte Innenwelt auf: Das Atrium war meist nicht überdacht oder besaß ein großes Oberlicht, so dass Licht und Regenwasser einfallen konnten; das Wasser wurde in einem Auffangbecken (Impluvium) gesammelt. Im Atrium fanden zudem die Wachsbildnisse der Ahnen Aufstellung, die auf Leichenzügen (*pompae funebres*) von Schauspielern angelegt wurden, um so die Familienhistorie für alle sichtbar zu beleben.[8] Gegenüber Fauces und Vestibulum lag das Tablinum, das meist zum Atrium hin offene Zimmer des Hausherrn, in dem dieser saß, wenn die Klientel zur morgendlichen *salutatio* erschien und Glückwünsche und Bittgesuche überbrachte.

7 Zu den Funktionen des römischen Hauses: Wallace-Hadrill 1988 und 1990; Zanker 1995, 18–20.
8 Vgl. *Römische Geschichte I*, 243–246.

Vom Atrium gingen Wohn-, Schlaf-, Ess-, Arbeits- und Repräsentationsräume ab; nach hinten schloss sich meist das Peristyl an – ein Bautypus, auf den die Römer in Griechenland gestoßen waren. Aus der Synthese italischer und griechischer Elemente entstand so ein Wohnhaus, das ganz auf die privaten und repräsentativen Bedürfnisse eines Angehörigen der römischen Oberschicht zugeschnitten war. Die Stadthäuser von Repräsentanten der Oberschicht in Rom werden nicht viel anders ausgesehen haben.

Ab dem 2., verstärkt ab dem 1. Jh. v. Chr. kam in der Gegend um Pompeji dann noch ein neues Element hinzu: Römische Aristokraten entdeckten Kampanien zunehmend als Sommerfrische, wo sie sich – abseits von Lärm und Hektik der Hauptstadt – der Muße hingeben konnten. So schossen in der lieblichen Landschaft um den Vesuv bald luxuriöse Landsitze wie Pilze aus dem Boden. Ein neuer Typus aristokratischen Wohnens war geboren: die *villa urbana*, in der sich der Komfort der Stadtresidenz (*domus*) mit der Ruhe und Abgeschiedenheit des Landhauses (*villa*) verband. Solche aristokratischen Villen waren weitläufige Anlagen, mit Gärten, Brunnen, Sälen, Säulenhallen, Innenhöfen, die sich in die natürliche Landschaft schmiegten und die ideale Bühne für eine Fülle von Kunstwerken boten, die entweder aus Griechenland herbeigeschafft worden oder doch von griechischer Kunst inspiriert waren. Der raffinierte Geschmack der höchsten Kreise wurde unmittelbar auch zum Leitbild für all die anderen, die sich keine Villa leisten konnten: Sie alle »wollten ihrer Wohnung einen Hauch von Villa geben.«[9] Auf diese Weise entstand, analog zum ebenfalls nach unten ausstrahlenden monumentalen Repräsentationsstil des augusteischen Rom, eine eklektische Kompositkultur, deren Versatzstücke keine besonderen Ansprüche an die intellektuelle Durchdringung des Adaptierten stellten, die aber den weniger Begüterten die »Illusion eines Sich-teilhabend-Füh-

9 Zanker 1995, 200.

lens an der glücklicher machenden Luxuswelt der Großen«[10] lieferten.

Insgesamt durchzogen das augusteische Italien also gleich mehrere lebensweltliche Scheidewände, welche die unterschiedlichen Milieus deutlich voneinander trennten und vor allem entlang der Achsen Stadt versus Land und Arm versus Reich verliefen. Trotzdem war ein gewisser Trend zur Vereinheitlichung spürbar: Im öffentlichen Raum der Hauptstadt, in den *insulae* von Ostia, den Villen und Stadthäusern Pompejis, ja selbst in einfachen Behausungen tauchte etwas auf, das sich als Leit- oder gar Massenkultur beschreiben ließe und das sich überall im Reich mit Rom identifizieren ließ – eine neue, römische Ästhetik war geboren. Unversehens war das augusteische Italien, indem es das kulturelle Amalgam der späten Republik in eine Formensprache mit leicht versteh-, übersetz- und imitierbaren Bausteinen zerlegt hatte, zum Trendsetter der antiken Mittelmeerwelt avanciert.

Das Problem der Romanisierung

Tatsächlich prägten die Versatzstücke römischer Lebensart auch immer deutlicher das Bild der materiellen Kultur in den Provinzen, vom Atlantik bis zum Euphrat: In den Wäldern Galliens, den Wüsten Nordafrikas, den Gebirgen Kleinasiens und den Steppen Vorderasiens entstanden Tempel, die denen in Rom zum Verwechseln ähnlich sahen; Tafelgeschirr aus Terra Sigillata, einer feinen Ware mit glänzend rotem Überzug, die Werkstätten im toskanischen Arretium (Arezzo) in großen Mengen fertigten, war bald in Syrien und Britannien genauso populär wie in Italien; Aquädukte leiteten Wasser in die Städte Spaniens, Germaniens und des Donauraums, ebenso wie sie die Brunnen Roms speisten; die Bewohner von

10 Ebd., 210.

Nemausus (Nîmes) oder Damaskus brauchten auf ein Bad in komfortablen Thermenanlagen genauso wenig zu verzichten wie die stadtrömische Bevölkerung, und den Wohnkomfort, den ein römisches Haus zu bieten hatte, wussten die lokalen Notabeln in Britannien oder Raetien nicht weniger zu schätzen als ihre italischen Standesgenossen. Schließlich lernte man, jenseits des Materiellen, selbstverständlich Latein – im Osten Griechisch, die dortige Lingua franca –, verehrte römische Gottheiten, richtete sich in der Welt des Mythos ein, die Griechen und Römer geschaffen hatten, beachtete römisches Recht und pflegte in allen Lebenslagen römische Gewohnheiten.

Für diesen durchschlagenden Erfolg römischer Kultur und römischen Lebensstils in den Provinzen, der aus allen Befunden spricht, hatte die Forschung bald den Begriff der ›Romanisierung‹ geprägt: Francis Haverfield (1860–1919), ein mit Mommsen befreundeter Oxforder Archäologe und Althistoriker, hatte sich intensiv mit dem römischen Britannien und seiner allmählichen Durchdringung mit römischer Architektur und Urbanistik, mit lateinischer Sprache, römischen Sitten, Werten und politischen Organisationsmustern befasst;[11] für ihn war die territoriale Expansion Roms selbstverständlich begleitet von der Ausbreitung seiner Kultur bzw. der Assimilation seiner Peripherie: ›Romanisierung‹ galt ihm als Prozess der Diffusion, in dem Rom und Italien Akteure, die provinzialen Bevölkerungen passive Rezipienten einer Kultur waren, die Haverfield als kompaktes, monolithisches System verstand.[12] Modell für dieses Konzept der ›Romanisie-

11 Vgl. Haverfield [4]1923. Zur jüngsten Kritik an Haverfields Konzept der Romanisierung:: Webster 1996 und 2001; Freeman 1997; Scott 2003.

12 Vgl. Haverfield [4]1923, 2: »Its long and peaceable government – the longest and most orderly that has yet been granted to any large portion of the world – gave time for the expansion of Roman speech and manners, for the extension of the political franchise, the establishment of city life, the assimilation of the provincial populations in an orderly and coherent civilization. As the importance of the city of Rome declined, as the world became Romeless, a large part of the world grew to be Roman. It has been said that Greece

rung‹ stand Haverfields eigene Gegenwart, in der europäische Kolonialreiche der übrigen Welt ihre kulturellen, politischen und sozialen Leitbilder überstülpten. Für die Intellektuellen im späten 19. und frühen 20. Jh. war außerdem die Erfahrung des Nationalstaats prägend, der seit der Französischen Revolution mit dem Schlagwort ›la nation une et indivisible‹ kulturelle Homogenität einforderte und Differenz innerhalb seiner Grenzen allenfalls als Randerscheinung duldete.[13] Nach dem Muster eines europäischen Nationalstaats, der nach eigenem Verständnis einer als barbarisch empfundenen Peripherie die Fackel der Zivilisation brachte, formten Gelehrte wie Haverfield oder auch Mommsen daher ganz selbstverständlich ihre Vorstellung vom Imperium Romanum.

Als große historische Leistung Roms galt allgemein, dass die Stadt am Tiber den Kontinent historisch erstmalig zu einer Einheit zusammenschweißte. Die (erfolgreiche) kulturelle Mission des Römischen Reiches bestand demnach darin, dem Abendland, dessen Architektur griechischer ›Geist‹ gleichsam aus dem Nichts ersonnen hatte, eine politische Heimstadt gegeben zu haben: Rom war, wie Mommsen im 5. Buch seiner *Römischen Geschichte* formuliert, »die gewaltige Erscheinung [...], die in Alexanders Spuren die Welt unterwarf und civilisierte.«[14] Aber nicht nur zum Zivilisationsbringer war das Reich bestimmt, sondern auch dazu, »unter seiner Ägide den Frieden und das Gedeihen der vielen vereinigten Nationen länger und vollständiger [zu hegen] als es irgend einer anderen Vormacht je gelungen ist.«[15] Das römische Imperium war deshalb ein Gebilde, auf dessen Erbe sich im 19. Jh. nicht wenige Nationalstaaten mit imperialen Bestrebungen berufen konn-

taught men to be human and Rome made mankind civilized. That was the work of the Empire; the form it took was Romanization.«

13 Zum Nationalismus als intellektuellem Leitbild: die Beiträge in Geiss 2007.

14 Mommsen [9/5]1902–04, Bd. 5, 5. Zur griechisch-römischen Perspektive auf die zivilisierende Mission Roms am Beispiel der Panathenäen-Rede des Aelius Aristides: Oliver 1968.

15 Ebd., 4.

ten: das napoleonische Frankreich und das liberale Italien der Risorgimento-Ära am unmittelbarsten, aber auch das Deutsche Kaiserreich und das viktorianische England.[16]

Skeptiker freilich wandten schon früh ein, dass Rom auf seiner Mission, der antiken Welt die Zivilisation zu bringen, der vollständige Erfolg versagt geblieben sei. Mommsen selbst verwies diesbezüglich auf die Orientalen, insbesondere die Juden, die sich der Assimilation durch Rom hartnäckig widersetzt hätten:[17] Anders als im Westen sei Rom mit seiner zivilisierenden Mission im semitischsprachigen Orient gescheitert. In der unvollständig gebliebenen Assimilation und der daraus erwachsenen orientalisch-hellenistischen Hybridkultur der östlichen Provinzen sah Mommsen sogar einen bedrohlichen Faktor, der auf lange Sicht Roms Schicksal besiegelt habe.[18] Der vor allem an religiösen Entwicklungen

16 In England identifizierte vor allem der Historiker John Robert Seeley (1834–95) das British Empire mit dem Imperium Romanum; er hat ein Werk zur Geschichte der englischen Expansion in Übersee vorgelegt, in dem es vor Analogieschlüssen nur so wimmelt: Seeley 1884. Zur Kontinuität des angelsächsischen Bildes vom Imperium Romanum bis zu Ronald Syme: Loreto 1999.

17 Mommsen [9/5]1902–04, Bd. 3, 550: »[...] der Jude war ebendarum wie geschaffen für einen Staat, welcher auf den Trümmern von hundert lebendigen Politien erbaut und mit einer gewissermaßen abstrakten und von vornherein verschliffenen Nationalität ausgestattet werden sollte. Auch in der alten Welt war das Judentum ein wirksames Ferment des Kosmopolitismus und der nationalen Dekomposition und insofern ein vorzugsweise berechtigtes Mitglied in dem Caesarischen Staate, dessen Politie doch eigentlich nichts als Weltbürgertum, dessen Volkstümlichkeit im Grund nichts als Humanität war. – Indes die positiven Elemente des neuen Bürgertums blieben ausschließlich die latinische und die hellenische Nationalität.«

18 Vgl. Ebd., Bd. 5, 454f.: »Unter den mannichfachen Bastardformen, welche der Hellenismus in seiner zugleich civilisirenden und degenerirenden Propaganda angenommen hat, ist die syrohellenische wohl diejenige, in welcher die beiden Elemente am meisten im Gleichgewicht standen, vielleicht aber zugleich diejenige, die die Gesammtentwicklung des Reiches am entschiedensten beeinflußt hat. Die Syrer empfingen wohl die griechische Städteordnung und eigneten sich hellenische Sprache und Sitte an; dennoch hörten sie nie auf sich als Orientalen zu fühlen, oder vielmehr als Träger einer doppelten Civilisation. [...] Diese Durchdringung des Orients und des Hel-

interessierte belgische Altertumswissenschaftler Franz Cumont (1868–1947), der in den 1920er Jahren die Ausgrabungen in der mesopotamischen Stadt Dura-Europos leitete, griff diesen Gedanken auf und entwarf die Vision von einer allmählichen Unterwanderung der hellenisch-römischen Mittelmeerzivilisation durch orientalische Kulte.[19] Ähnlich hielt auch der in Yale lehrende russische Althistoriker Michail Rostovtzeff (1870–1952), der von Cumont die Grabungsleitung in Dura-Europos übernommen hatte, das Einströmen klassischer Formen, wie es an vielen Orten im römischen Orient zu beobachten ist, für bloßen Firnis. Die griechische Polis – die sich selbst verwaltende Bürgergemeinde als klassische Ausformung mediterraner Stadtkultur – konnte seiner Überzeugung nach zwischen Mittelmeer und Tigris nie richtig Fuß fassen.[20]

Tatsächlich sind das Haverfield'sche Paradigma der ›Romanisierung‹ und die eher skeptische Bewertung ihres Erfolgs durch Mommsen, Cumont und Rostovtzeff zwei Seiten der-

lenismus, die nirgend so vollständig wie in Syrien sich vollzogen hat, tritt uns überwiegend in der Gestalt entgegen, daß in der Mischung das Gute und Edle zu Grunde geht.«

19 Vgl. Cumont [4]1959, 9: »Der hellenistische Orient faßt überall festen Fuß mit seinen Menschen und seinen Werken; er unterwirft die lateinischen Sieger seinem Einfluß, wie er ihn später den arabischen Eroberern aufdrängen und der Zivilisator des Islam werden sollte. Aber auf keinem anderen Gebiete des Geisteslebens ist seine Einwirkung in der Kaiserzeit so entscheidend gewesen wie auf dem der Religion, weil sie hier schließlich zu der völligen Auflösung des griechisch-römischen Heidentums geführt hat.«

20 Vgl. Rostovtzeff 1929, Bd. 2, 13: »So war die Zeit der Römerherrschaft in den Ländern Syriens eine Zeit des Friedens und der Sicherheit und damit auch des Wohlstandes; nicht aber eine Zeit radikaler Umwälzungen. Der syrische Orient veränderte unter der Römerherrschaft seinen Charakter nicht. Die Urbanisierung machte keine auffallenden Fortschritte, und hellenisiert wurde das Land ebensowenig. Ein paar neue halbgriechische Städte entstanden, und ein Bruchteil der Landbevölkerung ließ sich in den Städten nieder. Die Masse dagegen lebte weiter in der alten Weise für ihre Felder und ihre Herden, getreu ihren Göttern und ihren Tempeln und bereit, bei der ersten Gelegenheit die Städter hinzuschlachten und sich wieder als Bauern und Hirten von einheimischen Priesterkönigen und Scheikhs beherrschen zu lassen.«

selben Medaille: Zu zivilisieren und zu vereinheitlichen, lautete nach allgemeiner Auffassung die Sendung des römischen Imperiums – so wie es die europäischen Kolonialreiche für ihren Auftrag hielten, die Welt nach eigenen Maßstäben zu formen. Mit dem Scheitern seiner zivilisatorischen Mission im Orient – mit dieser Folgerung projizieren Cumont und Rostovtzeff womöglich das sich abzeichnende Scheitern des Kolonialismus im 20. Jh. auf ihren antiken Forschungsgegenstand – sei das schließliche Scheitern des Reiches insgesamt im Kern bereits angelegt gewesen. Die Projektion brennender Fragen der jeweiligen Gegenwart auf die antike Vergangenheit Europas ist kaum überraschend und mitnichten verwerflich: Auch heute noch interessieren uns ja vor allem jene Seiten der Geschichte, in denen wir unsere eigene Zeit wiederzuerkennen meinen. Die jüngste, stark kulturwissenschaftlich inspirierte Wende in der historischen Forschung, das stetig wachsende Interesse an Kulturkontakten, Identitäten, Migration, nicht zuletzt auch die Frage nach den kulturellen Implikationen von Krieg und Gewalt – all das taucht deshalb auf der Agenda von Historikern auf, weil es sich um Probleme handelt, die unmittelbar unsere eigene Gegenwart betreffen.

Entsprechend herrschen heute andere Paradigmen vor, wenn die Forschung auf das Imperium Romanum blickt, Paradigmen freilich, die nicht weniger von intellektuellen Konjunkturen abhängig sind als die koloniale Perspektive eines Francis Haverfield. So mutierte Rom unter marxistischem Vorzeichen zunächst vom gütigen Prometheus, der den Wilden die Zivilisation brachte, zum Reich des Bösen, das seine Provinzen hemmungslos ausplünderte. Allenthalben vermeinte man nun, Widerstand gegen die römischen Besatzer ausmachen zu können.[21] Bald dann gesellte sich zum anti-

21 Für die populärste Variante des Widerstands-Topos steht das »kleine, uns wohlbekannte gallische Dorf« aus den *Asterix*-Comics des französischen Autorenduos René Goscinny und Albert Uderzo (1959ff.). Das Negativbild eines Rom, das überall, wo seine Legionen erobernd erschienen, nur »finstere

imperialistischen Impetus Marx'scher Provenienz das Theorieangebot der mit dem Dekolonisierungsprozess in der Dritten Welt aufblühenden sogenannten Postcolonial Studies: Ein Abendland, dem ob seiner eigenen kolonialistischen Vergangenheit das schlechte Gewissen schlug und in dem klassische Bildung obendrein nach und nach in Vergessenheit geriet, mochte sich immer weniger mit seinem römischen Erbe identifizieren. Das Herz ›postklassizistischer‹ Altertumswissenschaftler schlug um so inniger für die vermeintlichen Opfer der römischen Expansion.[22]

Vielen dämmerte allerdings bald, dass es mit der wohlfeilen Zuweisung von Opfer- und Täterrollen nicht getan war. Gerade die Beschäftigung mit neuzeitlichen Imperien und Kolonisierungsprozessen enthüllte, wie komplex das Beziehungsgeflecht zwischen Zentrum und Peripherie im imperialen Rahmen stets war. Die Forschung begann daher, das Römische Reich von seiner Peripherie her zu betrachten, und von hier aus eröffneten sich faszinierende Ausblicke auf das Imperium insgesamt,[23] denn allmählich wurde offenbar, dass die ›Romanisierung‹ der römischen Peripherie ein Prozess war, der sich maßgeblich der Initiative provinzialer Eliten verdankte – also gerade nicht einer gezielten ›Romanisierungspolitik‹ und schon gar nicht etwa vom Zentrum ausgehendem Zwang.[24] Auch die Intensität, Breite und Tiefe, mit

Nacht« hinterließ, findet sich bereits in der Romantik, etwa bei Herder (1966, 365). Zur Widerstandsthematik in der Forschung der 1970er Jahre vgl. die Beiträge in Pippidi 1976.

22 Stellenweise schlägt diese Sichtweise etwa noch bei Scott (2003) durch und unlängst bei Revell 2009, die sich der eigentlich interessanten Frage widmet, was es heißt, »römisch« zu sein, allerdings kaum über Banalitäten hinauskommt.

23 Stilbildend: Millar 1966.

24 Die These der ›Selbstromanisierung‹ provinzialer Oberschichten ist in der Forschung nicht Konsens, wird aber weithin akzeptiert (vgl. Millett 1990). In der deutschsprachigen Diskussion ist häufig, semantisch irreführend, von ›Romanisation‹ die Rede, wenn Selbstromanisierung gemeint ist (im Gegensatz zu ›Romanisierung‹, die von oben erfolgt). Vgl. Spickermann 2001; Woolf 2001 sowie die Beiträge in Schörner 2005 und Rubel 2013.

der ›Romanisierung‹ sich in den verschiedenen Teilen des Reiches bemerkbar machte, geriet bald ins Visier der Forschung: Inzwischen werden – jenseits von plakativen Zuspitzungen wie ›Assimilation‹ versus ›Firnis‹ – zahllose Grauschattierungen wahrgenommen, in denen sich der Kontakt zwischen Zentrum und Peripherie in den verschiedenen Regionen der römischen Welt manifestierte.[25] Außerdem hat sich die Forschung endlich abgewöhnt, kulturelle Identitäten und Zugehörigkeiten als monolithische, ein für allemal gegebene Formationen zu betrachten: Gerade Imperien machen anschaulich, wie aus Akkulturation multiple, oft in sich widersprüchliche und kaum je klar zu definierende Identitäten erwachsen können.[26] Und auch die ›Reichskultur‹ selbst entzieht sich im Fall Rom jedem Versuch einer genauen Eingrenzung.

Stadtrömer und Italiker, Honoratioren in den Städten des Imperiums und römische Soldaten – sie alle hatten jeweils ganz unterschiedliche Vorstellungen davon, was es bedeutete, Römer zu sein. Provinziale Eliten wie Soldaten waren wichtige Transmissionsriemen der Romanisierung; sie vermittelten ihrer Umgebung ein Bild von Rom, das Prestige ausstrahlte und dem man nacheifern konnte. Wie dieses Bild aussah, hing entscheidend von den Prägungen derjenigen ab, die es malten. Der Archäologe Simon James hat prägnant von einem »zweiten Rom« gesprochen, das durch die Universalisierung des griechisch-römischen Kulturmodells ab der augusteischen Zeit überall an Boden gewann; ein Rom, in dem

25 Als Überblick: Desideri 1991; Mattingly/Alcock 1997; MacMullen 2000; Hingley 2005. Zum römischen Orient: Millar 1993; Butcher 2003; Sommer 2005c; zu den Griechen im Imperium Romanum bzw. zum römischen Kleinasien: Woolf 1994; Veyne 1999; Stephan 2002; zum römischen Gallien: Woolf 1994; Botermann 2005; zum römischen Britannien: Millett 1990; zum römischen Nordafrika: Mattingly 1995; zum römischen Spanien: Panzram 2002.

26 Allgemein zu Kulturkontakten in imperialen Sphären: Geiss 1991; Osterhammel 1992 und [2]1997; Münkler 2005. Speziell zu multiplen Identitäten im römischen Imperium: Woolf 1994 und 1997.

unzählige lokale Traditionen aufgingen. Mit ihm zusammen entstand ein »drittes Rom« – das der Soldaten, deren militärische Erfahrungswelt nachhaltig bestimmte, was für sie »Rom« war.[27] Was am Römischen Reich jeweils als ›römisch‹ erscheint, hängt also maßgeblich vom Blickwinkel des Betrachters ab, denn die ›eine große Tradition‹, für die Rom stand, war in sich vielfach eklektisch, gebrochen und hybrid: Wenigstens war sie hellenistisch *und* italisch, lateinisch *und* griechisch – und allein deshalb schon für Zeitgenossen nicht auf eine einfache Formel zu bringen.[28]

Der Nahe Osten

Zeittafel 2: Rom und der Nahe Osten, Teil I

Alle Herrscher sind hervorgehoben

v. Chr.	
189	Römischer Sieg bei Magnesia am Sipylos gegen den Seleukiden **Antiochos III.**: Rom betritt die orientalische Bühne
133	**Attalos III.**, König von Pergamon stirbt: Pergamon wird römische Provinz Asia
88	1. Mithradatischer Krieg (bis 85): Expansion des Königreichs Pontos unter König **Mithradates VI.** (reg. ca. 120–63); Eindämmung durch Rom scheitert
83	2. Mithradatischer Krieg (bis 81)
74	3. Mithradatischer Krieg (bis 64): Pompeius übernimmt den Oberbefehl (66); er siegt über **Mithradates**, liquidiert die Reste des Seleukidenreichs und richtet die römische Provinz Syria ein (64): Mischung aus direkter und indirekter Herrschaft im Nahen Osten
53	Niederlage des Crassus gegen die Parther bei Karrhai in Osrhoene: Verlust der Feldzeichen, Auftakt zum Dauerkonflikt zwischen Rom und dem Partherreich
41	Vorstoß des Marcus Antonius nach Palmyra
40	Judäa wird autonomes Königreich unter **Herodes dem Großen** (bis 4 v. Chr.)

27 James 2013, 186–188.

28 Charakteristisch ist hier Horaz' (Hor. epist. II. 1, 156) berühmter Vers »*Graecia capta ferum victorem cepit*« (»Das unterworfene Griechenland zähmte den wilden Sieger«), der auf die Aneignung vieler Elemente genuin griechischer Kultur durch die Römer anspielt. Die zahllosen Wechselwirkungen zwischen Rom und dem Hellenismus haben auf unterschiedlichen Ebenen Gruen (1984 und 1992) und Ferrary (1988) beschrieben.

31	Sieg **Oktavians** bei Actium: **Oktavian** wird Alleinherrscher (bis 14 n. Chr.)
20	Rückgabe der Feldzeichen durch die Parther
4	**Herodes der Große** stirbt: **Herodes Archelaos** wird Ethnarch (bis 6 n. Chr.)
2	*Imperium maius* des Gaius Caesar im Osten: diplomatische Mission und Verhandlungen mit den Parthern (bis 1 n. Chr.)
n. Chr.	
6	Judäa wird Teil der Provinz Syria unter einem Prokurator (bis 41)
14	Tod des **Augustus**: **Tiberius** (bis 37)
17	Annexion des Königreichs Kommagene und Anschluss an die Provinz Syria
37	Tod des **Tiberius**: **Caligula** (bis 41)
38	Restauration des Königtums in Kommagene: Klientelmonarchie (bis ca. 41)
41	Tod **Caligulas**: **Claudius** (bis 54); Judäa wird autonome Klientelmonarchie unter **Herodes Agrippa I.** (bis 44); Kommagene wird wieder Teil der Provinz Syria und wenig später erneut autonomes Königreich (bis ca. 72)
44	Judäa wird Teil der Provinz Syria unter einem Prokurator (bis 66); **Herodes Agrippa I.** stirbt
50	**Herodes Agrippa II.** wird König von Judäa und religiöses Oberhaupt der Juden mit dem Recht, den Hohenpriester in Jerusalem einzusetzen, aber ohne reale Herrschaftsbefugnisse in Judäa
ca. 50	›Steuergesetz‹ von Palmyra
54	Tod des **Claudius**: **Nero** (bis 68); parthische Intervention in Armenien: **Tiridates** wird von dem parthischen König **Vologaises I.** als König eingesetzt
55	Kommando des Gnaeus Domitius Corbulo gegen die Parther im Osten (bis 63)
63	*Imperium maius* Corbulos im Osten: Verständigungsfriede mit den Parthern: **Tiridates** wird römischer *rex datus* in Armenien
66	Jüdischer Aufstand (bis 70/73)
69	Vierkaiserjahr: **Galba**, **Otho**, **Vitellius**, **Vespasian** (bis 79)
70	Fall Jerusalems, Zerstörung des Tempels
72	Endgültige Annexion Kommagenes, das erneut Teil der Provinz Syria wird
79	Tod **Vespasians**: **Titus** (bis 81)
81	Tod des **Titus**: **Domitian** (bis 96)
96	Tod **Domitians**: **Nerva** (bis 98)
98	Tod **Nervas**: **Trajan** (bis 117)
106	Annexion des Nabatäerreichs: Provinz Arabia
114	Partherkrieg **Trajans** (bis 117): Eroberung ganz Mesopotamiens, das aber nach **Trajans** Tod wieder aufgegeben wird
116	Antirömische Rebellion in Mesopotamien und jüdischer Diasporaaufstand (bis 118)
117	Tod **Trajans**: **Hadrian** (bis 138)

129 Besuch **Hadrians** in Palmyra

132 Bar-Kochba-Aufstand in Judäa (bis 135)

138 Tod **Hadrians**: **Antoninus Pius** (bis 161)

145/146 Palmyrener weihen einen Tempel für den römischen Kaiserkult im parthischen Vologesias

161 Tod des **Antoninus Pius**: **Marc Aurel** (bis 180)

163 Partherkrieg des **Lucius Verus** (bis 166): Rom erobert das nördliche Mesopotamien und einen Streifen am mittleren Euphrat und Khabur

175 Usurpation des Avidius Cassius

180 Tod **Marc Aurels**: **Commodus** (bis 192)

193 2. Vierkaiserjahr: **Pertinax**, **Didius Julianus**, **Pescennius Niger**, **Septimius Severus** (bis 211)

194 1. Partherkrieg des **Septimius Severus** (bis 195)

196 2. Partherkrieg des **Septimius Severus** (bis 198): Römer erobern Ktesiphon, ziehen sich aber wieder zurück

211 Tod des **Septimius Severus**: **Caracalla** (bis 217)

217 Tod **Caracallas**: **Macrinus** (bis 218)

218 Tod des **Macrinus**: **Elagabal** (bis 222)

222 Tod **Elagabals**: **Severus Alexander** (bis 235)

224 (28.4.) Niederlage des Arsakiden **Artabanos** gegen den Sasaniden **Ardaschir**: Ende des Partherreichs und der arsakidischen Dynastie (seit ca. 240 v. Chr.)

Das Beispiel der römischen Orientprovinzen illustriert vielleicht am besten die Kräfte, die bei der kulturellen Integration einer in sich bereits verwirrend komplexen Großregion in ein nicht weniger komplexes Imperium wirksam wurden. Im Nahen Osten, wo Pompeius 64 v. Chr. mit Syrien die erste römische Provinz eingerichtet hatte, teilte Rom sich mit den Parthern das Erbe einer ganzen Kette von Großreichen, die ab dem 3. Jt. v. Chr. – meist von Mesopotamien ausgehend – lange Abschnitte der altorientalischen Geschichte dominiert hatten: Nachdem das südliche Mesopotamien zunächst unter vielen Stadtstaaten aufgeteilt gewesen war, war aus der Rivalität um die Ressourcen Land und Wasser unter der Dynastie von Akkad der erste Territorialstaat (24. Jh. v. Chr.) erwachsen. Akkad und die ihm nachfolgenden vorderasiatischen Hegemonialmächte (unter anderem das Reich der 3. Dynastie von Ur, das Altbabylonische Reich, die verschiedenen Reichsbildungen der Assyrer, das Neubabylonische Reich der Chaldäer und schließlich das Perserreich der Achaimeniden) hatten ihr Territorium überwiegend auf tributärer Basis beherrscht: Lokale Machthaber waren meist in Amt und Würden geblieben, hatten aber Heeresfolge zu leisten und Abgaben an die Zentralmacht zu entrichten. Damit war das universelle Modell imperialer Herrschaft geschaffen, an dessen Tradition alle folgenden Imperien und letztlich auch Rom anknüpfen sollten: Imperien entstanden durch gewaltsame Eroberung höchst uneinheitlicher Territorien durch eine Zentralmacht und beruhten stets auf der Kombination direkter (im meist relativ kleinen Kernland) und indirekter (in der Peripherie) Herrschaft. Auf Perioden imperialer Machtentfaltung folgte regelmäßig der Kollaps staatlicher Organisation, die einem fragmentierten Machtvakuum wich, in dem nomadische Gruppen ihre Landnahme vorantrieben, die dann wiederum häufig zu Protagonisten neuer Großreichsbildungen wurden: Der imperiale Zyklus vollendete sich.[29]

Kulturell bewahrten die territorialen Komponenten solcher Großreiche durchweg ihr eigenes Gepräge. Zwar brachten Assyrer, Babylonier und Perser jeweils eine imperiale ›Leitkultur‹ mit, die als ›große‹ Tradition reichsweit Normen setzte und die vielen lokalen ›kleinen‹ Traditionen zum Teil überlagerte.[30] An den Rand gedrängt oder gar vollständig unterbunden wurden die kleinen Traditionen damit jedoch nicht: Sie führten, oft fast unsichtbar unter der Oberfläche, aber nichtsdestoweniger vital, ein zähes Eigenleben und steuerten häufig sogar wesentliche Elemente zur jeweiligen Reichskultur bei: Als etwa Assyrien im 8. Jh. v. Chr. zur Hegemonialmacht in Mesopotamien aufstieg, blieb das Bewusstsein kultureller Abhängigkeit vom unterjochten Baby-

29 Die Geschichte des Alten Orients vor der Eroberung durch Alexander präsentieren übersichtlich: Liverani 1988; Klengel 1989; Kuhrt 1995. Zum Konzept des imperialen Zyklus: Sommer 2005c, 51.

30 Die Terminologie der ›großen‹ und ›kleinen‹ Traditionen als in imperialen Systemen koexistierende Sinnuniversen geht zurück auf Redfield 1955a; Redfield 1955b. Aufgegriffen hat sie Eisenstadt (1981 und 1987, 17f.). Zur Anwendbarkeit auf den römischen Orient: Sommer 2005c, 103–109.

lonien ungebrochen,[31] und auch im Achaimenidenreich setzte sich nicht das Persische, sondern das in Syrien gesprochene Aramäische als Verkehrssprache durch.

Als Alexander der Große das Perserreich eroberte, begannen makedonische und griechische Siedler ostwärts zu strömen und sich auf dem fremden, speererworbenen Boden niederzulassen. Überall zwischen Mittelmeer und Hindukusch entstanden Städte nach dem Modell der griechischen Polis[32] – mit dem signifikanten Unterschied, dass es eine einheimische Bevölkerung gab, der man das Bürgerrecht und damit die politische Teilhabe vorenthalten konnte. Die griechischen Städte erlegten der indigenen Bauernbevölkerung, den ›Barbaren‹, wie sie sie nannten, Abgaben auf und setzten so – gemeinsam mit dem seleukidischen Königreich, das in Vorderasien das Alexanderreich ablöste und dem sie als völkerrechtliche Subjekte angehörten – in modifizierter Form die vorhellenistische Tradition tributärer Herrschaft fort.[33] Vielerorts waren die griechischen Städte Fremdkörper in einer kulturell sonst ganz andersartigen Landschaft; verschiedentlich – vor allem in der ohnehin stark nach Westen orientierten Levante – hatten jedoch Elemente griechischer Kultur schon vor Alexander dem Großen Fuß gefasst. Hier nahmen die Städte – allen voran die phönizischen Metropolen Tyros und Sidon – rasch ein hellenisches Gepräge an, ohne dass sich griechisch-makedonische Siedler niederließen.[34] Insgesamt präsentierte sich das

31 Vgl. dazu: Jursa 2004, 34.

32 Ausgespart blieben allerdings Räume, deren Naturraum für städtische Siedlungen keine hinreichende Grundlage bot.

33 Dazu eingehend, wenngleich teilweise spekulativ: Briant 1978. Etwas vorsichtiger formuliert Gehrke (^{2}1995, 65): »In der Regel stellten die Griechen-Makedonen auch nur eine ziemlich dünne Oberschicht dar, die in der Regel in Städten oder Militärkolonien siedelte und sich über eine zahlenmäßig viel stärkere Schicht von Indigenen gelagert hatte, die vor allem auf dem Lande in dorfartigen Siedlungen oder in alten hochkulturellen Stadtzentren lebte.« Allgemein zum Seleukidenreich: Sherwin-White/Kuhrt 1993.

34 Zum Sonderfall des hellenistischen Phönizien: Millar 1983; Grainger 1991; Sommer 2005b, 240–248.

hellenistische Vorderasien als komplizierte Mélange kultureller Orientierungen, geprägt vor allem vom Zyklus der Großreiche und den diversen Schattierungen imperialer Macht. Im 1. Jh. v. Chr. war die seleukidische Zentralmacht in steilem Niedergang begriffen; nomadische Gruppen ergriffen Besitz von weiten Teilen des Nahen Ostens, die Parther rückten von Osten gegen Syrien vor und neue Dynastien erklärten ihre Sezession aus dem Reichsverband.[35]

Dieses schwierige Erbe trat Rom an, als Pompeius 64 v. Chr. das westliche Vorderasien eroberte, Syrien zur Provinz und die Kleinstaaten der Levante zu Klientelstaaten erklärte, die zu kontrollieren fortan zu den Aufgaben der syrischen Statthalter gehörte. Indem Pompeius großflächig auf das Instrument indirekter Herrschaft setzte – die Dynasten Judäas, Kommagenes, der Nabatäer und diverser Miniaturstaaten im Libanon und südlichen Syrien blieben in Amt und Würden –, sorgte er dafür, dass Rom nicht unmittelbar mit den Schwierigkeiten konfrontiert wurde, die aus der kulturellen Fragmentiertheit der Region erwuchsen. Eine Strategie, die diesen Namen auch verdient hätte, besaß Rom damit freilich noch lange nicht.[36]

Als praktisch unregierbar erwies sich vor allem Judäa mit Jerusalem, wo eine signifikante, hochgradig radikalisierte Minderheit jedwede Form weltlicher Herrschaft bekämpfte: Unter Pompeius und Caesar war Judäa ein unruhiger Teil der Provinz Syrien mit dem Hohepriester Hyrkanos II. als zugleich weltlichem Oberhaupt (Ethnarch) gewesen; ab 43 v. Chr. hieß der starke Mann in Jerusalem Herodes, dem die Geschichte nicht ganz zu Unrecht den Beinamen ›der Große‹ verlieh: Der Sohn des mit Caesar verbündeten Idumaiers Antipatros wurde König eines autonomen Königreichs, der es

35 Vor allem Kommagene und der Tempelstaat der Hasmonäer. Zu Kommagene: Facella 2006; zu den Hasmonäern: Maier [2]1989, 43–58; Bringmann 2005, 113–160.

36 Zu den Eroberungen durch Pompeius vgl. *Römische Geschichte I*, 457–467.

verstand, im römischen Bürgerkrieg geschickt zwischen den Parteien zu lavieren: Nacheinander diente er sich erst den Caesarmördern, dann Marcus Antonius und zuletzt Oktavian als unentbehrlicher Bundesgenosse an. Und tatsächlich gelang es ihm, den die Juden nie als einen der Ihren akzeptierten, die rivalisierenden Faktionen mit brutaler Gewalt niederzuhalten.

Kaum war Herodes allerdings tot (4 v. Chr.), brachen die alten Gräben wieder auf: In Jerusalem stritten die Herodes-Söhne um das väterliche Erbe, und die Straßen der Stadt wurden zum Schauplatz blutiger Ausschreitungen. Überall machten Propheten von sich reden, die das Ende aller Tage gekommen sahen. Die Unruhen weiteten sich schließlich zum Volksaufstand gegen die römische Herrschaft aus, und Archelaos, dem ältesten Herodes-Sohn, der mit den übrigen Thronprätendenten in Rom weilte, um die Streitigkeiten dort von Augustus schlichten zu lassen, gelang es nicht, ihrer Herr zu werden. So war Rom gezwungen, direkt einzugreifen, zunächst mit einer massiven militärischen Intervention, die – dilettantisch geführt – nur weiteres Öl ins Feuer goss. Erst als der Statthalter Syriens selbst auf dem Kriegsschauplatz erschien, die Aufständischen zur Kapitulation zwang und im Übrigen Besonnenheit walten ließ, normalisierte sich die Lage.[37] Von dem Mann, der, wenn wir der Darstellung unseres jüdischen Gewährsmanns Flavius Josephus Glauben schenken dürften, mit kühlem Augenmaß reagierte, wo sonst der pure Wahnwitz herrschte, wird noch zu berichten sein: Er hieß Publius Quinctilius Varus.

Wenig später (6 n. Chr.) verfügte Augustus die erneute Annexion Judäas, das so abermals der Provinz Syrien zugeschlagen wurde, mit einem Prokurator als Sonderadministrator. Unter dem Herodes-Enkel Herodes Agrippa I. (41–44 n. Chr.) kurzzeitig wieder autonomes Königreich, wurde Judäa nach dessen frühem Tod erneut einem Prokurator unter-

37 Ios. bel. Iud. II. 5.

stellt (44–50), bevor es unter Herodes Agrippa II. wiederum autonomes Königreich wurde (50–70). Schon das häufige Schwanken zwischen Autonomiegewährung und Annexion offenbart Roms Ratlosigkeit angesichts der Schwierigkeiten, die sich in Judäa jedem Herrscher entgegenstellten, und des Fanatismus, mit dem religiöse Fundamentalisten Römer wie Glaubensbrüder bekämpften. Als die sich immer mehr zuspitzenden Konflikte sich schließlich unter Nero im großen Jüdischen Aufstand (66–70) entluden, trugen korrupte und überforderte römische Funktionsträger vor Ort einen Großteil der Verantwortung. Wenig Schmeichelhaftes hat Josephus diesbezüglich über Gessius Florus zu berichten, den Prokurator (64–66), unter dem die Lage vollends außer Kontrolle geriet:

> Im Vergleich zu seinem Nachfolger Gessius Florus mußte [dessen Vorgänger] Albinus als überaus ehrenwerter Mann erscheinen. Albinus führte seine Untaten wenigstens heimlich und mit ängstlicher Vorsicht aus, Gessius hingegen brüstete sich mit seinen Verbrechen gegen das Volk und ließ, gerade als ob er zum Henker Verurteilter bestimmt sei, keine Gelegenheit zu Raub und Mißhandlung ungenutzt.[38]

Für Judäa fließen die Quellen am ergiebigsten, aber das Land zwischen Mittelmeer und Jordan war kaum der einzige Unruheherd im östlichen Reichsgebiet, in dem sich Rom nur mit den Rezepten von *trial and error* zu helfen wusste: Auch in Kommagene, wo eine Dynastie herrschte, die sich selbst auf die Achaimeniden zurückführte, brachen Unruhen aus, als Tiberius den Anschluss an die Provinz Syrien verfügte (17 n. Chr.). Unter Caligula dann kurzzeitig als autonomes Königreich restauriert (38), wurde Kommagene wenig später abermals annektiert, unter Claudius wieder autonomes Klientelkönigreich (41) und schließlich, unter Vespasian, endgültig Teil der Provinz Syrien (nach 70 n. Chr.). Wir können nur mutmaßen, welche Verwerfungen Roms mehrfaches Schwanken in der Autonomiefrage auf regionaler Ebene aus-

38 Ebd. 14, 2. Übers. Otto Michel/Otto Bauernfeind.

löste, doch ist bekannt, dass die Bevölkerung wenigstens in Kommagene selbst politisch stark polarisiert war: Während nach dem Tod des Königs Antiochos III. (17 n. Chr.) die lokale Elite die Annexion durch Rom begrüßt hatte, hatte die Menge lautstark die Beibehaltung der Dynastie verlangt.[39] Die Motive, die hinter solchen Forderungen steckten, sind leicht zu durchschauen: Den Notabeln winkten im Fall der Eingliederung in eine römische Provinz zusätzliche Ehrungen und Aufstiegsmöglichkeiten, die Bevölkerung aber war der einheimischen Dynastie in jahrhundertelanger Loyalität verbunden.

Die Beispiele Kommagene und Judäa offenbaren Opportunismus und Wankelmütigkeit der römischen Politik. Sie zeigen aber auch, dass der römische Orient politisch keine klar gezogene Grenze hatte; vielmehr lief römische Herrschaft nach Osten, wo das Partherreich lag, und nach Südosten, zur Wüste hin, allmählich in einem breiten Saum aus, in dem Klientelkönigreiche und Stämme mit wachsender Entfernung immer loser an die Zentralmacht gebunden waren. Zugleich war die Steppe variable Siedlungs- und Eroberungsgrenze, der in Zeiten imperialen Friedens neues Ackerland abgerungen werden konnte.[40] Jenseits des Euphrat lag das Partherreich, wo sich die Sphäre direkter Herrschaft der regierenden Arsakidendynastie auf einen relativ kleinen Kern im südlichen Mesopotamien – um die Hauptstadt Ktesiphon – beschränkte; in der Peripherie herrschten Könige und lokale Dynasten, denen die Arsakiden erheblichen politischen Spielraum gaben. Faktisch war das Partherreich eine Konföderation autonomer Territorien, in der der Arsakidenkönig lediglich die Rolle eines *primus inter pares* spielte. Wie Rom reagierte auch das Partherreich damit flexibel auf die spezifischen Bedingungen an der Steppengrenze, wo direkte

39 Ios. ant. Iud. XVIII. 53 (vgl. Facella 2006, 316f.).

40 Zur Steppengrenze als *frontier*: Sommer 2005c, 51–53. Den römischen Blick auf Klientelkönigtümer als römische Variante indirekter Herrschaft erörtert: Hekster 2010.

Herrschaft die Möglichkeiten imperialer Mächte bei Weitem überstieg – ein Zeichen parthischer Schwäche war die Delegierung von Macht an ›Teilkönige‹ jedenfalls gewiss nicht.[41]

Die römisch-parthische Steppengrenze war aber nicht nur ein Raum politischer, sondern auch erheblicher kultureller Uneindeutigkeit: Der Einfluss griechischer Kultur machte nicht am Euphrat halt; auch das Partherreich war auf seine Weise Nachfolgestaat der hellenistischen Monarchien und barg in sich wichtige Elemente griechischer Kultur. So bewahrten sich griechisch-makedonische Gründungen wie die Stadt Dura-Europos am mittleren Euphrat – manch substanzieller Veränderung zum Trotz – über die Jahrhunderte parthischer Herrschaft den Charakter einer griechischen Polis, bis im 2. Jh. n. Chr. die römischen Eroberer kamen; griechisch-makedonische Familien trugen mit Stolz ihre Namen, die an die hellenistischen Dynastien erinnerten, ja selbst ihre semitischsprachigen Nachbarn nahmen nach und nach griechische Namen und Gebräuche an; die Institutionen der Polis hatten weitgehend Bestand. Zugleich wandelte sich das Stadtbild: Die Agora, der urbanistische Mittelpunkt jeder griechischen Stadt, wurde Stück für Stück mit kleinteiligen Wohnhäusern überbaut, der öffentliche Raum, der für das Selbstverständnis griechisch-römischer Städte elementar war, wich privaten Bauvorhaben und das regelmäßige Straßenraster, das hellenistische Städte auszeichnete, machte dem für viele orientalische Städte charakteristischen Gassengewirr Platz. In der ihr Gesicht verändernden Stadt entstanden ferner zahlreiche Tempel, die mit griechischen Heiligtümern nichts mehr gemein hatten: Religiös orientierte sich Dura-Europos an den Jahrtausende alten Traditionen Mesopotamiens.[42]

41 Zur Organisation von Herrschaft im Partherreich: Schippmann 1980; Wiesehöfer 1993, 163–204; Fowler 2010; Ellerbrock/Winkelmann 2012, 69–83; Sommer 2013a, 38–41.

42 Das hellenistische und parthische Dura-Europos und seine materielle Kultur behandeln Millar 1998; Leriche 2003; Sommer 2004a und b.

Wie fruchtbar gerade das politisch-kulturell uneindeutige Milieu der Steppengrenze war, illustriert nichts besser als das Beispiel der Stadt Palmyra, die sich, in der fruchtbaren Oase Tadmor inmitten der Syrischen Wüste liegend, im 1. Jh. n. Chr. eines wirtschaftlichen Booms erfreute, der das Provinznest in wenigen Jahrzehnten in eine veritable Metropole des Ost-West-Fernhandels verwandelte: Für die Reichen und Mächtigen der römischen Mittelmeerwelt gehörte es – seit Rom sich dem Hellenismus geöffnet hatte – zum guten Ton, sich mit Luxusartikeln zu umgeben, die mühselig aus Süd- und Ostasien herangeschafft werden mussten. Ein Großteil dieser Waren nahm in augusteischer Zeit den Weg über den Indischen Ozean ins Rote Meer, wurde in ägyptischen Häfen umgeschlagen, durch die Wüste transportiert und dann über Nil und Mittelmeer zu den Konsumenten verschifft. Im 1. Jh. n. Chr. aber gewann eine andere Route – der Weg über den Persischen Golf, den Euphrat und die Syrische Wüste – rapide an Bedeutung, bis sie schließlich gegen Ende des Jahrhunderts der alten Orientpassage womöglich gar den Rang ablief.[43] Angesichts der unübersichtlichen Verhältnisse in der von Stämmen beherrschten Steppe und in Anbetracht des Kalten – bisweilen auch heißen – Krieges zwischen Rom und dem Partherreich bedurfte der Landweg zwischen Persischem Golf und Mittelmeer allerdings eines ›Türöffners‹ – eines ehrlichen Maklers, der sich mit allen Parteien gut stand und die logistischen wie diplomatischen Hürden überwand, die dem Fernhandel entgegenstanden. Prädestiniert für diese Rolle waren die Bewohner der Oase Tadmor – genau auf halber Strecke zwischen Mittelmeer und Euphrat und wenigstens zu Beginn in politischer Äquidistanz zu den Machtzentren Rom und Ktesiphon.

Die Bewohner machten ihre Sache so gut, dass ihre Stadt, Palmyra, bald zu unerhörtem Wohlstand gelangte. Erstmals

43 Erschöpfend zum römischen Orienthandel: Young 2001. Vermehrt Beachtung in der Forschung findet der Fernhandel im Indischen Ozean: Seland 2007.

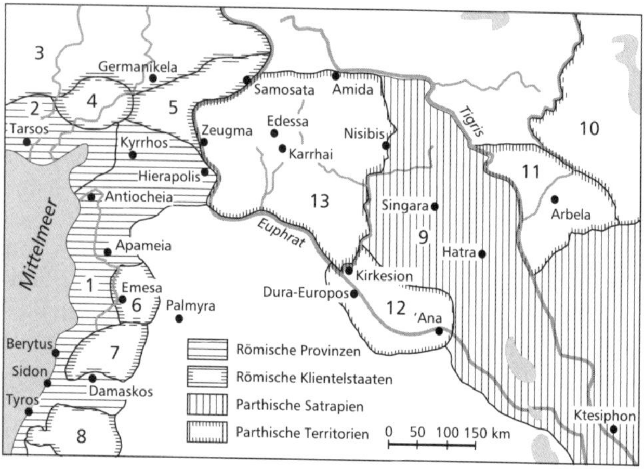

Karte 1: Das römisch-parthische Grenzgebiet im 1. Jh. n. Chr.

1 Provinz Syria
2 Provinz Cilicia
3 Königreich Kappadokien
4 Tempelstaat Hierapolis-Kastabala
5 Königreich Kommagene
6 Tempelstaat Emesa
7 Tetrarchie der Ituräer
8 Königreich der Hasmonäer
9 Parthisches Kerngebiet (Satrapien)
10 Königreich Media Atropatene
11 Königreich Adiabene
12 Territorium Mesopotamien-Parapotamien (Dura-Europos)
13 Königreich Osrhoene

war Palmyra in den Gesichtskreis der Römer geraten, als Marcus Antonius – einem Bericht Appians zufolge – seine Reiterei einen Überfall auf die Oase hatte unternehmen lassen und die Bewohner mitsamt ihrer Habe die Stadt verlassen und sich aufs parthische Euphratufer geflüchtet hatten.[44] Die

44 App. civ. V. 9. Vgl. Hekster/Kaizer 2004.

Begebenheit mag erfunden sein, aber die Distanz Palmyras zu Rom, die in ihr zum Ausdruck kommt, ist schwerlich nur auf dem Konto von Appians Fantasie zu verbuchen. Eine Stadt gab es in der Oase tatsächlich schon in hellenistischer Zeit, was durch gerade noch rechtzeitig vor dem Bürgerkrieg in Syrien abgeschlossene archäologische Arbeiten nachgewiesen werden konnte,[45] aber in der Urbanistik des frühen Palmyra hoben sich noch deutlich die Strukturen einer Stammesgesellschaft ab: Die Stadtviertel entstanden im Umkreis von Heiligtümern, die – fiktiven oder realen – Ahnherren geweiht waren und wohl auch von Stammesangehörigen frequentiert wurden, die noch das Leben von Nomaden führten. Die Stadtgesellschaft der Zeit um Christi Geburt war dagegen das Produkt eines relativ rezenten Sesshaftwerdungs- und Urbanisierungsprozesses, der mit der Stadtentstehung keineswegs abgeschlossen war.

Genealogie und Verwandtschaft spielten bei der sozialen Standortbestimmung auch weiterhin eine Schlüsselrolle, und nicht wenige Palmyrener – vor allem Angehörige der tribalen Eliten – pendelten beständig zwischen einer sesshaften Existenz und dem Leben in der Wüste hin und her. Diese Männer waren Patriarchen, Warlords und Großhändler in einem, die ihr weit gespanntes Netz persönlicher Kontakte nutzten, um die Tür für den transasiatischen Fernhandel offenzuhalten. Bis weit ins Partherreich reichten ihre Verbindungen, und wenn die von Osten kommenden Karawanen sicher durch die Wüste gelangten, so war das ihrer diplomatischen Vermittlungsarbeit zu verdanken. Die eigentlichen Anfänge des palmyrenischen Fernhandels lassen sich nicht rekonstruieren, doch ab dem 1. Jh. n. Chr. begannen Statuen Palmyras Hauptverkehrsachse – eine pompöse, kilometerlange Kolonnadenstraße – zu säumen; Statuen, denen meist zweisprachige (griechisch-palmyrenische) Inschriften beigegeben waren, in denen die palmyrenischen Kaufleute den mächtigen Scheichs

45 Vgl. dazu: Schmidt-Colinet/al-As'ad 2000; Schmidt-Colinet 2003a und b und jetzt vor allem Schmidt-Colinet/Al-As'ad 2013.

Dank für geleistete Patronage abstatteten: Männern wie jenem »Maliko, Sohn des Nescha«, dem die in Babylon ansässigen palmyrenischen Händler 24 n. Chr. ein Standbild errichteten, »weil er ihnen in jeder Weise gefällig war [...] und ihnen aus seinem Vermögen gegeben hat, was niemand sonst getan hat.«[46]

Die Stadt in der Oase und die sie umgebende Steppe bildeten, trotz allem, was Nomaden und Sesshafte trennte, eine Einheit: Die Palmyrene war Heimstatt einer ›integrierten Stammesgesellschaft‹, mit Identitäten, die andere Bezugspunkte hatten als in der griechischen Polis, die sich sonst überall im östlichen Mittelmeerraum ausgebreitet hatte: Abstammungsgemeinschaften (›Stämme‹), Verwandtschaft und die Hierarchie der persönlichen Abhängigkeit zwischen Patronen und Klienten, derjenigen des republikanischen Rom nicht unähnlich, gaben der Oasengesellschaft ihre innere Struktur. So wird in den vielen Inschriften aus Palmyra zwar die institutionelle Begrifflichkeit einer Polis fassbar – so begegnen wir einem *demos* (›Volk‹), einer *boule* (›Ratsversammlung‹) und *archontes* (›Obermagistraten‹) –, doch verbargen sich hinter den Begriffen ganz und gar andere Institutionen, für welche die Palmyrener lediglich im terminologischen Repertoire der Polis nach Bezeichnungen suchten. Eine griechische Stadt war Palmyra damit noch lange nicht.[47]

Politisch indes geriet die Oase Tadmor sukzessive in den Bannkreis Roms: Ein römischer *legatus* des römischen Statthalters von Syrien weihte dem römischen Kaiser und seiner Familie eine Statuengruppe im Hauptheiligtum der Stadt (ca. 15 n. Chr.). Dennoch verfügte die Stadt über einen Grad an Autonomie, der reichsweit präzedenzlos war. Insofern erklärt sich die Sonderstellung der Stadt am besten aus ihrer Lage inmitten des Grenzsaums (englisch *frontier*), des breiten

46 Inv. IX. 11a = PAT 1352.

47 Diese Meinung vertritt aber Sartre (1996). Zu den Argumenten Sartres im Detail: Sommer 2005b. Die soziale Sonderrolle Palmyras unterstreicht eindrucksvoll auch die Untersuchung von Kaizer (2002).

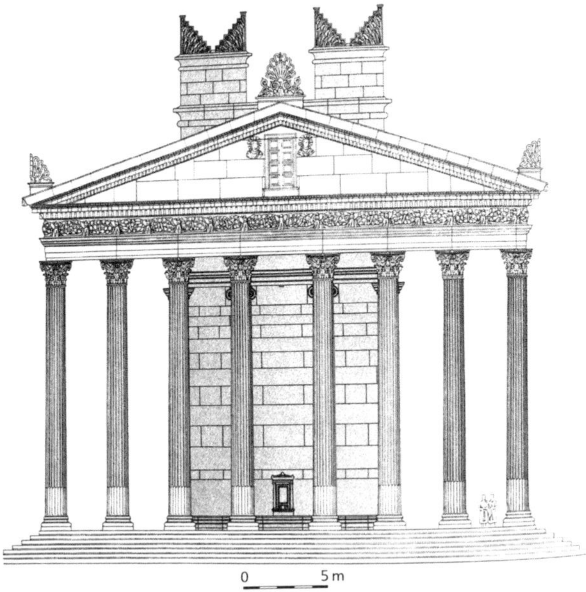

Abb. 9: Der 32 n.Chr. geweihte Bel-Tempel in Palmyra, Rekonstruktionszeichnung. Vom Schema klassisch-mediterraner Tempel weichen besonders das Portal an der Langseite, das begehbare Flachdach und die Zinnenkrone ab.

Streifens, in dem Roms Macht nach Osten hin allmählich auslief.

Ein erstrangiges Zeugnis dieser Uneindeutigkeit ist auch der 32 n. Chr. geweihte Bel-Tempel, in dem Tiberius' Repräsentant in der Provinz die Statuen von Angehörigen der kaiserlichen Familie aufstellte: Nach außen erweckt das gut erhaltene Bauwerk am südöstlichen Stadtrand von Palmyra mit seiner Säulenarchitektur, den Architraven und all jenen Elementen, die verraten, dass die Baumeister über die architektonischen Ausdrucksmittel, die überall im Imperium Anklang fanden, bestens im Bilde waren, zunächst den Eindruck eines vollendeten römischen Tempels. Einem Besucher aus den Kernländern der mediterranen Zivilisation mussten jedoch sofort Elemente ins Auge stechen, die für ihn völlig fremde Traditionen repräsentierten: das begehbare Flachdach, das über Wendeltreppen von der Cella aus zu erreichen war; die mit Palmetten verzierten, dreieckigen Stufenzinnen, die zwei um die Dächer von Cella und Peristasis umlaufende Kränze bildeten; die Scheingiebel mit Tympana an den Schmalseiten; die große Rampe, die zu den wuchtigen Propyläen führte, die an einer der beiden Langseiten Zugang zur Cella gewährten; die beiden erhöht liegenden und über Treppen zu erreichenden Adyta im Tempelinneren; der große, ummauerte Hof mit umlaufendem Peribolos, in dem der Tempel, der Hauptaltar und einige weitere Gebäude standen; schließlich Dekor und Ikonographie, die keinerlei Ähnlichkeit mit der religiösen Vorstellungswelt des Mittelmeerraums haben. Das ganze Arrangement des sakralen Komplexes Bel-Tempel offenbart, dass hier Kulthandlungen vorgenommen wurden, die mit religiösen Zeremonien griechischer oder römischer Prägung wenig gemein hatten. Möglicherweise handelte es sich um religiöse Praktiken, in denen ›hohe Plätze‹ eine zentrale Rolle spielten – wäre das der Fall, so reichte die Tradition womöglich weit zurück bis ins vorhellenistische Mesopotamien, wo die Zikkurat (Tempelterrasse) als hoch gelegener Kultort weite Verbreitung genoss.[48]

Palmyrenische Tempelarchitektur, eine integrierte Stammesgesellschaft, die ihre Institutionen auf griechische Begriffe zu bringen suchte, eine Kolonnadenstraße, die quer durch die Stadt geschlagen wurde und ostentativ klassisch wirkte, ohne es wirklich zu sein – all das suggeriert, dass die Palmyrener die kulturellen Versatzstücke, die mit dem Imperium Romanum zu ihnen kamen, sehr bewusst zur Kenntnis nahmen: Während ihre Stadt wuchs und gedieh, verwendeten sie vieles von dem, was sich im Mittelmeerraum als ›klassisch‹ bewährt

48 Zum Bel-Tempel: Seyrig et al. 1975; Anderson 1987; Will 1992, 134–140; Will 1995; Freyberger 1998, 74–77.

hatte, und gaben so zu verstehen, dass sie in puncto Geschmack und Kultiviertheit auf der Höhe ihrer Zeit waren. Sie ahmten aber nicht einfach nach und kopierten ein fertiges kulturelles Zeichensystem gleichsam *en bloc*; vielmehr bauten sie das Entliehene kreativ, eklektisch und innovativ in ihre eigene Vorstellungswelt ein, nach eigenem ästhetischen Ermessen und eigenen Bedürfnissen. Allmählich wurde römisches Bauen und römischer Geschmack zum Statussymbol für all jene, die es sich leisten konnten und über genug Bildung verfügten, um die fremde Symbolwelt erschließen zu können. Die palmyrenischen Großen wurden auf diese Weise gleichsam zu Römern, ohne ihre palmyrenische Identität preiszugeben – manche von ihnen waren bald sogar im Besitz des römischen Bürgerrechts, das, ohne politisch noch von Bedeutung zu sein, doch ein greifbarer Beweis ihres herausgehobenen sozialen Status war.

Auf Caesars Spuren: die Provinzialisierung des römischen Gallien

Im Jahr 50 v. Chr. hatte Caesar ganz Gallien erobert. Damit kontrollierte Rom weite Teile des keltisch geprägten Westeuropa. ›Gallien‹ war ein vager geographischer Begriff, der nicht nur die von Caesar eroberten Gebiete nordwestlich der Alpen bezeichnete, sondern auch das heutige Norditalien nördlich des Po (Gallia Cisalpina) und das dem Reich bereits 121 v. Chr. als Provinz Gallia Narbonensis einverleibte Gebiet um die Rhône-Mündung. Zentrum der Narbonensis war die Hafenstadt Massalia (Marseille), die Griechen aus dem kleinasiatischen Phokaia um 600 v. Chr. gegründet hatten. Massalia hatte gegen die keltischen Stämme des Hinterlandes einen schweren Stand und suchte daher im 2. Jh. v. Chr. mehrfach römischen Beistand. 121 v. Chr. schlug der Konsul Gnaeus Domitius Ahenobarbus die vereinigten Stämme der Arverner und Allobroger schließlich vernichtend und richtete im heutigen Südfrankreich die neue Provinz (zu-

Karte 2: Das römische Gallien.

nächst als Gallia Ulterior, im Gegensatz zur Gallia Cisalpina) ein, so dass nunmehr eine Landverbindung zwischen dem römischen Hispanien und Italien bestand, die lediglich an der Stelle unterbrochen war, wo die Seealpen ans Mittelmeer stoßen.

Die Narbonensis blieb allerdings unruhig: Vor allem die Allobroger, aber auch andere Stämme, versuchten wiederholt, die römische Herrschaft abzuschütteln, zuletzt im Bündnis mit Catilina (63 v. Chr.). Das Verhältnis zwischen Massalia und seinem Umland blieb gespannt. Erst die konzentrierte Ansiedlung von Veteranen des Bürgerkriegs, anfangs durch Caesar, später durch Augustus, schüttelte das demographische Gleichgewicht gründlich durcheinander und leitete eine Welle von Stadtgründungen ein, die allesamt als *coloniae* rechtlich und baulich getreue Abbilder Roms im Kleinen waren: Arausio (Orange), Arelate (Arles), Vienna (Vienne), Narbo Martius (Narbonne), Baeterrae (Béziers) und Forum Iulii (Fréjus) entstanden in rascher Folge unter Caesar, Cabellio (Cavaillon), Apta (Apt), Carpentoracte (Carpentras) und Reii (Riez) unter Augustus. Andere Städte, wie Nemausus (Nîmes) und Vasio Vocontiorum (Vaison-la-Romaine) lehnten sich an ältere keltische Großsiedlungen an, sogenannte *oppida*. Augustus schließlich unterwarf auch die keltischen Stämme in den Westalpen, wo drei kleine Provinzen eingerichtet wurden.[49]

Die Neugründung von Städten, besonders dort, wo Veteranen angesiedelt wurden, markiert einen tiefen Einschnitt in der Entwicklung der Provinz: Um es anderen zuzuweisen, musste das Land zuerst Menschen genommen werden. Mit der Urbanisierung erlangte außerdem bereits unter Caesar das latinische Recht für die gesamte Provinz Gültigkeit: eine Art römisches Stadtrecht zweiter Klasse, das nur die städtischen Ratsherren in den Genuss des vollen Bürgerrechts kommen ließ. Augustus ließ mehrfach einen Zensus abhalten und kam selbst in die Provinz, um auf einer Versammlung, dem *conventus*, Konflikte zu schlichten und die Menschen seine Nähe spüren zu lassen: Wie vor ihm Caesar, Pompeius und zahlreiche andere, so wusste auch Augustus die Karte patrimonialer Protektion zu spielen, die er den Provinzialen gewährte. Zugleich trieb er aber die Bürokratisierung der römischen Herrschaft voran, ersetzte unregelmäßige Abgaben durch feste Steuern, verhalf römischem Recht zur Durchsetzung und band die Gallier nun als Individuen, nicht

49 Alpes Maritimae, Alpes Cottiae und Alpes Graiae et Poeninae.

mehr als Angehörige ihrer Stämme in die römische Herrschaftsarchitektur ein. Folglich gab es nun für Provinzialen, die sich lateinische Sprache und römische Kultur aneigneten, eine Reihe von Möglichkeiten, in die imperiale Elite aufzusteigen.[50]

Besonders das Gebiet der unteren Rhône, mit Arelate und Massalia, florierte unter augusteischer Herrschaft: Die Städte verband bald ein dichtes Straßennetz, und die Flüsse sorgten ebenfalls dafür, dass die Güter, die das südliche Gallien produzierte – vor allem Wein, Oliven, Obst, Getreide und Käse, aber auch die seit augusteischer Zeit im Tal von La Graufensenque (bei Millon, Département Aveyron) und anderswo in Gallien quasi-industriell gefertigte Terra Sigillata –, jenseits der Provinzgrenzen ihre Abnehmer finden konnten. Besonders die Terra-Sigillata-Produktion wirft ein Schlaglicht auf die Umformungsprozesse, die die Gesellschaft des frührömischen Gallien auf breiter Front erfassten und die so vielschichtig und in ihren Fernwirkungen geradezu dialektisch waren, dass das Schlagwort ›Romanisierung‹ an der Realität vollkommen vorbeizugehen scheint; ›Provinzialisierung‹ ist, weil wertneutral, der wohl geeignetste Begriff für das, was sich auf unterschiedlichen Ebenen im Gefolge der Eroberung abspielte. ›Terra Sigillata‹ nennt die Archäologie eine qualitativ hochwertige Keramiksorte, die im späten 1. Jh. v. Chr. aufkam und zunächst im mittelitalischen Arretium (Arezzo) gefertigt wurde: feinwandiges Tafelgeschirr mit einem charakteristischen roten Überzug, oft mit Reliefverzierungen, die mit Modeln aufgebracht wurden und meist Herstellerstempel tragen.

50 Zur Selbstromanisierung lokaler Oberschichten in der Narbonensis: Botermann 2005. Das Nebeneinander patrimonialer und rational-bürokratischer Herrschaftsmechanismen im augusteischen Gallien hat Woolf (1998, 39f.) herausgearbeitet. Zur Romanisierung der Provinz auch Benoît 1966. Kontakte auf religiösem Gebiet erörtert Gschlößl 2006. Empfehlenswert als Überblick über die Geschichte des römischen Gallien: Duval 1979; Drinkwater 1983; Lepelley 2001, 151–210.

Abb. 10: Terra-Sigillata-Gefäß mit typischer Verzierung.

Nach und nach entstanden Werkstätten auch in Gallien[51] sowie anderswo im Imperium,[52] die zunächst die italischen Vorbilder recht genau kopierten, dann aber in immer stärkerem Maße eigene Formen entwickelten; ähnlich wie Arretium Ende des 1. Jh. v. Chr. für den westeuropäischen Markt produziert hatte, so exportierten La Graufensenque und die übrigen provençalischen Zentren ab ca. 20 n. Chr. Teile ihrer Produktion in das nördliche Gallien. Diese Entwicklung kulminierte in der zweiten Hälfte des 1. Jh. n. Chr., als Töpferware aus den südfranzösischen Werkstätten in ganz Gallien bis an den Rhein, aber auch in Italien (Latium und Kampanien) und

51 Zunächst in aretinischen Filialbetrieben in Lugdunum, dann in La Graufensenque, in Montans und Banassac, ebenfalls in Südfrankreich, in Lezoux und Les Martres-des-Veyres in Zentralfrankreich und in Rheinzabern in der Pfalz.

52 Vor allem in Nordafrika und Spanien.

selbst noch in Kleinasien Verbreitung fand.[53] Später entstanden auch in Nord- und Nordostgallien Produktionszentren, so dass die Feinkeramik lokal hergestellt werden konnte. Der Exporthandel von La Graufensenque und den übrigen südgallischen Herstellungsorten brach im selben Moment zusammen. Am ehesten sind Aufblühen und Niedergang des provençalischen Terra-Sigillata-Exportgewerbes mit den erheblichen Kosten zu erklären, die der Transport der Ware über längere Strecken verursachte; sie nötigten, sobald die Voraussetzungen dafür gegeben waren, zum Aufbau von Produktionsstandorten dort, wo die Keramik nachgefragt wurde.[54]

Die Entwicklung der Terra-Sigillata-Produktion und ihrer Verteilung illustriert exemplarisch die ökonomische Dynamik, die Provinzialisierungsprozesse begleitete: Erzeugnisse italischer Produktion drängten zunächst auf den ›Markt‹, der sich in einer neuen Provinz auftat; mit zeitlicher Verzögerung ersetzte man die Importe durch lokale Produktion und exportierte nun seinerseits in Regionen, in denen sich noch keine einheimischen Werkstätten etabliert hatten. In gewissem Sinne vollzog so die gewerbliche Produktion die politische Dynamik der wandernden Eroberungsgrenze nach, die nicht nur Rom kennzeichnete, sondern charakteristisch für alle Großreiche ist: Der eroberte Raum wurde Zug um Zug in ein imperiales Wirtschaftssystem integriert, wobei Vernetzung und Gütertransfer stets die Bedeutung von Initialzündungen zukam. Hatte eine Region erst einmal die Produktionsstandards des Zentrums übernommen, so verloren Produktionsstandorte, die auf Export hin orientiert waren, wieder an Bedeutung, und regionale Zirkulationsmechanismen überlagerten den großräumigen Warenverkehr.

Der wirtschaftlichen scheint die kulturelle Dynamik des Provinzialisierungsprozesses zu entsprechen: Mit den itali-

53 Unter anderem wurden zwei Kisten mit Terra Sigillata aus La Graufensenque in Pompeji gefunden.

54 Zu den wirtschaftlichen Implikationen der Terra-Sigillata-Produktion in Gallien: Woolf 1992 und 1998, 194–201.

schen Importwaren drängten auch Formen, Ornamente und Reliefschmuck – ›Bilder‹ im denkbar weitesten Sinne – nach Gallien, die ein zuvor fest etabliertes Repertoire ablösten. Sie standen für die Provinzialen und besonders für die lokale Elite stellvertretend für alles, was sie als römisch ansahen; entsprechend begehrt waren sie und entsprechend rasch fanden sie Verbreitung. Die Produktion, mit der lokale Werkstätten die Nachfrage beantworteten, war dann aber doch mehr als eine bloße Kopie der italischen Modelle: Während die aretinische Terra Sigillata vorwiegend mit szenischen Motiven dekoriert war, dominierten auf den gallischen Waren Rankenmuster und ähnliche, nicht-figürliche Ornamente. Zonenweise, vor allem in Nordostgallien, folgten der Produktion von reich verziertem, vorwiegend für die Oberen Zehntausend produziertem Tafelgeschirr bald vereinfachte Ausführungen, die sich stilistisch zwar an die elaborierteren, in der regionalen Oberschicht zirkulierenden Vorbilder anlehnten, aber auch für breite Schichten erschwinglich waren. Mit der sukzessiven Umstellung der Terra-Sigillata-Produktion auf Massenbedürfnisse kehrten die Eliten der einst so begehrten Ware den Rücken: Was einstmals als Ausweis ihres Römischseins und damit ihrer privilegierten sozialen Position gedient hatte, war jetzt vulgär geworden. Die Oberschichten erfanden neue Formen, die für gesellschaftliche Exklusivität standen, während sich die Massen durch die Adaption der Terra Sigillata nicht ein ›römisches‹, sondern ein ›lokales‹ Elitenmodell angeeignet hatten. Im Ergebnis mündete so die Vereinheitlichung – die ›Romanisierung‹, wenn man so will – des Keramikgeschmacks durch Anleihen bei italischen Vorbildern letztlich in eine neue Vielfalt. Diese Entwicklung strebte gegen Ende des 2. Jh. n. Chr. mit der vollständigen Verdrängung der Terra Sigillata aus gallischen Elitekontexten ihrem Höhepunkt zu.[55]

Das gute Service repräsentiert natürlich nur einen winzigen Ausschnitt aus den kulturell codierten Artefakten, die darü-

55 Vgl. dazu: Woolf 1998, 202f.

ber Auskunft geben, wo ein Mensch sich zugehörig fühlt. Dadurch aber, dass Tonscherben leichter als anderes Material die Jahrhunderte überdauern, ist eine vermeintlich homogene Keramik wie die Terra Sigillata der ideale Gradmesser für die kulturelle Dynamik des Provinzialisierungsprozesses. Doch auch die Siedlung, in der ein Mensch lebt, verrät viel über seine Identität. In größerem Maßstab ist deshalb die allmähliche Urbanisierung Galliens, die bereits unter Caesar begann und im 2. Jh. n. Chr. kulminierte, als Gallien praktisch flächendeckend von einem Netzwerk römischer Städte unterschiedlicher Größe überzogen war, ein ähnlicher Gradmesser: Das vorrömische, eisenzeitliche Gallien war ein Land der Dörfer, obwohl einzelne seiner ländlichen Siedlungen, die sogenannten *oppida* (das lateinische Wort bezeichnete bei Caesar Hügelfestungen), teils eine beträchtliche Größe erreichten. Bei den *oppida* handelt es sich um eine Siedlungsform, die im keltischen Europa beiderseits des Rheins – in einem Gürtel von Zentralfrankreich bis zur Slowakei – um die Mitte des 2. Jh. v. Chr. aufgekommen war. Einige von ihnen waren mehrere Hektar groß und beherbergten eine Bevölkerung von wohl bis zu 10.000 Menschen; sie waren Standorte für Handel und Gewerbe, prägten eigene Münzen, waren befestigt und dienten ihrem Umland als zentrale Orte, die durch ein relativ entwickeltes Wegenetz miteinander verbunden waren. Die Bevölkerung der *oppida* war sozial bereits recht differenziert: Es gab Spezialisten für bestimmte handwerkliche Tätigkeiten und eine Elite, die standesbewusst nach Formen suchte, um ihren Status nach außen kundzutun. Dennoch war die Mehrheit der *oppida*-Bevölkerung in der Landwirtschaft tätig, das Siedlungsbild war meist ungeplant und nicht nach sozialen Kriterien differenziert. Die eisenzeitlichen *oppida* – die natürlich alle, obwohl sie grob dem gleichen Typus entsprachen, individuelle Merkmale aufwiesen – waren deshalb nur bedingt mit den mediterranen Städten vergleichbar: Sie waren, gemessen am Urbanismus der altorientalischen, griechischen und römischen Welt, Protostädte, die sich vielleicht noch in veritable Städte verwandelt hätten, wäre nicht Rom auf der

Bildfläche erschienen, um dem Prozess der Urbanisierung in Gallien seinen eigenen, unverwechselbaren Stempel aufzudrücken.[56]

Die neuen römischen Städte entstanden in der Regel in der Ebene, oft direkt unterhalb der alten Hügelfestungen. Sie wurden geplant nach dem Modell der norditalischen Städte, die meist Veteranenkolonien waren: mit streng rechtwinkligem Straßenraster, öffentlichen Plätzen und Tempeln im Stadtzentrum, nahe dem Kreuzungspunkt der beiden Hauptstraßen, Gräberfeldern außerhalb der Städte und einer klaren Untergliederung der Stadt nach funktionalen Gesichtspunkten. Auch das Repertoire öffentlicher Bauten entsprach dem der römischen Vorbilder: Forum, Theater, Thermen, Amphitheater, Einrichtungen für die Wasserversorgung, so dass sie sich in fast jeder Beziehung von den protostädtischen gallischen Siedlungen der Eisenzeit unterschieden. Zugleich bildete sich in den Provinzen ein hierarchisches Siedlungssystem heraus, mit Zentralorten unterschiedlicher Ebene, die je nach Größe und Funktion eine spezifische Position auch im Verkehrssystem Galliens behaupteten.

Dies alles wuchs nun keineswegs auf gallischem Boden in die Höhe, weil Rom oder der Kaiser es so wollten. Vielmehr zog die römische Zivilisation die einheimische Oberschicht bald derart in ihren Bann, dass sie von selbst nach allem strebte, was mediterrane Urbanität zu bieten hatte, und so stattete die neue Elite – noch bevor sich an den Bau eigener, prunkvoller Residenzen machte – die neuen Städte mit nicht minder großzügigen öffentlichen Bauten aus. Sie waren es schließlich, die eine römische Stadt im Kern ausmachten, und wer Stadtkultur nach römischer Art wollte, kam um den Bau eines Theaters oder eines Aquädukts auf Dauer nicht herum. Indem sie wie ihre italischen, griechischen oder kleinasiatischen Standesgenossen ›Euergetismus‹ – Dienst an der

56 Vgl. dazu: Buchsenschutz 1984; Collis 1984; Woolf 1998, 106–112; (den urbanen Charakter der keltischen Zentren betonend) Wells 2007, 57–61. Zum *oppidum* von Manching in Oberbayern: Sievers 2003.

Gemeinschaft, der mit Respekt und Ansehen vergolten wurde – praktizierte, häufte die gallische Elite in ihrer Gesellschaft erhebliches symbolisches Kapital auf und legitimierte so nach innen die privilegierte Position, die ihr von Rom zugewiesen worden war. Im Übrigen konnte sie sicher sein, für ihre Verdienste um das Gemeinwesen das Wohlgefallen der römischen Amtsträger zu finden.

Wer waren jene Männer, aus denen sich innerhalb weniger Jahrzehnte eine Oberschicht formierte, die tatsächlich römisch geworden war, ohne ihr Gallischsein darum aufgegeben zu haben? Im Wesentlichen waren es wohl Angehörige der alten Eliten, die auch in den Stammesgesellschaften der vorrömischen Zeit den Ton angegeben hatten: Unter ihnen hatte es viele gegeben, die frühzeitig die Zusammenarbeit mit Rom gesucht hatten; einige hatten schon vor Caesar in Roms Diensten gestanden, etwa als Söldnerführer gegen Karthago, andere hatten sich durch Kollaboration mit dem Eroberer einen Namen gemacht. Sie alle wurden jetzt belohnt, ihr Rang und ihre Privilegien in der provinzialen Gesellschaft zementiert; viele fanden sich als Grundherren auf ausgedehnten Latifundien wieder. Diese Leute wirkten als Mittler zwischen Rom und ihren Stammesgenossen, hatten häufig mächtige Freunde in der Hauptstadt und erwarben meist rasch das römische Bürgerrecht.

So konnte es nur eine Frage der Zeit sein, bis gallo-römische Notabeln auch in die höchsten Kreise des römischen Ritterstandes und des Senats drängten. 47 n. Chr. bekleidete Kaiser Claudius mit der Zensur selbst das Amt, das über die Zusammensetzung des Senats wachte. Dessen Reihen waren mit neuen Gesichtern aufzufüllen, und die gallo-römische Aristokratie klopfte vernehmlich an die Tore der Kurie, des ehrwürdigen Versammlungsgebäudes der Senatoren:

> Der Adel der sogenannten Gallia Comata [des von Caesar eroberten nördlichen Gallien], die schon längst mit uns verbündet war und das römische Bürgerrecht erlangt hatte, strebt nach dem Recht, zu den hohen Staatsämtern in Rom zugelassen zu werden, worüber recht viel debattiert wurde. Auch vor dem

Kaiser wurde für und wider den Antrag gestritten. Die einen meinten, Italien sei doch nicht so tief gesunken, als daß es nicht im Stande wäre, den Senat seiner Hauptstadt zu ergänzen.

[...] Alles würden jene reichen Gallier für sich beanspruchen, deren Großväter und Urgroßväter als Führer feindlicher Stämme unsere Heere mit bewaffneter Hand niedergemacht, den göttlichen Julius Caesar in Alesia belagert hätten. Dies seien Vorgänge der jüngsten Vergangenheit. Wie stehe es erst, wenn wir uns jener erinnerten, die unter dem Kapitol und der römischen Stadtburg von den Händen derselben Leute vernichtet worden seien? Möchten sie immerhin dem Namen nach Bürger heißen, aber die Abzeichen der Senatoren, die Ehrenzeichen der hohen Staatsbeamten dürften sie nicht gemein machen![57]

Hier also prallte der unbedingte Aufstiegswille einer provinzialen Elite, die stolz war auf die Kernelemente römischer Kultur, die sie sich angeeignet hatte, frontal auf den geballten Konservatismus, Dünkel und Fremdenhass der italischen Aristokratie. Nicht zufällig fanden die Gallier bei Claudius ein offenes Ohr: Der Kaiser war in Lugdunum, dem Zentrum der Comata, zur Welt gekommen und machte sich dafür stark, den Prozess der reichsweiten Integration voranzutreiben, der mit dem Überschreiten der ›augusteischen Schwelle‹ begonnen hatte. Hier, am Sitz des *concilium Galliarum*, des den Kaiserkult organisatorisch tragenden ›Landtages‹ der gallischen Provinzen, fand auch eine Bronzetafel Aufstellung, auf der die Senatsrede schriftlich fixiert wurde, mit der Claudius den Kritikern antwortete. Die Tafel wurde 1528 gefunden und ist ein seltenes Dokument aus erster Hand, das nicht nur der von Tacitus überlieferten Debatte Historizität bescheinigt, sondern auch die Einwürfe oppositioneller Senatoren festhält:

Mein Großonkel, der vergöttlichte Augustus, und mein Onkel Tiberius Caesar beschritten Neuland, indem sie wünschten, dass besonders die Blüte der Kolonien und der Munizipien, das heißt all jener, die Männer von Abstammung und Reichtum vorzuweisen hatten, zu dieser Versammlung zugelassen werden

57 Tac. ann. XI. 23.

> sollten. – *Was soll das heißen? Ist denn ein italischer Senator nicht einem aus der Provinz vorzuziehen?* – Ich werde es sogleich erklären, sobald ich meinen Antrag als Zensor eingebracht habe, aber ich halte es für unnötig, selbst die Provinzialen auszuschließen, die dem Senat zur Ehre gereichen können [...]. – *Zwischenruf: Los jetzt, Tiberius Caesar Germanicus! Es ist Zeit, dass du den versammelten Vätern [Senatoren] erklärst, worauf du hinaus willst – du hast bereits die äußerste Grenze der Narbonensis erreicht!* – Es tut euch gewiss nicht leid, all diese jungen Männer von Rang, auf die mein Blick hier fällt, unter den Senatoren zu sehen; so wenig wie Persicus, dieser Adlige von bester Abstammung und mein Freund, sich schämt, dass er in seiner Ahnengalerie auf den Namen Allobrogius stößt. Und wenn ihr diese Meinung teilt, was wünscht ihr mehr? Muss ich es euch erklären? Selbst das Land, das jenseits der Narbonensis liegt, hat es nicht bereits Senatoren gestellt? [...] Ich versichere euch, versammelte Väter, dass ich nicht ohne Zögern die Grenze jener Provinzen überschreite, die euch wohlbekannt und vertraut sind, aber der Augenblick ist da, dass wir offen die Sache des übrigen Gallien vertreten müssen. Man wird einwenden, dass Gallien einen zehnjährigen Krieg gegen den vergöttlichten Caesar führte. Aber stellt dem die Erinnerung an hundert Jahre fester Treue gegenüber, einer Loyalität, die durch zahlreiche Wechselfälle auf die Probe gestellt worden ist! Drusus, mein Vater, konnte Germanien in die Knie zwingen, weil in seinem Rücken tiefer Friede herrschte, den die Ruhe der Gallier sicherstellte [...].[58]

Ein Staatsmann wie Claudius, dem das Imperium mehr war, als die zusammeneroberte Kriegsbeute einer Stadt am Tiber, hatte längst verstanden, dass die Männer aus Gallien, deren Vorfahren in einer rückständigen Provinz am Rand der römischen Welt Städte gegründet und mediterrane Lebensformen heimisch gemacht hatten und die nun Einlass in den Senat begehrten, für das Rom der Zukunft standen. Den Galliern folgten zahlreiche Provinzialen aus anderen Teilen des Römischen Reiches: aus Spanien, Griechenland, Kleinasien, Nordafrika und Syrien. Voraussetzung für die Mitgliedschaft in dem ehrwürdigen Gremium, das über Jahrhunderte die Ge-

58 CIL XIII. 1668. Zur Analyse der Inschrift und der Tacitus-Passage: Vittinghoff 1994c.

schicke der Republik bestimmt hatte, war fortan nicht mehr die Herkunft, sondern die Bereitschaft, die kulturellen und gesellschaftlichen Grundlagen, auf denen Rom stand, zu akzeptieren und zu teilen. Auch als römische Senatoren blieben die gallo-römischen Aristokraten Gallier, kulturell geprägt von ihrer Heimat und eingebunden in die politisch-sozialen Netzwerke der gallischen Provinzen. Sie waren gewissermaßen Grenzgänger, die sich auf der großen Bühne der Reichspolitik und in der kleinen Welt ihrer Gemeinde oder Provinz gleichermaßen sicher bewegten, und gerade als Grenzgänger wurden sie zu Bindegliedern zwischen Zentrum und Peripherie, konnten die Interessen ihrer Landsleute in der Hauptstadt wirkungsvoll vertreten und als Patrone, die mit erheblichem materiellen wie symbolischen Kapital ausgestattet waren, das provinziale Leben lenken. Es sollte nicht lange dauern, bis auch die Kaiser nicht mehr aus Italien kamen: Mit Trajan wurde 98 n. Chr. ein Sohn der spanischen Stadt Italica Kaiser; noch exotischer war 100 Jahre später die Herkunft des Kaisers Septimius Severus, der aus Lepcis Magna in Nordafrika stammte und in seiner Jugend Punisch gesprochen hatte. Rom war endgültig zum Weltreich geworden und wurde regiert von einer Elite, die so multikulturell war wie das Imperium selbst.

Spanien

In Trajans Heimat Spanien fassten römische Stadtkultur und die entsprechenden Repräsentationsformen auf ähnliche Weise und in ähnlichem Tempo Fuß wie in Gallien. Die Metropolen der drei Provinzen Tarraconensis, Baetica und Lusitania, die *coloniae* Tarraco (Tarragona), Corduba (Córdoba) und Augusta Emerita (Mérida), nahmen nach der vollständigen Pazifizierung der Iberischen Halbinsel durch Roms Legionen unter Augustus rapiden Aufschwung: Tarraco und Corduba als ursprünglich iberische Siedlungen, die unter Caesar bzw. bereits im 2. Jh. v. Chr. den Rang von *coloniae* erhalten hatten, Augusta Emerita als 25 v. Chr. angelegte Kolonie römischer Veteranen (*emeriti*). Während in Tarraco und Corduba entsprechend iberische Aristokraten die neue städtische Oberschicht konstituieren, dürften in der lusitanischen Kapitale immerhin einheimische Frauen, mit denen die römischen Veteranen den Bund fürs Leben schlossen, eine wichtige Rolle gespielt haben.[59]

Innerhalb weniger Generationen entstand so eine lokale ibero-römische Elite, die in puncto Repräsentationsbedürfnis der beispielgebenden italischen Aristokratie in nichts nachstehen wollte. Ihr verdanken wir die zahlreichen epigraphischen und architektonischen Monumente, die sich aus dem Spanien der ersten Jahrhunderte nach der Zeitenwende erhalten haben: Während vom antiken Corduba wenig die Jahrhunderte überdauert hat – Spolien und die Überreste eines frühkaiserzeitlichen Tempels legen allerdings Zeugnis vom architektonischen Reichtum der Stadt ab –, gewinnt der Besucher vom antiken Aussehen der Hafenstadt Tarraco einen vergleichsweise vollständigen Eindruck: Das sogenannte Provinzialforum beherbergte – neben dem hier zu vermutenden Tempel für den Kaiserkult – eine rechteckige, von einer Mauer eingefasste Platzanlage; Inschriften künden davon, dass hier einst die Statuen vornehmer Provinzbewohner standen, die eine bedeutende Rolle im Kaiserkult spielten. Die Unterstadt Tarracos wies das charakteristische bauliche Inventar römischer Provinzstädte auf: ein Forum mit Basilika und Ladenlokalen (*tabernae*), ein Theater, ein Amphitheater sowie mehrere Kultbauten, darunter ein weiteres der Verehrung des Kaisers vorbehaltenes Heiligtum. In der Umgebung vermitteln Grabbauten, ein Aquädukt und die Steinbrüche von El Medol eine Vorstellung von der sepulkralen wie technischen Infrastruktur einer Großstadt der römischen Provinz.

Noch eindrucksvoller sind die Monumente, die sich vom römischen Augusta Emerita erhalten haben, der Metropole

59 Zur Geschichte der drei Städte: Panzram 2002. Zu den iberischen Provinzen allgemein Le Roux 1995; Lepelley 2001, 121–150. Zur Siedlungsgeschichte Lusitaniens Teichner 2008.

Lusitaniens: Das streng orthogonale Straßenraster verrät den Planungswillen der Stadtgründer, die – wie schon der Namensbestandteil ›Augusta‹ verrät – im direkten Auftrag der kaiserlichen Zentrale handelten; das Theater bringt die Stadt unmittelbar mit dem zweiten Mann nach Augustus, Marcus Agrippa, in Verbindung, der laut Bauinschrift, die über den Zugängen zur Orchestra angebracht ist, als Stifter fungierte. Auch in anderen Teilen des Stadtbilds zeigte die kaiserliche Familie Präsenz: Der Baudekor des sogenannten Marmorforums nahm unmittelbar Bezug auf das römische Augustus-Forum, und zahlreiche der in seinem Bereich aufgestellten Statuen stellten Mitglieder der kaiserlichen Familie dar. Aus den Anfangsjahren der Kolonie datiert der sogenannte Diana-Tempel, ein aus massiven Granitquadern errichteter Podiumtempel, der wohl das Forum der Stadt überragte. Das aufwendige Wasserversorgungssystem der Stadt – der Aquädukt speiste sich aus einem Stausee mit einer 427 m langen Staumauer, die noch heute zu einer Höhe von 12 m aufragt – wäre ohne kaiserliche Zuwendungen kaum finanzierbar gewesen.

Neben den drei großen Städten prägte eine Fülle kleinerer *municipia* und *civitates* das Siedlungsbild des römischen Spanien, deren älteste Italica war, die am Ufer des Guadalquivir liegende Vaterstadt Trajans. 206 v. Chr. hatte Publius Cornelius Scipio hier römische Veteranen angesiedelt, unter Hadrian stieg die Stadt zur *colonia* auf. Wie ihre weit größeren Schwesterstädte verfügte auch Italica über das gesamte Spektrum der für eine römische Stadt charakteristischen Bauten. Besonders eindrucksvoll sind, mit ihrem reichen Statuenschmuck aus Marmor, die Thermen im Südwesten der Stadt.

Viele der kleineren Städte in der südspanischen Provinz Baetica erhielten in flavischer Zeit per Edikt normierte Stadtgesetze – was im Reichsmaßstab eine schwer zu erklärende Besonderheit darstellt. Am vollständigsten erhalten ist das Stadtrecht der Kleinstadt Irni im Umland des andalusischen Sevilla, von dessen ursprünglich zehn Bronzetafeln sechs fast komplett die Jahrhunderte überdauert haben. Die Bestimmungen von Irni decken sich mit wenigen Ausnahmen mit den aus Malaca (Malaga) und Salpensa (ebenfalls in Andalusien) erhaltenen Rechtstexten; sie zeigen, wie stark die Reichszentrale in die Belange der spanischen Städte hineinregierte, wobei sie freilich lokale Besonderheiten berücksichtigte: Die Pflichten der lokalen Elite, insbesondere ihre finanziellen Obliegenheiten, waren genauestens geregelt; ebenso die Kompetenzen der Magistrate, Modalitäten für die Freilassung von Sklaven, den Erwerb des römischen Bürgerrechts und die Organisation von Gesandtschaften. Selbst in Fragen der öffentlichen Ordnung, der Stadtfinanzen und der Rechtsprechung, die ausschließlich das Munzipium betrafen, waren die lokalen Verantwortlichen an Maßgaben der kaiserlichen Zentrale gebunden.[60]

Inwieweit sich die Befunde aus der Baetica im imperialen Maßstab verallgemeinern lassen – und ob das Vorgehen der flavischen Kaiser hier repräsentativ ist für Maßnahmen ihrer Vorgänger und Nachfolger –, harrt noch der Klärung und lässt sich vielleicht mangels Daten aus anderen Provinzen niemals entscheiden. Unverkennbar ist aber, dass die Flavier Wert auf ein reibungsloses Funktionieren der Städte als der untersten administrativen Ebene des Imperiums legten – und dass sie ein solches Funktionieren am ehesten dadurch gewährleistet sahen, dass sie den lokalen Verantwortlichen Direktiven gaben, die möglichst wenig Spielraum für Interpretationen ließen.

Varus und Arminius: Roms Scheitern in Germanien

Zeittafel 3: Rhein- und Donaugrenze, Teil I

v. Chr.	
58	Gallienkrieg **Julius Caesars** (bis 51)
55	1. Rheinüberquerung **Caesars**
53	2. Rheinüberquerung **Caesars**
20/19	Diplomatische Initiative des Marcus Vipsanius Agrippa in Germanien: Bündnisse mit rechtsrheinischen Stämmen

60 Galsterer 1988. Die Edition des Textes der *lex Irnitana*, mit ausführlichem Kommentar und englischer Übersetzung, bei González/Crawford 1986 und jetzt, auf deutsch, bei Wolf 2011.

16	Sugambrer, Usipiter und Tenkterer fallen in Gallien ein und schlagen das Heer des Statthalters Marcus Lollius Paulinus: **Augustus** in Germanien (bis 13)
16/15	Errichtung des ersten Legionslagers am Rhein: Novaesium (Neuss)
13/12	Errichtung der Legionslager Mogontiacum (Mainz) und Vetera (Xanten) sowie eines Kastells in Noviomagus (Neuss): Militarisierung der Rheingrenze
12	Germanienfeldzug des Drusus (bis 9)
11	Erstes befestigtes Lager im rechtsrheinischen Germanien: Oberaden
7	Anlage des Militärkomplexes von Haltern
9	1. Germanienfeldzug des Tiberius (bis 7): Triumphzug in Rom
ca. 8	Marbod wird Anführer der Markomannen
nach 7	Gründung der Siedlung von Waldgirmes
ca. 3	Feldzüge des Konsulars Lucius Domitius Ahenobarbus in Germanien (bis 1 n. Chr.)
n. Chr.	
4	2. Germanienfeldzug des Tiberius (bis 5)
5	Anlage des befestigten Lagers von Anreppen
6	Pannonieraufstand (bis 9)
7	Der Konsular Publius Quinctilius Varus wird Statthalter in Germanien
9	›Schlacht im Teutoburger Wald‹: Niederlage des Publius Quinctilius Varus gegen den Cherusker Arminius: Drei römische Legionen werden vernichtet
10	Oberbefehl des Tiberius am Rhein: Abwehrsiege gegen Germanen (bis 12)
14	Rebellion der Rheinarmee; Feldzüge des Germanicus in Germanien (bis 16)
17	Krieg des Markomannen Marbod gegen die Cherusker des Arminius
19	Ermordung des Arminius durch einen cheruskischen Stammesgenossen
28	Aufstand der Friesen an der Rheingrenze
68	Bataveraufstand (bis 69)
83	1. Feldzug **Domitians** gegen die Chatten: *foedus*, Eroberung der Wetterau, Bau des Limes in Hessen
84	Ausgabe von GERMANIA-CAPTA-Prägungen; Einfall der Daker: Niederlage des Statthalters von Moesien, Gaius Oppius Sabinus; 1. Donaufeldzug **Domitians**: Unter dem Oberkommando des Kaisers schlägt der Prätorianerpräfekt Cornelius Fuscus die Daker über die Donau zurück (85), erringt aber keinen entscheidenden Sieg
85	2. Feldzug **Domitians** gegen die Chatten: Erneuerung des *foedus*,
(od. 89?)	Einrichtung der Provinzen Germania superior und Germania inferior (vor 90)
86	Niederlage des Cornelius Fuscus gegen die Daker; 2. Donaufeldzug **Domitians**: erfolgreiche römische Gegenoffensive

89	Friedensschluss mit den Dakern: *deditio* des dakischen Königs Decebal; 3. Donaufeldzug **Domitians**: Strafexpedition gegen Markomannen und Quaden
92	Jazygen fallen in Verletzung des *foedus* mit Rom über die Donau in Pannonien ein und vernichten eine Legion: 4. Donaufeldzug **Domitians**, Sieg über die Jazygen: Waffenstillstand mit Markomannen und Quaden, Erneuerung des *foedus* mit den Jazygen
97	Markomannenfeldzug des obergermanischen Statthalters Marcus Ulpius Traianus (Trajan)
98	*Germania* des Tacitus
ca. 100	Abschluss der ersten Bauphase des obergermanisch-rätischen Limes: Postenweg mit Holztürmen in regelmäßigen Abständen
101	Dakerkrieg **Trajans** (bis 106)
ca. 130	Zweite Bauphase des obergermanisch-rätischen Limes: Holzpalisade
ca. 150	Dritte Bauphase des obergermanisch-rätischen Limes: Errichtung von Steintürmen
166/167	Einfall von Langobarden und Obiern nach Pannonien; Markomannen und Quaden werden in den Konflikt hineingezogen: Beginn des 1. Markomannenkrieges (bis 175)
170	Einfall germanischer Stämme in Norditalien: Belagerung Aquileias
171	Raetien und Noricum befriedet; Vorstoß **Marc Aurels** nach Böhmen
173	Feldzüge gegen Markomannen und Quaden; Ausgabe von Münzprägungen GERMANIA SVBACTA
177	Erhebung von Markomannen, Quaden und Hermunduren: 2. Markomannenkrieg (bis 180)
180	Friedensschluss des **Commodus** mit den Markomannen und Quaden
ca. 200	Vierte Bauphase des obergermanisch-rätischen Limes: Anlage von Wall und Graben hinter der Palisade

Gallien und Hispanien sind Paradebeispiele für die erfolgreich zum Abschluss gebrachte Provinzialisierung der römischen Peripherie. Die Eroberung und politisch-kulturelle Integration von Territorien barg allerdings auch erhebliche Risiken, wie die Römer im östlich angrenzenden Germanien leidvoll erfahren mussten: Im Jahr 9 n. Chr. erlitt die römische Armee eine der denkwürdigsten Niederlagen ihrer langen, an Siegen so reichen Geschichte.[61] Der Gegner hieß Arminius

61 Dazu Sommer 2009. Aus dem reichen Fundus an Literatur zum Jubiläumsjahr ferner: Dreyer 2009; Moosbauer 2009; Wolters 2008 und die Beiträge in Wiegels 2007.

und war ein Cherusker, der als Offizier jahrelang selbst in römischen Reihen gedient hatte. Drei Legionen unter dem Kommando des Statthalters Publius Quinctilius Varus, alles in allem wohl an die 20.000 Mann, gingen im rechtsrheinischen Germanien zugrunde, in einer Region, die Tacitus *Teutoburgensis saltus* – das Waldgebirge bei der Teutoburg – nannte;[62] der eigentliche Ort der Schlacht gab lange Zeit Rätsel auf: Lag das Schlachtfeld beim ostwestfälischen Detmold, in der Landschaft, die seit dem 19. Jh. den Namen ›Teutoburger Wald‹ trägt, weil man damals annahm, dass Arminius hier über Varus triumphiert hatte? Oder doch eher im südwestlichen Niedersachsen, bei Osnabrück, wie bereits vor über 120 Jahren Theodor Mommsen gemutmaßt hatte?[63]

Seit nunmehr 25 Jahren verdichten sich die Hinweise darauf, dass die Schlacht tatsächlich im Umland von Osnabrück stattfand, im Bereich der Kalkrieser-Niewedder Senke. Hier, zwischen einem Ausläufer des Wiehengebirges (Kalkrieser Berg) und dem nördlich angrenzenden Großen Moor, entdeckte der britische Offizier Tony Clunn 1987 Münzen, Schleuderbleie und andere Metallgegenstände aus römischer Zeit. Schon vorher waren hier immer wieder Münzen gefunden worden, als aber 1989 planmäßige Ausgrabungen begannen, wurde den Archäologen bald klar, dass sie auf einen Ort gestoßen waren, an dem sich eine militärische Tragödie abgespielt haben musste. Die Ausgräber legten einen einfachen, aber fachmännisch und effizient angelegten Wall frei und im Vorfeld zahlreiche Militaria – meist Klein- und Kleinstteile: Kleidungs-, Rüstungs- und Ausrüstungsteile, ferner medizinische Instrumente, Nieten, Nägel, Schlüssel, Beschläge, Blechfragmente und sonstige Bruchstücke. Auch mehrere Münzhorte gelangten ans Tageslicht, sonstige Wertgegenstände aus unvergänglichem Material oder größere Metallteile fanden sich dagegen praktisch nicht. Was man fand, deutet aber darauf hin, dass hier eine römische Militäreinheit in ei-

62 Tac. ann. I. 60.

63 Vgl. Mommsen 1885.

nen Kampf verwickelt war, und daraus, dass ausnahmslos Kleinteile von überwiegend geringem Wert gefunden wurden, schlossen die Archäologen, dass nach Ende der Kampfhandlungen exzessiv geplündert worden war.[64] Offensichtlich hatten die Römer eine so schwere Niederlage erlitten, dass sie hernach nicht in der Lage waren, Tote, Verletzte und Material zu bergen, und deshalb alles ihren Gegnern in die Hände fiel.

Das einzige militärische Großereignis in Germanien von entsprechender, für Rom verheerender Tragweite, von dem die schriftlichen Quellen – vor allem die historiographische Literatur – berichten, ist in der Tat die *clades Variana*, die Varus-Niederlage des Jahres 9 n. Chr.[65] Über den Hergang berichten hauptsächlich drei Texte: Am dichtesten an den Ereignissen ist Velleius Paterculus, Offizier und glühender Anhänger des nachmaligen Kaisers Tiberius, der alle Schuld bei Varus sucht. Aus größerem zeitlichen Abstand schreibt Florus, der unter Hadrian lebende Verfasser einer kurzgefassten Geschichte Roms, der ebenfalls harsche Kritik am römischen Befehlshaber äußert. Die ausführlichste Quelle ist zugleich

64 Zum archäologischen Befund am Fundplatz Oberesch: Schlüter 1999; Wilbers-Rost 2005; Deschler-Erb 2007; Harnecker/Moosbauer 2007; Moosbauer/Wilbers-Rost 2007; Tolksdorf-Lienemann 2007; Wilbers-Rost 2007; Moosbauer/Wilbers-Rost 2009. Die von angelsächsischer *battlefield archaeology* inspirierte Vorgehensweise der Ausgräber erklären in aller wünschenswerten Klarheit Rost 2007; Rost/Wilbers-Rost 2007 und jetzt Rost 2009; Rost/Wilbers-Rost 2012.

65 Ein Nebenkriegsschauplatz der Debatte um Kalkriese ist die Numismatik: Umstritten ist vor allem, wie rasch Münzen aus den Prägestätten in Gallien im rechtsrheinischen Germanien in Umlauf kommen konnten. Ist es möglich, dass sich kurz vor 9 n. Chr. geprägte Denare bereits im Gepäck der Varus-Legionen befanden? Oder ist anzunehmen, dass die Münzen längere Zeit benötigten, um nach Germanien zu gelangen, womit die Expedition des Germanicus (15–17 n. Chr.) der wahrscheinlichste Horizont für das Kalkrieser Befundbild wäre? Die numismatische Forschung ist in der Frage uneins, aber die schlachtfeldarchäologische Deutung spricht klar für die Varusschlacht. Für eine Datierung in den Germanicus-Horizont besonders vehement: Kehne 2000; vorsichtig-abwägend: Chantraine 2002. Allmählich zeichnet sich jedoch ein Einschwenken der Numismatiker auf die varuszeitliche Datierung ab: Berger 2007; Heinrichs 2007; Wigg-Wolf 2007.

die späteste: Cassius Dio würdigt im 56. Buch seines monumentalen Geschichtswerkes den Untergang der Varus-Legionen einer ausführlichen Betrachtung, wobei auch er die Hauptverantwortung bei Varus sieht. Als vierter Bericht ist schließlich die Darstellung in Tacitus' *Annalen* erwähnenswert, die zwar erst mit dem Prinzipat des Tiberius einsetzt – die eigentliche Katastrophe also unbehandelt lässt –, aber dafür um so ausführlicher auf die Germanienexpedition des Tiberius-Neffen Germanicus eingeht. Einer der zahlreichen Höhepunkte des fesselnden Berichts ist die düstere Szene im *Teutoburgensis saltus*: Germanicus und seine Leute bestatten das, was nach sechs Jahren von den Varus-Legionen übriggeblieben war. Die bleichenden Knochen im germanischen Sumpf sind ein Menetekel: Sie lassen Tacitus' Leser ahnen, dass die römischen Operationen auf rechtsrheinischem Gebiet unter keinem guten Stern standen.[66]

Bündelt man die Zeugnisse der römischen Gewährsleute, so war die Niederlage die Frucht katastrophaler Fehlentscheidungen des römischen Kommandeurs, gepaart mit widrigen Verhältnissen und der wilden Entschlossenheit eines barbarischen, trotz langjähriger Kontakte noch immer als fremd wahrgenommenen Gegners: Varus verhält sich in allen Darstellungen der Situation unangemessen, agiert in Feindesland so, als seien die Germanen »ein unterworfenes Volk.«[67] Paterculus schildert Varus gar als raffgierigen, geistig unbeweglichen Tyrannen, der in seiner Inkompetenz alle Warnungen in den Wind schlägt und blind ins Verderben rennt. Alle Autoren betonen gleichzeitig die Tücke und Grausamkeit der Germanen, wobei wiederum niemand dem militärischen Genius ihres Anführers Arminius den Respekt versagen kann: Für Paterculus etwa liegen sein Mut und seine Intelligenz »recht weit über dem barbarischen Durchschnittsmaß.«[68] Immer wieder ist es obendrein der germanische Naturraum –

66 Tac. ann. I. 60. Zum Bericht bei Tacitus: Lehmann 2007.
67 Cass. Dio LVI. 18, 4.
68 Vell. II. 118, 2.

die unbezähmte Wildnis, Sümpfe, dichter Wald –, der den Legionären zu schaffen macht und sie an der vollen Entfaltung ihrer Kriegskunst hindert; umgekehrt verstehen sich die Germanen aufs Beste darauf, die Vorteile zu nutzen, die das Gelände ihrer Guerillataktik bietet.

Ein ungeeigneter Befehlshaber, ein unberechenbarer Gegner, eine unbeherrschbare Natur – darin erschöpft sich die Ursachenforschung der meisten Chronisten. Weiter geht allein Dio, der ebenfalls alle diese Gründe anführt, für den das Scheitern zwischen Rhein und Weser aber vor allem die Folge überstürzten Vorgehens bei der Verwandlung des rechtsrheinischen Germanien in eine römische Provinz ist. So sei die Romanisierung Germaniens in Teilen durchaus weit gediehen: Die Germanen hätten sich allmählich bestimmten römischen Lebensformen angepasst, Märkte abgehalten, sich friedlich versammelt. Zugleich seien sie ihren angestammten Sitten treu geblieben.[69] Dios Bestandsaufnahme des sich romanisierenden Germanien deckt sich auf frappierende Weise mit modernen, vorwiegend aus archäologischem Material gewonnenen Rekonstruktionen vergleichbarer Vorgänge an der römischen Peripherie: Langsam wurden die Germanen zu Römern, ohne doch ihre germanische Identität aufzugeben. Als Varus seinen Posten als Statthalter antrat, Steuern erhob und Anweisungen erteilte, geriet dieser Prozess ins Stocken: Unter den Germanen gewann die Opposition Zulauf; Kreise um Arminius bereiteten eine Verschwörung vor. Für Dio ist die Niederlage auch das Ergebnis einer unsensiblen Expansions- und Assimilierungspolitik. Auf dem langen Weg zur Provinzwerdung hatte Varus das Tempo allzu sehr forciert.

Aber wie viel von Dios Ursachenkatalog kann einer kritischen Überprüfung standhalten? Körperkraft und Niedertracht barbarischer Gegner, undurchdringliche Wildnis und die militärische wie politische Unzulänglichkeit der römischen Verantwortlichen vor Ort sind Versatzstücke, die in der

69 Cass. Dio LVI. 18.

kaiserzeitlichen Geschichtsschreibung immer dann auftauchen, wenn es das eigentlich Unerklärliche zu erklären gilt: Niederlagen der Weltmacht Rom an ihrer nordwestlichen Peripherie, dort, wo es eigentlich nur Machtvakuum gab. Der unglückliche Feldherr, Publius Quinctilius Varus, ist uns nicht nur vom germanischen Kriegsschauplatz bekannt: Er trug auch als Statthalter der Provinz Syrien die Verantwortung, als nach dem Tod Herodes' des Großen (4 v. Chr.) die Lage in Judäa eskalierte und der römischen Garnison in Jerusalem die Kontrolle entglitt. Nach Auskunft des Chronisten Flavius Josephus[70] setzte Varus in dieser Krise zwar gleichfalls auf Gewalt als Mittel zur Lösung, sein Handeln verriet aber hier strategischen Weitblick, Sachverstand und Augenmaß – allesamt Eigenschaften, die jener Varus, der uns in den Berichten zu der Schlacht begegnet, die seinen Namen trägt, so schmerzlich vermissen lässt.

Will man folglich nicht Zuflucht in der Sündenbock-Theorie der antiken Quellen suchen, so kann nur die Archäologie eine Antwort auf die Frage liefern, warum Rom jenseits des Rheins scheiterte: Was Dio beschreibt und woran die Forschung lange Zeit zweifelte, bekräftigen jetzt zahlreiche Neufunde entlang der Rhein-Nebenflüsse Lippe und Lahn – dass nämlich das ›freie‹ Germanien um Christi Geburt tatsächlich kontinuierlich seiner Provinzwerdung entgegentrieb. Die rechtsrheinischen Flusstäler dienten den Römern als Aufmarschlinien, entlang derer sie eine eindrucksvolle militärische Infrastruktur errichteten: Als Tiberius' Bruder Drusus ab 12 v. Chr. die ersten Vorstöße in rechtsrheinisches Gebiet unternahm, entstanden entlang der Lippe die ersten Lager, die der Etappe als Basis und den Legionen als Winterquartiere dienten: Das Lager von Oberaden (Bergkamen,

70 Ios. bel. Iud. II. 5. Josephus (ca. 37–100 n. Chr.) nahm am Jüdischen Krieg (66–70 n. Chr.) teil und verfasste nach seiner Gefangennahme durch Vespasian (67 n. Chr.) eine Abhandlung in 7 Büchern über den Krieg (*De bello Iudaico*) und eine Geschichte seines Volkes in 20 Büchern (*Antiquitates Iudaicae*).

Karte 3: Limes und Rhein-Donau-Grenze.

Kreis Unna) ist seit Langem bekannt und gut erforscht.[71] Es war für eine beachtliche Streitmacht und sichtbar für die Dauer errichtet, wurde aber aus unbekannten Gründen aufgegeben, als Roms Engagement in Germanien mit dem Tod des Drusus (9 v. Chr.) zunächst nachließ.

Bald entstanden jedoch neue Anlagen: zunächst (7 v. Chr.), etwas weiter lippeabwärts, das große Lager in Haltern (Kreis Recklinghausen), später (5 n. Chr.), weiter östlich, das weit vorgeschobene Lager von Anreppen (Stadt Delbrück, Kreis Paderborn). Beide Anlagen wurden mit erheblichem Aufwand errichtet: Anreppen besaß ein geradezu palastartiges *praetorium* mit Gärten und einem großzügigen Bad, und auch in Haltern war der Wohntrakt des Lagerkommandanten vergleichsweise feudal ausgestattet. Hinzu kamen hier ein Hospital, umfangreiche Speichergebäude und mehrere kleine Kastelle im Umkreis. Haltern wie Anreppen) waren nicht nur Legionslager, sondern auch Knotenpunkte der römischen Logistik im rechtsrheinischen Germanien. Wenigstens in Haltern wurden auf einem nahegelegenen Friedhof auch Zivilpersonen bestattet, darunter Frauen und Kinder.

Noch bemerkenswerter ist das, worauf Archäologen Anfang der 1990er Jahre nordwestlich des hessischen Waldgirmes (Lahnau, Lahn-Dill-Kreis) stießen. Hier, nahe der Lahn und in unmittelbarer Nähe zu einem kurz zuvor aufgegebenen *oppidum*, war um 5 v. Chr. eine Anlage entstanden, die auf den ersten Blick einem römischen Militärlager ähnelt: Eine hölzerne Palisade mit Graben umschloss ein Geviert von 8 ha Grundfläche. Darin fanden sich Gebäude und Funde, die nicht zu einem militärisch genutzten Komplex passen mochten: Das auf steinernen Grundmauern errichtete zentrale Gebäude – das wohl älteste Steinhaus Deutschlands – entpuppte sich bald als Forum, und auch zahlreiche andere Funde deuten eindeutig auf eine zivile Nutzung des Areals und vor allem auf die Präsenz einer lokalen, sich allmählich roma-

71 Vgl. dazu: Albrecht 1938; Schwemin 1998.

nisierenden Bevölkerung hin. Das römische Waldgirmes war ein Handelsplatz von zwar bescheidenen Dimensionen, aber doch mit einer verblüffend vielschichtigen Wirtschafts- und Bevölkerungsstruktur. So gab es Werkstätten und *tabernae*, solide Straßen und vor allem das Forum, das mit Statuenschmuck – darunter ein vergoldetes Reiterstandbild des Kaisers – und öffentlichen Gebäuden aufwarten konnte und mithin ein erstaunliches Maß an Urbanität zu bieten hatte.[72]

Das Material aus Waldgirmes fügt sich problemlos in das aus Gallien bekannte Bild: Eine nach römischem Modell geplante Siedlung entsteht nahe bei einem bestehenden oder bereits aufgegebenen *oppidum* und zieht Einheimische an, die hier – gemeinsam mit aus dem Imperium Zugewanderten – ihren wirtschaftlichen Aktivitäten nachgehen. Die zaghaft einsetzende Urbanisierung des ›freien‹ Germanien, wie sie in Waldgirmes zu beobachten ist, harmoniert auch mit dem von Dio Berichteten: De facto war der Aufbau einer römischen Infrastruktur, auch jenseits rein militärischer Vorposten, im Germanien der Zeit um Christi Geburt offenbar viel weiter vorangeschritten, als es die Forschung lange Zeit wahrhaben wollte. Angesichts der massiven Anstrengungen, die zur Erschließung des Territoriums unternommen wurden, kann also kaum ein Zweifel daran bestehen, dass Rom unter Augustus nicht nur den Willen, sondern auch die Mittel gehabt hätte, um das rechtsrheinische Germanien gleich dem linksrheinischen Gallien früher oder später dauerhaft zu unterwerfen und zu provinzialisieren.[73]

Wenn aber die Germanen bereits im Begriff waren, Römer zu werden, was bewog dann Arminius und seine Leute, die

72 Zur Dokumentation: Becker et al. 1999; Becker 2007; Becker/Rasbach 2007; Rasbach 2007.

73 Die Forschung hat ihre Interpretation des römischen Vorgehens in Germanien gründlich revidieren müssen. Dezidiert gegen eine Unterwerfungsstrategie argumentiert Riemer (2006, 39–69, vor allem 50). Vorsichtig, allerdings überwiegend vor den Funden von Waldgirmes: Timpe 1967; 1971 und 1975; Christ 1977; Timpe 1995. Knapp zusammenfassend jetzt: Wiegels 2007; Wiegels 2008, 54–65; Bleckmann 2009, 101–114; von Schnurbein 2010.

Konfrontation zu suchen und Varus anzugreifen? Warum verwarf der Cherusker, der bereits römischer Bürger und Offizier war und obendrein aus einer Familie stammte, die für ihre Loyalität bekannt war, die Option, als Angehöriger einer provinzialen Elite im Imperium Karriere zu machen, womöglich sogar Senator in Rom zu werden? Schließlich war es diese Aussicht, die, von Iberien bis Syrien, so viele junge Männer aus gutem Hause danach streben ließ, so römisch wie irgend möglich zu werden. Entsprechend loyal waren sie. Warum also Arminius nicht?

Die Gründe sind am ehesten in der sozialen Struktur des rechtsrheinischen Germanien zu suchen: Als Drusus' Legionen 12 v. Chr. den Rhein überschritten, trafen sie auf eine Gesellschaft, die weitgehend segmentär organisiert war, in kleinen Dorfgemeinschaften und überschaubaren Gruppen, die zwar sesshaft waren, aber so wenig besaßen, dass sie doch jederzeit alles zurücklassen und fortziehen konnten: Wanderfeldbau bestimmte überall die Bewirtschaftung des rechtsrheinischen Raumes. Das Land zwischen Rhein und Weser war keineswegs der undurchdringliche Urwald, den die historiographische Literatur der Kaiserzeit aus ihm machte; vielmehr fanden sich überall bäuerliche Siedlungen, umgeben von bestelltem Ackerland und verbunden durch ein zwar primitives, aber doch recht dichtes Netz von Wegen. Dies freilich war nicht immer so gewesen: Bis zur Eroberung Galliens durch Caesar hatten auch rechts des Rheins die *oppida* geblüht, jedenfalls im heutigen Südwestdeutschland. Befestigte Plätze wie das *oppidum* Manching in Oberbayern waren Zentren der Metallverarbeitung gewesen und hatten Gemeinschaften von bis zu 10.000 Menschen Platz geboten. Kulturell waren Gallien und das südliche Germanien ein Raum gewesen, den der Rhein mehr verband als trennte. Als die römische Besetzung Galliens die rechtsrheinischen Gebiete von ihrem Hinterland abtrennte, verfiel die südwestdeutsche *oppida*-Kultur. Plätze wie Manching wurden aufgegeben, die Bevölkerung gab die quasi-urbane Lebensweise in protostädtischen Großsiedlungen auf und zerstreute sich über das Land.

Die sozialen Schockwellen, die das Verschwinden der *oppida* auslöste, können wir nur erahnen; historisch greifbare Folge der Entwicklung war aber die Formierung großer und vor allem mobiler Gefolgschaftsverbände, die sich um charismatische Führungspersönlichkeiten scharten. Der erste dieser großen Männer begegnet uns in Caesars Darstellung seines Gallischen Krieges: Ariovist, der Suebe, der Angehörige zahlreicher Völkerschaften um sich versammelte und mit seinem Großverband das östliche Gallien heimsuchte, wo er Caesar erhebliche Schwierigkeiten bereitete. Der charismatische *dux* (›Herzog‹) als Kristallisationspunkt neuartiger, wandernder Stämme, die er bei dem großen Unternehmen gewaltsamer Landnahme anführte, war fortan aus dem Raum zwischen Rhein und südrussischer Steppe nicht mehr wegzudenken: Die Landnahme als ›primordiale Tat‹ (Herwig Wolfram) wurde zum identitätsstiftenden Akt für die Volkwerdung (Ethnogenese) riesiger Menschengruppen, darunter im Laufe der Jahrhunderte auch jene Großstämme, die der Geschichte der hohen und späten Kaiserzeit ihren Stempel aufdrücken sollten: Franken und Alamannen im Westen, Markomannen und Quaden im böhmisch-ostmitteleuropäischen Raum sowie Alanen, West- und Ostgoten im Donau- und Schwarzmeergebiet.[74]

Prägende Gestalt rechts des Rheins war um Christi Geburt der Markomanne Marbod. Er hatte, während Drusus im Rheinland Krieg führte, ein Konglomerat unterschiedlicher Stammesgruppen von Süddeutschland nach Böhmen geführt und dort ein Reich gegründet, dessen Einflusssphäre sich von Schleswig-Holstein bis zur Donau spannte. Womöglich hatte Marbod auch seine Hand im Spiel, als 6 n. Chr. an der mittleren Donau der Pannonieraufstand losbrach, just als Tiberius sich anschickte, zum Zangenangriff auf Marbods Machtbasis

74 Zur Ethnogenese der germanischen Völker: Wenskus 1961; Wolfram 1990, 39–64. Speziell zu den Goten: Wolfram [3]1990. Die Katastrophe der *oppida*-Kultur im nachcaesarischen Germanien behandelt ausführlich: Wells 2007, 73–108.

anzusetzen. Auf römischer Seite kämpfte indessen der cheruskische Auxiliaroffizier Arminius gegen die Pannonier, dem spätestens hier klar geworden sein dürfte, wozu eine starke Gefolgschaft imstande war. Als Arminius den Hinterhalt für Varus vorbereitete, dürfte er vor allem von dem Gedanken besessen gewesen sein, es Marbod gleichzutun: Die Vernichtung gleich dreier römischer Legionen sollte seine primordiale Tat sein, mit der er sich eine Dynastie begründen und eine Gefolgschaft aufbauen wollte. Arminius zögerte also nicht, sondern ergriff die Gelegenheit beim Schopfe: Er wollte nicht Senator in Rom werden, sondern der größte Heerführer, den Germanien bis dahin gesehen hatte.

Das gelang ihm: Die Schockwellen seines militärischen Bravourstücks erschütterten nicht nur Germanien, sondern für einen kurzen Moment auch die Hauptstadt Rom, wo ein entgeisterter Augustus ausgerufen haben soll: »Quinctilius Varus, gib mir meine Legionen wieder!«[75] Die römische Infrastruktur rechts des Rheins brach unverzüglich zusammen, und Orte wie Anreppen und Haltern wurden aufgegeben oder, wie Waldgirmes, nicht länger als zivile Siedlungen genutzt. Schenken wir Velleius Paterculus Glauben, der allerdings Tiberius nur allzu gerne die Gloriole des Retters vor der Germanengefahr umhängt, so wäre Arminius' Männern um ein Haar auch das Übersetzen nach Gallien geglückt.[76] Die von Germanicus nach Tiberius' Regierungsantritt bis 17 n. Chr. tief nach Germanien geführten Vorstöße, von denen Tacitus so ausführlich berichtet, waren in Wahrheit wohl kaum mehr als eine Strafexpedition; auf ihre Spuren sind die Archäologen jedenfalls bis heute nicht gestoßen. So konnte Germanicus Arminius zwar an der Weser zur Schlacht stellen und schlagen, der Cherusker entkam aber. Freilich erodierte Arminius' Stellung im Dickicht der Stammesdiplomatie letztlich ebenso rasch wie sich ehedem sein Ruhm verbreitet hatte: Armi-

75 Suet. Aug. 23, 2: *Quintili Vare, legiones redde!*
76 Vgl. Vell. II. 120f.

nius' eigene Verwandte fielen zu Marbod ab und erschlugen schließlich den Bezwinger des Statthalters Varus (21 n. Chr.).

Germanien rechts des Rheins aber blieb ›frei‹. Die Römer verzichteten fortan auf seine Eroberung, und so blieb Germanien, abgesehen von Südwestdeutschland, dem sogenannten Dekumatland, das von den Flaviern erobert wurde und bis ins 3. Jh. n. Chr. römisch blieb, in Zukunft vor römischen Soldaten und Prokuratoren verschont, kam allerdings auch nicht in den Genuss römischen Rechts, römischer Technologie und römischer Bildung. Die Rhein-Donau-Grenze verfestigte sich allmählich zur Außengrenze des Imperiums, zum Limes, der allerdings beileibe kein undurchdringlicher ›Eiserner Vorhang‹ war, sondern eine Membran, durch die osmotischer Austausch kontrolliert stattfinden konnte und sollte: Römische Kaufleute bereisten weiter das germanische Barbaricum, und germanische Stammeskrieger traten weiter als Soldaten in römische Dienste.[77] Das Imperium schlug allerdings eine deutlich defensivere Gangart im Umgang mit den Germanen ein. Insofern war die *clades Variana* tatsächlich ein historischer Wendepunkt: Auch wenn Arminius nie der *liberator Germaniae* sein wollte, den schon Tacitus aus ihm machte[78] – als dem Mann, der entscheidend dazu beitrug, dass die Provinzwerdung Germaniens und damit die weitere römische Expansion im Nordwesten aufgehalten wurde, gebührt ihm ohne Frage ein bedeutender Platz in der Galerie von Roms Gegnern.

77 Zu den Grenzen des römischen Imperiums die knappe, aber sehr informative Darstellung von Elton 1996 und jetzt, mit reichem Bildmaterial, Klee 2006.

78 Vgl. Tac. ann. II. 28, 2. Das Stichwort vom Befreier Germaniens griff im 19. Jh. die aufkommende deutsche Nationalbewegung dankbar auf, die Arminius – aus dem bereits Luther einen ›Hermann‹ gemacht hatte – kurzerhand zum Gründerheros der nach ihrer Identität suchenden deutschen Nation erklärte. In diese Rolle sollte nach der Reichseinigung 1871 bald Bismarck schlüpfen, aber im 19. Jh. erlangte der Cherusker eine Popularität, die bis in die deutsche Diaspora in den Vereinigten Staaten ausstrahlte: 1897 feierte man in der Stadt New Ulm (Minnesota) die Einweihung des ›Hermann Heights Monument‹, einer dem Detmolder Hermannsdenkmal nachempfundenen Großplastik; vgl. dazu: Sommer 2009.

III. Die Institutionalisierung des Prinzipats: die julisch-claudische Dynastie (14–68 n. Chr.)

Zeittafel 4: Julisch-claudische Dynastie

Die römischen Kaiser sind ab Amtsantritt hervorgehoben.

n. Chr.	
14	(19.8.) Tod des **Augustus**; (17.9.?) Erhebung seines Adoptivsohns und Mitregenten **Tiberius** Claudius Nero zum Augustus; *imperium proconsulare* für Germanicus
17	Triumph des Germanicus über die Germanen
18	Germanicus im Osten mit *imperium proconsulare maius*
19	(10.10.) Tod des Germanicus
23	(14.9.) Tod des jüngeren Drusus, Sohn des Tiberius
27	**Tiberius** zieht sich nach Capri zurück
29	Tod der Livia, Witwe des **Augustus**
31	(18.10.) Hinrichtung des Prätorianerpräfekten Sejan
36	(1.11.) Brand Roms
37	(16.3.) Tod des **Tiberius** in Misenum; (18.3.) Kaisererhebung Gaius Caesar Germanicus' genannt ›**Caligula**‹ durch den Senat; (28.3.) *adventus* **Caligulas** in Rom; (Oktober) lebensgefährliche Erkrankung **Caligulas**
39/40	**Caligula** in Gallien
41	(24.1.) Ermordung **Caligulas** in Rom; (25.1.) Anerkennung des Tiberius **Claudius** Drusus als Kaiser durch den Senat
47	(1.–3.6.) Säkularspiele
47/48	**Claudius** bekleidet Zensur
49	**Claudius** heiratet seine Nichte Agrippina
50	(25.2.) Adoption Neros durch **Claudius**
54	(13.10.) Tod, vermutlich Ermordung, des **Claudius**; **Nero** Claudius Caesar Drusus Germanicus [geboren als Lucius Domitius Ahenobarbus] (bis 68)
55	(11./12.2.) Ermordung des Claudius-Sohnes Britannicus
59	Ermordung Agrippinas
62	Niederlage des Statthalters Caesennius Paetus bei Rhandeia in Armenien; Tod des Prätorianerpräfekten Burrus; Ermordung der Claudius-Tochter Octavia; **Nero** heiratet Poppaea Sabina
63	Erdbeben in Campanien: Zerstörungen in Pompeji
64	(18./19.–27.7.) Brand Roms: Christenverfolgung
65	Pisonische Verschwörung wird aufgedeckt: Tod Senecas und anderer führender Senatoren
66	Tiridates von Armenien wird römischer *rex datus*; Beginn des Jüdischen Aufstands
68	(8.6.) Der Senat erklärt **Nero** zum Staatsfeind (*hostis publicus*): Selbstmord **Neros** in Rom (9./11.6.)

Als Tiberius 14 n. Chr. die Amtsgeschäfte übernahm, hatten die Gewohnheit und die Geschicklichkeit, mit der Augustus agiert hatte, die Herrschaft eines Einzelnen schon zur Selbstverständlichkeit werden lassen. Damit war aber noch nicht entschieden, wie die Nachfolger die Rolle ausfüllen würden, die der erste Princeps geschaffen hatte. Schließlich war die Persönlichkeit des Herrschers entscheidend für die Vorstellung, die er auf der Bühne der großen Politik gab, und Augustus' und Tiberius' Werdegang, ihr Naturell und die Figur, die sie in der Öffentlichkeit machten, unterschieden sich so grundlegend, dass nicht zu erwarten war, dass das Schauspiel einfach so fortgesetzt werden würde. Die Zeit der julisch-claudischen Kaiser war deshalb eine Art Schwebezustand zwischen Kontinuität und Bruch mit der augusteischen Tradition: Jeder Kaiser suchte für sich persönlich nach seiner Rolle im Prinzipat – nicht immer erfolgreich, wie die Beispiele Tiberius', Caligulas und Neros lehren. Der Zusammenbruch von Neros Herrschaft mündete schließlich in die erste handfeste Krise des Prinzipats: das Vierkaiserjahr 69 n. Chr. Aus ihm sollte die flavische Dynastie siegreich hervorgehen, die, gestützt auf das ungeheure Prestige des Sieges über die Rebellen im Jüdischen Aufstand (66–70 n.Chr.), einen Neuanfang wagen und entscheidende Neujustierungen in der Prinzipatsarchitektur vornehmen konnte.

Kaiser, die aus der Rolle fielen: Tiberius (14–37 n. Chr.) und Caligula (37–41 n. Chr.)

»Das erste Verbrechen der neuen Regierung war die Ermordung des Agrippa Postumus.«[1] Mit solch düsteren Worten stimmt Tacitus seine Leser auf das ein, was sich unter Tiberius in Rom ereignen sollte: Der neue Princeps ließ dafür sorgen,

1 Tac. ann. I. 6.

dass Agrippa Postumus, der einzige noch lebende leibliche Enkel des Augustus, den bereits sein Großvater auf die Insel Planasia verbannt hatte, ihm nicht mehr gefährlich werden konnte; wenig später ließ er auch dessen Mutter Julia – die einzige leibliche Tochter des Augustus – verhungern. Tiberius genießt in der überwiegend senatorisch geprägten historiographischen Literatur der Kaiserzeit insgesamt einen schlechten Ruf: Tacitus geißelt an dem Stief- und Adoptivsohn des ersten Princeps Grausamkeit, Tücke, Geiz und Zügellosigkeit.

> In Rom aber stürzte sich alles in die Knechtschaft, Konsuln, Senatoren und Ritter. Je angesehener manche waren, desto größer war ihre Heuchelei und Eilfertigkeit; sie verstellten ihre Mienen, um nicht zu froh über den Tod des Herrschers, aber auch nicht zu traurig über den Regierungswechsel zu erscheinen, und wechselten zwischen Tränen und Freude, zwischen Klagen und Schmeicheleien.[2]

– so beschreibt Tacitus das Klima der Angst, das in den ersten Tagen nach dem Machtwechsel in der Hauptstadt herrschte.

Zunächst freilich schienen die Befürchtungen unbegründet zu sein, denn Tiberius sträubte sich, die ihm von den Senatoren angetragene Alleinherrschaft zu übernehmen. Zu gewaltig sei die Aufgabe, um nach dem Ableben des großen Princeps von einem einzelnen Mann geschultert zu werden. Erst auf eindringliches Bitten hin, so lesen wir bei Tacitus, erklärt er sich bereit, »die Betreuung des Teils zu übernehmen, den man ihm auftragen würde.«[3] Ein Senator, Asinius Gallus, fragt ihn daraufhin, welchen Teil er denn wählen würde, worauf Tiberius, sich auf die Gebote der Bescheidenheit berufend, ausweichend antwortet. Nach einigem Hin und Her lässt er sich schließlich aber doch breitschlagen, das Erbe ohne Wenn und Aber anzutreten:

> Durch die Zurufe aller und die dringenden Bitten einzelner ermüdet, gab er allmählich nach, nicht in der Form, dass er erklär-

2 Ebd. 7.
3 Ebd. 12, 1.

> te, er übernehme die Herrschaft, sondern indem er lediglich aufhörte, abzulehnen und sich weiter bitten zu lassen.[4]

Für Tacitus war das Angebot, die Herrschaft zu teilen, schlicht Verstellung. Er unterstellt Tiberius Heuchelei, mit dem Ziel, die Senatoren auf die Probe zu stellen und zu einer Geste devotester Schmeichelei zu provozieren. Aber auch die zeitgenössischen Senatoren reagierten erst mit Unverständnis, dann mit Ablehnung, schließlich mit nur mühsam unterdrücktem Hass. Was war geschehen? Tiberius war offensichtlich bestrebt, mit den eingespielten Mechanismen doppelsinniger Kommunikation zu brechen. Er wollte die Paradoxie des Prinzipats auflösen, indem er die republikanische Tradition, die sich im Fortbestehen der alten Institutionen äußerte, ernst nahm. So brachte er, wie Sueton berichtet, alle wichtigen Entscheidungen vor den Senat.[5] Der neue Kaiser forderte den Senat zu echter Zusammenarbeit auf, zur Teilhabe an der Macht, aber die ausgestreckte Hand wurde fehlgedeutet; die Senatoren witterten Gefahr und blieben skeptisch: Wie konnte man dem Kaiser zu Willen handeln, wenn man seinen Willen nicht kannte? Das Dilemma ließ sich für die Senatoren nicht auflösen; es spricht deutlich aus der von Tacitus überlieferten Episode um einen vor dem Senat verhandelten Prozess. Hier erklärt Tiberius seine Absicht, selbst seine Stimme abzugeben, worauf ihn der Senator Calpurnius Piso fragt:

> Als wievielter wirst du deine Stimme abgeben, Caesar? Wenn als erster, dann weiß ich welcher Meinung ich mich anzuschließen habe, wenn als letzter, so fürchte ich, ich könnte, wenn auch ungewollt, von deiner Ansicht abweichen.[6]

Die Tragik des Kaisers Tiberius war die Tragik eines Missverständnisses: Tiberius trat mit den besten Absichten an, aber

4 Ebd. 13.

5 Vgl. Suet. Tib. 26. Sueton berichtet auch, dass Tiberius die ihm vom Senat verliehenen Ehrungen und Titel konsequent ausgeschlagen und selbst den Augustus-Namen nur bei offiziellen Anlässen geführt habe.

6 Tac. ann. I. 74, 5f. Die Interpretation der Textstelle folgt im Wesentlichen Winterling 2003, 26f.

sein Verhalten verstieß im bereits eingespielten Getriebe des Prinzipats gegen die Regeln, denn indem er einmal den Prinzipat in der augusteischen Form übernommen hatte, unterwarf er sich seinen Paradoxien, und er verstand es nicht, die Widersprüche mit seiner Autorität und dem Gewicht seiner Persönlichkeit aufzulösen. Die Gründe für Tiberius' Versagen mag man in seinem Werdegang, vor allem in den wiederholten Demütigungen durch seinen Stief- und Adoptivvater suchen, die tiefe Wunden geschlagen hatten. Es waren aber auch – ausgerechnet – das bereits reife Alter und seine immense politische Erfahrung, die ihm in die Quere kamen: Gerade die an sich vernünftige Idee, nach dem Tod des überragenden Augustus die Allmacht des Monarchen zu stutzen und partizipatorische Elemente in den Prinzipat einzubauen, erwies sich als Ursache allen Übels.[7]

Die feindselige Haltung der Senatoren machte aus dem Kaiser schließlich einen verbitterten, argwöhnischen Mann, der sich immer mehr von der Außenwelt abkapselte. Dabei machte der Politiker Tiberius angesichts der Herausforderungen, an denen keineswegs Mangel herrschte, eine durchaus passable Figur: Am Rhein hatte die Nachricht von Augustus' Tod die Legionen in Aufruhr versetzt. Eine Meuterei brach aus. Tiberius bewältigte die Krise, indem er seinen Neffen Germanicus jenen Vergeltungsfeldzug gegen die Germanen führen ließ, den Tacitus so lebendig schildert, und als die Erfolge ausblieben, bewies er politisches Augenmaß genug, um Germanicus zurückzubeordern. Tiberius leitete so eine deutlich defensivere Gangart im Verhältnis zu den Germanen ein, die langfristig in die Errichtung des Limes mündete. Rom blieb jedoch rechts des Rheins politisch und diplomatisch

7 Zur Biographie von Tiberius: Seager 1972; Kornemann ²1980; Levick ²1999; Yavetz 1999; Shotter ²2004. Während Kornemann um eine Rehabilitierung des Kaisers bemüht ist, versuchen die übrigen Autoren, Tiberius' negatives Image in den Quellen historisch zu erklären, am überzeugendsten wohl Seager, der auf die Missverständnisse und Kommunikationsprobleme zwischen Kaiser und Senatoren hinweist.

präsent und agierte mehr denn je aus einer Position der Stärke heraus. Und auch im Osten, wo die Parther es auf die römischen Grenzprovinzen abgesehen hatten, bewies Tiberius, dass er ein gewiefter Taktiker war: Noch gegen Ende seines Lebens (37 n. Chr.) gelang es ihm, im permanent zwischen den Fronten liegenden Armenien einen Mann Roms als König zu installieren und dann auch noch eine Koalition verschiedener Stämme zu schmieden, die ein parthisches Heer vernichtend schlug, ohne dass Rom einen Finger rühren musste. Zugleich stiftete er Unruhe im parthischen Königshaus, indem er zwei Prätendenten unterstützte, die dann einen Bürgerkrieg vom Zaun brachen. Zähneknirschend mussten die Parther den Status quo im Osten akzeptieren (35–37 n. Chr.).

Zwei Jahrzehnte früher wird deshalb wohl kaum Neid auf Germanicus, den laut Tacitus strahlenden, von seinen Soldaten vergötterten jungen Feldherrn, den Ausschlag für dessen Abberufung vom Rhein (16 n. Chr.) gegeben haben, denn schon wenig später beorderte Tiberius seinen Neffen in einen anderen Krisenherd: die Orientprovinzen. Germanicus inthronisierte im notorisch krisengeschüttelten und wieder einmal herrscherlosen Armenien Zenon, den Sohn des Königs Polemon I. von Pontos, als von Rom abhängigen Herrscher,[8] überwachte den Anschluss der Klientelkönigreiche Kommagene und Kappadokien an das Imperium und zog schließlich nach Syrien weiter, dessen administrative Gliederung er einer Revision unterzog. In Syrien geriet Germanicus mit Gnaeus Calpurnius Piso aneinander, dem syrischen Statthalter: Während Germanicus in Ägypten weilte, machte Piso seine Maßnahmen weitgehend rückgängig. Kurz nach seiner Rückkehr nach Syrien, wo der Streit eskalierte, starb Germanicus an einer Krankheit. Piso wurde daraufhin in

8 Zenon regierte unter dem Namen Artaxias III. bis 34 n. Chr. Unter dem neuen König Arsakes I. (35 n. Chr.) geriet Armenien abermals unter parthischen Einfluss, was Tiberius später zu seiner Intervention veranlasste. Vgl. Marek 2010, 410f.

Rom der Prozess gemacht; der als sicher geltenden Verurteilung entzog er sich durch Selbstmord.[9]

An der Episode lässt sich ablesen, welche Sonderrolle die kaiserliche Dynastie inzwischen spielte: Obwohl in der Prinzipatsarchitektur eigentlich gar nicht vorgesehen, profilierte sich hier ein Kaiser im Wartestand, der auf das Regelwerk der republikanischen Institutionen keine Rücksicht mehr zu nehmen brauchte. In der Zuneigung, die Germanicus von seinen Soldaten empfing, setzte sich die klientelare Loyalität fort, die in der Republik vom Patron auf dessen Sohn überging. Gleichsam durch die Hintertür bahnte sich so doch eine Art dynastisches Prinzip den Weg: Vor allem die Soldaten entwickelten Loyalitäten, die sich langfristig an Herrscherfamilien knüpften. So waren die Kaiser Caligula, Commodus und Caracalla vor allem deshalb beim Militär populär, weil ihre Väter erfolgreiche Feldherren gewesen waren, deren Charisma auf ihre Söhne ausgestrahlt hatte.

Mit dem Tod des Germanicus begann 19 n. Chr. die zweite Phase der Ära Tiberius, zu deren Schlüsselfigur bald der Ritter Lucius Aelius Seianus avancierte, der seit Tiberius' Regierungsantritt, zunächst gemeinsam mit seinem Vater, die Prätorianerpräfektur bekleidete: Der jüngere Sejan füllte mehr und mehr die Lücke, die Tiberius' Rückzug aus der Öffentlichkeit in Rom hinterließ. So war er der erste, der die Prätorianergarde, die unter Augustus aufgestellt worden war, um den Kaiser zu beschützen und für Ruhe und Ordnung in der Hauptstadt zu sorgen, gezielt als Instrument der Innenpolitik nutzte: Die Garde hatte ihren Ursprung in den Kohorten, die Feldherren der Republik zu ihrem persönlichen Schutz aufgestellt hatten. Augustus hatte neun solcher Gardekohorten zu je 1000 Mann ausgehoben, von denen drei in Rom statio-

9 Vgl. dazu: Tac. ann. II. 55–71; Suet. Cal. 3, 3. Ein Schlüsseldokument zum Verständnis der Ereignisse, das enthüllt, wie Piso zum Sündenbock gestempelt wurde, ist das *Senatus consultum de C. Pisone pater*, dessen Fragmente ab den 1980er Jahren in Südspanien gefunden wurden. Edition und Kommentar bei Eck et al. 1996.

niert worden waren. Die Prätorianer waren ausgerüstet und uniformiert wie normale Soldaten, bezogen aber mehr als den dreifachen Sold. Außerdem trugen sie Zivil, solange sie sich in Rom aufhielten, aus Respekt vor der geheiligten Tradition, dass in der Hauptstadt Soldaten in Waffen nichts zu suchen hatten.[10] Seit 2 v. Chr. unterstanden die Prätorianer einer Doppelspitze aus zwei ritterständischen Präfekten, wobei die Prätorianer wie ihre Präfekten immer wieder über die ihnen zugedachte Rolle der Kaiserbeschützer hinauswuchsen: Allzu oft wurden sie zu Kaisermördern und Kaisermachern, deren Allmacht in Rom allerdings ihre vollständige Ohnmacht immer dann wettmachte, wenn die Grenzheere in das hauptstädtische Geschehen eingriffen.[11]

Sejan konzentrierte die zuvor über ganz Rom verteilte Garde in einem Lager auf dem Viminal, den *castra praetoria*. Von hier rückte sie auf seinen Befehl hin aus, um in Rom Angst und Schrecken zu verbreiten, während sich der Kaiser seit 27 n. Chr. auf dem fernen Capri in seinem luxuriösen Palast dem guten Leben hingab. Geschickt nutzte Sejan daher auch anderweitig die Möglichkeiten, die ihm sein Amt verschaffte: Er verstand es, den Zugang zum Kaiser zu kanalisieren und nur bestimmte Personen mit bestimmten Anliegen zu ihm vorzulassen; als Mittler zwischen den Senatoren und dem Kaiser machte er sich beiden Seiten unentbehrlich: Im selben Maße, wie Tiberius nur mehr durch Sejan gefilterte Informationen erhielt, wuchs sein Vertrauen in den Prätorianerpräfekten ins Grenzenlose; Sejans Geburtstag wurde ein öffentlicher Feiertag und bei seinen Statuen wurden Opfer abgehalten. Der Prätorianerpräfekt wurde so zum Prototypen des ehrgeizigen Aufsteigers, der sich in der Gunst des Princeps sonnte und schließlich – jedenfalls, wenn wir den Textzeugnissen Glauben schenken dürfen – selbst nach dem Pur-

10 Die sakrale Stadtgrenze, das *pomerium*, schied das befriedete stadtrömische Rechtsgebiet (*domi*) von der Außenwelt (*militiae*), wo zumindest latent und theoretisch Kriegsrecht in Permanenz herrschte; vgl. Rüpke 2001, 179.
11 Zur Rolle der Prätorianerpräfekten: Ausbüttel 1998, 16–18.

pur griff.[12] Ob Sejan Tiberius wirklich nach dem Leben trachtete, ist indes fraglich. Tatsache dürfte sein, dass er nach der Hand der Kaiser-Nichte Livilla strebte, nachdem deren Gatte Drusus (der Jüngere), Tiberius' einziger Sohn und präsumptiver Nachfolger, eines mysteriösen Todes gestorben war (23 n. Chr.). Dass hierbei Sejan, wie später von der Witwe behauptet, seine Hand im Spiel hatte, darf allerdings bezweifelt werden – zu deutlich ist die Tendenz der Quellen, der Grauen Eminenz an Tiberius' Hof alle Unglücksfälle anzulasten.

Was immer Sejan angetrieben hatte – sein Sturz erfolgte aus heiterem Himmel: Seine angeblichen Putschpläne wurden verraten; Tiberius soll daraufhin zum Schein, um Sejan in Sicherheit zu wiegen, sogar der Hochzeit zwischen dem Prätorianerpräfekten und Livilla zugestimmt und den Ritter zu seinem Kollegen im Konsulat gemacht haben.[13] Schließlich ließ er Sejan, unter dem Vorwand, ihm die tribunizische Gewalt zu verleihen, vor den Senat rufen und durch Naevius Sutorius Macro festnehmen, den Präfekten der *vigiles urbani*, den er zuvor zum neuen Prätorianerpräfekten bestimmt hatte (18. Oktober 31 n. Chr.). Noch am Abend desselben Tages kam der Senat im Concordia-Tempel zusammen und verurteilte Sejan zum Tode. Wenig später wurde der ehedem mächtigste Mann Roms hingerichtet und der Menge überlassen, die ihren Hass an dem Leichnam ausließ. Sejans Statuen wurden gestürzt, sein Sohn getötet, seine Frau Livilla in den Selbstmord getrieben. Seinen Vertrauten wurde der Prozess gemacht, viele wurden hingerichtet. Der Terror, den Sejan einst entfacht hatte, fiel nun auf seine Anhänger – und all jene, die in diesem Ruf standen – zurück. Denunziationen, Majestätsprozesse und Hinrichtungen blieben an der Tagesordnung.

Entsprechend machte sich bei der Nachricht von Tiberius' Tod in Rom allgemeine Erleichterung breit. Da Tiberius zu Lebzeiten keinen Nachfolger bestimmt hatte, fiel dem nun-

12 Vgl. Suet. Tib. 65; Tac. ann. II 39; Cass. Dio LVIII. 4.

13 Suet. Tib. 65.

mehrigen Prätorianerpräfekten Macro bei dieser Entscheidung eine Schlüsselrolle zu. Zwei Kandidaten standen innerhalb der Familie zur Auswahl: Tiberius, genannt Gemellus (›der Zwilling‹), der noch nicht volljährige Enkel des Toten, und Gaius, genannt Caligula, der Sohn des Germanicus. Macro hatte sich auf Caligula festgelegt, und kaum war Tiberius am 16. März 37 in Misenum am Golf von Neapel verschieden, riefen die Prätorianer den 24-jährigen, der gerade erst die Quästur absolviert hatte und außer seiner Abstammung kaum etwas vorweisen konnte, zum Kaiser aus. Die Heere an den Grenzen waren durch Sendschreiben Macros auf den jungen Mann eingestimmt worden, der sich offiziell Gaius Caesar Germanicus nannte. Am 18. März bestätigte der Senat die Ausrufung Caligulas: Ein 10-tägiger Festzug geleitete den neuen Herrscher von Misenum nach Rom, wo ihm ein pompöser Empfang bereitet wurde.[14]

Die Herrschaft des Germanicus-Sohnes begann vielversprechend: Den Majestätsprozessen wurde ein Ende gesetzt, die Gefangenen amnestiert, die Zensur abgeschafft. Caligula erklärte vor den versammelten Senatoren und Vertretern des Ritterstandes, er wolle die Herrschaft mit ihnen teilen. Er ließ belastendes Material gegen Senatoren auf dem Forum verbrennen und zeigte, dass er mit der Tradition brechen wollte, indem er eine Denunziation wegen einer angeblich gegen ihn angezettelten Verschwörung schlicht ignorierte. Der alte Kaiser Tiberius wurde nicht vergöttlicht, man verhängte aber auch keine Gedächtnissanktionen über ihn, die etwa seine Gesetze für ungültig erklärt oder seine Statuen dem Bildersturm preisgegeben hätten. Außerdem zahlte Caligula eine große Summe Geldes an die Prätorianer, die Stadtkohorten

14 An Caligula-Biographien besteht kein Mangel, seit das Interesse an der Person in den 1990er Jahren neu erwacht ist: Ferrill (1991) folgt dem in der historiographischen Literatur überlieferten Caligula-Bild, während jetzt Winterling (2003) in den Quellen durchgängig eine ›denunziatorische‹ Tendenz ausmacht. Im Kern rationales Handeln bescheinigen dem Kaiser auch, die antiken Texte gegen den Strich lesend, Barrett (1989) und, die Sozialisation des Knaben Caligula rekonstruierend, Adams (2007c).

und das Volk von Rom aus. Als er zu Anfang des Jahres 38 seinen ersten Konsulat übernahm, übte er in seiner Antrittsrede offen Kritik an seinem Amtsvorgänger. Die Senatoren glaubten, ihren Ohren nicht zu trauen: Um einem eventuellen Sinneswandel des Kaisers vorzubeugen, beschlossen sie, dass die Rede jedes Jahr aufs Neue verlesen werden sollte.[15]

Der Kaiser Gaius Caesar schien also nahtlos dort anknüpfen zu wollen, wo der vergöttlichte Augustus vor gut 20 Jahren aufgehört hatte. Am 1. Januar 39 wiederholte sich die Vorstellung des Vorjahres, und nach einem Monat legte der Kaiser, wie es üblich war, den Konsulat nieder, um den Suffektkonsuln Platz zu machen: Nur dadurch, dass pro Jahr mehr als zwei Männer den Konsulat bekleideten, ließ sich die Verwaltung überhaupt mit genügend Konsularen versorgen. Dann, plötzlich, zeigte sich ein anderer Caligula: Der Kaiser ließ, wie aus heiterem Himmel, »zahlreiche der tonangebenden Männer« Roms aburteilen und hinrichten.[16] Wie bei Tiberius, so findet sich also auch in der historiographischen Literatur über Caligula jener ›Bruch‹, der den vermeintlich guten Kaiser plötzlich in eine Ausgeburt der Hölle verwandelt: Folgt man den Textzeugnissen – neben der Sueton-Biographie vor allem dem recht ausführlichen Bericht bei Flavius Josephus und den Dio-Fragmenten, aber auch Senecas Traktat *Über den Zorn* –, so brach über die Senatoren jetzt eine Orgie der Gewalt herein, für die als alleinige Erklärung die krankhaft-sadistische Veranlagung einer mental hochgradig gestörten Persönlichkeit herhalten muss. Caligula habe die Reihen der Senatoren aus reiner Willkür gelichtet, Verbannte ermorden lassen, ihre Frauen vergewaltigt und zur Prostitution gezwungen. Als in der Staatskasse das Geld knapp wurde, habe er kaiserlichen Hausrat versteigern lassen und reiche Senatoren gezwungen, mit absurd hohen Geboten einzusteigen. Als sei all dies nicht genug, habe der Kaiser sein Lieblingspferd Incitatus,

15 Vgl. Cass. Dio LIX. 6, 7.
16 Ebd. 13, 2.

ein berühmtes Rennpferd aus dem Stall der ›Grünen‹, zum Konsul machen wollen.[17]

Wie sehr der Kaiser jede Bodenhaftung verloren hatte, verdeutlicht in den in wesentlichen Teilen übereinstimmenden Berichten der Gewährsleute Cassius Dio und Sueton eine Episode, in der Wahnwitz und Grandezza eine krude Verbindung eingehen: Caligula überquerte 40 n. Chr. mit einem großen Heer die Alpen, um Germanien und Britannien zu unterwerfen. Der Germanienfeldzug wurde in letzter Minute abgeblasen, weil gerade noch rechtzeitig ein Komplott aufgedeckt wurde, in dem der Befehlshaber des obergermanischen Heeres, Gnaeus Cornelius Lentulus Gaetulicus, eine führende Rolle spielte. Auch zur Eroberung Britanniens kam es nicht, die Soldaten wurden zwar auf Schiffe verladen und die Flotte lief aus, landete aber nicht in Britannien, weil die dortigen Stämme Zwistigkeiten, auf die man gesetzt hatte, inzwischen beigelegt hatten. Statt sie nach Britannien zu führen, habe Caligula seine Soldaten am bretonischen Strand Muscheln sammeln lassen, um sie im Triumph als dem Ozean abgerungene Beute nach Rom zu führen.[18] Dios ausführlicher Bericht strebt nun seinem Höhepunkt zu: Zum Zeichen seines ›Sieges‹ lässt der Kaiser einen Triumphzug ausrichten, der alles bisher Dagewesene in den Schatten stellt: Er lässt zwischen Baiae und der Mole von Puteoli bei Neapel von Pionieren eine gigantische, etwa 5 Kilometer lange Schiffsbrücke schlagen, auf der Zwischenstationen angelegt werden, die zu Rastplätzen ausgebaut werden. Caligula kleidet sich in den Brustpanzer Alexanders des Großen, der eigens aus dessen Grab herbeigeholt worden ist, wirft sich einen purpurfarbenen griechischen Feldherrenmantel über und führt sein Heer über die Brücke. Am folgenden Tag lässt Dio das Heer mit Caligula an der Spitze den Rückmarsch antreten: In der Brückenmitte hält Caligula die obligatorische Ansprache des Feldherrn an sein Heer, die *adlocutio*, mit der er hervorragen-

17 Suet. Cal. 55; Cass. Dio LIX. 14.
18 Suet. Cal. 46.

Abb. 11: Sesterz Caligulas (37–38 n. Chr.), mit Darstellung einer *adlocutio* auf der Rückseite. Der Kaiser spricht die Prätorianerkohorten (COH) an (RIC I. 32).

de Leistungen vergilt oder seiner Erwartungshaltung Ausdruck gibt. Der Chronist kommentiert süffisant:

> Nach einem solchen Feldzug und nach einem so grandiosen Sieg musste er natürlich eine Ansprache halten. Er bestieg also ein entsprechend auf den Schiffen nahe der Brückenmitte vorbereitetes Podest. Erst lobte er sich selbst als den Organisator großer Unternehmungen, dann pries er seine Soldaten als Männer, die sich großer Entbehrungen und Gefahren unterzogen hätten, wobei er besonders ihre Leistung, das Meer zu Fuß überwunden zu haben, hervorhob.[19]

Danach habe man fröhlich gezecht. Plötzlich aber habe ein bereits volltrunkener Caligula die Brücke von See her angreifen lassen, wobei viele Soldaten ins Wasser gefallen seien und manche den Tod gefunden hätten.

Die ähnlich auch von Sueton berichtete Farce soll Caligulas Maßlosigkeit vor Augen führen, seine Grausamkeit, Unberechenbarkeit und vor allem die Unfähigkeit, in der Kommunikation mit den Soldaten den richtigen Ton anzuschlagen. Der naheliegende Schluss: Als Kaiser ist der Germanicus-Sohn eine Fehlbesetzung.

Der Umschwung vom ›guten‹ Kaiser zum Scheusal Caligula markiert das Ende einer Kette von Ereignissen, von de-

19 Cass. Dio LIX. 17, 7. Zur Überschreitung des Meeres durch Caligula: Winterling 2003, 120–124; Sommer 2005a, 335f.

nen der Tod der über alles geliebten Schwester Drusilla 38 n. Chr., die lebensgefährliche Erkrankung des Kaisers im selben Jahr und die Aufdeckung der Gaetulicus-Verschwörung 39 n. Chr. die wichtigsten waren: Augenscheinlich ließen sie in dem Mann, der jetzt Kaiser war, der aber bereits in seiner Jugend unter Tiberius und Sejan in dauernder Lebensgefahr geschwebt hatte, die Erkenntnis reifen, dass seine Person in einem politischen System, dessen Fundamente Heuchelei, Schmeichelei, Unaufrichtigkeit und Verstellung waren, alles andere als sicher war. Für einen Menschen mit Caligulas Werdegang drängte sich eine solche Perspektive auf den Prinzipat und die ihm eigene Doppelbödigkeit förmlich auf. Entsprechend handelte er. Als erstes kündigte er die proklamierte Freundschaft zwischen dem Princeps einer-, den Senatoren und Rittern andererseits auf, indem er sie als hohle Phrase entlarvte: In einer Rede vor dem Senat hielt er den versammelten Vätern offen den Opportunismus vor, der ihr Verhältnis zu Tiberius bestimmt hatte, sowie die nach Tiberius' Tod laut gewordene Kritik an dessen Herrschaft. Er schleuderte den Senatoren entgegen:

> Wenn Tiberius tatsächlich solch ein Schurke war, hättet ihr ihn nicht mit Ehrungen überhäufen dürfen, solange er lebte, um dann all das, was ihr immer wieder gesagt und beschlossen habt, in sein Gegenteil zu verkehren,[20]

– um daraufhin die sofortige Wiederaufnahme der Majestätsprozesse anzuordnen.

Die Senatoren waren stumm vor Entsetzen. Am nächsten Tag beeilten sie sich aber, dem Kaiser mit Schmeicheleien und Versicherungen ihrer Loyalität die Aufwartung zu machen; Caligula hatte die innere Paradoxie des Prinzipats nach außen gekehrt und den Senatoren eindringlich vor Augen geführt, dass sie keine andere Wahl hatten, als ihre Rolle weiterzuspielen. Zynisch nutzte Caligula das Dilemma der Aristokraten, um sie zu demütigen: Er gab vor, die Bekundungen

20 Cass. Dio LIX. 16, 3.

ihrer Freundschaft, ihre Schmeichelei, Unterwürfigkeit und die bei jeder Gelegenheit zur Schau gestellte Opferbereitschaft ernst zu nehmen; einen Mann, der schmeichlerisch seinen Freitod anbot als Dank für die Rettung des Princeps aus höchster Gefahr, nahm er beim Wort und ließ ihn sich entleiben. In den gleichen Zusammenhang gehören die Geschichten um den Ritt übers Meer, das Pferd als Konsul und die Versteigerungen – ebenso wie um die hemmungslose Entfaltung von Prunk und Luxus: Caligula kündigte das Bündnis mit den Senatoren auf und stellte, für alle sichtbar und konsequent den Weg seines Vaters Germanicus zu Ende beschreitend, den Prinzipat auf eine neue Grundlage: Losgelöst von der überkommenen republikanischen Rangordnung sollte sie sein und unabhängig von dem Rahmenwerk traditioneller Nahverhältnisse, das den sozialen Kitt der Republik gebildet und in das Augustus seinen Prinzipat eingefügt hatte. Vorbild dafür war die hellenistische Monarchie, wo der Herrscher alleiniger Quell von Legitimität war – als gottgleiches Wesen, das keine Standesgenossen und keine Rücksicht auf aristokratische Begriffe von Ehre und Dignität mehr kannte.[21]

Dies also war das Herrschaftsmodell, dem Caligula nacheiferte. Er hatte freilich die Rechnung ohne den Wirt, in diesem Fall seine eigenen Vertrauten bei Hofe, gemacht: Offenbar verständigten sich schließlich einflussreiche Freigelassene – ehemalige Sklaven des kaiserlichen Haushalts – unter Führung eines gewissen Callistus, der in Ungnade zu fallen drohte, mit den beiden Prätorianerpräfekten darauf, dass Caligula aus dem Weg geräumt und durch Claudius, seinen als schwachsinnig geltenden Onkel, ersetzt werden müsse. Sie warben dafür den Prätorianertribunen Cassius Chaerea an, der persönlich eine Rechnung mit Caligula offen hatte: Am 24. Januar 41 erdolchten Chaerea und einige seiner Kameraden Caligula im Theater, wo gerade Spiele zu Ehren des Augustus stattfanden.

21 Vgl. dazu: Winterling 2003, 118–120.

In der Hauptstadt lösten die Ereignisse große Unruhe aus: Die germanische Leibwache, noch im Unklaren über den Tod des Kaisers, verfolgte die Täter und drohte mit einem Blutbad unter den Senatoren; das Volk strömte auf dem Forum zusammen und forderte die Bestrafung der Mörder; die Senatoren schließlich versammelten sich in der Kurie, konnten sich aber weder auf einen Nachfolger noch auf die von einigen beantragte Rückkehr zur Republik einigen. Im Machtvakuum schlugen sich am Ende immer mehr der streitenden Parteien – das Volk, die Prätorianer, schließlich auch die Stadtkohorten – auf die Seite des Claudius, der am nächsten Morgen von den Prätorianern auf den Palatin eskortiert wurde und die Anerkennung des Senats fand.[22]

Indem man nun den toten Caligula zum Sündenbock stempelte und ihn postum für verrückt erklärte, wusch man sich von den eigenen Sünden rein: Caligula als Prototyp des von Caesarenwahn besessenen Kaisers war das perfekte Feigenblatt für das würdelose Spektakel, das die von Feigheit und grenzenlosem Opportunismus angetriebenen Senatoren während seiner nicht ganz vierjährigen Herrschaft geboten hatten. Wann immer ein Kaiser die Senatoren in ein ähnliches Dilemma trieb, stand fortan die von Senatoren dominierte historiographische Zunft bei seinem Ableben bereit, die Keule des Vorwurfs mentaler Unzurechnungsfähigkeit zu schwingen. Auf diese Weise entstand rasch eine Tyrannentopik mit einem ganzen Arsenal an Schmähungen, die es nur noch individuell zu variieren galt: Von Caligula über Nero, Domitian, Commodus und Caracalla bis hin zu Elagabal waren die Abweichler vom schönen Schein augusteischer Prinzipats-Doppelbödigkeit allesamt debile Despoten, perverse Potentaten und irrsinnige Imperatoren. Kaum jemand fragte mehr danach, welche Rolle denn die Senatoren immer dann gespielt hatten, wenn Standesgenossen abgeurteilt, exiliert, in den Selbstmord getrieben oder Opfer von Gedächtnissanktionen geworden waren.

22 Hergang und Umstände des Mordes erörtert Arand 2005.

Restauration und Zusammenbruch der julisch-claudischen Dynastie: Claudius (41–53 n. Chr.) und Nero (53–68 n. Chr.)

Der Nachfolger Claudius befand sich, obwohl der Senat die Akklamation durch die Prätorianer anerkannt hatte, in prekärer Lage: Nicht nur war der körperbehinderte Germanicus-Bruder, der stets als Schwarzes Schaf der Familie gegolten hatte und vermutlich deshalb stets seinen Kopf hatte retten können, so gar nicht von der Statur eines Kaisers; vor allem hatte er in der Situation des Januar 41 widerstreitende Interessen zu versöhnen, insbesondere in der Frage, wie mit der Erinnerung an den toten Vorgänger umgegangen werden sollte, denn während die Senatoren naheliegenderweise dankbar waren, von dem Alb Caligula befreit zu sein, trauerten die Mehrheit der stadtrömischen *plebs* und auch Teile des Militärs dem Toten hinterher, schließlich hatte Caligula sie alle großzügig mit Geld bedacht. Im Übrigen hätte Claudius' eigener Prinzipat kaum unter einem guten Stern gestanden, hätte er die Mörder seines Neffen ungestraft davonkommen lassen. So entschloss er sich zu einem klassischen Sowohl-als-auch: Die Mörder wurden hingerichtet, aber der weitere Kreis der Verschwörer amnestiert; die Hintermänner um Callistus blieben sogar in ihren Positionen. Außerdem wurden die Statuen Caligulas umgestürzt, seine Gesetze annulliert.[23]

Claudius war vor allem darauf bedacht, den Konsens mit den Senatoren zu restaurieren: Seine Münzen proklamierten, neben der PAX AVGVSTA, eine neue Ära der LIBERTAS AVGVSTA – mit Freiheitspathos und der Beschwörung der augusteischen Anfänge des Prinzipats distanzierte sich Clau-

23 Die über Caligula verhängten Gedächtnissanktionen blieben allerdings unvollständig und informell, im Gedächtnis der Hauptstadt blieb der tote Kaiser quicklebendig. Bezeichnend ist in diesem Zusammenhang die Geschichte von seinem Geist, der an verschiedenen Orten Roms umgegangen sein soll (vgl. Flower 2006, 150–152).

Abb. 12: As des Claudius (41–42 n. Chr.) mit Legende LIBERTAS AVGVSTA auf dem Revers (RIC I. 97).

dius ausdrücklich von der Willkürherrschaft seines Vorgängers. Da ihm persönlich zunächst die militärische Erfolgsbilanz fehlte, erinnerte er an die Siege, die seine eigene Familie, vor allem sein Vater, der ältere Drusus, gegen die Germanen errungen hatte. Eigene militärische Lorbeeren trug ihm indes bald die erfolgreiche Eroberung Britanniens ein: Die Insel war bereits zu Zeiten Caesars Ziel eines römischen Vorstoßes gewesen und seit Augustus verstärkter römischer Einflussnahme auf diplomatischer Ebene ausgesetzt; ähnlich wie in Germanien hatte die Nähe zu Rom die Gesellschaft Britanniens in der Substanz verändert: Ausgehend vom Südwesten der Insel war um die Zeitenwende ein tribales Machtzentrum unter Führung des Catuvellaunen Cunobelinus entstanden. Kaum war Cunobelinus um 42 n. Chr. gestorben, rüsteten seine Söhne auch schon zu einem groß angelegten Eroberungszug, um die Nachbarstämme zu unterwerfen. Der Atrebatenkönig Verica wandte sich in seiner Not an die Römer, die mit vier Legionen und zahlreichen Hilfstruppenkontingenten, alles in allem rund 40.000 Mann, im südostenglischen Kent landeten (43 n. Chr.). Unter Führung des Legaten Aulus Plautius rückte das Heer rasch bis zur Themse vor, wartete dort aber die Ankunft des Claudius ab, der per Schiff von Ostia aus nach Britannien gelangt war:

> Nach der Übernahme des Oberbefehls überschritt Claudius den Fluss, lieferte den Barbaren, die sich auf seine Ankunft hin

> gesammelt hatten, eine siegreiche Schlacht und eroberte Camulodunum [Colchester], die Hauptstadt des Cunobelinus.[24]

Jetzt brauchte Claudius nur noch die Kapitulation der Catuvellaunen und ihrer verbündeten Stämme entgegenzunehmen, dann konnte er – nach ganzen 16 Tagen – abreisen und in Rom seinen wohlverdienten Triumph feiern. Dort wurde ein Triumphbogen errichtet, und Claudius' Sohn erhielt den Namen Britannicus, Münzen kündeten vom Sieg des Kaisers DE BRITANNIS. Der Architekt des Sieges hingegen, Plautius, feierte eine *ovatio* – eine Art Triumph zweiter Klasse –, wurde zum Statthalter der neugegründeten Provinz Britannia bestellt und führte in den folgenden Jahren das Oberkommando über Vorstöße nach Westen (Wiltshire, Dorset, Isle of Wight) und nach Nordwesten (Midlands). Bis zur Regierungszeit Domitians (81–96 n. Chr.) hatte Rom den größten Teil der britischen Hauptinsel erobert – England bis zum später angelegten Hadrianswall, aber ohne Wales –; unter Antoninus Pius, Mitte des 2. Jh., reichte die Provinz schließlich bis zum Firth of Forth.[25]

Die Operationen in Britannien banden weit über das Jahr 43 hinaus starke römische Kräfte. Deshalb schaltete Claudius auf einem anderen Kriegsschauplatz, Germanien, auf Defensive um: Hier stand Gnaeus Domitius Corbulo, einer der fähigsten Heerführer seiner Zeit, im Begriff, Cherusker und Chauken zu schlagen und so das seit Varus verloren gegangene Land rechts des Niederrheins zurückzuerobern. Dieses Unternehmen wurde aufgegeben (47 n. Chr.), aber Rom be-

24 Cass. Dio LX. 21, 4.

25 Britannien war keineswegs der einzige Fall, in dem der gänzlich unmilitärische Claudius die militärischen Lorbeeren eines seiner Generale erntete: Insgesamt 27 Mal ließ er sich als Imperator feiern, so oft wie kein anderer Kaiser vor und nach ihm; vgl. Christ [3]1995, 223. Einen gut lesbaren Überblick mit zahlreichen Quellen über den Britannienkrieg unter Claudius und die Konsolidierung der Provinz bietet Brodersen 1998, 61–83. Die hier nicht im Detail zu besprechende, in vielen Aspekten aber der Entwicklung in Gallien gleichende ›Romanisierung‹ (vgl. S. 59–65) der neuen Provinz erörtern Millett (1990); Lepelley 2001, 211–246; Salway 1997, 359–385.

hauptete weiter südlich Taunus und Wetterau. Wenig später wurde Köln, Geburtsort der Kaiserin Agrippina, als Colonia Claudia Ara Agrippinensium zur römischen Kolonie erhoben: Das einstige *oppidum* der hier unter Agrippa angesiedelten Ubier stieg daraufhin durch den Zustrom zahlreicher Veteranen zum beherrschenden Zentrum im römischen Rheinland auf.[26]

Unter Claudius erhielten, wie zu beobachten war, die provinzialen Eliten besondere Aufmerksamkeit.[27] Aber nicht nur der Senat änderte durch die Aufnahme von Provinzialen sein Gesicht, auch die Herrschaftsstruktur des Imperiums insgesamt machte eine bemerkenswerte Wandlung durch, von der vor allem die nächste Umgebung des Princeps betroffen war: Natürlich hatten auch die Kaiser vor Claudius bereits Berater – Cassius Dio etwa erwähnt Maecenas und Agrippa als in Sachfragen unterschiedliche Ansichten vertretende Ratgeber des Augustus[28] –, zum überwiegenden Teil stammten diese aber aus denselben aristokratischen Zirkeln wie die Kaiser selbst, waren also senatorischen Ranges. Als Qualifikation brachten diese Männer nicht mehr mit als die Erfahrungen, die sie auf ihrem Weg durch den *cursus honorum* gesammelt hatten; für die Verwaltung eines Weltreichs war dies bestürzend wenig. Es überrascht deshalb nicht, dass die Kaiser sich bald nach Fachleuten umsahen, um die Spitze der imperialen Verwaltung effizienter zu machen. Die Anfänge dieser Entwicklung sind unter Tiberius und Sejan zu erkennen, als die ritterliche Prätorianerpräfektur praktisch zur Schaltstelle der Macht avancierte; unter Caligula trat mit dem Kammerherrn Helikon dann erstmals ein kaiserlicher Freigelassener in Erscheinung, der über erheblichen politischen Einfluss verfügte: Helikon war als Sklave aus Ägypten gekommen und Tiberius zum Geschenk gemacht worden, unter Caligula rückte er in die unmittelbare Umgebung des Kaisers auf: »Er spielte Ball

26 Vgl. dazu: Eck 2004.

27 Siehe oben, S. 92, 93, 95.

28 Cass. Dio LII. 15.

mit Gaius, trainierte mit ihm, badete mit ihm, aß mit ihm und war bei ihm, wenn er zu Bett ging.«[29] Als der jüdische Philosoph Philon von Alexandreia vor dem Hintergrund der ethnisch-religiösen Unruhen in seiner Heimatstadt eine Delegation anführte, die den Kaiser für die Sache der Juden gewinnen sollte, war Helikon, der als hellenisierter Ägypter gegen die Juden eingenommen war, sein schärfster Widersacher, und so sah Philon sich gezwungen, den Freigelassenen zu bestechen, um ihn dazu zu bringen, seine Interessen bei Caligula zu vertreten.

Helikon fiel später unter Claudius in Ungnade, aber andere überlebten und stiegen weiter auf: vor allem Gaius Julius Callistus, der Hintermann der Verschwörung gegen Caligula, der es unter Claudius zum *a libellis* brachte, zum kaiserlichen Privatsekretär; aber auch Marcus Antonius Pallas, den Antonia, die Mutter des Claudius, freigelassen hatte und der unter ihrem Sohn bis zum *a rationibus* aufstieg und damit Vorsteher der kaiserlichen Finanzverwaltung war. Dritter im Bunde war Tiberius Claudius Narcissus, der als *ab epistulis* der kaiserlichen Kanzlei vorstand.[30] Die Macht von Männern wie Callistus, Narcissus und Pallas bestand vor allem darin, dass sie den Zugang zum Kaiser monopolartig kontrollierten: Wer immer mit seinem Gesuch zum Herrscher vordringen wollte, musste erst ihr Ohr finden – und das war meist teuer. In den seltensten Fällen war es ihr Titel, der über die Rolle der Freigelassenen am Hof Auskunft gab; er bezeichnete kaum mehr als das Ressort, in dem sie tätig waren. Wie sie ihr Amt jeweils ausfüllten, hing ganz und gar von ihrer Beziehung zum Kaiser ab: Als Freigelassene konnten sie sich weder auf ihren ererbten Rang noch auf eigene Leistungen stützen, um ihren Einfluss zu legitimieren; sie waren Kreaturen des Kaisers – und gerade das machte ihren besonderen Wert für den Machthaber aus, denn er konnte sie je nach Belieben befördern oder fallen las-

29 Phil. leg. 27, 175.

30 Die Biografien von Helikon, Callistus und Pallas rekonstruiert Millar 1977, 74f.

sen; ihr Schicksal lag allein in seinen Händen, und niemand anderem waren sie verpflichtet.

Ihre Schlüsselposition verdankten die Freigelassenen einer Dynamik, die im Grunde genommen das Ergebnis eines Vakuums an der Reichsspitze war. So verfügte das Reich über einen Kaiser, der faktisch allmächtig war, und es verfügte über eine Aristokratie, die Senatoren, die im imperialen Stadtstaat der Republik eine Funktionselite gewesen war, jetzt aber den *cursus honorum* nur noch erklomm, um später dem Kaiser in den Provinzen zu Diensten zu sein. Im neuen Imperium der Kaiserzeit entstand im direkten Umkreis des Kaisers so eine Leerstelle: Der Kaiser hatte sich, wenigstens der Theorie nach, persönlich mit allen Eingaben, Bittgesuchen und Problemen zu befassen, die an ihn herangetragen wurden. Die nächstliegende Antwort auf das Problem der Überlastung bestand darin, dass er mit der Arbeit Gehilfen betraute, die aus allen sozialen Gruppen stammen konnten; Voraussetzung war primär ein persönliches Vertrauensverhältnis zum Kaiser. Die Freigelassenen erwiesen sich als Idealbesetzung, abhängig und jederzeit ersetzbar, wie sie waren.[31] Die Berufung von Freigelassenen in Spitzenpositionen des kaiserlichen Palasts barg aber auch Risiken: Vor allem betrachteten Senatoren es als unter ihrer Würde, dass sie jetzt bei Freigelassenen zu antichambrieren hatten, um zum Kaiser vorgelassen zu werden. Und auch die Würden und Reichtümer, die Männer wie Pallas und Narcissus aufhäuften, erregten in senatorischen Kreisen Anstoß: Sueton berichtet entrüstet, wie Claudius die beiden Freigelassenen mit quästorischem bzw. prätorischem Rang versah und ihnen gestattete, ein gewaltiges Vermögen zusammenzuraffen. Passend dazu wird der Kaiser als rück-

31 Vgl. dazu: Winterling 1999, 23–26; Millar 2004, 14–20. Die kaiserlichen Ratgeber nach ihrer Funktion und sozialen Herkunft untersucht Eck 2006. Die komplexe und keineswegs homogene Gruppe der kaiserlichen Freigelassenen analysiert Weaver 1972. Die Bedeutung der *familia Caesaris* – der persönlich vom Kaiser abhängigen Personen – für die Reichsverwaltung hebt Lo Cascio 1991b, 183–185, hervor.

gratloser Weichling verspottet, der stets seinen Frauen und Freigelassenen nachgegeben habe:

> Vollkommen von ihnen und seinen Frauen abhängig, spielte Claudius eigentlich nicht die Rolle eines Fürsten, vielmehr die eines Dieners. Wie es dem Interesse jeder dieser Personen oder auch ihrer Neigung und Laune entsprach, erteilte er Ehrenstellen, militärische Kommandos, Begnadigungen und Strafen, meistenteils ohne recht zu wissen, was er tat.[32]

Weil sich Kaiser, die Freigelassene mit zu viel Einfluss ausstatteten, angreifbar machten, verschwanden die *liberti* bald nach Claudius' Regierungszeit wieder aus den Schaltstellen staatlicher Macht. Die Struktur der Zentralverwaltung aber blieb erhalten, nur dass die Positionen der Berater zunehmend mit Rittern besetzt wurden.[33]

Dadurch, dass mit den kaiserlichen Freigelassenen erstmals Leute in administrative Positionen einrückten, die man im weitesten Sinne als Fachleute bezeichnen könnte, wurde die Verwaltung professioneller. Sie entfernte sich damit vom Modell dessen, was Max Weber so treffend als »Honoratiorenverwaltung« bezeichnet hat: dem Herrschaftssystem der Republik und auch noch des frühen Prinzipats, in dem das administrative Personal ›abkömmlich‹ war, in der Lage, »*für* die Politik leben zu können, ohne *von* ihr leben zu müssen.«[34] Der Typus des abkömmlichen Politikers wurde nicht verdrängt, aber durch Fachleute ergänzt, die einen rudimentären Verwaltungsstab bildeten. Das Haus des Kaisers wandelte sich so, unter Claudius forciert, vom Privathaushalt (*domus*) zur Schaltstelle politischer Macht (*aula*), wo auch in höchster Ins-

32 Suet. Claud. 29, 1f. Die vermeintliche Abhängigkeit des Kaisers von seinen Frauen Valeria Messalina und Agrippina (der Jüngeren) nimmt breiten Raum in den Quellen ein. Die Geschichte des angeblich von Messalina geplanten Putsches gegen ihren Mann und die Strategie, mit der die jüngere Agrippina ihrem Sohn Nero den Weg zur Macht bahnte, diskutiert eingehend Eck 2002, 116–151. Zur faszinierenden Gestalt Agrippinas und ihrem Reflex in der Historiografie vgl. auch Späth 2000a und b.

33 Vgl. dazu: Lo Cascio 1991b, 187.

34 Weber 2005, 216.

tanz Recht gesprochen wurde. Das Kaisertum hatte damit einen weiteren wichtigen Schritt in Richtung seiner Institutionalisierung zurückgelegt; von der ›bürokratischen Herrschaft‹ des modernen Staates war es damit freilich noch ein gehöriges Stück entfernt: Die *aula Caesaris* war vielmehr das Musterbeispiel einer patrimonialen Bürokratie, wo Amtstreue ›Dienertreue‹ war, »streng persönlich auf den Herrn bezogen und Bestandteil seiner prinzipiell universellen Pietäts- und Treuepflicht.«[35]

49 n. Chr. trennte sich, auf maßgebliches Betreiben der Freigelassenen, der lange Zeit duldsame Claudius von seiner Gattin Messalina, die sich zuvor in aller Öffentlichkeit mit dem jungen Senator Gaius Silius vermählt hatte. Er heiratete die jüngere Agrippina, die Tochter des Germanicus, seine eigene Nichte. Agrippina brachte aus ihrer ersten Ehe mit dem Senator Gnaeus Domitius Ahenobarbus einen Sohn mit, Lucius, der drei Jahre älter war als Britannicus, der Sohn des Claudius. Diesem Lucius den kaiserlichen Purpur zu verschaffen, wurde Agrippinas Lebenswerk: Sie sorgte dafür, dass Claudius den 13-jährigen 50 n. Chr. adoptierte, der nun den Namen Tiberius Claudio Nero Drusus Germanicus Caesar führte. In die Geschichte sollte er mit dem dritten dieser Namen eingehen: Nero. Er erhielt eine sorgfältige Erziehung, mit der der Philosoph Seneca betraut wurde; drei Jahre nach seiner Adoption wurde er zudem mit Octavia verheiratet, der zu diesem Zeitpunkt 13-jährigen Tochter des Kaisers. Nero und seine Mutter nahmen mit der Zeit einen immer prominenteren Platz in der Repräsentation des Prinzipats ein – als der Kaiser schließlich am 13. Oktober 54 n. Chr. nach dem Genuss eines Pilzgerichts das Zeitliche segnete, mochte niemand so recht an Zufall glauben.[36]

35 Ebd., 761.

36 Sueton (Claud. 44) erwähnt verschiedene Varianten der Todesgeschichte, hält aber fest: »Dass Claudius durch Gift beseitigt wurde, steht allgemein fest.«

Der jetzt 17-jährige Nero wurde dennoch von Prätorianern und Senat ohne Schwierigkeiten als neuer Princeps anerkannt.[37] Der neue Kaiser – beziehungsweise seine Berater, unter denen neben seiner Mutter und Seneca vor allem der Prätorianerpräfekt Burrus, ein Günstling Agrippinas, hervorragte – bekannte sich im Wesentlichen zur Kontinuität, nahm aber vorsichtig Neujustierungen am politischen System des Prinzipats vor. Vor allem versprach er, die Macht der Freigelassenen zugunsten der alten Honoratiorenelite zu beschneiden. Was in einer der schwersten Krisen der Prinzipatsgeschichte enden sollte, begann zumindest aus senatorischer Perspektive als durchaus vielversprechende Rückkehr zu den augusteischen Wurzeln der römischen Monarchie. Freilich trat Nero politisch zunächst überhaupt nicht in Erscheinung, da andere für ihn das Regiment führten; bald aber fand er Gefallen an der Macht, die er kraft seines Amtes hatte: Sein erstes Opfer wurde Britannicus, den er vergiften ließ; dann entwickelte er einen ausgeklügelten Plan, um seine Mutter beiseitezuschaffen: Tacitus beschreibt, wie Nero die Mittvierzigerin auf eine Seefahrt im Golf von Neapel einlud. Das Schiff war vorher präpariert worden, um Agrippinas Tod wie einen Unfall aussehen zu lassen, doch die Kaiserin rettete sich schwimmend und wurde in ihr nahes Landhaus gebracht. Der verunsicherte Nero befahl nun, von Seneca und Burrus ermuntert, die Ermordung der Mutter mit weniger subtilen Methoden,[38] woraufhin verbreitet wurde, Agrippina selbst hätte ihrem Sohn nach dem Leben getrachtet. Unverzüglich erreichten Nero angesichts der überstandenen Gefahr Glückwünsche von allen Seiten.

Auch von anderen Fesseln wusste sich Nero zu befreien: Der Prätorianerpräfekt Burrus starb 62 n. Chr., vielleicht an

37 Der Mensch und Kaiser Nero war seit jeher ein beliebtes biographisches Sujet. Einen guten Überblick geben Malitz 1999; Champlin 2003; Waldherr 2005. Besonders gelungen ist eine einfühlsame Doppelbiographie des Lehrers Seneca und seines Meisterschülers: Fuhrmann 1997.

38 Vgl. Tac. ann. XIV. 3–8.

einer Atemwegserkrankung;[39] nach Burrus' Tod zog Seneca sich ins Privatleben zurück. Einige Jahre später (65 n. Chr.) wurde ihm vorgeworfen, er sei in die sogenannte Pisonische Verschwörung verstrickt gewesen, den gescheiterten Plan für einen Staatsstreich, der sich mit dem Namen des Konsulars Gaius Calpurnius Piso verband: Die von den historiographischen Hauptquellen[40] unisono berichtete, insgesamt aber mysteriöse Episode zielte offenbar darauf ab, Nero beim Besuch von Circusspielen zu ermorden. Die Aufdeckung des Coups mündete in ein Blutbad unter Senatoren, dem neben Seneca und Piso auch Neros ›Schiedsrichter‹ in Sachen Eleganz (*arbiter elegantiae*), Petronius, zum Opfer fiel.[41] Außerdem entledigte sich Nero seiner Frau Octavia (62 n. Chr.), erst durch Scheidung, dann durch Verbannung und schließlich durch Mord. So konnte er seine Geliebte Poppaea Sabina heiraten, eine Frau, der die Quellen ein gleich hohes Maß an Schönheit und Lasterhaftigkeit nachsagen. Das Schicksal Octavias und Neros neue Ehe bescherten der römischen Gesellschaft Gesprächsstoff im Übermaß.

Noch mehr Gerüchte knüpften und knüpfen sich an den berühmten Brand Roms: Im Sommer 64 n. Chr. brannten weite Teile der Stadt am Tiber nieder. Sieben Tage lang, vom 19. bis zum 26. Juli, wütete das Feuer, das sich, ausgehend vom Circus Maximus, nach Nordwesten ausbreitete. 3 der 14 Regionen wurden völlig vernichtet, sieben weitere brannten zu beträchtlichen Teilen ab. Zahlreiche Quellen unterstellen

39 Tacitus (ebd. 51) und Sueton (Nero 35, 5) erwähnen Gerüchte, nach denen Burrus das Opfer eines von Nero initiierten Giftanschlags wurde.

40 Piso war offensichtlich als Kaisernachfolger im Gespräch. Es hielt sich aber das Gerücht, dass Piso im Erfolgsfall ermordet und durch Seneca ersetzt werden sollte: vgl. Tac., ann. XV. 55–58; Suet. Nero 36; Cass. Dio LXII. 25 (ohne Nennung Pisos). Zum Hergang knapp: Eck 1976.

41 Titus Petronius Arbiter war fast sicher der Verfasser des *Satyricon*, eines satirischen Romans, dessen bekanntestes Teilstück, das sogenannte »Gastmahl des Trimalchio« (*cena Trimalchionis*), bei aller genretypischen Übertreibung einen einzigartigen Einblick in die Alltagswelt der römischen Oberschicht zulässt.

Nero, er habe den Brand vorsätzlich legen lassen, um als Baumeister eines neuen Rom in die Geschichte einzugehen.[42] Die sofortige Einleitung von Gegenmaßnahmen unter persönlicher Leitung des Princeps,[43] unter anderem durch Anlage einer Schneise am Esquilin, spricht allerdings eine andere Sprache: Brände waren in einer Stadt, die dicht bebaut und noch immer zu weiten Teilen aus Holz errichtet war, beileibe keine Seltenheit. So waren in Rom allein unter Augustus zwei verheerende Stadtbrände ausgebrochen (23 und 6 v. Chr.), die eklatante Missstände bei der Brandverhütung und -bekämpfung ans Tageslicht brachten. Im Gegensatz zur republikanischen Ära, als an eine staatlich koordinierte Katastrophenhilfe nicht zu denken war – und Feuersbrünste vielmehr die Taschen skrupelloser Bauunternehmer füllten –, reagierte die Obrigkeit unter Nero ebenso besonnen wie energisch. Vor allem wurden zügig Notquartiere für die Obdachlosen bereitgestellt, und der Wiederaufbau wurde, vom Princeps großzügig gefördert, mit dem Grundsatz vorangetrieben, Katastrophen vergleichbaren Ausmaßes künftig zu vermeiden.[44]

Jedoch griff die Staatsmacht nach dem Brand nicht nur zu solchen – auch aus heutiger Sicht – vernünftigen Heilmitteln. Sie versuchte auch, das offenbar ramponierte Verhältnis zu den Göttern wieder ins Reine zu bringen, obwohl daran,dass bei einer Katastrophe apokalyptischen Ausmaßes zwangsläufig höhere Mächte ihre Hand im Spiel hatten, auch schon Zeitgenossen ihre begründeten Zweifel hatten.[45] Als Störenfriede waren rasch die Angehörigen einer kleinen reli-

42 So vor allem Tacitus, der (ann. XV. 38–45) die ausführlichste Schilderung des Geschehens liefert. Außerdem Suet. Nero 16 und 38; Plin. nat. XVII. 5; Cass. Dio LXII. 16–18; Eutr. VII. 14; Ps.-Sen. Oct. 831–833. Darüber hinaus finden sich zahlreiche Anspielungen auf das Feuer, namentlich in 1 Petrus 1, 7.

43 Vgl. Tac. ann. XV. 38f.

44 Zu feuerpolizeilichen Vorschriften und Brandverhütung: Kolb 1995, 444–446. Das gewandelte Stadtbild beschreiben Sommella/Migliorati 1991, 300–302.

45 Vgl. Tac. ann. XV. 44, 1.

giösen Splittergruppe ausgemacht, die einen unter Tiberius am Kreuz gestorbenen jüdischen Propheten als Heiland verehrten. Der römische Ableger dieser Gemeinschaft hatte unlängst stärkeren Zulauf erhalten. Tacitus beschreibt, wie Nero, den der Stadtklatsch bald bezichtigte, Urheber der Katastrophe zu sein, einen Sündenbock suchte und sein Auge auf jene fiel, »die das Volk wegen ihrer Schandtaten hasste und mit dem Namen ›Christen‹ belegte.«[46]

Die Christen boten sich schon deshalb als wohlfeile Opfer an, weil sie sich aus der Mitte der Gesellschaft zurückgezogen und mit ihren unverstandenen Riten längst den Argwohn ihrer Mitmenschen erweckt hatten. Ihren geschlossenen Gemeinschaften haftete der Ruch des Konspirativen an, dem prunkliebenden Nero mussten die allem Diesseitigen entsagenden frühen Christen ein Dorn im Auge sein. In dürren Worten schildert Tacitus das Aufkommen der von ihm aus grundsätzlichen Erwägungen mit wenig Sympathie begleiteten Glaubensrichtung in Judäa und die Kreuzigung Christi durch Pontius Pilatus – und doch ist die Passage von besonderem Wert, ist sie doch der erste Blick von außen auf das entstehende Christentum. Im Prinzip billigt Tacitus den Terror, den Nero über dessen Anhänger brachte:

> Man fasste also zuerst diejenigen, die sich öffentlich als Christen bekannten, dann auf deren Anzeige hin eine gewaltige Menge Menschen. Sie wurden weniger der Brandstiftung als des Hasses gegen das ganze Menschengeschlecht überführt. Bei der Hinrichtung wurde auch noch Spott mit ihnen getrieben, indem sie in Tierhäute gesteckt und von wilden Hunden zerfleischt wurden. Andere wurden ans Kreuz geschlagen oder, zum Feuertod bestimmt, nach Einbruch der Dunkelheit als nächtliche Fackeln verbrannt. Für dieses Schauspiel hatte Nero seinen eigenen Park hergegeben und veranstaltete gleichzeitig ein Zirkusspiel, wobei er sich in der Tracht eines Wagenlenkers unter das Volk mischte oder auf einem Rennwagen stand. Daher wurde mit jenen Menschen, obwohl sie schuldig waren und die härtesten Strafen verdient hatten, doch Mitleid rege, als würden

46 Ebd. 44, 3.

> sie nicht dem Gemeinwohl, sondern der Grausamkeit eines Einzelnen geopfert.[47]

Die Exzesse gegen die Christen, das hartnäckig sich haltende Gerücht über die Brandstiftung durch Nero, die Pisonische Verschwörung, Verbannung und Ermordung Octavias – all das kostete Nero wichtige Sympathien in der stadtrömischen Bevölkerung. Mehr als alles andere schadete dem Kaiser aber wohl der Anspruch, als Künstler brillieren zu wollen. Nero war als Jugendlicher in den Genuss einer umfassenden Bildung gekommen, zu der selbstverständlich auch das Erbe griechischer Kunst und Kultur gehörten, und auf diesem Feld sah er auch seine Berufung: Er war Griechenlandliebhaber, Philhellene, durch und durch und unterhielt seine Umgebung mit gesanglichen Darbietungen, die er selbst auf der Kithara begleitete. 66 n. Chr. bereiste er selbst Griechenland, wo ihm die Menschen begeistert zujubelten. Anscheinend war die gegenseitige Zuneigung zwischen dem Kaiser und den Hellenen durchaus echt. In den aristokratischen Zirkeln Roms hingegen galt der Zeitvertreib des Kaisers als unstandesgemäß: Gerade dadurch, dass Nero es als Sänger und Kitharöde womöglich gar zu einiger Virtuosität brachte, erregte er Anstoß. Ein römischer Senator, schon gar ein Kaiser, hatte sich mit Politik und in seiner Freizeit mit Geschichtsschreibung, Rhetorik, Philosophie – allenfalls noch mit Dichtung – zu beschäftigen;[48] musische Darbietungen waren die Sache professioneller Künstler, die als solche Anerkennung finden konnten, sozial aber in der Regel der Verachtung preisgegeben waren. Dadurch, dass Nero in seinem Dasein als Künstler aufging, machte er vor allem eines deutlich: dass er sich als Kaiser befugt glaubte, sich über gesellschaftliche Konventionen hinwegzusetzen und stets die Rolle einzunehmen, die ihm beliebte. Die Neuerfindung des Kaisertums als Gesamt-

47 Ebd. 44.

48 Cicero bezeichnete seinen erzwungenen Ruhestand, den er solchen Tätigkeiten widmete, gerne als *otium cum dignitate* (›Muße mit Anstand‹), z. B. Cic. de orat. I. 1.

kunstwerk – in die sich die planerische Neugestaltung Roms auch dann gut einfügt, wenn Nero, wie zu vermuten, nicht der Brandstifter war[49] – war, nach Caligulas erstem Anlauf, die zweite Attacke eines Kaisers auf den augusteischen Konsens-Prinzipat: »Will er, so tut er« – auf diese Formel hatten schon im 3. Jt. v. Chr. ägyptische Pyramidentexte die theoretische Allmacht Pharaos gebracht; der Künstler Nero erinnerte seine Umwelt durch seine schiere Präsenz daran, dass ein Kaiser tun und lassen konnte, was er wollte: »Vor mir hat noch kein Herrscher gewusst, was er sich alles herausnehmen kann«, äußert ein sich dieses Privilegs vollauf bewusster Kaiser in Suetons Nero-Biografie.[50]

Belastungsprobe in der Peripherie: der Jüdische Aufstand (66–70 n. Chr.)

Aber nicht nur in Palast und Senat herrschte Aufruhr. Auch in den Provinzen und an Roms Grenzen erschütterte eine Serie schwerer Krisen Neros Herrschaft. Eine davon sollte sie schließlich auch zum Einsturz bringen: Erster Brennpunkt war gleich zu Beginn von Neros Regierungszeit, 54 n. Chr., das seit Langem zwischen Rom und den Parthern umkämpfte Armenien. Hier wollte der parthische König Vologaises den Herrscherwechsel in Rom nutzen, um seinen Bruder Tiridates (I. von Armenien) als König durchzusetzen. Nero sandte daraufhin Domitius Corbulo nach Kappadokien, und im gesamten römischen Osten wurden Truppen ausgehoben sowie aus Germanien nach Kappadokien geführt, wo die un-

49 Kernstück der neuen ›Neropolis‹ Rom war die ›Domus Aurea‹ (›Goldenes Haus‹), der eigentlich als urbane Villa errichtete, gigantische neue Kaiserpalast, der sich vom Palatin über die Senke beim Kolosseum bis auf die Hänge des Esquilin erstreckte und dessen Räume sich weit in den Hügel hineinfraßen. Die 64, nach dem Brand, begonnene und nie fertiggestellte Anlage war eine einzige Demonstration privater Luxusentfaltung, aber auch ein herausragendes Beispiel innovativer Architektur (vgl. Ball 2003).

50 Suet. Nero 37, 3.

geübten Soldaten erst einmal trainiert werden mussten.[51] Schließlich startete Corbulo nach Jahren der Vorbereitung die Offensive gegen Tiridates (58 n. Chr.): Er eroberte mit Tigranokerta und Artaxata die städtischen Zentren Armeniens und setzte den in Rom aufgewachsenen Tigranes (VI.) als König ein, doch der Krieg zog sich weiter hin und weite Teile Armeniens blieben von den Parthern besetzt. Tigranes fiel, ohne die römischen Verantwortlichen zu kontaktieren, in das parthische Adiabene ein (61 v. Chr.) und drohte so, eine direkte Konfrontation zwischen Rom und dem Partherreich zu provozieren.

Indessen erreichte Vologaises eine Übereinkunft mit Corbulo, der Tigranes geopfert werden sollte. Diesem Vertrag verweigerte der Senat in Rom seine Zustimmung, und dem Statthalter Kappadokiens, Lucius Caesennius Paetus, wurde aufgetragen, das gesamte Armenien mit Gewalt auf römische Seite zurückzuzwingen: Bei Rhandeia am Fluss Arsanias, unweit des Berges Ararat, erlitt Paetus mit zwei Legionen eine schmachvolle Niederlage gegen das armenisch-parthische Aufgebot unter Tiridates (Herbst 62 n. Chr.). Corbulo, der alle Hände voll damit zu tun hatte, Syrien vor dem parthischen Ansturm zu schützen, leitete zwar die Gegenoffensive ein, stimmte aber schließlich einem Vertrag auf Grundlage des Status quo zu: Tiridates blieb König von Armenien, legte jedoch in Rhandeia sein Diadem nieder und reiste nach Rom, um es dort als *rex datus* – als König von Roms Gnaden – aus der Hand Neros wieder zu empfangen (66 n. Chr.).[52] Corbulo selbst überlebte seinen diplomatischen Erfolg nur um wenige Jahre: Nero beorderte seinen fähigsten Heerführer nach Griechenland, wo ihn ein Schreiben erreichte, das ihn zum Selbstmord aufforderte (67 n. Chr.).

In der Zwischenzeit war in Britannien kurzfristig ein zweiter Brandherd entstanden: Römische Truppen unter dem

51 Vgl. Tac. ann. XIII. 35.

52 Zu Corbulo und dem Krieg um Armenien: Syme 1970; Wheeler 1997; Vervaet 2003; Marek 2010, 416–421.

Kommando des Statthalters Gaius Suetonius Paulinus standen im Nordwesten von Wales, wo sie sich einen zähen Kampf mit den Druiden von Mona (Anglesey) lieferten; da erreichte den Statthalter die Nachricht, dass in seinem Rücken rund 50.000 Aufständische unter der Stammesführerin Boudicca die Veteranenkolonie Camulodunum (Colchester) zerstört hatten. Der Statthalter und sein Heer kamen zu spät, um die Einnahme von Londinium (London) und Verulamium (St Albans) zu verhindern; allerdings stellte Paulinus Boudicca und die Schar ihrer Anhänger, die inzwischen auf etwa 80.000 Kämpfer angewachsen war, vor Verulamium zur Schlacht: Die Briten wurden vernichtend geschlagen, noch bevor vom Festland Verstärkung angelandet war (61 n. Chr.).[53]

Weitaus nachhaltiger erschütterte ein Beben das römische Imperium, das von einer notorischen Krisenregion im Osten ausging: Judäa. Rom war in dem Unruheherd seit dem Tod des Herodes eine ›überforderte‹ Besatzungsmacht:[54] 44 n. Chr. war Herodes Agrippa I. gestorben, der die Christen verfolgt, das Land aber im Bündnis mit den Pharisäern – den radikalen Gegnern einer Hellenisierung des Judentums – relativ ruhig gehalten hatte. Sein gleichnamiger, noch minderjähriger Sohn (Herodes Agrippa II.) kam für die Nachfolge im politisch-kulturell-religiös zerklüfteten Judäa nicht in Betracht, und so wurde die südliche Levante abermals Prokuratoren anvertraut, die den syrischen Statthaltern unterstellt waren, während der junge Agrippa am kaiserlichen Hof in Rom blieb. Das Verhältnis zwischen Juden, Nichtjuden und Samaritanern (einer vom Judentum abgespaltenen Glaubensgemeinschaft mit einem eigenen Heiligtum auf dem Berg Garizim) blieb anhaltend gespannt, die römischen Soldaten waren angesichts dauernder Anfeindungen nervös; die verschiedenen Fraktionen lieferten sich einen zähen Klein-

53 Vgl. dazu: Brodersen 1998, 98–110.

54 So treffend Bringmann 2005, 204; dort (238–260) auch eine dichte Beschreibung des Jüdischen Aufstands. Eine knappe Überblicksdarstellung bietet auch Maier ²1989, 85–94. Zur Vorgeschichte siehe oben, S. 72–75.

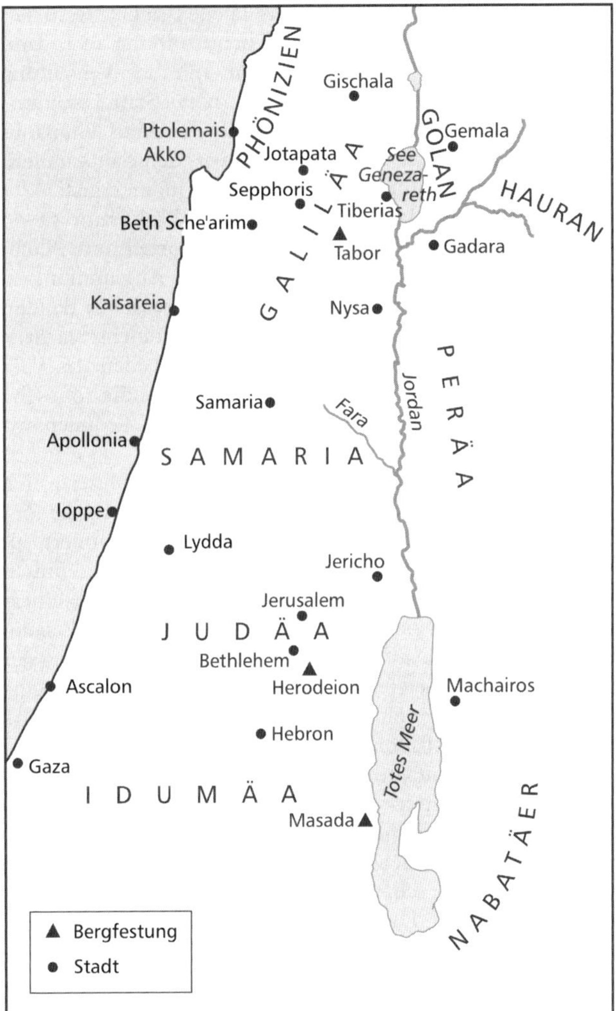

Karte 4: Die Levante.

krieg, Anschläge provozierten immer neue Racheakte, so dass die Aufrechterhaltung der öffentlichen Ordnung auch dann Probleme bereitet hätte, wenn Rom mit der Verwaltung kompetente, urteilsfeste Leute betraut hätte. Stattdessen amtierten als Prokuratoren Männer wie Ventidius Cumanus (Prokurator 48–52 n. Chr.), der sich von den Samaritanern bestechen ließ und für sie Partei gegen die Juden ergriff, oder der Freigelassene Marcus Antonius Felix (Prokurator 52–60 n. Chr.), Bruder des Pallas, der es als seine vornehmste Pflicht ansah, in Serie Ehen mit Frauen königlicher Abstammung zu schließen, während sich auf den Straßen Jerusalems Banden unterschiedlicher religiöser Orientierung Straßenschlachten lieferten und Propheten mit flammenden Reden das Volk aufwiegelten. Statt die Wogen zu glätten, goss die römische Verwaltung noch Öl ins Feuer und provozierte die Juden, wo sie nur konnte.

Insbesondere die jüdische Bevölkerung radikalisierte sich daher rapide: Kurz nach der Zeitwende hatten sich die Zeloten als paramilitärische Widerstandsgruppe formiert; als Caligula bestrebt war, den Kaiserkult in Jerusalem heimisch zu machen, erhielten sie verstärkt Zulauf. Zu allem Überfluss organisierten sich besonders radikale Zeloten als *sicarii* (›Dolchträger‹), die auf Terror als Mittel zur Bekämpfung der Besatzungsmacht setzten. Sie bildeten in Jerusalem eine Untergrundarmee, die mit brutaler Gewalt gegen wirkliche und vermeintliche Kollaborateure unter den Juden vorging und allenthalben Furcht säte.[55] Die Römer reagierten mit Gegenterror: Der Prokurator Felix ließ die Sikarier in Schnellverfahren aburteilen, bediente sich ihrer aber zugleich auf Umwegen, um den Hohepriester Jonathan loszuwerden, dem er selbst maßgeblich sein Amt verdankte: Jonathan wurde von Sikariern erdolcht. Der Terror wuchs sich bald zu einem regelrechten Bürgerkrieg aus, in dem sich Sikarier und Anhänger diverser sektiererischer Propheten zusammenrotteten, um

55 Vgl. Ios. bel. Iud. II. 254–256.

zu rauben, zu morden und ganze Dörfer niederzubrennen. Die alte jüdische Elite wurde zwischen diesen Fronten rasch zerrieben, sie beschleunigte ihren Niedergang aber noch zusätzlich durch inneren Hader: im Dauerstreit um die Verfügungsgewalt über den Tempelzehnt, die von Juden an den Tempel zu leistende Abgabe.

Ein zweiter Unruheherd wurde bald die von Herodes dem Großen gegründete Hafenstadt Kaisareia an der Mittelmeerküste des heutigen Israel, die von Juden und Nichtjuden, den sogenannten *hellenes*, gleichermaßen bewohnt war. Der Streit entzündete sich zwischen beiden Lagern um die Frage, ob Jerusalem eine jüdische oder eine griechische Stadt sei und ob die Gruppe der jüdischen Bürger – das jüdische *politeuma* – ähnlich wie im ägyptischen Alexandreia eine gleichberechtigte Rolle (*isopoliteia*) in der Stadtpolitik spielen sollte. Schließlich ging es darum, ob der jeweils anderen Seite das Bürgerrecht vorenthalten werden sollte. Bald wüteten auch in Kaisareia Straßenkämpfe, und als die Juden den Sieg davonzutragen schienen, griff auf Anweisung des Prokurators Felix die örtliche Garnison ein, deren mit dem griechischen Bevölkerungsteil sympathisierende Soldaten ohnehin wenig Sympathien für die Juden hegten. Der Konflikt endete im Massaker, während Felix' Schlichtungsversuch sich darin erschöpfte, die streitenden Parteien an Kaiser Nero zu verweisen. Der entschied – nachdem die *hellenes* einen kaiserlichen Sekretär bestochen hatten – gegen die Juden, die so ihr Bürgerrecht verloren.[56]

Da freilich war Felix bereits seines Postens enthoben worden. Sein Nachfolger Porcius Festus (60–62 n. Chr.) bemühte sich so ehrlich wie erfolglos um Frieden und starb nach zwei Jahren im Amt. Bis zur Amtseinführung des Nachfolgers Lucceius Albinus (62–64 n. Chr.) folgte ein Interregnum, das der Hohepriester Ananias dazu nutzte, seine innerjüdischen Gegner kaltzustellen. Herodes Agrippa II., dessen kleines Kö-

56 Vgl. dazu: Kasher 1977.

nigreich Jerusalem nicht einschloss, der aber das Recht hatte, den Hohenpriester zu ernennen, setzte Ananias daraufhin ab, der sich freilich bald darauf verlegte, Albinus, den neuen Amtsträger Roms, zu bestechen, um seine Ziele durchzusetzen: Albinus' Habgier und Bestechlichkeit stellten alles in den Schatten, was Judäa bis dahin erlebt hatte. Diese Konstellation nutzten wiederum die Sikarier, um durch Entführung von Familienangehörigen des Ananias eigene Leute aus römischer Gefangenschaft freizupressen. Kurz vor seiner Abberufung ließ Albinus tatsächlich noch zahlreiche inhaftierte Banditen frei, wofür er sich fürstlich bezahlen ließ. Am Ende stand die faktische Selbstauflösung der jüdischen Führungsschicht: Ihre Autorität verfiel so rasant, wie die Gewalt auf den Straßen eskalierte, das Hohepriesteramt wurde zum Spielball der rivalisierenden Interessen, und in allen Lagern staute sich der Hass.

Nachfolger des Albinus wurde Gessius Florus (64–66 n. Chr.), ein Ritter, der das Amt der Freundschaft seiner Gattin mit der Kaiserin Poppaea verdankte. Wie Albinus war auch Florus mit dem Problem immenser Steuerausfälle konfrontiert, Folge der prekären Sicherheitslage, die das Wirtschaftsleben Judäas vollständig lähmte. Noch konsequenter als sein Amtsvorgänger setzte Florus auf Korruption als Mittel zur Selbstbereicherung: Er entließ Sikarier gegen Bezahlung aus den Gefängnissen und trieb mit brutalen Methoden Steuern und Abgaben ein. Von den Juden Kaisareias, die hofften, so ihre Synagoge erweitern zu dürfen, ließ er sich mit acht Talenten bestechen; die erhoffte Intervention zugunsten der jüdischen Gemeinde blieb jedoch aus. Stattdessen mussten sich die Juden von Kaisareia nun auch noch Häme und Provokationen ihrer Mitbürger gefallen lassen, woraus erneut öffentlicher Aufruhr erwuchs. Eine jüdische Gesandtschaft suchte Florus in Kaisareia auf, wurde dort aber festgesetzt und unter dem Vorwand, die Juden hätten unerlaubt die Torarolle aus der Synagoge entfernt, ins Gefängnis geworfen.

Die bereits brodelnde Stimmung brachte Florus zum Überkochen, indem er, im Mai 66 n. Chr., auch noch in die

Tempelkasse griff und 17 Talente requirierte. Die Konfiskation des Tempelschatzes durch Antiochos IV. (169 v. Chr.) hatte einst schon die seleukidische Herrschaft in Jerusalem einstürzen lassen; jetzt löste Florus' schamloses Vorgehen antirömische Demonstrationen aus, bei denen der Prokurator verspottet wurde. Florus ließ sein Militär auf die Demonstranten los und viele Juden ans Kreuz schlagen, er ließ die Garnison verstärken und verlangte auch noch, dass sich die Bevölkerung versammelte, um den Soldaten einen warmen Empfang zu bereiten. Obwohl die jüdische Führungsschicht die Stadtbevölkerung zur Friedfertigkeit ermahnte, geriet die Lage außer Kontrolle: Aufgebrachte Juden zerstörten die Säulenhallen, die Zugang zum Tempel gewährten. Erst der nach Jerusalem geeilte Herodes Agrippa II. konnte die Gemüter so weit beruhigen, dass man die Zerstörungen beseitigen konnte, doch vermochten die Hohenpriester, Priester und Leviten – die traditionelle jüdische Elite – ihre Glaubensgenossen nicht davon zu überzeugen, das täglich im Tempel für den Kaiser abgehaltene Opfer wieder aufzunehmen. Die Aufständischen kontrollierten nun den Tempel und die Unterstadt, während die Reiterei des mit der Aristokratie verbündeten Agrippa sich in der Oberstadt behauptete.

Bald aber gewannen die Rebellen, zu denen immer mehr Sikarier aus dem Umland strömten, die Oberhand: Die Reiter Agrippas zogen ab, die römische Garnison verbarrikadierte sich zunächst im Herodes-Palast, kapitulierte dann aber auch – gegen die Zusage freien Geleits. Die Aufständischen hielten ihr Versprechen indes nicht, sondern massakrierten die Soldaten: eine ganze römische Kohorte. Jerusalem war in jüdischer Hand. Im gesamten Nahen Osten häuften sich nun genozidartige Massenmorde: Juden und Nichtjuden machten förmlich Jagd aufeinander, in den Großstädten Alexandreia und Antiocheia herrschten bürgerkriegsartige Tumulte. Schließlich griff der syrische Statthalter Gaius Cestius Gallus mit einer Legion und weiteren Kohorten in das Geschehen in Palästina ein. Er eroberte Beth Sche'arim in der Jesreelebene, wo der Große Sanhedrin tagte, die Versammlung der Priester, Ältesten und Schriftgelehrten. Die Einnahme Jerusalems scheiterte jedoch, und auf dem Rückmarsch geriet Gallus westlich der Stadt in einen Hinterhalt von Partisanen unter Eleazar ben Simon. Mit knapper Not konnte der Statthalter sich und die Masse seines Heeres retten, wenig später starb er, und Gaius Licinius Mucianus rückte an seine Stelle (ca. 66 n. Chr.).

Jetzt auf einmal setzten sich die Angehörigen der jüdischen Aristokratie an die Spitze der Bewegung, die sie ohnehin nicht mehr aufhalten konnten: Eine Volksversammlung wählte führende Männer der gesellschaftlich-religiösen Elite zu Befehlshabern in den verschiedenen Regionen: Joseph ben Matthias etwa, der spätere Flavius Josephus, Spross einer einflussreichen Familie von Priestern, erhielt das strategisch entscheidende Galiläa, durch das die Römer auf Jerusalem zumarschieren würden. Die Autorität der aristokratischen Führer war jedoch keineswegs unumstritten: Josephus schlug die erbitterte Feindschaft des Johannes ben Levi entgegen, eines Zeloten, der in dem Ort Gischala in Galiläa den Widerstand gegen Rom organisierte. Mit Josephus und Johannes prallten nicht nur Vertreter zweier sozialer Klassen, sondern auch grundverschiedene Konzepte der Kriegführung aufeinander: Während der im Partisanenkrieg erfahrene Johannes ganz und gar auf das Überraschungsmoment setzte und beabsichtigte, die Asymmetrien zugunsten der Juden wirken zu lassen, plante Josephus – und mit ihm die jüdische Elite – im Stil traditioneller Kriegführung: Sie stellten eine Miliz auf, bereiteten die Städte auf Belagerungen vor, errichteten Befestigungen und glaubten allen Ernstes, sie könnten die Römer in offener Feldschlacht schlagen. Immerhin wurde Jerusalem jetzt zu einer wirklich starken Festung ausgebaut.

Die Römer blieben unterdessen nicht untätig: Nicht dem in Armenien siegreichen Corbulo wurde das Kommando übertragen, sondern einem *homo novus*, der unter Claudius Karriere gemacht hatte. Titus Flavius Vespasianus (geboren 9 n. Chr.) war der Sohn eines Ritters aus Falacrina im nördlichen Latium. Er hatte unter Tiberius als Militärtribun in

Thrakien Dienst getan, als junger Offizier im Britannien-Feldzug des Claudius als Befehlshaber einer Legion (43–44 n. Chr.) von sich reden gemacht und dafür die Triumphalinsignien erworben. Unter Nero war Vespasian dann häufiger Gast an der kaiserlichen Tafel; er wohnte auch den künstlerischen Darbietungen des Kaisers bei: Eine Anekdote besagt, er sei bei diesen Rezitationen immer wieder vom Schlaf übermannt worden oder habe sich unerlaubt entfernt und sei deshalb bei Nero in Ungnade gefallen.[57] Dennoch betraute der Kaiser Vespasian mit dem wichtigen Oberbefehl in Judäa: Er löste in der militärischen Führung den glücklosen Mucianus ab, der aber Statthalter von Syrien blieb. Vespasian erhielt somit ein Sonderkommando, das nicht an die Statthalterschaft einer Provinz gebunden war.

Den Winter 66/67 n. Chr. verbrachte der neue Befehlshaber mit Vorbereitungen in Syrien, im Frühjahr 67 marschierte er mit zwei Legionen in Judäa ein: Er besetzte Ptolemais (Akko) und erreichte Diokaisareia-Sepphoris (Tzippori) in Galiläa, das ihm willig seine Tore öffnete. In Ptolemais landete unterdessen Vespasians Sohn Titus mit einer weiteren Legion, die er aus Alexandreia herangeführt hatte. Das vereinigte Heer durchquerte das von Josephus befestigte, aber kaum effektiv verteidigte Galiläa, ohne auf nennenswerten Widerstand zu stoßen.[58]

Josephus hatte sich inzwischen mit seinem Heer in die Bergfestung Jotapata (Tel Yodfat) im nördlichen Galiläa zurückgezogen, die Vespasian nun belagern ließ: Nach 47 Tagen fiel die Festung durch Verrat; 40.000 Verteidiger sollen den Tod gefunden haben. Zwischen Josephus selbst und den wenigen anderen Überlebenden entbrannte – folgt man seiner eigenen Darstellung – ein heftiger Streit um die Frage, ob man sich für das Überleben oder für Selbstmord entscheiden

57 Vgl. Suet. Vesp. 4.

58 Als Beispiel für die Teile Galiläas, an denen der Krieg vollständig vorbeiging, mag Sepphoris dienen, das sich frühzeitig auf die Seite Roms schlug (vgl. Meyers 2002).

sollte. Josephus wählte das Überleben, aber die Mehrheit entschied sich für Selbstmord. Über die Reihenfolge ließ man das Los entscheiden, »und so geschah es, daß Josephus übrig blieb, zusammen mit einem anderen; man mag dabei von Zufall oder von Gottes Vorsehung reden.«[59] Josephus, der hier unübersehbar sein wenig solidarisches Verhalten in Jotapata rechtfertigt, entkam so also doch noch dem kollektiven Suizid und wurde vor Vespasian geführt, der ihn weiter zu Nero nach Rom schicken wollte:

> Zu Nero willst du mich schicken? Wozu denn? Werden denn die Nachfolger Neros bis zu deinem Regierungsantritt lange an der Herrschaft bleiben? Du, Vespasian, wirst Caesar (*kaisar*) und Alleinherrscher (*autokrator*), sowohl du wie dieser dein Sohn.[60]

– diese prophetischen Worte will Josephus dem tatsächlich künftigen Kaiser entgegengeschleudert haben, worauf der ihn zwar in Fesseln legen ließ, aber sonst ehrenvoll und zuvorkommend behandelte. Die Szene kündet entweder von Josephus' phänomenalem politischen Urteilsvermögen oder sie ist ein Akt besonders dreister Geschichtsklitterung durch den Verfasser des *Jüdischen Krieges*. Wo immer die Wahrheit liegen mag: Der jüdische Aristokrat gewann das Vertrauen des römischen Befehlshabers und gehörte bald zu seiner Entourage. Diesem Umstand allein verdanken wir seine so dichte wie faktenreiche Darstellung des Geschehens, mag sie auch noch so subjektiv gefärbt sein.

Kurz nach Jotapata kapitulierte auch die Stadt Tiberias am See Genezareth. Die letzten Widerstandsnester in Galiläa waren damit das von Johannes ben Levi verteidigte Gischala, der Berg Tabor und die Stadt Gamala (Gamla) auf den Golanhöhen.[61] Sie alle fielen im Herbst des Jahres 67, und damit war der Weg nach Jerusalem für Vespasian frei. In der verteidigungsbereiten Stadt war unterdessen der Konflikt zwischen

59 Ios. bel. Iud. III. 387–391. Die Archäologie dieser ersten Schlacht des Krieges fasst zusammen: Aviam 2002.

60 Ios. bel. Iud. III. 401.

61 Zur Rolle der Fluchtburg Gamla: Syon 2002.

der alten Aristokratie und den von Johannes ben Levi – der aus Gischala entkommen war – angeführten radikalen Kräften offen ausgebrochen: Johannes beschuldigte seine Gegner, zu kompromissbereit zu sein und heimlich mit den Römern zu kollaborieren. Die Situation war bizarr: Den römischen Angriff vor Augen, bekämpften sich die Fraktionen in der Stadt bis aufs Messer. Der Bürgerkrieg hing lange in der Schwebe: Einmal schienen die Zeloten die Oberhand zu gewinnen, setzten viele Angehörige der Führungsschicht fest, töteten etliche von ihnen und bestimmten per Losentscheid einen neuen Hohenpriester, den Steinmetz Phanni (Pinchas); dann wieder machten die traditionellen Eliten Boden gut und schlossen die Radikalen im Tempelvorhof ein, wo sich Johannes und seine Leute verbarrikadierten. Schließlich aber gelang es den Zeloten, mit Unterstützung der Idumaier – eines südlich von Jerusalem ansässigen Stammes, den einst die Hasmonäer gewaltsam zum Judentum bekehrt hatten –, ihre gemäßigten Gegner zu überwältigen: Johannes ben Levi errichtete ein Terrorregiment in der Stadt, um die Vespasian allmählich die Schlinge zuzog. Die alte Führungselite der Juden wurde praktisch ausgelöscht.

Im Frühjahr 68 eroberte Vespasian zunächst die Festung Gadara im Jordantal. Während der Tribun Placidus mit 500 Reitern und 3000 Fußsoldaten die aus Gadara Flüchtenden verfolgte und den jüdischen Siedlungsraum östlich des Jordan eroberte, marschierte Vespasian sodann das Jordantal hinauf und nahm Jericho ein. Damit begann sich der Ring um Jerusalem zu schließen. Bevor aber mit der Belagerung der Stadt selbst begonnen werden konnte, trafen die Nachrichten vom Aufstand des Vindex in Gallien und von der Ermordung Neros am 9. Juni 68 ein. Während Vespasian erst einmal eine abwartende Haltung bezog, die eroberten Städte und Dörfer durch Besatzungen sicherte und den Wiederaufbau zerstörter Siedlungen veranlasste, tobte der Bürgerkrieg zwischen den jüdischen Parteiungen unvermindert weiter: Drei radikale Führer hatten ihre ihnen an Radikalität in nichts nachstehende Anhängerschaft um sich geschart: neben dem Sikarier-

Führer Johannes ben Levi die Zeloten Eleazar ben Simon, der 66 n. Chr. den Sieg über die Legion des Gallus errungen hatte, und Simeon Bar Giora, der Sklaven die Freiheit und Freien hohe Belohnungen versprach und so nicht weniger als 40.000 Kämpfer unter seinem Kommando versammelt hatte.

Der Idumäer Simeon nutzte die Pause im römischen Vormarsch im Winter 68/69 n. Chr. zu einem ausgiebigen Raub- und Plünderungszug durch Judäa. Er nahm die wichtige Stadt Hebron ein, so dass sich Vespasian veranlasst sah, eine Gegenoffensive zu starten; im Frühjahr 69 waren nur noch die starken, einst von Herodes ausgebauten Festungen Herodeion und Masada in der Hand der Juden. Vespasian selbst wurde wenig später im ägyptischen Alexandreia zum Kaiser ausgerufen und begab sich mit der Masse seines Heeres nach Westen.[62] Vespasians Sohn Titus führte den Krieg in Palästina in eigener Regie weiter und wandte sich im Folgejahr Jerusalem zu, das er mit vier Legionen belagerte (Frühjahr 70). Nach Jerusalem hatte unterdessen auch Simeon Bar Giora seine Aktivitäten verlagert: Er besetzte mit seiner Anhängerschaft die Oberstadt und belagerte Johannes und seine Sikarier auf dem Tempelberg. Der Priester Eleazar ben Simon wiederum nutzte den Konflikt, um Kämpfer von Johannes abzuwerben und eine eigene Miliz aufzubauen, die sich im inneren Vorhof des Tempels einquartierte. Schließlich gelang es Johannes jedoch, Eleazar am Passahfest, während Pilger in den Tempel strömten, in einen Hinterhalt zu locken und mit zahlreichen seiner Anhänger zu töten.

Der Zwist zwischen den Parteiungen hielt die Verteidiger Jerusalems indes nicht davon ab, sich wütend gegen die Belagerer zur Wehr zu setzen. Eine von Titus' Legionen, die damit beschäftigt war, ihre Stellungen auf dem Ölberg gegenüber der Stadt auszubauen, wurde von einem Ausfall fanatischer Milizionäre überrascht und arg bedrängt. Als die Römer die Nordmauer angriffen, die die Neustadt schützte, wären ihre

62 Zu den Vorgängen um die Usurpation siehe unten, S. 161–163.

Belagerungsmaschinen fast einem Vorstoß der Verteidiger zum Opfer gefallen. Schließlich rückten die Angreifer aber doch vor, Viertel für Viertel: Sie eroberten erst die Neustadt und die Vorstadt Bezetha (April 70), kurz danach die westliche Vorstadt (Mai), später, nach mehreren vergeblichen Anläufen, auch die Burg Antonia und dann auch den Tempel, der in Flammen aufging (August). Noch immer in der Hand der rivalisierenden Milizen befand sich die Altstadt, die Straße für Straße erobert werden musste, bis letztlich Ende Septem-

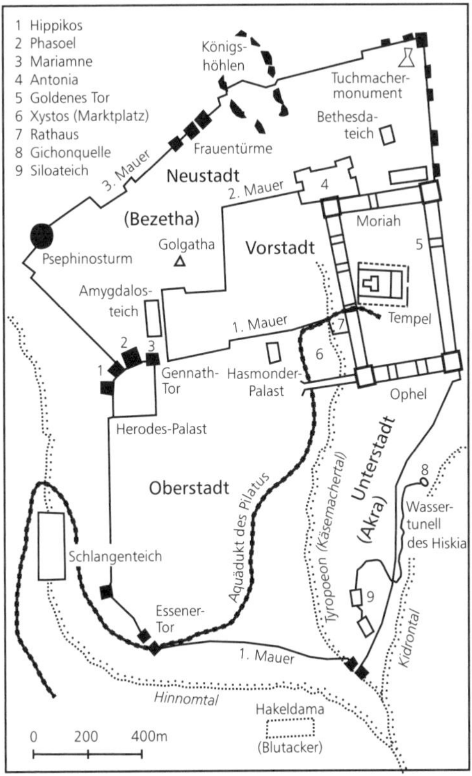

Abb. 13: Jerusalem im 1. Jh. n. Chr.

ber ganz Jerusalem in römischer Hand war. Josephus berichtet vom letzten Aufflackern des Widerstands in der Stadt:

> Simeon hielt während der Belagerung Jerusalems die Oberstadt besetzt. Als aber das römische Heer innerhalb der Mauern war und die ganze Stadt verwüstete, zog er den engsten Kreis seiner Freunde zu sich und mit ihnen Steinmetze – denn sie waren mit den für die Steinmetze unentbehrlichen eisernen Werkzeugen ausgestattet und mit Proviant versorgt, der für viele Tage hinreichen konnte – mit ihnen allen ließ er sich in einen der finsteren unterirdischen Gänge hinunter. Soweit der alte Tunnel verlief, gingen sie durch ihn vorwärts; als sie auf festes Erdreich stießen, gruben sie weiter, in der Hoffnung, vorwärts zu kommen, um an einer sicheren Stelle aufzutauchen und sich in Sicherheit zu bringen. Der Versuch mit diesen Arbeiten erwies aber die Hoffnung als trügerisch; denn die Arbeiter waren nur wenig vorwärts gekommen, als die Lebensmittel, obwohl sie rationiert worden waren, auszugehen drohten. Da zog nun Simeon, um durch panischen Schrecken die Römer hintergehen zu können, weiße Unterkleider an, befestigte an diesen ein purpurnes Obergewand und erschien an dem Platz, an dem früher der Tempel stand, aus der Erde. Zuerst fielen diejenigen, die ihn sahen, in Schrecken und blieben stehen, dann gingen sie näher und fragten, wer er sei. Simeon gab sich nicht zu erkennen, sondern ließ den Befehlshaber rufen. Schnell liefen sie zu Terentius Rufus und dieser kam, denn er war als Kommandeur der Truppe zurückgelassen worden; als er nun von Simeon die ganze Wahrheit erfuhr, ließ er ihn fesseln und bewachen und teilte dem Caesar mit, wie er gefangen worden sei. So gab Gott den Simeon zur Strafe für die Grausamkeiten gegen seine Mitbürger, über die er tyrannisch geherrscht hatte, unter seine Todfeinde.[63]

Drei Festungen hielten den Römern freilich noch stand: Machairos östlich des Toten Meeres sowie Herodeion und Masada in Judäa. Nur Masada hielt sich länger: Noch drei Jahre widerstand die praktisch uneinnehmbare, von fanatischen Sikariern verteidigte Bergfestung allen Versuchen der Römer, sie zu erobern. Schließlich ließ der römische Befehlshaber Flavius Silva eine gigantische Rampe aufführen, über die das

63 Ios. bel. Iud. VII. 26–33. Übers. Otto Michel/Otto Bauernfeind.

Belagerungsgerät bis vor die Mauer gefahren werden konnte. Nach dem Durchbrechen der Mauer am 16. April 73 fanden die Soldaten nichts als die Leichen der Verteidiger, ihrer Frauen und Kinder – niemand ergab sich lebend den Eroberern.

Mit der Eroberung 70 n. Chr. erhielt Jerusalem erstmals eine Garnison, die *legio X Fretensis*, Judäa wurde zur römischen Provinz, unter einem prätorischen Statthalter. Anders als in den Grenzprovinzen des Orients war die zehnte Legion eine Besatzungsarmee, deren Auftrag darin bestand, künftigem Aufruhr vorzubeugen. Das Fiasko des vierjährigen Krieges, der auf beiden Seiten unzählige Opfer gefordert hatte, hatte bewiesen, dass Roms Strategie im Umgang mit Judäa auf ganzer Linie gescheitert war: Weder indirekte Herrschaft unter einem lokalen Herrscher noch die Unterstellung unter einen dem Statthalter Syriens verantwortlichen Prokurator hatte die Probleme lösen helfen. Durch Verantwortungslosigkeit, Inkompetenz und Eigensucht des politischen Personals war die Krise stattdessen immer weiter eskaliert. Die großen Städte Jerusalem und Kaisareia hatten das erhebliche Unruhepotenzial der Region offenbart. Zugleich hatten Städte wie Sepphoris und Beth Sche'arim in Galiläa aber auch bewiesen, dass die Bevölkerung, wenn der Wille da war, auch über religiöse Gräben hinweg Frieden halten konnte.

Der Krieg hatte Juden und Nichtjuden auch andernorts – so in den Großstädten Alexandreia und Antiocheia – polarisiert, aber nur punktuell und für kurze Dauer: Insgesamt änderte sich die Lage der Juden nicht, die über das Imperium verstreut lebten: Von Kleinasien bis Rom, vom Rhein bis zum Nil – praktisch überall waren jüdische Diaspora-Gemeinden relativ fugenlos in die römische Gesellschaft integriert; Juden partizipierten selbstverständlich am öffentlichen Leben ihrer Städte und sie nahmen allenthalben die klassische Tradition in sich auf, vielfach auch die Welt der griechischen Mythen.[64] Sie bauten sich nun ein religiöses Leben ohne den

64 Vgl. dazu: Gruen 2002a, 41–43.

Tempel und ohne Priester auf, wodurch die Diaspora ein starkes Eigengewicht erhielt. Recht langsam schälten sich mit den Rabbinen neue intellektuelle und religiöse Führungspersönlichkeiten heraus, die das Gemeindeleben zu lenken begannen; wie weit ihre Autorität tatsächlich anerkannt wurde, hing indes ganz vom Einzelfall ab und vom Charisma, das ihnen anhaftete. Das Judentum der Zeit nach 70 sprach also mit vielen Stimmen, und sie alle sprechen zu uns durch die *Mischna*, in der sich die Auseinandersetzung der Rabbiner mit der *Tora* und mit ihrer Zeit spiegelt. Die *Mischna* ist deshalb, weil sie den Quellen, die den klassischen Altertumswissenschaften vertraut sind, eine Perspektive vom Rand der römischen Welt hinzufügt, eine unschätzbare Quelle zur Geschichte der Kaiserzeit.[65]

65 Zur Einführung: Stemberger 1999.

IV. Die erste Krise des Prinzipats: der Tod Neros und das Vierkaiserjahr (68/69 n. Chr.)

Zeittafel 5: Prinzipatskrise und Vierkaiserjahr

Die römischen Kaiser sind ab dem Zeitpunkt ihrer Proklamation hervorgehoben.

n. Chr.	
68	
März	Erhebung des Gaius Julius Vindex, *legatus pro praetore* der Provinz Gallia Lugdunensis, gegen **Nero**
Anf. April	Erhebung des Statthalters der Tarraconensis, Servius Sulpicius Galba, gegen **Nero**
8.6.	Erklärung **Neros** zum Staatsfeind (*hostis publicus*); Anerkennung **Galbas** durch den Senat
9./11.6.	Selbstmord **Neros** in Rom: **Galba** (bis Januar 69)
Sept./Okt.	*Adventus* **Galbas** in Rom
Ende 68	Usurpation des ehemaligen Prätorianerpräfekten Gaius Nymphidius Sabinus wird von den Prätorianern vereitelt
69	
2.1.	Der Statthalter der Germania inferior, Aulus **Vitellius**, wird in Köln zum Kaiser ausgerufen
10.1.	Adoption des Lucius Calpurnius Piso Frugi Licinianus durch Galba
15.1.	Ermordung **Galbas** und Pisos in Rom: Der in Rom weilende Statthalter von Lusitanien, Marcus Salvius **Otho**, erhält die Anerkennung als Kaiser (bis April 69)
14.3.	Aufbruch aus Rom: **Otho** zieht dem von Norden heranrückenden **Vitellius** entgegen
14.4.	1. Schlacht von Bedriacum: Niederlage **Othos**
16.4.	Selbstmord **Othos**: **Vitellius** (bis Dezember 69)
19.4.	**Vitellius** erhält Anerkennung durch den Senat
1.7.	Titus Flavius Vespasianus (**Vespasian**), Oberbefehlshaber des Heeres in Judäa, wird in Alexandreia vom Präfekten Ägyptens zum Kaiser ausgerufen
3.7.	Das Heer in Judäa erkennt **Vespasian** an
11.7.(?)	Die syrische Garnison erkennt **Vespasian** an
17.7.	*Adventus* des **Vitellius** in Rom
August	Ausbruch des Bataveraufstands unter dem Auxiliarpräfekten Gaius Julius Civilis
24./25.10.	2. Schlacht von Bedriacum: Niederlage der Vitellianer gegen die Truppen **Vespasians**

19.12.	Straßenkämpfe in Rom: Brand des Kapitols
20.12.	Einnahme Roms durch die Truppen **Vespasians**: Tod des **Vitellius**
21.12.	**Vespasian** erhält Anerkennung durch den Senat: Vespasian (bis 79)

Nero verblutete am 9. Juni 68 n. Chr. Die vor allem durch Tacitus' *Historien* in ungewohnter Dichte dokumentierten Ereignisse, die nun folgten und schließlich in die Erhebung Vespasians zum Kaiser mündeten, sind für das Verständnis der Prinzipatsgeschichte von grundsätzlicher Bedeutung:[1] Vier Kaiser lösten einander in rascher Folge ab; die Akzeptanz der Herrscher war offenbar so weit untergraben, dass das monarchische System als solches zur Disposition stand. Den rapiden Verfall seiner kaiserlichen Autorität hatte Nero noch zu Lebzeiten erfahren müssen: Er hatte erst die gescheiterte Pisonische Verschwörung provoziert und dann die Revolte des Vindex, die seinen Prinzipat schließlich zusammenbrechen ließ. Keiner der drei Nachfolger konnte sich länger als ein paar Monate halten; alle wurden sie durch Usurpationen zu Fall gebracht, die sämtlich demselben Drehbuch zu folgen schienen. Was war geschehen?

Nero war nach der Niederschlagung der Pisonischen Verschwörung nach Griechenland aufgebrochen (66 n. Chr.), um an den Olympischen Spielen und den übrigen drei panhellenischen Spielen teilzunehmen, die alle auf die Zeit seiner Anwesenheit in Hellas gelegt worden waren. 1808 Siegeskränze soll er als Kitharöde gewonnen haben. Nebenbei beorderte er Domitius Corbulo zu sich nach Korinth, um ihn zum Selbstmord zu zwingen. Indes, Corbulo, der bereits im Bilde war, kam ihm zuvor. Sein Tod musste den senatorischen Befehlshabern der zahlreichen Legionen an Roms Grenzen schlagar-

1 Zu den Ereignissen der Jahre 68 und 69: Chilver 1957; Ferrill 1965; Grassl 1973; Murison 1993; Wellesley ³2000; Morgan 2006; Pfeiffer 2009, 3–13. Eine kontrovers diskutierte, aber sehr originelle soziologische Erklärung der Usurpation mit intensiver Diskussion der historiografischen Quellen zum Vierkaiserjahr bietet Flaig (1992).

tig bewusst machen, dass sie alle auf Gnade und Ungnade einem Princeps ausgeliefert waren, der seine Herrschaft als über den Gesetzen stehend betrachtete. In Griechenland trat Nero derweil als Wohltäter (*euergetes*) hellenistischer Tradition auf: Er befreite die Hellenen von der Steuer und erklärte, wie einst Titus Quinctius Flamininus, der Sieger von Kynoskephalai (197 v. Chr.), die griechischen Städte für ›frei‹.

Währenddessen wurde der Kaiser in seiner Hauptstadt und beim Militär immer unpopulärer: Gerade sein Philhellenentum stieß vielen traditionsbewussten Römern unangenehm auf, die stadtrömische *plebs* und die Soldaten fühlten sich vom Kaiser vernachlässigt und Senatoren trachteten Nero erneut nach dem Leben: 66 n. Chr. wurde im süditalischen Benevent eine Verschwörung aufgedeckt, deren Haupt Lucius Annius Vinicianus war, der Schwiegersohn des Domitius Corbulo. Neros Freigelassener Helios eilte alarmiert nach Griechenland, um den Princeps zur Rückkehr nach Rom zu bewegen. Dort angekommen, inszenierte Nero seinen Einzug in die Stadt, samt den 1808 Siegeskränzen, als Triumphzug – mit dem olympischen Eichenkranz auf dem Haupt statt des gewohnten Lorbeerkranzes eines römischen Triumphators. Doch der Kaiser hatte sich verkalkuliert: In der Stadt gärte es. Die Rufe, die ihm auf dem Weg zum Kapitol entgegenschallten, klangen hohl: »Ruhmreicher Caesar! Unser Apollon, unser Augustus, Sieger in den Pythischen Spielen! Bei dir schwören wir, o Caesar, dass keiner dich übertrifft!«[2]

Nero jedoch zog es vor, die Jubelrufe ernst zu nehmen und sich in Sicherheit zu wiegen: Kaum war er in Rom angekommen, schon machte er sich wieder davon, diesmal nach Neapel, das ebenfalls griechische Wurzeln hatte. Dort erreichte ihn die Nachricht von der Revolte des Gaius Julius Vindex, des Statthalters der Lugdunensis (Frühjahr 68). Der Aufstand zog rasch Kreise: Gallische Oberschicht, Stammesangehörige und römisches Militär schlossen sich Vindex an, der erklärte,

2 Cass. Dio LXII. 20, 5.

es sei nun genug mit den Ausschweifungen Neros, und die Losung ausgab, es gelte, den Prinzipat augusteischer Prägung zu erneuern. Außerdem suchte Vindex den Statthalter der Provinz Hispania Tarraconensis, Servius Sulpicius Galba, zur Usurpation des kaiserlichen Purpurs zu bewegen. Am 2. April rang sich der 73-jährige Konsular nach einigem Zögern tatsächlich dazu durch, sich dem Aufstand anzuschließen, und auch der Statthalter der benachbarten Provinz Lusitania, Marcus Salvius Otho, solidarisierte sich mit den Rebellen. Damit war ein Präzedenzfall geschaffen: Erstmals beanspruchten zwei konkurrierende Prätendenten den Purpur und zum ersten Mal war ein Anwärter auf die Kaiserwürde nicht Angehöriger des julisch-claudischen Hauses.

Allerdings schien sich zunächst alles gegen den Usurpator und seinen Hauptunterstützer Vindex verschworen zu haben: Die Befehlshaber der Rheinlegionen, Gaius Fonteius Capito in Niedergermanien und Lucius Verginius Rufus in Obergermanien, denen aufgrund der von ihnen kommandierten Heeresmacht besondere Bedeutung zukam, erklärten sich für Nero. Sie verdankten beide dem Princeps ihre Karriere und waren sich der Brisanz der Situation nur allzu bewusst, zumal kurz zuvor ihre jeweiligen Amtsvorgänger auf Befehl Neros zum Selbstmord gezwungen worden waren. Bei Vesontio (Besançon) schlug Verginius Rufus das Heer des Vindex, der sich daraufhin das Leben nahm; der von seinen eigenen Soldaten wiederholt zur Usurpation gedrängte Sieger lehnte den Purpur mit der Begründung ab, er sei als Sohn eines Ritters von zu geringer Abstammung.[3] Statt seiner reklamierte nun Galba den kaiserlichen Purpur für sich.

Trotz der Niederlage des Vindex lief nun alles zu Galba über: Lucius Clodius Macer, Befehlshaber der dritten, im für die Getreideversorgung Roms immens wichtigen Afrika sta-

3 Vgl. Plut. Galba 10; Tac. hist. I. 52, 4. Shotter (1967, 380), beschreibt Verginius Rufus als »a star that had suddenly faded«. Der obergermanische Statthalter hatte den rechten Moment verpasst, für sich den Prinzipat zu reservieren.

tionierten Legion, bekannte sich ebenso zum spanischen Statthalter wie der Prätorianerpräfekt Gaius Nymphidius Sabinus, der seinen Männern eine Summe von 7500 Denaren in Aussicht stellte, falls sie auf die Seite Galbas wechselten. Als der aus Neapel zurückkehrende Nero die amtierenden Konsuln absetzte und selbst *sine collega* – allein – das höchste republikanische Amt übernahm, stellte sich auch der Senat gegen ihn und hinter Nymphidius Sabinus, der wiederum Neros germanische Leibwächter zum Abfall von ihrem Dienstherrn bewegte. Von allen verlassen, flüchtete Nero Hals über Kopf aus Rom und versteckte sich auf dem Landgut eines seiner Freigelassenen. Dort spürten ihn Soldaten auf, und der Kaiser beging nach mehrfachem Versuch, das Unausweichliche aufzuschieben, Selbstmord; die Darstellung von Neros Tod bleibt in der antiken Literatur bemerkenswert konstant: Sie kann als historiografisches Versatzstück geradezu kanonischen Rang beanspruchen[4] und illustriert exemplarisch das erzählerische Dogma, dass ein schlechter Kaiser auch einen schlimmen Tod finden musste, so dass die Würdelosigkeit und Verruchtheit seines Lebens im Sterben ihren Kulminationspunkt erreichte.

Nero war nun tot und Galba Kaiser;[5] bereits am 8. Juni hatte der Senat ihn anerkannt. Aber die verlorene Eintracht war damit keineswegs wiederhergestellt. Tacitus formuliert bündig:

> Neros Ende war zwar im ersten Freudensturm glückverheißend gewesen, aber es hatte auch gegensätzliche Emotionen nicht nur in der Stadt bei Senatoren und Volk oder dem stadtrömischen Militär hervorgerufen, sondern bei allen Legionen und Heereskommandanten; der Masse preisgegeben war ein

4 Vgl. Suet. Nero 48f.; Cass. Dio LXIII. 29 (bei Sueton und Dio findet sich in leicht abgewandelter Form auch der berühmte Ausspruch »Jupiter, was für ein Künstler geht mit mir dahin.«); Aur. Vict. Caes. V. 16; Eutr. VII. 15; 18, 4; Aur. Vict. epit. V. 7–9; Oros. hist. VII. 7, 13; Cassiod. chron. 69. Zur Todesdarstellung: Arand 2002, 223–225.

5 Zur kurzen Herrschaft Galbas: Fabbricotti 1976; Morgan 2006; Pfeiffer 2009, 3–7; Wellesley ^{3}2000, 38–55.

> Geheimnis der Herrschaft [*arcanum imperii*]: dass man zum Princeps auch anderswo als in Rom gemacht werden könne.[6]

Genau hier lag der wunde Punkt: Die traditionellen römischen Institutionen spielten bei der Besetzung des politischen Spitzenamts faktisch keine Rolle mehr. Den Senatoren blieb nichts anderes übrig als eine Entscheidung zu ratifizieren, die im Grunde längst gefallen war und an der sie keinen Anteil gehabt hatten. Das römische Volk konnte Nero zürnen, bei seiner Entmachtung gab es nicht den geringsten Ausschlag: Was zählte, war die Möglichkeit, große Heeresverbände effektiv kontrollieren und gegen Truppen führen zu können, die dem Amtsinhaber loyal ergeben waren.

Der Prinzipat kehrte so tatsächlich zu seinen augusteischen Wurzeln zurück, aber anders, als Vindex und seine Anhänger es beabsichtigt hatten: Er wurde wieder sichtbar als die Militärdiktatur, die er anfangs gewesen war, ungeachtet aller Versuche des Augustus, den usurpatorischen Charakter der neuen Herrschaftsform zu verschleiern. War die Autorität eines Kaisers verfallen, seine Akzeptanz dahin, so entschied ausschließlich das militärische Potenzial eines Prätendenten über seine Erfolgsaussichten. Hier – und nicht in den römischen Institutionen republikanischer Prägung – lag, wie Tacitus richtig erkannte, das *arcanum imperii*. Die ›Kaiserfähigkeit‹ eines senatorischen Kommandeurs hing somit von mehreren Variablen ab: Wie groß war das Heer, das er selbst befehligte? Wie hoch das Ansehen, das er bei seinen Soldaten genoss? Lag die Provinz, die er befehligte, strategisch günstig? Wichtiger als alles andere freilich war der Grad persönlicher Vernetzung, der ihn mit anderen hochrangigen Statthaltern verband, die Legionen kommandierten.

In der Tat war seine aristokratische Vernetzung der entscheidende Trumpf des greisen Galba: Er war in den Augen von Männern wie Vindex, Otho und Macer ein akzeptabler Kandidat, um Nero herauszufordern, denn er empfahl sich durch seine Familie – bereits sein Vater war ein hoch angese-

6 Tac. hist. I. 5, 2.

hener Konsular gewesen –, seine untadlige Lebensführung, seine Anciennität und Erfahrung: Bereits unter Tiberius hatte er einen ordentlichen Konsulat bekleidet und unter Caligula und Claudius weiter Karriere gemacht. Das verband ihn mit Othos Vater. Galbas hohes Alter sprach nicht unbedingt gegen ihn: Vielleicht rechneten sich sogar manche seiner Bundesgenossen gute Chancen auf eine recht baldige Nachfolge aus. Den Nachteil, dass er mit der Tarraconensis eine Provinz befehligte, die zwar über zwei Legionen verfügte, aber auch relativ weit abseits des Geschehens lag, kompensierte er dadurch, dass er mit Macer einen Bundesgenossen in Afrika hatte, der die Hauptstadt mit einem müden Lächeln von der Getreidezufuhr abschneiden konnte.[7] So lief auch der Prätorianerpräfekt Nymphidius Sabinus bald zu Galba über.

Galba war also ein starker Kandidat für den Purpur. Aber machte ihn das auch zu einem starken Kaiser? Wie schon bei vielen seiner Vorgänger begann Galbas Herrschaft durchaus vielversprechend: Er stellte in seiner Selbstdarstellung offensiv die augusteische Tradition heraus, in der seine Herrschaft stehen sollte: Münzen trugen Legenden wie LIBERTAS RESTITVTA (›Freiheit wieder hergestellt‹), PIETAS PVBLICA (›öffentlicher Anstand‹) oder DIVA AVGVSTA (›göttliche Augusta‹, womit an Livia, die Gattin des Augustus, erinnert wurde).

Der neue Kaiser nahm den Caesar-Namen an und unterstrich so die Kontinuität zur nunmehr entmachteten julisch-claudischen Dynastie, unter Nero verbannte Senatoren rief er sofort nach Rom zurück. Doch mit anderen Maßnahmen verscherzte sich Galba wichtige Sympathien: Mit der Bemerkung, er pflege Soldaten auszuheben und nicht zu kaufen, verweigerte er den Prätorianern das von Nymphidius Sabinus

7 Tatsächlich brach im Jahr 68 in Rom eine Hungersnot aus (vgl. Suet. Nero 45, 1). Die Getreideknappheit dürfte zwar dem Schwenk Macers ins Galba-Lager bereits vorausgegangen sein, verschärfte sich aber möglicherweise durch die politische Lage noch einmal drastisch (vgl. Bradley 1972; Morgan 2000).

Abb. 14: Denar Galbas (68 n. Chr.) mit Legende DIVA AVGVSTA auf dem Revers (RIC II.186).

bereits in Aussicht gestellte Donativ von 7500 Denaren pro Kopf;[8] obendrein ersetzte er Nymphidius durch Cornelius Laco, einen Ritter von geringer Herkunft, der ihm in der Tarraconensis in seinem Stab gedient hatte. Nymphidius, der sich mit der Zurücksetzung nicht abfinden mochte, setzte nun alles auf eine Karte und empfahl sich den Prätorianern selbst als Kaiser. Er hatte freilich zu hoch gepokert: Ein Angehöriger des Ritterstandes war im 1. Jh. n. Chr. noch nicht kaiserfähig.

Galba ging nun unnachsichtig gegen Nymphidius' Anhänger vor, zu denen immerhin auch Senatoren und sogar der designierte Konsul Gaius Cingonius Varro zählten: Ohne Gerichtsverfahren ließ er sie hinrichten und schuf auch dadurch böses Blut, dass er all jene, die sich ihm nicht vorbehaltlos angeschlossen hatten, brutal verfolgte. Galba säuberte die gesamte Verwaltungsspitze und durchsetzte sie mit alten Vindex-Vertrauten. Schließlich stieß der neue Kaiser die Soldaten der Flotte von Misenum vor den Kopf, indem er ihre von Nero vorgenommene Eingliederung ins Heer widerrief und ihnen damit sicher geglaubte Privilegien entzog. Angesichts der gähnenden Leere, die dank Neros Verschwendungssucht in der Staatskasse herrschte, forderte er dann auch noch neun

8 Vgl. Suet. Galba 16, 1; Tac. hist. I. 5, 1; Cass. Dio LXIV. 3, 3.

Zehntel von 2,2 Milliarden Sesterzen zurück, die Nero an Schenkungen verteilt hatte: Die Beschenkten wurden einzeln gerichtlich belangt, besaßen aber in den seltensten Fällen noch etwas von dem Geld. Eine Welle von Zwangsversteigerungen und Pfändungen rollte über Rom hinweg.

Galbas fortgeschrittenes Alter und seine Kinderlosigkeit – seine beiden Söhne waren bereits tot – warfen zu allem Überfluss noch die Frage der Nachfolge auf. Die Zeit drängte, da die von Verginius Rufus befehligten obergermanischen Legionen in Mogontiacum (Mainz) am 1. Januar 69 beim Ablegen des Neujahrseides Statuen des Kaisers zerstört und so ihren Unmut darüber kundgetan hatten, dass Galba und nicht ihr Anführer Kaiser geworden war. Am 2. Januar griff die Meuterei auf die niedergermanische Garnison Colonia Claudia Ara Agrippinensium (Köln) über, wo seit der Ermordung des Fonteius Capito Aulus Vitellius den Oberbefehl innehatte, der sich nun mit den Kommandeuren der übrigen Legionslager Novaesium (Neuss), Bonna (Bonn) und Vetera (Xanten) beriet. Noch am selben Tag rief Fabius Valens, der Legionslegat von Bonn, Vitellius zum Kaiser aus, am 3. Januar legten die Rheingarnisonen ihren Eid auf den Mann ab, dem man nachsagte, er sei Alkoholiker: Vitellius nahm den Namen Germanicus an und bereitete sich darauf vor, seine Legionen gegen Rom zu führen.

Allgemein wurde erwartet, Galba würde nun den Statthalter von Lusitania adoptieren und damit zum Nachfolger designieren, jenen Otho, der ihn gegen Nero so tatkräftig unterstützt hatte und der in der bevorstehenden Auseinandersetzung mit Vitellius ein wichtiger Alliierter sein würde. Galba aber hatte auch in dieser Frage seinen eigenen Kopf und adoptierte am 10. Januar den 30-jährigen Lucius Calpurnius Piso Frugi Licinianus, einen der vielen aus dem Exil zurückgerufenen Senatoren. Tacitus lässt Galba seine Wahl in einer langen Rede[9] ausführlich begründen: Augustus habe lediglich

9 Zur Galba-Rede vgl. Tac. hist. I. 15f.; Christ 1983c, 108–116.

in seinem eigenen Haus (*in domo*) einen Nachfolger gesucht, er im gesamten Gemeinwesen (*in re publica*). Piso habe in seinem Leben nichts zu bereuen, er zeichne sich durch Treue (*fides*), freien Sinn (*libertas*) und freundliches Wesen (*amicitia*) aus. Künftig werde er mit Kriechertum und Schmeichelei konfrontiert werden – dies sei das Hauptübel der Monarchie. Es gebe aber zum Prinzipat keine Alternative: Anders als durch die Herrschaft eines Einzelnen sei das Riesenreich (*immensum imperii corpus*) nicht zu regieren. Er, Galba, werde aber den Prinzipat, den er nicht selbst angestrebt habe, in die Hände des Fähigsten legen, unabhängig von dessen Herkunft.

Hier klingt als Ideal das Adoptivkaisertum an, zu dessen Blütezeit Tacitus selbst lebte und schrieb und das die Kaiser aus der Not – dem Fehlen männlicher Nachkommen – zur Tugend gemacht hatten. Durch Galbas Rede scheint also Tacitus' eigene Vision des römischen Kaisertums durch: eine Vision, die eine republikanische Tradition und ihre Eckpfeiler – die persönlichen Qualitäten des Individuums (*virtus*) – mit der monarchischen Realität zu versöhnen suchte. Freilich war Tacitus' Vison so weltfremd wie Galbas Politik: Der junge Piso stammte zwar aus hochadliger Familie, war aber nach vielen Jahren fernab von Rom nur unzureichend mit anderen Mitgliedern der senatorischen Elite vernetzt. Er war deshalb als Nachfolgekandidat eine denkbar schlechte Wahl, denn Piso konnte Galba nicht den Rückhalt bieten, dessen sein Prinzipat so dringend bedurft hätte.

Der übergangene, maßlos enttäuschte Otho, der Galba nach Rom begleitet hatte, stachelte nun die Prätorianer gegen den Kaiser an, indem er die Weigerung Galbas zur Sprache brachte, ein Donativ auszuzahlen, die Absetzung des Nymphidius Sabinus erwähnte und die Prätorianer mit Geld bestach. Am 15. Januar akklamierten 23 Prätorianer Otho auf dem Forum; wenig später erschien Galba, der auf dem Palatin ein Opfer dargebracht hatte, ebenfalls auf dem Forum: in einer Sänfte und von einer Prätorianerkohorte begleitet, woraufhin die Soldaten, die soeben Otho ausgerufen hatten, ihre Kameraden in der Eskorte des Kaisers dazu anstifteten, vom

Kaiser abzufallen. Der alte Mann wurde aus seiner Sänfte gerissen und ermordet; auch Piso entging den Häschern nicht. Otho erhielt die Anerkennung des Senats und nahm den Namen Imperator Otho Caesar Augustus an, gegen Galba wurden Gedächtnissanktionen verhängt.

Zwischen ihm und Vitellius wurden nun hektische Gesandtschaften ausgetauscht, die den jeweils anderen zum Rückzug überreden sollten: Während für Otho sprach, dass der Senat seine Herrschaft anerkannt hatte, führte Vitellius das frühere Datum seiner Kaisererhebung ins Feld. Keiner gab nach. Schon wieder rangen zwei Männer um die Kaiserwürde: Die Donaulegionen und das Heer im Orient erklärten sich für Otho; hier lag das Schwergewicht der römischen Militärmacht. Dagegen standen die Verbände vom Rhein – insgesamt sieben Legionen –, die Rom weitaus schneller erreichen konnten. In zwei großen Abteilungen ließ Vitellius daher, ohne viel Zeit zu verlieren, seine Legaten Aulus Caecina Alienus und Fabius Valens das Heer über die Alpen führen, Otho beorderte seinerseits vier Legionen samt Hilfstruppen aus dem Donauraum nach Italien, wo ihm nur eine einzige Legion zur Verfügung stand, und zog den anrückenden Vitellianern entgegen; außerdem versuchte er mit seiner Flotte den gegnerischen Aufmarsch in der Narbonensis zu stören. Als die Vitellianer nach Norditalien eindrangen, unterlief Otho ein schwerer strategischer Fehler: Statt die Ankunft weiterer Einheiten aus Pannonien und Moesien abzuwarten, bot er dem Gegner die Schlacht an: Bei Bedriacum in der Nähe von Cremona erlitt sein Heer am 14. April 69 eine schwere Niederlage. Otho gab sich wenig später in aussichtsloser Lage selbst den Tod.[10]

Vitellius war damit alleiniger Herrscher – wenn auch nur für wenige Monate. Tacitus zeichnet ein denkbar ungünstiges Bild von dem neuen Kaiser: Er schildert ihn als schlaffen, verweichlichten Lebemann, nachgiebig gegenüber seinen Solda-

10 Die ausführliche Darstellung seines Abschieds von den Getreuen und seines anschließenden Selbstmords bei Tacitus behandelt Harris 1962.

ten, aber immerhin unbestechlich in der Führung seiner Männer. Unter seinen Soldaten habe es »viele disziplinierte und ruhige Leute« gegeben, aber auch zahlreiche »verkommene und abenteuerlustige.«[11] Hier schlägt das soziale Vorurteil des senatorischen Geschichtsschreibers gegen das Militär durch, dessen Masse sich aus Männern aus einfachen Verhältnissen zusammensetzte: Für Tacitus war das Heer ein potenzieller Unruheherd, in dem eine gewaltbereite, auf ihren Vorteil bedachte Soldateska den Ton angab, wenn die Befehlshaber strenge Zucht vermissen ließen. Das Verhältnis des Kaisers zum Heer gehörte für Tacitus daher in den weiteren Zusammenhang des Verhältnisses zwischen Herrscher und breiter Masse, des *vulgus*: Ein senatorischer Truppenführer, der der Zügellosigkeit, Unzuverlässigkeit und Treulosigkeit des Pöbels opportunistisch entgegenkam, war als charakterlos, korrupt und feige entlarvt und daher für die Herrschaft disqualifiziert. Vitellius, der für Tacitus all dies verkörperte, erscheint damit als Gegenbild zum glücklosen, aber konsequent agierenden und sich selbst treu bleibenden Galba.[12]

Nachdem Vitellius in Germanien eine Weile abgewartet hatte, zog er an der Spitze eines neuen Heeres nach Italien, besichtigte das Schlachtfeld und erhielt die Anerkennung des Senats. Am 17. Juli hielt er schließlich seinen Einzug (*adventus*) in Rom und sprach am folgenden Tag – ausgerechnet dem ›Schwarzen Tag‹ (*dies ater*), dem Jahrestag der für Rom verheerenden Schlacht an der Allia (387 v. Chr.) – vor den versammelten Senatoren. Seine Herrschaft stand zu diesem Zeitpunkt bereits unter einem schlechten Stern: Am 1. Juli hatte der Präfekt Ägyptens, Tiberius Julius Alexander, in Alexandreia Vespasian zum Kaiser ausgerufen; Mucianus, der syrische Statthalter, hatte sich ebenso rasch auf Vespasians Seite geschlagen wie die Befehlshaber der Donaulegionen, vor allem der unter Nero in Ungnade gefallene, später aber von Galba rehabilitierte Marcus Antonius Primus, Kommandeur einer

11 Tac. hist. II. 52, 3.
12 Vgl. dazu: Christ 1983c, 136f.

pannonischen Legion. Unter Primus' Führung setzte sich nun das Donauheer gen Rom in Bewegung, wo der entscheidungsschwache Vitellius zunächst untätig ausharrte. Teile seiner Anhängerschaft fielen von ihm ab, und als der Kaiser sich doch endlich aufraffte, den bereits in Norditalien stehenden Verbänden Vespasians den Weg zu versperren, erlitt sein Heer bei Cremona eine schwere Niederlage. Die siegreiche Armee statuierte an den Bewohnern der Stadt sogleich ein blutiges Exempel. Vitellius, noch immer in Rom, wurde daraufhin vom Stadtpräfekten Flavius Sabinus, einem Bruder Vespasians, zur Kapitulation aufgefordert. Er weigerte sich jedoch, und Rom wurde Schauplatz von Straßenkämpfen, bei denen das Kapitol in Flammen aufging und Sabinus getötet wurde. Schließlich, am 20. Dezember, fand auch Vitellius den Tod. Domitian, Vespasians zweiter Sohn, der in Rom überlebt hatte, und Vespasians Gefolgsmann Mucianus machten sich sogleich an die bereits obligatorisch gewordenen Säuberungen: Das Vierkaiserjahr endete so blutig, wie es begonnen hatte.

Rückblickend hebt sich die Krise der Jahre 68 und 69 als tiefe Zäsur in der Geschichte des 1. Jh. n. Chr. ab, denn sie brachte eruptiv die in der Prinzipatsarchitektur verborgenen Schwachstellen an die Oberfläche: Erstens war die römische Monarchie einem einzigen Mann auf den Leib geschneidert worden: Augustus; für seine Nachfolger hatte sich der Rock aus verschiedensten Gründen als zu weit erwiesen: Tiberius hatte in der doppelbödigen Kommunikation mit seinen senatorischen Standesgenossen versagt; von seinem Scheitern frustriert, hatte er sich selbst politisch kaltgestellt und für Jahre Sejan die Macht überlassen. Caligula und Nero hatten ihrer Umgebung schonungslos die Allmacht eines römischen Kaisers vor Augen geführt, eine Allmacht, die weder die Grenze des Gesetzes noch des Herkommens kannte, und waren dafür bestraft worden; Claudius schließlich hatte es zugelassen, dass der Prinzipat zum Spielball der Interessen Dritter wurde – er und Caligula waren durch Mordkomplotte aus dem Leben geschieden, deren Drahtzieher Menschen aus ihrer nächsten Umgebung waren.

Der Prinzipat der julisch-claudischen Dynastie krankte erstens am stetig knapper werdenden Personal, welches das Haus des Augustus der römischen Politik zur Verfügung stellen konnte. Zweitens waren die Kaiser Herrscher, denen es an Legitimität gebrach: Der klassische Begriff der ›Legitimität‹ bezeichnet eine unverlierbare Herrschaftsbefugnis, die entweder nicht infrage steht – weil zum Beispiel das dynastische Prinzip keinen Zweifel an der Rechtmäßigkeit der Nachfolge aufkommen lässt – und daher nicht der Zustimmung durch die Beherrschten bedarf oder von einer politischen Instanz verliehen wird.[13] In Rom passierte es nun aber immer wieder, dass die Herrschaftsbefugnis der Amtsinhaber zur Disposition stand. Ein dynastisches Prinzip war, wenn überhaupt, nur rudimentär verankert, und es gab auch keine Instanz, die das Kaisertum unwidersprochen verleihen, die also eine ›Investitur‹ vornehmen konnte:[14] Die zur autonomen politischen Willensbildung unfähige stadtrömische *plebs* kam für Auswahl und Berufung eines Kandidaten nicht infrage, aber auch der Senat war dazu nicht in der Lage, denn seine Zustimmung war eine notwendige, aber keine hinreichende Voraussetzung für den Amtsantritt eines neuen Kaisers: Als Gremium war der Senat nicht befähigt, aktiv im Konsens Entscheidungen zu treffen. Meist ratifizierte der Senat deshalb lediglich eine Entscheidung, die auf dem Schlachtfeld längst gefallen war. Doch auch die Legionen und ihre Befehlshaber waren keine politische Instanz, die Herrschaftsbefugnisse übertragen konnte: Stets gab es im Militär in der Frage, welcher Prätendent zu unterstützen sei, mehrere konkurrierende Meinungen. So blieb nur der amtierende Kaiser selbst übrig, der durch Designation und, falls er selbst keinen

13 Vgl. dazu: Flaig 1992, 184–196.

14 Vgl. dazu: Flaig 1997, 15–17. Auch das »Bestallungsgesetz« Vespasians, die fragmentarisch als Inschrift (CIL VI. 930) erhaltene *lex de imperio Vespasiani*, vom 22. Dezember 69 n. Chr. ratifizierte im Prinzip nur die bereits erfolgte Machtübernahme durch Vespasian; vgl. dazu auch weiter unten S. 177f., Anm. 2.

geeigneten Sohn hatte, Adoption eines Nachfolgers einen bestimmten Kandidaten begünstigen konnte. Oft – wie im Falle Pisos – verpuffte jedoch auch diese Maßnahme wirkungslos. Da es in Rom keine politische Instanz gab, die einen Kaiser ›einsetzen‹ konnte, gab es im klassischen Sinne auch keine Legitimation für den Herrscher. Den Kaisern blieb deshalb nichts anderes übrig, als um die Akzeptanz der maßgeblichen Gruppen zu werben. Akzeptanz aber war, wie besonders Galba, Otho und Vitellius erfahren mussten, ein flüchtiges Gut.[15]

Drittens hatte sich erwiesen, dass der Prinzipat augusteischer Prägung eine Schönwettermonarchie war. Fühlbar wurde die Verwundbarkeit der politischen Ordnung immer dann, wenn eine äußere Krise zeitlich mit einem Kaiser zusammenfiel, dessen Akzeptanz bereits Schaden gelitten hatte. So hatte Augustus die Varus-Katastrophe auch hochbetagt noch ohne größere Mühe politisch meistern können; bei Nero indes addierten sich das Vertrauensdefizit, unter dem der Kaiser litt, und die Krisen an der römischen Peripherie zu einer Hypothek, die seinen Prinzipat über alle Grenzen belastete. Der Armee, die ohnehin über fehlende Kaisernähe klagte, drängte sich der Eindruck auf, dass der Kaiser Teil des Problems, nicht seiner Lösung war – entsprechend wuchs ihre Neigung, nach alternativen Kandidaten Ausschau zu halten. Akzeptanzverlust und äußere Krise konnten sich so – wie unter Nero geschehen – rasch zu einer allgemeinen politischen Krise verdichten, die dadurch noch an Dynamik gewann, dass das Heer aufgrund seiner Verteilung über das ganze Reich in verschiedene Kraftzentren zerfiel (der Stärke nach etwa: Orient, Donauraum, Rheingrenze), die je eigene Prätendenten favorisierten. Unvermeidliche Folge waren die sich teilweise auch chronologisch überkreuzenden Usurpationen von Galba, Otho, Vitellius und Vespasian. All das ließ für die Zukunft nichts Gutes ahnen.

15 Vgl. dazu: Flaig 1992, 174–207; Seelentag 2004, 17–29.

V. Der klassische Prinzipat: das Imperium von Vespasian bis Antoninus Pius (69–161 n. Chr.)

Zeittafel 6: Der klassische Prinzipat

Die römischen Kaiser sind hervorgehoben, sobald sie die Herrschaft angetreten haben.

69	(21.12.) Anerkennung **Vespasians** durch den Senat: **Vespasian** (bis 79); *lex de imperio Vespasiani*
70	(August/September) Eroberung Jerusalems durch Vespasians Sohn Titus; (Oktober) *adventus* **Vespasians** in Rom
71	(Juni) Triumph über die Juden; Baubeginn am ›Templum Pacis‹ (eingeweiht 75)
73/74	**Vespasian** und Titus amtieren gemeinsam als Zensoren
79	(23.6.) Tod **Vespasians** in Aquae Cutiliae (bei Rieti): **Titus** Flavius Vespasianus; (24.8.) Vesuvausbruch: Zerstörung von Pompeji und Herculaneum
80	Brand Roms; Einweihung des Kolosseums
81	(13.9.) Tod des **Titus** in Aquae Cutiliae: Titus Flavius Domitianus (**Domitian**)
83	1. Chattenfeldzug **Domitians**: Triumph über die Chatten
84	1. Donaufeldzug **Domitians**: Die Daker werden über die Donau zurückgeschlagen
85	**Domitian** als *censor perpetuus*; 2. Chattenfeldzug (?)
86	Triumph **Domitians** über die Daker; 2. Donaufeldzug gegen Markomannen und Quaden
87	Aufdeckung einer Verschwörung gegen **Domitian**
88	(1.–3.6.) Säkularspiele
89	Erhebung des Statthalters von Germania superior, Lucius Antonius Saturninus, unter Beteiligung von Germanen gegen **Domitian**: Niederwerfung der Revolte; 3. Donaufeldzug: Triumph über Daker und Germanen
92	Fertigstellung der ›Domus Flavia‹ auf dem Palatin
93	*ovatio* für den Sieg im 4. Donaufeldzug über die Jazygen
94	Ausweisung von Philosophen aus Rom und Italien
95	Hinrichtung des Konsuls Titus Flavius Clemens, eines Vetters **Domitians**, wegen »Gottlosigkeit und Neigung zum Judentum«: Maßnahmen gegen Christen
96	(18.9.) Ermordung **Domitians** in Rom: Marcus Cocceius **Nerva** (bis 98)
97	(Ende Oktober) Adoption des Statthalters von Germania superior, Marcus Ulpius Traianus durch **Nerva**; Trajan erhält die *tribunicia potestas*
98	(27.1.?) Tod **Nervas**: **Trajan** (bis 117)

101	1. Dakerkrieg (bis 102): 1. Triumph über die Daker
105	2. Dakerkrieg (bis 106): 2. Triumph über die Daker; ungefähre Entstehungszeit der *Historien* des Tacitus
107	Einrichtung der Provinz Dacia
109	Einweihung der Trajansthermen in Rom
112	Einweihung des Trajansforums und der ›Basilica Ulpia‹
114	Partherkrieg (bis 117): Eroberung ganz Mesopotamiens bis zum Persischen Golf
115	Erdbeben in Antiocheia; Rebellion in Mesopotamien; Diaspora-Aufstand der Juden in Ägypten, Kyrene und auf Zypern
117	(7.8.?) Tod **Trajans** in Selinus (Kilikien): Publius Aelius Hadrianus (**Hadrian**) folgt unter ungeklärten Umständen nach (bis 138, Kaisererhebung in Antiocheia am 11.8.); Aufgabe der Eroberungen in Mesopotamien; ungefähre Entstehungszeit der *Annalen* des Tacitus
118	*Adventus* **Hadrians** in Rom
121	Reise **Hadrians** nach Gallien; Publikation von Suetons *Kaiserbiographien*
122	Reise **Hadrians** nach Britannien: Baubeginn am Hadrianswall
122/123	(Winter) **Hadrian** in Spanien
123	1. Reise **Hadrians** in den Osten (Griechenland, Kleinasien; bis 125)
125	Stiftung des ›Panhellenion‹; Rückkehr des **Kaisers** nach Rom
128	Reise **Hadrians** nach Sizilien und Afrika; 2. Reise in den Osten (Athen, Eleusis, Ephesos, Apameia, Palmyra, Arabien, Judäa, Alexandreia, Athen; bis 132)
132	Rückkehr **Hadrians** nach Rom
132	Bar-Kochba-Aufstand in Judäa (bis 135)
136	Adoption des Lucius Aelius Caesar (gestorben 1.1.138)
138	Adoption des Titus Aurelius Fulvus Boionius Antoninus als Antoninus Pius (25.2.): Nachfolgeregelung bis in die übernächste Generation; Tod **Hadrians** bei Baiae (10.7.): **Antoninus Pius** (bis 161); Vergöttlichung **Hadrians** gegen Widerstände aus dem Senat
ca. 142	Unterwerfung der Briganten in Britannien: Baubeginn am Antoninuswall in Schottland
ca. 144	Krieg gegen die Mauren in Nordafrika (bis ca. 152)
ca. 145	Vorverlegung des Limes in Germania superior
146	Verleihung von *tribunicia potestas* und *imperium proconsulare* an Marc Aurel
147	Säkularfeier: 900-Jahrfeier der Gründung Roms
152	Aufstand in Ägypten: Gefährdung der Getreideversorgung Roms
161	(7.3.) Tod des **Antoninus Pius** in Loricum bei Rom: **Marc Aurel** (bis 180) und **Lucius Verus** (bis 169)

Die Krise des Vierkaiserjahres hatte den Prinzipat an den Rand des Zusammenbruchs gebracht; seine *raison d'être* – die sich durch ihn ergebende Möglichkeit, einer in ihrem Inneren zerrissenen Gesellschaft den Konsens zurückzubringen –

schien sich in Luft aufgelöst zu haben: Wie einst in der späten Republik war Rom unter den Kaisern Nero, Galba, Otho und Vitellius in einen blutigen Bürgerkrieg abgedriftet. Dennoch hatte sich die Monarchie in 100 Jahren julisch-claudischer Herrschaft als alternativlose Regierungsform etabliert. Außerdem hatte das Ringen um den Purpur mit Vespasian einen Sieger geschaffen, der seine senatorischen Standesgenossen um Hauptesslänge überragte. Zwar stammte der Mann aus Latium für einen römischen Aristokraten aus vergleichsweise bescheidenen Verhältnissen: Sein Großvater hatte es unter Pompeius gerade einmal zum Zenturio gebracht, sein Vater war ein mit einer Senatorentochter vermählter Ritter. Aber der endgültige Triumph über die Rebellen in Judäa war im Sommer 69 nur mehr eine Frage der Zeit, die schwerste militärische Krise Roms seit dem Varus-Debakel damit entschärft – und das war allein Vespasians Verdienst, der sich den Soldaten als überragender Feldherr empfohlen hatte. Wenn irgend etwas dem Reich Frieden und Stabilität zurückbringen konnte, dann war es die unvergleichliche Autorität dieses Mannes.

Tatsächlich zeichnete die folgenden rund 120 Jahre eine bemerkenswerte politische Stabilität aus: Von zehn Kaisern zwischen Vespasian und Commodus starben acht eines natürlichen Todes. Nur Domitian und Commodus, die jeweils letzten ihrer Dynastie, wurden ermordet, den übrigen war nicht nur der Tod im Bett vergönnt, sondern vor allem auch eine geordnete Übergabe der Regierungsgeschäfte an ihren jeweiligen Nachfolger. Außerdem führten sie ein Reich, in dessen Innerem Wohlstand herrschte und das an seinen Außengrenzen von keinem Gegner ernsthaft bedroht wurde, der Rom gewachsen war. Nicht von ungefähr gelten die Jahrzehnte unter den Adoptivkaisern Trajan, Hadrian, Antoninus Pius und Marc Aurel als glücklichste Zeit der römischen Geschichte. Doch zeigten sich auch bereits erste Vorboten der großen Krise, welche die römische Mittelmeerwelt im 3. Jh. erschüttern sollte: Markomannen und Quaden waren unter Marc Aurel die ersten germanischen Stämme, die in Bewegung gerieten und gegen die Donaugrenze drängten; der 14-jährige Krieg gegen die Barbaren und eine Seuche, die sogenannte Antoninische Pest, rafften unzählige Menschenleben dahin. Und mit dem Schreckensregiment des Commodus, des ersten im Purpur geborenen Kaisers, endete auch die Periode der Adoptivkaiser, die Rom eine beispiellose Periode inneren Friedens beschert hatten.

Personifizierte Sieghaftigkeit: Vespasian (69–79 n. Chr.) und Titus (79–81 n. Chr.)

Vespasian,[1] den der Senat am 22. Dezember 69 n. Chr. anerkannte,[2] sah sich sogleich mit mehreren Herausforderungen konfrontiert: Während sein Sohn Titus noch Jerusalem belagerte und die Reste des Jüdischen Aufstands erstickte, galt es, an einer anderen Front die Daker zurückzuschlagen, die den

1 Die flavische Dynastie behandelt Bengtson 1979 und jetzt Pfeiffer 2009. Einen umfassenden Überblick über die Periode unter Einschluss ihrer Kulturgeschichte gibt der Sammelband Boyle 2003. Zu Vespasian vgl. die Biographie von Levick (1999).

2 Das sogenannte Bestallungsgesetz (*lex de imperio Vespasiani*, CIL VI. 930), das die über die *tribunicia potestas* und das *imperium proconsulare* hinausgehenden Befugnisse des Kaisers in eine präzise rechtliche Form gießt, ist ein Dokument, das die fortschreitende Institutionalisierung des Prinzipats belegt, wobei gleichzeitig die rechtlichen Prärogative noch als Einzelvollmachten wahrgenommen werden: Die *lex* regelt das Recht, mit Königreichen Verträge zu schließen (Klausel 1), das bereits in der *tribunicia potestas* enthaltene Recht, den Senat einzuberufen, Sitzungen zu leiten und Beschlüsse herbeizuführen (Klauseln 2 und 3), die Bevorzugung kaiserlicher Kandidaten für Staatsämter (Klausel 4) und das Recht, das *pomerium* zu erweitern (Klausel 5). Die sogenannte diskretionäre Klausel (6) verleiht dem Kaiser das Recht, »das zu tun und zu verordnen, was ihm gut scheint« – allerdings unter Respektierung juristischer und sozialer Normen. Klausel 7 stellt den Kaiser über die Gesetzgebung von Senat und Volk, allerdings nur im Rahmen dessen, was unter seinen Vorgängern üblich war. Sie überträgt dem Kaiser damit *en bloc* all jene Rechte, die auch seine Vorgänger besaßen. Die Schlussklausel (8) ratifiziert alle von Vespasian vor der Beschlussfassung getroffenen Maßnahmen (vgl. Brunt 1977; Pabst 1997, 47f.; Pfeiffer 2009, 15–18).

Abzug der Donaulegionen zu Einfällen in die römische Provinz Moesien genutzt hatten; Mucianus, der mit den syrischen Legionen im Begriff war, nach Italien zu ziehen, um dort Vitellius zu stürzen (wobei ihm die Donaulegionen zuvorkamen), löste dieses Problem buchstäblich *en passant*. Schwerer wog ein Aufstand, der 69 n. Chr. in Niedergermanien ausgebrochen war: Vitellius hatte nach seinem Sieg bei Bedriacum acht batavische Auxiliarkohorten nach Mogontiacum beordert, sie aber wenig später zurückgefordert, um sie bei der Verteidigung Italiens gegen die heranrückenden Truppen Vespasians einzusetzen, was Hordeonius Flaccus, den Galba mit Niedergermanien betraut hatte, aber verweigerte. Stattdessen beabsichtigte er, unter den Batavern weitere Soldaten auszuheben, um sie nach Italien zu entsenden.

Die Bataver, deren Heimat die Insel zwischen Rhein und Waal in den heutigen Niederlanden war, galten als exzellente Reiter und Schwimmer und waren daher als Soldaten besonders gefragt; schon Augustus hatte seine persönliche Leibwache vorzugsweise aus Batavern rekrutiert. Nun aber hatte Flaccus den Bogen überspannt: Brutale Anwerbemethoden ließen die Germanen aufbegehren, die auch sonst mit der Situation ihres Volkes unzufrieden waren. Unter Julius Civilis, einem lokalen Adligen, der unter Nero eine der Bataverkohorten befehligt hatte, dann aber in Ungnade gefallen war, probten sie den Aufstand, gemeinsam mit den benachbarten Friesen und Canninefaten. Der zunächst wenig bedrohliche Aufstand wurde brandgefährlich, als die acht in Mogontiacum stationierten, kampferprobten Kohorten eine Legion des Flaccus schlugen und sich ihren revoltierenden Stammesbrüdern anschlossen. Im Machtvakuum des Bürgerkriegs entwickelte der Aufstand ungeahnte Dynamik und griff rasch auf andere Stämme über. Die Insurgenten zwangen schließlich das Legionslager Vetera (Xanten) zur Kapitulation, riefen ein *Imperium Galliarum* aus, konnten reguläre römische Verbände zum Überlaufen bewegen und kontrollierten so letztendlich auch die wichtigen Garnisonsstädte Trier, Köln, Neuss und Bonn. Erst ein militärisches Großaufgebot aus acht

Karte 5: Siedlungsgebiete germanischer Völker.

Legionen, das Vespasian unter dem Kommando seines Sohnes Domitian sowie des Mucianus nach Gallien entsandte, konnte des Aufstands allmählich Herr werden.[3]

3 Der ausführliche Bericht, den Tacitus (hist. IV. 12–37; 54–79) liefert, bricht mit der Eroberung Triers durch den Feldherren Petilius Cerialis ab, der bis zum Eintreffen von Mucianus und Domitian mit der Kriegführung betraut war. Darin der *Germania* (ca. 98 n. Chr.) vergleichbar, wird der Text von einem positiven Bild von den Batavern beherrscht, die als tugend- und

Mehr als alle Kriege und Aufstände schmerzten aber die Wunden, die der Bürgerkrieg dem Imperium geschlagen hatte. Vespasian hatte hier Gräben zu überbrücken, die ähnlich tief waren wie jene der Bürgerkriege am Ende der Republik. Er tat es beherzt und machtbewusst. Als erste Maßnahme erhob er Titus, den noch in Judäa weilenden älteren seiner beiden Söhne, zum Mitregenten: Gemeinsam mit Vespasian erhielt Titus *tribunicia potestas* und *imperium proconsulare*, gemeinsam mit ihm bekleidete er die Zensur (73/74 n. Chr.), die Vater und Sohn als Instrument zur Säuberung des Senatorenstandes und zur Aufnahme verdienter ritterlicher Offiziere in das hohe Gremium nutzten. Mit gleicher Entschlossenheit löste Vespasian die Legionen auf, die sich im Bürgerkrieg gegen ihn gestellt hatten, und ersetzte sie durch neu aufgestellte Verbände. Energisch trieb der Kaiser zudem Steuern, Abgaben und Außenstände ein, um die Staatsfinanzen zu sanieren; berühmt wurde die Gebühr, die er auf die Aufstellung öffentlicher Toiletten erhob – eine Maßnahme, die er mit der trockenen Bemerkung *non olet* (›es stinkt nicht‹ – womit er das Geld meinte, das die Benutzer zu entrichten hatten) kommentiert haben soll.

Vespasian wusste aber auch Wunden zu heilen, indem er identitätsstiftende Symbole schuf und dafür große Geldmengen aufwendete. Das mächtigste dieser Symbole war das ›Amphitheatrum Flavium‹, das nach der ursprünglich für Nero errichteten, später neben dem Gebäude aufgestellten Kolossalstatue des Sonnengottes so benannte Kolosseum: Das gewaltige Oval bot 50.000 Zuschauern Platz, es entstand ab 72 n. Chr. dort, wo vorher Neros gigantomanische ›Domus aurea‹ gestanden hatte. Spektakulärer konnte man den

ehrenhaft sowie von der Zivilisation unverdorben dargestellt werden. Vor diesem Hintergrund erscheinen die Römer – vor allem der von Vitellius eingesetzte Flaccus – als dekadent, verweichlicht und korrupt. Damit korrespondiert Tacitus' generell kritische Beurteilung der kaiserzeitlichen Gesellschaft. Zum Bataveraufstand, auch unter Einbeziehung archäologischer Erkenntnisse: van Veen/Müllers 1978; Urban 1985.

von dem letzten Claudier in Anspruch genommenen Grund der Öffentlichkeit nicht zurückgeben. Die Einweihung fand dann erst unter Titus statt (80 n. Chr.), aber sie geriet zu einer einzigen Demonstration flavischer Großzügigkeit: 100 Tage dauerten die Spiele, und 5000 Tiere kamen bei den Tierhetzen, *venationes* um. Die Arena war weit mehr als ein Ort der Volksbelustigung: Hier strömten die Massen zusammen, um sich nach sozialen Rängen säuberlich geordnet als *populus* zu inszenieren. Während auf den Rängen römische Ordnung herrschte, markierte die Arena selbst die »Grenzen des Römertums« (Egon Flaig): Dort traten Gladiatoren auf, die mit einem religiösen Tabu belegt waren (*nefarii*), wilde Tiere und verurteilte Verbrecher. Im Rund des Amphitheaters traf Eigen auf Fremd, Zivilisation auf Wildheit. Im Übrigen war das Ritual der Spiele ein Ort der Kommunikation zwischen Herrscher und Beherrschten: Als Spielgeber oblag dem Kaiser bei Gladiatorenkämpfen die Entscheidung über Leben und Tod, die angesichts der starken Anteilnahme der erhitzten Zuschauer zu einer eminent politischen Wahl werden konnte, mit der sich Kaiser wichtige Sympathien verdienen oder verscherzen konnten.[4]

Sinnstiftendes Ereignis für die gesamte flavische Dynastie, auf das immer wieder Bezug genommen wurde, war die Niederschlagung des Jüdischen Aufstandes. Die Flavier überzogen Rom wie ihr Vorbild Augustus gezielt mit Erinnerungsorten, an denen ihre Sieghaftigkeit stets gegenwärtig blieb: 71 n. Chr. begingen Vespasian und Titus gemeinsam ihren Triumph. Den Zug verewigen die Darstellungen auf den Innenseiten des Titusbogens auf dem ›Forum Romanum‹, die auf der Südseite das Beutegut – darunter die Menora, die Silbertrompeten und den Schaubrottisch aus dem Tempel – zeigen und auf der Nordseite den Kaiser auf seinem Triumphwagen. Das fremdartige Kultgerät weist den Juden ihre Rolle als Außenstehende zu: Nicht über Aufständische

4 Zu den Spielen im alten Rom und ihrer soziologisch-kulturwissenschaftlichen Einordnung: Flaig 2000; Wiedemann 2001; Flaig 2003, 232–260.

Abb. 15: Triumph des Titus über die Juden. Kultgeräte aus dem Jerusalemer Tempel, darunter die Menora, der siebenarmige Leuchter, werden von Soldaten im Triumphzug mitgeführt. Relief vom Titus-Bogen auf dem Forum Romanum, entstanden unter Domitian.

hatten Vespasian und Titus ihren Sieg errungen, sondern über äußere Reichsfeinde.[5] Eine ähnliche Botschaft verkündete das ›Templum Pacis‹ (Friedenstempel), wo das Beutegut aus Jerusalem aufbewahrt wurde. Hier fanden auch zahlreiche griechische Kunstwerke Aufstellung. Die ›Beutekunst‹ machte dem Betrachter die Unbezwingbarkeit des römischen Imperiums bewusst. Der Friede, den der erste Princeps einst als *pax Augusta* verkündet hatte und der damals für den wiedergefundenen inneren Konsens gestanden hatte, war nun Symbol für den unbedingten, keinen Widerspruch duldenden Herrschaftswillen Roms nach außen, der Flavier nach innen.

Vespasian hatte, wie einst Augustus, sein Haus gut bestellt: Als er am 24. Juni 79 n. Chr. starb – angeblich mit den ironisch auf die postume Vergöttlichung anspielenden Worten »Weh

5 Vgl. Bravi 2006; Eberhardt 2005; Knell 2004, 138f.; Millar 2005; Pfanner et al. 1983

mir, ich glaube, ich werde ein Gott«[6] – stand Titus' Nachfolge nicht zur Debatte. Freilich beäugte man in Rom den neuen Herrscher skeptisch, weil er sich bei den Säuberungen als besonders gnadenlos gezeigt und im Übrigen seine Geliebte, die jüdische Königin Berenike, Tochter Herodes Agrippas I., nach Rom geholt hatte. Alle Befürchtungen erwiesen sich jedoch als unbegründet, denn Titus trennte sich bei Herrschaftsantritt nicht nur von Berenike, sondern legte auch eine so demonstrative *clementia* (Milde) an den Tag, dass sein Biograph Sueton in ihm »geradezu die Liebe und Wonne des Menschengeschlechts« sah.[7] So agierte der Herrscher äußerst umsichtig, als nacheinander gleich drei Katastrophen seine kurze Herrschaft erschütterten: der Ausbruch des Vesuv 79 n. Chr., der die Städte Pompeji und Herculaneum verschüttete, ein dreitägiger Brand Roms kurz darauf und schließlich eine Epidemie, die ebenfalls die Hauptstadt heimsuchte. Seinen nächsten ordentlichen Konsulat trat Titus 81 n. Chr. gemeinsam mit seinem zwölf Jahre jüngeren Bruder Domitian an, der unter Vespasian bereits mehrfach Konsul gewesen war; er nannte ihn seinen »Gefährten und Nachfolger«,[8] allerdings ohne ihn mit einer vergleichbaren Stellung auszustatten, wie er selbst sie unter Vespasian innegehabt hatte. Welche Rolle Titus für Domitian tatsächlich vorgesehen hatte, bleibt unergründlich: Noch im Sommer des Jahres 81 starb der Kaiser, anscheinend überraschend, an einem plötzlichen Fieber.

Dominus et deus: Domitian und die Anfänge einer neuen Herrschaftskonzeption (81–96 n. Chr.)

Hatten es Vespasian und Titus als Sieger im Jüdischen Aufstand nicht schwer gehabt, sich den Adressaten ihrer Selbstdarstellung als Garanten römischer Sieghaftigkeit zu empfeh-

6 Suet. Vesp. 23, 4.
7 Suet. Tit. 1, 1. Zur Berenike-Episode: Castritius 2002, 166–169.
8 Ebd. 9, 3.

len, so ging dem neuen Kaiser, der die entscheidenden Jahre in Rom verbracht hatte, jeglicher militärische Nimbus zunächst ab.[9] Er konnte, nachdem er knapp 30-jährig dank des frühen Todes seines Bruders Titus auf den Thron gelangt war, auf der Suche nach Akzeptanz nicht auf eigene militärische Erfolge verweisen. Lediglich an der Niederschlagung des Bataveraufstands war er beteiligt gewesen, wobei sein Beitrag hier schwer zu ermessen ist. Ein möglicher Weg hätte nun darin bestanden, zur augusteischen Prinzipatskonzeption zurückzukehren, ein anderer darin, selbst möglich rasch nach militärischen Meriten zu streben. Wirklich begab er sich bald auf den germanischen Kriegsschauplatz und schloss einen Feldzug gegen die Chatten mit einem Triumph ab (83 n. Chr.).

Zur Fundierung seines Kaisertums ging Domitian jedoch einen anderen, innovativen Weg: Er warb nicht um Akzeptanz, er strebte nach Legitimität: Kaum ein Kaiser vor ihm – mit der so signifikanten wie abschreckenden Ausnahme Caligulas – hatte an dem fiktionalen, aber für den Prinzipat fundamentalen Dogma gerüttelt, der Princeps sei lediglich ein alle anderen an Autorität überragender Standesgenosse der Senatoren. Domitian brach mit dieser Doktrin, und zwar gründlich: Er ließ sich auf zehn Jahre zum Konsul (84 n. Chr.) sowie zum Zensor auf Lebenszeit wählen (85 n. Chr.), legte im Senat die Tracht eines Triumphators an und bestand auf der Anredeformel *dominus et deus* (›Herr und Gott‹). In beiden Begriffen artikulierte sich die Asymmetrie im Verhältnis des Kaisers zu seinen nun erstmals explizit als solche verstandenen Untertanen: *dominus* war der Herr vor seinen Sklaven, Göttlichkeit nach römischem Verständnis der Ausdruck des eklatanten Rangunterschieds zwischen Objekten und Subjekten kultischer Verehrung.

Die Barriere zwischen Herrscher und Beherrschten so ausdrücklich sicht- und fühlbar zu machen, war in Rom ohne

9 Zur Herrschaft des letzten Flaviers: Jones 1979 und 1992; Sommer 2005c; Pfeiffer 2009, 53–80. Die innovativen Elemente in der Herrschaftskonzeption hat jetzt auch Günther 2009 betont.

Präzedenzfall. Sie gewann steinerne Gestalt in dem Komplex aus ›Domus Augustana‹ und ›Domus Flavia‹, just jenem von ihm gebauten Kaiserpalast, in dem Domitian schließlich sein gewaltsames Ende finden sollte. In dem Gebäude fanden öffentlicher und privater Raum in einer komplexen Einheit zusammen: Der Kaiser konnte in den drei großzügig dimensionierten Speisesälen des Palasts womöglich 500 Gäste zugleich bewirten; den Gastmählern wohnte er selbst in nur ihm vorbehaltenen Apsiden bei, die bei physischer Präsenz zugleich eine Sphäre der Entrücktheit konstituierten. Symbolisch hätte die Grenze zwischen dem Kaiser und seinen senatorischen Gästen nicht klarer gezogen werden können.[10]

Kaum überraschend fand die herrscherliche Attitüde, die Senatoren auf Distanz zu halten, bei den Angehörigen dieses Standes wenig Beifall. Plinius etwa verglich – aus sicherer zeitlicher Distanz – die Leutseligkeit eines Trajan mit der kühlen Entrücktheit Domitians.[11] Doch hatte gerade sie Methode – für das Programm des Kaisers war sie geradezu alternativlos: Wollte er seine Herrschaft auf mehr gründen als lediglich die wetterwendische Akzeptanz von Senatoren, Militär und *plebs urbana*, so musste er die Parameter der Kommunikation radikal verändern. Nicht als Standesgenosse hatte er den Senatoren dann gegenüberzutreten, sondern als Übermensch, den seine pure Machtvollkommenheit schon zu Lebzeiten in die Sphäre des Göttlichen hob. Um dem römischen Kaisertum eine charismatische Komponente zu geben und ihm so Legitimität zu verleihen, war es demnach unerlässlich, den Princeps als *dominus et deus* gleichsam neu zu erfinden.

Domitian pokerte hoch; es gab aber auch viel zu gewinnen: Die dem Prinzipat eigene Instabilität, die das Akzeptanzprinzip bedingte, hätte sich durch eine charismatische Aufladung des Kaisertums überwinden lassen. Andererseits war die erniedrigende Distanzierung der Senatoren, ohne die

10 Vgl. dazu: Zanker 2002 und 2004.
11 Plin. epist. VI. 13.

herrscherliches Charisma nicht zu haben war, ein eklatanter Verstoß gegen die ungeschriebenen Spielregeln der Prinzipatsordnung. Wie sich zeigen sollte, verfügte die Senatsaristokratie noch über hinreichend soziale Kohäsion, um dem Kaiser die Demütigung heimzuzahlen. Domitian verlor sein riskantes Spiel. Seiner Ermordung gingen, wie jedem Ereignis vergleichbarer Tragweite in Rom, unheilvolle Vorzeichen voraus: Die post festum schreibenden Chronisten Sueton und Cassius Dio, deren Berichten wir unsere Informationen über den Mordfall verdanken, wissen von Blitzeinschlägen, unheilvollen Träumen und Omina zu berichten.[12] Ob nun durch höhere Einsichten vorgewarnt oder nicht, Domitian war ein misstrauischer Herrscher: Aus Furcht vor Verschwörungen und Attentaten sprach er unzählige Todesurteile und Verbannungen aus, förderte das Denunziantentum und ließ seine Mitbürger bespitzeln. Unter seinem Kopfkissen hielt der argwöhnische Kaiser für den Fall der Fälle stets einen Dolch verborgen.

Alle Vorsicht war, wie sich zeigen sollte, vergebens. Unisono berichten Sueton und Cassius Dio, wie sich in den Mittagsstunden des 18. September Parthenius, der Befehlshaber der Palastwache, mit der Mitteilung an den Kaiser wendet, Stephanus, ein Freigelassener seiner Nichte Flavia Domitilla, habe ihm eine wichtige Nachricht zu überbringen. Bereitwillig begibt sich Domitian in sein Schlafgemach, wo Stephanus auf ihn wartet. Unvermittelt beginnt der Freigelassene, mit einem Dolch auf den Kaiser einzustechen. Domitian, seit 15 Jahren auf dem römischen Thron und ein Mann in den besten Jahren, wehrt sich nach Kräften, fasst den Dolch bei der Klinge und versucht mit blutenden Händen, ihn dem Angreifer zu entreißen. Opfer und Täter ringen auf dem Fußboden miteinander, ein Page läuft zum Bett des Kaisers, sucht die unter dem Kopfkissen verborgene Waffe und findet – nichts. Aus ihren Verstecken stürzen weitere Männer und

12 Vgl. Suet. Dom. 15f.; Cass. Dio LXVII. 16.

treffen den Kaiser mit wenigstens acht Messerstichen. Domitian verblutet auf dem Marmorfußboden.[13]

Domitian hauchte sein Leben im kaiserlichen Schlafgemach aus, inmitten der gewaltigen Gebäudemasse jenes Palasts, den er selbst sich auf dem Palatin errichtet hatte. Dieses Gemäuer, die ›Domus Augustana‹, beherrscht mit ihren mächtigen Substruktionsbauten noch heute die Südwestflanke des Palatins: Wie ein Berg türmt sie sich über dem ›Circus Maximus‹ auf. In der prachtvollen Residenz monumentalisiert sich die Erinnerung an einen Kaiser, dessen Andenken auf offiziellen Senatsbeschluss hin überall im Reich getilgt wurde: Nach seiner Ermordung am 18. September 96 n. Chr. ereilten den letzten Flavier die üblichen Gedächtnissanktionen: Seine Statuen wurden verstümmelt und gestürzt, sein Name auf Inschriften sorgsam ausgemeißelt, seine Gesetze verloren ihre Wirkungskraft.

Der Angreifer Stephanus war auf keinen Fall ein Einzeltäter. Nichts hatte man dem Zufall überlassen: Vorsorglich hatte ein Mittäter den unter dem kaiserlichen Kopfkissen bereitliegenden Dolch entfernt, und als Stephanus im Ringkampf mit dem physisch überlegenen Kaiser den Kürzeren zu ziehen drohte, eilten ihm sogleich in Nischen und hinter Vorhängen postierte Komplizen zu Hilfe – und entsorgten den Attentäter, so jedenfalls der Bericht des Cassius Dio,[14] als Hauptbelastungszeugen gleich mit. Zu professionell war die Bluttat des Jahres 96 ausgeführt worden, um das Werk eines einzelnen Mannes oder einer kleinen Gruppe nachgeordneter Palastdiener zu sein. Und tatsächlich treten hinter den Ereignissen, die auf Domitians Ermordung folgten, die Konturen einer weitverzweigten Verschwörergruppe hervor: Vermutlich beide Konsuln, wenigstens einer der beiden Prätorianerpräfekten und zahlreiche hochrangige Senatoren, darunter mehrere Konsulare, waren Mitverschwörer oder doch wenigstens Mitwisser des Coups. Verstrickt in die Verschwörung war

13 Vgl. Suet. Dom. 17; Cass. Dio LXVII. 17.

14 Ebd.

auch Marcus Cocceius Nerva (96–98 n. Chr.), der noch am Todestag Domitians zum Kaiser ausgerufen wurde, ein schon betagter Konsular und somit eindeutig ein Kandidat des Übergangs. Hinter Nerva wiederum standen bereits einflussreiche aristokratische Netzwerke mit Zentren in Gallien und Spanien bereit, die die folgende Periode der Adoptivkaiser politisch prägen sollten.[15]

Domitians Projekt eines auf Charisma statt Akzeptanz gegründeten Kaisertums war damit vorerst zu den Akten gelegt: Nerva und seine Nachfolger kehrten zu einem traditionelleren Prinzipatsverständnis zurück, in dem die Senatoren ihre alte Rolle als Standesgenossen des Kaisers wiederfinden konnten. Doch führt von Domitian über Kaiser wie Commodus, Elagabal, Aurelian und Diokletian, die alle mit unterschiedlichen Mitteln dem Dilemma des Akzeptanzsystems zu entrinnen suchten, vielleicht ein dünner roter Faden bis zu Konstantin dem Großen, der dauerhaft das Gottesgnadentum als Legitimationsbasis kaiserlicher Herrschaft verankerte.[16]

Von der Nachfolgekrise zum *optimus princeps*: Nerva (96–98 n. Chr.) und Trajan (98–117 n. Chr.)

Nervas Lage nach der Akklamation war alles andere als beneidenswert:[17] Der neue Kaiser war, als er den Purpur anlegte, bereits weit jenseits der 60, er war durch Verwandtschaft

15 Zu den Hintergründen der Verschwörung und ihrem Verlauf vgl. die vorzügliche Studie von Grainger (2003).

16 Siehe unten, S. 358f.

17 Mit dem Tod Domitians verstummen die Kaiserbiographien Suetons, trotz ihrer nur bedingten Zuverlässigkeit eine der wichtigsten Quellen zur Geschichte der frühen Kaiserzeit. Die Hauptquelle für das 2. Jh. ist daher das Geschichtswerk Cassius Dios und für die Regierungszeit Trajans die Schriften des jüngeren Plinius. Mit Hadrian setzen dann die Kaiserbiographien der *Historia Augusta* aus dem späten 4. oder frühen 5. Jh. n. Chr. ein, deren Berichte allerdings mit reichlich Material aus dubiosen Quellen durchsetzt sind, für die Zeit ab Marc Aurel tritt Herodians römische Geschichte hinzu. Zur Regierungszeit Nervas maßgebend: Grainger 2003.

und Freundschaft dem julisch-claudischen Haus verbunden und hatte vor allem unter Nero Karriere gemacht, war aber wendig genug gewesen, um auch unter den Flaviern nicht in Ungnade zu fallen. So hatte Domitian ihn unter seine engsten Berater erhoben. Nerva war – bevor er zum Verschwörer wurde – Teil des Systems gewesen. Jetzt war die Frage, wie er sich verhalten sollte: Im Senat herrschte Jubelstimmung, obwohl die Senatoren unter Domitian kaum je Oppositionsgeist gezeigt hatten. Den *patres conscripti* zu gefallen, war also leicht: Nerva verkündete das Ende der Majestätsprozesse und löste das Spitzelsystem auf, mit dem Domitian Rom tyrannisiert hatte. Das Heer aber und vor allem die Prätorianer fühlten sich dem flavischen Kaiserhaus seit Langem verbunden, und ihre Loyalität hatte weder durch den Tod Domitians gelitten noch durch das großzügige Donativ, das Nerva auszahlte, im Gegenteil: Die Prätorianer revoltierten gegen den neuen Kaiser und verhängten eine regelrechte Belagerung über Rom. Ihre Forderung lautete, die Domitian-Mörder zu bestrafen, darunter sogar ihren eigenen ehemaligen Vorgesetzten. Nerva blieb nichts anderes übrig, als darauf einzugehen: Titus Petronius Secundus, der unter Domitian Prätorianerpräfekt und maßgeblich in die Verschwörung verstrickt gewesen war, wurde hingerichtet. Eigentlich aber ging es den Prätorianern und ihrem neuen Präfekten um den Kniefall, den ein ohnehin bereits angezählter Nerva vor ihnen vollziehen musste, und tatsächlich nahm seine Autorität durch dieses Todesurteil irreparablen Schaden. Genau das war das Ziel.

Dem Vorfall waren bereits Unruhen an den Grenzen vorausgegangen: In Syrien war die Garnison in Aufruhr, der Befehlshaber, Cornelius Nigrinus, machte aus seiner Unzufriedenheit mit Nervas Regierung keinen Hehl. Wie seinerzeit nach Neros Tod drohten in dieser Lage Usurpationen der Legionsbefehlshaber in großem Stil. Die Situation war aber insofern eine andere, als diesmal die große pannonische Armee an Kriegshandlungen nördlich der Donau beteiligt war und nicht zum Eingreifen in Italien zur Verfügung stand. Deshalb verhielt sich ihr Befehlshaber, Pompeius Longinus, zunächst abwartend. Am Rhein ernannte Nerva unterdessen zwei neue Statthalter, die vielleicht Leute ersetzten, deren Loyalität fragwürdig war. Einer der beiden sollte bei der Lösung der Nachfolgekrise eine Schlüsselrolle spielen: Marcus Ulpius Traianus, der Sohn eines gleichnamigen Konsulars aus dem spanischen Italica. Trajan senior hatte unter Nero und Vespasian eine steile Karriere absolviert und gegen den Jüdischen Aufstand eine Legion befehligt. Später hatte er als Statthalter in mehreren Provinzen gedient, unter anderem in der Baetica und in Syrien. Sein Sohn erfreute sich großer Popularität bei den Soldaten und war auch deshalb ein für Nerva unentbehrlicher Gefolgsmann, weil er in den aristokratischen Netzwerken der Westprovinzen bestens eingeführt war.

Am 27. Oktober 97 n. Chr. adoptierte der kinderlose Nerva Trajan, der noch in Germanien weilte, während einer religiösen Zeremonie auf dem Kapitol. Der Spanier wurde Mitherrscher und als Caesar präsumptiver Nachfolger, er erhielt das *imperium proconsulare* und die *tribunicia potestas*. Damit hatten Nerva und die Männer seiner Umgebung – von denen viele, wie Julius Ursus Servianus und Lucius Licinius Sura, aus Spanien stammten – das Autoritäts- und Akzeptanzdefizit, unter dem die Regierung litt, mit einem Schlag in eine Stärke verwandelt. Drei Monate später, am 28. Januar 98 n. Chr., starb Nerva, Trajan trat eine komplikationslose Nachfolge an:

> So wurde Trajan Caesar und später Augustus, obwohl es lebende Verwandte Nervas gab. Aber Nerva schätzte Familienbande nicht höher als die Stabilität des Staates, auch hinderte ihn nicht an der Adoption Nervas, daß dieser kein Italiker war, sondern ein Spanier, obschon kein Ausländer bis dahin den Prinzipat innegehabt hatte; denn er glaubte, eher die Fähigkeit eines Mannes berücksichtigen zu müssen als seine Herkunft.[18]

18 Cass. Dio LXVIII. 4. Biographie und Epoche Trajans behandeln Fell 1992; Bennett 1997 sowie die Beiträge des Sammelbandes Nünnerich-Asmus 2002. Die Überblicksdarstellung von Schipp 2011 beleuchtet die Epoche bis zur Regierungszeit des Commodus, bleibt jedoch, weil insgesamt zu deskriptiv und kaum je in die Tiefe gehend, unter ihren Möglichkeiten. Weitaus aus-

Cassius Dio dürfte hier recht präzise wiedergeben, wie Nerva und später Trajan den Menschen die Nachfolgeregelung verkauften: als radikalen Bruch mit der dynastischen Erbfolge von Juliern, Claudiern und Flaviern, als politischen Neuanfang, der den jeweils Fähigsten an die Spitze des römischen Staates rücken ließ. Die Propagierung des Adoptivkaisertums als politisches Programm, in dessen Mittelpunkt die *virtus* des jeweils Auserwählten stand, trifft sich unmittelbar mit der Galba-Rede aus Tacitus' *Historien*, die unter Trajan niedergeschrieben wurde und ebenfalls den Gedanken politischer Ratio bei der Nachfolgeregelung in den Mittelpunkt stellt.[19] Sie verstellt indes den Blick auf die Zwangslage, unter deren Diktat Nerva bei der Adoption handelte: Nicht politische Weitsicht und schon gar nicht göttlicher Ratschluss, wie später Plinius in seinem Panegyricus auf Trajan behauptete,[20] leitete diesen Entschluss, sondern akuter Mangel an überzeugenden Alternativen.

Trajan blieb zunächst in Germanien, um dort den Ausbau der militärischen Infrastruktur zu beaufsichtigen – unter anderem die Anlage des Neckar-Odenwald-Limes, der die Eroberungen der flavischen Zeit schützte. So suchte der militärisch recht unerfahrene neue Kaiser sein Defizit in Sachen Sieghaftigkeit zu kompensieren. Den Soldaten präsentierte er sich als tatkräftiger Feldherr, der ihnen nahe war, wenn er sie auch vorerst nicht in den Kampf führte. Allerdings sollte Trajan schon bald Gelegenheit bekommen, seine Qualitäten als Truppenführer in der Schlacht unter Beweis zu stellen. Die Donaugrenze war bereits unter den Flaviern eine neuralgische Stelle der römischen Grenzverteidigung gewesen: Vespasian hatte rechts des Rheins den Südwesten des

führlicher ist der 11. Band der *Cambridge Ancient History*, der aber bereits mit Vespasian einsetzt (Bowman [2]2000).

19 Siehe oben, S. 167f.

20 Plinius (paneg. 5, 1f.) behauptet, Trajan habe die Adoption nur widerstrebend, als Akt soldatischer Pflichterfüllung, akzeptiert – unter dem Vorzeichen des Prätorianeraufstandes, der deshalb als Geschenk der Götter aufgefasst wird (ebd. 5, 8). Vgl. auch Seelentag 2004, 287–291.

heutigen Baden-Württemberg, das sogenannte Dekumatland (Agri Decumates), dem Reich angeschlossen. Nachdem dann Domitian durch seinen Krieg mit den Chatten auch die Wetterau unter römische Kontrolle gebracht hatte, hatte der letzte Flavier eine groß angelegte Invasion Böhmens vorbereitet, um auch die Siedlungsräume von Markomannen und Quaden zu erobern. Die Fernwirkungen der römischen Operationen hatten schließlich auch das Gebiet südöstlich davon erfasst, das heutige Rumänien. Hier, im Karpatenbogen zwischen Donau und Dnjestr, hatte sich mit Duras ein Warlord vom Kaliber eines Marbod oder Arminius zum Herrscher über ein Völkergemisch aufgeschwungen, das in den römischen Quellen als *Daci* firmiert (ca. 80 n. Chr.). Unter Duras' Führung waren die Daker (85/86 n. Chr.) ins römische Moesien eingedrungen. Die dadurch provozierte römische Strafexpedition war zum Fiasko geraten: Ein großes Heer unter Cornelius Fuscus war in einen Hinterhalt gelockt, eine ganze Legion aufgerieben, ihre Feldzeichen von den Dakern erbeutet worden (erste Schlacht von Tapae, 87 n. Chr.). Ein Jahr später hatten die Römer ihren Vorstoß wiederholt, diesmal mit mehr Erfolg (zweite Schlacht von Tapae, 88 n. Chr.): Duras' Nachfolger Decebal (lateinisch: Decebalus) hatte Frieden mit Domitian geschlossen und im Gegenzug den Status eines Klientelkönigs (*rex amicus*) erhalten.[21]

Kaum im Amt, gab Trajan die böhmischen Kriegspläne Domitians auf. Lohnender als Expansionsziel schien ihm das entwickeltere und wegen seiner reichen Edelmetallvorkommen berühmte Dakien. Außerdem hatten die Daker unter Beweis gestellt, dass die römischen Donauprovinzen vor ihnen nicht sicher waren. Mittelfristig ging das Kalkül auf: In zwei Feldzügen (101/102 und 106 n. Chr.) eroberte Trajan mit elf Legionen das Karpaten-Königreich: Während das Dakerreich nach dem ersten Waffengang zwar seine Festungen schleifen und an der Donau Land räumen musste, aber im

21 Vgl. dazu: Strobel 1989.

Übrigen intakt blieb, schied Decebalus am Ende des zweiten Feldzugs durch Selbstmord aus dem Leben – sein Reich wurde als römische Provinz Dacia dem Imperium einverleibt.[22] Rom konnte nun die ergiebigen Bergwerke der Karpaten ausbeuten, hatte aber eine recht exponiert liegende Provinz erworben, die sich in den Stürmen des 3. Jh. nicht würde behaupten lassen. Vermutlich wäre Domitians Plan einer Eroberung des böhmischen Raums zukunftweisender gewesen; schließlich ging wenige Jahrzehnte später von hier die größte Gefahr nicht nur für Pannonien und Moesien, sondern sogar für Italien selbst aus, als sich mit den Markomannenkriegen der Druck germanischer Stämme auf die Donaugrenze enorm erhöhte.

Mit dem Triumph über Dakien und dem Anschluss einer neuen Provinz hatte Trajan jedoch das, was er vor allem gewollt hatte: den Ruhm des Siegers, das politische Lebenselixier eines jeden römischen Kaisers. Steinerne Gestalt für die Ewigkeit erhielt dieser Triumph im Herzen Roms, auf dem Trajansforum, an dessen Rand die 30 m hohe Säule aufragt, deren spiralförmiger Endlosfries in ausdrucksstarken Bildsequenzen die Geschichte des Krieges festhält: Nach dem Caesar-Forum, dem Augustus-Forum und dem flavischen ›Templum Pacis‹ war das Trajans-Forum das vierte bauliche Großprojekt nordöstlich des Forum Romanum, das der Verherrlichung eines Herrschers diente – es sprengte alle bis dahin gekannten Dimensionen: Der Komplex bestand aus dem von seitlichen Portiken eingerahmten Forumsplatz in der Mitte, der fünfschiffigen ›Basilica Ulpia‹, die Behörden beherbergte, zwei angrenzenden Bibliotheken und, in den Hang des Quirinal gebaut, dem mehrstöckigen Trajansmarkt, einer Art antiken Einkaufspassage mit Ladenlokalen, Lagerräumen und gastronomischen Einrichtungen.[23] Die Portiken, die Basilika und den Eingangsbereich schmückten überlebensgroße Statuen dakischer Krieger, die – wie die Trajanssäule – den Sieg

22 Zu den Dakerkriegen Domitians und Trajans: Stefan 2005.

23 Vgl. dazu: Zanker 1970; Packer 1997; Seelentag 2004, 298–408.

Abb. 16: Trajansmärkte in Rom.

und die Mühen, die er gekostet hatte, stets gegenwärtig machten. Keinesfalls sollten die Betrachter glauben, Trajan habe einen Sieg nach der Art jener *falsi triumphi* errungen, zu denen die Nachwelt Domitians militärische Erfolge schrumpfte.[24]

Trajans Dakerkrieg blieb indes nicht das einzige militärische Abenteuer, in das er sich stürzte: Kaum war Dakien römische Provinz, annektierte der Kaiser im Handstreich das Klientelkönigreich der Nabatäer, das sich vom Sinai bis Jordanien erstreckte und dessen Hauptstadt Petra eine Drehscheibe im Handel mit Südarabien war (106 n. Chr.), wobei die Motive für den Anschluss im Dunkeln liegen: Vermutlich nutzte Trajan schlicht den Tod des letzten nabatäischen Königs Rabbel II. Soter, um der lokalen Autonomie ein Ende zu setzen und an ihrer Stelle die Provinz Arabia einzurichten.[25] Ein Jahrzehnt später lieferten die Parther mit einer erneuten In-

24 Vgl. Seelentag 2004, 363–368.
25 Vgl. Gebhardt 2002, 87–105.

tervention in Armenien Trajan einen Vorwand, um auch an der orientalischen Steppengrenze militärisch aktiv zu werden: Mit insgesamt elf Legionen rückte der selbst ernannte *optimus princeps* in Armenien ein. Kaum war der alte Zankapfel zwischen Rom und den Parthern ebenfalls als Provinz dem Reich einverleibt worden (114 n. Chr.), marschierte Trajan weiter nach Süden. Er bezog im nordmesopotamischen Edessa sein Winterquartier, wo ihn König Abgar nach anfänglichem Zögern freundlich aufnahm. Hier holte er noch die Ergebenheitsadressen der Stammesführer im Kaukasus ein. In Edessa unterwarfen sich ihm auch die parthischen Teilkönige Mesopotamiens. Über Nisibis, Singara und die Landschaft Adiabene stieß das römische Heer noch weiter südwärts bis zur parthischen Hauptstadt Ktesiphon vor, die tatsächlich eingenommen wurde: Das innerlich zerrissene Partherreich war zu effektiver Gegenwehr nicht in der Lage, und Trajan erreichte den Persischen Golf, wo er – in Gedanken bei Alexander dem Großen – sehnsüchtig den gen Indien segelnden Schiffen nachblickte.[26]

Im Winterquartier in Antiocheia – wo zur selben Zeit ein Erdbeben große Zerstörungen anrichtete und zahlreiche Menschenleben forderte – holte den Kaiser, der sich schon als Sieger über den parthischen Erbfeind wähnte, rasch die Realität ein: Ihm wurde gemeldet, dass im Rücken der römischen Truppen überall in Mesopotamien Aufstände loderten. Unter den Rädelsführern waren offensichtlich etliche Juden, Angehörige der babylonischen Diaspora. Außerdem hatten sich, von der Kyrenaika ausgehend, die zahlreichen Diaspora-Juden Ägyptens und Zyperns erhoben. Allerorten loderten Tempel und öffentliche Bauten, wurden Nichtjuden erschlagen, entlud sich der Hass der radikalisierten Juden in Zerstörung und Plünderung.[27] Zwar gelang Trajan und seinem

26 Zu Trajans Partherkrieg: Edwell 2008, 20–22; Lepper 1948; Lerouge 2007, 149-169; Millar 1993, 90–99.

27 Von beispiellosen Grausamkeiten in Kyrene mit 220.000 Opfern berichtet Cass. Dio (LXVIII. 32, 1f.), auf Zypern sollen die Aufständischen die

maurischen Heerführer Lusius Quietus die Rückeroberung der Städte Nisibis, Edessa und Seleukeia am Tigris, vor der Stadt Hatra – damals laut Cassius Dio eine verhältnismäßig unbedeutende Wüstenfestung – scheitert der Kaiser persönlich jedoch an der Entschlossenheit der Verteidiger, den ständigen Angriffen der mit ihnen verbündeten Steppennomaden und den Widrigkeiten des Klimas.[28] Auch die Einsetzung eines parthischen Gegenkönigs in den von Rom besetzten Territorien erzielte nicht den gewünschten Erfolg – Trajan musste Hatra und damit dem Traum der Alexander-Nachfolge den Rücken kehren. Auf dem Rückweg erkrankte er schwer und starb am 8. August 117 im kilikischen Selinus. Seinen Triumphzug über die Parther konnte Trajan deshalb nur noch als Toter feiern: Hadrian, der ihm nachfolgte, ließ die goldene Urne mit seiner Asche auf dem Triumphwagen durch Rom fahren, bevor sie im Sockel der Trajanssäule bestattet wurde.

Innere Konsolidierung: das Reich unter Hadrian (117–138 n. Chr.) und Antoninus Pius (138–161 n. Chr.)

Publius Aelius Hadrianus[29] stammte wie sein Vorgänger aus Italica in Spanien; geboren 76 n. Chr., hatte er sich während der Regierungszeit Domitians in Rom umfassende Bildung erworben und später seinen Militärdienst als Tribun an der

Hauptstadt Salamis zerstört und 240.000 Hellenen getötet haben (ebd., 32, 2). Zwei Legionen, die zur Unterdrückung der Aufstände nach Zypern und Ägypten entsandt wurden, hatten bis 217 n. Chr. zu tun, um der Rebellionen Herr zu werden. Den Juden wurde daraufhin das Betreten Zyperns verboten (vgl. Fuks 1961; Pucci 1981; Barnes 1989; Bringmann 2005, 267–272).

28 Vgl. Cass. Dio LXVIII. 31.

29 Die von Quellen recht dürftig ausgeleuchtete Regierungszeit Hadrians hat gleichwohl immer wieder Biographen inspiriert, zuletzt Birley (2006) und Opper (2008). Die wechselvolle Rezeptionsgeschichte behandelt Mortensen (2004). Lesenswert ist auch die fiktive Autobiographie aus der Feder der kanadischen Schriftstellerin Marguerite Yourcenar (1953).

Donau geleistet. Trajan war der Vormund des früh vaterlosen Hadrian gewesen und der Großonkel seiner Frau Sabina. Obwohl der Kaiser seinen Landsmann nach Kräften gefördert hatte, war das Verhältnis nicht frei von Konflikten gewesen. In Plotina, der Gattin Trajans, hatte Hadrian indes eine eifrige Fürsprecherin gehabt; sie hatte auch die Heirat mit Sabina vermittelt. Als Trajan starb, diente Hadrian in Syrien als Statthalter.

Die Umstände der Nachfolge nährten viele Spekulationen:[30] Am Tag nach Trajans Tod in Selinus gab man in Antiocheia die Adoption Hadrians bekannt; erst zwei Tage später, am 11. August, wurde Trajans Tod öffentlich gemacht. Möglicherweise hatte eine Adoption also nie stattgefunden, sondern war von Plotina und dem Prätorianerpräfekten Attianus fingiert worden, um dem jetzt 41-jährigen Hadrian den Weg zu ebnen. Hadrian tat unterdessen alles, um die Zweifel an der Rechtmäßigkeit seiner Nachfolge zu zerstreuen: Er zahlte ein außerordentlich hohes Donativ aus, warb um die Sympathie des Senats und erneuerte vor allem etliche senatorische Privilegien; Trajan wurde rasch unter die Götter erhoben, seine militärische Sieghaftigkeit mit dem makabren Triumphzug ein letztes Mal öffentlich in Szene gesetzt. Hier äußerte sich Hadrians *pietas* seinem verstorbenen Vorgänger gegenüber. Politisch aber schlug der neue Mann einen Kurs ein, der in eine ganz andere Richtung führte: Das Projekt eines römischen Mesopotamien wurde aufgegeben, die besetzten Gebiete östlich des Euphrat bis auf einen schmalen Grenzstreifen geräumt. Armenien wurde wieder autonomes Königreich. Der Osten war so im Handumdrehen zum Status quo ante zurückgekehrt.

30 Vgl. Cass. Dio LXIX. 1. Dio referiert, sein eigener Vater, Apronianus, zur Zeit von Trajans Tod Statthalter von Kilikien, habe »präzise die ganze Geschichte über ihn berichtet und dabei die verschiedenen Ereignisse in Beziehung zueinander gesetzt. Insbesondere versichert er, man habe den Tod mehrere Tage lange verheimlicht, um erst Trajans Adoption bekanntgeben zu können. So seien auch Trajans Briefe nicht von ihm selbst, sondern von Plotina unterzeichnet gewesen, obwohl sie das niemals zuvor getan habe.«

Auch sonst setzte Hadrian überall neue Akzente: Als erster unter den Kaisern entwickelte er eine allumfassende Konzeption der römischen Monarchie, die als zentrale politische Instanz des Imperiums nicht mehr nur auf Missstände reagieren, sondern eine Gesamtstrategie zu ihrer Beseitigung erarbeiten sollte. Dies schloss militärische ebenso wie soziale, rechtliche und wirtschaftliche Aspekte ein. Außerdem trug Hadrian der fortschreitenden Integration des Reiches dadurch Rechnung, dass er, mit bis dato ungekannter Planmäßigkeit, sein gewaltiges Reich persönlich bereiste, die Provinzen also buchstäblich ›erfuhr‹. Er zog damit die Konsequenz aus der Entwicklung, welche die römische Mittelmeerwelt seit Überschreiten der augusteischen Schwelle durchgemacht hatte und die das Verhältnis zwischen Italien und den Provinzen gründlich verändert hatte: Als Spross einer einst aus Italien nach Spanien ausgewanderten Familie verkörperte er wie kein anderer die Dialektik aus fortschreitender Romanisierung und wachsender kultureller und sozialer Komplexität, die das Imperium des ersten und zweiten nachchristlichen Jahrhunderts auszeichnete. Als umfassend gebildeter Philhellene, der selbst lateinische und griechische Gedichte schrieb, hatte er keine Mühe, die Multikulturalität und Polyethnizität der römischen Welt nicht nur zu akzeptieren, sondern in ihr eine immense Bereicherung zu sehen.

Hadrian begab sich zunächst an die Donau, wo auch nach Abschluss der Dakerkriege nie vollständig Ruhe eingekehrt war; den Oberbefehl gegen die sarmatischen Stämme erhielt Quintus Marcius Turbo, der zuvor den jüdischen Aufstand in Ägypten und Kyrene niedergeschlagen hatte. Von hier eilte der Kaiser zurück nach Rom, wo sein Prätorianerpräfekt Publius Acilius Attianus inzwischen eine Verschwörung aufgedeckt haben wollte, die von vier Konsularen angeführt worden war. Alle hatten zum engsten Kreis um Trajan gehört: Lusius Quietus, Cornelius Palma, Publilius Celsus und Avidius Nigrinus. Attianus hatte die Verschwörer durch ein Senatsgericht zum Tode verurteilen lassen, und Hadrian war nicht gegen die Todesurteile eingeschritten. Natürlich hatte die Hinrichtung so prominenter Konsulare, obwohl die juristischen Formen gewahrt worden waren, im Senat viel böses Blut geschaffen, so dass der Kaiser sich letztlich gezwungen sah, seinen Vertrauensmann Attianus fallen zu lassen und durch Turbo zu ersetzen. Seinen dazu nötigen Aufenthalt in der Hauptstadt orchestrierte Hadrian mit wohl kalkulierter Großzügigkeit: Er richtete glänzende Spiele aus, erließ Schuldnern der Staatskasse ihre Verbindlichkeiten und stockte die von Nerva zum Unterhalt bedürftiger italischer Familien eingerichteten Alimentarstiftungen auf.

Bald indes zog es Hadrian wieder in die Provinzen: Er reiste nach Germanien, inspizierte die Donau- und Rheingrenze (121) und gelangte nach Britannien (122), das in den Jahren zuvor eine Revolte erschüttert hatte. Hier ordnete er den Bau eines weiteren Limes an, des nach ihm benannten Hadrianswalls, der eine effektivere Kontrolle der Nordgrenze zuließ. In Nemausus (Nîmes) stiftete er eine Basilika zu Ehren seiner verstorbenen Fürsprecherin Plotina. Im folgenden Jahr (123) begab sich der Kaiser nach Mauretanien, wo er persönlich Operationen gegen rebellierende maurische Stämme leitete, und von dort nach Rhodos und Kleinasien. In Melitene am Euphrat traf er sich mit dem Partherkönig Osroes I. (ca. 89–128), um einen Grenzkonflikt beizulegen. Der Herrscher durchreiste sodann die anatolischen Provinzen und setzte nach Thrakien über, wo Hadrianopolis (Adrianopel, Edirne) gegründet wurde (124). Von hier begab sich der rastlose Monarch nach Athen (125), wo er Anweisungen für den Bau eines neuen Stadtviertels gab. Die erste große Reise schloss ein Besuch Siziliens ab, wo Hadrian den Ätna bestieg.

Drei Jahre später (128) brach der Kaiser zu seiner zweiten Reise auf, die ihn zunächst nach Lambaesis in Afrika führte, wo er dem Manöver der dort stationierten *legio III Augusta* beiwohnte. In Lambaesis hatte wenige Jahre zuvor die Legion ihre Garnison bezogen. Bei einer Inschrift, die sich auf einem aus dem Nebenlager stammenden Pfeiler erhalten hat, handelt es sich um die Niederschrift einer Rede, die Hadrian vor den Soldaten der Garnison hielt. Er wendet sich darin zuerst an die Legion und sodann an die Angehörigen dreier gleichfalls in Lambaesis stationierter Hilfstruppenkohorten. Der Text gibt wie kaum ein anderes Dokument Aufschluss über das persönliche Nahverhältnis zwischen Kaiser und Truppe: Hadrian stellt militärischen Sachverstand unter Beweis und gibt sich so den Soldaten als einer der Ihren zu erkennen. Ihre Leistungen beurteilt er vom Standpunkt des Insiders aus. Er weiß um den Schwierigkeitsgrad der Übungen und begründet damit sein Lob, das sich vorderhand als milde Kritik ausgibt. Seine Sorge um das Wohl der Soldaten bringt der Kaiser durch Tadel an übertriebenem Draufgängertum zum Ausdruck. So zeigte Hadrian den Soldaten Nähe und brachte sie in den Genuss eines kaiserlichen *beneficium* – als Belohnung für bereits erfolgte und als Ansporn zu neuen Leistungen.[31] Nach einem kurzen Intermezzo in Rom, wo er den großen Tempel der Venus und Roma am Forum einweihte, reiste er nach Griechenland weiter (129); in Athen wurde die Hadriansstadt, das Viertel, das er 125 in Auftrag gegeben hatte, eingeweiht. Aus seiner Zuneigung zum alten Hellas machte der Kaiser keinen Hehl: Er rief das Panhellenion als Bund aller griechischen Städte unter Athens Führung ins Leben – politisch ein Anachronismus, aber kulturell ein durchaus wegweisender Gedanke, gehörte doch das Bewusstsein, zur griechischen Oikumene zu gehören, mehr denn je zu den sinnstiftenden Erfahrungen von Hellenen, die über das gesamte Römische Reich verstreut lebten. Der Bundestag traf sich im neu errichteten Tempel des Zeus Olympios, und regelmäßige Bundesspiele sollten das Zusammengehörigkeitsgefühl unter den Griechen weiter stärken.[32]

31 CIL VIII. 2532. Vgl. Stäcker 2003, 138–142. Zur *adlocutio* als Akt der Kommunikation zwischen Kaiser und Heer: Sommer 2005a.

32 Freilich überlebte das Panhellenion Hadrians Tod nicht. Die Idee scheiterte an den realen Interessengegensätzen und sehr unterschiedlichen Erfahrungshorizonten innerhalb der hellenischen Diaspora (vgl. Jones 1996; Spawforth 1999; Romeo 2002). Die persönliche Initiative Hadrians bei der Gründung des Panhellenion betont jetzt Buraselis (2006, 51) und folgert da-

Hadrian bereiste nun Judäa und die neue Provinz Arabien (130). In Judäa erhob er Jerusalem zu Kolonie Aelia Capitolina, mit einem Heiligtum des Jupiter Capitolinus an der Stelle des herodianischen Tempels. Die – aus jüdischer Sicht – Entweihung des heiligen Grundes und das von Hadrian erlassene Beschneidungsverbot ließen die seit Langem angestauten Ressentiments explodieren und mündeten direkt in die nächste jüdische Erhebung, die sich mit dem Namen bar Kochba verbindet:[33] Simon bar Kochba (aramäisch für ›Sohn des Sterns‹, wohl eigentlich Simon bar Kosiba) war eine charismatische Führungspersönlichkeit mit messianischem Sendungsbewusstsein. Seine fanatisierte Anhängerschaft sorgte dafür, dass die Revolte sich rasch über ganz Palästina ausbreitete und auch auf Teile Arabiens und Syriens übergriff. Die Rebellen riefen einen eigenen Staat aus, prägten Münzen und datierten Dokumente nach der ›Ära der Erlösung Israels‹, bar Kochba selbst nannte sich *nasi* (›Fürst‹) von Israel; auch Nichtjuden schlossen sich den Aufständischen an. Der nun folgende Krieg (132–135 n. Chr.) wurde auf beiden Seiten mit großer Erbitterung geführt. Obwohl die Quellen das Ereignis nur am Rande erwähnen und wir deshalb viel schlechter über den Bar-Kochba-Aufstand informiert sind als über den Jüdischen Aufstand 66–70 n. Chr., waren die Folgen für beide Seiten wohl ähnlich einschneidend: Die Römer verloren so viele Soldaten, dass das Heer rasch mit Rekruten aufgefüllt werden musste, wie sich an der Häufung von Militärdiplomen ablesen lässt, die zweieinhalb Jahrzehnte später ausgefertigt wurden: bei der Entlassung dieser Soldaten aus dem Dienst.[34] Hadrian, der inzwischen weitergereist war – erst nach Ägypten, Syrien, Kleinasien und Griechenland

raus gegen Millars These vom Regieren durch »petition and response«: »Wenn eine Vision hinter dem *Panhellenion* steckt, war sie bestimmt vorerst diejenige Hadrians und nicht der Griechen.«

33 Laut Cassius Dio (LXIX. 12, 1) löste Hadrians Verhalten einen »Krieg aus, der weder von geringer Bedeutung noch von kurzer Dauer war.«

34 Eck 2007; Eck 2012b.

(131), dann nach Rom (132) – kehrte daraufhin nach Judäa zurück, um persönlich den Oberbefehl über das Dutzend Legionen zu übernehmen, das mit der Niederschlagung der Erhebung beschäftigt war. Schließlich wurde Jerusalem zurückerobert und zerstört, Aelia Capitolina neu gegründet, Juden der Aufenthalt in der für sie heiligen Stadt untersagt. Jüdisches Leben verlagerte sich mehr noch als zuvor in die Diaspora.[35] Hunderttausende waren in den Kriegswirren umgekommen. Einige der Schicksale lassen sich in Umrissen rekonstruieren. In der ›Höhle der Briefe‹ unweit des Ortes Ein Gedi am Toten Meer – die Gegend war neben Jerusalem das Zentrum des Aufstands, und auch bar Kochba selbst hielt sich zumindest zeitweise am Toten Meer auf – fand der israelische Archäologe Yigael Yadin 1960 einen Lederbeutel, der Papyri enthielt: Kaufverträge, Urkunden über Eheschließungen, Vormundschaften und Darlehen. Es handelte sich um das Privatarchiv von Babatha, einer Frau aus der jüdischen Mittelschicht, dem wir unschätzbare Informationen über Rechtspraxis und Wirtschaftsleben der römischen Orientprovinzen verdanken. Die durchaus begüterte Babatha stammte aus dem Ort Maoza im Ostjordanland in der Provinz Arabia. Bei der Eheschließung wurden die Schulden ihres Mannes Juda Teil von Babathas eigenen Verbindlichkeiten, einige Jahre nach der Hochzeit nahm Juda ein Darlehen bei seiner Frau auf. Um sich nach seinem Tod schadlos zu halten, erhob sie Anspruch auf Judas Grundbesitz, später verklagte sie die Vormünder ihres Sohnes mit der Begründung, der ihr gezahlte Unterhalt sei unangemessen. Das letzte der Dokumente betrifft einen Rechtsstreit, den Judas erste Frau wegen der Besitztümer ihres Mannes gegen Babatha vom Zaun gebrochen hatte. Offensichtlich hatten Babatha und ihre Familie nach Ausbruch der Revolte Schutz in der Höhle am Toten Meer gesucht: Neben den Dokumenten fand man

35 Vgl. Schäfer 1981; Maier ^{2}1989, 106–110; Eck 1999; Bringmann 2005, 272–287, und die Beiträge in Mildenberg/Schäfer 2003.

dort auch 20 Skelette; Babatha und ihre Familie kamen also augenscheinlich in ihrem Versteck zu Tode.[36]

In der Mittelschicht, zu der Babatha gehörte, war es selbstverständlich, dass Vermögensfragen genauestens dokumentiert wurden und gegebenenfalls auch Gegenstand von Prozessen werden konnten. Aus den Papyrustexten spricht vor allem die bemerkenswerte Unabhängigkeit, mit der eine Frau im römischen Arabien ihre wirtschaftlichen Angelegenheiten in die eigenen Hände nehmen konnte. Weiterhin lässt sich an den Dokumenten aus der ›Höhle der Briefe‹ gut ablesen, wie angestammte lokale Rechtstraditionen allmählich eine Verbindung mit römischem Recht eingingen. So agierte Babatha unabhängiger als ihre italischen Geschlechtsgenossinnen, die nur dann geschäftsfähig waren, wenn sie das *ius trium liberorum* besaßen, das ›Recht dreier Kinder‹. Das Beurkundungswesen aber und die Möglichkeit, durch unterschiedliche Instanzen Prozesse zu führen, waren römischem Rechtsverständnis entlehnt. Schließlich zeigt sich in den Briefen, dass ein Dorf wie Maoza für die Identität seiner Bewohner eine ähnliche Rolle spielte wie die Polis für die Bewohner einer griechischen Stadt: Die Bande zwischen den Mitgliedern der Dorfgemeinschaft waren stark, und die nächste Stadt scheint im Leben der Dorfbewohner keine besonders große Rolle gespielt zu haben.

Hadrians rastloses Reisen quer durch das Imperium wurde zu seinem persönlichen Markenzeichen. Der Kaiser war aber bei Weitem nicht der Einzige, der große Entfernungen zurücklegte: Händler und Soldaten durchquerten das Riesenreich, Sklaven und Kriegsgefangene, Pilger, Athleten, die an panhellenischen Wettkämpfen teilnahmen – und manch einer reiste auch einfach zum Vergnügen. Ein vorbildliches Netz von Straßen, dessen Dichte und Qualität erst wieder in der Neuzeit erreicht wurden, verband die Orte des Mittelmeerraumes und der angrenzenden Regionen; der *cursus pub-*

36 Vgl. dazu: Cotton 1993; Bowersock 1994; Cotton/Greenfield 1995.

licus, das staatliche Kuriersystem, beförderte Nachrichten mit erstaunlicher Geschwindigkeit quer durchs Reich. Hierfür stand eine hoch entwickelte Infrastruktur an Wagen, Zugtieren, Schiffen, Häfen und Unterkünften zur Verfügung.[37] Das Imperium mit seinen zwei Verkehrssprachen Lateinisch und Griechisch, gut ausgebauten Transportwegen und einem sicheren, von zwei Flotten bewachten Binnenmeer, schließlich mit einheitlichem Rechtswesen und einheitlicher Verwaltung begünstigte damit Mobilität in einer Weise, die in der Antike beispiellos war.[38]

Mit den Menschen reisten aber auch Güter und Ideen. Die römische Welt des 2. Jh. war zwar kein integrierter Wirtschaftsraum in dem Sinne, dass Waren ohne Hemmnisse und Transaktionskosten von einem Ort zum anderen hätten bewegt werden können; im Gegenteil: Man kann sich die Mühsal, die der Transport schwerer, sperriger Waren über größere Entfernungen mit sich brachte, auch auf gut ausgebauten Straßen und über See, kaum groß genug vorstellen.[39] Dennoch erforderte schon allein die Konzentration großer Menschenmassen in Städten, deren Einwohnerzahl in Einzelfällen die Marke von 100.000, im Falle Roms sogar die Millionengrenze überschritt, den Transport gewaltiger Mengen an Nahrungsmitteln, vor allem Getreide, über erhebliche Distanzen. Als weiterer Großkonsument kam die Armee hinzu. Man schätzt, dass die Hauptstadt Rom pro Jahr 250.000 t Getreide konsumierte, weitere 100.000–150.000 t verbrauchte die Armee und auch Städte wie Antiocheia und Alexan-

37 Vgl. dazu: Kolb 2000, 49–226.

38 Das Thema Reisen in der römischen Welt hat in der Forschung unlängst viel Beachtung gefunden: Giebel 1999; Adams/Laurence 2001; Adams 2002; 2007a und b. Zum Verkehrssystem der römischen Welt Klee 2010 und, zu Italien, Laurence 1999. Unentbehrlich für Kommunikation und Informationsfluss über große Entfernungen hinweg war das Postsystem, der *cursus publicus*: Di Paola 1999; Siegert 2003.

39 Zu den Schwierigkeiten, die sich dem Fernhandel in der frühen Neuzeit entgegenstellten und die *mutatis mutandis* auch den Kaufleuten der Antike zu schaffen machten, vgl. das lebendige Panorama in Braudel 1986, 145–175.

dreia waren auf Getreideimport in großem Stil angewiesen.[40] Dem entsprachen agrarische Großbetriebe, die Latifundien, die sich besonders im Westen des Reiches, unter Einsatz großer Massen von Sklaven, auf die Produktion bestimmter landwirtschaftlicher Erzeugnisse für den Markt spezialisiert hatten. Viele dieser Betriebe produzierten hauptsächlich hochwertige Lebensmittel, wie Öl, Wein oder Obst; Zentrum eines mittelgroßen agrarischen Betriebs dieser Art war die *villa rustica*, wo der Grundbesitzer das luxuriöse Leben eines reichen Grundrentners führte; Trimalchio, der begüterte Freigelassene aus Petrons *Satyricon*, ist der Prototyp eines solchen Grundrentners, der sich in seinem früheren, weit riskanteren Leben als Fernhändler das Kapital für den Erwerb des Landes verdient hat. Die noch größeren Latifundien, darunter auch zahlreiche kaiserliche Domänen, wurden nicht mehr vom Eigentümer selbst bewirtschaftet, sondern in Güter aufgeteilt und meist stadtsässigen Großpächtern (*conductores*) überantwortet, die wiederum Parzellen an Kleinbauern weiterverpachteten. Obwohl diese Betriebe auf Gewinnmaximierung ausgerichtet waren, verhinderten Besitzstruktur und Pachtverhältnisse – oft wurden Pachtverträge nur auf verhältnismäßig kurze Dauer abgeschlossen – in der Regel, dass die beteiligten Parteien viel in Grund und Boden investierten. Die Landwirtschaft blieb deshalb vielerorts auch da, wo Großbetriebe vorherrschten, unter ihren Möglichkeiten.[41]

Im Wesentlichen waren die Grundrentner eine stadtsässige Oberschicht, die nur einen Teil des Jahres auf ihren Landsitzen verbrachte; der Ort ihres politischen und sozialen Engagements war die Stadt: Als Ratsherren oder Magistrate ihrer Gemeinde beherrschten sie das politische Leben und kamen, darin eine hellenistische Tradition fortset-

40 Vgl. dazu: Kloft 1992, 220f.

41 Zur römischen Villenwirtschaft und ihrer theoretischen Grundlegung durch die Agrarschriftsteller: Carandini 1989; Diederich 2007; Kehoe 1988; Kehoe 2006; Kehoe 2007, 550–559; Kron 2012; Purcell 1995.

zend,[42] als *euergeteis* – Wohltäter – für einen Großteil des städtischen Etats auf, indem sie den Bau sowie die Instandhaltung öffentlicher Gebäude finanzierten, Gladiatorenspiele, Tierhetzen und Theateraufführungen ausrichteten und die immensen Kosten übernahmen, die Kulthandlungen und der permanente Unterhalt von Heiligtümern verursachten. Ohne den Euergetismus, den lokale Eliten in großem Stil praktizierten, wären die Städte, die das Imperium Romanum in seinem Bestand ausmachten, nicht lebensfähig gewesen: Sie waren, nach einer Definition Max Webers, Konsumentenstädte, die nicht selbst über die zum Unterhalt ihrer Bevölkerung nötige Wirtschaftskraft verfügten. Kapital strömte nur in Form jener Überschüsse in die Gemeinden, die stadtsässige Grundherren mit ihren Agrarbetrieben erwirtschafteten.[43] Außerordentlich reiche Männer, wie etwa der unter Hadrian, Antoninus Pius und Marc Aurel aktive Athener Herodes Atticus (101 – ca. 177 n. Chr.), legten für gewöhnlich auch ein den üblichen Rahmen sprengendes euergetisches Engagement an den Tag: Der erste Archon des Hadrianischen Panhellenion spendierte seiner Vaterstadt ein Odeion am Hang der Akropolis und das ganz in Marmor ausgekleidete Stadion für das Panathenäen-Fest. Außerdem stiftete er Bauten in Korinth, Delphi, Olympia und den Thermopylen.[44] Immer wieder ließen aber auch die Kaiser die Städte der Provinzen ihre Gunst spüren – wie Hadrian Athen oder später Septimius Severus seine Heimatstadt Lepcis Magna in Libyen. Das rechnete sich für die Gemeinden, auf die ein warmer Geldregen niederging, aber auch für die edlen Spender: Ehre, die man als Euerget anhäufte, war in der griechischen wie römischen An-

42 Zum Euergetismus im Hellenismus: Veyne 1976, 231–280. Die verschiedenen Dimensionen von Ehre als soziales Bindemittel im römischen Imperium analysiert Lendon 1997.

43 Zur Konsumentenstadt: Weber 2005, 925f. Die Wettbewerbsethik der lokalen Aristokratien im römischen Kleinasien und ihren Euergetismus analysiert eingehend Stephan (2002, 72–113). Die finanziellen Verpflichtungen, die städtische Magistrate zu übernehmen hatten, erörtert Jones (1940, 174f.).

44 Vgl. Tobin 1997; Galli 2002.

tike eine nahezu universell konvertible Währung. Sie ließ sich ummünzen in Einfluss, Kontakte, Unterstützung, kurz: soziales Kapital, das wiederum für wirtschaftlichen und politischen Erfolg entscheidend war. So biss sich die Katze in den Schwanz: Investitionen in Ehre trugen fast immer reiche Dividende; Großzügigkeit und ökonomische Vernunft gingen Hand in Hand.[45]

In Rom selbst mochten sich die Kaiser als Wohltäter verständlicherweise von niemandem in den Schatten stellen lassen. Die Ausstattung der Hauptstadt mit einer ihr würdigen Architektur und die Ausrichtung prunkvoller Spiele war für sie daher ebenso eine Selbstverständlichkeit wie ihre Versorgung mit Nahrungsmitteln.[46] Für die Beschaffung des Hauptnahrungsmittels Getreide trug der Kaiser sogar persönlich die Verantwortung, seit 6 n. Chr. eine Versorgungskrise die unzureichende Organisation des Transports hatte sichtbar werden lassen: Augustus hatte wenig später das Amt des *praefectus annonae* eingerichtet, der direkt dem Kaiser unterstellt war.[47] Der Transport auf dem Seeweg blieb indes weiterhin privaten Unternehmern vorbehalten, die in Handelskorporationen zusammengeschlossen waren. Der *praefectus annonae* hatte sich mit den Vorständen dieser Korporationen abzustimmen und das Löschen des Getreides im Hafen Ostia, den Weitertransport nach Rom sowie die Lagerung der Vorräte zu überwachen. Die Masse des Getreides stammte aus Sizilien, Nordafrika und vor allem Ägypten, wo intensive Bewässerungskulturen, die das jährliche Nilhochwasser nutzten, bereits seit den Tagen der Pharaonen enorme Ernteerträge möglich machten. Im praktisch als kaiserliche Großdomäne bewirtschafteten Ägypten war der ritterliche Präfekt

45 Zu Ehre als Ressource im Spiel um Einfluss und Macht: Sommer 2013b, 107–113.

46 Vgl. dazu: Kloft 1970; Veyne 1976, 477–693.

47 Der *praefectus annonae* führte die Aufsicht über die Getreideversorgung der Hauptstadt, einschließlich des Umschlags und Einlagerns von Getreide: Ausbüttel 1998, 135–151; Eich 2005, 189–193; Garnsey 1983; Lo Cascio 2007, 639–641; Mattingly 2000.

der Provinz (*praefectus Aegypti*) ebenfalls unmittelbar dem Kaiser verantwortlich. Er hatte die Aufgabe, genügend Getreide zu akquirieren und für die Verschiffung nach Rom bereitzustellen.[48]

Aber nicht nur Getreide wurde über große Strecken transportiert. Die Spezialisierung agrarischer Betriebe und die erhebliche Kaufkraft breiter Konsumentenschichten, dazu die um sich greifende Geldwirtschaft und verbesserte Transportmöglichkeiten trugen insgesamt zur Kommerzialisierung der Landwirtschaft bei. Verbesserte Methoden der Bewässerung und Bodenbewirtschaftung ermöglichten es außerdem, auch unfruchtbarere Gebiete unter den Pflug zu nehmen, die bis dahin unerschlossen gewesen waren – so etwa im südsyrischen Hauran und im Bereich des nordsyrischen Kalksteinmassivs.[49] Umgekehrt verfeinerte sich der Geschmack einer größer werdenden Oberschicht immer mehr, so dass der Bedarf an exotischen, über größere Distanzen zu beschaffenden Waren stieg. Für wachsenden Wohlstand sorgte vor allem der anhaltende – nur stellenweise, vor allem in Judäa, in Italien nur während des Bürgerkriegs 68/69 n. Chr. unterbrochene – innere und äußere Friede, der dem Imperium in den ersten beiden Jahrhunderten nach der Zeitenwende vergönnt war.[50]

48 Vgl. dazu: Rostovtzeff 1929, 132f.; Fellmeth 2008, 156.

49 Zu Hauran: Butcher 2003, 157–161; zum Kalksteinmassiv: Strube [2]2000, 24–29.

50 Für ein lesenswertes, freilich mit Modernismen gespicktes Panorama der Epoche und ihrer Wirtschaft: Rostovtzeff 1929, 158–205. Wie die römische Landwirtschaft in einzelnen Sektoren über eigenwirtschaftliche Bedarfsdeckung hinauswuchs, erörtert Kloft (2006, 41f.). Dennoch verharrte ein Großteil der Landbevölkerung im Stadium der Subsistenzwirtschaft, weite Teile der antiken Mittelmeerwelt blieben auch in der Kaiserzeit kleinbäuerlich geprägt (vgl. Lo Cascio 1991a, 361–364; Jongman 2007, 597–617). Insgesamt ist die Leistungsfähigkeit der römischen Wirtschaft und damit das Niveau des Wohlstands für breite Bevölkerungsschichten nur schwer einzuschätzen. Einen Versuch hat jetzt Rathbone 2009 unternommen, der zu dem Ergebnis gelangt, dass über Zeit und Raum erhebliche Disparitäten im Lebensstandard der Menschen herrschten. Ein mit gewisser Vorsicht zu genießender Indikator für Preise und Löhne ist das Preisedikt Diokletians (siehe unten, S. 342),

Vor allem Luxusgüter aus dem Orient fanden im Mittelmeerraum reißenden Absatz: Elfenbeinschnitzereien aus Ägypten, Zitrusholz aus Afrika, Weihrauch aus Südarabien, Purpurtextilien aus Phönizien, aber auch Perlen, Seide und Gewürze aus dem Fernen Osten und Südasien sowie Bernsteinschmuck aus dem Ostseeraum waren bei den Eliten als Statussymbole über alle Maßen begehrt. Die Bereitstellung von Luxusgütern erforderte wiederum eine darauf abgestimmte Infrastruktur und die entsprechende Spezialisierung breiter Bevölkerungsschichten in Teilen der römischen Welt: Der Güteraustausch mit fernen Weltgegenden wurde im Orient erst von den Nabatäern, die den Handel auf der sogenannten Weihrauchstraße nach Südarabien kontrollierten, später, ab dem späten 1. Jh. n. Chr., vor allem von den Palmyrenern bestimmt.[51] In den Städten Phöniziens hatte das Färberhandwerk eine lange Tradition: Die reichen Vorkommen an Murex-Muscheln, die den Rohstoff für die Farbe lieferten, erwiesen sich vor allem in der römischen Kaiserzeit, als immer breitere Kreise Purpurtextilien schätzen lernten, als solide Basis phönizischen Reichtums. Schon die Elegiendichter Tibull und Properz stöhnten angesichts des Faibles ihrer Geliebten für sündhaft teure *Tyriae vestes.*[52] Purpur hatte seinen Preis und war gerade deshalb als Statussymbol besonders tauglich: 150.000 Denare setzte im frühen 4. Jh. n. Chr. das Höchstpreisedikt Diokletians als Preis für ein Pfund doppelt gefärbte tyrische Purpurseide fest – ein astronomischer Preis, wenn man bedenkt, dass ein römischer Legionär dafür 100 Jahre lang seinen Sold hätte zurücklegen müssen.[53]

Wie in Phönizien und Palmyra entstanden an vielen Stellen im Imperium Romanum auf kurze oder längere Zeit Gesell-

das Allen 2009 in einer originellen Arbeit ausgewertet hat. Er gelangt zu dem Schluss, dass das Wohlstandsniveau von Lohnempfängern um 300 n. Chr. in etwa das Niveau des 18. Jh. in England – und damit der Frühphase der Industriellen Revolution – erreichte.

51 Siehe oben, S. 77–83.

52 Vgl. Tib. I. 7, 47; Prop. I. 14, 27.

53 Vgl. Sommer 2005b, 95f., und 2008a, 47f.

schaften, die sich auf die Bereitstellung von Luxusartikeln durch Gewerbe oder Handel spezialisiert und ihre Wirtschaft entsprechend monostrukturell ausgerichtet hatten. Neben der dominierenden Konsumentenstadt gab es also, wie diese Gesellschaften eindrucksvoll unter Beweis stellten, auch Gemeinden, die ihr – meist üppiges – Auskommen durch Handel und Gewerbe fanden: Getreidetransporte quer über das Mittelmeer, eine in schwelgerischem Luxusdasein vereinte kosmopolitische Oberschicht, ganze Städte, die sich auf die Beschaffung oder Produktion von Prestigegütern verlegt hatten – die Wirtschaft des kaiserzeitlichen Rom eröffnete der Gesellschaft – aller relativen Rückständigkeit zum Trotz – im 1. und 2. Jh. n. Chr. fraglos Möglichkeiten, die zuvor undenkbar gewesen waren. Der demonstrative Konsum der Elite forderte Kritik förmlich heraus, und so gab es durchaus Stimmen, die sich angesichts der »zweifachen und dreifachen Erbgüter«, die als Gehänge an den Ohren reicher Frauen prangten, entrüstet zeigten.[54] Ein Universalgelehrter wie der ältere Plinius beklagte die Unmengen an Edelmetall, die auf Nimmerwiedersehen im Osten verschwanden – als einziges Zahlungsmittel, das Rom den Exporteuren orientalischer Luxusgüter anzubieten hatte.[55] Es gab aber auch viele, nicht zuletzt griechische Intellektuelle, die Rom für seine zivilisatorische Sendung von Herzen dankbar waren. So hebt etwa der Rhetor Dion (ca. 40–120 n. Chr.) aus der bithynischen Stadt Prusa, den die Nachwelt wegen seiner außerordentlichen Redegabe ›Chrysostomos‹ (›Goldmund‹) nannte, in seiner 79. Rede *Über den Reichtum* den enormen Wohlstand hervor, dessen man in Rom ansichtig werde, die goldenen Dächer und edlen Stoffe exotischer Herkunft, die Bilder und

54 Sen. benef. VII. 9, 4.

55 Plin. nat. VI. 26 und XII. 41. Zweifel an Plinius' Darstellung sind allerdings erlaubt – schon deshalb, weil Überreste römischer Importwaren – Keramikbehälter für Öl, Wein, Garum und Salben – praktisch überall in Süd- und Ostasien gefunden wurden. Über die Kritik an der Luxusentfaltung allgemein: Kloft 2006, 70–76.

Statuen. Diese Statuen hätten ihren Vorbesitzern, denen sie genommen wurden, wenig genützt: »Diener« seien sie, »von geringem Stand und arm.«[56] Bei den Römern hingegen verbinde sich materieller Wohlstand mit hoher ethischer Gesinnung: Es seien, so der einst von Domitian ins Exil verbannte Dion, »die hervorragenden Gesetze, die Redlichkeit der Bürger und das Maßhalten der Regierenden«[57] jene Dinge, die Roms Reichtum wirklich ausmachten. Noch deutlicher wurde einige Jahrzehnte später sein kleinasiatischer Landsmann Aelius Aristides (117–181), auch er ein berühmter Redner, der in seiner Romrede das Imperium in den höchsten Tönen preist:

> Wahrhaftig, ihr habt die Richtigkeit der wohlbekannten Redewendung unter Beweis gestellt, nach der die Erde die Mutter und die universelle Heimat von allen ist. Jetzt kann Grieche wie Barbar, mit seinen Habseligkeiten oder ohne sie, leicht dorthin reisen, wo er will, so als ginge er von einem Heimatland ins andere. Und ihn schrecken weder die Kilikische Pforte noch der sandige Engpass durch Arabien nach Ägypten, noch unpassierbare Berge oder uferlose, gigantische Ströme, noch auch ungastliche barbarische Völker. Es genügt seiner Sicherheit, dass er Römer ist – oder auch einer von jenen, die ihr beherrscht. Und was einst Homer sagte, ›dass die Erde allen gemeinsam gehört‹, das habt ihr Wirklichkeit werden lassen, indem ihr die gesamte bewohnte Welt vermessen, Ströme auf unterschiedliche Art überbrückt, Straßen durch die Berge geschnitten, Wüsten mit Poststationen übersät und alles zivilisiert habt mit eurem Lebensstil und eurer Ordnung. […] Und jetzt ist es wahrhaftig nicht mehr nötig, eine Beschreibung der Welt zu verfassen oder die Gesetze der Völker aufzuzählen, denn ihr seid Geographen der Gesamtheit für alle Menschen, dadurch dass ihr die Tore der bewohnten Welt geöffnet habt und all denen, die es wünschen, die Möglichkeit gegeben habt, alles zu beobachten, und aller Welt universelle Gesetze gegeben habt und Praktiken ein Ende gesetzt habt, über die man früher gerne las, die tatsächlich in Betracht zu ziehen aber nicht akzeptabel war, und

56 Dion Chrys. 79, 1.
57 Ebd.

> dadurch dass ihr die Ehe zwischen allen Völkern erlaubt habt und die ganze bewohnte Welt wie einen einzigen Haushalt organisiert habt.[58]

Die »ganze bewohnte Welt wie einen einzigen Haushalt« organisieren – das war in der Tat eine Vision der römischen Welt, die den kosmopolitischen Eliten Roms schmecken mochte; ganz bestimmt hätte die etwa 20 Jahre nach Hadrians Tod geschriebene Rede mit ihrem Lob des wohlgeordneten, prosperierenden und kulturelle Gräben überwindenden Reiches der Vorstellung entsprochen, die der Reisekaiser von der römischen Welt hatte, schließlich bemühte er selbst sich fortwährend darum, »die Tore der bewohnten Welt zu öffnen.« Nach seiner Rückkehr aus Judäa freilich verließen den Princeps die Körperkräfte und er zog sich auf seinen luxuriösen Landsitz bei Tibur (Tivoli), nördlich von Rom, zurück. Noch heute vermitteln die Ruinen der ›Villa Adriana‹ einen Eindruck davon, wie der alternde und kranke Kaiser hier seinen Erinnerungen lebte. Vor allem aber war die Nachfolge zu regeln: Hadrian adoptierte 136 n. Chr. den jungen Senator Lucius Ceionius Commodus, der jetzt Aelius Caesar hieß. Vielleicht war der junge Mann sein leiblicher Sohn, Hadrian tat jedenfalls alles, um ihm eine unkomplizierte Amtsübernahme zu ermöglichen: Mit staunenswerter Kaltblütigkeit beseitigte er Verwandte, die Aelius Caesar im Wege hätten stehen können. Mehrere hoch angesehene Senatoren waren unter den Opfern, unter anderen der Konsular Lucius Julius Ursus Servianus. Doch Hadrians Kandidat starb schon nach kurzer Zeit, und das Nachfolgeproblem harrte erneut seiner Lösung. Jetzt fiel das Augenmerk des Kaisers auf den gerade 17-jährigen Marcus Annius Verus – den späteren Marc Aurel –, dessen gleichnamiger Vater einst in die kaiserliche Familie eingeheiratet hatte. Da der Heranwachsende aber noch zu jung für die Nachfolge war, nahm Hadrian den 51-jährigen, ebenfalls kinderlosen Senator Aurelius Fulvus an Sohnes statt an, der wie-

58 Aristeid. or. XXVI, 100–102.

derum den jungen Marcus als seinen präsumptiven Nachfolger adoptierte.[59]

Als Titus Aelius Hadrianus Antoninus Augustus Pius folgte Aurelius Fulvus, dessen Familie aus Gallien stammte, dem am 10. Juli 138 n. Chr. gestorbenen Hadrian nach. In seinen letzten Lebensjahren hatte der einsam regierende Hadrian sich den Zorn vieler Senatoren zugezogen, die nun vehement gegen seine Vergöttlichung opponierten, als Antoninus den entsprechenden Antrag einbrachte. Eine tatsächliche Ablehnung durch den Senat hätte sich der neue Kaiser nicht leisten können: Wäre Hadrian nicht vergöttlicht worden, wären womöglich gar Erinnerungssanktionen gegen ihn verhängt worden, so hätte seine eigene Autorität, die ja in der Wahl durch den Vorgänger begründet lag, irreparablen Schaden genommen. Antoninus warf also sein ganzes Gewicht in die Waagschale, um die Senatoren umzustimmen: In einer fulminanten Rede setzte er die *consecratio*, die Vergöttlichung, Hadrians durch und verdiente sich so auch aktiv den Beinamen ›Pius‹ (›der Pflichtbewusste‹), den er bereits seit der Adoption trug. Hadrian wurde später in seinem 139 n. Chr. fertiggestellten Mausoleum beigesetzt, der den Tiber überragenden Engelsburg.

Antoninus Pius' Prinzipat stand ganz im Zeichen der Kontinuität. Dabei lassen sich, was Naturell und Charakter betrifft, kaum zwei unterschiedlichere Kaiser als Hadrian und Pius denken: Weilte Hadrian die längste Zeit seiner Herrschaft außerhalb Italiens, so verließ Pius die Halbinsel nicht ein einziges Mal, und während Hadrian mit seiner ganzen Person für eine aktive Gestaltung der kaiserlichen Rolle stand, neigte Pius dazu, den Dingen ihren Lauf zu lassen. So verharrten etwa hohe Verwaltungsbeamte nun lange auf ihren Posten, was zuvor als Unding gegolten hatte. Immerhin erweiterte Pius die Alimentarstiftungen, in deren Genuss bislang nur männliche Nachkommen gekommen waren, auf Mädchen.[60]

59 Vgl. dazu: Fündling 2008, 27f.
60 Alimentarstiftungen: Ausbüttel 1998, 152–158.

Der Friede seines Prinzipats wurde nur durch gelegentliche Aufstände fernab von Rom, an der äußeren Peripherie des Reiches, erschüttert, die aber unterdrückt wurden: in Britannien zwei Aufstände des Stammes der Briganten (142 n. Chr., 155–158 n. Chr.), die Rom mit dem Bau eines neuen, vorgeschobenen Limes an der Grenze zu Schottland (Antoninuswall) beantwortete, in Nordafrika Unruhen der Mauren (144–152 n. Chr.), eine Rebellion in Dakien (158/159 n. Chr.), außerdem kleinere Erhebungen in Judäa und Ägypten. Womöglich verstellt aber dieses Bild eines in sich ruhenden und keinen großen Gefährdungen ausgesetzten Reiches den Blick auf die Wirklichkeit, denn von den Römern unbemerkt nahmen jenseits der Grenzen, im germanischen Barbaricum und weit östlich davon, Prozesse ihren Anfang, die das römische Imperium in seinen Grundfesten erschüttern und nichts so lassen sollten, wie es war: Fern im Osten begaben sich die Stammväter der späteren Hunnen auf ihre lange Wanderung, die sie schließlich, nach mehreren Hundert Jahren, vor die Tore Roms führen sollte; und weit im Norden, an der Küste der Ostsee, gerieten ostgermanische Gruppen in Bewegung, die sich schließlich am Schwarzen Meer niederlassen und dort als Goten von sich reden machen sollten. Die Umwälzungen in Germanien erfassten auch ein Völkergemisch, dessen Kern die in Böhmen ansässigen Markomannen und Quaden waren. Damit dämmerte das lange dritte Jahrhundert herauf, an dessen Ende ein von Grund auf gewandeltes Imperium stehen sollte.

Zweiter Teil: Roma Aeterna

Im langen 3. Jahrhundert wandelte das Imperium Romanum rundum sein Gesicht: Aus dem augusteischen Reich, das den antiken Mittelmeerraum erstmals in einer politischen Struktur unter einheitlicher Führung zusammengefasst hatte, wurde in wenigen Jahrzehnten das Rom der Spätantike. Wer unter den Severern das Licht der Welt erblickt hatte und als Greis noch das Zeitalter der Tetrarchie erlebte, war Zeuge einer Transformation geworden, die praktisch alle Lebensbereiche erfasst und die Existenzbedingungen der Zeitgenossen grundlegend verändert hatte. Je nachdem, ob er Senator oder Bauer, Italiker oder Provinziale, Soldat oder Zivilist, Heide oder Christ war, hatte er die Veränderungen in unterschiedlichem Ausmaß am eigenen Leib erfahren: Kriege und Bürgerkriege hatten weite Teile des Reiches erschüttert, Kaiser einander in rascher Folge abgelöst, die Währung ihre Solidität verloren, Wirtschaftskreisläufe waren zusammengebrochen. Zugleich waren neue Götter ins Pantheon eingezogen, der Staat hatte begonnen, in religiöse Belange einzugreifen, mehr und mehr Menschen hatten sich neuen, stärker dem Jenseits verpflichteten Religionen zugewandt. Gleichzeitig hatte sich das Sozialgefüge von Stadt und Land verändert: Freie Bauern waren in quasi-feudale Abhängigkeit von Großgrundbesitzern geraten, in Teilen des Reichs hatten die Städte zu schrumpfen begonnen. Dagegen waren Armee und Verwaltung gewachsen und Besteuerung und Recht in einem bis dahin ungekannten Maß Gegenstand von Rationalisierung geworden. Der Kaiser selbst war immer mehr zu einer unnahbaren, fast schon in göttliche Sphären entrückten Gestalt geworden. Schließlich hatte sich auch das äußere Erscheinungsbild der Umwelt geändert: Die zuvor offenen Städte waren von Mauern umringt, Wehrbauten beherrschten das Land, die klassischen Ausdrucksmittel der Kunst waren einer starren Frontalität gewichen, die das Individuum der Idee unterordnete.

Zur Idee wurde, zu einer Zeit, da die Stadt selbst immer mehr ihrer Funktionen an andere Teile des Reiches abgab, auch Rom selbst. Längst waren in den Provinzen aus Unterworfenen Teilhaber der Macht geworden; auch bislang marginalisierte Gruppen, wie die Christen, wussten sich, allen Verfolgungen zum Trotz, mit Rom zu arrangieren, machten es gar zu einem der Angelpunkte ihrer Heilsgeschichte. Das römische Mittelmeerbecken wurde so gleichsam zum Schauplatz einer großen Globalisierungswelle, die die unzähligen regionalen und lokalen Identitäten zwar nicht einfach fortschwemmte, ihnen aber eine ideelle Heimstatt im Reich gab und sie somit integrierte. Damit freilich änderten sich auch die Bedingungen, unter denen das, was Rom ausmachte, auszuhandeln war: Die Zeit, in der nichts und niemand die Hegemonie der ›klassischen‹, in ihrem Kern griechisch-italischen Tradition herausfordert hatte, lief ab.

Doch gerade durch den Umstand, dass die klassische Tradition nun mit anderen kulturellen Entwürfen zu konkurrieren hatte, wurden ihre Konturen schärfer: Ein zähes Ringen um die Besitzrechte am antiken Erbe setzte ein. Es kulminierte im Rhetorenedikt Julians, des ›Abtrünnigen‹, das Christen von der Lehrberechtigung für Rhetorik und Literatur ausschloss. Das Verbot übersah geflissentlich, dass sich längst auch Christen der Pflege und Kanonisierung der antiken Geisteswelt verschrieben hatten.

Das lange 3. Jh. als Periode revolutionärer Umbrüche reichte im Prinzip von Marc Aurel bis Julian. Indem es aus dem einstigen Mittelpunkt des Weltreiches eine Idee machte, transponierte es Rom gleichsam in die Ewigkeit: *Roma aeterna* war geboren.

I. Die politische Dynamik im Imperium Romanum

Zeittafel 7: Von Marc Aurel bis zu den Severern

Die römischen Kaiser sind hervorgehoben, sobald sie die Herrschaft angetreten haben.

161	(7.3.) Tod des **Antoninus Pius**: **Marc Aurel** (geboren als Marcus Annius Verus, bis 180) und **Lucius Verus** (bis 169)
ca. 162	Aufgabe des Antoninuswalls in Schottland; Erneuerung des weiter südlich gelegenen Hadrianswalls
163	Partherkrieg des **Lucius Verus** (bis 166): Triumph beider Kaiser, gemeinsame Annahme des *pater-patriae-* und des *Parthicus-maximus*-Titels (12.10.166)
166	Markomannen, Quaden, Jazygen und andere Stämme überschreiten die Donaugrenze: 1. Markomannenkrieg (bis 175)
168	Beide Kaiser brechen aus Rom an die Donaugrenze auf
169	(Anfang) Tod des **Lucius Verus**: **Marc Aurel** Alleinherrscher
170	**Marc Aurel** schlägt sein Hauptquartier in Carnuntum (Pannonien) auf (bis 173)
172	**Marc Aurel** nimmt den Titel ›Germanicus‹ an; Niederwerfung eines Aufstands in Ägypten durch den *rector totius Orientis* Gaius Avidius Cassius
175	Usurpation des Avidius Cassius im Osten: Abbruch der Kämpfe an der Donau; Ermordung des Avidius Cassius
176	Triumph über die Germanen und Sarmaten
177	2. Markomannenkrieg (bis 180); **Commodus** erhält die *tribunicia potestas* und den Augustus-Titel
179/180	**Marc Aurel** bezieht sein Winterquartier in Sirmium (Pannonien)
180	(17.3.) Tod **Marc Aurels** in Bononia bei Sirmium: Lucius Aurelius **Commodus** (bis 192); Friedensschluss an der Donau; Triumph über die Germanen
181	Verschwörung der Kaiser-Schwester Lucilla gegen Commodus: Lucilla wird nach Capri verbannt, später hingerichtet
185	(27.11.?) Sturz des Prätorianerpräfekten Tigidius Perennis: Der Freigelassene Marcus Aurelius Cleander wird Prätorianerpräfekt
191	Brand Roms
192	(Oktober) Neugründung Roms als Colonia Commodiana; (31.12.) Verschwörung gegen **Commodus**: Ermordung des Kaisers: Der Stadtpräfekt und Konsular Publius Helvius **Pertinax** wird zum Augustus erhoben (bis März 193)

193 Zweites Vierkaiserjahr: (28.3.) Ermordung des **Pertinax**: Erhebung des Konsulars Marcus **Didius** Severus **Julianus** zum Kaiser durch die Prätorianer (bis Juni 193); (9.4.) Lucius **Septimius Severus**, Statthalter der Provinz Pannonia superior, wird von den Donau-Legionen zum Kaiser ausgerufen: Marsch auf Rom; (April) der syrische Statthalter Lucius **Pescennius Niger** wird von den Legionen des Ostens zum Kaiser ausgerufen; (April) der Statthalter der Provinz Britannien, **Clodius Albinius**, wird von den britannischen Truppen zum Caesar ausgerufen; (1.6.) **Didius Julianus** wird vom Senat für abgesetzt erklärt, **Septimius Severus** als Augustus anerkannt; (Nov./Dez.) Niederlage des Asellius Aeminianus, Heerführer des **Pescennius Niger**, gegen **Septimius Severus** bei Kyzikos in Kleinasien

194 **Septimius Severus** bekleidet mit **Clodius Albinus** den Konsulat; (31.3.?) Niederlage des **Pescennius Niger** gegen Publius Cornelius Anullinus, Heerführer des **Septimius Severus**: Ermordung **Pescennius Nigers** in Antiocheia (Ende April); Maßnahmen gegen mit **Pescennius Niger** verbündete Städte im Osten; 1. Partherfeldzug des **Septimius Severus** (bis 195)

195 (Dezember) **Clodius Albinus** wird zum Reichsfeind erklärt

197 (19.2.) Sieg des **Septimius Severus** über **Clodius Albinus** bei Lugdunum; 2. Partherkrieg (bis 198): Eroberung Ktesiphons und Rückzug aus Südmesopotamien; Siegesfeier in Rom: **Septimius Severus** nimmt den Titel eines *Parthicus maximus* an (Januar 198)

198 **Septimius Severus** im Orient (bis 202)

204 Säkularfeier in Rom

205 Auf Betreiben des Kaisersohns Caracalla: Sturz und Hinrichtung des Prätorianerpräfekten Gaius (?) Fulvius Plautianus wegen einer angeblichen Verschwörung: Aemilius Papinianus, bedeutender Jurist, wird Nachfolger des Plautianus

208 Britannischer Krieg: **Septimius Severus** wehrt Angriffe der Kaledonier ab und erneuert den Hadrianswall (bis 211)

211 (4.2.) **Septimius Severus** stirbt in Eburacum (York): Lucius Septimius Bassianus [als Kaiser Marcus Aurelius Antoninus Caesar, Spitzname **Caracalla**] (bis 217) und sein Bruder Publius Septimius **Geta** (bis Dezember 211); 19.12. (?) **Geta** wird in Rom ermordet

212 *Constitutio Antoniniana*: Praktisch alle freien Reichsbewohner erhalten das römische Bürgerrecht

213 (11.8.) Sieg über die Alamannen am Main: Der rätische *Limes* wird verstärkt

214 **Caracalla** an der Donau: Feldzug gegen die Karpen

215 **Caracalla** in Syrien und Ägypten: Aufstand in Alexandreia wird niedergeworfen; Partherkrieg (bis 217)

217 **Caracalla** wird bei Karrhai in Osrhoene ermordet: Der Prätorianerpräfekt Marcus Opelius **Macrinus** wird als erster Angehöriger des Ritterstands zum Kaiser erhoben (bis 218); Niederlage gegen die Parther bei Nisibis

218	Friedensschluss mit den Parthern; (16.5.) Usurpation des Varius Avitus Bassianus [**Elagabal**] in Emesa; (8.6.) Sieg der Truppen **Elagabals** über **Macrinus** bei Antiocheia; **Macrinus** flieht nach Bithynien, wird gefangen genommen und getötet: **Elagabal** (bis 222)
219	(Sommer) *adventus* **Elagabals** in Rom
ca. 220	Erhebung des lokalen Fürsten Ardaschir I. in der Persis gegen die Parther: Bürgerkrieg im Partherreich
221	(26.6.) Erhebung des Bassianus Alexianus [**Severus Alexander**] zum Caesar
222	(11.3.) **Elagabal** wird zusammen mit seiner Mutter Julia Sohaemias ermordet: **Severus Alexander** (bis 235)
224	(28.4.) Sieg des Sasaniden Ardaschir I. über den Arsakiden Artabanos V. bei Hormizdagan: Beginn des persischen Sasanidenreichs (bis 642/651); Ardaschir I. Großkönig (bis 241); Fortsetzung der Kämpfe zwischen Ardaschir I. und dem Arsakiden Vologaises V.
227	Einnahme von Ktesiphon durch die Sasaniden; Ende des Partherreichs
230	Perser fallen in die Provinzen Mesopotamia und Cappadocia ein: Nisibis wird belagert
231	(Ende) **Severus Alexander** in Antiocheia: Perserkrieg (bis 233); Wiederherstellung der Grenze in Mesopotamien
233	Triumph über die Perser
234	Germanenkrieg des **Severus Alexander** (bis 235): Kämpfe mit den Alamannen
235	(Februar/März) Ermordung des **Severus Alexander** durch Soldaten in Mogontiacum: **Maximinus** [**Thrax**] (bis 238)

Umwälzende Veränderungen beschränkten sich nicht auf die Geistesgeschichte. Das Imperium war Schauplatz eines ganz realen, steten Wandels, der sich im 2. Jh. n. Chr., besonders gegen Ende, beschleunigte. Der politische Prozess der Epoche stand an Dramatik in nichts jenem der römischen Republik nach, auch wenn sich viele Veränderungen unter der Oberfläche abspielten. Freilich täuschen die gleichförmige Abfolge der Kaiser und die Schwierigkeit, sich durch den von den Quellen gewobenen Schleier ihren Persönlichkeiten zu nähern, eine gewisse Statik vor, so dass selbst Mommsen der Kaiserzeit nur »bleierne Langeweile« und »öde Leere«[1] bescheinigt – und wohl auch deshalb der Arbeit am 4. Band seiner *Römischen Geschichte* auswich.

1 Zitiert nach Mommsen 1992, 19.

Die Neujustierung des Prinzipats: Marc Aurel (161–180 n. Chr.) und Commodus (180–192 n. Chr.)

Als Antoninus Pius Anfang März 161 n. Chr. starb, trat der 40-jährige Marc Aurel[2] die Nachfolge an – und überraschte seine Umgebung gleich mit einem ungewöhnlichen Schritt: Er, der sich selbst an den strengen Maßstäben stoischer Philosophie maß – das ungewöhnliche Selbstporträt seiner *Selbstbetrachtungen*[3] erlaubt uns immerhin direkte Einblicke in das Seelenleben des Kaisers –, bestimmte den Sohn des Aelius Caesar, seinen jüngeren Adoptivbruder Lucius Verus, der für seine Ausschweifungen bekannt war, zum formal gleichberechtigten Mitregenten mit dem Titel Augustus. Sogleich wurden Münzen geprägt, welche die CONCORDIA AVGVSTORVM feierten, die Eintracht der beiden Kaiser.

Die Prinzipatsarchitektur, die Marc Aurel vorschwebte, sah eine klare Kompetenzverteilung zwischen den beiden Augusti vor: Während Marcus sich um Italien und die Hauptstadt kümmern sollte, lagen Lucius' Aufgaben in den Provinzen. Der Jüngere, der im Gegensatz zu seinem Adoptivbruder nur mit Mühe seinen herrscherlichen Pflichten nachkam, brauchte nicht lange auf seine Bewährungsprobe zu warten: Das vermeintliche Machtvakuum nach Pius' Tod ausnutzend, wagten die Parther unter ihrem König Vologaises III. einen weiteren Vorstoß ins römische Klientelkönigreich Armenien, wo sie eine Legion vernichteten; die römischen Grenzen überschreitend drangen sie bis nach Kappadokien und Syrien vor.

Lucius Verus hatte es nicht eilig, zum Kriegsschauplatz zu gelangen. Die Führung der Truppen überließ er Gaius Avidius Cassius, einem unter Pius zum Senator aufgestiegenen früheren Ritter und ehemaligen Präfekten von Ägypten. Cassius' operative Führung erwies sich als so effizient, dass die

2 Über Marc Aurel jetzt die vorzüglichen, zusammen kaum einen Aspekt auslassenden Biographien von Fündling 2008 und Horst 2013 sowie die Beiträge in van Ackeren 2012. Vgl. auch Birley ^{2}1977; Klein 1979; Rosen 1997.

3 Capelle 2008.

Abb. 17: Sesterz des Lucius Verus (161–162 n.Chr.). Das Revers betont programmatisch die Eintracht zwischen den Kaisern (CONCORDIA AVGVSTORVM). (RIC III, 1310)

Parther bald ihr Heil in der Flucht suchten: Die Römer überquerten den Euphrat bei Zeugma (164), eroberten die parthischen Städte Seleukeia am Tigris und Ktesiphon (165) und zwangen den Parthern einen demütigenden Frieden auf (166), der Rom in den Besitz Osrhoenes und eines breiten Streifens am mittleren Euphrat mit Dura-Europos brachte. Allerdings schleppten die Truppen auch eine Seuche aus Ktesiphon ein, die über 20 Jahre lang im Imperium wütete und unzählige Menschen das Leben kostete. Die sogenannte Antoninische Pest forderte auch unter den Vornehmen viele Opfer und riss große Lücken in die militärische wie administrative Führungselite.[4] Der Partherkrieg musste deshalb vorzeitig abgebrochen werden, die römischen Truppen zogen sich aus der Südhälfte Mesopotamiens wieder zurück.

Der zweite Schlag folgte sogleich: Zur Jahreswende 166/167 fielen 6000 Stammesangehörige der Langobarden und Olbier ins römische Pannonien ein, die zum Umfeld der Markomannen und Quaden gehörten und für die deshalb in römischen Augen die von Rom abhängigen Markomannen die Verantwortung trugen (1. Markomannenkrieg). Die Quaden hatten bereits unter Pius um Aufnahme ins Reich gebeten, waren aber abgewiesen worden. Stattdessen hatten sie ei-

4 Zu den Folgen: Duncan-Jones 1996.

nen *rex datus* – einen von Rom eingesetzten König – erhalten. Als auch Verhandlungen mit den Stämmen an der Grenze keine dauerhafte Ruhe einkehren ließen, bezogen die beiden Kaiser Quartier in Aquileia, um den Gegenschlag zu koordinieren. Da die Antoninische Pest auch hier das Heer dezimierte, musste die Offensive allerdings mehrfach verschoben werden. Auf der Rückreise nach Rom starb Lucius Verus und wurde daraufhin zum Gott erhoben (169).

Ein erster Vorstoß auf germanisches Gebiet scheiterte kläglich: Der Statthalter Moesia inferiors, Marcus Claudius Fronto, fiel, und die Germanen gingen zur Offensive über: Bei Carnuntum rieben sie ein Heer von 20.000 römischen Soldaten auf und drangen bis Aquileia vor, das sie belagerten; einzelne Gruppen zogen plündernd nach Griechenland und standen bald vor den Toren Athens. Erst im sechsten Kriegsjahr (171) konnten die Römer das Schlachtenglück wenden. Sie vertrieben die Eindringlinge aus Pannonien, Noricum und Raetien und gingen schließlich zur Gegenoffensive über. Der erste Markomannenkrieg endete mit einem Sieg über die Jazygen, die 100.000 römische Gefangene freiließen und sich dazu verpflichteten, Hilfstruppen zu stellen (175).

Der Friede war jedoch brüchig: Nach nur zwei Jahren erhoben sich Markomannen, Quaden, Hermunduren und Jazygen erneut, und diesmal trug Marc Aurel den Krieg weit in ihr Kernland (2. Markomannenkrieg): Die Römer schlugen ein großes Heer der Quaden bei Laugaricium (Trenčin, in der heutigen Slowakei), die Donaugrenze in Raetien und Noricum wurde stark befestigt, in Böhmen die Provinz Marcomannia mit einem Besatzungsheer von 40.000 Soldaten eingerichtet. Marc Aurel nahm daraufhin den Namen Germanicus an, die römische Sicht der Dinge fand auf den Reliefs der Marcussäule ihren Niederschlag. So schien sich Domitians Vision von einem römischen Ostmitteleuropa doch noch zu erfüllen.[5] Doch am 17. März 180 n. Chr. starb Marc

5 Langmann 1981; Fündling 2008, 130–168.

Aurel in Vindobona (Wien), vermutlich ebenfalls an der Seuche, die periodisch immer wieder aufflackerte, und sein Sohn Commodus, bereits seit vier Jahren Mitregent des Vaters, wurde alleiniger Augustus. Commodus ließ alle militärischen Operationen nördlich der Donau einstellen, schloss Frieden mit den Germanen und feierte in Rom einen Triumph.[6]

Die politische Dynamik, die das Imperium ab der Zeit Marc Aurels mit wachsendem Tempo ergriff, ist nicht auf eine einzelne Ursache zurückzuführen. Eher ließ eine Kette von Ereignissen, von denen sich etliche wiederum außerhalb der Reichsgrenzen zutrugen, die strukturelle Unfähigkeit der augusteischen Prinzipatsordnung offenbar werden, mit den Herausforderungen fertig zu werden: Das strategische Bündnis zwischen Princeps und senatorischer Aristokratie, das Augustus einst geschlossen und mit dem er das Kaisertum – den Prinzipat – in die institutionelle und kommunikative Tradition der römischen Republik gestellt hatte, hatte mit der Zeit mehr und mehr Reliktcharakter angenommen und war dann, angesichts der immer offener zutage tretenden Militarisierung des Kaisertums seit der Krise des Vierkaiserjahres, endgültig zum Anachronismus geworden.

Das Bündnis, so sehr es die prinzipielle Gleichheit beider Partner zum Dogma erhob, war von Anfang an ein Pakt zwischen Ungleichen gewesen: Hier der Prinzeps, der über die Legionen gebot, dessen Wort in den Provinzen unumschränkte Geltung hatte und der vor allem alle anderen an Autorität überragte; dort die Senatoren, deren Spielräume für politische Entscheidungen und repräsentative Selbstdarstellung sich immer weiter verengten und die, wie ihre schreibenden Vertreter selbst wortreich beklagten, in immer stärkerem Maße kaiserlicher Willkür ausgesetzt waren. Gleichwohl war das Bündnis, von wenigen Ausnahmen – von denen Domitians Herrschaft die wichtigste war – abgesehen, über lange

6 Freilich sind auch unter Commodus inschriftlich noch weitere Zusammenstöße mit Germanen bezeugt, namentlich mit den Buren im Raum Dakien (CIL III. 5937).

Zeit weitgehend intakt geblieben. Seine Langlebigkeit erklärt sich entscheidend aus der einfachen Tatsache, dass die Senatoren für den Kaiser unverzichtbar waren, um das Riesenreich zu beherrschen und den Aufgabenberg zu bewältigen, der sich mit seiner Verwaltung stellte: Sie waren die einzige zur Bekleidung höchster administrativer Posten legitimierte Elite. Vor allem war und blieb der Verwaltungsstab, auf den sich die Kaiser stützen konnten, so rudimentär, dass sich das Reich ohne die Bindekräfte, die seiner sozialen Organisation innewohnten, schlicht nicht beherrschen ließ.[7] Konkret hieß dies, dass ihr erhebliches Kapital an gesellschaftlichem Prestige und sozialer Vernetzung die Senatoren weit eher für ihre Amtsstellungen qualifizierte als ihre individuellen Fähigkeiten und Erfahrungen.

Dasselbe galt für die organisatorisch ohnehin kaum von der Verwaltung zu trennende Armee: Die Senatoren durchliefen die ihnen vorbehaltenen Kommandostellen, den Militärtribunat und später die Stellung des Legionslegaten, ohne länger auf einem Posten zu verweilen. Erst die Stabsstellen einer Legion waren mit Berufssoldaten besetzt, ein Professionalitätsdefizit, das in der langen Periode relativen Friedens kaum ins Gewicht fiel, aber zu einer schweren Hypothek wurde, sobald die strategische Lage großräumige Operationen erforderte, für deren Leitung entsprechende Fachleute dann nicht zur Verfügung standen. Die makellose Fassade blieb so lange intakt, wie die Leistungsfähigkeit des administrativ-militärischen Apparats nicht ernsthaft auf die Probe gestellt wurde. Das war unter den Bedingungen des 1. und der ersten Hälfte des 2. Jh. fast durchgängig der Fall. Wie gefährlich aber die Lücke war, die der Mangel an geeigneten Kommandeuren in die

7 Eich 2005, 68f. Zur Verwaltung der Provinzen: Ando 2006; Lo Cascio 1991; Lo Cascio [2]2005; der Städte: Edmondson 2006; Gleason 2006; Vittinghoff 1994. Mit geradezu minimalistischen Verwaltungen mussten im Prinzip auch alle anderen vormodernen Großreiche zurechtkommen. Rom war insofern eine Ausnahme, als hier die autonomen Städte eine Verwaltungsebene *sui generis* bildeten und die imperiale Verwaltung von vielen Aufgaben entlasteten.

römische Sicherheitsarchitektur riss, zeichnete sich bereits in der Frühphase des Partherkriegs (163–166) in Armenien ab: Wenigstens zwei römische Heerführer, die Statthalter Kappadokiens und Syriens, Marcus Sedatius Severianus und Lucius Attidius Cornelianus, wurden gleich zu Beginn geschlagen, und Vologaises III. stand mit seinen Truppen in Kappadokien und Syrien. Deutlich verschärft wurde das Problem durch den demografischen Aderlass, der seine Ursache in der aus Mesopotamien eingeschleppten Seuche und den Markomannenkriegen hatte.

In der akuten Notsituation eröffneten sich bis dato nicht gekannte Aufstiegschancen für militärische Fachleute. So setzte sich nahezu die gesamte Generalität Marc Aurels aus Männern zusammen, die in ihren Familien jeweils als Erste zu solch führenden Positionen aufstiegen;[8] einer von ihnen brachte es später, wenn auch nur für kurze Zeit – nach der Ermordung des Commodus' –, als Sohn eines Freigelassenen sogar zum römischen Kaiser: Publius Helvius Pertinax. Seine Karriere mag durchaus exemplarisch sein für die Möglichkeiten, die sich fähigen Militärs seiner Generation eröffneten:[9] Pertinax, geboren 126 n. Chr., stieg durch die Patronage eines hochrangigen Senators, Lucius Hedius Rufus Lollianus Avitus, zum Zenturio auf und erhielt ein Kommando im Partherkrieg, wo er sich auszeichnete. Später wurde er in rascher Folge versetzt: nach Britannien, auf den Balkan, in die Zivilverwaltung Italiens. Schließlich war er Befehlshaber der Rheinflotte, sodann Inhaber einer hohen Kommandostelle auf dem Balkan, direkt dem Kaiser unterstellt. Als ihm durch Rufmord der Verlust kaiserlicher Gunst drohte, kam ihm ein anderer Vertreter der neuen militärischen Elite zu Hilfe, Claudius Pompeianus, und Pertinax erhielt ein neues Kommando.

8 Keiner der acht Männer – Statius Priscus, M. Jallius Bassus, M. Servilius Fabianus, M. Claudius Fronto, P. Helvius Pertinax, C. Arrius Antoninus, C. Vettius Sabinianus und Claudius Pompeianus – hatte einen Vater, der es zum Konsul gebracht hatte (Potter 2004, 74).

9 Alföldy 1974.

Diesmal ebneten ihm seine militärischen Lorbeeren den Weg in den Senat und zum Konsulat (175 n. Chr.). Als Konsular und Oberbefehlshaber auf dem Balkan wurde er dann zu einer der wichtigsten Stützen des Kaisers in der Krise, die auf die Usurpation des Avidius Cassius (175 n. Chr.) folgte, die gegen Ende des ersten Markomannenkriegs auf die Nachricht hin, der Princeps sei tot, den römischen Osten erschütterte.

Die Achse Pertinax–Pompeianus lässt gar an ein gewisses Moment der Binnensolidarität in den Kreisen der als Berufsmilitärs zum sozialen Aufbruch drängenden Newcomer denken. In jedem Fall überschritt der plötzliche Durchbruch von Berufssoldaten in höchste Ränge das übliche Maß sozialer Mobilität: Er kündigte an, dass sich die gesellschaftliche Hegemonie des Senatorenstands ihrem Ende zuneigte. Zwar mündeten Karrieren wie jene des Pertinax oder die des Claudius Pompeianus im Erfolgsfall auch schon vorher früher oder später in die Mitgliedschaft im *ordo senatorius*, wenn nicht in den Konsulat, doch zeichneten sich die Angehörigen der neuen militärischen Funktionselite wesentlich dadurch aus, dass sie die entscheidenden Etappen ihrer Laufbahn eben vor Eintritt in den Senat zurücklegten. Auch scheint ihr häufig rasantes Fortkommen von so manchem Senator misstrauisch beäugt worden zu sein, weshalb sich etwa Pertinax übler Nachrede zu erwehren hatte.

Das Bündnis zwischen Princeps und Senatoren, in dem Augustus die Monarchie verankert hatte, verlor unter Commodus allerdings auch deshalb an Integrationskraft, weil der Kaiser bestrebt war, den Prinzipat zum persönlichen Regiment auszubauen und in diesem Bemühen nach neuen strategischen Bündnispartnern Ausschau hielt. Er fand sie in der *plebs urbana* und den Soldaten, mit denen er gezielt in Dialog trat. Das war zwar nicht vollkommen neu – wenigstens Domitian hatte ähnliche Pfade beschritten –, neu indes war die Konsequenz, mit der Commodus vorging: Er versuchte, die traditionellen Eliten ganz von den Schalthebeln der Macht zu verbannen und berief, konsequenter als alle seine Vorgänger, Individuen in Schlüsselpositionen, die ganz und gar von ihm abhängig waren, wie den Freigelassenen Marcus Aurelius Cleander, der 182 zum Cubicularius des Kaisers aufstieg und über mehrere Jahre die dominante politische Persönlichkeit in der Hauptstadt war. Noch wichtiger war, dass Commodus kommunikativ auf die Bedürfnisse von Heer und *plebs urbana* reagierte, denen er ein neues Goldenes Zeitalter unter der Ägide des ›Hercules Commodianus‹ versprach. Der Kaiser als ›Hercules‹ griff vertraute Elemente – die *virtus* und die Sieghaftigkeit des Kaisers – auf, rückte den Herrscher jedoch deutlich näher an die göttliche Sphäre heran: Wie der Halbgott, so lautete der Subtext, war Commodus als Mensch geboren, hatte aber durch seine Arbeit im Dienste der Menschheit Unsterblichkeit erlangt. Die *imago*, das zwischen ihm und den Untertanen ausgehandelte öffentliche ›Image‹, zeichnete den Kaiser als Quell allen Glücks für die Untertanen. Der leibhaftige Auftritt des Kaisers in der Arena – wo er für die *virtus* stritt – und schließlich die Erhebung der Stadt Rom zur *colonia Commodiana* als höchste Steigerungsstufe autokratischer Personalisierung bezogen von hier ihren Sinn.[10]

Damit aber geriet die Prinzipatsarchitektur augusteischer Prägung insgesamt ins Wanken: Eine senatorische Aristokratie, der unter dem Vorzeichen militärischer (und zunehmend auch administrativer) Professionalisierung ihre Kernfunktionen abhanden kamen, war kein attraktiver Bündnispartner mehr für einen Kaiser, dessen monarchisches Selbstverständnis ohnehin ein ganz anderes geworden war: Die den Prinzipat konstituierende Allianz war hinfällig geworden, und mit den Berufsmilitärs vom Schlage eines Pertinax stand ein neuer

10 Hekster 2002, 197–201. Der Versuch, eine neue *imago* zu konstruieren, scheiterte; Commodus provozierte eine Serie von Verschwörungen, die letztlich ihr Ziel erreichten. Die senatorische Geschichtsschreibung lastete später, wie kaum anders zu erwarten, die Hinwendung zur Autokratie dem Caesarenwahn des Commodus an. Dennoch war es gerade die von Commodus veranlasste Neujustierung des Prinzipats, die den Weg ins 3. Jh. wies und spätere Versuche, dem Kaisertum einen expliziten Gottesbezug zu verschaffen, vorwegnahm. Offensichtlich stieß die Initiative, vor allem in den Provinzen und beim Heer, durchaus auf Akzeptanz.

Bündnispartner schon bereit. Freilich setzten sich die Kaiser, indem sie auf die neue militärische Elite als Bündnispartner setzten, auch einem großen Risiko aus – in Zeiten, in denen unter dem Diktat einer gewandelten Sicherheitslage auf dem Schlachtfeld über Erfolg oder Misserfolg eines Monarchen entschieden wurde, konnten aus Alliierten nur allzu rasch Rivalen werden. Die Usurpationsneigung der Karriereoffiziere war im Zweifel sogar noch stärker als die der senatorischen Befehlshaber vergangener Jahrzehnte, denn wer sich von der Pike zu höchsten Kommandostellen hochgedient hatte, verfügte bei den Soldaten, mit denen ihn ein gemeinsamer Erfahrungshorizont verband und von denen er entsprechend Solidarität erwarten konnten, über mehr Rückhalt als die Senatoren. Damit war eines der charakteristischen Krisenszenarien des 3. Jh., die serienmäßige, sich regelmäßig in Bürgerkrieg entladende Usurpation, bereits vorgezeichnet. Oft gewann die Zerrüttung kaiserlicher Autorität eine solche Dynamik, dass sich gleich mehrere Usurpationen in zeitlicher Parallele überkreuzten, und immer wieder entledigten sich Heere, die mit ihrem siegreichen Anführer gerade erst einen neuen Kaiser ›gemacht‹ hatten, ihres eigenen Kandidaten wieder, sobald es brenzlig wurde und der Prätendent sie in den Bürgerkrieg gegen womöglich überlegene Kräfte zu führen drohte. Mit dem zweiten Destabilisierungsfaktor jener Jahre, den grassierenden Übergriffen von Reichsfeinden auf römisches Gebiet, bildeten die sich häufenden Usurpationen einen engen Kausalzusammenhang, der das politische System des Prinzipats an den Rand des Zusammenbruchs manövrierte.

Die Krise des zweiten Vierkaiserjahres und die Begründung des severischen Prinzipats (193–211 n. Chr.)

Das Ausmaß der Veränderungen erwies sich unmittelbar nach der Ermordung des Commodus am Neujahrsabend des Jahres 192, dem Auftakt zur schwersten Krise des Prinzipats seit dem Vierkaiserjahr 69 n. Chr. Unseren Gewährsleuten

Cassius Dio und Herodian[11] zufolge hatte Commodus für die folgenden Stunden eine ›Nacht der langen Messer‹ geplant, der eine Reihe führender Senatoren und womöglich auch seine Geliebte Marcia zum Opfer fallen sollten. In einem wohlberechneten Präventivschlag entledigten sich die Todeskandidaten des Kaisers.[12] Commodus war der letzte Kaiser, der einer senatorischen Verschwörung zum Opfer fiel: Im 3. Jh. kamen die meisten Kaiser im Gefolge von Usurpationen oder durch Meutereien der eigenen Truppe ums Leben. Der Mord an Commodus war das letzte erfolgreiche Sich-Aufbäumen einer Elite, die in den folgenden Jahrzehnten eine Position nach der anderen zu räumen hatte.

Die Prinzipatsgeschichte hatte für den Zusammenbruch einer Dynastie bis dahin zwei Szenarien bereitgehalten: den Bürgerkrieg des Vierkaiserjahres 69 n. Chr. und den vergleichsweise geordneten Übergang, den Nerva 96 n. Chr. bewerkstelligt hatte. Was nun entbrannte, war der längste und blutigste Bürgerkrieg seit Actium: Nahezu vier Jahre sollte es dauern, bis sich zuletzt der Stärkste und Glücklichste jener fünf Männer (Pertinax, Didius Julianus, Septimius Severus, Pescennius Niger, Clodius Albinus) durchsetzte, die nach Commodus' Tod in kurzer Folge zu Kaisern ausgerufen wurden. Der Bewerber, der am Ende das Rennen machte, war Septimius Severus.

Dass es nach den subkutanen Umwälzungen der Commodus-Zeit kein Zurück zum ›humanitären‹ Kaisertum der Antonine geben konnte, musste Pertinax leidvoll erfahren, auf den sich die Verschwörer als neuen Kaiser verständigten. Mit der glanzvollen Karriere, die er unter Marc Aurel absolviert hatte, schien er am ehesten geeignet, die abgerissene Konti-

11 Cass. Dio LXXIII. 22; Herodian. I. 17, 1–5.

12 Herodian macht in seinem ausführlichen Bericht Marcia zur Anstifterin des Unternehmens. Die Einzelheiten werden sich niemals vollständig erhellen lassen, aber der Gedanke, Commodus habe eine Aktion geplant, welche die senatorische Elite in ihren Grundfesten erschüttert hätte, scheint durchaus naheliegend. Zur Rekonstruktion des Hergangs und zu den Hintergründen: Millar 1964, 133f.

nuität zur antoninischen Epoche wiederherzustellen. Er war den Senatoren wie dem Heer vermittelbar, und den Prätorianern, die wenige Stunden zuvor noch den jährlichen Treueschwur auf den bereits toten Commodus geleistet hatten, wurde ein großzügiges Donativ versprochen, das ihre Loyalität sicherstellen sollte. Die Rechnung schien zunächst aufzugehen: Pertinax äußerte den von jedem neuen Kaiser erwarteten Unwillen, den Purpur anzunehmen, er begann mit der Versteigerung von Besitztümern seines Vorgängers und zahlte aus dem Erlös das Donativ, das die Garde über den Verlust des bei ihr durchaus populären Commodus hinwegzutrösten schien. Fiskalisch schlug er einen Sanierungskurs ein, der angesichts leerer Staatskassen auch dringend geboten war.

Anders als Nerva knapp 100 Jahre früher war es Pertinax aber nicht vergönnt, seine Herrschaft zu konsolidieren. Das Rad ließ sich nicht zurückdrehen, die Achse Kaiser–Senat nicht ohne Verlierer restaurieren. Den drohenden Verlust von Einfluss und Privilegien vor Augen, zogen nun ihrerseits jene die Notbremse, die von Commodus' Neujustierung der Prinzipatsmechanik profitiert hatten: Am Morgen des 28. März des Jahres 193 erschlugen Prätorianer den neuen Kaiser. Zwei Kaisermorde innerhalb von 100 Tagen spiegeln sinnfällig den Konflikt zwischen traditionellen und neuen Eliten, die um die Prinzipatsordnung rangen: Pertinax' Tod besiegelte endgültig die Niederlage der alten Ordnung und ihrer Anhänger – der schleichende Umbruch der vergangenen Jahrzehnte hatte sich als irreversibel erwiesen.

Was nun folgte, ist häufig als ›Versteigerung‹ des kaiserlichen Purpurs bezeichnet worden. In Wirklichkeit war das Geschehen keineswegs so präzedenzlos, wie uns die antiken Chronisten glauben machen wollen: Die Prätorianer akklamierten Didius Julianus, Pertinax' Kollegen im Konsulat, weil er seinen Konkurrenten und Schwiegervater Flavius Sulpicianus mit dem Versprechen übertrumpfte, ein Donativ von 25.000 Sesterzen auszuzahlen, und obendrein die Rehabilitierung des bei den Soldaten noch immer beliebten Commodus ankündigte. Nicht viel anders waren auch schon Claudius und Otho im 1. Jh. n. Chr. auf den Thron gelangt[13] – und wie Otho verkannte auch Didius Julianus das *arcanum imperii*, nämlich die Tatsache, dass nicht die Kontrolle der Hauptstadt, sondern der Grenzarmeen über Macht oder Ohnmacht eines Prätendenten entschied.

Kurz nacheinander griffen Lucius Septimius Severus, der aus dem libyschen Lepcis Magna gebürtige Statthalter der Donauprovinz Oberpannonien, und sein ärgster Konkurrent Gaius Pescennius Niger, der Statthalter von Syrien, nach dem Purpur. Hinter Severus standen die drei Legionen seiner eigenen Provinz sowie die der übrigen Donauprovinzen Pannonia inferior, Moesia inferior (wo sein älterer Bruder Geta Statthalter war), Moesia superior und Dacia, alles in allem sechzehn Legionen. Niger fand unter den Provinzstatthaltern des römischen Ostens und der Bevölkerung der großen Städte rasch Anhänger, war mit seinen sechs Legionen Severus aber hoffnungslos unterlegen. Ein weiterer Unsicherheitsfaktor für Severus war der Statthalter von Britannien, Clodius Albinus, mit seinen drei Legionen, den er aber vor seinem Aufbruch aus Carnuntum geschickt zu neutralisieren wusste, indem er ihn kurzerhand zum Caesar und Nachfolger erklärte.

Wie Pertinax und Julianus waren auch Niger und Albinus die ersten ihrer jeweiligen Familie, die den Konsulat bekleideten, während im Fall von Severus sein Großonkel Gaius, der Konsul des Jahres 160, dem Neffen in der Frühphase von dessen Karriere fördernd unter die Arme griff. Gleichwohl repräsentierte auch der Nordafrikaner Severus den Typus des provinzialen Notabeln, der nun in die obersten Ränge drängte; und wie die anderen hatte er sich auf diversen militärischen und administrativen Posten bewährt, war Vertreter einer Funktions-, nicht einer Geburtselite – und damit der Prototyp für die Kaiser des 3. Jh. Von den Prätendenten des Jahres 193 hatte er das größte politische Geschick, die stärkste

13 Potter 2004, 98.

militärische Gefolgschaft und den längsten Atem: Nachdem er seine Kinder hatte in Sicherheit bringen lassen, marschierte Severus auf Rom, wo Julianus' Stellung rasch unhaltbar wurde. Die Prätorianer, denen Severus Straffreiheit in Aussicht gestellt hatte, entledigten sich des Mannes, den sie selbst zum Kaiser gemacht hatten: Julianus war bereits tot, als Severus am 9. Juni mit seinem Heer in einem glänzend inszenierten Zug in Rom einrückte. Die Bestattung des Pertinax zelebrierte er als aufwendigen Festakt und tat so aller Welt kund, dass er selbst die legitime Nachfolge repräsentierte, während Niger außerhalb jeder Rechtmäßigkeit stand.

Der hatte sich mittlerweile angeschickt, von Syrien aus westwärts vorzustoßen. Er überschritt den Hellespont und errang bei Perinth einen unbedeutenden Sieg über ein Detachement der severischen Armee. Als das Donauheer zum Gegenschlag ausholte, zogen sich Nigers Truppen auf die Taurus-Höhen zurück. Bei Issos unterlagen sie schließlich Ende April 194 den weit überlegenen severischen Legionen unter Gaius Annullius; Niger fand wenige Tage später den Tod. Der Bürgerkrieg zwischen ihm und Severus hatte indes Sogwirkungen, die weit über den Kriegsschauplatz hinausreichten: Viele Städte des Ostens, wie Nikaia, Antiocheia und Neapolis in Palästina, hatten Niger bis zuletzt die Treue gehalten, Byzantion widerstand der Belagerung sogar bis zum Frühjahr 195. Severus statuierte nun ein Exempel an diesen Städten: Sie wurden in der Rang- und Prestigeskala des hellenistischen Ostens und seiner Städte zurückgestuft oder verloren (wie Byzantion und Antiocheia[14]) sogar ganz ihr Stadtrecht und wurden als ›Dörfer‹ rivalisierenden Poleis einverleibt.

Auch von den Parthern und von etlichen der autonomen Herrscher der orientalischen Steppengrenze hatte Niger Unterstützung erhalten, wobei die diplomatischen Kontakte zwischen dem osrhoenischen König Abgar VIII. auf der

14 Antiocheia erhielt seinen alten Status als Stadt und *colonia* freilich schon wenige Jahre später zurück.

einen, dem hatrenischen König Abdsamiya und dem Arsakiden Vologaises V. auf der anderen Seite für Rom ein erhebliches Gefahrenpotenzial bargen:[15] Es lag nahe, dass die parthische Seite den römischen Bürgerkrieg nutzen würde, um verlorenes Terrain an der Steppengrenze gutzumachen. Eine energische Reaktion des Siegers Severus war also nur folgerichtig. Obwohl die Quellen eine exakte Rekonstruktion der Chronologie nicht zulassen, scheint doch festzustehen, dass Severus seinen Partherkrieg in zwei Etappen führen musste (194/195 und 197–199), unterbrochen durch den Kampf gegen Clodius Albinus, der sich nun nicht mehr ins Konzept einer severischen Dynastie – Severus hatte zwei Söhne, die er zu Nachfolgern aufbaute – integrieren ließ: Albinus verlor Schlacht und Leben bei Lyon.

Das Schlachtenglück in Mesopotamien scheint durchaus wechselhaft gewesen zu sein: Zwar unterwarf Severus Osrhoene (und möglicherweise auch Adiabene jenseits des Tigris), eroberte Babylon, Seleukeia und Ktesiphon (das er plündern ließ) und vermochte den parthischen Belagerungsring um Nisibis zu sprengen, doch blieb sein (womöglich zweimaliger) Versuch, Hatra zu erobern, erfolglos. Die dauerhafte Eroberung Niedermesopotamiens dürfte auch deshalb gescheitert sein: Dem Partherreich war noch eine Gnadenfrist von einem Vierteljahrhundert vergönnt.

Die territorialen Zugewinne in Mesopotamien blieben also vergleichsweise bescheiden, aber die Matrix des römischen Orients wandelte sich dennoch grundlegend: Der Norden des Zweistromlands bildete fortan die neue römische Provinz Mesopotamia, vor allem auf Kosten des nun faktisch zum Stadtstaat reduzierten Klientelkönigreichs Osrhoene. Der mittlere Euphrat und das Tal des Khabur wurden zur stark befestigten Militärgrenze ausgebaut, mit Dura-Europos als Befehlszentrale. Von hier aus ließen sich die Nomaden der angrenzenden Steppen unter Kontrolle halten und künftige

15 Sommer 2005e, 239f.

Feldzüge gegen die Parther vorbereiten. Palmyra büßte einen Gutteil seiner reichsweit einzigartigen Autonomie ein und musste seine Bogenschützen römischen Befehlshabern unterstellen. Schließlich veranlasste Severus die Teilung der Provinz Syria, deren Statthalter stets eine hohe Usurpationsneigung gezeigt hatten, in zwei neue Provinzen.[16]

Die zweite Grenze, der Severus seine Aufmerksamkeit widmete, war der britannische Limes. Hier hatten die Römer um 160 n. Chr. den Antoninuswall am Isthmos zwischen Firth of Forth und Clydemündung aufgegeben, sich aber nicht vollständig hinter den älteren Hadrianswall zurückgezogen, sondern die Kontrolle über das Limesvorland durch ein Netz von Legionslagern behauptet. In severischer Zeit wurde die militärische und logistische Infrastruktur des Hadrianswalls erheblich verstärkt, vielleicht als Reaktion auf Einfälle kaledonischer Stämme. 208 erschien der Kaiser dann sogar persönlich auf dem britannischen Kriegsschauplatz und lenkte von seinem Hauptquartier in Eburacum (York) aus großräumige Operationen, welche die Legionäre bis in die schottischen Highlands führten.[17] Das eigentliche Kriegsziel liegt im Dunkeln: Wollte Severus die Kaledonier unterwerfen oder wenigstens den Antoninuswall in vollem Umfang erneuern? Oder beabsichtigte er nur, wie Dio[18] behauptet, die Soldaten durch Beschäftigung bei Laune zu halten und seine beiden rivalisierenden Söhne, Caracalla und Geta, durch militärische Verantwortung zu disziplinieren? Was immer sein Ziel war, er starb 211 in Eburacum, ohne es erreicht zu haben. Was er sei-

16 Die neue Provinz Syria Coele umfasste Nordsyrien mit Kommagene und unterstand einem Statthalter mit konsularischem Rang (der Statthalter war zuvor Konsul gewesen); die prätorische (d. h. von einem gewesenen Prätor verwaltete) Provinz Syria Phoenice spannte sich vom Mittelmeer bis an den Euphrat. Analog wurden später auch Africa Proconsularis (durch Abspaltung der Provinz Numidia, 198/199) und Britannien (in die Provinzen Britannia Inferior = Nordengland und Britannia Superior = Südengland) geteilt (212/213). Zu Osrhoene Sommer 2010.

17 Klee 2006, 31.

18 Cass. Dio LXXVII. 11, 1.

Abb. 18: Septimius-Severus-Bogen auf dem Forum Romanum. Die Reliefs des Bogens zeigen Szenen aus den Partherkriegen des Kaisers.

nen beiden Söhnen hinterließ, war ein nach außen wie innen scheinbar befriedetes Reich und die beziehungsreichen Ratschläge, einig zu sein, die Soldaten zu bereichern und ansonsten alle gering zu achten.[19]

Nach dieser Devise hatte Severus als Kaiser selbst gehandelt: Das Militär hatte unter seiner Herrschaft eine bis dahin ungekannte Bedeutung, seine Angehörigen unerhörte Privilegien erhalten – beides zwingende Konsequenzen aus den Ereignissen, die Severus selbst an die Macht gebracht und die in aller Deutlichkeit gezeigt hatten, was die Legionen eben auch waren: Werkzeuge im innerrömischen Machtkampf. Severus hatte einfachen Soldaten Aufstiegsmöglichkeiten in höchste Chargen eröffnet und das für Soldaten geltende Verbot aufgehoben, während der Dienstjahre mit ihren Frauen zusammenzuleben. Beide Maßnahmen hatten lange gehegte

19 Ebd. LXXVI. 15.

Wünsche der einfachen Soldaten erfüllt und beide hatten Fernwirkungen, die Severus selbst kaum hatte absehen können: Dass Soldaten nun Familien gründen und mit ihnen im Umfeld des Lagers zusammenleben konnten, verringerte ihre Mobilität und verwurzelte sie fest an ihrem Garnisonsort. Der Grundstein für die Regionalisierung der Armee, die im 3. Jh. rapide voranschreiten sollte, war so gelegt. Die Schaffung einer durchlässigen Karriereleiter, auf der Soldaten sich buchstäblich von der Pike auf höchste Kommandopositionen empordienen konnten, bahnte ferner einer neuen Elite den Weg und beendete das ohnehin bereits durchlöcherte Monopol der senatorischen Aristokratie. In die gleiche Kerbe hatte Severus mit der faktischen Öffnung zahlreicher Ämter für Ritter geschlagen.[20]

Eine weitere Umwälzung der severischen Zeit war der teilweise Verlust der Sonderstellung Italiens. So wurde unter Severus erstmals eine Legion auf italischem Boden stationiert: Die *legio II Parthica*, ausgehoben für den Partherkrieg, bezog nach dessen Beendigung Quartier in den Albaner Bergen im direkten Umland von Rom. Die Prätorianer seiner Vorgänger, die Severus nach der Machtübernahme in Rom entlassen hatte, rekrutierte er selbstverständlich aus dem ihm treu ergebenen Donauheer neu.

Die Rache, die Severus an den Pertinax-Mördern nahm, und die Vergöttlichung des Ermordeten markierten nur ein Durchgangsstadium auf dem Weg hin zu einer wirklich dynastischen Legitimierung seines Kaisertums: Anlässlich der Erhebung von Caracalla zum Caesar adoptierte er sich selbst in die Familie Marc Aurels hinein und wurde so zum Bruder des Commodus, den er konsekrieren ließ (195/196); die Gedächtnissanktionen, denen Commodus anheim gefallen war, annullierte er. Was aus heutiger Sicht wie ein bizarrer Versuch anmutet, eine dynastische Kontinuität zu konstruieren, die es nicht gab, war aus Severus' Sicht ein folgerichtiger Schritt, der

20 Zur Aufwertung des Militärs unter den Severern: James 2013, 168–170.

auf die stadtrömische *plebs* und die Soldaten zielte, bei denen Commodus nach wie vor populär war und die ein starkes Bedürfnis nach einem starken, Nähe und Heil spendenden und vor allem dynastischen Kaisertum empfanden. Die senatorische Elite begegnete der neuen Rolle der Armee verständlicherweise reserviert. Schließlich markierte das severische Kaisertum die endgültige Abkehr vom Konsensprinzipat augusteisch-antoninischer Prägung und die Hinwendung zu einer unverhüllten Autokratie: Der Kaiser allein solle, in Absprache mit den fähigsten Männern und ohne Rücksicht auf die Massen, Gesetze verfügen, über Krieg und Frieden entscheiden und Amtsträger ernennen. Erste Bürgerpflicht sei es, zu gehorchen und nicht durch individuellen Ehrgeiz und Parteigezänk das Gemeinwesen zu destabilisieren; diese Ratschläge lässt Severus' Zeitgenosse Cassius Dio seinen Maecenas in einem fingierten Disput dem Augustus geben.[21] Die gemäßigte Autokratie, wie sie Dio – wohlgemerkt ein Senator – hier entwirft, reflektiert ziemlich genau eine Prinzipatsordnung, die an der Wende vom 2. zum 3. Jh. den Wunschvorstellungen der alten Elite entsprochen haben dürfte: Die resignierenden Senatoren hatten sich mit dem Kriterium persönlicher Eignung, nach dem der Kaiser die Auswahl seiner Amtsträger vornahm, und dem realexistierenden Absolutismus, der dem Senat nur mehr marginale Spielräume zugestand, abgefunden; in einem starken Kaisertum sahen sie vor allem ein Bollwerk gegen die Massen in der Hauptstadt und im Militär. Just die militärischen Massen hatte sich Severus aber bereits zum Rückgrat seiner Herrschaft erkoren, im Prinzip wie vor ihm schon Commodus. Nur war Severus in seiner kaiserlichen Selbstdarstellung weitaus pragmatischer: Er verzichtete auf spektakuläre Inszenierungen und gewährte den Soldaten stattdessen Privilegien und die Nähe seiner kaiserlichen Person, nach der sie verlangten.[22]

21 Cass. Dio LII. 15, 1–4.

22 Bei allen politischen Umwälzungen und demographischen Umbrüchen blieb die Senatorenschaft personell erstaunlich stabil, wie jetzt Okoń 2013b

Der neue Alexander: Caracalla (211–217 n. Chr.)

Severus' ältester Sohn Lucius Septimius Bassianus erhielt bei seiner Ernennung zum Caesar im Alter von sieben Jahren den Namen Marcus Aurelius Antoninus (195/196). Alle Welt aber nannte ihn, nach dem in Gallien gebräuchlichen Kapuzenmantel, den er trug, Caracallus oder Caracalla. Sein jüngerer Bruder Geta wurde 198, als Caracalla den Augustus-Titel erhielt, zum Caesar und 209 zum Augustus. Mit Severus' Tod am 4. Februar 211 wurden beide, nach dem Vorbild von Marc Aurel und Lucius Verus, zu formal gleichberechtigten Augusti. Die testamentarisch vorgesehene Herrschaftsteilung kollidierte freilich mit Caracallas Verständnis von Autokratie, und so ließ er Geta 212 in den Armen Julia Domnas, der gemeinsamen Mutter, umbringen. Dem Brudermord vorausgegangen war bereits die Beseitigung etlicher Würdenträger, darunter des Prätorianerpräfekten und Juristen Papinian.[23]

Papinian hätte dem Kaiser womöglich von seinem wichtigsten Gesetzeswerk abgeraten, einer Verordnung, mit deren Wirksamwerden am 11. Juli 212 alle freien Reichsbewohner zu römischen Bürgern wurden.[24] Die *constitutio Antoniniana*

gezeigt hat. Danach stiegen unter Severus wohl einzelne Günstlinge, und vor allem Nordafrikaner aus seiner nächsten Umgebung, als *homines novi* in den Senat auf; das Gremium dominierten aber nach wie vor Vertreter italischer Familien.

23 Zum Überlick die Beiträge in Archäologisches Landesmuseum 2013.

24 Mit Ausnahme der *dediticii*: Angehörige von Gruppen, die sich Rom unterworfen hatten. Der Text des Edikts ist als Papyrus-Abschrift (P. Giss. 40, col. 1) erhalten. Der Papyrus wird heute in der Universitätsbibliothek Gießen aufbewahrt. Zur *constitutio Antoniniana*: Sherwin-White [2]1973, 380–396; Sherwin-White 1973; Buraselis 2007 und die Beiträge in Pferdehirt/Scholz 2012a. Was Caracalla zu der Verordnung veranlasste, lässt sich nur mutmaßen: Cassius Dio (LXXVIII. 9) unterstellt dem Kaiser Habgier: Er sei lediglich auf die nur von römischen Bürgern zu leistenden Steuern auf Erbschaften und die Freilassung von Sklaven aus gewesen. Vermutlich wollte Caracalla mit den Neubürgern aber auch eine ihm persönlich loyale Klientel schaffen, wie die Annahme des *nomen gentile* ›Antoninus‹ durch alle, die durch die *constitutio* in den römischen Bürgerverband aufgenommen wurden, suggeriert. Die –

Abb. 19: Caracalla. Marmorbüste (217 n.Chr.). Neapel, Museo Nazionale Archeologico.

hatte kaum abschätzbare Auswirkungen auf das Sozialgefüge des gesamten Imperiums: Indem die rechtlich zwar kaum noch relevanten, symbolisch aber eminent wichtigen Unterschiede zwischen Römern und Nichtrömern (Peregrinen) offiziell beseitigt wurden, entfiel eines der wichtigsten Distinktionskriterien, das vielerorts, gerade im Osten, lokale Eliten von der übrigen Bevölkerung abgehoben hatte. An die Stelle einer stets durchlässigen Grenze zwischen mehreren Bürgerrechtskategorien trat die bereits seit hadrianischer Zeit

regional recht weitreichenden – Auswirkungen des Edikts analysieren jetzt Kracker/Scholz 2012; Pferdehirt 2012a; Pferdehirt 2012b; Pferdehirt/Scholz 2012b.

Abb. 20: Fragment eines Papyrus, heute in der Universitätsbibliothek Gießen, erworben 1901 im Kunsthandel, Kolumne 1 enthält vermutlich Passagen aus der *constitutio Antoniniana* (P. Giss. 40). UB Gießen.

getroffene, nun aber zusehends rigider werdende Scheidung der Bevölkerung in *honestiores* (Senatoren, Ritter, Dekurionen und Veteranen) und *humiliores* (den Rest der Gesellschaft). Gerade dadurch, dass die *constitutio Antoniniana* dem römischen Bürgerrecht jede Relevanz nahm, raubte sie dem Reich eine seiner wesentlichen Integrationsklammern: die Aussicht für viele, dass die eigenen Nachkommen, wenn sie römische Gebräuche annahmen und sich loyal verhielten, dereinst als römische Bürger aus dem Lager der Unterworfenen in das der Sieger wechseln konnten. Indem sie das eigene Bürgerrecht entwertete, gab die Zentrale ohne Not symbolisches Kapital aus der Hand, dessen sie in den Wirrnissen des 3. Jh. dringend bedurft hätte.

Caracallas Auftritte in Rom gemahnten Betrachter an Commodus, vor allem durch die Wiederbelebung einer starken inszenatorischen Komponente. Für den wichtigen Dialog mit der *plebs urbana*, deren Hauptschauplatz Amphitheater und Circus waren, fand er indes nicht die richtige Tonlage: Wie Commodus trat auch Caracalla vereinzelt in der Arena auf, vermochte aber die Menge dadurch nicht für sich einzunehmen. Seine Entscheidungen als Spielgeber provozierten Unruhen auf den Zuschauerrängen. Ein positiveres Echo fand hingegen die von ihm kommunizierte *imago* bei den Soldaten: Caracalla ließ sich, mit leicht schräg gehaltenem Kopf, in der Pose Alexanders des Großen darstellen und er sorgte dafür, dass die Standbilder des großen Makedonen überall dort in der Hauptstadt aufgestellt wurden, wo sich Platz bot.

Caracallas Selbstinszenierung als neuer Alexander verlangte vor allem nach militärischer Sieghaftigkeit, so dass er Rom noch 212 Richtung Norden verließ. In Raetien erkrankte er schwer und weihte als Dank für seine Heilung dem mit Apollo identifizierten keltischen Gott Grannus ein Heiligtum in Phoebiana (Faimingen). Nachdem er nördlich des obergermanisch-raetischen Limes, wohl im Maindreieck zwischen Schweinfurt und Ochsenfurt, über die Alamannen gesiegt (213)[25] und an der Donau die Karpen geschlagen hatte (214), wandte er sich im folgenden Jahr gen Osten. Wo, wenn nicht hier, ließ sich in den Fußstapfen eines Alexander wandeln, ließen sich die militärischen Erfolge eines Trajan wiederholen, womöglich übertreffen? Auf den Schlachtfeldern des Orients wollte Caracalla den alten, schon durch Herodot im 5. Jh. v. Chr. in mythische Sphären überhöhten Gegensatz zwischen Ost und West endgültig für Rom entscheiden.

Im Orient konnte Rom, seit Lucius Verus und später Septimius Severus das Partherreich in mehreren Anläufen an den Rand des Zusammenbruchs manövriert hatten, aus einer Position der Stärke heraus operieren: In Mesopotamien war Osrhoene mit seiner Hauptstadt Edessa bereits seit einem halben Jahrhundert römisches Klientelkönigreich, römische Legionäre standen am oberen Tigris und blickten in die historische Landschaft Assyrien hinüber, einstmals selbst Mittelpunkt eines Großreichs. Am mittleren Euphrat und am Khabur hatte Septimius Severus, nachdem er Dura-Europos von

25 Bender 2013.

den Parthern erobert hatte, ein massives System von Festungen errichten lassen, das den Handelsweg am Euphrat gegen Übergriffe durch die die umliegenden Steppen bevölkernden Nomaden sicherte. Zugleich war diese Militärgrenze eine ideale Operationsbasis gegen das Partherreich, ein Stachel im Fleisch seiner Klientelkönigreiche, von wo aus die Hauptstadt Ktesiphon unmittelbar bedroht war.

Die politische Autonomie Palmyras, das wirtschaftlich nach wie vor den Fernhandel mit dem Osten beherrschte, war unter Septimius Severus nachhaltig beschnitten worden: Nicht nur war die Abteilung palmyrenischer Bogenschützen, die seit der Machtübernahme Roms am mittleren Euphrat stationiert war,[26] inzwischen in eine reguläre römische Kohorte unter römischen Offizieren, das Protektorat in den Befehlsbereich eines römischen *dux ripae*[27] verwandelt worden; auch Palmyra selbst war seit severischer Zeit unmittelbarer römischer Herrschaft unterworfen als zuvor: Ulpian hält die Zuerkennung des *ius Italicum* an die Oasenstadt fest, die gleichzeitig zur *colonia* erhoben wurde.[28] Solche Titel bedeuteten zwar Privilegien und Prestige, andererseits besiegelten sie aber auch die Integration Palmyras in die römische Provinz Syrien. Alles zusammen schränkte die bis dato im Reichsmaßstab einzigartige Autonomie der Palmyrener empfindlich ein und darf wohl als Maßnahmenpaket gedeutet werden, hinter dem genau diese Absicht steckte.

Bereits im Vorfeld seines Orientfeldzugs hatte Caracalla wichtige Justierungen an der Architektur der römischen Orientprovinzen vorgenommen: Der Kaiser hatte Antiocheia, das Pescennius Niger im Bürgerkrieg 20 Jahre zuvor gegen seinen eigenen Vater unterstützt hatte und dafür

26 Die Region am mittleren Euphrat war faktisch palmyrenisches Protektorat unter römischer Oberherrschaft (siehe S. 221).

27 *Duces ripae* waren Befehlshaber von Grenzabschnitten. Zu Dura und zur Rolle des *dux ripae*: Gilliam 1941.

28 Dig. L. 15, 1. Das *ius Italicum* stellte eine provinziale *colonia* rechtlich so, als ob sie in Italien läge, was für die Bürger vor allem die Befreiung von Steuern bedeutete (Heisterbergk 1885).

von Severus seiner Privilegien beraubt worden war, abermals zur *colonia* mit *ius Italicum* (213) erhoben. Den gleichen Status hatte im selben Jahr auch Emesa erhalten, die Vaterstadt Julia Domnas. Mitte Mai 213 schließlich hatte Caracalla die Autonomie des Klientelkönigreichs Osrhoene aufgehoben. Cassius Dio unterrichtet uns von den Umständen der Annexion:

> Abgarus [IX. Severus], der König der Osrhoener, behandelte die Anführer der verwandten Stämme, kaum hatte er Kontrolle über sie erlangt, mit Grausamkeit in ihren schlimmsten Ausprägungen. Vorgeblich versuchte er sie zur Annahme römischer Sitten zu bewegen, doch tatsächlich kostete er seine Gewalt über sie in vollen Zügen aus. Antoninus [Caracalla] überlistete Abgarus, den König der Osrhoener, indem er ihn dazu bewog, ihm einen Freundschaftsbesuch abzustatten. Doch dann nahm er ihn gefangen und warf ihn ins Gefängnis. Und so brachte er das königslose Osrhoene in seine Gewalt.[29]

Weder Abgar Severus, der inzwischen Abgar VIII. nachgefolgt war, noch sein kaiserlicher Gegenspieler macht in der Episode eine sonderlich gute Figur. Interessant ist, wie Abgars Versuch, die von ihm beherrschten Nomadenstämme zu ›romanisieren‹, weder die Gnade Caracallas noch des Historiographen findet: Aus purem Eigennutz habe der König zwischen Euphrat und Tigris ›römische Sitten‹ verbreitet. Obwohl wir kaum ermessen können, ob der Vorwurf berechtigt war (immerhin äußert sich Cassius Dio wiederholt kritisch über den ›Nationalcharakter‹ der Osrhoener), zeigt er doch, dass es für lokale Eliten durchaus eine realistische Handlungsoption war, die Verbreitung römischer Kultur in lokalen Machtkämpfen zu instrumentalisieren. Doch auch der römische Kaiser schneidet in Dios Bericht nicht gut ab: Hinterhältig, unter dem Vorwand der Freundschaft, lockt er den Klientelkönig in die Falle und annektiert Osrhoene. Mit feiger List treibt also ein Kaiser Großmachtpolitik, der doch in die Fußstapfen des Eroberers Alexander treten möchte.

29 Cass. Dio LXXVIII. 12, 1.

Wie immer Dio die Annexion Osrhoenes beurteilt – politisch war sie folgerichtig nach der Konsolidierung der römischen Machtsphäre in Mesopotamien und der bereits von Septimius Severus veranlassten territorialen Reduktion des Königreichs auf seinen urbanen Kern, Edessa. Generell war es ein Axiom der römischen Orientpolitik – wenn sich denn von einem planmäßigen politischen Vorgehen sprechen lässt –, Roms Macht erst zu erweitern, dann zu intensivieren, mit anderen Worten: indirekte Herrschaft nach und nach in direkte Herrschaft zu überführen. Dieser Doktrin waren seit julisch-claudischer Zeit – seit den Flaviern noch verstärkt – immer mehr Klientelherrscher zum Opfer gefallen, während weiter im Osten gleichzeitig andere lokale Herrscher aktiv den Anschluss an Rom suchten und fanden. Nachdem Rom seine Positionen am oberen Tigris und am mittleren Euphrat ausgebaut hatte, war Osrhoene gleichsam an der Reihe, wobei die Annexion nur die Vorstufe für die von Caracalla geplanten tieferen Vorstöße auf parthisches Territorium war.

Wie stark Caracalla bei seinem Vorhaben von Alexanders Perserkrieg inspiriert war, lässt schon seine Reiseroute erahnen: Er landete nicht, wie sonst römische Kaiser auf dem Weg in den Orient, in Chalkedon, sondern in der Nähe von Ilion, dem alten Troja, und opferte, wie einst Alexander, dem homerischen Helden Achill (214 n. Chr.).[30] Darauf schlug er sein Winterquartier in Nikomedeia auf, wo er seine makedonische Phalanx Manöver abhalten ließ,[31] und erreichte schließlich, nachdem er Kleinasien und Syrien durchzogen und in Antiocheia Station gemacht hatte, im Herbst 215 Pelusion, das Tor nach Ägypten. Von dort war es ein kurzer Weg ins ägyptische Alexandreia, die älteste und symbolträchtigste aller Alexanderstädte, wo Caracalla seine Alexander-Nachfolge prachtvoll zu inszenieren, das Alexander-Grab zu

30 Herodian. IV. 8, 3–5.

31 Der Kaiser hatte, laut Cassius Dio (LXXVIII. 7), eine Phalanx aus 16.000 Makedonen aufstellen und sie mit historischen Rüstungen und Waffen ausrüsten lassen.

besuchen und im Serapeion zu opfern gedachte. Alles war aufs Beste vorbereitet, doch schlug das Schauspiel aus Gründen, die sich nicht sicher rekonstruieren lassen, in blutigen Ernst um.[32]

Die Stadt hatte sich für einen triumphalen Empfang des Kaisers gerüstet. Dio beschreibt, wie die Honoratioren Caracalla in den Vororten Alexandreias empfingen. Zunächst habe er sie herzlich begrüßt und für sie ein Bankett ausgerichtet, »doch dann ließ er sie umbringen.«[33] Anschließend habe Caracalla die Stadt planmäßig von seinen Soldaten durchkämmen lassen und ein Massaker veranstaltet, dem ein Großteil der Bevölkerung zum Opfer gefallen sei: »Dem Senat schrieb er, es sei gleichgültig, wie viele oder wer gestorben sei, schließlich hätten sie alle ihr Schicksal verdient.«[34] Kann der Tatbestand des Massakers an sich kaum einem Zweifel unterliegen, so sind die von Dio geschilderten Umstände doch einigermaßen fragwürdig. Jähzorn und Verschlagenheit als Schlüsselelemente seines Charakters – diese Tendenz beherrscht das denunziatorische Caracalla-Bild, das der bithynische Senator in seinem Geschichtswerk zeichnet. Das Bild gewinnt noch an Prägnanz durch bewusstes Verschweigen eines genauen Motivs; denn wüssten wir, was Caracalla in Alexandreia so in Rage versetzte, die Ereignisse könnten sich uns in ganz anderem Licht darstellen. So bleibt nur die Zuflucht zur berüchtigten Spottlust der Alexandriner, die womöglich den Zorn des Kaisers entfachte und auf die sich

32 Zum Hergang: Millar 1964, 156–158.

33 Cass. Dio LXXVIII. 22, 2.

34 Ebd. 22, 3. Die Caracalla-Biographie der *Historia Augusta* (VI. 2–3) und der Bericht bei Herodian (IV. 8, 6–9) weichen, obwohl auch sie von dem Massaker berichten, in wichtigen Details von Dios Schilderung ab: Sie verlegen den Ort des Geschehens in das *Gymnasion*, wo Caracalla eine Musterung der wehrfähigen Bevölkerung abgehalten habe. Ohne Vorwarnung habe er die jungen Männer abschlachten lassen. Den Umstand einer Musterung bestätigt ein Papyrus (*Acta Heracliti*), der aber außerdem berichtet, Auslöser der Ereignisse seien Ausschreitungen gewesen, bei denen die Menge eigens für Caracalla errichtete Alexander-Statuen umgestürzt habe.

die Chronisten Dio und Herodian vage beziehen:[35] Verschmähte Liebe schlug auch bei römischen Kaisern immer wieder in Hass um, und viel spricht dafür, dass Caracalla, entgegen Dios Bericht, ursprünglich nach Alexandreia gekommen war, um die Zuneigung seiner Bewohner zu gewinnen.

Bei aller Bedeutung, die der Mythos Alexander und die Idee eines wiederbelebten Alexanderreichs im Orient für das Handeln des Kaisers besaßen, steckte hinter der Kampagne und ihrer Vorbereitung ohne jede Frage doch auch politische, strategische und militärische Ratio, auch wenn dies von den Quellen hartnäckig bestritten wird. So war der Zeitpunkt für eine bewaffnete Intervention glücklich gewählt, denn im Partherreich war 213 n. Chr. ein heftiger Bruderkrieg entflammt: Als unmittelbare Folge der verheerenden Niederlage gegen Septimius Severus und des wenig ehrenhaften Friedens (199 n. Chr.) verfiel die Autorität der Zentralmacht rapide. Wie wirksam Ktesiphon nach dem Abzug der Römer seine Peripherie der *regna* noch kontrollieren konnte, lässt sich nur mutmaßen;[36] entlang der Steppengrenze zwischen den Imperien grassierte jedenfalls Unsicherheit, der Handel Palmyras mit der Charakene war zunehmend Gefährdungen ausgesetzt und weite Teile Mesopotamiens scheinen sich allmählich in ein Machtvakuum verwandelt zu haben. In dieser Situation rebellierte Artabanos, jüngerer Bruder des parthischen Königs Vologaises VI. (ca. 207–227 n. Chr.) und als König von Medien einer der Teilkönige (*reges*) des Gesamtreichs, und entfachte so einen erbitterten und langwierigen Bürgerkrieg, der den Sturz der Arsakidendynastie einläutete.

35 Cass. Dio LXXVIII. 22, 1 (»Denn als er hörte, dass man ihm übel nachredete und sich aus verschiedenen Gründen – nicht zum wenigsten wegen des Mordes an seinem Bruder – über ihn lustig machte, da brach er nach Alexandreia auf, verbarg aber seinen Zorn und gab vor, er sehne sich danach, sie [die Alexandriner] zu sehen.«). Ähnlich Herodian. IV. 9, 2.

36 In diese Zeit fiel jedenfalls der Aufstieg der Sasaniden in der Persis (Schippmann 1980, 10–12; Wiesehöfer 1993, 205f.; Schuol 2000, 366f.; Frye [2]2005, 464–467).

Das Machtvakuum im Osten war für Rom stete Lockung, barg aber zugleich auch eine immense Gefahr: Es versprach einen raschen Sieg zwischen Euphrat und Tigris, der eine Restauration des Alexanderreichs vielleicht wirklich in greifbare Nähe rückte, zumindest aber die Rekuperation der kurzzeitigen Eroberungen aus den drei vorangegangenen Partherkriegen unter Trajan, Lucius Verus und Septimius Severus zu einer realistischen Option machte; andererseits verschaffte es den Stämmen der Steppengrenze Spielräume, welche die für Rom lebenswichtige Sicherheit des Warenverkehrs bedrohten. Caracallas Antwort war eine Doppelstrategie, deren realpolitische Logik unbestreitbar ist: Einerseits setzte er auf das Mittel militärischen Drohens, forderte von den Parthern die Auslieferung des armenischen Königs Tiridates II. – eines Arsakiden, der Rom gegenüber zunächst wohlwollende Neutralität gewahrt, dann aber das Lager gewechselt hatte –, drang ins Partherreich ein, als das Gesuch abgelehnt wurde, und ließ seinen General Theocritus[37] in Armenien militärisch operieren (215/216 n. Chr.). Zugleich hielt er sich die diplomatische Option offen, zu einem Ausgleich mit dem Partherreich zu finden, in der offensichtlichen Absicht, den parthischen Thronstreit auszunutzen und einen der Prätendenten als Klientelkönig an Rom zu binden. Als Tiridates doch ausgeliefert wurde, brach er den Partherkrieg ab und unterbreitete dem Usurpator Artabanos, der als Artabanos IV. unter die parthischen Könige gerechnet wird, das Angebot, durch Eheschließung mit Artabanos' Tochter selbst in die arsakidische Dynastie einzuheiraten, zum, wie er laut Herodian betonte, beiderseitigen

37 Laut Cassius Dio (LXXVIII. 21, 2) ein Freigelassener und ehemaliger Tänzer. Der ätzenden Häme, die Dio über ihn ausschüttet, zum Trotz war Theocritus am ehesten der Repräsentant einer neuen, nichtsenatorischen Elite, die sich unter den Severer-Kaisern den Weg nach oben bahnte. Ihre Angehörigen zeichneten sich hauptsächlich durch persönliche Loyalität dem Kaiser gegenüber aus. Ob Theocritus' Offensive in Armenien fehlschlug, wie von Dio behauptet, darf bezweifelt werden.

Vorteil.[38] So habe der Kaiser dem arsakidischen Prätendenten schlüssig erklärt, wie sie beide politisch und wirtschaftlich von einer dynastisch besiegelten Allianz profitieren könnten:

> Die beiden mächtigsten Reiche seien das der Römer und das der Parther. Vereinige man sie durch Heirat, entstünde so eine unbesiegbare Macht, die nicht länger durch einen Fluß getrennt sei. [...] Außerdem seien die von [den Parthern] in ihrem Land angebauten Gewürze und ihre qualitätvollen Textilien einer-, die von den Römern produzierten Metalle und vorzüglichen Handwerkserzeugnisse andererseits nicht länger nur unter Schwierigkeiten erhältlich oder knapp, durch Kaufleute ins Land geschmuggelt. Stattdessen würden beide Seiten gemeinsam von der Vereinigung ihrer Länder unter einer Herrschaft profitieren.[39]

Was Herodian und Cassius Dio nur als weiterer Beleg für Caracallas Verschlagenheit und Bosheit gilt,[40] war vor dem Hintergrund einer Lage, in der sich der römischen Politik weitreichende Möglichkeiten zu eröffnen schienen, eine durchaus vernünftige Doppelstrategie: Der Augenblick schien gekommen, den seit Jahrhunderten schwelenden Konflikt mit dem Nachbarn im Osten ein für allemal zu Roms Gunsten zu entscheiden. Warum sollte ein römischer Kaiser hier nicht zuschlagen?

Caracalla schlug zu. Die Ablehnung seiner Heiratsofferte durch Artabanos besiegelte den *casus belli*, der Kaiser drang im Frühjahr 216 abermals auf parthisches Gebiet vor. Leider sind wir über den Ablauf der Operationen nur unzureichend

38 Die Chronologie der Ereignisse ist außerordentlich verwickelt und wird aus der Überlieferung nicht recht klar. Die Rekonstruktion hier folgt weitgehend Potter 2004, 144 und 613, Anm. 92. Nur eine Kampagne (216) vermag Campbell (^{2}2005, 19) aus den Quellen herauszulesen. Auslöser sei hier allein Artabanos' Weigerung gewesen, auf Caracallas Heiratsofferte einzugehen.

39 Herodian. IV. 10, 2–4. Nach Herodians Version stimmten die Parther, nach anfänglicher Ablehnung, schließlich Caracallas Heiratsansinnen zu. Als bereits alles für die Hochzeit arrangiert gewesen sei, habe Caracalla jedoch die Parther aus heiterem Himmel überfallen und sei plündernd und mordend tief in ihr Reich eingedrungen.

40 Millar 1964, 158.

unterrichtet. Aufmarschgebiet war wohl das römische Mesopotamien, von wo aus die römischen Truppen nach Media Atropatene und Adiabene einfielen, wo Caracalla die Grabstätten der lokalen Dynastie zerstören ließ. Die *Historia Augusta* weiß außerdem von Scharmützeln in Babylonien zu berichten. Im Winter zog sich der Kaiser nach Edessa zurück, wo bereits Trajan sein Winterquartier aufgeschlagen hatte, um dann im Frühjahr 217 den Krieg wieder aufzunehmen. Dazu freilich sollte es nicht mehr kommen: Caracalla, der den Aufenthalt in Edessa zur Verrichtung von allerlei administrativen und kultischen Aktivitäten nutzte, fiel am 8. April 217 unweit Karrhai einem Mordanschlag zum Opfer, als er sich auf dem Weg zum Heiligtum des lokalen Mondgottes befand.

Usurpator gegen Usurpator: Macrinus (217/218 n. Chr.) und der Aufstieg Elagabals

Sein Mörder war ein Soldat namens Martialis, den eine Verschwörergruppe um den Prätorianerpräfekten Opellius Macrinus gedungen hatte. Macrinus und einige hohe Offiziere fürchteten offensichtlich um ihren Einfluss bei Hofe, als der Ägypter Serapio, ein Mann, der mit Prophezeiungen von sich reden machte, in der Gunst des Kaisers immer weiter stieg und schließlich behauptete, Macrinus werde Caracalla beerben. Macrinus könnte sich in dieser Situation genötigt gesehen haben, die Notbremse zu ziehen und den Kaiser aus dem Weg zu schaffen, bevor dieser sich seines Prätorianerpräfekten hätte entledigen können. Serapios Prophezeiung sollte sich bewahrheiten, und Macrinus wurde, wenn auch nur für kurze Zeit, der nächste Kaiser. Cassius Dio, der offensichtlich, obwohl selbst nicht anwesend, über Gewährsleute am Kaiserhof verfügte, berichtet ausführlich über die Umstände des Mordes. Da ein schmachvoller Tod zum Leben eines schlechten Kaisers gehörte wie die Toga zur Garderobe des Senators, durfte ein peinliches Detail nicht fehlen: Wie Dio berichtet, machte Martialis den Kaiser nieder, als dieser gerade seine Notdurft verrichten wollte.[41]

Mit dem Mord waren die hochfliegenden Pläne des Ermordeten Makulatur geworden, und so trat letztlich nicht Rom im Osten das Erbe des zerrütteten Partherreichs an, sondern eine neue Dynastie aus der Persis: die Sasaniden. Das letzte Zeugnis, das die Oberherrschaft des Artabanos über die Persis festhält, ist eine ins Jahr 215 datierte Inschrift aus Susa. Wenig später muss den Arsakiden an ihrer Peripherie die Herrschaft entglitten sein: Ins Jahr 216, das Jahr von Caracallas zweitem Partherfeldzug, wird der Aufstand Ardaschirs datiert, des seit 208 regierenden Begründers der sasanidischen Dynastie. Es ist kaum zu weit hergeholt, einen Zusammenhang zwischen beiden Ereignissen zu konstruieren: Roms Ansturm gegen den parthischen Westen verschaffte den Dynasten weiter im Osten genug Spielraum, um den Aufstand zu proben. Unter dynastischen Wirren, inneren Konflikten zwischen Zentrum und Peripherie und dem äußeren Druck Roms brach das Arsakidenreich schließlich innerhalb weniger Jahre zusammen: Wohl 227 mussten die letzten Soldaten, die Vologaises noch die Treue hielten, die Waffen strecken. Caracalla wurde so, statt ein zweiter Alexander zu werden, zum Steigbügelhalter der Sasaniden, für die nächsten 400 Jahre Roms Nemesis im Osten.

Mit Caracalla gelangte aber auch das Experiment an sein vorläufiges Ende, den in seiner ursprünglichen Konzeption ja bereits als verschleierte Militärdiktatur angelegten Prinzipat ganz auf das Bündnis mit der Armee zu gründen; denn obwohl sie von den römischen Historiographen als Beleg für die desolate Geistesverfassung des Herrschers herangezogen wird, war die Selbstinszenierung Caracallas als neuer Alexander womöglich mehr als die Marotte eines größenwahnsinnigen Exzentrikers. Die proklamierte Verbrüderung des Kaisers mit den Soldaten, die in der Reihe römischer Heerführer seit

41 Cass. Dio LXXXVIII. 5, 1–5. Zu Hintergründen und Hergang siehe auch Herodian. IV. 12–13.

Marius sehr wohl ihre Präzedenzfälle kennt, war die konsequente Fortsetzung des Kurses, den Septimius Severus eingeschlagen hatte, und für dieses Programm eines ›Militärprinzipats‹ war Alexander die denkbar beste Projektionsfläche: Die Konzeption eines Kaisertums, dessen tragende Säulen die Sieghaftigkeit des Herrschers sowie die bedingungslose Loyalität des den Senatoren entrissenen militärischen und bürokratischen Apparates waren, versprach den Prinzipat aus dem Dilemma seiner strukturellen Illegitimität zu befreien: Ein Prinzipat, in dem der Kaiser auf das Ideologem der Standesgenossenschaft mit den Senatoren verzichtet und wie Alexander der Große stattdessen ganz auf die Gefolgschaftstreue der Soldaten gesetzt hätte, wäre, in den Begriffen der Herrschaftssoziologie Max Webers,[42] um eine entschieden charismatische Komponente bereichert worden. Letztlich wäre so eine neue Herrschaftsarchitektur an die Stelle des augusteischen Prinzipats getreten, in der die charismatische Qualität des Kaisers – ähnlich wie die ›siegreichen‹, ihre Autorität aus permanentem militärischen Erfolg beziehenden Könige der hellenistischen Staatenwelt – für dessen Erfolg oder Misserfolg ausschlaggebend gewesen wäre, und damit wesentlich seine militärische Leistungsbilanz. Die von Domitian begonnene, von Commodus tatkräftig in Angriff genommene und von Caracalla fortgesetzte Charismatisierung des Prinzipats barg indes, neben allen Vorzügen, auch ein erhebliches Risiko für den Herrscher: Wurden die an ihn geknüpften Erwartungen enttäuscht und blieben Erfolge aus, so waren seine Tage auf dem Thron gezählt.[43]

42 Weber 2005, 179–182. Die Kontinuitäten gegenüber dem antoninischen Prinzipat in der Personalpolitik betont hingegen Okoń 2013a, 167f.: Die Rekrutierungsbasis des senatorischen Personals änderte sich nicht wesentlich, allerdings büßten die Senatoren gegenüber der »personalen Bürokratie« dramatisch an Einfluss ein; das Erstarken der »personalen Bürokratie« skizziert Eich 2005, 350–370.

43 Ebd., 179 (»Bringt seine Führung kein Wohlergehen für die Beherrschten, so hat seine charismatische Autorität die Chance, zu schwinden.«).

Obwohl Caracalla scheiterte, blieb seine Neujustierung der Prinzipatsordnung für die Zukunft wegweisend. Die ›Soldatenkaiser‹ des 3. Jh. standen allesamt unter großem militärischen Erwartungsdruck, dem sie nur selten gerecht zu werden vermochten, weshalb die Charismatisierung, wie zu sehen sein wird, erheblich zur politischen Destabilisierung des Imperium Romanum beitrug. Eine wohlfeile Alternative schien sich daher mit der Hinwendung zur Idee des Gottesgnadentums zu bieten. Charismatisierung qua Etablierung einer religiösen Sendung des Kaisertums war die Variante, die sich schließlich, nach mehreren Anläufen, durchsetzte, obwohl auch sie ihre Tücken in sich barg, wie sich noch später, im 4. Jh., zeigen sollte.

Festzuhalten bleibt vorläufig, dass Caracallas Initiative nicht so erfolglos war, wie es vorderhand den Anschein hat: Bei den Soldaten hatte er sich ein erhebliches Prestige erworben, ein Kapital, das auch nach seinem Tod nicht so bald aufgezehrt war. So reagierten Soldaten aller Chargen mit Unwillen auf die Ermordung des Kaisers, und noch ein gutes Jahr später konnte Elagabal bei seiner Ausrufung in der Garnison von Emesa erheblich davon profitieren, dass man ihn als Sohn Caracallas ausgab.

Noch andere suchten vom Nachruhm des neuen Alexander zu zehren, wie eine mysteriöse Episode am Rande des Geschehens deutlich macht: In der Provinz Moesien an der unteren Donau erschien im Jahr 221 urplötzlich ein Mann, der sich als Alexander ausgab. Er sammelte Menschen um sich und führte eine seltsame Prozession an, mit der er den Hellespont erreichte und nach Kleinasien übersetzte, ohne dass es jemand gewagt hätte, sich ihm entgegenzustellen. In Chalkedon verschwand er dann so unvermittelt, wie er aufgetaucht war.[44]

44 Cass. Dio LXXIX. 18, 1–3. Zur Deutung: Millar 1964, 214–218, der die Episode in den Zusammenhang von Erscheinungen anderer ›falscher‹ Kaiser stellt. Nach Millar illustrieren sie, wie sehr die Persönlichkeit einzelner Herrscher von allen Schichten der Bevölkerung wahrgenommen und mit Bedeutung gefüllt wurde.

Nur ein bizarres Intermezzo? Elagabal in Rom (219–222 n. Chr.)

Lange hielt sich auch der Usurpator Macrinus nicht auf dem Thron. Seine Herrschaft war von Beginn an mit schweren Hypotheken belastet: Er war, als vormaliger Prätorianerpräfekt, der erste Nicht-Senator auf dem Thron; die Loyalität der Soldaten hatte Caracalla und der severischen Dynastie gegolten – und nicht ihm; schließlich erbte Macrinus von seinem Vorgänger den Partherkrieg, den er nun, koste es, was es wolle, zu einem Ende bringen musste. Damit war bereits das Usurpationsszenario der Soldatenkaiserzeit vorweggenommen, das erfolgreichen Usurpatoren nicht einmal mehr die Zeit gönnte, nach Rom zu reisen, sich der dortigen Bevölkerung vorzustellen, die Akklamation des Senats entgegenzunehmen und ihre Herrschaft zu konsolidieren.

Außerdem war der syrische Zweig der severischen Familie, jedenfalls dessen weibliche Vertreter, noch am Leben und agitierte höchst betriebsam für eine Rückkehr des Clans an die Macht. Zwar setzte die ohnehin sterbenskranke Julia Domna, Severus' Witwe, ihrem Leben 217 in Antiocheia selbst ein Ende, doch stand ihr ihre jüngere Schwester, Julia Maesa, an dynastischem Ehrgeiz in nichts nach. Maesas Töchter, Sohaemias und Mamaea, hatten je einen männlichen Nachkommen: Varius Avitus und Alexianus. Nach Domnas Tod zog Maesa sich nach Emesa zurück, dessen lokaler Priester- und wohl auch Herrscherdynastie sie entstammte und wo ihr Enkel Varius als Priester des Gottes Elagabal amtierte.[45] Als Macrinus bei Nisibis eine Niederlage gegen die Parther erlitt, einen wenig rühmlichen Frieden mit ihnen schließen und

45 Elagabal war ursprünglich eine lokale Berggottheit, die mit der Zeit immer mehr solare Aspekte annahm. Ihr Kult in Emesa war im gesamten römischen Osten populär und zog regelmäßig Pilgerströme an. Herodian (V. 3, 4–5) widmet dem Kult einen kenntnisreichen Exkurs, um seine Leser in die fremde, exotische Welt von Emesa einzuführen (vgl. Pietrzykowski 1986; Frey 1989).

Abb. 21: Denar des Kaisers Marcus Aurelius Antoninus (Elagabal), ca. 221 n.Chr. Büste mit sogenanntem Horn über der Stirn. Legende auf dem Revers: SVMMVS SACERDOS AVG (›Hoherpriester Augustus‹) (RIC IV, 2, 146).

enorme Kriegskontributionen zahlen musste, hielt Maesa ihre Stunde für gekommen: Sie präsentierte der Garnison in Emesa ihren Enkel, den Priester, als Sohn Caracallas – mit dem gewünschten Erfolg: Die Soldaten jubelten dem gerade 14-jährigen als neuem Kaiser zu (16. Mai 218). Viel Geld und ein dicht geknüpftes regionales Netzwerk, das Maesas Familie in Syrien unterhielt, trugen das Ihre dazu bei, das Strohfeuer schnell zum Flächenbrand sich auswachsen zu lassen: Die Soldaten der *legio II Parthica* aus Apameia, eigentlich entsandt, um dem Spuk in Emesa ein Ende zu bereiten, entledigten sich ihres Kommandeurs und liefen zu Varius über. Beide Seiten rüsteten nun zur Entscheidungsschlacht, in der Macrinus vor Antiocheia den Truppen des Varius unterlag (8. Juni 218): Der Priester von Emesa war römischer Kaiser, Macrinus fand wenig später den Tod. In die Geschichte ging Varius Avitus unter dem Namen seines Gottes ein: Elagabal.[46]

Dieser Kaiser hat die Fantasie ganzer Generationen von Historikern, Romanciers und Tondichtern angeregt. So hat die Geschichtsschreibung, seit Cassius Dio, Herodian und der *Historia Augusta*, an immer neuen, stets schillernden Elagabal-Bildern gearbeitet: Der Jüngling aus Emesa galt bald als debi-

46 Zum Folgenden: Sommer 2004c; Icks 2006; Icks 2008; Icks 2011.

ler Wollüstling, bald als willenloses Werkzeug seiner ehrgeizigen Mutter und Großmutter, dann wieder als fanatischer Eiferer, der sich aufgemacht hatte, Rom den fremdartigen Kult seiner orientalischen Heimat überzustülpen, oder gar als visionärer, aber tragisch scheiternder Reformator des römischen Prinzipats. Wer oder was Elagabal wirklich war, werden wir vermutlich nie wissen, aber an seiner Person und ihrem Echo in der römischen Historiografie lässt sich exemplarisch studieren, welche Probleme die zeitgenössischen Texte insgesamt aufwerfen. Unsere Hauptquellen, Cassius Dio und Herodian, präsentieren uns zwei Versionen des einen Elagabal, die zwar partiell dieselben Züge aufweisen, in ihrer Substanz aber völlig unterschiedlich sind: Cassius Dio verwendet, um sein Charakterbild des Kaisers zu malen, die schrillen Farben, zu denen römische Geschichtsschreiber immer griffen, wenn sie es mit ›schlechten‹ Kaisern zu tun hatten. Wer ein ›schlechter‹ Kaiser war und wer ein ›guter‹, darüber entschieden sie selbst, als Senatoren, die sie – abgesehen von wenigen Ausnahmen, wie Sueton und später Herodian – waren: Das Urteil über Vergöttlichung (*consecratio*) bzw. Verdammung des verblichenen Kaisers fällte der Senat, wobei Imperatoren, deren Nachfolge in geregelten Bahnen verlief, naturgemäß eine bessere Chance hatten, als ›gute‹ Kaiser in die Geschichte einzugehen, als solche, die durch Usurpation, Verschwörung oder Staatsstreich zu Fall gekommen waren – schließlich lag es den Senatoren fern, den Nachfolger mit ihrem Urteil zu brüskieren. War ein Kaiser einmal als ›schlecht‹ gebrandmarkt, so musste seine Erinnerung aus dem kollektiven Gedächtnis getilgt, seine Herrschaft als außeralltäglich aus dem normalen Kontinuum der römischen Geschichte gestrichen werden: Der Senat verhängte Gedächtnissanktionen, woraufhin die Statuen des Kaisers gestürzt, seine Bildnisse unkenntlich gemacht, seine Gesetze für nichtig erklärt wurden. Die Geschichtsschreiber griffen zur Feder und gaben den Toten dem Voyeurismus und der Sensationslust ihrer Zeitgenossen preis, mit dem Mittel einer über Generationen kanonisch gewordenen Tyrannentopik.

Diesem Bild des ›schlechten‹ Kaisers folgt Dios Elagabal: Er ist sexuell ausschweifend, pervers, über Gebühr grausam, ohne Achtung für Gesetze, Traditionen, Götter. Das berserkerhafte, jeder Sinnhaftigkeit bare Auftreten spiegelt seine pathologische mentale Disposition. Mit einem Wort: Er ist besessen vom Caesarenwahn, jener Geisteskrankheit, welche römische Historiographen jedes Mal unfehlbar diagnostizierten, sobald ein ›schlechter‹ Kaiser das Zeitliche gesegnet hatte. Dieser Elagabal ist ein Herrscher, über den man, seinen haarsträubenden Untaten zum Trotz, zur Tagesordnung übergehen konnte, denn sein Wahnwitz macht ihn zur Abweichung von der Norm, verharmlost seine Herrschaft zum anekdotenhaften Exkurs im Buch der römischen Geschichte.

Ungleich brisanter und symptomatisch für die Umbruchsituation, in der sich das Römische Reich befand, ist jener Elagabal, den Herodian entwirft: Die nüchterne Schilderung des Sonnenkults von Emesa stimmt auf die vierjährige Herrschaft des Syrers ein – wer hier zum Priester wurde, kann kein Grieche (der zu sein Herodian stolz war), er kann aber auch kein Römer sein. In der Anbetung des als Inkarnation des Gottes verehrten Kultsteins gewinnt das Gegenbild zum griechischen Bildungsideal Konturen, jener *paideia*, die Herodian mustergültig von Marc Aurel verkörpert sah. Das Jonglieren mit den Gegensätzen zwischen Rom und seinem Kaiser gewinnt an Dynamik, als Herodian seinen Protagonisten, noch auf dem Weg von Syrien nach Rom, ein Bildnis von sich anfertigen und es in die Hauptstadt voraussenden lässt, darauf bedacht, »dass der Senat und das Volk von Rom sich an den Anblick gewöhnten.«[47] Im exotischen Äußeren des Kaisers spiegelt sich ein zutiefst fremdes Wesen. Der Konflikt zwischen Rom und seiner Tradition einer-, dem Kaiser andererseits spitzt sich bei Herodian in der Hauptstadt fortwährend zu, da Elagabal in Serie religiöse Tabus bricht: Er heiratet eine Vestalin, entfernt das Palladium aus dem Venus-Tempel und

47 Herodian. V. 5, 6.

erklärt den Gott seiner Heimat zum höchsten Gott des römischen Pantheons. Schließlich spaltet die unüberbrückbare Spannung zwischen griechisch-römischer *paideia* und orientalischer anti-*paideia* die kaiserliche Familie selbst in zwei Lager: Elagabal beschließt, auch aus seinem Vetter Alexianus einen Priester zu machen, stößt aber auf den erbitterten Widerstand von dessen Mutter, Julia Mamaea, die Lehrer mit der Erziehung des Knaben im Sinne der *paideia* betraut. Ein wutentbrannter Elagabal vertreibt die Lehrer vom Hof, tötet einige von ihnen und gibt den Verwandten in die Obhut von »Wagenlenkern, Komödianten und Mimen«[48] – allesamt Personenkreise, die in Rom traditionell am Rande der Gesellschaft standen. In der Auseinandersetzung, die das Ende von Elagabals Herrschaft einleitete, verdichtet sich Herodians Vision eines Kulturkampfes, der die Einheit des Reiches, so, wie es auf der Grundlage römischen Rechts und griechischer Kultur bis ins 3. Jh. Bestand hatte, existenziell in Frage stellt.

Gesichert ist, dass Elagabals Position bald kritisch wurde. Er geriet in der Öffentlichkeit, bei den Prätorianern und in seiner eigenen Familie immer stärker unter Druck. Schließlich wurde er, am 26. Juni 221, gezwungen, Alexianus zu adoptieren und ihn als Marcus Aurelius Alexander zum Caesar zu erheben. Offenbar trachtete er aber seinem Vetter nach dem Leben und war bemüht, ihn von der Öffentlichkeit fernzuhalten. Er provozierte so den Unmut der Prätorianer, der sich schließlich in deren römischem Lager Bahn brach, wo die Situation eskalierte und Elagabal mitsamt seiner Mutter zu Tode kam: Die Leiche des Kaisers entsorgte man in einem Abwasserkanal, den Gott Elagabal verbannte ein Senatsbeschluss zurück nach Syrien. Der Elagabal-Tempel in Rom wurde sinnfällig dem Jupiter Ultor (›Rächer‹) geweiht.

48 Ebd. 7, 7.

II. Dimensionen der Krise

Zeittafel 8: Rhein- und Donaugrenze Teil II

Alle Herrscher sind hervorgehoben. Die römischen Kaiser werden bei ihrer ersten Nennung mit * gekennzeichnet.

180 Friedensschluss des ***Commodus** mit den Markomannen und Quaden an der Donau

183 Kämpfe in Dakien

186 Aufstand des Maternus: Bandenkriege in Gallien (bis 188)

208 Britannischer Krieg des ***Septimius Severus** (bis 211)

233 Einfall der Alamannen nach Gallien und Raetien

234 Alamannenkrieg des ***Severus Alexander** (bis 235)

236 Kämpfe an der Donau: ***Maximinus Thrax** schlägt Sarmaten und Daker

238 Goten und Karpen fallen nach Moesia inferior ein

241 Einnahme der Stadt Istros an der Donaumündung durch die Goten

242 Feldzug ***Gordians III.** gegen Sarmaten, Alanen und Goten in Moesien

245 Einfall von Karpen nach Dakien und Moesien: ***Philippus Arabs** schlägt die Karpen und stellt die Provinz Dakien wieder her (bis 247)

248 Die Goten belagern Markianopolis in Moesia inferior

249 Einfälle der Karpen nach Dakien, der Goten nach Moesien

250 Feldzug des ***Decius** gegen Karpen und Goten; Erfolge gegen die Goten in Thrakien und Moesia inferior; Goten machen das Bosporanische Reich auf der Krim tributpflichtig

251 Schlacht bei Abrittus in Moesia inferior: römische Niederlage gegen die Goten; Kaiser **Decius** gerät in einen Hinterhalt und fällt; **Kniva** Heerkönig der Goten (bis ca. 271); ***Gallus** schließt Frieden mit den Goten, die römisches Gebiet räumen und Jahrgelder erhalten

253 Einfälle von Burgundern und Karpen nach Kleinasien; Einfall der Markomannen nach Pannonien

254 Einfall der Alamannen nach Raetien, der Kniva-Goten nach Makedonien

255 Sieg des ***Gallienus** über die Alamannen

256 **Gallienus** besiegt die Karpen und Goten in Dakien

259 Einfall der Franken nach Gallien und Spanien, der Alamannen nach Raetien, Vorstöße bis nach Norditalien: allmählicher Rückzug Roms aus dem Dekumatland

260 Gallisches Reich (bis 274): Stabilisierung der Rheingrenze durch ***Postumus**; **Gallienus** schlägt die Alamannen in Norditalien

263 Das Artemisheiligtum von Ephesos wird von Goten zerstört

266 Plünderung Herakleias im nördlichen Kleinasien durch die Goten

267 Goten fallen zur See in Griechenland ein: Einnahme und Plünderung Athens; Organisiation lokalen Widerstands durch den Athener Aristokraten und Historiker Publius Herennius Dexippus; Sieg des **Gallienus** über die Goten

268 Sieg des **Gallienus** über die Heruler in Thrakien; *__Claudius Gothicus__ schlägt die Alamannen am Gardasee

269 Sieg des **Claudius Gothicus** über die Goten bei Naissus

271 *__Aurelian__ schlägt die Juthungen in Raetien; Vandalen und Sarmaten dringen in Pannonien ein; gegen Juthungen erleidet **Aurelian** bei Placentia eine Niederlage; er erringt aber den entscheidenden Sieg bei Ticinum (Pavia): Vertreibung der Juthungen aus Italien; Aufgabe Dakiens durch Rom: Evakuierung der dakischen Provinzen

274 Ende des Gallischen Reiches: neue Einfälle von Franken und Alamannen

276 Sieg des *__Tacitus__ über die Goten in Kilikien

277 Franken- und Alamannenfeldzüge des *__Probus__ in Gallien und Raetien: Wiederherstellung der Rheingrenze

278 Sieg des **Probus** über Burgunder und Vandalen in Raetien

280 Fränkische Kriegsgefangene entkommen auf erbeuteten Schiffen über das Mittelmeer bis zur Rheinmündung

283 Aufstand der Bagauden unter Aelianus in Gallien

286 *__Maximian__ wirft den Bagauden-Aufstand nieder und schlägt nach Gallien eingefallene Franken, Alamannen und Burgunder über den Rhein zurück (bis 288); Überfälle seefahrender Sachsen in Nordgallien und Britannien: Abwehr durch **Carausius**

287 Usurpation des **Carausius** in Britannien: Sonderreich in Britannien und Nordgallien (bis 296)

288 Feldzug *__Diokletians__ gegen die Alamannen: Vorstoß zu den Donauquellen

289 Feldzug **Diokletians** gegen die Sarmaten an der Donau

292 Befestigung der Donau-Iller-Rhein-Linie gegen die Alamannen: Anlage zahlreicher neuer Kastelle (u. a. Basel, Kaiseraugst, Kempten, Regensburg, Straubing, Passau)

294 Feldzug des *__Galerius__ gegen die Sarmaten an der Donau; Ansiedlung unterworfener Franken in Nordgallien durch *__Constantius I.__

295 Siege des **Galerius** über Karpen und Goten an der Donau; Ansiedlung der Karpen in Pannonien

296 Ende des Sonderreichs in Britannien

ca. 300 Die Gepiden siedeln im von Rom geräumten Dakien

308 *__Konstantin__ bekämpft von Trier aus Franken und Alamannen (bis 310)

310 Frieden mit den Franken: Anlage des Kastells Divitia (Köln-Deutz) am rechten Rheinufer

318 Feldzug **Konstantins** gegen die Sarmaten an der Donau

320 Sieg des Crispus über die Franken am Rhein

322 **Konstantin** schlägt die Jazygen: Überquerung der Donau

323 Einfall von Goten unter Rausimod nach Moesien und Thrakien: werden von **Konstantin** zurückgeschlagen

328 Der Caesar *__Konstantin II.__ bezieht seine Residenz in Trier und führt Krieg gegen die Alamannen

331 Die von den Goten bedrängten Sarmaten wenden sich mit einem Hilfsgesuch an **Konstantin**

332 **Konstantin II.** erringt nördlich der Donau einen Sieg über die Goten
334 Ansiedlung von Sarmaten im Donauraum und in Italien
339 Sieg des ***Constans** über sarmatische Gruppen an der Donau
340 Ausbau von Befestigungsanlagen gegen die Goten an der unteren Donau
341 Wulfila wird in Konstantinopel zum (arianischen) Bischof der Goten geweiht und mit der Mission betraut: gotische Bibelübersetzung
342 Sieg des **Constans** über die Franken am Niederrhein
343 Zerstörung der Hauptstadt des Bosporanischen Reiches, Pantikapaion, durch die Hunnen
350 Usurpation des ***Magnus Magnentius** in Gallien: Mit ***Constantius II.** verbündete Alamannen fallen in Gallien ein
354 **Constantius II.** schließt Frieden mit den Alamannen
355 Der fränkischstämmige Heermeister **Claudius Silvanus** lässt sich in Köln zum Kaiser ausrufen und wird wenig später ermordet; Alamannen und Franken fallen in Gallien ein
ca. 355 Die Hunnen zerstören das Alanenreich nördlich des Kaspischen Meeres
356 ***Julian** verhandelt mit den Franken: Die Germanen räumen das linke Rheinufer; Ansiedlung salischer Franken am Niederrhein; **Constantius II.** schließt ein *foedus* mit den Alamannen und lässt sie im Elsass siedeln
357 Schlacht bei Argentorate (Straßburg): Sieg **Julians** über die Alamannen unter **Chnodomar**; **Julian** kämpft an der Maas gegen die Franken
358 Sieg **Constantius II.** über Quaden und Sarmaten an der Donau: *foedus* und Ansiedlung im Donau-Theiß-Gebiet; salische Franken werden im Gebiet der Bataver am Niederrhein angesiedelt
359 Feldzug **Julians** gegen die Alamannen rechts des Rheins
360 Feldzug **Julians** gegen die fränkischen Chattuarier an der Lippe: *foedus* und Ansiedlung in Gallien; Gefangennahme des Alamannenfürsten **Wadomar** durch **Julian**
362 Der fränkische *magister equitum* Flavius Nevitta wird Konsul
365 Gotische Terwingen werden in den Konflikt zwischen ***Valens** und **Procopius** hineingezogen
366 Terwingische Krieger in Konstantinopel zur Unterstützung des Usurpators **Procopius**
367 Sachsen unternehmen zur See Überfälle an der gallischen Nordküste; **Valens** bekämpft die Terwingen, die sich daraufhin in den Karpatenbogen zurückziehen (bis 369)
368 Alamannen überfallen Mogontiacum (Mainz): ***Valentinian** schlägt sie am Neckar
369 **Valens** schließt Frieden mit dem Führer der Terwingen, **Athanarich**: Festlegung der Donaugrenze; Dakien Siedlungsgebiet der Terwingen
370 ***Theodosius** siedelt Alamannen in Oberitalien an
371 **Valentinian** führt rechts des Rheins Krieg gegen Alamannen unter ihrem König **Macrianus**

372 Christenverfolgung bei den Terwingen unter **Athanarich**
373 Verbot der Eheschließung zwischen römischen Provinzialen und barbarischen *foederati*
374 *Foedus* **Valentinians** mit den **Macrianus**-Alamannen; Einfall von Quaden und Sarmaten nach Niederpannonien: **Theodosius** schlägt die Sarmaten
375 Zerstörung des Greutungen-Reichs zwischen Don und Dnjestr durch die Hunnen; **Valentinian** schlägt Quaden und Sarmaten in Pannonien; Druck der Hunnen auf die Terwingen im Karpatenbogen: Christen unter **Fritigern** spalten sich von den **Athanarich**-Terwingen ab
376 *Foedus* des **Valens** mit den **Fritigern**-Terwingen: Ansiedlung in Thrakien; Hunnen, Alanen und Greutungen erreichen die untere Donau
377 Spannungen zwischen den **Fritigern**-Terwingen und der römischen Obrigkeit eskalieren: Der *comes* Thrakiens, ***Flavius Licinius**, wird von den Terwingen geschlagen; Bündnis der Fritigern-Terwingen mit Hunnen, Greutungen und Alanen jenseits der Donau
378 Sieg **Gratians** über die Alamannen bei Argentaria (Elsass); (9.8.) Schlacht bei Adrianopel: Sieg der **Fritigern**-Terwingen über **Valens**, Vernichtung des römischen Heeres, **Valens** fällt in der Schlacht; Plünderungen der Terwingen in Thrakien

Mit Elagabals Tod wurde der 13-jährige Caesar Alexianus Augustus. Für den sich nun Marcus Aurelius Alexander Severus nennenden und heute unter dem Namen Severus Alexander bekannten Kaiser führte die Mutter Julia Mamaea das Regiment. Unter Alexander entstand Dios Geschichtswerk, unsere Hauptquelle für die davorliegenden Jahrzehnte. Seine relativ lange Regierungszeit (222–235) schien in mancher Hinsicht eine Renaissance des Alten einzuläuten: Mamaea war sichtlich um ein gutes Einvernehmen mit den Senatoren bemüht, und mehrere prominente Konsulare, darunter Cassius Dio selbst, bekleideten unter Alexander einen zweiten Konsulat. Tatsächlich aber brachen sich jenseits der Reichsgrenzen fast synchron, jeweils kurz nach 230, Umwälzungen eruptiv Bahn, die den inneren Wandel rasant beschleunigten und unumkehrbar machten. Die militärischen Brennpunkte dieser Entwicklung waren (seit 230) Mesopotamien, das seit dem Ende des Parther- und dem rasanten Aufstieg des Sasanidenreichs Ziel persischen Expansionsdrangs war, und (seit ca. 233) der germanische Limes, über den mit den Alamannen erstmals ein tribaler Großverband ganz neuen Typs flutete.[1] Damit war ein Zweifrontenszenario Realität geworden, das Roms bisherige strategische Doktrin – starre Verteidigungslinien entlang der Reichsgrenzen – Makulatur werden ließ, seine militärischen und fiskalischen Ressourcen bis an die Grenze der Überlastung strapazierte und das politische System des Prinzipats heillos überforderte. Das Zeitalter der *Pax Romana* war endgültig vorbei.

Passé war auch die politische Stabilität, die den Prinzipat fast 250 Jahre lang im Wesentlichen ausgezeichnet hatte. Die Kaiser lösten sich in immer rascherer Folge ab. Zwischen der Ermordung des letzten Severers (235) und der Ausrufung Diokletians zum Kaiser (284) amtierten nicht weniger als neunzehn wenigstens zeitweise vom Senat anerkannte Augusti: Der Thraker Maximinus (235–238), die beiden ›Senatskaiser‹ Balbinus und Pupienus (238), die drei Gordiane (238–244), Philippus Arabs (244–249), der in Moesien gefallene Decius (249–251), die Karrieresoldaten Trebonianus Gallus (251–253) und Aemilianus (253), der bei Karrhai in persische Gefangenschaft geratene Valerian (253–260), sein Sohn Gallienus (254–268), der Gotensieger Claudius (268–270), der energische Aurelian (270–275), Erbauer der römischen Stadtmauer, Sieger über die Goten, Juthungen, Vandalen und Markomannen sowie über die ›Sonderreiche‹ in Gallien und im Orient, der greise Tacitus (275–276), der tatkräftige Probus (276–282) und schließlich der verhinderte Persersieger Carus (282–284) mit seinem Sohn Carinus (282–285).[2]

1 Die Alamannen begegnen erstmals im Zusammenhang mit Caracallas Feldzügen am Rhein 213 (Cass. Dio LXXXVIII. 13, 4), wobei es sich auch um eine spätere Hinzusetzung handeln kann. Caracalla habe Siedlungen im Grenzgebiet angelegt, die sich archäologisch mit *castella* und Auxiliarlagern entlang des Limes identifizieren lassen: Dies ist wenigstens ein erster Hinweis darauf, dass Rom die von den neuen Stämmen ausgehende Bedrohung ernst nahm.

2 Die Geschichte des 3. Jh., der ›Soldatenkaiser‹ und der ›Krise‹ dieser bewegten Periode, wird seit einigen Jahren intensiv erforscht. Auf der Grundlage der jüngeren Forschung sind auch etliche Überblickswerke entstanden,

Die militärische Bedrohung

Mit den Stämmen des germanischen Barbaricums waren die Römer schon seit Jahrhunderten konfrontiert: Der Einbruch der Kimbern und Teutonen, die Varus-Niederlage und wieder die Markomannenkriege hatten gezeigt, dass die Germanen eine ernste Bedrohung der Reichsgrenzen mit erheblichem Zerstörungspotienzial darstellten, mit der Rom aber fertig werden konnte, wenn es alle Ressourcen in einem Kraftakt bündelte. Nun, als im Osten ein aggressiver Gegner die Stelle des in einer langen Agonie dahinsiechenden Partherreichs einnahm, war es kaum mehr möglich, das gesamte Heeresaufgebot im Westen zu konzentrieren. Im Übrigen hatten es Severus Alexander und seine Nachfolger nicht mehr mit den Germanen des Marius oder Caesars zu tun – die tribalen Großverbände des dritten und der folgenden Jahrhunderte waren hochmobile, disziplinierte und zu allem entschlossene Gefolgschaftsgruppen, gleichsam Heere auf Wanderschaft, denen der technologisch und organisatorisch überlegene, aber auf Dauer viel zu unflexible Militärapparat des Imperiums nicht gewachsen war.

Wie war dieser Wandel möglich, von dem die Römer kaum Kenntnis erlangt zu haben scheinen? Und warum bleibt die kaiserzeitliche Literatur mit Blick auf die Umwälzungen jenseits des Limes praktisch stumm? Das Schweigen der Texte, ähnlich wie für andere ›Dunkle Zeitalter‹ des Altertums, wirft die Forschung, will sie die Umformung der Stammesgesellschaften rekonstruieren, auf archäologische Befunde, theoretische Modellbildung und die viel später entstandenen, mythisch überwucherten Ursprungsgeschichten (*origines*) der germanischen Völker zurück. Schon die Namen der neuen Gruppen lassen Rückschlüsse auf ihre Struktur zu: Die Alamannen (›alle Menschen‹) verstanden sich selbst als Sammlungsbewegung der Stämme und Heerhaufen zwi-

namentlich: Ando 2012; Christol [2]1997; Hekster 2008; Johne 2008; Sommer [3]2014 und die Beiträge in Bleckmann 2006; Johne 2008.

schen Main und Elbe, mit Hermunduren, Semnonen und Sueben als Kernen; die Goten, mit denen Rom wohl 238 zum ersten Mal Bekanntschaft machte (die aber zunächst als ›Skythen‹ galten), wuchsen auf ihrer Wanderschaft vom Baltikum ins Schwarzmeergebiet vom unbedeutenden Heerhaufen (Gutonen) zu einer schlagkräftigen Stammeskonföderation an, in deren Sog zahlreiche andere Völkerschaften gerieten; schließlich die 257/258 erstmals belegten Franken, in denen die nicht unterworfenen, also ›freien‹ Stämme (Chamaven, Brukterer, Ampsivarier, Chattuarier, Chatten und andere) der rechten Rheinseite zusammengefasst wurden. Entsprechend tief greifend hatte sich die tribale Geografie Germaniens seit der *Germania* des Tacitus und der Weltkarte des Klaudios Ptolemaios (ca. 150 n. Chr.) verändert: Viele der von Tacitus erwähnten Stämme tauchten im 3. Jh. nicht mehr auf oder nur mehr als Untergliederungen von Groß-Stämmen, in denen sie unter fast vollständigem Identitätsverlust aufgegangen waren. Gewiss hatten die Markomannenkriege Marc Aurels den Wandel beschleunigt, aber die Ursachen lagen doch erheblich tiefer. Entscheidend für die soziale Struktur des germanischen Barbaricums war, dass Sesshaftigkeit stets ein prekärer Zustand war: Krieg, Naturkatastrophen und andere Wechselfälle konnten aus sesshaften Ackerbauern wieder Nomaden machen, die sich auf Wanderschaft zu Heerhaufen zusammenrotteten und plündernd über Land zogen, immer auf der Suche nach Beutegut und Ackerland, auf dem sie wieder sesshaft werden konnten. Im Prinzip waren Kimbern und Teutonen Prototypen dieser wandernden Stämme, die der relative Wohlstand auf römischem Reichsboden magisch anzog.[3]

Der Übergang von der Sesshaftigkeit zur Wanderschaft stand in eigentümlicher Wechselbeziehung zum Wandel des germanischen Königtums: Der ortsfeste Personenverband un-

3 Hierzu und zum Folgenden: Ausbüttel 2010, 59–119; Bleckmann 2009, 168–178; Goltz 2008a; Goltz 2008b; Goltz 2008c; Heather 2011, 51–65; Schulz 2012, 324–330.

terstand dem *thiudans*, dem Volkskönig kraft Abstammung; der wandernde Stamm folgte einem *kuning* (bei den Westgermanen) oder *reiks* (bei den Goten), der sich als tüchtiger Heerführer zu bewähren hatte und sein Königtum oftmals einer heroischen Tat verdankte, die er selbst oder einer seiner Vorfahren vollbracht hatte. Dynastien solcher Heerkönige, wie die Amaler bei den Goten, waren die Kristallisationskerne, um die sich Schicht um Schicht die tribalen Großverbände (*gentes*) gruppierten. Die einem charismatischen Anführer und seiner Familie zu leistende Gefolgschaft war das Prinzip, das den wandernden Stamm zusammenhielt. Vereinfacht ausgedrückt: Gote, Franke, Alamanne war, wer den entsprechenden *kuning* oder *reiks* anerkannte und ihm folgte.

Entsprechend wenig gefestigt waren die Stämme innerlich: Ethnische und tribale Identitäten knüpften sich an persönliche Loyalitäten, und im Extremfall konnten Krieger mehrfach in ihrem Leben die Stammeszugehörigkeit wechseln. Ganze Großverbände, wie die Konföderation der Hunnen nach dem Tod Attilas (453), konnten sich praktisch rückstandsfrei auflösen, wenn die Gefolgschaft aufgekündigt wurde oder der Heerkönig starb. Wenn deshalb hier von »Alamannen« oder »Goten« die Rede ist, darf nicht vergessen werden, dass wir von Kollektiven sprechen, die über die Jahrhunderte erheblich ihr Gesicht wandelten. Viele der Großstämme hatten, wenn überhaupt, nur ein loses Zusammengehörigkeitsgefühl. Ohnehin waren sie so groß, dass sie oft in mehrere Gefolgschaftsverbände zerfielen, wie die Franken, mit ihren verschiedenen Zweigen: den salischen Franken, Rheinfranken (bzw. Ripuariern), Chamaven, Chattuariern, Sugambrern, Brukterern, Usipitern, Tenkterern, Ampsivariern und Chatten. Analog waren die Kniva-Goten um die Mitte des 3. Jh. ebenso wenig »die« Goten wie später die Alarich-Goten mit der zuvor im Karpatenbogen ansässigen Gruppe der Terwingen identisch waren. Jeder der Großstämme machte mit den Jahrhunderten einen komplizierten Prozess der Ethnogenese durch, der hier nur in Umrissen skizziert werden kann.

Alamannen

Bereits die römischen Chronisten deuteten den Namen als Bezeichnung für ein Vielvölkergemisch (»alle Männer« bzw. »alle Menschen«):[4] Zuerst tauchte er 213 auf, als Caracalla militärisch im Vorland des obergermanisch-rätischen Limes operierte. Wenig später, 233, bedrohte die neue Stammesgruppe bereits den obergermanisch-rätischen Limes – und insbesondere das Dekumatland im heutigen Baden-Württemberg, das sie ab 260 in ihre Gewalt brachte. Vermutlich waren tatsächlich unterschiedliche ethnische Verbände (die bereits im süddeutschen Raum ansässigen Hermunduren, ein Teilstamm der Sueben, und die vielleicht ursprünglich illyrischen, später aber germanisierten, ebenfalls suebischen Narisker sowie aus dem Elberaum einwandernde Gruppen) in der neuen *gens* aufgegangen, die mit der Zeit immer mehr Stämme aufsog: so im 4. Jh. die zuvor selbständigen, mit den Alamannen aber in einer Interessengemeinschaft verbundenen Juthungen. Das von den Römern geräumte Dekumatland wurde zum neuen Siedlungsraum der Alamannen: Die schrittweise erfolgende Landnahme dürfte auch im Prozess der Ethnogenese eine Schlüsselrolle gespielt und eine Reihe von charismatischen Führern nach oben gespült haben, die sich die Eroberungen als primordiale Taten an die Brust heften konnte. Über ein zentrales Königtum mit Königssippe (*stirps regia*) wie die Goten verfügten die Alamannen nie; sie blieben ein locker organisierter Verband, der sich im Zuge der Landnahme in mehrere territoriale Einheiten aufspaltete (etwa die Brisigavi im Breisgau oder Lentienses im Linzgau nördlich des Bodensees), die sich aber eine vage gemeinalamannische Identität bewahrten. Ab 300 dienten immer mehr Alamannen in römischen Verbänden; andere suchten weiterhin das östliche Gallien heim, wo Kaiser Julian sie 357 in der Schlacht von Straßburg schlug. 406 überschritten alamanni-

4 Zu den Alamannen: Bleckmann 2002; Steuer 2005 und die Beiträge in Archäologisches Landesmuseum 2005.

sche Verbände gemeinsam mit Franken den Rhein. Seit ihrer Niederlage gegen den Franken Chlodwig (497) gingen sie allmählich im fränkischen Reichsverband auf.

Goten

238, im schicksalhaften Sechskaiserjahr, tauchten die Goten[5] zum ersten Mal an der unteren Donau auf, in Moesien, wo sie die Städte Markianopolis und Istros zerstörten. Zunächst galten sie den Römern noch als »Skythen« – ein Volksname, der einst den Griechen als Oberbegriff für alle nomadisch lebenden Gruppen östlich des Rheins gedient hatte. Wie alle germanischen Stämme hatten auch die Goten ihre *origo gentis* – ein Corpus mündlich tradierter Sagen, die sich mit dem Ursprung des eigenen Volkes befassten. Im Fall der Goten wurden diese Legenden allerdings von dem unter Theoderich dem Großen im frühen 6. Jh. wirkenden Geschichtsschreiber Cassiodor (*Gothorum historia*, verloren) aufgezeichnet und wenig später von dem lateinisch schreibenden, gotischstämmigen Autor Jordanes exzerpiert (*De origine actibusque Getarum*). Danach hielten die Goten Skandinavien (Scandza) für ihre ursprüngliche Heimat, von wo ihr König Berig sein Volk zunächst nach Gothiscandza führte. Sodann verknüpft Jordanes die Goten mit verschiedenen Ereignissen des griechischen Mythos, namentlich dem Trojanischen Krieg, bis er schließlich zur Schilderung der gotisch-römischen Geschichte ab dem 3. Jh. n. Chr. übergeht.

Der Aufenthalt an der Weichselmündung mag durchaus einen historischen Kern haben. Hier siedelte Tacitus um 100 n. Chr. ein Volk an, das er *Gutoni* nennt. Zwar gibt es kein archäologisches Material, das eine Massenwanderung der Gutonen von der Weichselmündung ans Schwarze Meers bezeugen könnte, doch mögen einzelne Sippen, vielleicht eine *stirps regia*, die Wanderschaft angetreten haben, so dass von den Gu-

5 Grundlegend: Wolfram ^{3}1990.

tonen des 1. und 2. zu den Goten, die 238 Moesien verheerten, womöglich eine Kontinuitätslinie führt, die im Mythos ihren Niederschlag fand. Nach 238 erhielten die nördlich der Donau ansässigen Goten von den Römern zunächst regelmäßige Geldzahlungen, die allerdings bald wieder eingestellt wurden – Auftakt zu einer Serie von Raub- und Plünderungszügen, als deren unbestrittener Anführer sich spätestens seit der katastrophalen Niederlage des Kaisers Decius (251) Kniva profilierte. Erst der Gotensieg des Claudius Gothicus – dessen Triumphname der erste Beleg dafür ist, dass die Römer nunmehr wussten, mit wem sie es zu tun hatten – und die Erfolge Aurelians an der Donau (270) stabilisierten die Lage. Aurelians Sieg ließ die gotische Konföderation zerbröckeln, neue Völker sich abspalten, drängte die Reste der Goten nach Osten ab und mündete schließlich in die Spaltung in Terwingen (»Waldleute«, im Westen, nördlich des Dnjestr) und Greutungen (»Steppenleute«, am Asowschen Meer). Im 4. Jh. schlossen die Terwingen ein *foedus* mit Konstantin, das ihnen regelmäßige Geldzahlungen und dem Reich ein schier unerschöpfliches Reservoir an Kriegern einbrachte. Erst mit dem Auftauchen der Hunnen am Schwarzen Meer gerieten beide gotischen Stämme abermals in Bewegung – womit sie zur tödlichen Gefahr für das römische Imperium wurden.

Franken

Die Franken[6] treten in den Quellen erstmals 258/259 in Erscheinung: als raubende Banden, die den Rhein überquerten, Gallien plünderten und bis nach Spanien vorstießen. Der Name – frank und frei – spielt am ehesten auf ihre Lebensweise an: Die Völker der Chamaven, Brukterer, Ampsivarier, Chattuarier und Chatten wohnten im frei gebliebenen, also nicht römisch besetzten, Teil der Germania und schlossen sich wohl kurz nach 200 zu einer mächtigen neuen Konfödera-

6 Ausbüttel 2007, 105–113.

tion zusammen, der sich später auch andere Völker anschlossen (so im 4. Jh. die Salier). Diese »Freien« waren nun besser als zuvor in der Lage, ihre Raub- und Plünderungszüge auf römischem Territorium aufeinander abzustimmen: Zwischen 250 und 260 und wieder 274/275 drangen sie praktisch ungehindert in Gallien ein und unternahmen ausgedehnte Beutezüge. Probus sicherte die Rheingrenze, schlug die Franken (ca. 278) und deportierte viele von ihnen in entlegene Reichsteile – so auch ins Schwarzmeergebiet, von wo einige von ihnen auf Schiffen flüchteten, Städte wie Syrakus und Karthago überfielen und schließlich über den Atlantik die Rheinmündung erreichten (ca. 280).

Wie den Alamannen fehlte den Franken zunächst ein zentrales Königtum mit einer Königssippe. Immer kontrollierten Könige nur einen Teil der Franken, während andere Große es vorzogen, ihre militärische Erfahrung in den Dienst des Imperiums zu stellen. Erst nachdem die meisten fränkischen Gruppen 406 den Rhein überschritten hatten und sich in Gallien neue Siedlungsräume angeeignet hatten, schälten sich allmählich aus kleinen rivalisierenden Königreichen Strukturen zentraler Macht heraus, ein Prozess, der schließlich im späten 5. Jh. im expansiven Frankenreich des Chlodwig seinen Höhepunkt fand.

Die neuen Heerkönige, deren Abfolge gleichsam den Identitätskern einer *gens* repräsentierte, entstammten selbst einer neuen tribalen Elite, die durch den Kontakt mit dem Imperium Romanum zu Wohlstand, Einfluss und oft auch Bildung gelangt war. Viele ihrer Vertreter, wie etwa Arminius, hatten in römischen Diensten gestanden und sich so mit römischem Lebensstil, aber auch dem Know-how disziplinierter Kriegführung vertraut machen können. Sie umgaben sich mit Luxusartikeln aus römischer Produktion und pflegten einen aufwendigen Lebensstil, der sie von ihrer Gefolgschaft absetzte. Den womöglich entscheidenden Beitrag zur Entstehung des Heerkönigtums leistete so ausgerechnet Rom selbst: Der osmotische Austausch über einen für Waren und Menschen stets durchlässigen Limes setzte, für die Römer unbemerkt, militärische Kräfte frei, deren Wucht sich bald just am Limes entladen sollte. Kaum zufällig erfolgte die erste Eruption in Böhmen, im Siedlungsgebiet der Markomannen, dem Teil Germaniens, der von jeher die engsten Kontakte zum Imperium unterhalten hatte.

Analog trieb Rom auch im Osten eine Entwicklung voran, die in dialektischer Umkehrung des strategischen Kalküls der politisch Verantwortlichen ein Bedrohungsszenario quasi-apokalpytischen Ausmaßes schuf: Die zwei großen Siege des Septimius Severus über die Parther (196 und 199) und der gescheiterte, das moribunde Reich im Osten aber weiter schwächende Vorstoß Caracallas (217/218) waren die entscheidenden Voraussetzungen für den Aufstieg der Sasaniden und ihre Reichsbildung (Schlacht von Nehawend, 224), die unmittelbar in eine aggressiv vorangetriebene Expansion nach Ost (westliches Kushanreich) und West (Hatra, Mesopotamien) umschlug. Rom hatte so seinem Hauptgegner für die nächsten 400 Jahre gewissermaßen selbst den Weg geebnet. Unabsehbare Folgen hatte aber auch das Verschwinden der autonomen Staaten an der Steppengrenze, zuerst Osrhoenes (215), dann Hatras (240) und der ehemals parthischen *regna* in Mesopotamien (ab 224), schließlich Palmyras (272). Denn die Annexion bzw. Zerstörung der Klientelstaaten und ihrer urbanen Zentren setzte in wenigen Jahrzehnten die tribalen Kräfte der Steppengrenze frei und verwandelte Räume wie die Palmyrene oder das nordöstliche Mesopotamien in von den imperialen Mächten kaum mehr zu kontrollierende Unruhezonen.

Rom war also, als indirekte Folge seiner eigenen Expansion, mit äußeren Bedrohungen bislang nicht gekannten Ausmaßes konfrontiert, die gleich an zwei langen Grenzen (der ›nassen‹ Rhein-Donau-Grenze von der Nordsee bis zum Schwarzen Meer und der ›trockenen‹ Berg- und Steppengrenze in Anatolien, Mesopotamien und Syrien) die militärischen Ressourcen des Reichs aufs Äußerste strapazierten, während sich die Situation an der – relativ ruhigen – Wüstengrenze des Maghreb kaum änderte. Hier waren allerdings schon im 2. Jh. neue Befestigungsanlagen errichtet und ein Grenzmanagement implementiert worden, das die lokalen Stämme in Konsultationen einbezog und recht reibungslos funktionierte. Dagegen schaukelten sich die Krisen an der Nord- und Ostgrenze oft gegenseitig hoch: Probleme an einem Grenzabschnitt zwangen die Kaiser zum Abzug von Truppen aus anderen Regionen, was dort wieder neue Einfälle provozierte. Dieser Punkt war erstmals erreicht, als die Sasaniden zwischen 230 und 240 gegen das römische Mesopotamien andrängten, kurzzeitig Karrhai und Nisibis eroberten und schließlich Hatra zerstörten, während gleichzeitig die Alamannen über Rhein und Donau nach Gallien, Raetien und Noricum einfielen und die Goten (seit 238) den Balkanraum und Kleinasien heimsuchten.

Die Eroberung der Steppenfestung Hatra im Jahr 240 markiert einen Wendepunkt, denn von nun an waren die römischen Orientprovinzen sasanidischen Vorstößen fast ungeschützt preisgegeben:[7] 241 gelangte im Sasanidenreich Schapur auf den Thron. In drei Kriegen, von denen er selbst in einem als dreisprachige Monumentalinschrift erhaltenen Tatenbericht (*Res gestae divi Saporis*) berichtet, stieß er jeweils tief in römisches Territorium vor, konnte sich in Nordmesopotamien und Syrien aber nicht dauerhaft festsetzen. Doch jedes Mal kehrten seine Soldaten beutebeladen in die Heimat zurück. Den ersten Krieg (242–244) eröffnete die Gegenoffensive, mit der Gordian III. die Zerstörung Hatras beantwortete. Nach anfänglichen Erfolgen (Schlacht bei Rhesaina, 243) erlitten die Römer bei Mesiche in Babylonien eine vernichtende Niederlage (244), blieben aber im Besitz ihrer Provinz Mesopotamien. Seinen zweiten Romkrieg (252–257) brach

7 Zu Hatra, das erst nach dem Fall des Partherreichs auf die römische Seite gewechselt war: Wiesehöfer 1982; Hauser 1998; Sommer 2003a und b sowie jetzt die Beiträge in Dirven 2013. Die Romkriege Schapurs rekonstruiert jetzt in ihrer zeitlichen Abfolge und ihrem genauen Verlauf Glas 2014, 86; 122–134, 324–330.

Abb. 22: Der gefangene Kaiser Valerian kniet vor dem persischen König Schapur I., Felsrelief in Naqshi-Rustam in Fars (Persis), nach 260 n. Chr.

dann Schapur selbst mit der Annexion Armeniens vom Zaun. Im folgenden Jahr stieß er, unter Umgehung der römischen Euphratfestungen, bis Syrien vor und besiegte bei Barbalissos ein römisches Heer. Kampflos öffneten ihm mehrere syrische Städte ihre Tore, darunter Antiocheia. Viele andere Städte wurden zerstört. Allein in Emesa organisierte sich lokaler Widerstand, der prompt in eine Usurpation mündete: Der Anführer der örtlichen Milizen, ein Priester des emesenischen Elagabal-Kults, ließ bald Münzen prägen, auf denen er seinen Anspruch auf den kaiserlichen Purpur kundtat. 256 oder 257 eroberten Schapurs Truppen schließlich die wichtige römische Festung Dura-Europos am mittleren Euphrat und zerstörten die Stadt. Der Konflikt schien sich zu diesem Zeitpunkt in einem zähen Kleinkrieg totzulaufen, doch 257 erschien Kaiser Valerian, der bereits 254/255 im Orient gewesen war, selbst auf dem Kriegsschauplatz, um endlich die Entscheidung herbeizuzwingen, der Schapur aber zunächst auswich. Erst drei Jahre später, im zeitigen Frühjahr 260, prallten beide Heere auf dem schon klassischen Schlachtfeld zwischen Karrhai und Edessa aufeinander: Schapur siegte, Valerian geriet, als erster römischer Kaiser, in feindliche Gefangenschaft, und die Perser zogen ein weiteres Mal plündernd durch den römischen Orient. Dieser dritte Romkrieg Schapurs war indes nur von kurzer Dauer: Überraschend schnell organisierte sich Widerstand gegen die Perser, und Schapur musste sich eilends zurückziehen. Während sich zuverlässige Nachrichten über Valerian mit seiner Gefangennahme verlieren, war der Mann der Stunde ein Palmyrener namens Septimius Odaenathus.

Die Dramatik der Jahre zwischen 240 und 260 erschöpfte sich nicht in den Kämpfen zwischen Römern und Sasaniden im Osten: Nachdem Karpen und Goten 238 die untere Donau überschritten und Thrakien und Moesien heimgesucht hatten, spitzte sich die Lage in Dakien und Moesien 245 erneut zu. Philippus Arabs schlug zwar die Karpen, konnte aber den Donauraum nicht dauerhaft befrieden. 251 fiel Kaiser Decius mit seinem Sohn Herennius. Sein Nachfolger konnte nur gegen Zahlung von Jahrgeldern den Abzug der Goten erkaufen. Hinter der neuen Bedrohung steckte ein Mann, der wie keiner seiner Zeitgenossen den Typus des charismatischen Heerkönigs repräsentierte: der Gote Kniva. Um ihn scharten sich Heerhaufen unterschiedlichster Herkunft, germanische Karpen und Goten, nichtgermanische Sarmaten, römische Deserteure. Knivas Erfolge konsolidierten die zusammengewürfelte Schar und ließen sie auch Rückschläge überstehen. Im Windschatten der persischen Vorstöße im Osten konnten Knivas Einheiten auf dem Balkan ungestört operieren (254 belagerten sie das wichtige Thessalonike) und auch maritime Expeditionen wagen: 253 setzten sie zum ersten Mal über das Schwarze Meer und suchten Pityus im heutigen Georgien heim, 256/257 erreichten sie Phasis und Trapezus an der kleinasiatischen Nordküste, 259 Bithynien mit Nikomedeia, Chalkedon und Nikaia, 262 abermals Bithynien.[8]

8 Zu den Auswirkungen der Barbareneinfälle im 3. Jh. auf die Städte des Ostens jetzt im Detail, mit Diskussion der bisherigen Forschung, Mecella 2006a.

Abb. 23: Lokalprägung der Stadt Nikomedeia in Bithynien, nach der Erhebung Valerians II. zum Caesar (ca. 256–258). Die Vorderseite zeigt die Porträts der beiden Augusti und des jungen Caesar, die Rückseite drei Tempel, die um einen Altar mit einer Schlange angeordnet sind (RG 571, 409).

Während die Goten und ihre Verbündeten im Schwarzmeer- und Donauraum operierten, hatten die Franken den rheinischen Limes bereits perforiert und waren durch Gallien bis nach Spanien vorgestoßen, wo sie Tarraco dem Erdboden gleichmachten (257/258). Gallienus, Sohn und für den Westen zuständiger Mitkaiser Valerians, hatte sich unterdessen der bereits 254 nach Raetien eingebrochenen Alamannen zu erwehren: 259 durchbrachen die alamannischen Juthungen den Limes und gelangten bis nach Italien, wo sie reiche Beute machten und tausende Italiker gefangen nahmen.[9] Als Valerian 260 bei Karrhai in Gefangenschaft geriet, schien das Imperium vor dem Auseinanderbrechen zu stehen: Im Westen, Norden und Osten fluteten Barbaren über die kaum mehr effektiv zu kontrollierenden Grenzen, überall flackerten Usurpationen auf, und die Autorität des überlebenden Kaisers Gallienus hatte ihren Tiefpunkt erreicht.

9 Die Juthungen wurden auf dem Rückweg von dem rätischen Statthalter Genialis gestellt, die Italiker befreit. Genialis weihte daraufhin den 1992 gefundenen ›Augsburger Siegesaltar‹ (AE 1993, 1231).

Der Zusammenbruch kaiserlicher Autorität

Zeittafel 9: Die Soldatenkaiser

Die römischen Kaiser sind hervorgehoben, sobald sie die Herrschaft angetreten haben.

235 Ermordung des **Severus Alexander** in Mogontiacum: Der *praefectus tironibus* (Präfekt der Rekrutenausbildung) am Rhein **Maximinus** [**Thrax**] wird von den Truppen zum Kaiser ausgerufen
Fortsetzung des Krieges gegen die Germanen (bis 236): Sieg über die Alamannen, Wiederherstellung des obergermanisch-rätischen Limes

236 Krieg gegen Sarmaten und Daker an der Donau

238 Sechskaiserjahr: (Anfang Januar) Der Prokonsul der Provinz Africa, Marcus Antonius Gordianus senior [**Gordian I.**], wird gemeinsam mit seinem Sohn Marcus Antonius Gordianus junior [**Gordian II.**] im afrikanischen Thysdrus zum Kaiser ausgerufen; (Mitte Januar) Anerkennung der Gordiane durch den Senat; Erklärung des **Maximinus** zum Staatsfeind; (ca. 20.1.) Sieg des Capellianus, Statthalter von Numidien, über die Gordiane: **Gordian II.** fällt, Selbstmord **Gordians I.**; (Anfang Februar) Proklamation der Senatoren Marcus Clodius **Pupienus** und Decimus Caelius Calvinus **Balbinus** zu Kaisern durch den Senat;
auf Drängen der *plebs urbana*: Erhebung des Marcus Antonius Gordianus [**Gordian III.**], des Sohns Gordians II., zum Caesar durch den Senat; (April) **Maximinus** belagert erfolglos Aquileia und wird von seinen eigenen Soldaten ermordet; (Anfang Mai?) **Pupienus** und **Balbinus** werden in Rom von Prätorianern ermordet; **Gordian III.** wird zum Augustus ausgerufen

240 Eroberung der Stadt Hatra in Mesopotamien durch die Sasaniden

241 Gaius Furius Sabinus Aquila Timesitheus wird Prätorianerpräfekt (bis 243): faktische Regentschaft für **Gordian III.**; Einfälle der Sasaniden unter Schapur I. (bis 272) in die römische Provinzen Mesopotamia und Syria

242 Kämpfe gegen Sarmaten, Alanen und Goten an der Donau; Perserkrieg **Gordians III.** (bis 244)

243 Rückeroberung der an die Perser verlorenen Städte Antiocheia, Karrhai und Nisibis: Vorstoß des Prätorianerpräfekten Timesitheus bis nach Ktesiphon; Tod des Timesitheus; Nachfolger wird Marcus Julius Philippus

244 (Januar) Ermordung **Gordians III.** bei Zaitha am Euphrat: Der Prätorianerpräfekt Marcus Julius **Philippus** [**Arabs**] wird zum Kaiser erhoben (bis 249); Friedensschluss mit den Persern: Mesopotamia bleibt römische Provinz; (Frühsommer) *adventus* des **Philippus Arabs** in Rom

245 Krieg gegen die Karpen in Dakien (bis 247)

247 Triumph des **Philippus Arabs** in Rom: *Carpicus maximus*

248 (21.–23.4.) letzte Säkularfeiern der römischen Geschichte: 1000-Jahr-Feier der Stadt Rom

249 Im Osten Usurpation des Jotapianus: niedergeschlagen; (Juni) in Pannonien Usurpation des Statthalters der Provinzen Moesien und Pannonien, Gaius Messius Quintus **Decius** Valerinus; (September?) Schlacht bei Verona: Niederlage und Tod des **Philippus Arabs**: **Decius** (bis 251); (Herbst) *adventus* des **Decius** in Rom; (Ende 249) Opferedikt des **Decius**

250 Krieg gegen die Goten (bis 251)

251 (Juni?) **Decius** fällt im Kampf gegen die Goten bei Abrittus in Moesien: Der Statthalter von Moesia inferior, Gaius Vibius **Trebonianus Gallus**, wird in Moesien zum Kaiser ausgerufen (bis 253); Friedensschluss mit den Goten, die ihre Beute mitnehmen dürfen: erstes Auftreten des gotischen Heerkönigs Kniva (bis ca. 271)

253 (Sommer) Usurpation des Priesters Uranius Antoninus in Emesa; (Juli/August) Usurpation des Statthalters von Moesia inferior Marcus **Aemilius Aemilianus** nach einem Sieg über die Goten; **Trebonianus Gallus** wird von den eigenen Soldaten bei Interamna (Terni) in Umbrien ermordet: **Aemilius Aemilianus**;(August/September) die Soldaten in Noricum und Raetien erklären ihren Befehlshaber, **Publius Licenius Valerianus**, zum Augustus; (September/Oktober) **Aemilius Aemilianus** wird bei Spoletium (Spoleto) in Umbrien von eigenen Soldaten erschlagen: **Valerian** bis 260; (Oktober?) *adventus* **Valerians** in Rom; sein Sohn Publius Licinius Egnatius **Gallienus** wird Mitkaiser (Caesar?, bald Augustus); Kämpfe an der Donau und am Euphrat

254 Alamannen fallen nach Raetien ein, Knivas Goten nach Makedonien; **Valerian** bricht in den Orient auf: wechselhafte Kämpfe mit den Persern (bis 260); Feldzüge des **Gallienus** an Rhein und Donau

255 Sieg des **Gallienus** über die Alamannen

256 Abwehrerfolge des **Gallienus** gegen Karpen und Goten auf dem Balkan; Goten plündern in Griechenland und Kleinasien

257 1. Edikt **Valerians** gegen die Christen: Versammlungsverbot für Christen; Maßnahmen gegen Kleriker

258 2. Edikt **Valerians** gegen die Christen: Todesstrafe für Kleriker; Sanktionen gegen christliche Angehörige der Führungsschicht

259 Vorbereitung einer Offensive gegen die Perser im Osten; Alamanneneinfall in Gallien

260 (Juni) Niederlage **Valerians** gegen Schapur I. bei Karrhai in Osrhoene: Gefangennahme des Kaisers durch die Perser; **Gallienus** Alleinherrscher; Usurpation des Statthalters von Niederpannonien Ingenuus wird niedergeschlagen (Juli/August) Usurpation des Statthalters von Niedergermanien, Marcus Cassianus Latinus **Postumus**: Einnahme von Köln; Ermordung des Caesar **Saloninus**, Sohn des **Gallienus**; (September) im Osten Usurpation des Fulvius Macrianus (senior), seines gleichnamigen Sohnes sowie seines Sohnes Quietus; Septimius Odaenathus, starker Mann in Palmyra, reorganisiert das römische Heer im Orient: *dux Romanorum*

261 **Postumus** wird in Gallien, Britannien und Spanien als Augustus anerkannt; der *dux equitum* Marcus Aelius Aureolus schlägt die Macriani in Illyricum; Odaenathus erstickt die Rebellion des Quietus und des Prätorianerpräfekten Ballista [Kallistos]; Sieg des Odaenathus über Schapur: *restitutor totius Orientis*

262 Odaenathus erobert Edessa, Karrhai und Rhesaina in Mesopotamien zurück: Vorstoß bis nach Ktesiphon (Winter 262/263); Goten, Heruler und andere Stämme landen an der Nordküste Kleinasiens; 1. Usurpation des Aureolus: Versöhnung mit **Gallienus**

265 Krieg zwischen **Gallienus** und **Postumus**: Rückkehr zum Status quo ante

267 (?) Tod des Odaenathus in Bithynien: Zenobia wird stellvertretend für Odaenathus' Sohn Vaballathus Machthaberin in Palmyra; neue Einfälle von Herulern und Goten auf dem Balkan und in Griechenland

268 Aureolus läuft zu **Postumus** über; Sieg des **Gallienus** über die Heruler in Thrakien; (August) 2. Usurpation des Aureolus in Mailand; (September?) **Gallienus** belagert Mailand und wird von eigenen Soldaten ermordet: Der Offizier Marcus Aurelius **Claudius** [**Gothicus**] wird vom Heer zum Augustus ausgerufen (bis 270); Sieg über die Alamannen am Gardasee

269 Sieg des **Claudius Gothicus** über die Goten bei Naissus; Gallisches Vierkaiserjahr: (Februar?) Usurpation des Offiziers (?) Gaius Ulpius Cornelius Laelianus (Mai/Juni); wird von **Postumus** niedergeschlagen; Ermordung des **Postumus** in Mogontiacum; der Offizier **Marius** wird zum Augustus des Gallischen Reiches ausgerufen und wenig später ermordet; (Herbst) der Konsular Marcus Piavonius **Victorinus** wird in Gallien zum Augustus ausgerufen und findet in Britannien (nicht in Spanien) Anerkennung

Bruch Zenobias mit Rom: Expansion Palmyras nach Kleinasien und Ägypten

270 (September) **Claudius Gothicus** stirbt in Sirmium an der Pest, sein Bruder Marcus Aurelius Claudius **Quintillus** wird zum Kaiser erhoben und wenig später ermordet: Der Befehlshaber der Reiterei in Italien, Lucius Domitius **Aurelianus**, wird neuer Augustus (bis 275)

271 (Frühjahr) **Victorinus** wird ermordet: Der Statthalter Aquitaniens, Gaius Pius Esuvius **Tetricus**, wird zum Augustus des Gallischen Reiches ausgerufen; Feldzüge **Aurelians** gegen Vandalen, Juthungen und Sarmaten; (Ende) Baubeginn an der Aurelianischen Mauer

272 Feldzug **Aurelians** gegen die Goten auf dem Balkan; Räumung Dakiens; Zenobia nimmt Augusta-Titel an; 1. Feldzug **Aurelians** gegen Palmyra: Gefangennahme Zenobias

273 Aufstand Palmyras; 2. Feldzug **Aurelians** gegen Palmyra: Einnahme der Stadt; **Aurelian** wirft einen Aufstand in Ägypten nieder

274 (Februar/März) **Tetricus** unterwirft sich **Aurelian**: Wiedervereinigung des Reiches unter einem Kaiser

275 (Herbst) **Aurelian** wird in der Nähe von Byzanz von Soldaten ermordet: kurzes Interregnum; (November/Dezember) der *princeps*

Senatus Marcus Claudius **Tacitus** wird vom Heer zum Augustus ausgerufen (bis 276)

276 Sieg des **Tacitus** über die Goten; (Juli?) **Tacitus** stirbt in Tyana (ermordet?): Die Nachfolge tritt der Prätorianerpräfekt Marcus Annius **Florianus** an (regiert 88 Tage); (September?) **Florianus** wird von Soldaten ermordet: Der *dux Orientis* Marcus Aurelius **Probus** wird zum Augustus erhoben

277 Feldzüge gegen Germanen: **Probus** schlägt Franken und Alamannen aus Gallien zurück (bis 278); Erneuerung der Grenzbefestigungen in Germanien

278 Siege über Vandalen und Burgunder in Raetien

279 Unterdrückung einer Rebellion der Isaurier in Kleinasien

282 (Sommer) Usurpation des Prätorianerpräfekten Marcus Aurelius **Carus** in Sirmium; (September/Oktober) **Probus** wird von meuternden Soldaten ermordet: Carus (bis 283)

283 **Carus** erhebt seinen ältesten Sohn Marcus Aurelius **Carinus** zum Augustus, den zweiten Sohn Marcus Aurelius Numerius **Numerianus** zum Caesar; Bagaudenaufstand in Gallien; Perserkrieg des **Carus**: Einnahme von Seleukeia am Tigris und Ktesiphon; (Juli/August) **Carus** stirbt nahe Ktesiphon: **Carinus** (bis 285) und **Numerianus** (bis 284)

284 (November) Tod des **Numerianus** in Kleinasien; (20.11.) der Befehlshaber der kaiserlichen Leibwache, Gaius Aurelius Valerius Diocles [**Diokletian**], wird vom Heer in Nikomedeia zum Augustus ausgerufen (bis 305)

Gallienus überstand die Krise und konnte zwei Jahre später seine Dezennalien, sein zehntes Regierungsjubiläum, feiern. Kaum einem seiner Vorgänger und Nachfolger war es vergönnt, so lange zu regieren. Der häufige Kaiserwechsel seit dem Ende der severischen Dynastie war Symptom einer tief liegenden politischen Krise, in der die kaiserliche Autorität zeitweise völlig zusammenbrach. Der Prinzipat drohte einer Militäranarchie[10] zu weichen: Severus Alexander hatte seine Sympathien bei den Soldaten verspielt, als er seinen Perserfeldzug nach mäßigen Erfolgen abgebrochen und sich der neuen Bedrohung im Westen zugewandt hatte, wo er sich aber als unfähig erwies, die Einbrüche von Reichsfeinden abzuwehren. Unter diesem Eindruck griff in Mogontiacum (Mainz) der Präfekt der Rekrutenausbil-

10 So lautet mit gewissem Recht die Bezeichnung der französischsprachigen Forschung für die Periode der Soldatenkaiser.

dung, der Thraker C. Julius Verus Maximinus, nach dem Purpur: Alexander und seine Mutter Julia Mamaea wurden bei Mainz ermordet (235). Maximinus, wegen seiner Herkunft Thrax genannt, ging in Germanien sogleich in die Offensive: Herodian berichtet, der neue Kaiser habe, wohl bei Mainz, den Rhein überschritten und sei »tief ins Land« – das freie, rechtsrheinische Germanien – vorgedrungen.[11] Man sei zunächst vorgedrungen, ohne auf Widerstand zu treffen; die römischen Truppen hätten geplündert und gebrandschatzt. Dann aber seien die Römer in Gefechte mit den Germanen verwickelt worden. Die Kämpfe seien für beide Seiten verlustreich gewesen, am Ende jedoch hätten die Römer den Sieg davongetragen, auch wegen der großen Tapferkeit des Kaisers, die Herodian mehrfach hervorhebt. Bis vor Kurzem galten diese Kämpfe tief im Feindesland als Erfindung oder doch Übertreibung des Historikers. Seit Auffindung des Schlachtfelds am Harzhorn, das sich anhand der Funde recht sicher auf die zweite Hälfte der 230er Jahre datieren lässt, kann indes als sicher gelten, dass römische Heere selbst noch im 3. Jh. zu offensiver Kriegführung in Germanien imstande waren.[12] Freilich waren Maximinus, dem ersten Karrieresoldaten im kaiserlichen Purpur, nur wenige Jahre als Kaiser vergönnt, so erfolgreich er als Feldherr auch war.

Da Maximinus' Sturz im Frühjahr 238 exemplarisch ist für die politische Instabilität der Epoche, verdient er hier eine nähere Betrachtung:[13] 238 wagte in Africa Proconsularis der Prokonsul M. Antonius Gordianus die Usurpation gegen Maximinus, der sein Winterlager am Rhein aufgeschlagen hatte. Prompt erhob Gordianus senior (Gordian I.) seinen gleichnamigen Sohn (Gordian II.) zum Mitkaiser und holte durch Gesandte die Anerkennung des Senats in Rom für sich und seinen Sohn ein. Der Anlass zur Usurpation war im Grunde

11 Herodian. VII. 2, 3.

12 Vgl. die Beiträge in Landesmuseum 2013.

13 Zum Hergang sehr ausführlich: Herodian. VII. 4–6.

genommen nichtig: Im afrikanischen Thysdrus hatten die lokalen Pächter von Großgütern einen Mordanschlag gegen den kaiserlichen Prokurator angezettelt, der offensichtlich den Auftrag hatte, mehr Geld aus den Pächtern herauszupressen. Aus Furcht vor Strafaktionen hatten sich Großpächter an den Prokonsul Gordianus gewandt und ihn schließlich dazu überredet, die Herrschaft an sich zu reißen.

Das Geschehen wird nur verständlich vor dem Hintergrund der komplexen sozio-ökonomischen Situation im römischen Nordafrika: Augustus hatte Africa Proconsularis 25 v. Chr. auf dem Territorium des alten Karthago eingerichtet, an dessen Stelle sich nun die römische Kolonie Carthago erhob. Hier, in Tunesien und in den angrenzenden Teilen Libyens, lag das Zentrum des römischen Nordafrika, und hier hatte die Romanisierung ihren dynamischsten Verlauf genommen. Die Provinz war für Rom von besonderer Bedeutung, weil von hier der überwiegende Teil des Weizens stammte, den die Bevölkerung der Hauptstadt und Italiens verzehrte: Hatte noch unter Augustus hauptsächlich Ägypten Roms unersättlichen Getreidehunger gestillt, so löste im 1. Jh. n. Chr. die Proconsularis das Nildelta als Kornkammer immer mehr ab – schon allein, weil sie billiger, schneller und sicherer zu erreichen war.

Um die Herausforderungen des Massenanbaus von Getreide besser bewältigen zu können, wurde die gesamte nordafrikanische Infrastruktur ganz auf den Getreideexport zugeschnitten: Obwohl es am Südrand der Provinz weiterhin Stämme gab, die ihr Dasein als nomadische Viehzüchter fristeten, wurde ein Großteil der Provinz innerhalb weniger Generationen mit einem Netz von Städten, ländlichen Siedlungen und Dörfern überzogen, das in seiner Dichte die meisten anderen Provinzen in den Schatten stellte. Ausgehend von der Proconsularis schritt ab Trajan die Urbanisierung auch der westlich angrenzenden Provinzen Numidien und Mauretanien zügig voran. Eine Schlüsselrolle spielte hier – ähnlich wie in Gallien und Spanien – die Anlage immer neuer Veteranenkolonien, aus denen Städte wie Thamugadi (Timgad),

Lambaesis und Theveste (Tébessa) in Numidien sowie Kaisareia in der Mauretania Caesariensis erwuchsen.

Ein anderer Weg zur Urbanisierung führte über das Wachstum von Dörfern. In weiten Teilen Nordafrikas war der Kaiser Grundeigentümer, übertrug aber die Bewirtschaftung stadtsässigen Großpächtern (*conductores*), die auf Teilen des Landes Sklaven beschäftigten, es im Übrigen aber parzellenweise an Kleinpächter (*coloni*) weiterverpachteten. Die Kolonen lebten in Dorfgemeinschaften (*vici*) unter gewählten *magistri* und waren – vor dem Hintergrund des anhaltenden wirtschaftlichen Aufschwungs – oft in der Lage, eigenen Grundbesitz zu erwerben und erhebliche Summen in den Ausbau ihrer florierenden Dörfer zu investieren. So nahmen viele dieser Siedlungen baulich und institutionell allmählich ein städtisches Gepräge an, wurden Marktzentren und leisteten zentralörtliche Funktionen für ihr Umland. Nichts veranschaulicht besser die dialektischen Fernwirkungen eines ursprünglich allein auf die Versorgung Roms und Italiens abgestellten Systems als diese Entwicklung: Statt in die ökonomische Auszehrung der Peripherie mündete die Mobilisierung ihrer Ressourcen für Rom in einen anhaltenden Boom, der bald Eigendynamik entwickelte.[14]

14 Hinter römischer Siedlungstätigkeit, Bewirtschaftung und Besteuerung steckte ein raffiniertes System der Landvermessung und Katastrierung, das in den Provinzen flächendeckend zum Einsatz kam, dessen Rasterstruktur sich aber nirgends besser erhalten hat als in Nordafrika – bis heute heben sich die Parzellen des Katasters markant im Luftbild ab, ein Befund, der durch zahlreiche Grenzsteine auf dem Boden seine Bestätigung findet. Für die Katastrierung teilten die Feldmesser das gesamte Land mit einem rechtwinkligen Netz, dessen Hauptachsen in Nord-Süd- (*cardo maximus*) bzw. Ost-West-Richtung (*decumanus maximus*) verliefen, in quadratische Einheiten ein: die *centuriae*; die Provinzialverwaltung führte ein Kataster, in dem der rechtliche Status, Eigentumsverhältnisse und steuerliche Spezifika jeder Parzelle genau vermerkt waren. Teile eines solchen Katasters haben sich im gallischen Arausio (Orange) inschriftlich erhalten. Den in Korporationen organisierten Feldmessern stand für ihre Arbeit ein Arsenal spezialisierter Instrumente zur Verfügung, allen voran die *groma*, ein auf einem Stativ angebrachtes Achsenkreuz, an dessen vier Enden je ein Lot hing

In den Ereignissen von Thysdrus wird erstmals die Verzahnung der politischen mit der fiskalischen Krise sichtbar, die wiederum mit der unsicheren militärischen Gesamtlage in einem unmittelbaren Wirkungszusammenhang stand und selbst im wohlhabenden, sozial und wirtschaftlich weitgehend gefestigten Nordafrika erheblichen politischen Zündstoff barg: Die Gordiane stellten unverzüglich den Kontakt zum Senat her, der ihre Herrschaft anerkannte. In Rom brach daraufhin ein Aufstand los, Maximinus wurde zum *hostis publicus* erklärt und eine Kommission eingesetzt, mit der Aufgabe, Maximinus abzuwehren, dessen Alpenübergang nun zu erwarten war.

Unterdessen griff in Africa Proconsularis der Statthalter der benachbarten Provinz Numidia ein: Er schlug die Gordiane, der jüngere fiel, der ältere beging Selbstmord. Doch statt in sich zusammenzufallen, zog die Rebellion weitere Kreise: In Rom stand nun der Senat, der sich frühzeitig auf die Gordiane festgelegt hatte, unter Zugzwang. Er ernannte die beiden Konsulare Marcus Clodius Pupienus Maximus und Decimus Caelius Calvinus Balbinus zu gleichberechtigten Augusti und den Sohn des jüngeren Gordianus zum Caesar. Die Ernennung der ›Senatskaiser‹ war ein einmaliger Vorgang, der sich aber nicht aus einer wieder erstarkten Machtstellung der Senatoren erklärt, sondern allein aus der Eigendynamik, die jede Usurpation entfaltete und für die das ›Sechskaiserjahr‹ 238 exemplarisch ist.

Aber auch Maximinus war nicht mehr Herr seiner Entscheidungen: Auf den für 238 geplanten Feldzug an der Donau musste er – mit unabsehbaren Folgen für die Grenzsicherheit auf dem Balkan – verzichten, stattdessen war nun

und mit dessen Hilfe sich rechte Winkel recht genau bestimmen ließen. Ohne akurate Methoden der Landvermessung und Katastrierung wäre das komplizierte System der Landbewirtschaftung im römischen Nordafrika auch kaum praktikabel gewesen. Noch immer lesenswert zur römischen Landvermessung und Katastrierung: Dilke 1962. Vgl. auch, zur Republik, Schubert 1996, 43–87.

Rom sein Ziel. Seinen Weg verstellte die befestigte Stadt Aquileia, die er belagerte. Als die Belagerung für die Angreifer zum Fiasko zu werden drohte, erschlugen die eigenen Soldaten Maximinus und seinen Sohn Maximus. Damit zerbrach das Bündnis, dem Balbinus und Pupienus ihre Herrschaft verdankten, und zwischen den beiden ›Senatskaisern‹ selbst kam es zum Bruch. Gelähmt durch ihren Zwist, wurden sie zum leichten Opfer für die Prätorianer, die gemeinsam mit der stadtrömischen *plebs* die Erhebung des jüngsten der Gordiane zum Kaiser gefordert hatten. Der 13-jährige Knabe wurde als einziger überlebender Prätendent des Sechskaiserjahres alleiniger Augustus (Gordian III.).

Die Ausgangslage für ihn und seine Berater war allerdings denkbar ungünstig: Der Bürgerkrieg hatte die Grenzen entblößt und den Feinden Roms in die Hände gespielt. Tiefe Gräben zerrissen noch immer Senat und Militär. Der Kaiser selbst war minderjährig und verfügte nicht über militärische Erfahrung. Doch hinter ihm stand eine Gruppe einflussreicher Senatoren, aus denen sich das Personal seiner Regierung rekrutierte; noch funktionierten die aristokratischen Netzwerke aus einander in verwandtschaftlichen und reziproken Nahverhältnissen verbundenen Senatoren. Die Hauptstütze Gordians indes war der 241 zum Prätorianerpräfekten ernannte Gaius Furius Sabinius Aquila Timesitheus, ein Ritter, der wohl aus den Orientprovinzen stammte: Wenn sich die Wellen zunächst glätteten und Gordians Herrschaft tatsächlich eine gewisse Stabilität brachte, so war das nicht zuletzt Timesitheus' Verdienst. Ein römisches Heer unter seiner Führung besiegte die nach Thrakien eingefallenen Goten, Alanen und Karpen (242).

243 starb Timesitheus auf dem Perserfeldzug; über das Ende Gordians ein Jahr später kursieren unterschiedliche Versionen: Während die westlichen, dem Nachfolger Philippus Arabs durchweg nicht wohlgesonnenen Quellen ausnahmslos dessen Beteiligung am Tod des Kaisers unterstellen, reklamiert der nicht minder tendenziöse Tatenbericht Schapurs den Schlachtentod Gordians. Die Frage, ob der Prätoria-

nerpräfekt Philippus[15] als klassischer Usurpator oder als Lückenbüßer nach der Niederlage an die Macht kam, ist im Grunde genommen ohne Belang: Selbst wenn Gordian lebend das Schlachtfeld von Mesiche verlassen hätte, wäre er politisch ein toter Mann gewesen.

Philipps Herrschaft war wegen des Friedens, den mit Schapur zu schließen er gezwungen war, von Anfang an mit einer schweren Hypothek belastet, denn die Kontributionen, die er dafür an die Perser zu zahlen hatte, belasteten das kaiserliche Prestige und den angespannten Haushalt erheblich. Wohl auch deshalb musste er die Jahrgelder an die Goten einstellen und provozierte so prompt die nächste Welle von Verheerungen. Umso mehr war der Kaiser bemüht, seine Herrschaft zu konsolidieren, und er ging hierbei durchaus konventionelle Wege, obwohl er der lokalen Elite der Trachonitis entstammte, einer unzugänglichen Basaltlandschaft in der Provinz Arabia. So bezog sich Philipp auf seinen Münzen und mit seiner Titulatur unmissverständlich auf die severische Dynastie, wobei seine Ehefrau und sein unmündiger Sohn Philippus junior, ebenfalls in Anlehnung an die Severer, eine prominente Rolle in der kaiserlichen Selbstdarstellung spielten: Den Kaiser leitete erkennbar die Ambition, es Severus gleichzutun und als Dynastiegründer in die Geschichte einzugehen. Auch in Verwaltungsdingen war seine Familie dem Kaiser eine wertvolle Stütze: Er betraute seinen Bruder Priscus gleichzeitig mit den Statthalterschaften der Provinzen Syria Coele und Mesopotamia, die durch die Perser besonders bedroht waren; als Ausdruck seiner besonderen Kommando- und Vertrauensstellung erhielt Priscus den Titel *rector Orientis*. Der Struktur nach vergleichbar war dieses Kommando mit dem *imperium maius* früherer Zeiten, das seinem Inhaber praktisch unumschränkte Amtsgewalt in einem definierten

15 Zu Philippus Arabs umfassend: Körner 2002, der in kleinteiliger Quellenarbeit besonders die Kontinuität zum antoninisch-severischen Prinzipat herausstellt. Laut Körner (ebd., 89) lässt sich die westliche Überlieferung, der zufolge Philipp als Usurpator an die Macht kam, »kaum zurückweisen«.

Gebiet verliehen hatte.[16] Bei seinen Konsolidierungsbemühungen kam Philipp auch der Zufall zu Hilfe, denn im vierten Jahr seiner Herrschaft konnte er die Tausendjahrfeier der Stadt Rom (nach Varros Gründungsjahr 753 v. Chr.) begehen: Er veranstaltete, zum letzten Mal in der Geschichte der Stadt, prächtige Säkularspiele, um so ein neues Zeitalter unter der Ägide seiner Dynastie einzuläuten. Schließlich setzte Philipp Arbeiten ins Werk, um seinen entlegenen Heimatort in der Trachonitis zu einer glanzvollen Kaiserstadt auszubauen. Die neue *colonia* Philippopolis war der eindrucksvollste urbanistische Entwurf der Soldatenkaiserzeit: Mitten in der unfruchtbaren Basaltlandschaft entstanden Tempel, Bäder, Theater und ein Stadion. Doch blieb das Projekt in seinen Anfängen stecken: Philipp fiel, allen Konsolidierungsbemühungen zum Trotz, der Usurpation des pannonischstämmigen Konsulars Gaius Messius Quintus Decius 249 zum Opfer.

Die Rebellion des Decius, der zu diesem Zeitpunkt offenbar ein provinzübergreifendes Kommando im Donauraum innehatte, war de facto bereits die dritte Erhebung in der kurzen Amtszeit Philipps: Der erste der drei Usurpatoren, ein gewisser Jotapianus, der für sich die Abstammung aus dem Königshaus des südostanatolischen Kommagene reklamierte, hatte Zulauf aus der Bevölkerung Kappadokiens und Syriens erhalten, auf der seit der Niederlage gegen Schapur ein immenser Steuerdruck lastete; die zweite Usurpation war von einem militärischen Befehlshaber im Donauraum namens Pacatianus ausgegangen. Beide Rebellionen hatten sich aber, wie Zosimos berichtet, »ohne viel Mühe« unterdrücken lassen.[17] Anders die dritte Erhebung, jene des Decius, der mit seinem Rang und seinem militärischen Renommee weit eher dem klassischen Typus des Usurpators entsprach als seine bei-

16 Es ging aber weit darüber hinaus, weil Priscus im Orient faktisch zu einer Art Juniorkaiser aufstieg. Ähnlich stattete Philipp seinen Schwager oder Schwiegervater Severianus mit provinzübergreifenden Amtsbefugnissen im Balkanraum aus.

17 Zos. I. 21, 2.

den Vorgänger. Decius hatte bereits unter Severus Alexander den Konsulat bekleidet und war unter Philipp zum Inhaber eines provinzübergreifenden Kommandos im Donauraum avanciert. Als solcher war er für die Soldaten und Provinzialen des Balkanraums, die unter den anhaltenden Einfällen wandernder Stämme litten, zum Hoffnungsträger geworden, denn ein Kaiser Decius spendete das, was der in Rom weilende Philipp immer weniger vermitteln konnte, wonach es die Menschen in Zeiten der Unsicherheit aber immer mehr verlangte: Kaisernähe. Angesichts der vielfältigen Gefahren richteten sich auf die Person des Kaisers Heilserwartungen, die, wurden sie enttäuscht, jäh in das Bedürfnis nach einem neuen Herrscher umschlagen konnten. Die charismatische Komponente hatte sich damit endgültig als fester Bestandteil des Prinzipats etabliert. In der Hand des Amtsinhabers war sie ein zweischneidiges Schwert: Das Charisma des siegreichen Feldherrn kompensierte zwar teilweise das Legitimitätsdefizit des Prinzipats, aber das Erfordernis, an allen Unruheherden zugleich Präsenz zu zeigen, überstieg bei Weitem die Kräfte eines einzelnen Mannes und machte es für den Kaiser unmöglich, seine Stellung zu festigen. Das charismatisierte Heerkaisertum, zu dem der Prinzipat im Zeichen der militärischen Krise mutiert war, drohte vollends zur ›Militäranarchie‹[18] zu werden.

Nach der Katastrophe des Decius bei Abrittus, wo er 251 mit seinem Sohn Herennius in einen Hinterhalt der Goten geriet und starb, rollte deshalb mit tödlicher Konsequenz die nächste Usurpationswelle auf das Reich zu: Unverzüglich erklärten die Reste der Donaulegionen den Statthalter von Moesia inferior, Trebonianus Gallus, zum neuen Augustus, der seinen eigenen Sohn Volusianus und Hostilianus, den überlebenden jüngeren Sohn des Decius, zu Caesares erhob. Damit konstruierte Trebonianus eine dynastische Kontinuität zu seinem Vorgänger, die er durch die Konsekration des Decius noch unterstrich. Das Reich, über das Gallus herrschte,

18 Rostovtzeff 1929, Bd. 2, 143–175.

befand sich in heillosem Zustand: Auf dem Balkan musste sich der Kaiser wie schon seine Vorgänger den Rückzug der Goten hinter die Donau erkaufen (251), im Osten flammten Unruhen in Kappadokien und Syrien wieder auf, zugleich eröffnete Schapur mit der Annexion Armeniens seinen zweiten Romkrieg (252). Gallus ernannte seinen Sohn Volusianus zum Augustus und betraute ihn mit der Kriegführung im Osten, während er selbst in Italien blieb: Zwei Kaiser sollten den Soldaten an zwei Brennpunkten das Gefühl von Kaisernähe geben und so ihre Loyalität sicherstellen. Volusianus kam aber nie im Orient an. Abermals erwies sich, dass erfolgreich operierende Feldherren das größte Sicherheitsrisiko für den Fortbestand einer einmal errungenen Herrschaft bildeten: Diesmal war es der Afrikaner Marcus Aemilius Aemilianus, Statthalter von Moesia inferior, den die Donauarmee, das zahlenmäßig stärkste Kontingent des römischen Militärs, nach Erfolgen über die Goten zum Kaiser ausrief. Aemilianus verlor daraufhin keine weitere Zeit an der Donau, sondern rückte unverzüglich in Italien ein, wo er bei Interamna in Umbrien auf Gallus traf. Bevor es überhaupt zur Schlacht kam, wurden der Kaiser und sein Sohn von den eigenen Soldaten erschlagen (Ende Juli 253).

Lange konnte sich indes auch Aemilianus nicht seiner Herrschaft freuen: Unweit der Stätte seines Sieges über Gallus, bei Spoletium (Spoleto in Umbrien), wurde auch er von den eigenen Legionären beseitigt, als mit Valerian der nächste Prätendent heranrückte, der ein provinzübergreifendes Kommando in Noricum und Raetien innegehabt hatte und beim Eintreffen der Nachricht von Gallus' Tod von seinen Truppen zum Kaiser ausgerufen worden war. Publius Licinius Valerianus war ein um 200 n. Chr. geborener Konsular aus italischer Familie, der mit Gallienus einen erwachsenen Sohn hatte, den er sogleich zum gleichberechtigten Augustus[19] erklärte. Anders als seine Vorgänger hielt er sich nur kurz in

19 Zu Valerian und der Zuspitzung des Krisenszenarios in den 250er Jahren jetzt umfassend die Berliner Dissertation von Glas 2014.

der Hauptstadt auf. Valerians Itinerar, dessen Rekonstruktion vereinzelte Inschriftenfunde erlauben, verzeichnet als weitere Stationen Antiocheia (254/255), Niederpannonien (255), Köln (256), Rom und schließlich wieder den Osten (257). Gallienus verbrachte die Jahre 254/255 in Viminacium in Obermoesien, traf sich mit seinem Vater in Köln (256) und zog mit ihm gemeinsam nach Rom (257), von dort nach Obergermanien (wo er wohl in Trier sein Hauptquartier aufschlug), 259 operierte er in Oberitalien gegen die Juthungen und im Katastrophenjahr 260 schlug er sich mit Usurpatoren in Pannonien herum.

Die Rastlosigkeit, mit der die beiden Augusti das Riesenreich durchmaßen, vermittelt einen Eindruck von der Zahl der Krisenherde, aber auch von der immensen Tatkraft, die das kaiserliche Vater-Sohn-Gespann bewies. Mit der Aufgabenteilung zwischen den Kaisern und der weitgehenden Unabhängigkeit, mit der jeder der beiden agierte, zeichnete sich zum ersten Mal eine Konzeption ab, mit der Rom wesentlichen Faktoren der Krise begegnen konnte: Der Zentrale mangelte es hauptsächlich an Zeit und Ressourcen, um sich der Weite des Raumes gewachsen zu zeigen. Also mussten die Ressourcen vermehrt, der Raum zerteilt werden, um so Zeit, das wichtigste Kapital in der Krise, zu gewinnen. Eine funktionsfähige kaiserliche Doppelspitze war faktisch ein Novum – Marc Aurel und Lucius Verus waren nur nominell gleichberechtigte Augusti gewesen, die Herrschaftsteilung zwischen Caracalla und Geta bzw. Balbinus und Pupienus hatte jeweils zum Bruch geführt. Obendrein schufen beide Kaiser neue, mit der politischen Doppelspitze kompatible militärische Strukturen, in denen bereits die Armee der Spätantike Konturen annahm.

Ökonomischer Wandel und fiskalische Krise

Die kurze Regierungsdauer der meisten Kaiser zwischen Maximinus und Valerian, die schiere Zahl erfolgreicher Usurpationen und die noch eindrucksvollere Welle von Usurpationsversuchen, die über das Römische Reich brandete, sind zusammengenommen ein handfestes Symptom für eine tiefe Krise des Kaiserreichs und seines politischen Systems, des Prinzipats. Die Umwälzungen jenseits der Reichsgrenzen, die weite Teile des Reiches in Konfliktzonen verwandelten, waren Auslöser der politischen Krise und wurden zugleich – in einem Prozess fortwährender Rückkopplung – von ihr verstärkt. Das Unvermögen des Prinzipats, mit den diversen Krisensymptomen fertig zu werden, hat die Forschung jahrzehntelang als Ausdruck einer umfassenden Reichs-, ja »Weltkrise«[20] gedeutet, durch welche die gesamte antike Mittelmeerwelt buchstäblich an den Rand des Abgrunds geraten sei. Ohne Frage veränderten sich auch die ökonomischen Rahmendaten der römischen Welt ab dem 2. Jh. n. Chr. erheblich, und unbestreitbar wies das Silbergeld, mit dem die Menschen um 250 bezahlten, nur noch einen Bruchteil des ursprünglichen Edelmetallgehalts auf. In ihrer Bedeutung kaum sicher zu quantifizieren sind schließlich die Verwüstungen und Leichenberge, die Barbareneinfälle und Bürgerkriege zurückgelassen haben dürften. Für sich genommen reichen diese Informationen aber kaum aus, um von einer umfassenden Reichskrise mit wirtschaftlichem Niedergang auf breiter Front zu sprechen.[21] Doch gibt es in der Tat Berichte antiker Gewährsleute, die das Szenario einer tiefen ökonomischen Depression zu stützen scheinen:

> Im Winter gibt es keinen Überfluss an Regen mehr für die Aussaat, im Sommer nicht mehr die übliche Wärme, damit sie reifen kann, und weder ist das Frühjahr heiter, noch reich an Ernte der Herbst. Erlahmt ist in den erschöpften Minen die Förderung von Silber und Gold und im Niedergang die Produktion von Marmor. Ausgebeutet liefern die Adern von Tag zu Tag weniger. Es fehlt der Bauer auf den Feldern, der See-

20 So der programmatische Titel von Alföldi 1967.

21 Als klassische Darstellung der ökonomischen Krise vor allem Rostovtzeff 1929, Bd. 2, 176–209.

> mann auf den Meeren, der Soldat in den Kasernen, auf dem Forum die Ehrlichkeit, vor Gericht die Gerechtigkeit, in der Freundschaft die Solidarität, in den Künsten die Erfahrung, in der Kleidung die Disziplin.[22]

Was sich liest, wie die Bestandsaufnahme eines Zeitalters, in dem alle wirtschaftlichen Indikatoren nach unten weisen, materielle Verarmung und moralische Verwahrlosung sich ausbreiten und selbst die Natur sich gegen die Menschen verschworen hat, ist in Wirklichkeit ein Traktat gegen die Heiden, verfasst von einem Christen in Erwartung des nahenden Weltenendes. Die vermeintlichen Krisensymptome sind dem Verfasser Zeichen, die den bevorstehenden Jüngsten Tag ankündigen. So wenig die einzelnen Punkte als Belege für eine »Weltkrise« oder auch nur ein allgemeines Krisenbewusstsein herhalten können, so wenig sollten sie jedoch voreilig in den Wind geschlagen werden. Einzelheiten wie Menschenmangel und Engpässe bei der Versorgung mit Edelmetallen könnten durchaus einen Bezug zur beobachteten Wirklichkeit gehabt haben, auch wenn sie hier rhetorisch in antiheidnische Polemik eingeflochten sind.

Gab es also eine Wirtschaftskrise im Römischen Reich? Jede Antwort auf diese scheinbar so einfache Frage hat zu differenzieren: zwischen Stadt und Land, zwischen den diversen Wirtschaftssektoren und vor allem zwischen den einzelnen Provinzen, deren Wirtschaft sich seit spätantoninischer Zeit jeweils höchst unterschiedlich entwickelt hatte. Außerdem ist zu berücksichtigen, wie schwer sich archäologische Befunde deuten und zu einer Gesamtschau verallgemeinern lassen. Beispiel Gallien: In Gallien wurden ab dem 2. Jh. viele ländliche Siedlungen aufgegeben, ein Befund, der lange als Indikator agrarischer Verödung missdeutet wurde, nicht zuletzt infolge der Germaneneinfälle.[23] Dann aber zeigte sich, dass sich lediglich die Parameter des Siedlungsbildes

22 Cypr. Demetr. 3. Cyprian war bis zu seinem Märtyrertod Bischof von Karthago (248–258).

23 In diesem Sinne: Rostovtzeff 1929, Bd. 2, 180.

verschoben hatten: von kleinen Streusiedlungen hin zu größeren Zentren. Durch die agrarwirtschaftlichen Umschichtungen fiel kein Land brach, aber die Bewirtschaftungspraktiken und wohl auch die Abhängigkeits- und Besitzverhältnisse änderten sich von Grund auf.[24] Beispiel Ägypten: In der Nilprovinz verschwanden ebenfalls einige Siedlungen von der Bildfläche, vor allem nach der Pest, die Ägypten in der Regierungszeit Marc Aurels heimgesucht hatte. Papyri berichten zudem von leerstehenden Häusern. Zugleich gibt es aber unzählige Hinweise darauf, dass öffentliche und private Gebäude neu errichtet bzw. instand gehalten wurden. Für eine Entvölkerung weiter Landstriche spricht dagegen kaum etwas, eher ließe sich von Stagnation auf hohem Niveau sprechen.[25] Beispiel Syrien: Kaum eine Provinz bietet ein vergleichbar uneinheitliches Bild: Während für das nordsyrische Kalksteinmassiv, den Bereich der ›toten Städte‹, um 250 – vielleicht also als indirekte Folge der Romkriege Schapurs – ein deutlicher demographischer Einbruch zu verzeichnen ist, von dem sich die Region erst im 4. Jh. erholte, erlebten andere ländliche Regionen einen geradezu stürmischen Aufschwung.[26]

Unter dem Strich steht, soweit archäologische Oberflächenerkundungen (sogenannte Surveys) eine zuverlässige Datenbasis zu liefern vermögen, eine durchaus zwiespältige Bilanz: Während einzelne Regionen des römischen Westens, wie etwa die Belgica und Nordgallien, aber auch Italien, eher auf der Verliererseite des Wandels standen, blieb die Bevölkerungszahl in anderen (Britannien, Nordspanien) nahezu konstant. Wieder andere Gebiete (Südgallien, Südspanien, Sizilien) erlebten just im 3. Jh. eine Phase neuer Prosperität. Das

24 Das gilt für weite Teile des römischen Westens (vgl. Witschel 1999).

25 Bowman ²1996, 322–326.

26 Vor allem der nur unter großen Anstrengungen urbar zu machende Hauran mit seinen florierenden Dörfern. Siedlungsstruktur und Kultur des Gebietes beleuchten intensiv Sartre-Fauriat 1998 und 1999. Zum Kalksteinmassiv im 3. Jh.: Strube ²2000, 30.

gilt erstaunlicherweise auch für die von Einfällen besonders heimgesuchten Donauprovinzen.[27] In der Osthälfte des Reiches nahm die Bevölkerungsdichte per Saldo vermutlich eher zu als ab.

Die Veränderung der Bewirtschaftungsformen und Eigentumsverhältnisse war ein Prozess der langen Dauer, dessen Anfänge sich kaum sicher festlegen lassen und der auch im 3. Jh. noch nicht abgeschlossen war. Die Latifundien der späten Republik und frühen Kaiserzeit waren mit wahren Großaufgeboten von Sklaven bewirtschaftet worden, die kaserniert auf dem Gut gehalten und vom Besitzer oder Pächter mit Kleidung und Nahrung versorgt worden waren. Sklaven blieben auch in der spätantiken Landwirtschaft ein wichtiger Faktor, doch ergänzte mit der Zeit, verstärkt ab dem 2. und 3. Jh., der Kolonat als neues Abhängigkeitsverhältnis die unfreie Arbeit: Die oben bereits erwähnten *coloni* waren freie Pachtbauern, die auf eigene Rechnung das Land des Grundherrn bestellten. Als Pachtzins hatten sie einen Teil der Ernte abzuliefern oder feste Geldzahlungen zu leisten.[28] Vielleicht war das Versiegen des Sklavennachschubs für die Ausbreitung des Kolonats mitverantwortlich, doch dürften hauptsächlich ökonomische Kosten-Nutzen-Kalkulationen den Ausschlag gegeben haben: Durch den Verzicht auf unfreie Arbeiter und die Verpachtung des Landes konnte der Grundherr Einnahmen in zuverlässiger Höhe erzielen und gleichzeitig Investitionen auf die Pächter abwälzen. Die Pächter versuchten ihrerseits häufig, sich dem grundherrlichen Abgabendruck durch Flucht zu entziehen, umgekehrt trachtete die Gesetzgebung seit diokletianischer Zeit, sie als *glebae adscripti* an die ›Scholle‹ zu binden. Auch danach löste der Kolonat die Sklaverei einer-, das freie Bauerntum andererseits keineswegs rundweg ab. Vielmehr trat er neben beide,

27 Einen differenzierten Überblick, der sich dicht an die archäologischen Befunde hält, gibt Lewit 1991.

28 Zur Pacht und zur Organisation von Großgrundbesitz in der Kaiserzeit: Kehoe 2006.

war aber spätestens im 3. Jh. die vorherrschende Bewirtschaftungsform geworden.[29]

Obwohl die Subsistenzbasis der antiken Mittelmeerwelt überwältigend agrarisch war, waren es doch die Städte, die dem Reich institutionell, sozial und kulturell sein Gepräge gaben. Auch die Städtelandschaft veränderte sich im 2. und 3. Jh. rasant, wobei auch hier die Indikatoren widersprüchlich sind. So finden sich stellenweise durchaus Anhaltspunkte dafür, dass die Finanzkraft der städtischen Eliten, die den Großteil der öffentlichen Bauvorhaben verantworteten, erlahmte, dass Funktionen nicht mehr wahrgenommen werden konnten und Städte schrumpften, vor allem in Italien. Die zunehmende Autarkie landwirtschaftlicher Großbetriebe, in denen sich nicht nur agrarische, sondern immer mehr auch gewerbliche Aktivitäten konzentrierten, schädigte die Märkte vieler Städte und machte sie als Handelszentren auf lange Sicht überflüssig, obwohl der Bedarf an neuen kaiserlichen Residenzen mit entsprechender Infrastruktur vielerorts den Niedergang des Handels wettmachte: Gerade im 3. Jh. florierten Städte wie Sirmium, Carnuntum und Trier, die nah genug an den Brennpunkten lagen, um den Kaisern als Hauptquartiere auf ihren Feldzügen zu dienen. In manchen Reichsteilen, vor allem in Syrien und Nordafrika, aber auch in Teilen Kleinasiens, erreichten stadtbürgerlicher Euergetismus und monumentale Bautätigkeit erst unter den Severern ihren Höhepunkt. Wenn im 3. Jh., von Einzelfällen wie Philippopolis abgesehen, die Neubautätigkeit spürbar nachließ, so auch deshalb, weil vielerorts bereits ein hoher Sättigungsgrad an Thermen, Theatern, Gymnasien und anderen Repräsentationsbauten erreicht war. Von einem allgemeinen Niedergang der Urbanität wird man deshalb kaum sprechen wollen. Die mit der Tetrarchie einsetzende neue Gründungswelle, die in der Einweihung von Konstantinopel als neuer Hauptstadt gipfelte, bewies vielmehr, dass urba-

29 Kloft 1992, 208–213.

nes Leben im Imperium Romanum nach wie vor äußerst vital war.

Lässt sich also von einer Wirtschaftskrise, wenn überhaupt, dann nur bedingt und regional begrenzt, sprechen, so können an einer chronischen Überforderung des *fiscus* kaum Zweifel bestehen. Hauptindikator ist hier der sinkende Edelmetallanteil der beiden wichtigsten Münzfüße, des Denar (*denarius*, Silber) und des Aureus (Gold): Die eigentliche Referenzmünze, zu der alle anderen Münzfüße in einem festen Wechselverhältnis standen, war der Denar mit einem Gewicht von 3,65 g. Unter Trajan (98–117 n. Chr.) nahm der Feinsilbergehalt dieser Münze von nahezu 100 % auf 90 % ab. Auf diesem Niveau pendelte er sich ein, bis er (um 160) erneut nachgab, auf jetzt 80 %. Unter Septimius Severus sank der Silbergehalt weiter kontinuierlich, von 77 % (193) auf 66 % (194), 61 % (ca. 200) und schließlich 55–58 %. Als der Denar unter Caracalla dann nur mehr gut 50 % Silber enthielt, prägten die Reichsmünzen als neuen Münzfuß den Antoninianus, nominell ein Doppeldenar, der aber faktisch nur gut das Anderthalbfache (8/5) eines nunmehr auch im Gewicht reduzierten Denars wog, nämlich 5,18 g. Gewicht und Feingehalt beider Münzen nahmen nach Caracalla noch in mehreren Schüben ab, bis der Antoninianus unter Valerian nur noch so viel wog wie ein Denar zur Zeit Caracallas, bei einem Feingehalt von gerade noch 2 % Silber (260).[30]

Die Zahlen sprechen scheinbar für sich: Der Verfall des Feingehalts beschleunigte sich genau in dem Moment, als Septimius Severus Unmengen von Geld für das Militär benötigte, und der Silberanteil des Antoninianus tendierte gegen Null, als Valerian und Gallienus verzweifelt versuchten, ein an Rhein, Donau und Euphrat herausgefordertes Reich zu stabilisieren. Offensichtlich wussten die Kaiser, die den Kunstgriff der Staatsverschuldung noch nicht kannten, kein anderes Mittel, um ihre Soldaten zu bezahlen. Im Detail wirft der Be-

30 Walker 1976; Kloft 1992, 231; Lo Cascio 1996; Potter 2004, 139.

fund jedoch durchaus analytische Probleme auf: Wie etwa reagierte eine metallistische Geldwirtschaft, die den Wert einer Münze nach ihrem Metallwert bemaß, auf die kontinuierliche Reduzierung des Feingehalts? Nahmen die Zeitgenossen inflationäre Effekte und Geldentwertung wahr? Wie stark wurde das Vertrauen in die Münzen mit dem Porträt des Kaisers erschüttert? Und bedeutete der Verfall der Währung zugleich auch den Niedergang der Geld- und die Rückkehr zur Naturalwirtschaft? Auch die Ursachen der Haushaltskrise sind nicht eindeutig festzumachen: Überstiegen lediglich die Ausgaben das Leistungsvermögen des Fiskus oder waren auch Engpässe auf der Einnahmenseite für die Zuspitzung verantwortlich? Schließlich: Inwiefern lassen sich die Emission immer wertloserer Münzen und die periodische Ausgabe neuer Nominale (Antoninianus durch Caracalla, Aurelianus durch Aurelian, Argenteus und Nummus durch Diokletian) als ›währungspolitische‹ Maßnahmen verstehen?

Wie die Menschen auf die Münzverschlechterung reagierten, ist kaum sicher zu ermitteln, denn schriftliche Berichte mit entsprechenden Zeugnissen fehlen. Offensichtlich blieb das Vertrauen in das Geld der Kaiser erstaunlich lange unerschüttert. Erst die um 274 durch Aurelian veranlasste Ausgabe neuer Nominale mit höherem Feingehalt, der sogenannten Reformantoniniane, für die ein Umtauschkurs von 1:20 verordnet wurde, brachte der Öffentlichkeit, die sich urplötzlich um ihre Ersparnisse betrogen sah, die Geldentwertung zu Bewusstsein. Das Gresham'sche Gesetz, nach dem schlechte Münzen die besseren aus dem Umlauf verdrängen, weil gutes Geld gehortet wird, kam jetzt voll zum Tragen: Die Reformantoniniane wurden gehortet, während man weiterhin mit den nun faktisch zu Inflationsgeld erklärten Altantoninianen bezahlte.[31] Wie viele Münzen von jeder Serie geprägt wurden und wie viele der Hortung entgingen, lässt sich nicht annähernd quantifizieren. Mehr Gewinn verspricht deshalb ein

31 Ehling 2008, 856–858.

Blick auf die Zirkulation des Geldes, und wenigstens hier lässt sich ein eindeutiger Trend ausmachen: Während die Geldströme in den ersten beiden Jahrhunderten ihren Ausgangspunkt in Rom hatten, von dort in die Garnisonen an der Peripherie und sodann aus den Provinzen wieder zurück nach Rom flossen, kam dieser Kreislauf im 3. Jh. zum Erliegen. Geld wurde nun in regionalen Münzstätten emittiert und in der näheren Umgebung an die Soldaten ausgezahlt. Entsprechend fanden sich in britischen Münzhorten zahlreiche severische Münzen, die im Orient geprägt worden waren, aber nur wenige unter Gallienus im Osten geschlagene Münzen fanden ihren Weg nach Britannien: Indiz dafür, dass im Reich separate Geld- und Wirtschaftskreisläufe entstanden.[32]

Ab dem späten 2. Jh. suchte die Zentrale mit Hochdruck nach Mitteln und Wegen, um neue Geldquellen zu erschließen. Zwar war seit 167 n. Chr. ganz Italien von der direkten Steuer (*tributum*) befreit, doch galten Steuerprivilegien nun nicht mehr für Neubürger: Als mit der *constitutio Antoniniana* das römische Bürgerrecht praktisch universell wurde, legte eine Klausel eigens fest, dass die Verleihung des Bürgerrechts keine Befreiung von Steuern bedeutete. Im Gegenteil: Den Neubürgern wurden nun zusätzlich Lasten aufgebürdet, die nur römische Bürger zu leisten hatten. Mit wachsendem Geldmangel waren die Kaiser zudem bestrebt, die Einnahmen aus den kaiserlichen Domänen zu erhöhen. Deshalb wiesen sie ihre Finanzverwalter vor Ort, die *procuratores*, an, den Druck auf die Pächter zu erhöhen. Welche politischen Rückwirkungen ein solches Vorgehen haben konnte, zeigen die Vorgänge im nordafrikanischen Thysdrus, die der Usurpation der Gordiane vorausgingen. So berichtet Herodian, wie der ritterliche Finanzprokurator der Domäne *regio Hadrumetina* bei Karthago unnachsichtig die Söhne der durchaus wohlha-

32 Howgego 1994 und 1996. Untersuchungen von Münzhorten legen zudem nahe, dass die Monetarisierung per Saldo eher abnahm und dass der Ausstoß der Münzen unter Septimius Severus einen Höhepunkt erreichte und dann, trotz fortgesetzter Entwertung, rückläufig war.

benden Großpächter, die lokale *jeunesse dorée* also, mit Gerichtsverfahren überzogen habe, um Geld aus ihnen herauszupressen.[33] Die jungen Männer ermordeten den Prokurator, womit sie eine politische Kettenreaktion auslösten, die sich zur reichsweiten Krise des Sechskaiserjahrs auswuchs.

Erhöhter Finanzbedarf durch einen stetig expandierenden Militärhaushalt, zunehmender Steuerdruck und rabiatere Inkassomethoden, erosionsartiger Akzeptanzverlust der kaiserlichen Reichsspitze, politische Instabilität und wachsende Usurpationsneigung, schließlich Entwertung der Münznominale und Entkoppelung der Güter- und Geldzirkulation waren allesamt Faktoren in ein und demselben Wirkungszusammenhang. Aber auch sie sollten nicht überbewertet werden: Das Reich geriet wirtschaftlich und fiskalisch nicht in eine ausweglose Abwärtsspirale, das Kaisertum als Institution verlor nicht grundsätzlich an Akzeptanz (wohl aber der einzelne Kaiser als Person), die militärische Kommandostruktur funktionierte weiterhin (wenn sie sich auch immer häufiger gegen die Kaiser richtete) und die Münzen büßten selbst dann nicht jede Glaubwürdigkeit als Zahlungsmittel ein, als sie, vom metallistischen Standpunkt aus gesehen, nur noch Schatten ihrer selbst waren.[34]

Weitgehend unabhängig vom kaiserlichen *fiscus*, waren auf lokaler Ebene die Städte für ihre Finanzen selbst verantwortlich: Sie verfügten über eigenen Grundbesitz, erhoben eigene Steuern und Abgaben und profitierten vom Euergetismus der Wohlhabenden – ihrer Wohltätigkeit, die sich unmittelbar in politisches Kapital ummünzen ließ –, die sich gegenseitig mit Spenden zum Bau und zur Instandhaltung von Großprojekten, zur Ausrichtung religiöser Feste sowie allgemein für das

33 Herodian. VII. 4.

34 Auf dem Höhepunkt der Münzabwertung hätte sich schließlich sogar der Ausweg angeboten, ganz von der Deckung durch den Feingehalt an Edelmetall abzugehen. Da aber keine antike Gesellschaft je auch nur in Grundzügen eine Geldtheorie entwickelt hatte, war dieser Weg versperrt: Die Kaiser ›reformierten‹ die Währung, indem sie zu Nominalen mit hohem Edelmetallgehalt zurückkehrten.

Gemeinwohl überboten und zugleich bereit waren, für die Ausübung öffentlicher Ämter zu zahlen (die sogenannte *summa honoraria*). Die Wettbewerbsethik der diversen lokalen und imperialen Eliten erlahmte auch im 3. Jh. nicht grundsätzlich, und höchstwahrscheinlich wurde die Finanznot der Reichszentrale lokal nur gelegentlich fühlbar, so dass Vorkommnisse wie jene in Thysdrus eher die Ausnahme als die Regel gewesen sein dürften.

Alte und neue Weltbilder: eine Reise an den Rand des Imperiums

Das Imperium Romanum hatte seinen Ursprung in einem mittelitalischen Stadtstaat. Als Republik war der Stadtstaat weit über seine Grenzen hinausgewachsen und schließlich zum Weltreich geworden, aber er hatte sich das institutionelle Gefüge eines Stadtstaates bewahrt. In der Frühzeit des Prinzipats hatten sich die Institutionen dann den Dimensionen des Weltreichs angepasst, das Gefälle zwischen Zentrum und Peripherie war Stück für Stück integrierten Netzwerken gewichen, in denen zwar regionale und lokale Besonderheiten fortbestanden, aber doch politisch, wirtschaftlich und kulturell jeder Punkt zu jedem anderen wenigstens potenziell in Beziehung stand. Wenn es so etwas wie eine ›römische‹ Identität im Kaiserreich gab, dann speiste sie sich weniger aus einem abstrakten Gefühl des ›Römischseins‹, zumal die juristische Kategorie des römischen Bürgerrechts immer mehr an Boden verlor, als aus der Zugehörigkeit zu einem dieser Netzwerke: Die senatorische Reichsaristokratie, die Verwaltung, das Militär, Kultgemeinschaften, Handelsgesellschaften – sie alle brachten Menschen mit anderen Menschen in Verbindung, die sozialen Status, religiöse Präferenzen, Erfahrungen oder Interessen miteinander teilten. Die weitaus meisten Menschen aber standen außerhalb solcher Netzwerke: Für sie waren die Familie, die Dorfgemeinschaft, die Stadt, allenfalls noch die Region oder Provinz, die Wirkungskreise ihrer täglichen Verrichtungen und mithin die Bezugspunkte ihrer Identität. Entsprechend bot das Römische Reich einer Fülle verschiedener Weltbilder und religiöser Weltdeutungsmuster Raum: Die Menschen verehrten die Götter ihrer Heimat, verbanden Örtlichkeiten mit dem Walten göttlicher Mächte, bewohnten ein Universum von Mythen, das ihnen und ihrer Umwelt einen Platz in der griechisch-römischen Oikumene einräumte. Außer dem vagen Bewusstsein der Zugehörigkeit zur Oikumene waren der römische Kaiser und sein Kult die wichtigste, alle Reichsbewohner verbindende Klammer.

Gerade die erst aus dem Hellenismus emporgewachsene Oikumene mit ihrem Fundament ›klassischer‹, über Jahrhunderte kanonisierter Bildung, der *paideia*, büßte in der Kaiserzeit ihre vorherige Monopolstellung als universale Tradition der antiken Mittelmeerwelt ein. Allenthalben traten andere Entwürfe in Konkurrenz zum Sinnuniversum der griechisch-römischen Doppelkultur. Die ›Globalisierung‹ unter der Ägide Roms war ein Prozess mit dialektischer Wirkung: Während sie die Peripherie mit den Segnungen der römischen Zivilisation beglückte, Barbaren zu Römern machte und so der Oikumene in die Wälder Germaniens und die Steppen Mesopotamiens trug, veränderte sie andererseits die Grundlage dessen, was das spezifisch ›Römische‹ ausmachte. Zu welchen Bedingungen man ›römisch‹ wurde, bestimmten so maßgeblich die Menschen selbst, und überall hatten lokale Eliten einen entscheidenden Anteil daran. Für sie war ›römische‹ Kultur in erster Linie ein Warenhaus, in dem man sich nach Gutdünken bedienen konnte, vor allem, um den eigenen Status nach außen kundzutun.

Aus dem ›Aushandeln‹ kultureller Standards zwischen Zentrum und Peripherie erwuchs keine ›Reichskultur‹, keine die verschiedenen Reichsteile verklammernde ›römische‹ Identität, ja nicht einmal ein einheitlicher Begriff dessen, was eigentlich ›römisch‹ war. Es entstanden auch keine römisch-indigenen Hybridkulturen mit einem gemeinsamen Grundstock an Erfahrungen und Normen. Das kaiserzeitliche Imperium war vielmehr – paradoxerweise je länger der Prozess der ›Globalisierung‹ anhielt, desto mehr – ein Flickenteppich aus alten und völlig neuen Traditionen und Identitäten, deren Genese zwar überall durch Rom angestoßen, dann aber im Wesentlichen lokalen Einflussgrößen überlassen worden war. Im Ergebnis lief ›Romanisierung‹ so gerade auf kulturelle Diversität, nicht auf Nivellierung und Vereinheitlichung hinaus. Verkompliziert und teilweise überlagert wurde das Bild des Flickenteppichs durch die reichsweit operierenden Netzwerke, die ihrerseits über eine erhebliche Binnensolidarität und Kohäsion verfügten. Die beiden wichtigsten waren der Senatorenstand und die Armee: Gleichsam selbst als Gralshüter dessen, was römische Identität ausmachte, definierten sich die Senatoren. Ihrer Optik erliegen wir, wenn wir uns einseitig auf die historiografische Literatur stützen. Über ähnliche innere Bindekräfte verfügte die Armee, das zweite große Netzwerk der Kaiserzeit. Andere Netzwerke wie die religiöse Diaspora (›Zerstreuung‹) der Juden und vor allem der Christen standen (noch) in Opposition zu Rom und seiner Tradition, arbeiten aber bereits an Wegen, sich diese Tradition anzueignen.[35]

Wie sich im 3. Jh. Identitäten in einer kulturellen Melange aus Netzwerken, Diaspora-Gruppen und lokalen Traditionen formierten, illustriert exemplarisch die Stadt Dura-Europos am mittleren Euphrat, jene Stadt, die um 256/257 n. Chr. zur Beute der Perser und danach für immer aufgegeben wurde. Die makedonische Gründung aus frühseleukidischer Zeit (Europos), die sich an eine vorhellenistische Siedlung (Dura) anlehnte, war keine Metropole wie Antiocheia oder Palmyra, aber, seit die Parther im Frieden von 166 n. Chr. die Kontrolle über den mittleren Euphrat verloren hatten, immerhin eine bedeutende Ansiedlung am äußersten Rand des römischen

35 Einen deutlichen Wendepunkt für die Christen markiert die Herrschaftstheologie Tertullians (ca. 160–220), der, in paulinischer Tradition, die grundsätzliche Vereinbarkeit von Christentum und Loyalität dem römischen Staat wie dem Kaiser gegenüber predigte und so gedanklich bereits die spätere Staatskirche vorwegnahm (Zilling 2004, 160–164).

Syrien: Das Land am mittleren Euphrat kam zunächst unter palmyrenische Verwaltung, bevor es in severischer Zeit zur massiv befestigten Militärgrenze ausgebaut wurde. Dura-Europos erhielt eine römische Garnison, für die das nördliche Drittel der Stadt dem Erdboden gleichgemacht wurde. Archäologisch ist das ›Pompeji des Orients‹ (Michael Rostovtzeff) deshalb von Interesse, weil sich hier in ungewöhnlicher Dichte Zeugnisse erhalten haben, die das Alltagsleben einfacher Menschen dokumentieren.[36]

Die wechselnden Herren – Seleukiden, Parther, Palmyrener, Römer – hinterließen alle ihre Spuren in der Stadt. Schon die ersten griechischen und makedonischen Siedler waren Fremde unter Fremden, als sie sich am Euphrat niederließen: Auf dem Land und wohl auch in der Stadt bildete eine semitischsprachige Bevölkerung die Mehrheit. Wie viel diese Menschen an Traditionen aus der vormakedonischen und vorpersischen Zeit noch kannten und pflegten und wie viel vermeintlich ›Babylonisches‹ erst später, unter Parthern und Römern, wiederbelebt wurde, lässt sich kaum sicher sagen. In parthischer Zeit wich das für hellenistische Städte charakteristische orthogonale Straßenraster einem Gassengewirr, wie es noch heute viele orientalische Städte kennzeichnet, und die Bewohner der Stadt verehrten Götter, die bereits ihren Ahnen im 2. Jt. v. Chr. heilig gewesen waren, in Tempeln, die einem lokalen Bautypus entsprachen: dem sogenannten Breitraumtempel inmitten eines Hofes. Lokal war auch die Architektur der Wohnbauten: Wie ihre Götter wohnten die Menschen in Hofhäusern, einem Haustyp, dessen Tradition in Mesopotamien vom Neolithikum bis in die Gegenwart reicht. Doch in dieser Stadt und in diesen Häu-

36 Namentlich eine Architektur, die sich markant vom Klassizismus Palmyras abhebt und stark lokale Bezüge aufweist; die Wandbilder einer Synagoge, eines christlichen Versammlungsgebäudes und eines Mithraeums sowie etlicher anderer Heiligtümer; schließlich Papyri, die Einblick in das Wirtschaftsleben der Region bieten. Die Bibliographie zu Dura-Europos ist in den letzten Jahren rapide angewachsen. Zur Orientierung: Dirven 1999; Elsner 2001; Sommer 2004b und 2006b.

sern lebten viele Menschen, die sich ausdrücklich als Nachfahren der makedonischen Siedler fühlten und ihren Kindern makedonische Namen gaben. Gleichzeitig war die Stadt, ihrer Lage am Euphrat wegen, auch immer Anlaufpunkt von Fernhandelskaufleuten: Schon in der Partherzeit waren Palmyrener in Dura-Europos ansässig und trieben grenzüberschreitenden Handel. Zu ihnen gesellten sich ab 166 n. Chr. palmyrenische Bogenschützen, später römische Soldaten, die ihre eigenen Götter, wie Jupiter Dolichenus und Mithras, aber natürlich auch die römischen Staatsgötter verehrten. Zugleich suchten sie die lokalen Kultstätten für sie fremder, aber deut- und verstehbarer Gottheiten auf. Fernhändler vielleicht oder Soldaten brachten auch die monotheistischen Religionen nach Dura-Europos: Judentum und Christentum.

In der Stadt am mittleren Euphrat wurde Fremdheit allgegenwärtig. Schon der Gang über die Straße konnte das Eintauchen in eine ganz andere Welt bedeuten. Wo aber das Eigene und das Fremde so dicht nebeneinander bestehen, dort nimmt die Sensibilität für kulturelle Grenzlinien unweigerlich zu. Identität wird zum Problem, weil Alterität, ihre ewige Begleiterin, überall ist: Die Menschen waren mit dem Dilemma konfrontiert, ihren Alltag in den Griff zu bekommen und zu einem erträglichen Auskommen mit den Anderen zu finden – und zugleich ihre kulturelle, ethnische, religiöse Identität zu wahren und zu verteidigen.

Das Bemühen hat seinen Widerhall gefunden in der materiellen Kultur der Stadt, natürlich fragmentarisch und vielfach gebrochen. So sind wir mit einem Vexierbild der Widersprüchlichkeit konfrontiert, mit unzähligen Facetten: Wir erfahren von Veteranen der römischen Armee, die sich an Euphrat und Khabur dauerhaft niederließen, Land kauften und zu kleinen Agrarunternehmern aufstiegen, womit sie das soziale und wirtschaftliche Gefüge der Region umstülpten. Wir lesen von Einheimischen, die ihren Kindern indigene semitische Namen gaben, just als Rom sich das Land am mittleren Euphrat einverleibte, obwohl sie selbst und schon ihre Väter griechische Namen trugen. Wir nehmen zur Kenntnis, dass die Personen, die mit der *constitutio Antoniniana* zu römischen Bürgern geworden waren, hartnäckig auf das Tragen des dreifachen römischen Namens (*tria nomina*), das ihnen nun de jure zustand, verzichteten – einzige Ausnahme: die auf ihr Römischsein stolzen Soldaten und Veteranen. So entsteht aus vielen Bruchstücken der Eindruck einer kulturellen Kluft zwischen jenen, die als Vertreter von Roms militärischem Netzwerk auftraten, und denen, die schon immer in und um Dura-Europos gelebt hatten. Überfremdungsängste und das Gefühl, den sozial und ökonomisch potenteren Soldaten und Veteranen ausgeliefert zu sein, mögen eine Rolle gespielt haben.

›Widerstand‹ ist eine häufig strapazierte Vokabel, aber zumindest Gleichgültigkeit bestimmte wohl das Verhältnis vieler zu jener Macht, die das Erbe unzähliger Imperien der Vergangenheit angetreten hatte. Doch gibt es auch andere Beispiele: Ein römischer Offizier wie Julius Terentius (gefallen 239 n. Chr.), Tribun der in Dura stationierten *cohors XX Palmyrenorum*, überschritt die Grenze zwischen römischen

Abb. 24: Wandgemälde mit Darstellung des Julius Terentius (Bel-Tempel, Dura-Europos).

und lokalen Kulten, opferte im Bel-Tempel einer lokalen Gottheit und ließ das Opfer in einem großen Wandgemälde verewigen; offensichtlich störten sich die einheimischen Besucher des Tempels nicht daran. Frauen vom mittleren Euphrat beriefen sich bei geschäftlichen Transaktionen auf das ›Recht dreier Kinder‹ (*ius trium liberorum*), einen Satz des römischen Privatrechts, der Frauen, die drei oder mehr Kinder geboren hatten, die Geschäftsfähigkeit zuerkannte. Kleine Leute, die sich durch Stärkere um ihr Recht betrogen fühlten, wandten sich mit Eingaben an den Provinzstatthalter – und erhielten Recht. Offensichtlich nahmen die Einheimischen die Präsenz des Imperiums vor Ort, in Form seiner Soldaten, Amtsträger und Institutionen, durchaus ambivalent wahr: Die Balance zwischen Akzeptanz und Ablehnung des Fremden war eine Gratwanderung.

Wie sehr, zeigen vor allem die Bildwerke der monotheistischen Kultbauten der Stadt, des christlichen Versammlungsgebäudes und der jüdischen Synagoge: Die schlecht erhaltenen Wandbilder des christlichen, ca. 241 geweihten Baptisteriums zeigen in narrativer Sequenz Szenen aus dem Leben Jesu. Im Mittelpunkt stehen Jesu Wundertaten. Die Örtlichkeit, das Baptisterium selbst, ist elementar für das Verständnis des Bilderzyklus: Die Taufe und die Evangelien, welche die Bilder in den Mittelpunkt stellen, konstituierten die christliche Gemeinschaft und zogen eine symbolische Grenze zur Umwelt: Sie bildeten gleichsam die virtuelle Heimat der christlichen Diaspora in einer mehrheitlich heidnischen Umwelt. Abzugrenzen hatten sich die Christen von Dura-Europos vor allem von den Juden der Stadt. Der Graben zwischen Juden- und Christentum, das ja als innerjüdische Sekte begonnen hatte, war im 3. Jh. noch keineswegs unüberwindlich. So versuchten Christen, jüdische Gemeinden zu missionieren, aber nicht wenige Christen kehrten ihrer Religion auch den Rücken und wurden Juden.

Abzugrenzen hatten sich aber auch die Juden. Die Wandbilder ihrer Synagoge haben bei ihrer Entdeckung ungläubiges Erstaunen erregt: Die vermeintlich bilderfeindlichen

Abb. 25: Der Triumph Mordechais, Szene aus dem Mordechai-und-Ester-Zyklus im Versammlungssaal der Synagoge von Dura-Europos (Tafel WC 2, Yale University Art Gallery).

Juden hatten ihr Gotteshaus mit Darstellungen aus der hebräischen Bibel, dem *Alten Testament* geschmückt.[37] Gleichwohl hatten die Bildwerke ihren Sitz mitten im Leben einer jüdischen Diaspora-Gemeinde, bezogen ihren Sinn aus dem Bedürfnis nach kontinuierlicher Selbstvergewisserung einer kulturellen Minderheit. Die Szenen kreisen alle um Kernbestandteile jüdischer Identität: die Kindheit des Moses, die Bundeslade, den Tempel, die Propheten, die Salbung Davids, die Schlacht von Eben-Ezer. Unverkennbarer Bezugspunkt ist Eretz Israel, die Heimat, die alle nach den diversen jüdischen Katastrophen in die Diaspora vertriebenen Juden im Herzen trugen, denn Identität in der Diaspora wird durch die Erinnerung an die gemeinsame Heimat erst möglich. Die Bil-

37 Ob sich aus dem *Alten Testament*, namentlich dem zweiten Gebot, ein generelles Bilderverbot ableiten lasse, war im Judentum der römischen Kaiserzeit Gegenstand kontroverser Diskussion.

der der Synagoge sind die interpretative Brücke zwischen den heiligen Texten und der sozialen Realität der Diaspora, sie sind ein visueller Midrasch aus eigenem Recht. Wie sehr ihre Thematik den Juden von Dura-Europos unter den Nägeln brannte, veranschaulicht die Geschichte von Mordechai und Ester, der zwei Bilder gewidmet sind: Mordechai und Ester, Juden am persischen Hof, loten stellvertretend für die Diaspora-Juden die Möglichkeiten und Grenzen friedlicher Koexistenz mit einer paganen Umwelt aus. Der Triumph Mordechais, den die Heirat seiner Cousine und Adoptivtochter Ester mit dem persischen König Ahasver ermöglicht hatte, war das Sich-Arrangieren mit nichtjüdischen Autoritäten, ohne doch das Jüdische preiszugeben. Besser lässt sich die Gratwanderung, die Juden, aber auch Vertreter anderer kultureller Gruppen in einer Stadt wie Dura-Europos täglich zu beschreiten hatten, nicht in Bilder fassen.

Die Synagoge von Dura-Europos wartet mit einem unerwarteten Rekurs auf die klassische Tradition auf und taucht so das kulturelle Relief der römischen Peripherie in ein irisierendes Licht: Der einzige Sakralbau klassisch-vitruvischen

Abb. 26: Der Salomonische Tempel, Synagoge von Dura-Europos (Tafel, Yale University Art Gallery).

Aussehens in der ganzen Stadt ist ein gemaltes Bauwerk, nämlich ausgerechnet der Tempel von Jerusalem, der als Bild die Stirnseite des Versammlungssaales zierte. In einer Stadt mit überwältigend ›unklassischer‹ Architektur ist die Anleihe beim imperialen Kanon sakraler Baukunst schon fast ein Bekenntnis. Es war also wohl kaum Widerstand gegen Rom, welcher der jüdischen Gemeinde gepredigt wurde, wenn sie sich im Gedenken an die symbolische Heimat Israel zwischen den Wandgemälden versammelte. Aber die Synagoge mit ihrem in keine Schublade zu zwängenden Bildprogramm steht, wie so viele andere Zeugnisse vom mittleren Euphrat, für den Aufbruch in eine Zukunft, in der immer mehr Gruppen auf der Suche nach eigenen Traditionen waren und ihre kulturelle Identität, wenn nicht gegen, so doch neben und ohne Rom und seinen klassischen Kanon, die *paideia*, definierten.

III. Antworten auf die Krise

Spätestens mit Valerians Niederlage bei Karrhai hatte sich erwiesen, dass der severische Prinzipat auf der ganzen Linie gescheitert war: Die römische Armee hatte sich, dem massiv aufgestockten Budget zum Trotz, den Herausforderungen an Roms Grenzen nur bedingt gewachsen gezeigt; mehr und besser bezahlte Soldaten, deren Befehlshaber aber an einer veralteten Verteidigungsdoktrin festhielten, hatten die Sicherheit des Limes entlang von Rhein, Donau, Euphrat und Tigris nicht dauerhaft gewährleisten können. Sie hatten die finanziellen Ressourcen der Reichszentrale überfordert, die verzweifelt versucht hatte, ihre Einnahmen zu erhöhen. Außerdem hatten Septimius Severus und seine Nachfolger ihr politisches Schicksal so weit mit der eigenen Sieghaftigkeit verknüpft, dass Zweifel an der militärischen Tüchtigkeit eines Kaisers häufig schon seinen Sturz einleiteten. Überall dort Kaisernähe zu spenden, wo sie nachgefragt wurde, war angesichts der vielfältigen und immer großräumigeren Bedrohung ohnehin hoffnungslos. Folglich war das politische System des Prinzipats störanfällig und instabil geworden, Kaiser hatten sich in immer rascherer Folge abgewechselt und die Usurpationsneigung erfolgreicher militärischer Kommandoinhaber hatte rapide zugenommen. Zugleich war das, wofür Rom und sein Imperium standen, immer verschwommener wahrzunehmen: Das Imperium vermochte seinen Bürgern keine Sicherheit mehr zu garantieren und es war, je mehr sich ›römische‹ Kultur globalisierte und damit diversifizierte, immer weniger als politische Verkörperung einer imperialen Leitkultur erkennbar. Damit stellte sich zwangsläufig die Frage, ob die Menschen das Imperium noch brauchten, wollten und für wert befanden, durch Steuern und Abgaben ökonomisch am Leben erhalten zu werden.

Die Regionalisierung militärischer Verantwortung im Osten

Zeittafel 10: Rom und der Nahe Osten Teil II

224	(28.4.) Sieg **Ardaschirs I.** über **Artabanos V.** bei Hormizdagan: Sasaniden lösen Arsakiden ab
226/227	1. Feldzug **Ardaschirs** gegen Hatra
230	Persische Offensive gegen das römische Mesopotamien (bis 232)
232	Perserkrieg des **Severus Alexander**: Wiederherstellung der Grenze (bis 233)
235/236	**Ardaschir** erobert Nisibis und Karrhai
240	Perser erobern Hatra: Zerstörung der Stadt
240/241	**Schapur I.** wird persischer Großkönig (bis 272): 1. Expansionsphase des Sasanidenreichs
243	Perserkrieg **Gordians III.**: Römer siegen bei Rhesaina
244	Sieg **Schapurs** bei Mesiche; Ermordung **Gordians III.**; Perser schließen Frieden mit **Philippus Arabs**: Nordmesopotamien bleibt römisch
252	**Schapur** erobert Armenien
253	Perser fallen nach Mesopotamien und Syrien ein; Schlacht bei Barbalissos: Angeblich fallen 60.000 römische Soldaten
260	Schlacht bei Karrhai: Sieg **Schapurs**: Gefangennahme des römischen Kaisers **Valerian**; Stabilisierung des römischen Orients durch **Odaenathus** von Palmyra: Gegenoffensive bis vor Ktesiphon (bis ca. 264)
ca. 267	Tod (Ermordung?) des **Odaenathus**: **Zenobia** wird stellvertretend für seinen Sohn **Vaballathus** Herrscherin in Palmyra
272	1. Eroberung Palmyras durch **Aurelian**: Gefangennahme **Zenobias**; Tod **Schapurs**: **Hormizd I.** wird persischer Großkönig und stirbt wenig später (273): Thronwirren im Perserreich
273	Revolte der Palmyrener: 2. Eroberung Palmyras durch **Aurelian**
283	Perserfeldzug des **Carus**: Vorstoß bis nach Ktesiphon
288	Friedensschluss **Diokletians** mit den Persern
290	**Diokletian** setzt **Tiridates III.** als König von Armenien ein; **Diokletian** nimmt den Titel *Persicus maximus* an
296	Einfall des persischen Königs **Narses** nach Armenien: Perserkrieg von **Diokletian** und **Galerius** (bis 298)
297	Niederlage des **Galerius** in Mesopotamien
298	Römischer Sieg über die Perser in Armenien; Friedensschluss von Nisibis: Rom erhält Gebiete jenseits des Tigris; Nisibis wird alleinige Drehscheibe des Orienthandels
309	**Schapur II.** wird im Säuglingsalter persischer Großkönig
337	**Konstantin** bereitet Perserfeldzug vor: Tod des Kaisers kommt Kampfhandlungen zuvor
338	Offensive **Schapurs II.** gegen Armenien: 2. Expansionsphase des Sasanidenreichs

339/340 Christenverfolgungen im Sasanidenreich
350 persische Eroberung von Nisibis scheitert
359 persische Offensive in Nordmesopotamien: Perser nehmen Singara und Amida ein
363 Perserfeldzug **Julians** scheitert: Tod des Kaisers; Friedensschluss zwischen **Jovian** und **Schapur II.**: Rom tritt Nisibis an die Perser ab

Die Kaiser und ihre Verwaltungsstäbe waren nur bedingt in der Lage, auf die vielfältigen Krisensymptome zu reagieren. Sie konnten Abgaben erhöhen und Münzen inflationär entwerten; sie konnten ihre Tage im Feldlager zubringen und persönliche Tapferkeit demonstrieren; sie konnten rastlos das Reich durchwandern und versuchen, das ramponierte Verhältnis zwischen Rom und seinen Göttern zu sanieren; sie konnten auch Justierungen an der Struktur des militärischen und administrativen Apparats vornehmen, wie es vor allem Valerian und mehr noch sein Sohn Gallienus versuchten. Was ihnen aber fehlte, war eine präzise wissenschaftliche Konzeption des Reiches und seiner Organisation, die es ihnen erlaubt hätte, strategisch politische Weichenstellungen vorzunehmen. Beraterstäbe im Sinne moderner Thinktanks besaßen die Kaiser nicht.

Und doch stellten sich die meist nur kurz regierenden ›Soldatenkaiser‹ des halben Jahrhunderts zwischen Maximinus Thrax und Diokletian im Rahmen ihrer Möglichkeiten den Herausforderungen des Zeitalters, mit einer typisch römischen Mischung aus Pragmatismus und Traditionsverbundenheit. Eine Unmenge von Parametern entzog sich allerdings ganz der kaiserlichen Kontrolle. So gab es Bewegungen, die teilweise von oben, durch kleinschrittige, reaktive Reformen angestoßen wurden, während sie zugleich von zufälligen, nicht durch Individuen kontrollierbaren Prozessen vorangetrieben wurden. Ein solcher Vorgang war die Regionalisierung militärischer Verantwortung, die ab den 240er Jahren verstärkt zu beobachten ist und um 260 den Fortbestand des Reiches insgesamt infrage stellte.

Regionalen militärischen Herausforderungen mit regionalen Einsatzkräften zu begegnen, war kein vollständiges Novum. Bereits das republikanische Rom hatte auf Klientelkönige gesetzt, die als *amici populi Romani* dem Reich gegenüber zur Heeresfolge verpflichtet waren: Im Orient hatte, seit der Errichtung der Provinz Syria durch Pompeius, ein Kranz von autonomen Territorien den römischen Brückenkopf umgeben und als Puffer gegen die Parther geschützt; im 2. Jh. n. Chr. war die Oasenstadt Palmyra unter Roms Ägide verantwortlich für die Sicherheit im breiten Steppengürtel zwischen Antilibanon und Euphrat, und schon die Republik hatte übergeordnete, mehrere Provinzen umgreifende Kommandos (*imperium extraordinarium*, *imperium infinitum*) gekannt, die mit der Befehlsgewalt der Promagistrate konkurrierten und in der Prinzipatszeit zum *imperium maius* ausgebaut wurden. Indem Philippus Arabs jedoch seinen Bruder Priscus zum *rector Orientis* ernannte und Severianus mit ähnlich großräumigen Befugnissen auf dem Balkan ausstattete, leitete er auch offiziell die Regionalisierung der Herrschaft oder, mit anderen Worten, die Kollegialisierung der Reichsspitze ein: Männer wie Priscus führten nicht mehr bloß ein Kommando, sie setzten die gesamten Ressourcen des ihnen unterstehenden Reichsteils ein, um militärisch so effizient wie möglich operieren zu können.

Wenigstens im Osten scheint man seither an einem regionalen Oberkommando festgehalten zu haben: 252 bis 256 fungierte ein Mann namens Pomponius Laetianus, zuvor Prokurator in Syria Coele, als *rector Orientis*. In diesen Jahren machte auch zum ersten Mal ein Mann von sich reden, der wenig später die römische Herrschaft im Osten vor dem Zusammenbruch bewahren sollte: der Palmyrener Septimius Odaenathus. Sein Name taucht erstmals auf einer zweisprachigen (palmyrenisch-griechischen) Inschrift aus dem Jahr 252 auf, die ihn als »Oberhaupt von Tadmor« (Palmyra) bezeichnet.[1] Palmyra hatte seit severischer Zeit den Status einer *colonia* und verfügte, wenigstens nominell, über

1 PAT 2815 (April 252). Die griechische Fassung der Inschrift bezeichnet Odaenathus als *exarchos Palmyrenon*. Der Titel (etwa: »Führer der Palmyrener«) könnte auf eine Erneuerung der autonomen Rolle Palmyras hindeuten.

alle Institutionen einer griechischen Stadt des römischen Ostens. Allerdings machte sich unter der Oberfläche nach wie vor der nomadische Ursprung der Oasenstadt bemerkbar. So bestimmten tribale Traditionen die politische und soziale Wirklichkeit weitaus stärker als ein oberflächlicher Blick auf die Quellen ahnen lässt. Unter den Bedingungen einer integrierten Stammesgesellschaft, in der sich die Stadtbewohner denselben fiktiv-verwandtschaftlichen Gruppen (›Stämmen‹) zugehörig wussten wie die Nomaden der Steppe, führten zunächst patriarchale Eliten das Regiment, die in beiden Welten zu Hause waren. Die Steppe, die Palmyra kontrollierte, war ein Tor zu den Luxuswaren Indiens und Chinas. Jahr für Jahr durchzogen palmyrenische Karawanen das Partherreich auf dem Weg zum Persischen Golf, wo die von der Westküste Indiens kommenden Schiffe ihre Fracht anlandeten.[2]

Mit dem Aufschwung des grenzüberschreitenden Fernhandels, der unerhörten Reichtum in die Oase spülte, und kriegerischen Konflikten, in die Palmyra zur Sicherung seines Handels verstrickt wurde, stieg ein neuer Typus Anführer auf: charismatische, um die Macht rivalisierende Warlords, die persönliche Gefolgschaften um sich scharten und unter den Steppennomaden über erheblichen Rückhalt verfügten. Den Wettbewerb um die politische Führung in der Oase verschärfte vermutlich noch die Machtübernahme der Sasaniden, die den palmyrenischen Handel durch Mesopotamien und den Persischen Golf abzuwürgen drohte. Ohne dass wir genaue Kenntnis von den Details hätten, begleitete die römisch-persischen Konfrontation Odaenaths Aufstieg zum Alleinherrscher von Palmyra: Um 250 hatte er den Machtkampf für sich entschieden und machte sich daran, mit seinen Gefolgsleuten und Familienmitgliedern politische Ämter und politische Selbstdarstellung zu monopolisieren.[3]

2 Zum römischen Orienthandel und seiner Organisation allgemein: Young 2001. Zu Palmyra: Sommer 2008b, 294–298; Will 1957; Yon 2002, 100–106.

3 Als griechische Polis stellt sich Sartre 1996 das kaiserzeitliche Palmyra vor. Dagegen, unter Verweis auf die nach wie vor wirksamen triabalen Kräfte:

Odaenathus hatte die wirtschaftliche und vor allem militärische Potenz seiner Heimatstadt in die Waagschale zu werfen. Mit den Steppennomaden unter seinem Kommando verfügte der Palmyrener, seit 257/258 auch Statthalter der Provinz Syria Phoenice, über eine Reservearmee, die in dem Moment, als sich der römische Orient in ein Machtvakuum verwandelte, in die Bresche springen konnte. So weit war es 260, nach Valerians Niederlage bei Karrhai, als der römische Militärapparat in den Orientprovinzen förmlich implodierte: Persische Truppen zogen plündernd und brandschatzend durch Syrien, Mesopotamien und Kilikien, ohne dass ihnen zunächst Einhalt geboten werden konnte. Völlig überraschend schlug Odaenathus sie mit seinen Palmyrenern am Euphrat (Sommer 260). Für den überlebenden Kaiser Gallienus barg die unübersichtliche Lage im Osten aber noch weitere Risiken: Vor allem flammten im Machtvakuum Usurpationen auf. Auf Betreiben des Prätorianerpräfekten Ballista waren in Syrien die Söhne des Macrianus, eines Generals unter Valerian, Macrianus junior und Quietus, zu Kaisern ausgerufen worden. Nachdem die beiden Macriani in Illyrien von Gallienus-treuen Truppen geschlagen worden waren (Sommer 261), wandte sich Gallienus mit dem Ersuchen an Odaenathus, militärisch gegen die verbliebenen Rebellen vorzugehen. Odaenathus schlug Ballista und Quietus vor Emesa (Herbst 261): Er war der neue Hauptakteur im römischen Osten.

Gallienus überhäufte Odaenathus mit Ehrungen und Vollmachten. Schon nach dessen erstem Persersieg 260 hatte er den Kriegsherrn aus der Oasenstadt zum *dux Romanorum* ernannt, ein Titel, der Odaenaths militärische Verantwortung für die Ostgrenze hervorhob. Im Jahr darauf, nach dem Sieg von Emesa, erhielt das ›Oberhaupt der Palmyrener‹ als *corrector totius Orientis* obendrein umfassende zivile Befugnisse.

Kaizer 2002, 43–55; Yon 2002, 66–78 und passim, und 2003; Sommer 2005d und e. Zur Herkunft Odaenaths und zur Geschichte des palmyrenischen Teilreichs: Hartmann 2001; Sommer 2008b, 309–315.

Für die Bevölkerung der Orientprovinzen war Odaenathus spätestens jetzt eine Rettergestalt von quasi-messianischer Statur: Das 13. Sibyllinische Orakel, ein Text obskurer, möglicherweise alexandrinisch-jüdischer, gewiss aber orientalischer Herkunft, nennt den Palmyrener den »sonnengesandten, schreckliche Furcht einflößenden Löwen«, der mutig den »wohlgehörnten, flinken Hirsch« (Macrianus), die »große, giftspeiende Bestie, die viel Zischen ausstößt« (Schapur), und den »geschossfüßigen Ziegenbock« (Ballista) vernichten wird.[4] Das Nächstliegende für Odaenathus wäre es nun gewesen, seine ungeheure Machtfülle zu nutzen, um selbst nach dem Purpur zu greifen. Mit dem Rückhalt des Militärs in der östlichen Reichshälfte, der Palmyra treu ergebenen Stämme und der Zivilbevölkerung der Orientprovinzen hätte er wohl realistische Aussichten gehabt, den angeschlagenen Gallienus vom Thron zu stürzen.

Genau das aber tat der »sonnengesandte Löwe« nicht. Statt sich Hals über Kopf in einen Bürgerkrieg zu stürzen, konsolidierte er vielmehr seine Machtsphäre im Osten, die Syrien, Mesopotamien und den größten Teil Kleinasiens umfasste, und ging gegen die Perser zur Offensive über: Nachdem er Schapurs Truppen aus Syrien und dem römischen Mesopotamien vertrieben und die Revolte des Quietus niedergeworfen hatte, brach er in Babylonien ein und stand bald vor Ktesiphon (262/263), das er belagerte, aber nicht einnahm. Dass Odaenaths Ambitionen im Osten, nicht im Westen lagen, suggeriert auch die Annahme des Königstitels, und zwar vermutlich in seiner doppelten, persischen Variante: *rex regum* – König der Könige. Odaenathus verließ nun den Boden einer lediglich kraft kaiserlicher Patronage legitimierten Super-Magistratur: Er erhob unmissverständlich Anspruch auf die Nachfolge Schapurs als Herrscher des östlichen Weltreichs. Folgerichtig gab er sich mit dem Teilerfolg gegen

4 Das Orakel ist eine aus der Rückschau verfasste Pseudoprophezeiung, entstanden in mindestens zwei Phasen. Vgl. dazu die umfassende Studie von Potter (1990) sowie Hartmann (2001, 194–200).

die Perser nicht zufrieden und brach (wohl 267) zu einem zweiten Feldzug gegen das militärisch erschöpfte Sasanidenreich auf. Bevor er aber die Entscheidung erzwingen konnte, durchkreuzten Ereignisse an der Nordküste Kleinasiens seine hochfliegenden Pläne: »Skythen«, also wohl Goten und Karpen, waren bei Herakleia Pontike gelandet und verheerten die pontische Küste. Odaenathus brach nach Kleinasien auf, wo sich seine Spuren im Dunkel widersprüchlicher Quellenberichte verlieren.[5]

Der Tod des *corrector totius Orientis* schuf für die in seinem Zuständigkeitsbereich liegenden Orientprovinzen eine diffizile Situation. Odaenathus war zu Lebzeiten als starker Mann des Ostens gewissermaßen doppelt legitimiert gewesen: Er war der charismatische Führer der Palmyrener, der mit seiner alles überragenden Autorität den Machtkampf in der Oase für sich entschieden hatte, und er war der erfolgreiche Heerführer, den der römische Kaiser mit umfassenden Machtbefugnissen ausgestattet hatte. Nach römischem Verständnis fielen alle Ämter und Titel, die Odaenathus bekleidet hatte, nach dessen Tod an den Kaiser zurück. In den Augen der Palmyrener war ein Machtverzicht der Familie indes undenkbar und so übernahm Odaenaths Witwe, Zenobia, für den gemeinsamen, noch unmündigen Sohn Vaballathus so unverzüglich wie selbstverständlich Amtsgeschäfte und Titulaturen. Ihr war durchaus bewusst, dass Rom früher oder später reagieren musste; deshalb ging sie, um ihre Stellung so unangreifbar wie möglich zu machen, in die Offensive: Palmyrenische Truppen rückten in Kleinasien vor (269) und besetzten Arabien und Ägypten (270). Damit kontrollierten sie die Häfen am Roten Meer, Ausgangspunkte für die alternative Südroute nach Indien, die mit der Monsunpassage quer über

5 Ob er ermordet wurde, bei einem Jagdunfall starb oder auf andere Weise ums Leben kam, wird sich kaum je klären lassen. Sicher ist nur, dass Odaenathus das Jahr 268 nicht überlebte. Alle in der Literatur genannten Todesvarianten listet Kaizer 2005 auf. Für Gallienus als Auftraggeber eines Mordes indes Hartmann 2001, 218–230.

Abb. 27: Antoninianus Zenobias (272): Avers mit Legende ZENOBIA AVG(usta). Auf der Rückseite Legende IVNO REGINA mit Darstellung der Juno mit Schleier, Diadem und langem Szepter (RIC V, 2, 2).

den Indischen Ozean führte. Zenobias Agenda beherrschten wirtschaftliche mindestens ebenso sehr wie politische Erwägungen.

Unterdessen hatte sich die Situation auch im Westen grundlegend verändert: Gallienus, der zunächst seine Herrschaft hatte festigen können, war einer Usurpation zum Opfer gefallen (Spätsommer 268), seine Nachfolger Claudius II. Gothicus (268–270) und Aurelian (ab 270) hatten wichtige Siege gegen Goten, Juthungen und Sarmaten errungen und im Westen erstmals seit langem die Hände frei. Damit waren die Würfel gefallen: Aurelian erreichte im Frühjahr 272 Kleinasien und trieb so Zenobia förmlich in die Usurpation: Die Herrscherin nahm für sich und ihren Sohn den Augustus-Titel an und brach so endgültig alle Brücken hinter sich ab. Im Sommer unterlag ihr Heer den Legionen Aurelians bei Antiocheia und Emesa; der Weg nach Palmyra war für den Kaiser frei: Zenobia ging angeblich in Gefangenschaft, vom Schicksal ihres Sohnes vermelden die Quellen nichts. Zwar flammte 273 in der Oase Tadmor noch einmal kurzzeitig Widerstand auf, doch war die Macht der Karawanenstadt gebrochen. Palmyra hatte seine Rolle in der Weltpolitik ausgespielt.

Der jähe Aufstieg und Fall der Oasenmetropole steht sinnbildlich für die Veränderungen in der militärischen, aber auch politischen und administrativen Struktur des Reiches: In dem Moment, als der Zentralgewalt die Kontrolle über einen großen Teil des Imperiums entglitt, schlug die Stunde lokaler Kräfte, die das Machtvakuum füllen konnten.[6] Die Grenze zwischen römischen Amtsträgern und Warlords zerfloss; charismatische Führer wie Odaenathus retteten das Reich – und bedrohten es doch zugleich, indem sie seine Fähigkeit, Schutz und Heil zu spenden, infrage stellten. Odaenaths Erfolge entfesselten so eine Eigendynamik, in deren Sog schließlich seine Witwe geriet. Ihre Revolte, zu der sich das Geschehen am Ende zuspitzte, war deshalb auch weder eine klassische Usurpation im römischen Sinne noch eine lokale Revolte gegen Rom,[7] sie war schlicht die zwingende Konsequenz aus wiedererlangten Handlungsfähigkeit der römischen Kaiser seit Aurelian.

Mit Palmyra fiel die letzte der autonomen, integrierten Stammesgesellschaften der Steppengrenze dem römisch-persischen Dualismus zum Opfer. Die Nomaden, ihrer urbanen Zentren beraubt, wurden so wieder zu jener unkalkulierbaren Kraft, die sie jahrtausendelang gewesen waren, während das urbane Leben an der Steppengrenze, wo das ewige Pendel der Transhumanz wieder von der Sesshaftigkeit zum Nomadentum zurückschwang, allmählich erstarb.[8]

6 Übrigens auch anderswo, etwa in Athen, wo während des großen Herulereinfalls (268) örtliche Notabeln, darunter der Geschichtsschreiber Dexippus, den Widerstand organisierten.

7 Für beide Deutungen haben sich in jüngerer Zeit Anhänger gefunden: Als Usurpation (»abortive claim to the empire«) interpretieren das Geschehen Millar (1993, 335) und, in Anlehnung an ihn, Hartmann (2001, 354–364); anachronistisch als Vorkämpferin arabischen Nationalismus zeichnet Zahran (2003) die palmyrenische Herrscherin.

8 Zu den Umwälzungen in der syrisch-mesopotamischen Steppe im 3. und 4. Jh. n. Chr.: Scharrer 2010, 326–334.

Die Regionalisierung militärischer Verantwortung im Westen

Periodische Verheerungen durch auswärtige Feinde waren auch in den westlichen Provinzen ein chronisches Problem; wie im Osten hatte sich hier die Lage vor 260 massiv zugespitzt und wieder spielte die Verschränkung äußerer (Barbareneinfälle) mit inneren (Usurpationen) Faktoren eine Schlüsselrolle: Seit ca. 256 hatte sich der Druck auf die Rheingrenze und den obergermanisch-rätischen Limes deutlich erhöht. Alamannen und Juthungen überschritten den Limes und brachen bis tief nach Oberitalien ein (259/260). Und auch der Druck auf die Donaugrenze nahm stetig zu. Auf die Nachricht von Valerians Gefangennahme hin überschlugen sich dort die Usurpationen: Ingenuus, den Gallienus mit einem provinzübergreifenden Kommando an der Donau betraut hatte, wurde in Sirmium zum Kaiser ausgerufen (260), wenig später akklamierten die Legionen im Illyricum einem gewissen Regalianus als Kaiser.

Während Gallienus die Alamannen zurückschlagen und beide Usurpationen ersticken konnte, hatte der Raubzug der Juthungen durch Norditalien ungeahnte Fernwirkungen: Als die Germanen sich mit ihrer Beute davonmachen wollten, wurden sie von einer römischen Einheit gestellt und vernichtet. Gallienus' Sohn Saloninus, der offiziell in Germanien das Kommando führte, forderte – auf Initiative des Prätorianerpräfekten Silvanus – die Herausgabe der Beute durch die Soldaten und ihre Restitution an die rechtmäßigen Besitzer. Statt der Forderung nachzukommen, riefen die Soldaten den *praeses* der Provinz Niedergermanien, den aus Gallien stammenden Postumus, zum Kaiser aus, belagerten Saloninus und Silvanus in Köln, nahmen die Stadt ein und töteten beide. Einen Terminus ante quem für die Usurpation liefert der 1993 gefundene Augsburger Siegesaltar, der seine Inschrift aus Anlass eines Sieges römischer Verbände über Juthungen erhielt, die sich nach Raubzügen durch Italien über rätisches Gebiet zurückzogen: Danach

Abb. 28: Aureus des Postumus, geprägt in Lugdunum (260–269). Vorderseite mit Porträt des Postumus und Legende POSTVMVS PIVS AVG(ustus), Rückseite mit Personifikation der Roma und Legende ROMAE AETERNAE (RIC V, 1, 36).

war Postumus am 11. September 260 in Rätien als Kaiser anerkannt.[9]

Der Logik römischer Usurpationen entsprechend hätte Postumus nun nach Rom marschieren und die Entscheidung gegen Gallienus suchen müssen. Dass er es nicht tat – und dass Gallienus ihm auch nicht entgegeneilte –, kündet von einem Gezeitenwechsel in der politischen Struktur des Imperiums und fordert zugleich zu Vergleichen mit den synchronen Ereignisabläufen in und um Palmyra heraus: Postumus und Odaenathus ließen beide die innerrömische Machtfrage in der Schwebe, solange von außen Gefahr drohte. Sie räumten der Abwehr äußerer Reichsfeinde absoluten Vorrang ein und waren auf territoriale Konsolidierung ihrer Machtbereiche bedacht. Beide hatten ihre Wurzeln in der Region, für deren Verteidigung sie die Verantwortung übernahmen, und waren (im Fall des Postumus lässt sich das wenigstens mutmaßen) bestens mit den lokalen Eliten vernetzt. Freilich bleibt ein wesentlicher Unterschied: Während Odaenathus stets die Autorität des Gallienus anerkannte und wenigstens einen Teil seiner Legitimität aus den vom Kai-

9 AE 1993, 1231. Vgl. Bakker 1993.

ser verliehenen Titulaturen und Amtsbefugnissen schöpfte, war Postumus von Anfang an ein Usurpator, der die kaiserliche Titulatur und den Triumphalnamen ›Germanicus maximus‹ eigenmächtig annahm, den Konsulat bekleidete und Münzen mit dem eigenen Bildnis prägen ließ. Mit eigenen Magistraten und eigenem Senat bildete seine Machtsphäre (die bald neben den germanischen Provinzen auch Gallien, Spanien und Britannien umfasste) de facto ein Parallel-Imperium, das die Strukturen des Römischen Reiches im Kleinen abbildete.[10]

Wie bei Odaenathus erklärt sich auch das vermeintlich pflichtbewusste bzw. pragmatische Handeln des Postumus aus der spezifischen Situation des Jahres 260 heraus. Der ›gallische‹ Kaiser hatte nämlich Handlungsalternativen, die sich Usurpatoren vor und nach ihm so nicht eröffneten: Die Reichszentrale war praktisch an allen Fronten in Abwehrschlachten verwickelt und nur bedingt handlungsfähig. Das Problem, schnellstmöglich die Entscheidungsschlacht mit dem Amtsinhaber zu suchen, stellte sich Postumus also nicht. Im Gegenteil: Selbst für Gallienus war ein Sonderreich, wie Postumus es etabliert hatte, im Grunde das kleinere Übel; immerhin nahm ihm der Rivale die Verantwortung für eine lange, unruhige Grenze ab. So blieb ein Versuch, die Souveränität über die abtrünnigen Provinzen wiederherzustellen, Episode (265): Der kurze Krieg um die Alpenpässe endete sogar mit einem förmlichen Frieden, den Gallienus, der amtierende Kaiser, mit Postumus, dem Usurpator, schloss und der die heimliche in eine erklärte Waffenruhe verwandelte.[11]

Da er nun Strafaktionen der römischen Zentrale nicht mehr zu fürchten hatte, konnte sich Postumus der Konsolidierung seines Herrschaftsbereichs widmen: Weitaus ef-

10 Zur Vertiefung: König ^{2}1981 und Drinkwater 1987. Letzterer deutet das Reich des Postumus nicht als Ausdruck gallischen Separatismus', sondern aus der spezifischen historischen Situation der Krise um 260 heraus. Vgl. jetzt auch den Forschungsüberblick bei Eck 2012a.

11 Dietz 2012

fizienter als der römische Kaiser in seinem schier grenzenlosen Reich konnte er die Untertanen Kaisernähe spüren lassen; das Sonderreich mit seinen dem Gesamtimperium nachempfundenen Strukturen bahnte obendrein vielen Notabeln der gallischen, spanischen und britannischen Provinzen den Weg nach oben. Der reichsweiten Konkurrenz beraubt, sahen sie sich unter Postumus unvermittelt als Senatoren oder Magistrate in Amt und Würden. Sieghaftigkeit, Kaisernähe und Partizipation waren demnach die Angebote, die Postumus seiner Bevölkerung unterbreiten konnte und die, kurzfristig wenigstens, die Akzeptanz des Sonderreichs sicherten.

Doch gab es auch Hypotheken, die den Bestand einer halbsouveränen Machtsphäre im nordwestlichen Imperium auf Dauer infrage stellten: Postumus' Usurpation hatte erst Gallien und Germanien, dann – mit seiner Anerkennung dort – auch Britannien und Spanien ökonomisch und fiskalisch vom Rest des Reiches abgekoppelt. Das Sonderreich mit seinen vergleichsweise geringen Ressourcen hatte für den Sold, vor allem der Rheinlegionen, aufzukommen. Noch rasanter als die römischen Kaiser werteten der Herrscher des Gallischen Reiches und seine Nachfolger deshalb ihre Münzprägungen ab. Im Übrigen fehlte dem Nordwesten eine gewachsene regionale Identität, wie sie die Orientprovinzen zu einem gewissen Grad besaßen. In allen Bereichen – ob Politik, Kultur, Recht, Religion, politische und soziale Institutionen – standen bloß die Kategorien des Imperium Romanum zur Verfügung. Sieghaftigkeit, Kaisernähe und Partizipation allein waren so auf Dauer zu wenig, um die Existenz eines Sonderreiches über die unmittelbare Bedrohung der Jahre nach 260 hinaus zu legitimieren.

Immerhin war die Architektur des Sonderreichs solide genug, um einer Herausforderung zu begegnen, mit der sich früher oder später jede Monarchie konfrontiert sieht: der Nachfolge. Bereits Anfang 269 hatte sich Postumus einer ersten Usurpation zu erwehren (der Gegenkaiser Laelianus wurde nach kurzer Zeit von den eigenen Truppen getötet), im weiteren Verlauf des ›gallischen Vierkaiserjahres‹ unterlag er einem Offizier namens Marius, der sich seinerseits nur kurz halten konnte und im Herbst Victorinus Platz machte, den Postumus bereits als Nachfolger aufgebaut hatte. Victorinus konnte sich zwar nur in Germanien, Nordgallien und Britannien durchsetzen (während Spanien und die Narbonensis an den römischen Kaiser zurückfielen), aber die schiere Tatsache, dass das Sonderreich nicht mit dem Tod des Postumus erlosch, unterstreicht dessen relative Stabilität.

Als Aurelian allerdings die palmyrenische Rebellion erstickt und Zenobias Reich im Osten liquidiert hatte, hatte der römische Kaiser endlich den politischen Handlungsspielraum, den er benötigte, um auch mit dem Rivalen im Westen abzurechnen. Der hieß inzwischen (seit 271) Tetricus, da Victorinus einer Privatrache zum Opfer gefallen war. Als Aurelian 273 seinen Feldzug vorbereitete, befand sich das Imperium Galliarum bereits im Stadium der Auflösung. Der Kaiser schlug ins Römische Reich eingedrungene Alamannen zurück und rückte dann, ohne auf nennenswerten Widerstand zu stoßen, in Nordgallien ein. Noch bevor die Heere in der Nähe des heutigen Châlons-en-Champagne aufeinandertrafen, flüchtete sich Tetricus ins Lager Aurelians; die von ihrem Kaiser verlassenen Soldaten kämpften in aussichtsloser Lage dennoch. Aurelian schonte das Leben seines Gegners: Tetricus wurde, wie spätantike Quellen berichten, im Triumphzug durch Rom geführt, behielt aber seinen senatorischen Rang und fand später in Süditalien noch als *corrector Lucaniae* Verwendung.

Wie die autonome Herrschaftssphäre Odaenaths im Osten, so hatte das Reich der gallischen Kaiser im Westen ein Machtvakuum gefüllt, in dem sich sonst vermutlich äußere Feinde Roms ausgebreitet hätten. Nachdem die Kaiser durch Einführung provinzübergreifender Verwaltungs- und Kommandostrukturen (seit Philippus Arabs) und Vermehrung der Zahl gleichberechtigter Augusti (seit Valerian) Herrschaft und militärische Verantwortung gleichsam ›von oben‹ regio-

Abb. 29: Antoninianus Aurelians, emittiert nach der Einnahme Palmyras. Vorderseite mit Büste Aurelians mit Strahlenkrone und Legende IMPERATOR AUVRELIANVS AVG(ustus). Die Rückseite zeigt den Sol Invictus, ebenfalls mit Strahlenkrone sowie mit Zweig und Bogen, der linke Fuß ruht auf einer männlichen Gestalt. Die Legende spielt auf die wiederhergestellte Souveränität Roms über den Osten an: ORIENS AVG(usti). (RIC V, 1, 64).

nalisiert hatten, formulierten die Teilreiche in Ost wie West eine Antwort ›von unten‹ auf das Problem des Raumes und seiner immensen Weite, mit allen Folgeproblemen. Regionalisierung von unten ließ die Regionalherrscher unweigerlich latent mit der Reichszentrale konkurrieren, was früher (Palmyra) oder später (Gallien) in Krieg münden musste. Ebenso zwangsläufig zogen die sekundären Machtzentren gegen Rom den Kürzeren, sobald dessen akute Gefährdung nachließ und die Zentrale ihre Handlungsfreiheit zurückgewann. Regionalisierung von unten war deshalb vorläufig nicht mehr als eine Zwischenlösung der um 260 sich auftürmenden Probleme, die aber durchaus in die Zukunft wies: Nach der Tetrarchie war die kaiserliche Gewalt nur noch für vergleichsweise kurze Perioden in einer Hand, die Institutionalisierung ihrer Teilung schritt rapide voran. Dass die Wiederherstellung der römischen Souveränität über das Gesamtreich außerdem Einbußen an Effizienz beim Grenzschutz bedeutete, bekamen die Bewohner der Nordwestprovinzen unmittelbar zu spüren: Der Druck von Franken und Alamannen auf den Limes nahm kurzfristig wieder zu, und an eine Rückgewinnung des rechtsrheinischen Dekumatlandes, aus dem sich die

Römer um 260 allmählich zurückgezogen hatten, war nicht mehr zu denken.

Auf der Suche nach Legitimität: Entwürfe eines neuen Prinzipats

Dennoch hatte Aurelian auf ganzer Linie gesiegt: Seine Münzen feierten den Kaiser, aus römischer Sicht durchaus angemessen, als PACATOR bzw. RESTITVT(or) ORBIS (›Bezwinger‹ bzw. ›Erneuerer des Erdkreises‹), Inschriften preisen den »tapfersten Feldherrn und Bewahrer des Erdkreises«[12], und mit einer letzten Kampagne vor seiner Ermordung im Frühherbst 275 konnte Aurelian auch die bedrohte Donaugrenze auf lange Sicht sichern, indem er das besonders exponierte und seit 238 fast permanent umkämpfte Dakien räumte und die Bevölkerung in die südlich der Donau liegenden Provinzen evakuierte. Um die präzedenzlose Aufgabe einer römischen Provinz zu kaschieren, benannte er das frühere Obermoesien kurzerhand in Dacia Aureliana um; seine Verbundenheit mit den siegreichen Legionen brachte er zum Ausdruck, indem er Aurei mit der Legende CONCORDIA MILI(tum) prägen ließ.

Äußerlich war Aurelian damit zur Linie des severischen Prinzipats zurückgekehrt, die Einheit des Reiches zu bewahren, den Schulterschluss mit dem Militär zu suchen und Erfolg auf dem Schlachtfeld zum Markenzeichen des Kaisertums zu machen.

Doch trug Aurelians Herrschaft bei allem Anknüpfen an die Tradition auch innovative Züge, mit Wirkungen, die weit in die Zukunft reichten.[13] So verband der Kaiser seine Sieg-

12 Münzen: RIC V. 1, 7 und C162; RIC V. 1, 349 und C211. Inschrift CIL V. 4319.

13 Den Sonnenkult unter Aurelian behandelt eingehend Berrens 2004, 89–126. Die Duisburger Dissertation beleuchtet kritisch die – freilich schon länger nicht mehr akzeptierte – These, der Kult des Sonnengottes habe seinen

Abb. 30: Aureus Aurelians. Auf der Rückseite Personifikation der Eintracht, mit Legende CONCORDIA MILI(tum) (RIC V, 1, 166).

haftigkeit nach dem Feldzug gegen Palmyra mit dem Sonnengott Sol Invictus, dessen Bildnis auf unzähligen – auf einigen sogar statt des eigenen – seiner Münzen prangte. Andere Prägungen zeigen den Gott, wie er seinem kaiserlichen Schützling als Zeichen universaler Herrschaft eine Weltkugel übergibt. Außerdem weihte Aurelian Sol nach dem Triumphzug einen Tempel an der Via Flaminia, im Norden der Stadt Rom. Gleichzeitig richtete er ein Pontifikalkollegium ein, sodass der Kult nunmehr offiziellen Charakter besaß und unter staatlicher Aufsicht stand. Die Finanzierung des Bauwerks bestritt er, ebenso wie die gleichzeitig eingerichteten Spiele zu Ehren Sols, von der Beute aus dem palmyrenischen Krieg. Die Verknüpfung kaiserlicher Sieghaftigkeit mit einem bestimmten Gott konnte sich durchaus auf Vorbilder berufen: Namentlich der erste Princeps, Augustus, hatte stets sein besonders inniges Verhältnis zu Apollon herausgekehrt, dem er – wie Aurelian – nach seinem entscheidenden Sieg bei Actium einen Tempel geweiht hatte. Dass Aurelian nun Sol, dem er zum ersten Mal in Emesa begegnet war, einen besonderen Platz im römischen Pantheon einräumte, erklärt sich also durchaus aus römischen Traditionen und sollte nicht als – gar

Siegeszug im Zuge einer ›Orientalisierung‹ der römischen Religion auf breiter Front angetreten, so geäußert von Cumont ([4]1959, 178–191); Halsberghe (1972).

politisch inspirierter – Versuch missverstanden werden, die religiöse Landschaft Roms zu ›orientalisieren‹. Die Bindung an Sol war allerdings in der vom Kaiser betonten Exklusivität und Intensität ein Novum und nahm die Bedeutung vorweg, die erst Sol und dann der Gott der Christen für Konstantin haben sollten.[14]

Denn bei allen, womöglich auch beabsichtigten, Parallelen folgte die Institutionalisierung des Sol-Kults durch Aurelian, wenigstens partiell, einer anderen Logik als das Nahverhältnis zwischen Augustus und Apollon fast genau 300 Jahre zuvor: Während der Sieger von Actium eine zwar krisengeschüttelte, aber insgesamt noch mit den veränderten Realitäten eines Weltreichs in Einklang zu bringende städtische Religion zu revitalisieren versucht hatte, standen die Kaiser des 3. Jh. vor den Trümmern der substanzlos gewordenen und zu leeren Hüllen degenerierten Kulte. So war durch die allmähliche Ausschaltung des Senats als einer tragenden Säule des Systems eines der Kernstücke römischer Religion in der Prinzipatszeit, der Kaiserkult, immer mehr seines Sinns beraubt worden: Um 240 verschwanden die Priesterschaften für vergöttlichte Kaiser; die inschriftlichen *acta* der Arvalbrüder endeten um dieselbe Zeit, sicheres Zeichen, dass der Kaiserkult rasant verödete.[15]

Die Agonie der alten Kulte wurde von den Zeitgenossen sehr wohl als Missstand wahrgenommen. Als sich etwa der Kaiser Maximinus Thrax an den Tempelschätzen der vergöttlichten Kaiser verging, quittierten *plebs urbana* und Soldaten die Plünderungen mit vernehmlichem Murren. Aber auch die Kaiser selbst waren darauf bedacht, mit den Göttern in gutem Einvernehmen zu leben. Die verschiedenen Krisenerscheinungen deuteten sie, wie viele Menschen ihres Zeitalters, als Reflex einer zerrütteten Beziehung zwischen Sterblichen und Unsterblichen – angesichts des reziproken Verhältnisses, das antike Religionen zwischen Göttern und

14 Wie Berrens (2004, 124–126) überzeugend herausgearbeitet hat.

15 Gradel 2002, 358f.

Menschen postulierten, eine durchaus naheliegende Schlussfolgerung. Deshalb griffen sie, als die Situation außer Kontrolle zu geraten drohte, zu drastisch anmutenden Maßnahmen: Kaiser Decius hatte kurz nach Herrschaftsantritt, gegen Ende 249, ein Edikt verkündet, das jeden Bewohner zwang, bis zu einem Stichtag vor eigens bestellten Opferkommissionen den Staatsgöttern zu opfern. Nach vollbrachtem Opfer, bestehend aus einem Trank- und Tieropfer sowie einem Opfermahl, erhielt jeder Bürger eine Bescheinigung, deren Text sich auf einem griechischen Papyrus aus dem ägyptischen Oxyrhynchos erhalten hat:

> An die Kommission für die Heiligen Opfer und Opferhandlungen der Stadt. Von Aurelius L[...]thion, Sohn des Theodoros und der Pantonymis, seiner Mutter, aus derselben Stadt. Ich habe stets und ohne Unterbrechung geopfert und den Göttern Libationsopfer dargebracht, und nun, in eurer Gegenwart und in Übereinstimmung mit dem Erlaß habe ich ein Libationsopfer dargebracht, geopfert und am Opfermahl teilgenommen, gemeinsam mit meinem Sohn Aurelios Dioskoros und meiner Tochter Aurelia Lais. Ich bitte euch, dies für mich unten zu bescheinigen. Jahr eins des Imperators Caesar Gaius Messius Quintus Traianus Decius Pius Felix Augustus.[16]

Das Edikt sah vor, dass mit dem Tod bestraft werden sollte, wer auf Verlangen kein solches Zertifikat vorzeigen konnte. Während Juden vermutlich von dem Erlass ausgenommen waren, traf seine volle Wucht all jene Christen, die sich weigerten, die Opferhandlung zu vollziehen.

Freilich wurde die Nichtbefolgung örtlich sehr unterschiedlich geahndet. Auch war es dem Kaiser kaum um eine planmäßige Christenverfolgung zu tun, sondern eben um die Wiederherstellung positiver Reziprozität im Verhältnis zu den Staatsgöttern. Der Grundgedanke des Edikts war deshalb in gewissem Sinne sehr römisch und auch insofern traditionell, als es lediglich die formal korrekte Ableistung einer Kulthandlung forderte. Dennoch markiert das Opferedikt ei-

16 P. Oxy. IV. 658.

nen tiefen Einschnitt in der Religionsgeschichte des Römischen Kaiserreichs: Erstmals fühlte sich der Kaiser selbst für die religiöse Praxis seiner Untertanen verantwortlich, die zuvor stets eine Angelegenheit lokaler Gemeinschaften, der Städte vor allem, gewesen war. Dadurch, dass nun die Reichszentrale Autorität darüber beanspruchte, was die Untertanen in religiösen Dingen zu tun und zu lassen hatten, war ein Grundstein für die spätere Staatskirche gelegt, die mit demselben, in seiner Absolutheit allerdings noch gesteigerten Anspruch auftrat.[17]

Der Gedanke, dass die Christen mit der aktuellen Malaise des Imperiums in direktem Zusammenhang stehen könnten, der dem Decius-Edikt wenigstens in seiner expliziten Schärfe noch gefehlt hatte, gewann allerdings unter Valerian schärfere Konturen: Ab 257 häuften sich Verfahren gegen Christen; der Bischof von Alexandreia, Dionysius, wurde mit einigen Glaubensbrüdern vor den Stellvertreter des Präfekten von Ägypten zitiert, der den Christen Versammlungen verboten hatte.[18] Im Folgejahr verschärfte sich der Druck noch weiter, Bischöfe, Presbyter und Diakone wurden verfolgt, Kirchenbesitz beschlagnahmt. Diese erste wirklich gezielte Christenverfolgung, die, statt das Imperium mit den himmlischen Mächten zu versöhnen, auf Erden tiefe Gräben aufriss, brachte erst ein Edikt des Gallienus zum Stillstand, eines der ersten, das er als Alleinherrscher erließ.

So hilflos die wiederholten Versuche, eine aus dem Lot geratene Welt wieder in ein ruhiges Fahrwasser zu bringen, aus heutiger Sicht anmuten, sie entsprechen dem, was in einer antiken Gesellschaft an ›Ursachenforschung‹ möglich war: Immer wieder führten römische Intellektuelle die Missstände ihrer Zeit auf moralische Defizite, Vernachlässigung der traditionellen Kulte und überhaupt ein Abweichen vom Hergebrachten zurück. Verklärung des Vergangenen, eine pessi-

17 Die überzeugendste Deutung des Decius-Dekrets bei Rives (1999). Jetzt auch Bleckmann 2006; Leppin 2007, 100f.; Selinger ^{2}2004.

18 Eus. hist. eccl. VII. 11, 11.

mistische Grundeinstellung und ein durchaus pragmatischer Konservatismus waren in einer Gesellschaft, die über keinerlei theoretisches Instrumentarium verfügte, um soziale und ökonomische Prozesse analytisch zu durchdringen, politisch handlungsleitend. Entsprechend begrenzt war der Spielraum römischer Kaiser, strategische Leitlinien ihrer ›Politik‹ zu formulieren: Im modernen Sinne kannten sie weder eine ›Wirtschaftspolitik‹ noch eine ›Finanz-‹, ›Sozial-‹ oder gar ›Religionspolitik‹. Politik, Wirtschaft, Gesellschaft, Religion – das waren für die Römer keine Sphären, zwischen denen sich säuberlich hätte trennen lassen; das gute Einvernehmen mit den Göttern war für die Wohlfahrt des Imperiums nicht minder wichtig als regelmäßig fließende Staatseinnahmen und sichere Grenzen – wenn nicht wichtiger: Denn waren nicht die Götter der Ursprung aller Dinge?

Zäsuren wie die Einführung des Gottes Elagabal in Rom, das Opferedikt des Decius, Aurelians Institutionalisierung des Sol-Kults und später die Privilegierung des christlichen Gottes seit Konstantin sollten deshalb nicht als ›religionspolitische‹ Maßnahmen missdeutet werden, womöglich mit der Absicht, Religion als Mittel der Politik zu instrumentalisieren. Und wenn Aurelian zu einem besonderen Nahverhältnis zum Sonnengott fand, dann sicher nicht bewusst, um dem Kaisertum eine neue Legitimationsbasis zu verschaffen. Er handelte sicherlich in der Überzeugung, des Sonnengottes und seines Beistands dringend zu bedürfen, um die ramponierte Eintracht mit den Göttern zu restaurieren. Dem Ergebnis, nicht dem Kalkül nach stieß Aurelian so doch die Tür auf zu einem neuen Kaisertum, einem Prinzipat, der im Himmel genauso wie auf Erden verankert war und seine Kraft ebenso sehr von überirdischen Mächten bezog wie von den Legionen, über welche die Kaiser den Oberbefehl führten. Aurelians Nachfolger, zuerst die Tetrarchen, später Konstantin, gingen diesen Weg konsequent weiter. Das Gottesgnadentum, jene neue Achse zwischen dem Kaiser und den himmlischen Mächten, modifizierte den charismatischen Militärprinzipat severischer Prägung insofern, als er ihn in letzter Konsequenz von der Notwendigkeit einer Akzeptanz durch die Beherrschten abkoppelte. Es erwies sich aber als durchaus zweischneidiges Schwert: Zwar machte es den Monarchen robuster gegen die Wechselfälle des Schlachtenglücks, bürdete dem christianisierten Reich aber gleichzeitig das endlose Ringen um die richtige Auslegung der christlichen Lehre auf, in der das Kaisertum unweigerlich Partei beziehen musste und so zum Spielball widerstreitender theologischer Interessen zu werden drohte.

IV. Das Imperium der Tetrarchen (284–312 n. Chr.)

Zeittafel 11: Das Zeitalter der Tetrachie

Die römischen Kaiser sind hervorgehoben.

284 (20.11.) Erhebung **Diokletians** zum Augustus in Nikomedeia

285 (August/September) Schlacht am Margus in Moesien: Tod des **Carinus**; **Diokletian** erhält die Anerkennung des Senats; **Diokletian** in Rom; (Herbst) Erhebung des Offiziers Marcus Aurelius Valerius **Maximianus** zum Caesar; Feldzug gegen die Sarmaten

286 (1.4.) Erhebung **Maximians** zum Augustus: **Diokletian** *Iovius*, **Maximian** *Herculius*; Krieg **Maximians** gegen die Bagauden in Gallien; Sieg über Franken, Alamannen und Burgunder

287 Tiridates wird römischer Klientelkönig in Armenien; Usurpation des britannischen Flottenbefehlshabers (?) Marcus Aurelius **Carausius** in Britannien: Sonderreich (bis 296)

288 Friedenschluss **Diokletians** mit den Persern; Feldzug **Diokletians** gegen die Alamannen, **Maximians** gegen sächsische Seeräuber

289 Feldzug **Diokletians** gegen Sarmaten an der Donau; Flottenzug **Maximians** gegen **Carausius** scheitert

290/291 (Dezember/Januar) Treffen zwischen **Diokletian** und **Maximian** in Mailand

293 1. Tetrachie (bis 305):
(März) Der Prätorianerpräfekt **Maximians**, Julius **Constantius** (I.), und (Mai) der Prätorianerpräfekt Diokletians, Maximinus (?) **Galerius**, werden zu Caesares erhoben und für die Nachfolge der Augusti designiert

296 Karpenfeldzug **Diokletians**; Einmarsch der Perser in Armenien

297 (Juni/Juli) Usurpation des Domitius Domitianus in Ägypten: niedergeworfen (bis 298); Niederlage des **Galerius** gegen die Perser bei Kallinikon in Mesopotamien; Krieg **Maximians** gegen die Mauren

298 Sieg des **Galerius** über die Perser in Großarmenien: Friedensschluss mit Narses

299 Baubeginn der Diokletiansthermen in Rom

301 Münzreform und Preisedikt

302 (31.3.) Edikt gegen die Manichäer

303 Beginn der allgemeinen Christenverfolgung

304 (Frühjahr) reichsweites Opferedikt

305 2. Tetrarchie (bis 306):
(1.5.) Abdankung der Augusti in Nikomedeia; Erhebung von **Constantius** und **Galerius** zu Augusti, der Offiziere **Severus** und **Maximus Daia** zu Caesares

306 3. Tetrarchie (bis 307/308):
(25.7.) Tod des **Constantius** in Eburacum (York): Sein Sohn, Gaius Flavius Valerius Constantinus (**Konstantin I. der Große**), wird in Eburacum zum Augustus erhoben und später von **Galerius** als Caesar anerkannt; (August) **Severus** wird zum Augustus erhoben; (28.10.) Marcus Valerius **Maxentius**, Sohn **Maximians**, wird in Rom zum Imperator ausgerufen; **Maximian** greift erneut in die Politik ein

307 (April?) **Maxentius** wird zum Augustus erhoben; **Severus** unterwirft sich **Maximian** in Ravenna, dankt ab (März/April) und wird am 16.9. ermordet; (Sommer?) Erhebung **Konstantins** zum Augustus durch **Maximian**; Anerkennung des **Maxentius** durch **Konstantin**

308 **Maximian** versucht erfolglos, **Maxentius** in Rom abzusetzen; Flucht **Maximians** aus Rom nach Gallien; (11.11.) Kaiserkonferenz von Carnuntum: erneute Abdankung **Maximians**:

308 4. Tetrarchie (bis 311)
Erhebung des Offiziers Gaius **Licinius** zum Augustus: **Galerius** und **Licinius** als Augusti, **Maximinus Daia** und **Konstantin** als Caesares (bis 311); **Maxentius** als Usurpator in Italien

310 (1.5.) Erhebung des **Maximius Daia** zum Augustus; Anerkennung **Konstantins** als Augustus; (Juni) Sieg des **Licinius** über die Sarmaten (Juli?) Rebellion und erneute Augustus-Erhebung **Maximians** gegen **Konstantin** in Arelate: Gefangennahme und Selbstmord **Maximians**; (Sommer) Feldzug **Konstantins** gegen die Franken

311 (30.4.) Toleranzedikt von **Galerius** und **Licinius**; (Mai) Tod des -**Galerius**: endgültiger Zusammenbruch des tetrarchischen Systems; **Konstantin**, **Licinius** und **Maximinus Daia** als Augusti

312 (28.10.) Schlacht an der Milvischen Brücke: Sieg **Konstantins** über **Maxentius**; (29.10.) Tod des **Maxentius**

313 (3.12.?) Tod (Freitod?) **Diokletians** in Salona

Als an einem Novembertag des Jahres 308 Galerius mit Diokletian, dem Augustus emeritus, und Maximian, der die Kaiserwürde gegen alle Absprachen wieder an sich gerissen hatte, in Carnuntum zusammentraf, war das Scheitern der Tetrarchie, die dem Reich immerhin 20 Jahre relativen inneren Friedens beschert hatte, offenbar geworden. Rom schien wieder jenen Zuständen entgegenzutreiben, aus denen die Tetrarchie einen vermeintlichen Ausweg gewiesen hatte: politischer Instabilität mit epidemischen Umstürzen und Bürgerkriegen.

Mit Wissen um das, was auf die Tetrarchie folgte, erscheint die Periode, die mit Diokletians Herrschaftsantritt (284) anbrach, wie eine Zeit des Übergangs, in der zahllose Weichen für die Zukunft gestellt wurden. Obwohl die Quellen für die

Jahre ab 284 wieder ergiebiger fließen, stellt die Tetrarchie die Forschung vor viele Probleme: Wie gelang es Diokletian und seinen Kollegen, Rom aus der ›Krise des 3. Jh.‹ herauszuführen? Wie innovativ oder konservativ gingen die Kaiser vor? Schließlich: War die ausgeklügelte Mechanik der Tetrarchie, wie es aus der Retrospektive den Anschein hat, tatsächlich das Ergebnis vorausschauenden Planens oder fanden Diokletian und seine Mitkaiser erst allmählich zu einer Regierungsform, die endgültig den Abschied vom augusteischen Prinzipat zu markieren schien?

Der Weg in die Tetrarchie (275–284 n. Chr.)

Die Stabilisierung nach der Krise war gewiss nicht das Werk der Tetrarchen allein oder gar eines einzelnen Mannes. Rom verdankte sie vielmehr einem Geflecht aus sehr unterschiedlichen Faktoren, von denen nur einige überhaupt in der Kontrolle der Herrscher lagen. So wie die Krise wesentlich das Produkt von Entwicklungen war, die sich jenseits der Reichsgrenze abspielten und der ›Schönwettermonarchie‹ des 1. und 2. Jh. n. Chr. ein Ende setzten, so verdankte sich die allmähliche Beruhigung ab 260 nicht zuletzt dem nachlassenden Druck auf die Reichsgrenzen, in Ost wie West: Jenseits von Euphrat und Tigris erlahmte nach 260 die offensive Kraft des jungen Sasanidenreichs, das zunehmend mit sich selbst beschäftigt war. Aber auch im Westen schien sich die Lage zu beruhigen, was vielleicht damit zusammenhing, dass in von den Römern geräumten Gebieten (Dekumatland, Dakien) nun die Landnahme germanischer Stämme (Alamannen, Goten) in vollem Gang war, die wandernden Stämme sich so allmählich konsolidierten und wieder zu geregelteren Beziehungen zu den römischen Nachbarn fanden.[1] Aber auch das Imperium selbst hatte begonnen, sich den veränderten

1 Ab ca. 260 scheinen germanische Stammeseliten, wie Grabbeigaben aus dem Raum um Leuna nahelegen, regelmäßig Prestigegüter und Geld von römischen Stellen bezogen zu haben (vgl. Todd 2000, 179–181, 235).

Bedingungen anzupassen: Regionalisierung der Kommandogewalt – von unten durch faktisch souverän agierende Sonderreiche, von oben durch Ernennung autonom agierender Oberbefehlshaber und durch Herrschaftsteilung – war eine schlüssige Antwort auf das Problem räumlicher Überdehnung. Professionalisierung von Militär und Verwaltung steigerte die Effizienz des imperialen Machtapparates. Sakralisierung von Herrschaft und Einflussnahme auf die religiöse Praxis der Untertanen bahnten den Weg zu einer neuen Legitimierung des Prinzipats.

Das Imperium unter Aurelian war also, verglichen mit dem der Severer, entscheidend besser für die Herausforderungen des Zeitalters gerüstet. Dennoch drohte mit der Ermordung Aurelians im Frühjahr 275 das erneute Abgleiten in die politische Anarchie: Der Kaiser erlag einer Verschwörung, die offensichtlich eher den Charakter einer Privatrache als einer Usurpation hatte. Aurelian, der nur eine Tochter hatte, starb, ohne dass er einen geeigneten Nachfolger aufgebaut hatte. Als sich die Armee mit der Aufforderung an den Senat wandte, einen neuen Kaiser zu bestellen, und der Senat dem Ersuchen nicht nachkam, blieb der Thron für einige Monate vakant. Die spätantiken und byzantinischen Quellen überliefern für diese Periode kaum stichhaltige Informationen, doch augenscheinlich einigten sich Senat und Militärführung erst nach längerem Tauziehen auf den mutmaßlichen Konsular Marcus Claudius Tacitus (ca. Oktober 275). Das Interregnum füllte möglicherweise Aurelians Witwe Severina, deren Porträt auf zahlreichen Münzen erscheint.[2]

Die neue Garde hochrangiger Karrieresoldaten besetzte unter Tacitus Schlüsselpositionen: Namentlich Marcus Aurelius Probus, dessen Aufstieg wohl schon unter Valerian begonnen hatte,[3] erhielt ein verantwortungsvolles Kommando

2 Zu Severina: Strobel 1990. Die Periode zwischen der Ermordung Aurelians und dem Ende des Probus behandelt jetzt ausführlich Kreucher 2003.

3 Die einschlägigen Angaben der Probus-Vita der *Historia Augusta* sind notorisch unzuverlässig. Aurelius Victor (XXXVII. 2) und Eutrop (IX. 17, 1)

im Orient, das unter Umständen bewusst an die Tradition des autonomen Sonderkommandos anknüpfte, wie es einst Priscus, der Bruder des Philippus Arabs, bekleidet hatte. Ins Amt des Prätorianerpräfekten bestellte Tacitus Florianus, der vielleicht sein Bruder oder Halbbruder war. Unter kaum zu klärenden Umständen kam Tacitus nach nur halbjähriger Regierungszeit gewaltsam zu Tode (Mitte 276), und sogleich rief das Heer den Prätorianerpräfekten, der in Kleinasien gegen die Goten kämpfte, zum Kaiser aus. Aber auch Florianus war keine lange Regierungszeit beschieden, denn wohl schon im Juli erhoben die Orient-Legionen ihrerseits Probus zum Kaiser, der Florianus zum Abbruch seines Gotenkrieges zwang. Die beiden Heere prallten bei Tarsos aufeinander. Probus blieb Sieger, das Heer des Florianus entledigte sich noch auf dem Schlachtfeld seines Anführers.

Mit der Regierungszeit seiner beiden Vorgänger gehören die sechs Jahre, die Probus über das Reich herrschte, zu den am schlechtesten dokumentierten der römischen Kaiserzeit. Kaum etwas an Glaubhaftem geben die Quellen, neben der einschlägigen Vita der *Historia Augusta* wiederum spätantike und byzantinische Gewährsleute wie Aurelius Victor, Eutrop, Zosimos und Zonaras, auch nur über die Umrisse der Ereignisgeschichte her. Immerhin erwähnen Texte und Münzen eine Serie von Feldzügen im Westen (in Gallien gegen Alamannen und Franken, in Raetien gegen die Alamannen, an der Donau gegen die Sarmaten) und Osten (in Kleinasien gegen ›Briganten‹, in Ägypten gegen die Blemmyer, in Mesopotamien gegen die Sasaniden), von denen die meisten wohl wirklich stattgefunden haben.[4] Hortfunde von Münzen nähren ferner den Verdacht, dass Barbaren aus Schottland den Hadrianswall durchbrachen und in Britannien einfielen. Probus scheint zudem erstmals in größerem Stil Stammesgrup-

würdigen aber die lange militärische Erfahrung des Probus bei seiner Amtsübernahme.

4 Als quellenkritische Studie zu den Kriegen des Probus: Kreucher 2003, 133–161; Haehling 2012.

pen auf Reichsboden angesiedelt zu haben: Er nahm so den Druck von den Grenzen und schuf ein neues Aushebungsreservoir für die Legionen – aber auch den Präzedenzfall für ähnliche Aktionen in großem Stil im 4. Jh., bei denen die Neusiedler in so kompakten Gruppen ins Reich strömten, dass dessen Integrationsfähigkeit auf Dauer überstrapaziert wurde. Auch von wiederholten Umsturzversuchen wissen die Quellen zu berichten, wobei sich Realhistorie und Fiktion nur schwer auseinanderhalten lassen. Durch Münzprägungen abgesichert ist allein die kurzlebige Usurpation eines Saturninus, der 281 in Antiocheia zum Kaiser ausgerufen wurde. Ein Jahr später wurde Probus dann doch das Opfer einer Usurpation (Herbst 282), die von seinem Prätorianerpräfekten Carus ausging. Carus kommandierte zu diesem Zeitpunkt Truppen im westlichen Donauraum, von wo die Revolte ihren Ausgang nahm.

So schlecht die Periode zwischen Aurelian und Probus dokumentiert ist, vermitteln die wenigen Zeugnisse doch einen Eindruck davon, wie unruhig die Zeiten noch immer waren: Das Problem der Usurpationen war keineswegs gelöst, und die Grenzen waren alles andere als befriedet, auch wenn Krisen sich nicht mehr zu einem Katastrophenszenario wie dem von 260 verdichteten und ein Kaiser wie Probus offenbar in der Lage war, Brennpunkt nach Brennpunkt gleichsam abzuarbeiten. Die Professionalisierung des Militärs war weit vorangeschritten, und kaiserfähig waren praktisch nur Angehörige des höheren Offizierskorps, vorwiegend illyrischer Herkunft, von denen sich inzwischen viele, wie vermutlich Probus und wie später Diokletian, aus niederen Chargen emporgedient hatten. Einem solchen Kaisertum haftete nach wie vor eine starke militärcharismatische Komponente an; der von Aurelian beschrittene Weg zum Gottesgnadentum hatte, vorerst, in der Sackgasse geendet.

Der nicht mehr junge Carus war zunächst bemüht, seine Stellung durch dynastische Vorsorge zu zementieren: Er erhob seinen älteren Sohn Carinus erst zum Caesar, wenig später auch zum Augustus und damit den jüngeren Sohn Numerianus zum Caesar. Während Carinus im Westen zurückblieb, schlug Carus in Pannonien die Sarmaten und begab sich sodann in den Orient, um einen Perserfeldzug vorzubereiten. Aus der Usurpationsneigung des Offizierskorps zog der Kaiser durchaus die richtigen Schlüsse: Er band nicht nur seine Söhne, sondern auch potenzielle Konkurrenten an seine Person. Den pannonischen Statthalter Lucius Flavius Aper, der schon unter Gallienus mehrere Legionen befehligt hatte, ernannte er zum Prätorianerpräfekten und verheiratete seinen Sohn Numerianus mit dessen Tochter.[5]

Carus lancierte seinen Perserkrieg in einem für die Sasaniden denkbar ungünstigen Moment: Das Reich war durch jahrzehntelange Kriege ausgezehrt und obendrein in dynastische Wirren verstrickt, als die römischen Legionen entlang von Euphrat und Tigris auf Ktesiphon vormarschierten. Jenseits der mesopotamischen Hauptstadt der Sasaniden starb Carus 284 unerwartet. Numerian trat im Osten die Nachfolge an, aber Aper hielt die Fäden in der Hand. Er führte das Heer aus Mesopotamien zurück nach Kleinasien, wo Numerianus starb. Unter welchen Umständen, bleibt unklar, aber Diokles, der Führer der *protectores*, einer elitären Rangklasse von Offizieren, verstand es, aus der unübersichtlichen Lage Nutzen zu ziehen. Vielleicht steckte er selbst hinter einer denkbaren Ermordung Numerians – im Feldlager in Nikomedeia beschuldigte er vor den Soldaten jedenfalls Aper und erdolchte den Prätorianerpräfekten mit eigener Hand, nicht ohne ausdrücklich zu betonen, er selbst sei unschuldig am Tode Numerians.[6]

5 Die Diokletian-apologetische Überlieferung sollte Aper später, vermutlich wahrheitswidrig, zum Mörder seines Schwiegersohnes machen.

6 Hist. Aug. Carinus XII.

Ein Neuanfang (284–305 n. Chr.)

Carinus, der verbliebene Carus-Sohn, blieb zwar auf dem Schlachtfeld mehrfach Sieger, kam aber bald unter mysteriösen Umständen zu Tode. Der Tag von Nikomedeia markiert daher eine klare Zäsur in der Geschichte der römischen Kaiserzeit. Mit Diokletian – so nannte sich Diokles fortan – brach ein neues Zeitalter an. Allein die lange Regierungszeit des gebürtigen Dalmatiers – er regierte 21 Jahre lang und damit länger als jeder andere Kaiser seit Antoninus Pius – signalisiert, dass Rom seine politische Stabilität einstweilen wiedergefunden hatte. Augenfälligste Neuerung an der diokletianischen Monarchie ist fraglos ihr schrittweiser Ausbau, erst zur Doppelherrschaft (Dyarchie) durch Berufung des Pannoniers Maximian, wie Diokletian Karrieresoldat, dann zur Tetrarchie durch Ernennung von Constantius und Galerius zu Caesares.

284 hatte Diokletian Maximian erst zum Caesar, im Jahr darauf zum formal gleichberechtigten, ihm aber an Anciennität nachstehenden Augustus gemacht. Beide nahmen als Ausdruck ihrer Gottähnlichkeit Beinamen an: Diokletian nannte sich in Anlehnung an Jupiter ›Iovius‹, Maximian ›Herculius‹, womit an den unter die Götter erhobenen Heroen Hercules erinnert werden sollte. Auf diese Weise erklärten sich die Kaiser gleichsam zu Repräsentanten der Götter, eine Doktrin, die seit dem 3. Jh. auf vermehrte Akzeptanz bei den Untertanen stieß. Maximian übernahm den Westen, Diokletian den Osten des Reichs, und obwohl die von beiden Augusti erlassenen Gesetze nach wie vor für das gesamte Reich Gültigkeit hatten und die Eintracht (*concordia*) zwischen den Herrschern einen prominenten Platz in der kaiserlichen Selbstdarstellung einnahm, vertiefte sich damit doch der bereits unter den Soldatenkaisern erkennbare Graben zwischen lateinischem Westen und griechischem Osten: Die Aktionssphäre jedes Kaisers war vorrangig sein eigener Herrschaftssprengel.[7]

7 Zur Herrschaftskonzeption der Tetrarchenzeit: Seston 1946, 113–157; Straub [2]1964, 36–50; Kolb 1987, 88–114; Martin [4]2001, 148–149.

Abb. 31: Argenteus Diokletians (294). Auf de Rückseite die Tetrarchen vor einem Stadttor mit sechs Türmen. Legende: VIRTVS MILITVM (RIC VI, 40a).

Daran änderte sich auch nichts, als mit Galerius (im Osten) und Constantius (im Westen) 293 noch zwei Caesares auf der politischen Bühne erschienen, die den beiden Augusti im Rang nachgeordnet,[8] zugleich aber in ihrem jeweiligen Kompetenzbereich de facto souveräne Herrscher waren. Analog zu den oft zu Caesares erhobenen Kaisersöhnen des 3. Jh. waren sie Augusti im Wartestand: Tatsächlich rückten Galerius und Constantius zu ›Oberkaisern‹ auf, als Diokletian und Maximian zurücktraten. Den in der römischen Kaisergeschichte präzedenzlosen Schritt hatten die Augusti anlässlich ihres in Rom begangenen 20-jährigen Regierungsjubiläums im Jahr 303 angekündigt; am 1. Mai 305 dankten sie tatsächlich ab, Galerius und Constantius rückten nach.

Der Ausbau des Prinzipats zur Tetrarchie und die zeitliche Beschränkung des Kaisertums waren nicht die einzi-

8 Den Vorrang der Augusti illustriert gut eine Episode, die sich während des Perserkriegs zugetragen haben soll, der 295/296 n. Chr. über Armenien ausbrach: Die Führung des am Ende für die Römer siegreichen Feldzugs lag bei Galerius, der zunächst, wohl 296, in Nordmesopotamien eine empfindliche Niederlage hinnehmen musste. Diokletian sei daraufhin angereist und habe Galerius im vollen Herrscherornat zu Fuß ein langes Stück Weges gehen lassen, während er selbst in seiner Sänfte gesessen habe. Die Historizität der Geschichte ist in der Forschung umstritten (vgl. dazu Kuhoff 2001, 171f.), sie wirft jedoch ein Schlaglicht auf die Wahrnehmung des Verhältnisses in der Öffentlichkeit.

gen Neuerungen, die mit Diokletian Einzug hielten. Besonders fühl- und sichtbar für die Umwelt war die Distanz, die das Hofzeremoniell jetzt zwischen Kaisern und Untertanen schuf: Wer sich einem Kaiser näherte, hatte nach persischem Vorbild wie ein ›Hund‹ zu Boden zu fallen – daher die Bezeichnung ›Proskynese‹.[9] Das gewandelte Repräsentationsbedürfnis wird auch durch die über das Reich verstreuten neuen Kaiserresidenzen deutlich: Sirmium, Antiocheia, Nikomedeia und Aquileia für Diokletian, Mediolanum (Mailand) für Maximian, Thessalonike (Thessaloniki) und Romuliana (Gamzigrad) für Galerius, Augusta Treverorum (Trier) für Constantius und schließlich der gewaltige Palast in Salona (Split), den sich Diokletian für seinen Ruhestand errichten ließ.[10] Bis heute vermittelt die rekonstruierte Palastaula des Kaiserpalasts in Trier einen lebendigen Eindruck von der Repräsentationsarchitektur der beginnenden Spätantike.

Mit der Tetrarchie verknüpft sich aber vor allem die administrative Neugliederung des Reiches: Schon zuvor, etwa unter den Severern, waren große Provinzen geteilt worden – auch, um so die Macht einzelner Statthalter zu beschneiden; unter Diokletian wurde die Zahl der Provinzen noch einmal ungefähr verdoppelt: von 50 auf etwa 100.[11] Allerdings dürften diesmal allein administrative und strategische Erwägungen den Ausschlag gegeben haben: Das militärische Kommando wurde den Provinzstatthaltern endgültig entzogen und *duces*

9 Die Quellen sprechen hier allerdings eine nicht ganz klare Sprache: Während die vor allem christlichen Autoren des 4. Jh. die Einführung des persischen Hofzeremoniells Diokletian ankreiden, scheinen die bildlichen Darstellungen der Kaiser – neben der venezianischen Tetrarchengruppe vor allem ein Standbild in Rom und Wandbilder aus einem Lagerheiligtum im ägyptischen Luxor – eher in der Tradition des 3. Jh. zu stehen. Auffallend ist allerdings der Nimbus (›Heiligenschein‹), der in den ägyptischen Bildern zum ersten Mal auftaucht und später von der christlichen Kunst aufgegriffen wurde.

10 Zusammenfassend Kuhoff 2001, 716–783, mit weiteren Literaturangaben zu den einzelnen Residenzen.

11 Vermutlich erfolgte die Teilung nicht in einem großen Schritt, sondern stückweise, je nach Bedarf (Lo Cascio [2]2005b). Als Überblick: Ausbüttel 1998, 36–38.

übertragen, deren Befehlsbereiche oft mehrere Provinzen umfassten. Die meisten Statthalter, die jetzt nur noch zivile Befugnisse hatten, waren ritterständische *praesides*, die senatorischen *legati* verschwanden ganz. Italien und Ägypten, bislang aus dem Provinzialsystem ausgespart, verloren ihren Sonderstatus. Vermutlich 297 wurden zudem die verkleinerten Provinzen in insgesamt zwölf größeren Einheiten, den ›Diözesen‹, zusammengefasst, die jeweils einem *vicarius* (Stellvertreter) unterstellt wurden. Den *vicarii* waren wiederum drei (später vier) Prätorianerpräfekten vorgesetzt, deren Kompetenz sich nun auf klar fixierte Amtsbezirke erstreckte: den Westen (*praefectus Galliarum*), Italien und Africa (*praefectus Italiae et Africae*), den Balkan mit Griechenland (*praefectus Illyrici*) sowie den Osten (*praefectus per Orientem*). Das administrativ neu gegliederte Reich sicherte eine an Legionen und Mannschaftsstärke deutlich vergrößerte Armee. Da – analog zu den Provinzen – auch die Einheiten verkleinert wurden, lässt sich die genaue Heeresstärke nicht ermessen, aber die diokletianische Armee war gewiss bedeutend größer als die der Severer und vermutlich auch stärker als jene, die Aurelian aufs Schlachtfeld geführt hatte. Außerdem sicherten unter immensem Aufwand errichtete Befestigungssysteme jetzt die Grenzen. So entstand im Osten, dort wo zuvor Palmyra die Stämme der Steppe im Zaum gehalten hatte, die *strata Diocletiana*, eine mit massiven Forts armierte Verteidigungslinie, die ahnen lässt, welche Gefahr die unübersichtliche Lage entlang der Steppengrenze für Rom bedeutete. Einen Eindruck von der Wehrhaftigkeit dieser Militärgrenze vermittelt bis heute das sogenannte Diokletianslager, das in der dafür teilweise geräumten Oasenstadt Palmyra ein ganzes Stadtviertel ausfüllte.[12]

Neu war auch das System der Besteuerung, das dem Staat zum ersten Mal verlässliche Einkünfte bescherte, auf deren

12 Das militärische Bauprogramm behandelt Kuhoff 2001, 644–715. Zur diokletianischen Armee: ebd., 411–482; Strobel 2007. Das Diokletianslager in Palmyra war in den zurückliegenden Jahren Schauplatz intensiver polnischer Grabungsarbeiten: zusammenfassend Gawlikowski ³2005.

Grundlage sich ein ›Haushalt‹ planen ließ. Die neuen Abgaben kombinierten eine Kopf- (*capitatio*) mit einer Grundsteuer (*iugatio*), die jeweils in Naturalien zu leisten waren und direkt dem angeschwollenen Heer zugute kamen, das gigantische Mengen an Agrarerzeugnissen verbrauchte. Um die *capitatio-iugatio* auf ein gerechtes Fundament zu hieven, machten sich nun alle fünf Jahre Steuerschätzer auf den Weg, die in allen Provinzen das Ackerland begutachteten, die Köpfe zählten und die Abgabenpflichtigen veranlagten. Wie viel eine Region jeweils abzuführen hatte, richtete sich wenigstens im Idealfall nach ihrer wirtschaftlichen Leistungsfähigkeit.[13] Für die Bevölkerung war damit das Problem der im 3. Jh. grassierenden ad-hoc-Besteuerung aus der Welt geschafft, mit der Engpässe in der Heeresversorgung behoben worden waren.

Überhaupt kümmerte sich der Staat nun verstärkt um wirtschaftliche Belange: Der explodierenden Preise versuchten die Kaiser Herr zu werden, indem sie in einem Dokument, das inschriftlich erhalten ist und in der Forschung als ›Höchstpreisedikt‹ bezeichnet wird, Maximalpreise für zahllose Warenkategorien festsetzten. Das Edikt ist aus heutiger Sicht ein Glücksfall, da es uns eine recht präzise Vorstellung von Preisen und vor allem von Preisrelationen in der anbrechenden Spätantike gibt. So wissen wir, dass ein Pfund purpur gefärbte gefärbte Seide für den astronomischen Preis von 150.000 Denaren zu haben war – ebenso viel kostete ein lebender, ausgewachsener Löwe. Für die Zeitgenossen dürfte das Edikt die Folgen des Geldverfalls allerdings de facto nicht gemildert haben, da sich seine Einhaltung – trotz Androhung der Todesstrafe bei Verstößen – kaum effektiv durchsetzen ließ. Was fehlte, war das Vertrauen in die Währung, und das wurde erst durch den unter Konstantin erfolgten Übergang zum Goldstandard (ca. 324) wiederhergestellt.[14]

13 Zur *capitatio-iugatio*: Cameron 1994, 51f.; Kuhoff 2001, 484–514. Allgemein zu Steuerveranlagung und -erhebung Ausbüttel 1998, 78–90.

14 ILS 642. Die Zusammenhänge erörtern Meißner 2000; Kuhoff 2001, 543–564.

An Vertrauen mangelte es auch im Verhältnis zwischen Göttern und Menschen – davon jedenfalls waren die Tetrarchen überzeugt. Um die Bevölkerung von religiösen Irrwegen abzubringen und die Staatsgötter mit Rom zu versöhnen, veranlassten sie zum ersten Mal die systematische Verfolgung ganzer Religionsgemeinschaften. Die Verfolgungen unter Decius, Gallus und Valerian um die Mitte des 3. Jh. waren eher punktuell gewesen und zumindest anfangs nicht explizit gegen Christen gerichtet. Sie hatten aber die Kirche zusammengeschweißt und zu einer mächtigen Institution werden lassen, sodass es – in den Augen der Tetrarchen – nun einer konzertierten Aktion bedurfte, um den schädlichen Einfluss des Christentums zurückzudrängen. Zunächst, im März 302, wandten sie sich allerdings einer anderen Religionsgemeinschaft zu: dem aus Persien stammenden Manichäismus, der besonders im römischen Osten eine intensive Missionstätigkeit entfaltete. In Rom hielt man die Missionare für eine ›Fünfte Kolonne‹ der Sasaniden – »Monstrositäten, die plötzlich und unerwartet aus der persischen Rasse emporgewachsen« seien, so nannte das kaiserliche Edikt die Anhänger des Religionsstifters Mani. Im Namen der römischen Staatsgötter wurden die Priester des Kultes verbrannt, Angehörige der Oberschicht, die zum Manichäismus konvertiert waren, mit Einziehung ihres Vermögens und Zwangsarbeit bestraft.[15]

Bald gerieten auch die Christen ins Visier der Verfolger. Man warf ihnen vor, staatliche Kulthandlungen zu sabotieren. Am 23. Februar 303 wurde daraufhin in Nikomedeia, der Hauptstadt Diokletians, der erste Erlass gegen die Christen veröffentlicht; symbolisch wurden die in der Kirche verwahrten Schriften verbrannt, sodann das Gotteshaus geplündert und zerstört. Die übrigen Herrscher folgten auf dem Fuß, wenngleich die christlichen Autoren Laktanz und Eusebios später beteuern sollten, dass Constantius, der Vater Konstantins, die Bestimmungen nur widerstrebend und unvollständig

15 Zu Mani und dem Manichäismus: Potter 2004, 302–314; Stroumsa 2011. Zur Verfolgung der Manichäer: Clarke [2]2005, 647–450.

umgesetzt habe. Überall im Reich wurde nun Kirchengut eingezogen, es wurden Bücher verbrannt und Kirchen zerstört, Menschen wurden zu Opferhandlungen gezwungen, enteignet und sozial herabgestuft. Ein bald erlassenes zweites Edikt drohte Priestern mit Gefängnis, ein drittes schließlich ordnete nach dem Vorbild des Decius-Erlasses Zwangsopfer an und drohte bei Nichtbefolgung mit der Todesstrafe. Bei allen oberflächlichen Ähnlichkeiten gibt es aber doch ein wesentliches Element, das die tetrarchischen Verfolgungen von denen der Soldatenkaiser absetzt: War es Decius und Valerian primär darum gegangen, die Reichsbevölkerung wieder mit den Göttern zu versöhnen, so wähnten Diokletian und seine Kollegen hinter Manichäismus und Christentum vor allem eine Attacke gegen die religiöse Fundierung ihres Kaisertums. Mit den Erlösungsreligionen und der Herrschaftstheologie des Zeitalters kollidierten also maßgeblich zwei Vorstellungen vom Nebeneinander göttlicher und menschlicher Gewalt.[16]

Hinter allen Maßnahmen der Tetrarchen scheint letztlich das Bemühen gesteckt zu haben, eine aus den Fugen geratene Welt wieder ins Lot zu bringen. Den Geist eines geradezu missionarischen Reformertums atmet die Präambel zum Höchstpreisedikt, in der die vier Kaiser reklamieren, die Missstände der Vergangenheit beseitigen und »für alle Ewigkeit ein Bollwerk der Gerechtigkeit« schaffen zu wollen. Sie stilisieren sich damit zu Vorkämpfern gegen Ausbeutung und Raffgier, zu jenen, die Tugend und Gerechtigkeit zum Sieg über die Niedertracht verhelfen. Im Rückblick erscheint das gesamte Maßnahmenpaket der Tetrarchen wie aus einem Guss, als großer Masterplan, um endemischen Missständen abzuhelfen und – gut römisch – zum alten Pfad der Tugend, dem *mos maiorum*, zurückzufinden. Bei aller Suggestionskraft, die von dieser Annahme ausgeht: Nicht alles, was Diokletian und seine Kollegen durchsetzten, war völlig neu. In Vielem knüpften sie an Errungenschaften der Soldatenkaiserzeit

16 Piepenbrink 2007, 18.

an, teilweise auch an noch weiter zurückreichende Entwicklungen, über die wir aber, wegen einer deutlich schlechteren Quellenlage, oft nur unzureichend informiert sind. Manches – wie der Übergang zum Goldstandard oder die endgültige Kompetenzverteilung zwischen Provinzstatthaltern, *vicarii* und Prätorianerpräfekten – fiel auch erst in die Herrschaftszeit Konstantins.

Dennoch war die Tetrarchenzeit eine Periode beschleunigten Wandels in einer Epoche, in der ohnehin vieles im Fluss war. Einer Gesellschaft wie der römischen, die ihrem Wesen nach durch und durch konservativ war, muteten die Kaiser eine Menge an Neuem zu; unter ihrer Ägide gewann ›Wandel‹ auf vielen Feldern erst eine institutionelle Gestalt: Was zuvor einfach ›eingerissen‹ oder ad hoc, als improvisierte Antwort auf akute Krisensituationen, eingeführt worden war, das wurde nun auch rechtlich sanktioniert. Und obwohl viele der vermeintlichen Heilmittel, zu denen die Tetrarchen griffen, sich mittelfristig als Fehlschläge entpuppten – die Kirche wurde durch die Verfolgungen nur stärker, das Höchstpreisedikt verpuffte wirkungslos –, waren die Scharen von Menschen, »die Eurer Majestät das Lob singen und dankbar sind«,[17] gewiss nicht das Hirngespinst eines lateinischen Panegyricus, der angesichts des Geburtstags der beiden Augusti um 290/291 entstand. Bei der Mehrheit fand die tetrarchische Politik mit ihrer eigentümlichen Mischung aus Reformeifer und Konservatismus, allen christlichen Unkenrufen zum Trotz, Billigung.

Das Scheitern der Tetrarchie (305–312 n. Chr.)

Freilich war die Tetrarchie, als Diokletian und Maximian 305 vereinbarungsgemäß abtraten und der nächsten Generation von Augusti Platz machten, im Prinzip schon ein Auslaufmo-

17 Paneg. III. 1, 1.

dell. Das lag nicht an der politischen Bilanz der vier Kaiser. Es lag auch nicht an den Umständen. Im Gegenteil: Nach außen stand Rom zu Anbruch des 4. Jh. so glänzend da wie seit der Zeit des Septimius Severus nicht mehr: Über die Perser hatten Galerius und Diokletian einen prestigeträchtigen Sieg errungen, der deren König Narses 298 zur Anerkennung eines wahrhaft demütigenden Friedens gezwungen hatte, und auch die germanischen Völkerschaften an Rhein und Donau waren seit den entscheidenden Siegen Aurelians zur Ruhe gekommen und hatten von den römischen Grenzen abgelassen. Schließlich hatte Constantius im Westen der Herrschaft des Allectus in Britannien ein Ende bereitet (296): Dort war 287 der Menapier Carausius zum Kaiser ausgerufen worden und hatte eine Herrschaft etabliert, die derjenigen des Postumus im Imperium Galliarum ein Vierteljahrhundert zuvor zum Verwechseln ähnlich sah und von Diokletian und Maximian zeitweise anerkannt werden musste, was für den proklamierten Universalismus der Tetrarchenzeit ein erhebliches Problem dargestellt hatte. Im Jahr 305 schien das Räderwerk der Tetrarchie tatsächlich reibungslos zu funktionieren: Planmäßig hatten Galerius und Constantius ihre neuen Ämter als Augusti (des Ostens bzw. Westens) angetreten, Maximinus Daia, ein Neffe des Galerius, und der aus dem Balkanraum stammende Severus wurden zu Caesares erhoben.

Doch kaum hatte Diokletian sich nach der Abdankung hinter die dicken Mauern seines Palastes im heimatlichen Dalmatien zurückgezogen, geriet die scheinbar so sorgsam austarierte Balance des von ihm geschaffenen Systems in Schieflage und das Imperium schlitterte abermals in den Bürgerkrieg. Der Auslöser war vergleichsweise banal: Bereits im Frühjahr 306 war, nach gerade einjähriger Herrschaft, Constantius, der Augustus des Westens, auf einem Feldzug gegen die Pikten und Scoten in Eburacum (York) gestorben. Als verbliebener Augustus ernannte Galerius den Caesar des Westens, seinen engen Freund Severus, zum Nachfolger. War so weit das tetrarchische Prinzip gewahrt worden, brach es doch unter der von diesen Ereignissen ausgelösten Kettenreaktion zusammen: In Eburacum erhob das Heer des Constantius dessen Sohn Konstantin zum Kaiser, der daraufhin von Galerius als Caesar anerkannt wurde. Damit hatte das – in Rom per se nicht besonders stark verankerte, aber vom Heer immer wieder eingeforderte – dynastische Prinzip über das tetrarchische Kooptationsverfahren triumphiert. Wenig später riefen die Prätorianer in Rom den Sohn Maximians, Maxentius, zum Kaiser aus, der daraufhin den Titel ›Princeps‹ annahm und wiederum seinen Sohn Romulus zum Caesar ernannte. Galerius als Senior Augustus verweigerte beiden die Anerkennung und beauftragte Severus mit der Bekämpfung der Usurpatoren.

Um das Chaos perfekt zu machen, schaltete sich jetzt auch noch Maximian wieder in die aktive Politik ein. Der emeritierte Augustus, formell noch immer ein Mitglied des Herrscherkollegiums, ergriff zunächst Partei für seinen Sohn, zerstritt sich dann aber mit Maxentius über der Frage, wem der Augustus-Titel gebühre. Als Severus im Kampf gegen Maxentius unterlag und später ermordet wurde (307), verbündete sich Maximian mit Konstantin, der maßgeblich auf sein Betreiben hin dann auch zum Augustus erhoben wurde. Ein Angriff des Galerius auf das von Maxentius beherrschte Rom scheiterte; schließlich bat Galerius, dem das Heft endgültig entglitten war, Diokletian einzugreifen.

Um zu einer einvernehmlichen Lösung zu finden, kamen im November 308 Diokletian, Maximian und Galerius im pannonischen Carnuntum zu einer Dringlichkeitssitzung zusammen. Die drei einigten sich auf eine Restauration der Tetrarchie, deren Fragilität unübersehbar war: Maximian wurde zum abermaligen Rücktritt gedrängt, der Dakier Licinius, ein enger Verbündeter des Galerius, zum Augustus des Westens ernannt, während Konstantin zum Caesar des Westens zurückgestuft wurde und Maximinus Daia Caesar des Ostens blieb. Dass diese Regelung keinen Bestand haben konnte, war abzusehen: Maximian mischte schon nach wenigen Monaten wieder im Westen mit, im Osten verlangte und erhielt Maximinus Daia die Anerkennung als Augustus. Ver-

Abb. 32: Argenteus des Maxentius (vor 310). Auf der Rückseite Personifikation der Roma sitzend in einem Tempel. Legende: CONSERVATO-R VRBIS SVAE (»Bewahrer seiner Stadt«) (RIC VI, 187).

ständlicherweise pochte jetzt auch Konstantin auf den Augustus-Titel, der ihm prompt von Galerius verliehen wurde. Damit herrschten nun neben Galerius als dem Senior Augustus Licinius, Maximinus Daia und Konstantin als von diesem anerkannte Augusti sowie Maximian, Maxentius und dessen Sohn Romulus als Usurpatoren. Als wäre dies nicht genug, trat Ende 308 ein weiterer Usurpator namens Lucius Domitius Alexander in Nordafrika auf.

Der Anlauf, den Diokletian als *elder statesman* zur Rettung seines politischen Lebenswerks unternommen hatte, war fehlgeschlagen; das an sich zwar schwache dynastische Prinzip hatte die Oberhand über die ausgeklügelte, aber eben noch schwächere Nachfolgemechanik der Tetrarchie behalten. Die ›vierte Tetrarchie‹, das Ergebnis der Verhandlungen von Carnuntum, war von Anfang an ein brüchiges Konstrukt – schon allein deshalb, weil die Vertreter der dritten Tetrarchengeneration, denen die Legionen folgten, nicht mit am Verhandlungstisch saßen. Die entscheidende Voraussetzung für das Funktionieren der Tetrarchie – die Bereitschaft Einzelner, zugunsten der Solidarität mit den Kollegen eigene politischen Ambitionen zurückzustellen – war nicht mehr gegeben: Schon im Falle Maximians hatte es dazu der überragenden Autorität des Augustus emeritus bedurft; Männer wie Maxentius, Maximinus Daia und Konstantin sahen in den

Kollegen nur mehr lästige Rivalen, die ihrem Aufstieg zur Alleinherrschaft im Weg standen.

Einen seiner Widersacher, Maximian, schaffte Konstantin beiseite, indem er ihn 310 in Gallien besiegte und in Massalia (Marseille) hinrichten ließ. Sodann schlug er Franken und Alamannen zurück, die den Machtkampf im Reich für ihre Zwecke zu nutzen trachteten und über den Rhein drängten. Unterdessen starb in Serdica (Sofia) Galerius, der noch kurz vor seinem Tod, gemeinsam mit Licinius, mit dem ›Toleranzedikt von Nikomedeia‹ (311) die Christenverfolgung beendet und das Christentum zur *religio licita*, zur offiziell anerkannten Religion, erklärt hatte.[18] Licinius, der nun mit Konstantin verbündet war, teilte sich den Osten mit Maximinus Daia. Beide Herrscher steuerten zielsicher auf den Konflikt um die Macht im Osten zu. Konstantin wandte sich indessen seinem Rivalen Maxentius zu, der nach wie vor in Rom residierte und dort eine rege Bautätigkeit entfaltete;[19] das zwischenzeitlich an den Usurpator Domitius Alexander verlorene, für die Versorgung Roms unentbehrliche Nordafrika hatte Maxentius 310 zurückerobert.

Maxentius' Hausmacht beruhte wesentlich auf dem Nimbus der alten Hauptstadt: Er galt als Garant dafür, dass Rom – anders als von den übrigen Kaisern geplant – nicht vollständig im Reich aufging und vor allem seine Steuerfreiheit bewahrte. Indes verfügte er nur über relativ wenige Soldaten und

18 Das am 30. April 311 erlassene Edikt erlaubte den Christen den Wiederaufbau ihrer Kirchen und hob das Versammlungsverbot auf. Es forderte die Christen zudem auf, für den Kaiser und das öffentliche Wohl zu beten. Das Edikt erkannten auch die übrigen Kaiser an, außer Licinius also Konstantin und Maxentius.

19 Auf Maxentius geht die große Basilika im Norden des Forum Romanum zurück, die allerdings erst Konstantin einweihte. Außerdem baute er sich eine weitläufige Villa an der Via Appia, von der noch eindrucksvolle Reste des Circus und des Mausoleums erhalten sind. Weiterhin veranlasste Maxentius die Restaurierung des großen Tempels der Venus und Roma, in unmittelbarer Nachbarschaft der Basilika. Die Regierungstätigkeit des Maxentius in Rom behandeln jetzt ausführlich Leppin/Ziemssen 2007. Zu den Bauten des Maxentius in Rom ebd., 52–119.

auch die alte Elite Roms, die Senatoren, scheint sich nach anfänglicher Begeisterung für den selbstproklamierten CONSERVATOR VRBIS SVAE, den ›Bewahrer seiner Stadt‹, zumindest teilweise von Maxentius abgewandt zu haben. Vermutlich wurden die Senatoren von den hohen Abgabenlasten abgeschreckt, die Maxentius ihnen aufbürdete, um sein Heer zu finanzieren; vielleicht waren sie auch schlicht Ratten, die das sinkende Schiff verließen. Natürlich zeichnen die Quellen ihn, den schließlichen Verlierer, als blutigen Tyrannen. Tatsächlich scheint Maxentius aber wenigstens dem Christentum gegenüber durchaus tolerant aufgetreten zu sein und auch die Rückgabe des während der Verfolgung eingezogenen Kirchenvermögens veranlasst zu haben. Allerdings sah er sich gezwungen einzuschreiten, als in der römischen Gemeinde die Narben der Verfolgung aufbrachen und nacheinander zwei Bischöfe den Zwist kräftig anstachelten. Sie wurden von ihm in die Verbannung geschickt.[20]

Konstantin hatte also die Germanen abgewehrt, sich gegen Maximian durchgesetzt und mit Licinius ein später auch durch dessen Eheschließung mit Konstantins Halbschwester Constantia abgesichertes Zweckbündnis geschlossen. Er hatte damit freie Hand, um gegen Maxentius vorzugehen: Im Sommer 312 überquerten seine Truppen die Alpen, fielen in Oberitalien ein und nahmen Mailand, Aquileia und Modena kampflos, Verona nach kurzer Belagerung ein. Unterdessen bereitete Maxentius Rom auf den Ansturm vor: Er ließ die Aurelianische Mauer verstärken und unterbrach die Via Flaminia, die wichtigste Verbindung nach Norditalien, durch Zerstörung des Pons Mulvius nördlich der Stadt. Vor den Mauern Roms wollte Maxentius sich mit seinen unterlegenen Truppen gegen Konstantin durchsetzen, wie schon zuvor gegen Severus und Galerius. In Latium, dort, wo die Via Flaminia das Tibertal erreicht, schlug Konstantins Heer das letzte Nachtquartier auf.

20 Zu den Ereignissen in Rom: Kuhoff 2001, 890–893.

Hier wurden die Soldaten, glaubt man der christlichen Überlieferung, Zeugen eines der denkwürdigsten Ereignisse der römischen Antike: Konstantin, so berichtet Eusebios, sei am Himmel ein Kreuz erschienen, zusammen mit der Botschaft, er werde in diesem Zeichen siegen (*en touto nika* im griechischen Original, *in hoc signo vinces* in der lateinischen Rückübersetzung). In der folgenden Nacht sei ihm Christus selbst im Traum erschienen und habe ihn aufgefordert, seine Feldzeichen mit dem Christusmonogramm (den griechischen Buchstaben *chi* und *rho*) schmücken zu lassen. So geschah es.[21] Maxentius, dem zuvor günstige Omina den Sieg verheißen hatten, schickte dem Angreifer am Morgen des 28. Oktober auf der Via Flaminia ein Kontingent entgegen. Doch vergeblich versuchten seine Soldaten, den Engpass der Saxa Rubra zu sperren: Konstantins Heer gelang der Durchbruch. Maxentius sammelte daraufhin sein gesamtes Aufgebot an der Milvischen Brücke, dem von seinen Pionieren zuvor zerstörten Pons Mulvius. Dort gelang es Konstantin, das gegnerische Heer in den Fluss zu treiben. Der Sieg war so vollständig, dass auch die von Maxentius eilends herangeführten Verstärkungen nichts mehr ausrichten konnten. Der stadtrömische Machthaber ertrank, wenn wir den Quellen Glauben schenken können, im Fluss, nachdem eine Holzbrücke zusammengebrochen war. Konstantin aber zog am 29. Oktober als Sieger in Rom ein und war damit alleiniger Herrscher über den römischen Westen.

21 Eus. vita Constant. I. 28–29. Etwas weniger dramatisch geht es im Bericht des Lactanz zu: Lactanz weiß nichts von der Kreuzesvision, und bei ihm sind es die Schilde, nicht die Feldzeichen, die das Christusmonogramm tragen (mort. pers. XLIV, 5).

V. Konstantin und die konstantinische Dynastie (312–363 n. Chr.)

Zeittafel 12: Die Dynastie Konstantins

Zum Verständnis der Machtkonstellation zu Beginn der Dynastie Konstantins siehe auch Zeittafel 11 S. 331. Die römischen Kaiser sind hervorgehoben.

306	(25.7.) Gaius Flavius Valerius Constantinus (**Konstantin I. der Große**) wird in Eburacum (York) zum Augustus ausgerufen; (August?) Anerkennung durch **Galerius** als Caesar
307	(Sommer) **Konstantin** wird durch **Maximian** zum Augustus erhoben
308	(11.11.) Konferenz von Carnuntum: **Konstantin** wird als Caesar bestätigt
310	endgültige Anerkennung **Konstantins** als Augustus (bis 337)
311	Besuch **Konstantins** im Apollo-Grannus-Heiligtum von Grand: Vision, die erst als Apolloerscheinung gedeutet wird und später als Manifestation Christi
312	(28.10.) Sieg **Konstantins** über **Maxentius** an der Milvischen Brücke; (29.10.) *adventus* **Konstantins** in Rom
313	(Januar/Februar) **Konstantin** trifft **Licinius** in Mailand: Toleranzedikt von Mailand; Anerkennung des Christentums im Westen; (30.4.) Sieg des **Licinius** über **Maximinus Daia** bei Adrianopel: Tod des **Maximinus Daia**; (13.6.) Ausweitung des Toleranzedikts auf den Osten
314	(8.10.) Sieg **Konstantins** über **Licinius** bei Cibalae in Pannonien: **Licinius** tritt die Donauprovinzen, bis auf Thrakien, an **Konstantin** ab
315	Gemeinsamer Konsulat **Konstantins** mit **Licinius**; Krieg gegen Goten und Karpen an der Donau
317	(1.3.) **Crispus** und **Constantinus junior**, Söhne **Konstantins**, sowie **Licinius junior** werden zu Caesares erhoben
322	Sieg **Konstantins** über die Sarmaten
323	Gotenkrieg **Konstantins**
324	(3.7.) 1. Sieg **Konstantins** über **Licinius** bei Adrianopel; (18.9.) 2. Sieg **Konstantins** über **Licinius** bei Chrysopolis; (8.11.) Erhebung des Konstantinsohns **Constantius** (II.) zum Caesar
325	Hinrichtung des **Licinius**; **Licinius junior** wird verbannt (20.5.–19.7.); Konzil zu Nikaia
326	(März) Hinrichtung des **Crispus**
328	(8.6.) Athanasius wird Bischof von Alexandreia; Beginn der Arbeiten in Byzantion/Konstantinopel: Forum, Kurie, Palast, Hippodrom, (1.) Hagia Sophia, Hagia Eirene
330	(1.5.) Einweihung von Konstantinopel
332	Constantinus junior siegt über die Goten
333	(25.12.) Erhebung des Kaisersohns **Constans** zum Caesar

335 (18.9.) Erhebung des **Delmatius** (Neffe **Konstantins**) zum Caesar; (7.11.) 1. Verbannung des Athanasios von Alexandreia (bis 337)

337 Vorbereitung eines Perserkriegs; (22.5.) Tod **Konstantins** in Ankyrona bei Nikomedeia; (Sommer) Ermordung des **Delmatius** und seines Bruders Hanniballianus: Constantinus junior (**Konstantin II.**), **Constantius II.** und **Constans** amtieren weiter als Caesares; (9.9.) Erhebung von **Konstantin II.** (bis 340, für den Westen), **Constans** (bis 350, für Italien, Afrika, Illyricum, Macedonia und Achaia) und **Constantius II.** (bis 361, für den Osten) zu Augusti

338 (Juni) Kaisertreffen in Viminacium in Moesien; Einfall Schapurs II. in Mesopotamien: Krieg mit Persien (mit Unterbrechungen bis 363)

339 2. Verbannung des Athanasios von Alexandreia (bis 346)

340 (April) Sieg des **Constans** über **Konstantin II.** bei Aquileia: Tod **Konstantins II.**; **Constans** erhält Gallien, Britannien und Spanien

341 Frankenkrieg des **Constans** (bis 342)

343/344 Synode von Serdica: 1. Schisma zwischen westlicher und östlicher Kirche

350 (18.1.) Usurpation des Offiziers **Magnus Magnentius** in Augustodunum (Autun): Anerkennung im Westen (bis 353). **Constans** wird auf der Flucht getötet; (1.3.) Usurpation des *magister peditum* Vetranio in Sirmium, der am 25.12. wieder abdankt

351 (15.3.) Erhebung des Claudius Gallus zum Caesar als **Flavius Constantius Gallus** (Neffe Konstantins des Großen); (3.11.) Sieg des **Constantius** über **Magnentius** bei Mursa (Osijek) in Pannonien

353 (10.8.) Selbstmord des **Magnentius** in Lugdunum (Lyon); (23.11.) nächtliche Opfer werden per Edikt verboten

354 Alamannenfeldzug des **Constantius**: Hinrichtung des **Constantius Gallus**; (1.12.) Schließung aller heidnischen Tempel

355 Alamannen- und Frankeneinfälle in Gallien; **Flavius Julianus** (Neffe Konstantins des Großen) wird zum Caesar ausgerufen; (11.8.) Usurpation des fränkischen *magister peditum* Silvanus in Köln: niedergeschlagen (7.9.)

356 (19.2.) Verbot heidnischer Kulthandlungen; Verhandlungen **Julians** mit den Franken; Alamannenfeldzug; 3. Verbannung des Athanasios von Alexandreia (bis 362)

357 Schlacht bei Argentorate (Straßburg): Sieg **Julians** über die Alamannen

358 Feldzug des **Constantius** gegen Sarmaten und Quaden an der Donau: *foedus*

360 (Februar) Perser unter Schapur fallen in die Provinz Mesopotamia ein; Usurpation **Julians** in Lutetia (Paris)

361 (3.11.) Tod des **Constantius** in Mopsukrenai bei Tarsos: **Julian** alleiniger Augustus (bis 363); (11.12.) *adventus* in Konstantinopel: Toleranzedikte für das Heidentum

362 (21.2.) **Julian** ruft exilierte Bischöfe zurück: Rückkehr des Athanasios nach Alexandreia; (17.6.) Rhetorenedikt: Verbot der Lehrtätigkeit durch Christen; (Juni/Juli) Ankunft **Julians** in Antiocheia; (22.10.) Brand des Apollontempels in Daphne bei Antiocheia

363 4. Verbannung des Athanasios aus Alexandreia (bis 364); (5.3.) Aufbruch **Julians** in den Perserkrieg; (26./27.6.) Tod **Julians** bei Maranga am Tigris: Ende der konstantinischen Dynastie; der christliche *protector domesticus* Iovianus (**Jovian**, bis 364) wird vom Heer zum Kaiser ausgerufen

War das Ereignis ein historischer Wendepunkt? Wäre alles ganz anders gekommen, hätte Konstantin nicht bei der Milvischen Brücke über Maxentius triumphiert? Was-wäre-wenn-Fragen zu stellen, ist für Historiker eine beständige, wenngleich gefährliche Versuchung. Wie immer schwingt in der Frage nach den historischen Alternativen auch das Problem individueller Handlungsoptionen im Kontinuum der Weltgeschichte mit. Für die christlichen Autoren war der 28. Oktober 312 selbstverständlich ein Schicksalstag. Ohne Konstantin und dessen Sozialisation in der Obhut seiner christlichen Mutter, so die unterschwellige Deutung der meisten von ihnen, hätte es keine ›konstantinische Wende‹ und damit auch kein christliches Imperium gegeben. Das Prädikat ›der Große‹ wuchs Konstantin in dieser Perspektive fast schon von selbst zu. Für Edward Gibbon, in der Rückschau der englischen Aufklärung des 18. Jh., waren die Ereignisse in diesem Sinne nichts weniger als eine von Konstantin losgetretene ›Revolution‹, deren Folgen man bedauern mochte, an deren Faktizität es aber nichts zu deuteln gab.[1] Kann diese Sicht der Dinge den Tatsachen standhalten? Die moderne Forschung begegnet dem Phänomen historischer Größe von Einzelpersönlichkeiten zu Recht mit einer gewissen Skepsis. Dass das halbe Jahrhundert, in dem die konstantinische Dynastie die Geschicke Roms prägte, kaum etwas in Rom so beließ wie es war – und darin grundsätzlich den ebenfalls rund 50 Jahren Soldatenkaiserherrschaft glich –, steht nicht zur Diskussion. Die Frage ist nur, wie groß Konstantins Anteil daran war.

1 Gibbon 1994, Bd. 1, 446.

Das Christentum als neuer Faktor

Zeittafel 13: Die frühe Kirche

Wichtige Personen der christlichen Kirche sind hervorgehoben.

ca. 32	Erweckungserlebnis des **Paulus**: Missionsreisen im Nahen Osten, Kleinasien, Griechenland (bis ca. 57)
41	Claudius (bis 54): mögliche Christenverfolgung (vage Angaben bei Sueton)
64	Christenverfolgung unter Nero nach dem Brand Roms (bezeugt durch Tacitus): angebliches Martyrium des Apostels **Simon Petrus** in Rom
112/113	›Christenbrief‹ des Plinius an Trajan (Plin. epist. X, 96): Reskript des Kaisers mit Anweisungen, wie mit Christen zu verfahren sei (Christen sollen nicht aufgespürt werden, aber Anzeigen soll nachgegangen werden)
ca. 150	Geburt **Tertullians** in Karthago (bis ca. 220–240)
vor 177	Schrift *Gegen die Häretiker* des gallischen Bischofs **Irenaeus von Lyon**
177	Pogrome gegen Christen in Lugdunum (Lyon) und Vienna (Vienne)
um 200	Wichtige Werke **Tertullian**s: Apologeticum; Tertullian erhebt Forderung nach Einschluss des Kaisers in das christliche Gebet
249	Opferedikt des Decius: erstmals Intervention der Reichszentrale in religiöse Angelegenheiten
257	1. Gesetz Valerians gegen die Christen: gerichtet gegen Kleriker, mit Androhung der Verbannung
258	2. Gesetz Valerians gegen die Christen: Androhung der Todesstrafe für Kleriker; Gütereinziehung bei Laienchristen, die der Oberschicht angehören
260	Tod Valerians: Rückkehr zur Toleranz unter Gallienus; (ca.) Geburt des **Arius** in Cyrenaica
ca. 295	Geburt des **Athanasios von Alexandreia** (bis 372/373)
304	Opferedikt Diokletians: allgemeine Christenverfolgung (bis 305, in den verschiedenen Reichsteilen unterschiedlich durchgesetzt)
311	Toleranzedikt des Galerius: Christentum wird ›erlaubte‹ Religion (*religio licita*)
312	Sieg Konstantins an der Milvischen Brücke: Konstantin bekennt sich offen zum Christentum
ca. 318	**Arius**, Kritiker der alexandrinischen Theologie, lehrt in Alexandreia
324	Sieg Konstantins über Licinius: Alleinherrscher
325	1. Ökumenisches Konzil in Nikaia: *homoousios*-Formel (›Wesensgleichheit‹ von Gott als Vater und Christus als Sohn): eröffnet unterschiedliche Deutungsmöglichkeiten
328	**Athanasios** wird Bischof von Alexandreia (bis 372)

329/330	**Basileios von Kaisareia** geboren (bis ca. 378); **Gregor von Nazianz** geboren (bis 390/391)
330	Konstantinopel als neue Hauptstadt eingeweiht
ca. 333	**Ambrosius** geboren (bis 397)
335	1. Verbannung des **Athanasios** (bis 337)
336	Tod des **Arius**
337	Tod Konstantins
339	2. Verbannung des **Athanasios** (bis 346)
341	**Wulfila** wird zum (arianischen) Bischof der Goten geweiht: Missionstätigkeit und Bibelübersetzung ins Gotische
342/343	Synode von Serdica: 1. Spaltung zwischen West- und Ostkirche
347	**Hieronymus** geboren (bis 419/420)
349	**Johannes von Antiocheia** (Chrysostomos) geboren (bis 407)
353	Konzil von Arles: **Athanasios** verurteilt
355	Konzil von Mailand: Verurteilung des **Athanasios** bestätigt
354	**Augustinus** geboren (bis 430)
356	3. Verbannung des **Athanasios** (bis 362)
359/360	Konzilien von Rimini, Seleukeia und Konstantinopel: Einigung auf Basis des Glaubensbekenntnisses von Nikaia
361	Julian alleiniger Augustus: heidnische Reaktion (bis 363)
362	Konzil von Alexandreia gegen die Lehren der Antiochener
363	4. Exil des **Athanasios** (bis 364)
365	5. Exil des **Athanasios**
366	**Damasus** Bischof von Rom (bis 384): römische Patriarchen als Nachfolger des Apostels **Petrus**; **Hieronymus** erhält den Auftrag, die Bibel ins Lateinische zu übersetzen: *Vulgata*
370	**Basileios** wird Bischof von Kaisareia
372/373	Tod des **Athanasios**
374	**Ambrosius** wird Bischof von Mailand
380	**Gregor von Nazianz** wird Bischof von Konstantinopel (bis 381)
381	2. Ökumenisches Konzil in Konstantinopel gegen Abweichungen vom Bekenntnis von Nikaia; Rücktritt **Gregors** als Bischof von Konstantinopel
384	**Siricius** wird Bischof von Rom (bis 399): Vorrangstellung des Patriarchen von Rom vor allen anderen Patriarchen; Bischofsweihe im Westen nur noch mit Zustimmung Roms
387	Bekehrung des **Augustinus**
397	**Johannes von Antiocheia** wird Bischof von Konstantinopel (bis 404)
401	**Innozenz I.** wird Bischof von Rom (bis 417): Anspruch auf oberste Lehrentscheidung des apostolischen Stuhls
403	1. Verbannung des **Johannes von Antiocheia** aus Konstantinopel
404	2. Verbannung des **Johannes von Antiocheia** aus Konstantinopel
nach 410	**Orosius** schreibt seine *Geschichte gegen die Heiden*, **Augustinus** den *Gottesstaat*, auch als Reaktion auf die Einnahme Roms durch die Goten
431	3. Ökumenisches Konzil in Ephesos: Maria wird als Gottesgebärerin (*theotokos*) bestätigt

440 **Leo I. der Große** wird Bischof von Rom (bis 461): Patriarch von Rom mit Primatanspruch, *pontifex maximus*, Patriarch des Okzidents

451 4. Ökumenisches Konzil in Chalkedon: Christus ist »wahrer Mensch und wahrer Gott«; Abspaltung der Monophysiten

452 **Leo I.** tritt bei Mantua den Hunnen entgegen und bewegt Attila zum Abzug aus Italien

Konstantin trat, als er in York nach dem kaiserlichen Purpur griff, die Herrschaft über ein Reich an, dessen Schauseite ganz und gar heidnisch geprägt war. Tempel und pagane Kulte dominierten den öffentlichen Raum, Religion und staatliche Institutionen waren auf allen Ebenen eng miteinander verzahnt und auch die große Mehrheit der Reichsbevölkerung war noch immer heidnisch. Der gut 30-jährige Caesar hatte sich seiner Umwelt ebenfalls als ein Monarch präsentiert, der fest in der Tradition des heidnischen Imperiums verwurzelt war: Konstantin hatte zunächst die Kontinuität zur ersten Tetrarchie betont, Fausta, die Tochter Maximians, geheiratet und die zuvor von seinem Schwiegervater verwendete Titulatur ›Herculius‹ übernommen. Zur selben Zeit hatte er Münzen mit dem Bildnis des Kriegsgottes Mars prägen lassen.

Nach dem Sieg über Maximian schlug Konstantin jedoch neue Wege der Repräsentation ein. Er behauptete nun, von Claudius, dem Gotensieger, abzustammen, und begann, Münzen für den Gott Sol Invictus zu prägen, den schon Aurelian in den Mittelpunkt seiner kaiserlichen Selbstdarstellung gestellt hatte. Konstantin gründete seine Herrschaft jetzt also auf das Nahverhältnis zu einem Gott, der nicht durch die Tetrarchie ›belastet‹ war, und auch mit dem Versuch dynastischer Legitimierung ging er einen Schritt hinter Diokletian zurück. Das Vorgehen war folgerichtig: Hatte der Usurpator Konstantin um seinen Platz im tetrarchischen System kämpfen müssen, ging es dem Sieger über Maximian im Wesentlichen darum, die Fesseln der Viererherrschaft zu sprengen und sich seiner Kollegen zu entledigen. Die Verknüpfung seines Kaisertums mit Sol Invictus war für Konstantin gleich aus mehreren Gründen vielversprechend: Die Sonne war Quell des Lichts und damit des Lebens und der Wahrheit; sie stand für

Ewigkeit und Beständigkeit; Sol war, in seinen verschiedenen Manifestationen, populär bei den Soldaten; er war Sinnbild für Sieghaftigkeit, Frieden und Wohlstand. Nero, Commodus, Gordian III. – sie alle hatten ihr Kaisertum mit der Leben spendenden Kraft der Sonne verglichen. Dahinter stand, wenigstens seit Aurelian, eine explizite Herrschaftstheologie mit einem für Rom geradezu revolutionären Kerngedanken: ein Gott – ein Kaiser. Was also lag für Konstantin näher, als ebenfalls Sol zum Quell jener Legitimität zu machen, an der es dem römischen Prinzipat so notorisch gebrach?[2]

Auch die Kreuzesvision Konstantins könnte von hier ihren ursprünglichen Sinn beziehen. In einem heidnischen Panegyricus auf Konstantin ist von einer ähnlichen Begebenheit die Rede, hier allerdings unter paganem Vorzeichen: Konstantin sei Apollon – in traditioneller griechisch-römischer Lesart der Gott des Lichts – erschienen. Vermutlich beziehen sich beide Traditionen auf dasselbe, nicht sicher zu datierende Ereignis, möglicherweise ein atmosphärisches Phänomen, das Auftreten eines doppelten Sonnenhalos.[3] Trifft diese Deutung zu, so wurde dasselbe – vergleichsweise häufig zu beobachtende – Naturphänomen erst als Manifestation des Sol Invictus, später als Offenbarung Christi interpretiert. Erst im Vorfeld der Schlacht an der Milvischen Brücke, vermutlich während Konstantin den Showdown mit Maxentius von Trier aus vorbereitete, wurde die Lichterscheinung zur Kreu-

2 Wenige Aspekte der römischen Religion sind so komplex und in der Forschung umstritten wie der Sonnenkult: Während die ältere Forschung durchweg von einer Beeinflussung durch orientalische Kulte ausging, gilt der Kult jetzt meist als genuin römisches Phänomen, freilich mit unverkennbar synkretistischen Zügen: vgl. Wallraff 2001; Berrens 2004, 171–228; Rives 2007, 205.

3 So die überzeugende Rekonstruktion von Weiss (2003). Ein Sonnen-Halo ist ein Lichtphänomen, das entsteht, wenn das Sonnenlicht auf Eisteilchen in der Atmosphäre trifft und sich an diesen bricht und spiegelt. Um die Sonne legt sich ein Lichtring oder -kreis, was – guten Willen vorausgesetzt – durchaus als strahlenförmiges Christusmonogramm (die griechischen Buchstaben *Chi* und *Rho*) wahrgenommen werden kann.

zesvision. Und dadurch, dass sie nun zeitlich unmittelbar mit der Schlacht verknüpft wurde, wurde aus dem Sieg eines Prätendenten über den anderen eine religiöse Richtungsentscheidung.[4]

Es ist schwer vorstellbar, dass Deutungen von herrschaftstheologischer Tragweite ohne Autorisierung des Kaisers an die Öffentlichkeit gelangen konnten. Konstantin selbst nahm also zu einem nicht genau zu bestimmenden Zeitpunkt eine Kurskorrektur vor und setzte bei dem Versuch, seiner Regierung Legitimität zu verschaffen, fortan auf den christlichen Gott. Die Frage, ob der christlich gewendete Konstantin ein Bekehrter war oder ein opportunistischer Taktiker, der dem Kalkül des Machterhalts folgte, stellt sich freilich so nicht: Erstens schließen sich politische Nützlichkeitserwägungen und religiöse Aufrichtigkeit nicht per se wechselseitig aus. Für einen Akteur des 4. Jh. verkörperte jegliche Gottheit Macht; auch die antiken Christen leugneten keineswegs das numinose Walten paganer ›Götzen‹. Für sie handelte es sich um Dämonen, von denen schädlicher Einfluss ausging. Konstantin seinerseits wird von der Macht des christlichen Gottes ehrlich überzeugt gewesen sein und schon deshalb den Bund mit ihm gesucht haben. Zweitens war die Wegstrecke, die Konstantin zurückzulegen hatte, vergleichsweise kurz: Bereits sein Vater Constantius hatte dem Kult des Sonnengottes angehangen. Die Sonne, die als Quell allen Lebens jeden anderen Gott überstrahlte, und der christliche Gott mit seinem Anspruch auf Exklusivität mindestens der Theorie nach waren nicht so weit voneinander entfernt, wie es vorderhand den Anschein hat. So ließ sich der Christengott durchaus auch als Inkarnation des Sonnengotts verstehen; einer solch synkretistischen Auffassung von christlicher Religion dürfte Konstantin wenigstens zu Beginn angehangen haben. Vom Sonnenzeichen zum Kreuz war es deshalb, nicht nur ikonographisch, ein kleiner Schritt. Drittens werden wohl theologische Haarspalte-

4 Eine überzeugende Rekonstruktion der Chronologie bietet jetzt Girardet 2010, 44–88. Die bisherige Forschung umreißt Girardet 2006, 48–52.

reien um das Erste Gebot (»Du sollst außer mir keine anderen Götter haben«) für Konstantin bestenfalls Nebensache gewesen sein. Jedenfalls war es für ihn kein Drahtseilakt, sich einerseits als Bewahrer altrömischer Institutionen – wie alle Kaiser seit Augustus vor ihm amtierte selbstverständlich auch Konstantin als *pontifex maximus* – in Szene zu setzen und andererseits seine christliche Glaubenseinstellung zu beteuern: »Es gab da in mir selbst Dinge, die mit rechter Gesinnung unvereinbar waren«, beteuerte der Kaiser den Bischöfen gegenüber. Und er fuhr fort: »Aber der allmächtige Gott [...] gewährte mir, was ich nicht verdiene.«[5] Konstantin wog also genau ab, welchem Publikum gegenüber er sich wie präsentierte. Er stand gerade damit fest auf dem Boden des augusteischen Prinzipats, dessen äußeres Erscheinungsbild immer Gegenstand des Aushandelns zwischen dem Kaiser und verschiedenen Interessengruppen war.

Ohne Frage wurde das Imperium mit Konstantin christlicher, doch bleibt die Frage, wie christlich es schon vor ihm war. Als Diokletian und seine Kollegen zur Verfolgung der Christen und ihrer Kirche schritten, traf diese Maßnahme überraschend viele, die zu den Entscheidungsträgern des Imperiums gehörten: Angehörige des Hofes, Senatoren, Ritter, Ratsmitglieder provinzialer Städte, Führungspersonal der Verwaltung und des Heeres. Längst war das Christentum dem Nischendasein entwachsen. Dazu beigetragen hatten 40 Jahre relativer Toleranz seit der Gefangennahme Valerians, in denen Staat und Kirche zu einer Art modus vivendi gefunden hatten.[6] Noch wesentlicher aber war, dass sich im 3. Jh. wichtige soziale und politische Parameter verändert hatten. Vor allem

5 Optat. app. 5, Brief Konstantins an die Bischöfe (314 n.Chr.). Vgl. Mitchell 2007, 260f.

6 270 n.Chr. hatten sich die Christen Kleinasiens und Syriens sogar an Kaiser Aurelian gewandt, um die Ablösung des Bischofs Paulus von Samosata zu erwirken. Aurelians Entscheidung, dem Ersuchen stattzugeben, wurde zum Präzedenzfall für die Kaiser des 4. Jh., die regelmäßig in Kirchenangelegenheiten intervenierten. Das Interessen- und Beziehungsgeflecht, das hinter der Affäre stand, hat Millar (1971) in einem kompakten Artikel beleuchtet.

hatten, auch dort, wo die Städte den Wandel unbeschadet überstanden hatten, städtische Institutionen substanziell an Bedeutung eingebüßt. Mit ihnen hatten auch die städtischen Kulte irreparablen Schaden genommen und die Menschen sich anderen religiösen Praktiken zugewandt. Vor allem Frauen, nicht zuletzt aus den oberen Schichten und insbesondere im griechischsprachigen Osten, hatten oft schon im 1. oder 2. Jh. zum Christentum gefunden; im 3. Jh. scheinen ihnen dann viele Männer gefolgt zu sein.

Als Katalysator wirkten schließlich ausgerechnet die Verfolgungen: Opferzwang, Vermögenseinzug und Inhaftierung bzw. Hinrichtung von Kirchenfunktionären erwiesen sich als stumpfe Waffen. Da es entscheidend an Mitteln zur konsequenten, flächendeckenden Durchsetzung der Dekrete mangelte und sich viele Christen obendrein zu Opferhandlungen herbeiließen, um der Verfolgung zu entgehen, ohne im Innern ihrer Religion abzuschwören, traf das Martyrium immer nur wenige. Abschreckende Wirkung hatten die Maßnahmen deshalb kaum. Im Gegenteil: Die Märtyrergeschichten waren unter Zeitgenossen dermaßen populär, dass sich daraus bald eine eigenständige Literaturgattung entwickelte. Und sogar über die Grenzen der christlichen Religion hinaus nötigte das Schicksal von Menschen, die für ihren Glauben mit dem Leben eintraten, Bewunderung ab. In der Mission spielten deshalb die ›Märtyrerakten‹ die Rolle eines wichtigen Überzeugungsmittels. Die Christenverfolger erreichten so nicht nur das Gegenteil von dem, was sie bezweckt hatten: Die Gräuel der Verfolgung fielen gewissermaßen auch auf sie zurück, als Laktanz (eigentlich Lucius Caecilius Firmianus), ein aus Afrika stammender, um 250 geborener Rhetor, eine Sammlung von Schauergeschichten veröffentlichte, die von den entsetzlichen Todesqualen handeln, unter denen Christenverfolger, von Nero bis Galerius, das Zeitliche segneten.[7]

7 Eine Übersicht über die Darstellung der Todesarten findet sich bei Arand 2002, 166–174.

Diokletian und Galerius, die bei der Verfolgung die treibenden Kräfte gewesen waren, hatten sich einem Trend entgegengestemmt, den sie auf Dauer nicht bremsen konnten. Zwar war das Imperium, auch unterhalb seiner monarchischen Spitze, beileibe noch nicht christlich geworden, doch hatte längst ein wichtiger Paradigmenwechsel stattgefunden: Das Christentum war zu einer Kraft geworden, mit der zu rechnen war, der christliche Gott hatte – in den Augen der Akteure – seine Macht hinlänglich unter Beweis gestellt. Der Glaube ließ sich nicht länger als ›unrömisch‹ diffamieren, zumal sich christliche Intellektuelle längst daran gemacht hatten, den politischen Realitäten einen Platz in ihrer Theologie einzuräumen.[8] Das Christentum stand also als potenziell legitimierende, die Monarchie tragende Kraft bereit, und es war Anfang des 4. Jh. nur noch eine Frage der Zeit, bis ein römischer Herrscher sich auf dieses Angebot einließ. Es war vermutlich kein Zufall, dass dieser Herrscher Konstantin hieß und aus einem Elternhaus stammte, in dem heno- und monotheistische Glaubensvorstellungen bereits verwurzelt waren. Konstantin konnte sich so als von Gott gesandter Herrscher präsentieren und er konnte Attribute und Symbole – wenigstens für eine Übergangszeit – hinreichend unbestimmt lassen, um niemanden auszuschließen. Die zahlreichen mono- bzw. henotheistischen Strömungen des Heidentums jedenfalls dürften sich auch weiter von seiner Selbstdarstellung angesprochen gefühlt haben. Die gemeinsam mit Licinius verkündete *Mailänder Konvention* (313), die es »sowohl den Christen als auch allen Menschen im Reich« freistellte, ihre

8 Den Anfang hatte bereits der Bischof Irenaeus von Lyon im 2. Jh. gemacht, als er von der Vorstellung abgerückt war, die Apokalypse und damit das Reich Gottes stünden unmittelbar bevor: Irenaeus hatte als erster den Gedanken formuliert, dass die weltlichen Mächte – auch wenn sie heidnisch waren – ihre Legitimation unmittelbar von Gott bezögen. Die Vereinbarkeit von Christentum und römischen Institutionen predigte im 3. Jh. vor allem Tertullian. Der aus Karthago stammende Apologet forderte von den Christen Loyalität gegenüber dem Kaiser und dem Reich und entwarf das Modell eines christlichen Imperiums.

Religion nach Gutdünken zu wählen, befindet sich ganz auf dieser Linie.[9]

Freilich übernahm Konstantin mit seinem Schwenk zum Christentum eine gewaltige Hypothek, auch sie zum Teil eine Nachwehe der Verfolgungen: Das Christentum war mitnichten ein monolithischer Block. Die Religionsgemeinschaft, die inzwischen auf eine mehrhundertjährige Geschichte zurückblicken konnte, war tief gespalten, wobei die doktrinären Differenzen zum Teil landsmannschaftliche Traditionen und kulturelle Zäsuren spiegelten, die im Imperium Romanum unter der Oberfläche fortbestanden. Zum Teil knüpften sie sich aber auch an sehr diesseitige Probleme. So kreiste der ›Donatistenstreit‹, der die nordafrikanische Christenheit bis ins 5. Jh. hinein spaltete, um die Frage, ob ein Bischof, den *lapsi* und *traditores* – also Personen, die vor dem Edikt des Galerius von 311 geopfert und ihr Christentum verleugnet bzw. heilige Schriften ausgeliefert hatten – ins Amt gewählt und geweiht hatten, vor Gott und den Menschen legitimiert sei. Während die kirchliche Orthodoxie davon ausging, dass solche Sakramente dennoch Gültigkeit hätten, agitierte im afrikanischen Karthago eine Gruppe von Radikalen um den Berber Donatus gegen Caecilianus, den Bischof von Karthago, gegen den sie gleich eine ganze Reihe von Vorwürfen ins Feld führten, um ihn seines Amtes zu entheben.

Möglicherweise spielten hier im Hintergrund persönliche Rivalitäten zwischen lokalen Kirchenführern eine Rolle; vielleicht war auch die religiöse Prägung des vorchristlichen Nordafrika von Bedeutung, wo es einen Saturnkult gegeben hatte, der seinen Anhängern ein Höchstmaß an Askese, Hingabe und Opferbereitschaft abverlangt hatte und deshalb die Neigung zum Märtyrertum über das gewöhnliche Maß hinaus verstärkt haben dürfte. Schließlich ging es um theologische Feinheiten wie die Gültigkeit von Sakramenten und das

9 Der lateinische Text des ›Toleranzedikts‹ von Mailand bei Lactanz (mort. pers. 48). Als zugleich christliches und heidnisches Jahrhundert deutet das 4. Jh. Veyne 2008, 89–101.

Problem von Reue und Vergebung.[10] Alles zusammen verwirrte sich zum Gordischen Knoten eines Schismas, das auch die wiederholte Intervention des Kaisers und gleich zwei Synoden nicht beilegen konnten: Nachdem zunächst ein lokales Konzil den Bischof Caecilianus abgesetzt hatte, erklärte Konstantin seine Wahl für rechtmäßig. Diesem Urteil folgte ein von Konstantin nach Rom einberufenes Bischofsgericht und – nachdem die Donatisten Verfahrensmängel geltend gemacht hatten – auch eine in Arles zusammenkommende Synode. Konstantin agierte, wie ein römischer Kaiser in Streitfragen zu agieren hatte: als Richter. Er degradierte die Bischofssynoden faktisch zu Ratgebergremien und ließ gegen ihr Urteil jedes Mal wieder Appellationen der Donatisten zu – aus theologischer Sicht eine Ungeheuerlichkeit, aber nach römischer Rechtsauffassung unerlässlich.

Konstantin schuf so den Präzedenzfall für alle weiteren theologischen Dispute der Spätantike. Der nächste Konflikt entbrannte um die Frage nach der Natur Christi: War der Erlöser, wie die Kirchenmehrheit lehrte, ›wesensgleich‹ mit Gott und damit selbst Gott oder – als Gottes Sohn – nur ein Mensch. Mit seiner Behauptung, Christus sei »ein Geschöpf und ein Geschaffenes«, provozierte Arius, ein Presbyter aus Alexandreia, seine Exkommunikation aus der Kirche durch eine eilends einberufene Synode der ägyptischen Bischöfe (ca. 318). Der christologische Streit zog rasch Kreise, Bischofssynoden tagten überall im Reich und kamen zu teilweise einander widersprechenden Ergebnissen. So sah Konstantin sich ein weiteres Mal genötigt, einzuschreiten und zur Wahrung der kirchlichen Einheit zu mahnen. Er berief die erste reichsweite Synode im kleinasiatischen Nikaia ein, und dieses Konzil legte, unter Konstantins persönlichem Vorsitz, als verbindliche Lehre fest, dass Christus mit dem Schöpfer ›wesenseins‹ (*homoousios*) sei. Diese maßgeblich von dem Alexandriner Athanasios inspirierte Lehre ließ es zu, die Kirche

10 Zu den Faktoren des Schismas die übersichtliche Darstellung bei Martin ^{4}2001, 14–16.

als unmittelbar von Gott gestiftete Institution zu begreifen. Damit war der Arianismus als Häresie gebrandmarkt, der Streit aber keineswegs beigelegt. Viele der im Geist griechischer Philosophie geschulten Bischöfe des römischen Ostens konnten nämlich der Lehre des Arius mehr abgewinnen als der dogmatischen *homoousios*-Formel von Nikaia.[11]

Zwar setzte Konstantin im Donatisten- wie im Arianismusstreit seine Position durch, mit der Autorität des obersten Richters, der er als Kaiser war, und des für die Glaubenseinheit zuständigen *pontifex maximus*, dessen Funktionen er als Princeps ebenfalls versah. So konnte er maßgeblich bestimmen, welche Richtung die kirchliche Orthodoxie künftig einschlug. Dies geschah aber nicht ohne Verluste: Mit den Donatisten und den Arianern entfremdete er zwei mächtige Heterodoxien nicht nur der Amtskirche, sondern auch sich selbst und – auf lange Sicht – dem Reich. Indem sich die kaiserliche Reichsgewalt auf innerchristliche Dispute einließ, wurde sie in wachsendem Maße auch als Partei wahrgenommen. Hier lag die Kehrseite der legitimierenden Kraft, die von der Bindung des Kaisertums an die christliche Kirche ausstrahlte.

Wie verheerend sich das Beharren auf verordneter Orthodoxie auswirken konnte, bekamen ab dem 5. Jh. die oströmischen Kaiser zu spüren. Gerade im Osten bildeten sich nämlich landsmannschaftliche Kirchen mit eigener Hierarchie heraus, die sich von der in Nikaia gefundenen Formel lossagten. Den Stein ins Rollen brachte 428 ausgerechnet der Patriarch von Konstantinopel, Nestorios. Er erklärte, es sei unangemessen, Maria als ›Gottesgebärerin‹ (das griechische Wort *theotokos* war das Attribut heidnischer Göttinnen gewesen) zu bezeichnen. Daraus strickten seine Gegner um Kyrill, den Patriarchen von Alexandreia, den Vorwurf, Nestorios propagiere die Aufspaltung Christi in zwei Personen: eine göttliche

11 Zu Verlauf und Auswirkungen des Konzils noch immer lesenswert: Seeck [4]1921, Bd. 3, 405–449. Für weitere Einzelheiten zum Arianismusstreit und v. a. zum Schicksal von Athanasios vgl. S. 474f.

und eine menschliche. Während die Zweinaturenlehre des Nestorius sich mit dem Konzil von Chalkedon(451) faktisch als Linie der Orthodoxie durchsetzte, flüchteten viele seiner als ›Nestorianer‹ bezeichneten radikaleren Anhänger in den äußersten Osten des Imperiums, nach Edessa, und darüber hinaus ins Sasanidenreich, wo sie den Aufbau einer eigenen, Konstantinopel in herzlicher Feindschaft verbundenen Kirchenstruktur betrieben (Ostsyrische bzw. Assyrische Kirche).

Aber auch die Anhänger Kyrills wandten sich von der Orthodoxie ab: Gegen die Nestorianer proklamierten sie die vollkommene Einheit Christi (Monophysitismus), eine christologische Extremposition in Anlehnung an Athanasios, die vom Konzil von Chalkedon als Häresie verdammt wurde (451).[12] Der Monophysitismus setzte sich in Syrien (Jakobitische Kirche) und Ägypten (Koptische Kirche) dennoch auf breiter Front durch und hatte vor allem im dort stark verbreiteten Mönchtum eine solide Basis. Um die Besetzung des Patriarchats in Alexandreia entbrannte fortan regelmäßig Streit zwischen der ägyptischen Kirche und Konstantinopel, in dem Konstantinopel ebenso regelmäßig den Kürzeren zog. Selbst als Justinian im 6. Jh. den Patriarchen Theodosios von Alexandreia, das Oberhaupt der Koptischen Kirche, 28 Jahre lang in Konstantinopel internieren ließ, zwang er die ägyptischen Monophysiten nicht in die Knie.

Zwar artikulierte sich in den landsmannschaftlichen Kirchen keine grundsätzliche Opposition gegen Rom oder die kaiserliche Zentralgewalt; wohl aber kamen in ihnen lokale und regionale Traditionen zum Durchbruch, die sich mit christlicher Dogmatik zu einem für das Imperium gefährlichen Cocktail mischten. Langfristig formierten sich so ›Fünfte Kolonnen‹ von Roms auswärtigen Feinden, womit sich bereits die Ablösung des Nahen Ostens und Ägyptens aus dem Verband des Oströmischen Reiches im 7. Jh. ankündigte. Dies waren zweifellos Prozesse der sehr langen Dauer, doch nach-

12 Zu den Einzelheiten vgl. S. 488–491.

dem mit Konstantin einst einer der Ihren die Büchse der Pandora geöffnet hatte, konnten die spätrömischen Kaiser sich nicht mehr hinter die Linie der Einmischung in Kirchenangelegenheiten zurückziehen. Sie waren, ob sie wollten oder nicht, zu Akteuren im dogmatischen Hader des spätantiken Christentums geworden.[13]

Der Weg nach Konstantinopel

Bereits den Sieg über Maxentius hatte Konstantin auch deshalb errungen, weil er mit Licinius, einem der beiden Augusti im Osten, ein Arrangement getroffen hatte. Im Februar 313 kamen dann beide Herrscher in Mailand zusammen, wo die Konvention zur Religionsfreiheit verkündet und im Übrigen eine Hochzeit gefeiert wurde: Licinius heiratete Constantia, die Schwester Konstantins. Nachdem Licinius sich so nach Westen hin abgesichert hatte, stand für ihn als nächstes die Entscheidung im Osten an: Im April 313 schlug Konstantins Schwager Maximinus Daia, den Neffen des Galerius, beim thrakischen Adrianopel, nachdem er zuvor seinen Soldaten befohlen haben soll, zur Sonne zu beten – eine Handlung, die sich aus paganer und christlicher Sicht wiederum jeweils unterschiedlich interpretieren lässt. Maximinus unterlag, konnte sich aber über den Taurus nach Kilikien flüchten, wo er nun seinerseits ein Toleranzedikt verkündete. In Tarsos fand der wenig später dort von Licinius belagerte Maximinus dann aber doch sein Ende, womöglich durch Selbstmord.

Die Konfrontation zwischen dem von Trier aus den Westen beherrschenden Konstantin und Licinius war nun un-

13 Die Geschichte der östlichen Kirchen ist ein weites Forschungsfeld. Eine bündige Zusammenfassung bietet Winkelmann ³1987. Die Konflikte zwischen Orthodoxie und Monophysitismus behandelt Frend 1972. Die Rolle des Patriarchen von Alexandreia bei der Formierung der ägyptischen Kirche stellt Jones 1959 in einem lesenswerten Aufsatz heraus. Zu den griechischen Kirchenvätern: Leppin 2000, 61–111.

ausweichlich:[14] Noch während der Augustus des Ostens mit der Masse seines Heeres in Kleinasien weilte, griff Konstantin an und prallte bei Cibalae im heutigen Bosnien auf ein überlegenes Heer des Licinius. Konstantin entschied die Schlacht dennoch für sich und erreichte von Licinius die Abtretung der Donauprovinzen, während Thrakien, Kleinasien, der Nahe Osten und Ägypten bei dem Ostherrscher verblieben. Die beiden Augusti arbeiteten für eine gewisse Zeit wieder einträchtig zusammen: Beide bekleideten sie den Konsulat des Jahres 315 und kämpften gegen Goten und Karpen an der Donau. Am 1. März 317 ernannte Konstantin seine Söhne Crispus und Konstantin (II.), Licinius seinen Sohn Licinianus zu Caesares. Doch wenige Jahre später war das Klima zwischen den Herrschern schon wieder vergiftet, ein neues Zerwürfnis kündigte sich an: Licinius nahm im Osten von neuem die Christenverfolgungen auf und zwang anlässlich seines 15-jährigen Herrscherjubiläums alle Untertanen zur Darbringung eines Opfers. Der Krieg brach im Sommer 324 aus: Konstantin schlug Licinius bei Adrianopel und belagerte den Rivalen, der sich nach Byzanz zurückgezogen hatte, in der Stadt am Bosporus. Die Flotte Konstantins errang unter dem Kommando des Crispus bei Kallipolis einen Seesieg, und Licinius setzte nach Kleinasien über, wo er sich, bei Chrysopolis, einer letzten Schlacht mit Konstantin stellte. Als der Ostherrscher auch hier unterlag, vermittelte Constantia die Kapitulationsbedingungen: Licinius wurde in Thessalonike interniert und ein Jahr später – wegen eines angeblichen Nachrichtenaustauschs mit germa-

14 Freilich nimmt die christliche Literatur Konstantin gegen Verdächtigungen in Schutz, er habe mehr im Sinn gehabt als lediglich die Wahrung des Status quo. Er habe im Vorfeld alles versucht, um einen Konflikt zu vermeiden. Konstantin habe sogar ehrlich an der Restaurierung des tetrarchischen Regierungssystems gearbeitet. Hieran sind aber, schon angesichts der neuen Formen der Selbstdarstellung, zu denen Konstantin bereits seit ca. 310 übergegangen war, Zweifel erlaubt. Zur konstantinischen Historiografie: Potter 2004, 342–348.

nischen Reichsfeinden – der Verschwörung angeklagt und hingerichtet (325).[15]

Zum ersten Mal seit 40 Jahren herrschte mit Konstantin wieder ein Augustus über das ungeteilte Reich. Erstmalig hatte damit auch ein Herrscher die Mittel, um ohne Rücksicht auf etwaige Kollegen den von Diokletian geschaffenen Staatsaufbau zu verändern. Die neue Machtfülle äußerte sich sogleich in einer ganzen Serie von Projekten, die alle ein Ziel verfolgten: Der neue Staat sollte ganz auf den Monarchen Konstantin zugeschnitten sein. Bereits 325 wurde der dritte Sohn Konstantins, Constantius (II.), ebenfalls zum Caesar erhoben. Im Jahr darauf ließ der Augustus seine Frau Fausta, die Tochter Maximians, – wie es heißt, in einem überhitzten Bad – und ihren gemeinsamen Sohn Crispus beiseiteschaffen. Er zerschnitt so das letzte Band, das ihn mit der Tetrarchie verband und entledigte sich eines möglichen Rivalen, denn Crispus hatte durch seinen Seesieg von Kallipolis, wenigstens für den Geschmack des Vaters, zu viel militärischen Ruhm erlangt.

Der nächste Schritt Konstantins bestand darin, dass er das Christentum nun offensiver als zuvor förderte: Bereits 321 hatte er den Sonntag (*dies Solis*) als Ruhetag im ganzen Reich eingeführt. Ließ sich das noch als ein möglicher Tribut an den Sonnengott verstehen, so ließen seine weiteren Maßnahmen an Deutlichkeit nichts zu wünschen übrig: Konstantin erklärte die Kirche für erbberechtigt und gestattete ihr die Freilassung von Sklaven. Er selbst übereignete ihr kaiserlichen Grund und Boden – freilich nicht im Umfang der in fränkischer Zeit plötzlich aufgetauchten ›Konstantinischen Schenkung‹.[16] Unmittelbar nach dem Sieg über Licinius ließ er es sich nicht

15 Licinius' Sohn Licinianus ließ Konstantin nach Africa bringen, wo er, nachdem ein von Africa ausgehender Usurpationsversuch sein Misstrauen geweckt hatte und Licinianus versucht hatte zu fliehen, dessen Versklavung anordnete und ihn in der Weberei von Karthago arbeiten ließ (Eutr. X. 6, 3).

16 Die aber nichtsdestoweniger zur rechtlichen Grundlage des *Patrimonium Petri*, des späteren Kirchenstaats in Mittelitalien, wurde und erst von Lorenzo Valla als Fälschung enttarnt wurde. Zur Wirkungsgeschichte: Miethke 2008.

nehmen, der östlichen Reichshälfte in einem Edikt *Ad provinciales Orientales* sein Christentum zu verkünden; noch 325 verlieh Konstantin außerdem seiner bereits getauften Mutter Helena den Augusta-Titel. Die 80-jährige Kaiserin machte sich daraufhin nach Palästina auf, wo sie im Beisein des Bischofs Makarios unter dem auf dem Berg Golgata gelegenen Venus-Tempel das Kreuz Christi ›fand‹, mit dem sie angeblich Wunder bewirkte – tatsächlich wurde die Stätte deshalb zum ›Heiligen Grab‹ erklärt, weil sich die Kreuzigungslegende bereits seit Jahrhunderten um diesen Berg rankte. Makarios ließ an der Stelle prompt eine Basilika errichten, den Urbau der heutigen Grabeskirche.[17]

Auch in Rom selbst schritt man zum zügigen Ausbau der jetzt sich christianisierenden sakralen Topographie: Schon nach dem Sieg über Maxentius hatte Konstantin ein Kasernengelände im östlichen Stadtgebiet einebnen und hier eine große Basilika samt Baptisterium errichten lassen. Die dem heiligen Johannes geweihte und nach der Familie, der das Grundstück einst gehört hatte, ›Lateran‹ genannte Kirche wurde zur Kathedrale der Hauptstadt. Sie lag in unmittelbarer Nähe der Palastaula, in der die Kaisermutter Helena Hof hielt,[18] und wurde alsbald zum Sitz des stadtrömischen Bischofs. Das nächste sakrale Großprojekt war die um 324 geweihte Basilika, die man außerhalb der Aurelianischen Mauern an der Via Ostiensis errichtete, dort, wo man das Grab des Apostels Paulus vermutete.[19] Alles in den Schatten stellte aber der Kirchenbau, den Konstantin 324 oder 325 stiftete und der bald über einer alten Nekropole in die Höhe wuchs, die sich auf dem Mons Vaticanus – dem Vatikan –, gegenüber dem Marsfeld, befand. Hier, wo nach christlicher Tradition das Grab des Petrus lag, der im 1. Jh. in Rom das Martyrium erlit-

17 Trampedach 2001.

18 Jetzt Teil der Pilgerkirche S. Croce in Gerusalemme.

19 Die heutige Basilika S. Paolo fuori le Mura ist eine freie Rekonstruktion der spätantiken Kirche, die 1823 bei einem Brand fast vollständig zerstört wurde.

ten hatte, bestand im frühen 4. Jh. eine viel besuchte Pilgerstätte. Für den Bau der neuen Kirche ließ man die Nekropole zuschütten und Teile des Hügels abtragen. Bereits 326, nach kaum zweijähriger Bauzeit, konnte am Altar der gewaltigen, fünfschiffigen Basilika Eucharistie gefeiert werden. Unter dem Altar lag in einer Krypta das angebliche Petrusgrab; heute befindet sich exakt darüber der Scheitelpunkt der von Michelangelo entworfenen Kuppel.[20]

Obwohl sich das Erscheinungsbild Roms durch die neuen Basiliken und unzählige kleine Kirchen und Kapellen, die meist als private Stiftungen entstanden, markant wandelte, war und blieb die Stadt am Tiber Sinnbild für das alte, heidnische Rom: Nach wie vor beherrschten Tempel die repräsentativen Areale des Stadtzentrums, nach wie vor fanden Opferhandlungen und religiöse Feiern statt, nach wie vor war die hauptstädtische Elite in ihrer überwältigenden Mehrheit heidnisch. Symbolisch für den alten Glauben standen das Kapitol mit dem Tempel des Jupiter Capitolinus, der die Stadt weithin sichtbar überragte, und der Altar mit der von Augustus gestifteten Statue der Siegesgöttin, der seinen Platz im Versammlungssaal des Senats hatte: in der unter Diokletian erneuerten Curia. Das alte Rom, mit seinen Traditionen, seinen Kulten und seinen der Vergangenheit verhafteten Menschen, taugte deshalb nicht, um das von Konstantin mit tätiger Hilfe des christlichen Gottes erneuerte Reich würdig zu repräsentieren: Ein neues, ein christliches Rom musste her.[21]

Der Ort, an dem die neue Hauptstadt entstehen sollte, war schnell gefunden. Konstantin, der Rom jetzt endgültig den Rücken gekehrt hatte, entschied sich für Byzantion, die Stadt am Bosporus, unweit der Stätte seines entscheidenden Sieges über Licinius. Und wieder soll göttliche Eingebung im Spiel gewesen sein, denn noch andere Städte waren in die engere Wahl gekommen, vor allem Serdica, Konstantins frü-

20 Einen glänzenden Überblick über die Transformation der Tiberstadt in die Metropole des Christentums liefert Fraschetti 2000.

21 Für einen vorzüglichen Überblick: Leppin 2006.

here Residenz, Thessalonica und Ilion; doch keine dieser Städte bot vergleichbar günstige Voraussetzungen wie Byzanz, wo Ost und West einander begegneten, Verkehrsadern zusammenliefen und potenzielle Kriegsschauplätze in überschaubarer Nähe lagen. Und wenige Plätze boten Verteidigern so günstige Bedingungen wie die Halbinsel, auf der Konstantin jetzt seine Stadt errichtete.[22] Byzanz wurde indes erst durch die rhetorische Überhöhung durch christliche Autoren zum ›neuen Rom‹, zunächst wurde es einfach ›Konstantinopel‹: weit wichtiger als eine der vielen neuen Residenzen der Tetrarchenzeit, aber im Rang doch der alten Kapitale Italiens und der römischen Welt nachgeordnet. Am 11. Mai 330 fand die Einweihungszeremonie für die neue Residenz statt.[23]

Die konstantinische Stadtmauer lässt die Dimensionen ahnen, in denen hier geplant wurde: Sie spannte sich vom Goldenen Horn bis zum Marmarameer und schloss ein Stadtgebiet ein, das fünfmal so groß war wie das des alten Byzantion. Der Ausbau der Stadt ging in großer Eile vonstatten, vielfach unter Verwendung von Bau- und Dekorelementen – Säulen, Kapitellen, Ziegeln, Türen, Reliefs, Statuen –, die aus anderen Städten des Reiches herbeigeschafft und vorhandenen Bauwerken entnommen wurden. Den im Südosten der Halbinsel liegenden Hippodrom ließ Konstantin ausbauen, sodass er 100.000 Zuschauern Platz bot und damit dem Circus Maximus in Rom ebenbürtig war. Direkt daneben errichtete er den Kaiserpalast, das Sacrum Palatium, eine weite, locker bebaute Anlage, die der römischen Residenz in nichts nachstand. Unweit des Palasts befanden sich die Zeuxippos-Thermen, ein Bäderkomplex aus dem 2. Jh. n. Chr., den

22 Byzantion hatte bereits mehrfach in seiner Geschichte Belagerern große Schwierigkeiten bereitet, so 478 v.Chr. dem Spartaner Pausanias, der es aber schließlich einnahm, 315 v. Chr., als es dem bithynischen König Zipoites trotzte, dann wieder 196 n. Chr., als die Stadt Pescennius Niger unterstützte und von Septimius Severus unter großen Verlusten erobert werden musste.

23 Als bester Überblick zur urbanen Gestalt des spätantiken Konstantinopel: Bassett 2004.

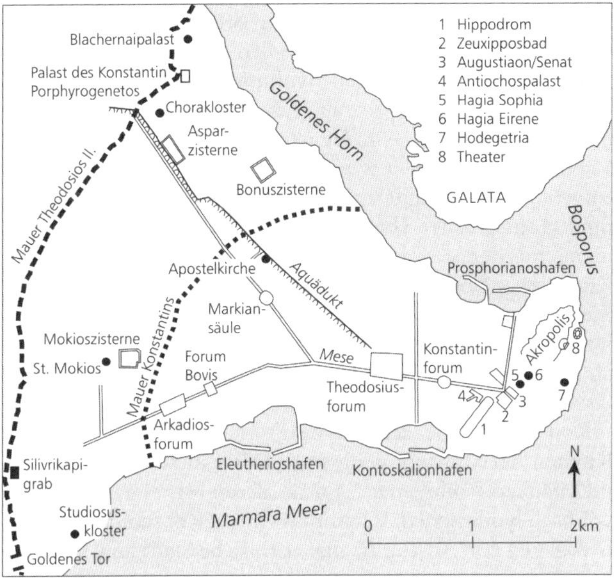

Abb. 33: Konstantinopel (Stadtplan).

Konstantin großzügig erweitern und schmücken ließ. In unmittelbarer Nachbarschaft, an der Stelle der alten Agora, entstand das Augustaion, ein von Säulenhallen umrahmter Platz, der später als Vorhof zur unter Justinian errichteten Hagia Sophia dienen sollte. Auf dem Platz stand eine Porphyrsäule, die eine Statue der Kaisermutter Helena krönte.[24]

An das Augustaion grenzte das Gebäude der Ratsversammlung. Anders als Rom besaß Konstantinopel zunächst nur ein städtisches Ratsgremium, vergleichbar dem anderer römischer Großstädte. Konstantin schuf aber finanzielle Anreize für Senatoren, in die östliche Reichshälfte oder nach Konstantinopel selbst zu übersiedeln. Sein Sohn Constantius II.

24 Mathews 1998, 17–19.

wandelte dann den Stadtrat in einen echten Senat nach römischem Vorbild um, der sich aus allen Senatoren zusammensetzte, die im Osten ihren Wohnsitz hatten. Obwohl die neuen Senatoren nur wenig reale Entscheidungsbefugnisse innehatten und auch – im Gegensatz zu den römischen Senatoren, die *viri clarissimi* waren – nur den Titel eines *vir clarus* trugen, war die Mitgliedschaft prestige- und privilegienträchtig und entsprechend begehrt. Auch die alte römische Ämterhierarchie, der *cursus honorum*, trat erst unter Constantius II. in Kraft, zuvor unterstand die Stadt einem Prokonsul. Constantius machte aus ihm einen *praefectus Urbi* und bestellte Prätoren, Volkstribunen, Ädilen und Quästoren. Erst unter Konstantins Sohn gewann die Idee von Konstantinopel als neuem Rom also auch institutionell Konturen.

Konstantin hatte sich schon in Rom als Stifter zahlreicher Kirchen hervorgetan; doch so gewaltig diese Bauten waren, sie lagen am Rand einer Kapitale, deren Herz eben nach wie vor nach heidnischem Rhythmus schlug. Konstantinopel sollte dagegen von Anfang an eine christliche Stadt sein, und entsprechend waren den Gotteshäusern der neuen Religion Bauplätze unmittelbar im Stadtzentrum vorbehalten: In dem Viertel um das Augustaion, nur einen Steinwurf vom kaiserlichen Palast entfernt, entstand noch zu Konstantins Lebzeiten die erste Bischofskirche der Bosporus-Metropole, Hagia Eirene, in den Quellen meist als ›Alte Kirche‹ bezeichnet. In dieser ältesten Basilika der Stadt fand 381 das sogenannte Zweite Ökumenische Konzil statt, auf dem die Bischöfe des römischen Ostens den Arianismus endgültig als Häresie verurteilten. Im Jahr 360 wurde direkt neben der Kirche des ›heiligen Friedens‹ eine zweite Kathedrale geweiht: Hagia Sophia, die ›heilige Weisheit‹. Die Kirche, ebenfalls eine Basilika und ursprünglich vermutlich als Palastaula konzipiert, entstand auf den Mauern eines heidnischen Tempels. Den Komplex um die beiden Kathedralen ergänzte der Palast des Patriarchen: Kaisertum und Kirche, die beiden Säulen der Orthodoxie, waren auch geographisch an der Spitze der Halbinsel eng zusammengerückt.

Doch auch die übrigen Stadtviertel wurden in die christliche Topographie einbezogen. So thronte hoch über Konstantinopel auf einem Hügel am nordwestlichen Stadtrand die 330 geweihte Apostelkirche. Konstantin hatte sie zu seinem eigenen Mausoleum bestimmt; als der Kaiser 337 starb, war der Bau allerdings noch nicht fertiggestellt. Der Kirchenhistoriker Eusebios beschreibt das Gotteshaus als außerordentlich hohe, in Kreuzform angelegte und von Säulenhallen eingefasste Basilika. Um die kaiserliche Grablege hätten im Halbkreis zwölf Kenotaphe gestanden: Für Eusebios standen sie natürlich stellvertretend für die zwölf Apostel.[25] In ihrer Mitte habe Konstantin geruht, auch darin also ein Nachfolger Christi. Freilich ließ das Ensemble auch eine pagane Deutung zu: Heidnische Besucher konnten die Stelen nämlich ebenso gut als Stellvertreter der zwölf olympischen Götter deuten, in deren Mitte Konstantin so – nach traditioneller römischer Vorstellung – nach seinem Tod entrückt worden wäre. Dass beide Lesarten von Konstantin durchaus beabsichtigt[26] waren, legt auch seine generelle Baupolitik nahe, denn obwohl Konstantinopel unter ihm ein unverwechselbar christliches Antlitz erhielt, ließ der Kaiser doch die meisten heidnischen Tempel des alten Byzanz stehen. Er baute sogar zwei neue: für die Tyche (Schicksalsgöttin) der Stadt Rom und für Rhea als Schutzgottheit der neuen Hauptstadt. Andererseits stiftete Konstantin zwei lokalen Märtyrern, Mokios und Akakios, Kirchen und zollte so, neben der paganen Vergangenheit, auch der christlichen Tradition der Vorgängerstadt seinen Tribut. Kaum etwas von diesen Sakralbauten ist noch heute erhalten: Bei Unruhen brannte schon 404 die erste Hagia Sophia ab. Der Nachfolgebau und die benachbarte Kirche Hagia Eirene wurden wiederum zu Opfern des Nika-Aufstands (532). Beide Kirchen – wie auch die Apostelkirche – ließ Jus-

25 Eus. vita Constant. IV. 58. Zur Apostelkirche und zur Frage, ob der Bau wirklich als Mausoleum für Konstantin gedient hat, jetzt Hartmann 2010, 386–393. Vgl. Speck 2000.
26 Rebenich 2000.

tinian neu errichten, in einem nun charakteristisch östlich-byzantinischen Stil und bei Weitem größer und prächtiger als die Originale des 4. Jh.

Die christliche Topographie der konstantinischen Stadt verfehlte keineswegs ihre Wirkung auf zeitgenössische Betrachter: Selbst der Heide Zosimos war anderthalb Jahrhunderte nach Konstantins Tod noch voll Bewunderung für viele der Bauten, die der Kaiser einst gestiftet hatte,[27] wenngleich er an anderer Stelle scharf mit der Verschwendung öffentlicher Gelder ins Gericht ging.[28] Die Kirchen, abgesehen von den römischen Basiliken die größten christlichen Gotteshäuser der antiken Welt, waren verbunden durch ein System künstlicher Sichtachsen: Gleich gewaltigen Schneisen zogen sich breite, dem hauptstädtischen Verkehr Raum gebende Hauptstraßen durch die Stadt. Gesäumt von Kolonnaden, unter denen es sich im Schatten flanieren ließ, waren diese Straßen ein Erbe des hellenistischen Ostens, an dessen Rand Konstantinopel lag. Solche Kolonnadenstraßen gab es weder in Rom noch sonst irgendwo im Westen. Urbanistisch stand die neue Hauptstadt den Metropolen Syriens und Nordafrikas damit näher als Italien: Antiocheia, Apameia, Palmyra, Alexandreia, Lepcis Magna – alle diese Städte waren stolz auf ihre Säulenstraßen, die dem Stadtbild ein unverwechselbares Timbre verliehen. In Konstantinopel nahm sich besonders eindrucksvoll der von Ost nach West verlaufende und das Augustaion mit dem westlichen Stadtrand verbindende Decu-

27 So etwa für den Hippodrom: »Ebenso schmückte er den Hippodrom wunderschön aus, indem er das Heiligtum der Dioskuren darin einbezog, deren Bildnisse man auch noch heute auf den Säulenhallen des Hippodroms stehend sehen kann. Ferner brachte er in einem Teil des Hippodroms den Dreifuß des Apollon von Delphi zur Aufstellung […].« (Zos. II. 31, 1)

28 Ebd. 32, 1: »An das Volk von Byzanz ließ er auf Staatskosten Lebensmittel verteilen und schuf damit eine Einrichtung, von der es bis auf den heutigen Tag unausgesetzt Nutzen zieht. Er verschwendete die öffentlichen Gelder an zahllose zwecklose Bauten und errichtete unter ihnen auch manche, die kurze Zeit später einstürzten, weil sie in der Eile nicht fest genug ausgeführt waren. Ferner brachte er die seit langem bestehenden Staatsämter in Unordnung.«

manus (*mese* – die ›Mitte‹ – genannt) aus. Auf halber Strecke kreuzte diese zentrale Verkehrsachse der Cardo Maximus, die Hauptquerstraße: Die Kreuzung markierte eine Konstruktion aus vier monumentalen Bögen, ein Tetrapylon. Etwas östlich davon öffnete sich die Hauptstraße zu einem kreisförmigen, von zweistöckigen Säulenhallen gerahmten Platz, in dessen Mitte eine Säule mit dem Standbild des Stadtgründers stand: das konstantinische Forum (›Forum Constantini‹). Die Statue stellte den Kaiser als Apollon-Helios dar – eine unverkennbare Reminiszenz an die Frühzeit konstantinischer Selbstdarstellung, in welcher der Sonnenkult eine zentrale Rolle gespielt hatte.[29] Mit der Form des Platzes beschwor der Kaiser außerdem die Erinnerung an das Zelt herauf, das er hier hatte aufgeschlagen lassen, bevor er sich am Bosporus dem Endkampf mit Licinius gestellt hatte. Zugleich stand das kreisrunde Forum sinnbildlich für die Welt, Konstantin als ihr Herrscher leibhaftig in ihrer Mitte.

Auch andere Plätze der Stadt erhielten eine reiche statuarische Ausstattung, und die Säulenhallen boten ebenfalls reichlich Raum zur Aufstellung von Kunstwerken aller Art. Überall waren nun Bilder Konstantins und seiner Dynastie sichtbar. Aus Konstantinopel stammt auch das Bild der sich in brüderlicher Eintracht umarmenden Tetrarchen, das die Venezianer in ihre Stadt schafften, nachdem sie 1204 die byzantinische Hauptstadt geplündert hatten. Das Wenigste von diesem Schmuck war freilich neu: Bereits beim Bau des Konstantinbogens in Rom hatte man in größerem Stil auf Bilder älterer Epochen zurückgegriffen und dazu vorhandene stadtrömische Bauwerke ›ausgeschlachtet‹; in Konstantinopel wurde die Akquirierung von Statuen, Reliefs und Dekorelementen aus dem gesamten griechisch-römischen Kulturraum regelrecht zum Programm erhoben. Aus allen Städten des Reiches, vor allem des Ostens, strömten nun ausgesuchte Kunstwerke

29 Ähnliche Assoziationen mag die Alexander-Statue ausgelöst haben, die Konstantin im Strategeion hatte aufstellen lassen: Immerhin trug Zeus-Ammon, als der sich Alexander verehren ließ, ebenfalls starke solare Züge.

an den Bosporus. Eusebios vermutet hinter der Anhäufung antiken Zierrats eine didaktische Absicht: als »Spielzeug« hätten Konstantin die »Objekte heidnischen Götzendiensts« gedient, um sie »dem Vergnügen und dem Spott der Betrachter preiszugeben«.[30] Die moderne Forschung ist überwiegend zu anderen Schlüssen gekommen: Nicht als Kuriositätenkabinett, sondern umgekehrt gerade als Inventar eines gigantischen Freilichtmuseums, mit dem Ziel, das antike Erbe zu ehren, hätten die antiken Bildwerke gedient, zu einer Zeit, da die künstlerische Produktion fast zum Erliegen gekommen sei oder wenigstens mit der Nachfrage nicht mehr habe Schritt halten können.[31]

Tatsächlich hatte sich das künstlerische Schaffen der Epoche gewandelt, war vom realistischen Naturalismus der griechischen Klassik, der sich durch Hellenismus und augusteische Klassik bis in die römische Kaiserzeit fortgesetzt hatte, Stück für Stück abgekommen und hatte sich einer Ikonographie verschrieben, in deren Mittelpunkt jetzt politische und religiöse Symbolik standen. Charakteristisch für diesen neuen Stil waren die strenge Frontalität und das evidente Fehlen künstlerischer Expressivität. So wurden Figuren in den Darstellungen nicht mehr als handelnde Personen zueinander in Beziehung gesetzt, sondern standen scheinbar zusammenhanglos nebeneinander: Sie verkörperten nicht mehr, wie in der Klassik, Individuen in bestimmten Situationen, sondern Typen und Funktionen. Damit hatte die künstlerische Ästhetik teilweise die gesellschaftlichen und religiösen Entwicklungen des 3. und frühen 4. Jh. bzw. den sozialen Wandel nachvollzogen – ein ›Niedergang‹ der antiken Kunst war damit allerdings nicht verbunden, eher schon eine Transformation klassischer Formen in eine typisch spätantike Bildersprache.[32]

30 Eus. vita Constant. I. 54.

31 Unter anderen: Mango 1985; Mathews 1998, 24–29; Bassett 2004; Potter 2004, 384f.

32 Wegweisend ist hier noch immer Rodenwaldt [1]1939. Vgl. jetzt auch Huskinson [2]2005; Schollmeyer 2005, 132f.

Dennoch gab es im Umgang mit Bildern Konstanten, die römische Republik, augusteische Klassik, frühe Kaiserzeit, Spätantike und selbst noch die frühbyzantinische Epoche in der langen Dauer zu einer Einheit verklammerten: So reichhaltig und schöpferisch seine künstlerische Produktion war, brachte das Altertum doch nie einen eigenständigen Kunstbegriff hervor: Bilder – also Gemälde im engen Sinne, Statuen, Reliefs und andere Formen visueller Kommunikation – waren niemals unabhängig von ihrer Umwelt, sondern standen stets in einer Fülle von Kontexten, aus denen heraus sie erst ihren Sinn bezogen. Dadurch, dass Bildwerke aus ihren ursprünglichen Zusammenhängen herausgerissen und an neuer Stelle mit neuer Architektur zu neuen Ensembles gruppiert wurden, erlangten sie eine völlig andere Bedeutung. Die Macht, die sie in ihr Zentrum schaffen ließ, eignete sich die ›Beutekunst‹ auch symbolisch an und bestimmte über ihren Aussagewert. Durch die von ihm veranlasste Sammlung klassisch-antiken Kulturguts in der neuen Hauptstadt legte Konstantin somit fest, welchen Stellenwert die Zivilisation, die sich mit der heidnischen Vergangenheit Roms verband, künftig haben sollte: Durch die Gründung Konstantinopels schuf Konstantin einen Rahmen, der all das in sich tragen konnte, was Rom zuvor ausgemacht hatte, dem er aber durch Umwidmung und Neujustierung zugleich eine gewandelte Bedeutung geben konnte: Konstantinopel war die stadtgewordene *renovatio* des altehrwürdigen Imperiums.

Das Reich und die Provinzen unter Constantius II.

Anfang 337 rüstete Konstantin zu einem großen Feldzug gegen die Perser, nachdem deren neuer König Schapur II. wenige Jahre zuvor einen Versuch unternommen hatte, das Klientelkönigreich Armenien vom Imperium Romanum zu lösen. Als bereits alle Vorbereitungen getroffen waren, erkrankte Konstantin, und am 22. Mai ereilte ihn in einem Landhaus vor den Toren Nikomedeias der Tod – zuvor hatte er aus den Händen des örtlichen Bischofs Eusebios, eines Arianers, noch die Taufe empfangen.[33] Mit Konstantins Tod stand wieder einmal die Nachfolgefrage auf der Tagesordnung. Geplant war eine Neuauflage der Tetrarchie, nun aber als Form der Machtteilung zwischen Blutsverwandten. So waren offenbar die beiden älteren Söhne Konstantins von Fausta, Konstantin II. und Constantius II., zu Augusti, sein jüngster Sohn Constans und sein Stiefneffe Flavius Delmatius, der Sohn seines gleichnamigen Halbbruders, zu Caesares ausersehen. Alle vier hatte Konstantin noch selbst zu Caesares erhoben, doch nach seinem Tod wagte es keiner, den ersten Schritt zu tun und nach dem Augustus-Titel zu greifen. Die anvisierte Nachfolgeregelung war indes sofort Makulatur, als Soldaten des Constantius – wohl unter stillschweigender Billigung der Konstantin-Söhne – die weitere Verwandtschaft samt Flavius Delmatius massakrierten. Erst im September 337 kamen dann alle drei Brüder in Viminacium an der unteren Donau zusammen und legten sich den Augustus-Titel zu: Konstantin II. erhielt die Nordwestprovinzen (Gallien, Britannien, Spanien und Mauretanien), Constantius II. den Osten mit Thrakien und Constans Italien, Nordafrika und den Balkan.

Bereits drei Jahre später brach das Bündnis auseinander: Der nach Hegemonie in der westlichen Reichshälfte strebende jüngere Konstantin griff seinen Bruder Constans in Italien an,

33 An die Frage der Taufe hat sich praktisch die gesamte Debatte um den persönlichen Glauben des Kaisers geknüpft. Sie ist hier nicht *in extenso* zu erörtern: Während die ältere Forschung um Jakob Burckhardt in der Wende zum Christentum vor allem ein taktisches Manöver und in der Taufe eine auf Druck der Bischöfe zustandegekommene Handlung sehen wollte, wird heute gern darauf verwiesen, dass die späte Taufe in der Antike durchaus nichts Ungewöhnliches war, wollte man doch sichergehen, nach dem reinigenden Sakrament keine Sünden mehr begehen zu können. Vgl. Girardet 2010, 106–123. Generell darf man aber wohl kaum hoffen, durch die Fassade der historischen Gestalt Konstantins, jener *imago*, die vor allem das Produkt kaiserlicher Selbstdarstellung und Repräsentation war, zu etwas so Intimem wie seinem persönlichen Glauben vordringen zu können. Zu den methodischen Problemen, freilich auf die frühe Kaiserzeit bezogen: Seelentag 2004, 12–16.

erlitt aber eine Niederlage und fiel. Damit wiederholte sich im Prinzip jene latente Teilungssituation zwischen römischem Westen und römischem Osten, die im 3. Jh. bereits zweimal bestanden hatte: zwischen Valerian und Gallienus (253–260) und zwischen Diokletian und Maximian vor der ersten Tetrarchie (284–293). Der Balkanraum als ›Sollbruchstelle‹ spielte auch im 4. Jh. wieder eine Schlüsselrolle, er war genau die neuralgische Zone, entlang derer das Imperium im Jahr 395 endgültig auseinanderbrach: Hier lag die Sprachgrenze zwischen lateinischem Westen und griechischem Osten, hier hatten römische Kultur und römischer Lebensstil von allen Reichsteilen am wenigsten Fuß gefasst, hier, an der Donau, bot das Imperium seinen Angreifern die längste Grenze und damit seine schwächste Flanke, hier stießen auch Räume aneinander, die wirtschaftlich und sozialstrukturell eklatante Unterschiede aufwiesen und kaum zueinander passten. Relativ reibungslos funktionierte deshalb auch diesmal die Teilung des Reichs in zwei zwar zusammengehörige, administrativ und politisch aber nur mehr lose miteinander verknüpfte Herrschaftssphären. Sie hatte – vorläufig – Bestand: Constantius und Constans regierten für einige Jahre gemeinsam das Reich, mehr nebeneinander als miteinander,[34] bevor 350 die Usurpation eines gewissen Flavius Magnus Magnentius in Autun Constans' Herrschaft im Westen ein jähes Ende setzte. In der Bewegung artikulierte sich die Unzufriedenheit der

34 So treffend Brandt 2001, 36. Auch später gab es durchaus Dissonanzen. Vor allem vertraten beide Kaiser unterschiedliche Richtungen im innerkirchlichen Streit und insbesondere Constans unternahm alles, um im Osten die Gegner seines Bruders um Athanasios zu stärken. Dennoch bekleideten die Brüder 339 und 342 jeweils gemeinsam den Konsulat. Für das Jahr 344 wurden dann zwei verschiedene Konsulpaare für den Westen bzw. Osten gewählt. Der von den Münzprägungen des Constantius im Jahr 345 verkündete gemeinschaftliche Konsulat wurde im Herrschaftsbereich des Constans allerdings erst gegen Ende des Jahres anerkannt. Um die Jahreswende scheinen sich die kaiserlichen Brüder versöhnt zu haben: Constantius gab im Streit um Athanasios nach und ließ diesen aus dem Exil nach Alexandreia zurückkehren (Potter 2004, 465–467).

Karriereoffiziere mit Constans' militärischer Führung. Der Kaiser wurde auf der Flucht ermordet, und Magnentius etablierte sich als Herrscher im Westen. Sofort überstürzten sich die Ereignisse, mit Gegenusurpatoren, die sich gegen den pro-heidnischen Kurs des germanischstämmigen Usurpators auflehnten. Magnentius konnte sich jedoch fast drei Jahre lang halten, bevor er, mehrfach von Constantius geschlagen, schließlich in Lugdunum (Lyon) den Freitod suchte (353).

Constantius II. war damit, 16 Jahre nach dem Tod des großen Konstantin, alleiniger Herrscher über ein ungeteiltes Reich – ein Reich, über dessen administrative Gliederung und militärisch-strategische Disposition wir durch ein Dokument aus dem 5. Jh. in Grundzügen unterrichtet sind: die sogenannte *Notitia dignitatum*.[35] Ungeachtet aller internen Rivalitäten und innerchristlichen Auseinandersetzungen schien dieses Reich nach außen hin glänzend dazustehen, doch zogen mit den Usurpationen der Jahrhundertmitte bereits dunkle Wolken am Horizont herauf. Hintergrund war eine sich seit Konstantins Tod allmählich wieder verschärfende Sicherheitslage an Roms östlichen und nördlichen Grenzen: Die Sasaniden unter Schapur II. (309–379) hatten seit 334 wieder eine offensivere Gangart eingeschlagen, an Rhein und Donau regten sich Franken und Goten und auch im äußersten Nordwesten, in Britannien, hatten die den Hadrianswall schützenden Legionäre sich der angreifenden Pikten und

35 Vollständig: *Notitia dignitatum continet omnium tam civilium quam militarium dignitatum utriusque imperii occidentis orientisque* (»Aufstellung der Würdenträger, mit allen Würdenträgern, den zivilen wie den militärischen, des westlichen und des östlichen Reiches«). Der reich bebilderte, in mittelalterlichen Abschriften erhaltene Katalog entstand vermutlich um 430 als Nachschlagewerk für das höhere Verwaltungspersonal, gibt aber im Großen und Ganzen die Verhältnisse vor der Reichsteilung 395 wieder. Da vermutlich immer wieder überarbeitete Fassungen erschienen, die aufeinander aufbauten, dürfte sich die administrative Gliederung der Jahrhundertmitte nicht allzu sehr von der in den Handschriften überlieferten unterschieden haben. Das Imperium der *Notitia* ist im Wesentlichen das Römische Reich, wie es als Endprodukt der diokletianisch-konstantinischen Reformen bis zur Reichsteilung Bestand hatte. Der Originaltext ist zugänglich in Seeck 1876.

Skoten zu erwehren. Der permanente Zweifrontenkrieg des 3. Jh. drohte sich zu wiederholen.

Oriens: Syrien und Mesopotamien

Im Osten, der seit Diokletian die Diözese Oriens mit insgesamt 16 Provinzen[36] (s. Übersichtskarte im Vorsatz) bildete, konzentrierten sich die immer wieder aufflackernden Kämpfe zwischen Römern und Sasaniden zunächst um eine einzige strategisch wichtige Stadt: Nisibis. Wie andere Städte Mesopotamiens auch, war Nisibis Heimat von Menschen unterschiedlichster ethnischer und kultureller Herkunft. Die Existenz der Stadt ist bereits für die neuassyrische Periode (9.–7. Jh. v. Chr.) belegt, aber erst im 2. Jh. n. Chr. trat sie wieder ins Licht der Geschichte; möglicherweise erhielt sie wie Edessa und Dura-Europos in frühhellenistischer Zeit eine makedonische Garnison, die ein sich von der einheimischen Bevölkerung unterscheidendes ethnisch-kulturelles Element nach Mesopotamien brachte.[37] Nisibis wurde von Trajan erobert, wieder an die Parther verloren und fiel durch den Orientkrieg des Lucius Verus endgültig an Rom. Septimius Severus erhob die Stadt als Septimia Nisibis zur römischen *colonia*. Mehrfach von Schapur I. eingenommen und geplündert, war Nisibis mit seiner römischen Garnison nach dem Fall Hatras (241) Roms wichtigstes Bollwerk gegen die Sasaniden in Mesopotamien. Der römische Historiker Ammianus Marcellinus, der hier als junger Offizier Dienst tat, nannte Nisibis, das der für Rom günstige Frieden des Jahres 298 zum Nadelöhr für den

36 Cyprus (die Insel Zypern), Isauria, Cilicia (im südlichen Kleinasien), Augusta Euphratensis, Syria Coele, Syria Phoenice, Augusta Libanensis (in Syrien), Osrhoene, Mesopotamia (in Mesopotamien), Arabia (das heutige Jordanien), Palaestina (das heutige Israel), Aegytpus Herculia, Thebais (in Ägypten), Libya superior und Libya inferior (im nordöstlichen Afrika).

37 Ein Epitaph aus dem 2. Jh. n.Chr. schreibt die Neugründung der Stadt, möglicherweise als Antiocheia Arabis, dem Diadochen Seleukos Nikator zu. Nisibis befand sich laut Plinius (nat. VI, 117) auf dem Gebiet des Stammes der Orrhoeni, der für das Königreich Osrhoene namensgebend wurde.

transasiatischen Fernhandel bestimmt hatte, *murus provinciarum* – Schutzwehr der Provinzen. Dreimal in Folge (337, 346, 350) belagerte dann Schapur II. die römische Garnisonsstadt in Mesopotamien, allerdings scheiterte er jedes Mal an ihren starken Mauern, am Widerstandswillen der Bevölkerung und an der römischen Garnison. Die – archäologisch bislang so gut wie unerforschte – Stadt in der heutigen Südosttürkei war aber nicht nur ein Brennpunkt der römisch-persischen Auseinandersetzungen, sondern auch ein bedeutendes kommerzielles und religiöses Zentrum mit einem Konglomerat aus verschiedener Ethnien und Religionen, dessen umrisshafte Kenntnis wir einem einzigartigen Glücksfall verdanken: Das Werk des um 306 in Nisibis geborenen syrischen Kirchenvaters Ephraem des Syrers taucht die religiösen, aber auch politischen und sozialen Verhältnisse der Stadt an der Steppengrenze in ein ungewohnt helles Licht.[38]

Ephraem hasste all jene, die aus seiner Sicht häretische Lehren verbreiteten, darunter die vor allem im gnostischen Umfeld zu lokalisierenden Anhänger Bardaisans, Markions und Manis,[39] aber auch Juden und Arianer. In nicht weniger als 56 *Hymnen gegen die Irrlehren* polemisierte er wortgewaltig ge-

38 Russell 2005.

39 Zu den Manichäern siehe oben, S. 343f.
Bardaisan von Edessa war ein schriftstellerisch produktiver Gnostiker des späten 2. und frühen 3. Jh. n.Chr., dessen Schule sich am Rande des Christentums bewegte, Elemente babylonischer Astrologie (Chaldäertum) rezipierte und großen Einfluss auf das syrische Christentum nahm.
Der im späten 1. Jh. geborene Markion stammte aus der Hafenstadt Sinope am Schwarzen Meer. Die von Tertullian entschieden bekämpfte Markionitische Lehre, die Jesus nicht als Messias anerkannte, erhielt seit dem 2. Jh. starken Zulauf, litt aber im 3. und vor allem unter Konstantin im 4. Jh. unter Verfolgungen.
Der im 2. Jh. aufkommende Gnostizismus lehrte, dass die materielle Welt ein Übel sei, das ein – von dem rein jenseitigen höchsten Gott zu unterscheidender – Schöpfergott (Demiurg) ins Werk gesetzt habe. Die verschiedene Strömungen klassischer Philosophie (Mittelplatonismus, Neupythagoreer) und des Judentums verbindende Lehre bildete einen christlichen und einen nichtchristlichen Zweig aus, in dessen Umkreis auch der Manichäismus und später Teile des frühen Islam anzusiedeln sind (Markschies 2001).

gen die Abkehr von dem, was aus seiner Sicht der rechte Glaube war. Als Grundmotiv klingt aber auch immer wieder die brennende Sorge um das Seelenheil der Mitläufer an:

> Bei wem soll ich schwören, o ihr Irrenden, damit ihr erkennt, daß ich mit Liebe und Schmerz an eurer Angelegenheit arbeite? Wenn wir Kinder sehen, die im Feuer verbrennen, so rührt uns ihr Anblick zu Tränen; und wenn Mörder, von denen bekannt ist, wie sehr sie gefrevelt haben, hingerichtet werden, so empfindet man doch Mitleid; um wieviel mehr über Unschuldige, die beraubt wurden, ohne daß sie es merkten! Wer wird nicht über die guten Kinder Adams weinen, die ihm nun an Verfehlungen gleichen?[40]

Es sind Gefühle von Fremdheit und Nähe zugleich, die sich in solchen Sätzen äußern. Ephraem waren die religiösen Lehren von Manichäern, Juden und Arianern ein Graus, aber diese Menschen waren zugleich seine Nachbarn. In einer multikulturellen Grenzstadt wie Nisibis wohnten sie alle Tür an Tür, schon der Gang über die Straße konnte bedeuten, dass man in eine vollkommen fremde Welt eintauchte, und so beschreibt Ephraem die astrologischen Praktiken und Zaubertechniken der Chaldäer, überlebende heidnische Kulte und immer wieder die von christlichen Häretikern begangenen Sünden. Trotz aller die Stadt durchziehenden kulturellen Gräben standen die Bewohner von Nisibis aber gegen die Persergefahr zusammen: Während der dritten und letzten Belagerung im Frühjahr 350 ließ Schapur den durch Nisibis fließenden Fluss Mygdonius anstauen und setzte so das gesamte Umland unter Wasser.[41] Ephraem vergleicht sich bei dieser Gelegenheit mit dem biblischen Noah:

> Höre, Herr, und vergleiche meine Lage mit der des Noah, und wäre mein Kummer leichter als der seine, so mache uns in der

40 Ephr. syr. hymn. contra haer. XXI, 14 (Übersetzung J. Kösel).

41 Die Ereignisse werden auch in Julians *1. und 2. oratio ad imperatorem Constantium* angesprochen, wobei weder bei Julian noch bei Ephraem die Chronologie der drei Belagerungen vollständig klar wird. Allerdings darf man annehmen, dass die Aufstauung des Flusses tatsächlich im Zusammenhang mit der dritten Belagerung 350 stattfand.

> Errettung gleich! Denn siehe, meine Kinder stehen da, gleich wie er, zwischen Rasenden und Übeltätern. Gib Frieden mit den Hausgenossen drinnen, und unterwirf mir die Feinde draußen und verdoppele so meinen Sieg [...]. Möge der Böse nicht über die Barmherzigkeit triumphieren. Besiege den, der zum zweiten- und drittenmal es wagte. Es wird mein Sieg die Erde durchfliegen und dir Ruhm auf Erden verschaffen. O, der du am dritten Tage auferstandest, lass mich nicht in meiner dritten Trübsal untergehen![42]

Ephraems Hass auf den »Bösen« – die Perser, unter denen seine Glaubensbrüder Verfolgungen erlitten – ist noch ungleich größer als der auf die vom rechten Weg abgekommenen »Hausgenossen«.

Trotz des religiösen Haders kam das wirtschaftliche Leben der Stadt keineswegs zum Erliegen. Die *Expositio totius mundi et gentium*, eine vor allem an Aspekten des Fernhandels interessierte Weltbeschreibung aus der Zeit Constantius' II. – aus anonymer, nicht sonderlich gelehrter Feder – spielt auf die kommerzielle Rolle der mesopotamischen Städte Edessa und Nisibis an: Sie seien

> ungeheuer reich und ausgestattet mit allen erdenklichen Gütern, denn die Bewohner kaufen bei den Persern und unternehmen Handelsreisen quer durch das Römische Reich, auf denen sie das Erworbene verkaufen.[43]

Die Grenzlage war also nicht nur ein Handicap, sondern trug Nisibis, als Drehscheibe im Ost-West-Handel in der Nachfolge Palmyras, auch reiche Früchte ein. Manches von dem, was wir hier über Nisibis erfahren können, mag um die Jahrhundertmitte für viele Städte des Reiches gegolten haben: Die Bevölkerung war zerrissen in Glaubenskämpfen und geteilt durch kulturelle Gräben, fand aber bei allem Trennenden in wesentlichen Kernfragen zusammen: Nicht persisch, sondern römisch wollte man sein und man war durchaus loyal dem Kaiser und seinem Heer gegenüber, das die Stadt gegen den Feind verteidigte. Strukturell glich die Grenzstadt Nisibis da-

42 Ephr. syr. carm. Nis. 1, 141–155 (Übers. nach Josef Kösel).

43 Riese, 1878, 104–126.

mit dem ebenfalls mesopotamischen Dura-Europos 100 Jahre zuvor.

500 Kilometer westlich von Nisibis, am Ostrand des Mittelmeers, lag die Kapitale der Diözese Oriens: Antiocheia am Orontes. Am 24. August 358 verwüstete ein Erdbeben weite Teile der immer wieder von seismischen Stößen erschütterten Stadt. Eines der Opfer war der Rhetor Zenobios, Leiter der weithin berühmten Rednerschule der Stadt. Die Schule, die zusammen mit anderen, ähnlichen Institutionen in Konstantinopel, Athen und Alexandreia die administrative Elite der östlichen Reichshälfte ausbildete, war ein Refugium des traditionsbewussten Heidentums der Oberschichten des hellenistischen Ostens – und das in einer Stadt, die bereits seit dem 3. Jh. Sitz eines der drei Patriarchen der christlichen Kirche war[44] und um 350 sicher eine christliche Bevölkerungsmehrheit hatte.[45] Der unvermittelte Tod seines Lehrers Zenobios brachte Libanios an die Spitze dieser Rhetorikschule: einen Sohn der Stadt, der – nach Jahren, die er in Athen, Konstantinopel und Nikomedeia verbracht hatte – 354 in seine syrische Heimat zurückgekehrt war. Dass eine Fülle von seinen Schriften die Jahrhunderte überdauert hat, ist ein Glücksfall für die moderne Forschung: Durch sie sind wir in der Lage, Einblick in das soziale und kulturelle Getriebe einer spätantiken Großstadt – die Stadt zählte im 4. Jh. mehrere Hunderttausend Einwohner – nehmen zu können. Ein bleibendes Denkmal hat Libanios seiner Vaterstadt mit der Lobrede auf Antiocheia – *Antiochikos* – gesetzt, die er aus Anlass der Olympischen Spiele des Jahres 356 in Olympia selbst hielt. Im August des Vorjahres hatte Kaiser Constantius II. seinen Cousin Julian, einen ehemaligen Schüler des Libanios, dessen philosophi-

44 Zunächst waren Rom, Antiocheia und Alexandreia Sitze solcher Obermetropoliten, ab dem Konzil von Chalkedon (451) auch Konstantinopel und Jerusalem.

45 Sandwell 2004, 43f.; Trombley 2004, 72–76. Zu Antiocheia allgemein unübertroffen: Downey 1961 und 1963.

Abb. 34: Doppelmaiorina Julians (361–363). Der Kaiser ist auf dem Avers abgebildet. Auf der Rückseite das Bild eines Stieres mit Legende SECVRITAS REI PVB(licae) (RIC VIII, 106).

sche und pro-pagane Neigungen wohlbekannt waren, zum Caesar erhoben.

Die neue Konstellation an der Reichsspitze ließ die heidnische Intelligentsia Hoffnung schöpfen, und so beschwört auch Libanios die Kontinuität zwischen Vergangenheit und Gegenwart seiner Stadt. Er holt weit aus, um ihren gegenwärtigen Ruhm zu begründen: Seine Darstellung beginnt mit der Gründungssage, die Antiocheia mit der Geschichte um Io und ihren Vater Inachos, den ersten König von Argos, verbindet. Es folgen ein Abriss der Geschichte und der unvermeidliche Vergleich mit anderen griechischen Städten: Athen und Korinth rühmten sich der Kriege, die Götter ihretwegen ausgetragen hätten – Antiocheia hingegen sei eine Stadt des Friedens und der himmlischen Harmonie, die Antiochener »die Lieblinge der Götter«.[46] Das Antiocheia der Gegenwart stehe dahinter nicht zurück: Die Weisheit seiner Ratsleute und Bürger, die Schönheit seiner Bauten und natürlichen Lage, der Wohlstand seiner Bewohner – all das sei in der Welt ohnegleichen. Libanios zählt die öffentlichen Bauten auf, schwelgt in Gedanken im verschwenderischen Luxus der Thermen, preist den unternehmerischen Geist der Bewohner

46 Lib. or. XI 67.

und ihren regen Fernhandel, würdigt die Kolonnaden und den Kaiserpalast in der Neustadt auf der Orontesinsel; doch ebenso bemerkenswert wie die Stadt, die der Redner vor dem geistigen Auge seines Auditoriums entstehen lässt, ist jenes andere Antiocheia, das er keines Wortes würdigt: das Antiocheia der Kreuze, Basiliken und Kapellen, das der Patriarchen und Priester und des aufkommenden Mönchtums.

Libanios' Antiocheia-Rede ist ein beeindruckendes Zeugnis dafür, dass Heiden- und Christentum in ein und derselben Stadt nebeneinander bestehen konnten, ohne viel Notiz voneinander zu nehmen. Wenigstens den Heiden war es möglich, den Siegeszug des Christentums zu verdrängen, der sich in kaiserlichen Edikten, vermehrtem Zulauf in Stadt und Land und wachsender Präsenz im öffentlichen Raum niederschlug. In Antiocheia war unübersehbarer Ausdruck dieser Präsenz die achteckige Große Kirche, deren Bau unter Konstantin 327 begonnen und die 341 unter Constantius vollendet worden war. Sie stand in unmittelbarer Nähe des von Libanios beschriebenen Kaiserpalasts auf der Orontesinsel – taucht aber trotz ihres Standorts im Rampenlicht der Öffentlichkeit in seiner Rede nicht auf. Das durch den Mythos abgesteckte Universum der gebildeten Heiden ließ sich durch solche Bauten nicht stören und hatte nach außen keinen Schaden genommen: Die alten Geschichten gaben noch immer Antwort auf die existenziellen Fragen des Lebens: Wer sind wir? Woher kommen wir? Wohin gehen wir? Die durch den Mythos geordnete Welt aber war, wie sich seit dem 3. Jh. bereits abzeichnete, nur mehr ein Paralleluniversum, das sich gegen andere Weltdeutungssysteme abschotten und notdürftig behaupten konnte, aber keine Hegemonie mehr übte.

Paradoxerweise hat von diesem rapide sich christianisierenden Antiocheia kaum etwas die Jahrtausende überdauert. Bedeutendster archäologischer Überrest der spätantiken Weltstadt ist das eindrucksvolle Corpus von Bodenmosaiken, die einst die Repräsentationstrakte vornehmer Häuser schmückten und die die städtischen Notabeln, die ihre Auftraggeber waren, fest auf dem Boden der klassisch-antiken Tradition verorten.[47] Der Mythos war offensichtlich das Koordinatensystem, in dem die eigene Standortbestimmung vorgenommen wurde: Als Teil der antiken Oikumene waren Antiocheia und sein Umland als Schauplätze von Mythen ausgewiesen, die sie bevölkernden mythischen Gestalten – wie Pyramos als kilikischer Flussgott oder die vor Apollon fliehende Daphne – waren als Protagonisten der szenischen Mosaik-Darstellungen beredte Zeugen für die *paideia*, die klassisch-griechische Bildung der Hausherren. Zugleich verankerten sie Antiocheia, dessen griechische Geschichte nicht hinter den Hellenismus zurückreichte, im Kosmos der hellenischen Kulturgemeinschaft. Ihre Doppelfunktion als Identitätsnachweis der antiochener Oberschichten und der städtischen Bürgergemeinde insgesamt macht die Mosaike – jedes für sich ein wahrhaftiges ›Fenster im Boden‹, das tief in das Selbstverständnis der lokalen Elite blicken lässt – zu einer erstrangigen Quelle.[48]

Dass die von Libanios vor seinem Publikum in Olympia so wortgewaltig und von den Bodenmosaiken so farbenfroh ausgemalte Welt im Untergang begriffen war, erwies sich schon wenige Jahre später, als Julian, mittlerweile zum Alleinherrscher aufgestiegen, zu seinem Perserfeldzug aufbrach und unterwegs sein Winterquartier in Antiocheia aufschlug. Im Juli 362 war er hier eingetroffen und hatte den Kaiserpalast auf der Orontesinsel bezogen. Von hier aus, der Wirkungsstätte seines verehrten Lehrers Libanios, gedachte Julian sein Programm zur Repaganisierung des Imperiums in die Tat umzusetzen. Erster Eckpfeiler dieses Programms war die Schaffung eines Gegenstücks zur organisatorischen Basis des Christentums, einer heidnischen ›Staatskirche‹ mit eigenem Klerus

47 Levi 1947; Hales 2003; Huskinson 2004. Eine präzise Datierung der Mosaike ist nur selten möglich, aber die Produktion erstreckte sich über mehrere Jahrhunderte hinweg bis 540, als ihr die persische Plünderung der Stadt ein jähes Ende setzte. Ein Stilwandel hin zu größeren und komplexeren Bildern setzte um 400 ein.

48 Sommer 2006a, 105f.

und Metropolitanverfassung nach christlichem Vorbild. Von Antiocheia aus schickte Julian Sendschreiben an die obersten Priester in den Städten: Sie sollten sich an der christlichen Kirche orientieren, ihrer Umwelt ein Beispiel an Tugend sein und im Übrigen eine effiziente Armenfürsorge und Herbergen für Pilger organisieren, um dem Heidentum die Massen zurückzugewinnen. Die Staatskasse stellte zur Realisierung entsprechender Projekte großzügige Geldmittel bereit.[49]

Im Oktober 362 brannte im Nobelvorort Daphne der örtliche Apollon-Tempel. Julian bezichtigte die Christen der Brandstiftung und ließ sofort, ohne stichhaltige Beweise vorlegen zu können, christliche Kirchen niederreißen. Und auch bei den einen mondänen Lebensstil gewohnten heidnischen Notabeln der Stadt machte er sich mit seinem ostentativ asketischen Auftreten, im Philosophenmantel und mit ungepflegter Bart- und Haartracht, sowie den Moralpredigten, mit denen er sie bei jeder Gelegenheit erfreute, wenig Freunde. So schürte der Kaiser auf beiden Seiten Ressentiments. Vollends zerrüttet war das Verhältnis zwischen den Antiochenern und ihrem Kaiser, als – infolge von Dürre und Missernten – im Winter 362/363 eine Hungersnot ausbrach und Julian es ablehnte, die Vorräte seines Heeres mit der Stadtbevölkerung zu teilen. In Antiocheia und anderen Städten des Ostens kochte daraufhin der Volkszorn hoch, was Julian wiederum zu sarkastischen Repliken veranlasste: Seine Wut auf die Antiochener schrieb er sich in der Satire *Misopogon* (›Der Barthasser‹) durchaus selbstironisch von der Seele.[50]

Nach Julians Tod in Persien wurde auch Antiocheia Schauplatz der unvermeidlichen christlichen Reaktion. Die heidnische Staatskirche kollabierte ohne viel Aufhebens, weil sie nie mehr als ein Apparat ohne innere Substanz gewesen war. Ein anderer Sohn der Stadt, der Kirchenvater Johannes von An-

49 Zu Julian und seiner heidnischen Wende besonders lesenswert: Bowersock ²1980; Tantillo 2001; Giebel 2002; Bringmann 2004.

50 Iul. mis. 11f. Zum denkwürdigen Aufenthalt Julians in Antiocheia: Rosen 1998.

tiocheia,[51] der 398 zum Patriarchen von Konstantinopel aufstieg, zog denn auch in seinen Predigten eine scharfe Trennlinie zwischen der christlichen Gemeinde und den Traditionen und Institutionen der Stadt:

> Was geht ihr zur Gerichtsbank, wo Hader und Streit zuhause sind? Oder in den Ratssaal? Dort herrscht kleinmütiger Kummer über politische Fragen! Oder nach Hause, wo die Sorge um eure Privatangelegenheiten eure Zeit verzehrt? Oder geht ihr zu den Debatten und Zusammenkünften auf dem Forum? Alles dort ist eitel und bestechlich![52]

Den Christen hält er in seiner Auslegung des Korintherbriefs ihre fortschreitende Verweltlichung und Hinwendung zum Luxus vor: Anders als in der Paulinischen Gemeinde gebe es unter den Christen von Antiocheia

> großes Durcheinander und große Verwirrung und unsere Versammlungen unterscheiden sich in nichts von einer Weinhandlung, so laut ist das Gelächter, so groß die Ruhestörung, wie in der Therme, wie auf dem Markt, allenthalben Geschrei und Tumult.[53]

Johannes' eindringliche Mahnungen zeigen aber gerade, wie wirklichkeitsfremd die Vision eines von der Welt abgewandten Christentums in einer Großstadt wie Antiocheia eigentlich war: Längst hatte sich die große Mehrheit des Kirchenvolks mit der Stadt und ihrer Tradition arrangiert; wie ihre heidnischen Mitbürger besuchten auch Christen Gastmähler, Bäder und Schauspiele, nahmen am politischen Leben Anteil und waren weltlichen Freuden keineswegs abgeneigt. Mythos und *paideia* mochten ihre beherrschende sinnstiftende Funktion eingebüßt haben, aber die Kernelemente antiker Stadtkultur überdauerten auch den Siegeszug des Christentums.

Wie vital städtische Kultur allem Wandel zum Trotz im römischen Orient des 4. Jh. war, zeigte sich gerade an ihrem

51 Brändle 1999; Sandwell 2004.

52 Ioh. Chrys. hom. De statuis X. 2.

53 Ders., hom. In I epistulam ad Corinth. XXXVI. 8.

Fußfassen in Regionen, die bis dahin wenig urbanisiert oder im 3. Jh. demographisch zurückgefallen waren. Paradebeispiel ist das nordsyrische Kalksteinmassiv mit seinen ›Toten Städten‹ – der Größe nach eigentlich Dörfern, die aber mit ihren qualitätvoll ausgeführten Sakral- und Profanbauten und der hoch entwickelten epigraphischen Kultur durchaus urbanes Gepräge hatten: Bereits im 1. und 2. Jh. n. Chr. waren viele dieser ursprünglich entlegenen und verkehrsmäßig schlecht erschlossenen Siedlungen im Hinterland der Stadt Apameia durch den intensiven Anbau von Oliven zu Wohlstand gelangt; vielerorts entstanden an italische Vorbilder angelehnte Tempel und sorgfältig in Quadermauerwerk ausgeführte Wohnhäuser. Das Wachstum nahm allerdings Mitte des 3. Jh. ein abruptes Ende, möglicherweise infolge der Kriegszüge Schapurs und damit einhergehender Seuchen, welche die Bevölkerung dezimierten.[54] Im 4. Jh. erfolgte dann abermals eine Wende: Die Bautätigkeit lebte wieder auf, und die Bevölkerungsdichte nahm signifikant zu. Vor allem änderten sich die Besitzstrukturen: Während im 2. Jh. kleine Grundbesitzer durch den Ölbaumanbau zu größerem Wohlstand gelangt waren, traten seit dem späten 3. Jh. verstärkt Großgrundbesitzer in der Region auf, denen größere Ländereien für administrative oder militärische Dienste verliehen worden waren. Wie und in welchem Ausmaß die Bauern zu ihnen in Abhängigkeit gerieten, lässt sich nicht im Detail klären; grundsätzlich dürften die meisten aber wohl weiter auf eigener Scholle gearbeitet, einige vielleicht auch Land hinzugepachtet haben. Möglicherweise übten die vermutlich stadtsässigen Großgrundbesitzer auch eine Art Patronat über Siedlungen oder Einzelpersonen aus, das aber das Funktionieren der lokalen Institutionen nicht beeinträchtigte: Das rege

54 Zum Kalksteinmassiv in der frühen Kaiserzeit: Strube ²2000, 24–29. Eine Pest soll sich um die Jahrhundertmitte im gesamten römischen Orient ausgebreitet haben und war vermutlich für den Bevölkerungsrückgang in Nordsyrien verantwortlich. Die Demographie des syrischen Binnenlands erörtert Tate 1992.

kommunale Leben im Kalksteinmassiv wurde weiterhin von der örtlichen Bauernschaft getragen. Sie war auch das Rückgrat der Christianisierung, die hier etwas später einsetzte als in der Großstadt Antiocheia, dafür aber – ab ca. 350 – mit umso größerer Wucht: Kirchen ersetzten nun allenthalben die paganen Tempel und prägten fortan das Erscheinungsbild der ›Toten Städte‹.[55]

Pontica: Der Osten Kleinasiens

Ganz anders bietet sich das spätantike Kappadokien, die östliche Grenzregion Kleinasiens gegen Armenien, dem Beobachter dar: War die anatolische Mittelmeerküste seit undenklichen Zeiten dicht besiedelt und urbanisiert, so war das östliche Hochland, das einst das Kernland des Hethiterreichs gebildet hatte, noch in der römischen Kaiserzeit weithin Heimat von Hirten und Bergbauern. Die mediterrane Stadtkultur hatte jedoch auch in dieser teilweise unwirtlichen, teilweise immens fruchtbaren Gegend Fuß gefasst: Zur Zeit Strabons, um Christi Geburt, hatte es nur zwei bedeutende Städte nach griechischem Modell gegeben, Mazaka-Kaisareia und Tyana, das später von Caracalla zur römischen Kolonie erhoben wurde. Später gesellten sich noch andere, kleinere Städte dazu, darunter Nazianzos und Nyssa, die Geburtsorte zweier griechischer Kirchenväter mit Namen Gregor. Die Werke der kappadokischen Geistlichen Gregor von Nyssa und Gregor von Nazianz, zu denen als Dritter im Bunde Basileios von Kaisareia tritt, sind denn auch – mangels aussagekräftiger archäologischer Befunde – die wichtigste Quelle zu Geschichte und Gesellschaft des spätantiken Kappadokien. Die alte Provinz wurde in tetrarchischer Zeit zweigeteilt: Während der westliche Teil weiter als ›Cappadocia‹ firmierte, wurde der Nordosten zunächst Kleinarmenien (dem römischen Teil des alten Königreichs) zugeschlagen und erhielt

55 Strube ^{2}2000, 30–34

später als eigenständige Provinz den Namen ›Armenia II‹. Gemeinsam bildeten beide Provinzen die Ostflanke der Diözese ›Pontica‹, an der es aber das gesamte 4. Jh. hindurch – im Gegensatz zum nahen Mesopotamien – relativ ruhig blieb.[56]

Die römische Provinzialverwaltung hatte seit den Tagen des Tiberius, der das ehemalige Königreich direkter römischer Herrschaft unterworfen hatte, kaum in die Sozialstruktur der Provinz eingegriffen. Noch im 4. Jh. war das Land am Halys deshalb unter einer kleinen Oberschicht lokaler Großgrundbesitzer aufgeteilt, die mit Jagd, Pferdezucht und Bildungsbeflissenheit dem Vorbild griechischer Aristokraten nacheiferten und über eine Masse von Kleinbauern und Hirten herrschten, die als Pächter oder Sklaven ein kümmerliches Dasein fristeten. Gregor von Nyssa, der selbst keiner armen Familie entstammte, überspielt den überwältigenden Eindruck, den der Landsitz eines Freundes auf ihn machte, in seinem 20. Brief nur notdürftig: Er betrat die Anlage, die sich wie eine Festung vor dem Besucher auftürmte, durch ein Portal, das von hohen Türmen flankiert war. Im Innern luden Portiken zum Flanieren ein, das Auge konnte sich am Blick auf den Halys, an Mosaiken, Wandbildern, Weingärten, Obstplantagen, einem Teich und endlosen bestellten Feldern erfreuen. Der Garten erschien ihm wie ein Gemälde, »so fügsam hatte sich die Natur untergeordnet«. Und selbst die Fische im Teich hatten sich dem Willen des Hausherrn gefügt und waren »zahm wie junge Hunde«.[57]

Die sorgfältige Inszenierung des eigenen Reichtums war de facto Teil des erbitterten Kampfes um Rang und Prestige, der nicht nur zwischen aristokratischen Clans, sondern auch zwischen Städten tobte. Er verrät, wie lebendig auch im 4. Jh. noch die Wettbewerbsethik war, die alle Eliten der griechischen Welt auszeichnete. Dieselbe Grundprägung hatten auch die Häupter der christlichen Kirche, die meist der

56 Jones 1940, 175–191; Bechert 1999, 147–150. Zum sozialen Geflecht um die kappadokischen Kirchenväter: Van Dam 2003.

57 Greg. Nyss. epist. XX. 12–15.

Grundbesitzeraristokratie oder wenigstens dem wohlhabenden städtischen Bildungsbürgertum entstammten, mit der Muttermilch aufgesogen: Als unter Kaiser Valens in den frühen 370er Jahren die nochmalige Teilung Kappadokiens auf der Tagungsordnung stand, setzte sich Basileios von Kaisareia wortgewaltig für seine Heimatstadt ein, deren Metropolitanbischof er seit 370 war. Basileios sah seine Felle davonschwimmen, weil die Teilung der Provinz ihn um den größten Teil seiner Erzdiözese brachte. Zugleich verschaffte ihm sein – letztlich erfolgloses – Eintreten für die Heimatstadt Kredit bei den örtlichen Notabeln. Wie seine Standesgenossen beherrschte Basileios virtuos das Spiel um Ansehen, Einfluss und Kontakte – ein Spiel, in dem es um durchaus beträchtliche Einsätze ging: Männer wie Basileios zogen die Fäden in einem Netzwerk, das den Hof in Konstantinopel mit den Spitzen der Kirche, lokalen Eliten und Entscheidungsträgern in den Provinzen verknüpfte.[58]

Basileios, einem der bedeutendsten Intellektuellen des 4. Jh., war die Karriere im Klerus nicht in die Wiege gelegt. Sein Vater hatte ihn für eine Verwaltungslaufbahn vorgesehen und deshalb die Rhetorenschulen von Konstantinopel und Athen besuchen lassen, wo er auch mit Libanios und dem späteren Kaiser Julian zusammentraf. In der Verwaltung hätten dem aufgeweckten jungen Mann aus Kaisareia gewiss alle Türen offen gestanden: Die neue Kapitale am Bosporus wirkte wie ein Magnet auf die Griechisch sprechenden Oberschichten der östlichen Provinzen. Außerdem verlangten die neu eingerichteten Prätorianerpräfekturen und Diözesen sowie die in ihrem Umfang erheblich vergrößerten Provinzialverwaltungen nach Personal. Auch zahlreiche junge Kappadokier drängten nun in den Verwaltungsdienst: in die unteren Chargen in ihrer eigenen Provinz, aber auch in die Spitzenpositionen als Provinzstatthalter oder Vikare: Ein gewisser Philagrios

58 Mit einer glänzenden Einführung in die Welt der kappadokischen Kirchenväter wartet Van Dam (2002) auf. Zur den lokalen und überlokalen Statuskonflikten: ebd., 36–38.

war unter Konstantin Präfekt Ägyptens und bezog in dieser Eigenschaft gegen Athanasios, den Patriarchen Alexandreias und Hauptgegner des Arianismus, Partei. Später, unter Constantius II., diente er sich zum *vicarius* seiner Heimatdiözese Pontica hoch. Ein anderer Kappadokier, Martinianos, brachte es unter Constantius zum Statthalter Siziliens und dann zum *vicarius* der Diözese Africa. 378 erreichte er sogar das hoch angesehene Amt des römischen Stadtpräfekten. Und auch in der kaiserlichen Zentralverwaltung machten Kappadokier Karriere: Mit Sophronios und Aburgios, zwei Freunden Gregors von Nazianz, ging es unter Kaiser Valens (364–378) steil bergauf. Sophronios war als *magister officiorum* Chef der kaiserlichen Zivilverwaltung; Aburgios diente sich ebenfalls in Konstantinopel nach oben und wurde schließlich oberster Beamter der wichtigen Diözese Oriens.[59]

Die kappadokischen Notabeln blieben untereinander vernetzt und betätigten sich, einmal in verantwortungsvolle Positionen aufgestiegen, als Patrone ihrer Landsleute, deren Karrieren sie tatkräftig förderten. Wer, wie Basileios, als kirchenpolitisch ambitionierter Bischof auf Entscheidungen in Konstantinopel Einfluss nehmen wollte, mobilisierte deshalb zuerst sein Netzwerk aus Freunden und Nahestehenden, die dann für ihn bei Hofe antichambrierten. Gegenüber den meist mit den lokalen Verhältnissen wenig vertrauten Repräsentanten des Imperiums vor Ort, den Provinzstatthaltern, betätigten sich die Kirchenmänner als Mittler und Makler, denn selbst wenn sie den meist nur kurz amtierenden Gouverneuren nie persönlich begegneten, konnten sie in ihren Briefen die gemeinschaftlich geteilte klassische Bildung ins Spiel bringen. Oft genügte dabei ein Zitat oder eine Anspielung, um Nähe herzustellen: »Eine Krähe hackt der anderen kein Auge aus«[60] – so schrieb Gregor von Nazianz unverblümt an einen neu bestellten Statthalter. Schmeichelei war Teil des Spiels und folglich strotzen seine Briefe vor Lob: Ei-

59 Ebd., 55–61.
60 Greg. Naz. epist. CCXXIV, 1–2.

nen »Verbündeten von Tugend und Gegner des Übels«,[61] so nennt Gregor von Nazianz einen der Amtsträger. Meist folgt ein Gefallen, um den der Statthalter im eigenen oder fremden Namen angegangen wird, auf dem Fuß: »Lasst den Gruß an Eure Großmut den ersten Zweck meines Schreibens sein; empfangt also nach meinem Gebet meine Petition.«[62]

Die Art, wie Basileios und die beiden Gregors mit den römischen Offiziellen umgingen, verrät, dass das System der Maklerpatronage im 4. Jh. ebenso gut funktionierte wie in der frühen Kaiserzeit, jedenfalls in Kappadokien, einer randständigen, griechischsprachigen Provinz, deren Eliten erst jetzt im größeren Stil auf die imperiale Bühne drängten. Der Hang zur aristokratischen Netzwerkbildung war hier genauso vital wie die griechische *paideia*, die auch der neu sich formierenden Klerus-Elite selbstverständlich zur Bestimmung ihres eigenen sozialen und kulturellen Standorts diente. Schließlich war auch der Gestus des ›affirmativen Forderns‹ noch nicht aus der Mode gekommen, den einst der jüngere Plinius und seine Standesgenossen im Umgang mit Trajan gepflegt hatten: »Sei ein Wohltäter!«,[63] fordert Gregor von Nazianz einen Vertreter der Staatsmacht auf und lässt ihm so kaum die Wahl zwischen Gewährung und Nichtgewährung seiner Bitte.

Italien

Wie der Osten war Italien seit alters ein Land der Städte: Die griechischen Neugründungen der ›Magna Graecia‹ und Siziliens hatten ostmediterrane Stadtkultur auf der Appeninhalbinsel heimisch gemacht, die Etrusker hatten sie übernommen und ihren Bedürfnissen angepasst, eine Welle von Koloniegründungen in der späten Republik hatte sie schließlich überall in Italien verbreitet. Bereits im 2. Jh. n. Chr. begann das Bild eines in der Breite und Tiefe urbanisierten Landes je-

61 Ebd., 3.
62 Bas. epist. LXXXIV.
63 Greg. Naz. epist. XIV.

doch erste Risse zu zeigen. Städtische Zentren stagnierten, schrumpften oder gingen ein, während im gleichen Zeitraum ländliche Streusiedlungen und Einzelgehöfte an Zahl zunahmen. Recht gut erforscht ist dieser Trend durch Surveys in Mittelitalien, in den Rom benachbarten Gebieten der südlichen Toskana, der Abruzzen und des sabinischen Berglands. Bei weniger dichter Befundlage zeichnen sich ähnliche Entwicklungen auch für das Piemont, Apulien und das Binnenland Siziliens ab.[64]

Der Wandel des Siedlungsbildes dürfte in die Tiefe reichende gesellschaftliche Umschichtungen spiegeln und auf ein ganzes Bündel von Ursachen zurückgehen: Zunächst scheinen Städte in Italien – wie allgemein im Westen – allmählich ihre Funktion als regionale Märkte und Gewerbestandorte verloren zu haben: Mit dem Verfall der Geldwirtschaft im 3. Jh., der Erhebung direkter Steuern in Naturalien und vor allem der Ausbreitung immer komplexer und autarker werdender landwirtschaftlicher Großbetriebe, die zunehmend auch die gewerbliche Produktion an sich zogen, büßten die Städte immer mehr Boden ein.[65] Als weiteres Moment tritt die Umschichtung von Steuerlasten und finanziellen Verpflichtungen hinzu. So verloren die Städte zu einem – in der Forschung umstrittenen – Zeitpunkt in der ersten Hälfte des 3. Jh. ihre bis dahin behauptete finanzielle Autonomie: Steuerpflichtig waren nun Individuen der Zentrale, nicht mehr ihrer Stadt gegenüber. Die italischen Städte, die ja zuvor von der kollektiven Abgabe, dem *tributum*, befreit waren, traf diese Neuerung besonders hart, denn während sie ihre wohl wichtigste direkte Einnahmequelle verlo-

64 Einen Überblick liefert jetzt, gestützt auf jüngere Forschungen, Marazzi 2006. Zum Verhältnis zwischen Rom und seinem Umland auch: Marazzi 2001.

65 Den Zusammenhang zwischen dem Bedeutungsverlust der Städte und dem Aufstieg großer Landgüter hat bereits Weber 1924, 301, hergestellt: »Die Stadt ist der normale, unterste Verwaltungsbezirk. […] Im Verlaufe der Kaiserzeit finden wir aber ein Umschwenken der Entwicklung. Die großen Güter suchen sich mit Erfolg der Einbeziehung in die Gemeinden zu entziehen.«

ren, wurden ihnen gleichzeitig immer mehr Lasten aufgebürdet: Zu einer Zeit, da Italien nicht mehr selbstverständlich vor den Angriffen auswärtiger Feinde sicher war, mussten sich die Städter gegen Invasoren wappnen und ihre Siedlungen in Festungen und Fluchtburgen verwandeln;[66] die Kosten für Bau und Erhalt der militärischen Infrastruktur trugen die Städte selbst.[67] Während die Städtelandschaft Italiens so ein immer wehrhafteres Gepräge erhielt, waren immer weniger Städte noch in der Lage, ihren finanziellen Verpflichtungen nachzukommen. Ein überdimensioniertes Netzwerk urbaner Zentren schrumpfte, vor dem Hintergrund sozialer Transformationen der langen Dauer, gewissermaßen auf Normalmaß.

Einen Ausgleich für die den Städten entgehenden Steuereinnahmen schuf die Zentrale durch Zuwendungen aus dem Reichshaushalt, die dazu bestimmt waren, die kommunalen Institutionen funktionsfähig zu halten. Die Aufsicht über den Finanzausgleich führten zunächst von der Zentrale bestellte *curatores*, die allmählich in das Institutionengeflecht der Städte hineinwuchsen und zu gewählten Amtsträgern mutierten. Der städtischen Autonomie tat dies nicht unbedingt Abbruch. Dennoch gerieten viele Gemeinden in eine finanzielle und zunehmend auch soziale und politische Schieflage. Ein wichtiger Faktor waren all jene Angehörigen der lokalen Oberschicht, die für eine gewisse Zeit in der seit Diokletian und Konstantin erheblich vergrößerten zentralen Verwaltung gedient hatten und irgendwann als Träger klangvoller Titel in ihre Heimat zurückkehrten. Obwohl den Städten aus der Präsenz solcher reichsweit vernetzten *honorati* (›Geehrten‹) durchaus Vorteile erwuchsen, waren sie doch schwer in die

66 Außer Rom, dessen Aurelianische Mauer bis heute von der gewandelten Sicherheitslage kündet, erhielten Aquileia, Verona, Mailand, Piacenza, Como, Pavia, Rimini und Triest Mauern (Marazzi 2006, 39).

67 In der Tetrarchenzeit mussten die Städte auch noch die in eine reguläre Steuer verwandelte *annona militaris*, die logistische Versorgung der Armee, schultern (Carrié ²2005, 284f.).

Kurialenschicht – die lokale, ratsfähige Elite – zu integrieren: Als *viri clarissimi* (wie die Angehörigen des Senatorenstandes jetzt hießen) oder *perfectissimi* (so lautete der Ehrentitel vieler Mitglieder des *ordo equester*) waren sie von den Lasten, die den übrigen Kurialen auferlegt waren, befreit, und im Übrigen mangelte es ihnen nicht an Möglichkeiten, Einfluss und Beziehungen zum eigenen Vorteil gegen ihre Mitbürger in die Waagschale zu werfen. Dass die städtischen Institutionen mit den aus der zunehmenden Differenzierung der lokalen Notabelnschicht erwachsenden Konflikten oft überfordert waren, zeigt sich am Amt des *defensor plebis*, das in Italien – aber auch im übrigen Reich – im 4. Jh. aufkam: Als eine Art kommunaler Ombudsmann hatte der *defensor* Streitigkeiten zu schlichten und einfache Bürger vor Übergriffen der *honorati* in Schutz zu nehmen.[68]

Veränderungen brachte schließlich auch die administrative Neugliederung Italiens in der Tetrarchenzeit. Bereits Caracalla hatte für Teile Italiens *correctores* ernannt, deren Aufgabe im Wesentlichen darin bestand, die kommunalen Institutionen in ihrem Amtsbereich zu überwachen.[69] Im 3. Jh., vielleicht unter Gallienus, wurden die elf *regiones Italiae*, die bereits auf die augusteische Zeit zurückgingen,[70] dann zu Amtsbezirken der *correctores* (s. Übersichtskarte im Vorsatz).

Im Ergebnis kam dies einer Provinzialisierung gleich, und tatsächlich war selbst in offiziellen Dokumenten bald von den *provinciae* Italiens die Rede, wenngleich der Eindruck einer vollständigen Mediatisierung der Appenninhalbinsel sorgsam vermieden wurde. Die Einrichtung solcher quasi-Provinzen auf italischem Boden ließ einige Städte zu Ver-

68 Vittinghoff 1994b, 226–234; Carrié ²2005, 280f.

69 Lo Cascio ²2005a, 167. *Correctores* waren schon zuvor, seit dem 2. Jh., in den prokonsularischen Provinzen ernannt worden, um städtische Verwaltungen wie Statthalter einer effektiveren Kontrolle durch die Zentrale zu unterwerfen.

70 Die augusteischen *regiones Italiae* hatten keinerlei praktische administrative Bedeutung, sondern dienten lediglich als Gebietseinheiten bei der Durchführung des Zensus (Lo Cascio 1991b, 131f.).

waltungssitzen der nun mit Statthaltervollmachten versehenen *correctores* aufsteigen. Eine dieser Städte war Capua, einst eine Stadt der Samniten im kampanischen Binnenland, die 338 v. Chr. römisch geworden und bereits 83 v. Chr. zur Kolonie erhoben worden war. Der Dichter Ausonius führte sie um 380 n. Chr. auf Platz acht seiner Liste der schönsten und wohlhabendsten Städte des Imperiums.[71] Das kaiserzeitliche Capua besaß ein großes Amphitheater – das nach dem Kolosseum zweitgrößte der römischen Welt –, prächtige Wohnbauten, Heiligtümer,[72] ein Mithräum und seit konstantinischer Zeit auch eine Kathedrale. Anders als für viele andere Städte Italiens und der Region brach für Capua, das zum Sitz des *corrector Campaniae* avancierte, mit dem 4. Jh. eine Periode allgemeinen Wohlstands an, abzulesen an den feinen hellen Terra-Sigillata-Waren, die aus Afrika bezogen wurden. Auch die lokale Produktion von hochwertigem Tafelgeschirr blühte auf und deutet auf die Präsenz eines zahlungskräftigen Kundenkreises. Eine Schlüsselrolle spielte hier offenbar die Regionalverwaltung: Mehrere Inschriften aus dem 4. Jh. rühmen die Statthalter dafür, dass sie öffentliche Bauten wiederherstellten.

Ähnlich ging es auch mit dem apulischen Canusium (Canosa di Puglia, Provinz Barletta-Andria-Trani), einer von Antoninus Pius in den Rang einer Kolonie erhobenen Stadt, aufwärts, als hier der Statthalter für die Region Apuliae et

71 Auson. ord. urb. nob. 46–63, besonders 46–49: »Und ich werde Capua nicht verschweigen, das berühmt ist für sein Meer, seine Bildung und seine Früchte, für das Vergnügen, die Schätze und den alten Ruhm, die Veränderungen im wechselnden Schicksal, das im Vertrauen auf das Glück nicht Maß zu halten wußte.« Der Reihenfolge nach handelt das Gedicht die Städte Rom, Konstantinopel, Karthago, Antiocheia, Alexandreia, Treveri (Trier), Mediolanum (Mailand), Capua, Aquileia, Arelate (Arles), Hispalis (Sevilla), Athen, Catana (Catania), Syracusae, Tolosa (Toulouse), Narbo (Narbonne) und Burdigala (Bordeaux) ab – und bevorzugt damit, der Herkunft des Dichters (Ausonius stammte aus Burdigala) entsprechend, die westlichen Provinzen.

72 Darunter vor allem den Tempel der Diana Tifatina, deren Kult in vielen Provinzen verbreitet war.

Calabriae seinen Sitz bezog. Wie in Capua wurden auch hier Ehrenstatuen für *correctores* aufgestellt, die sich um die Erhaltung und den Ausbau der Stadt verdient gemacht hatten. Offensichtlich investierte der kaiserliche Haushalt beträchtliche Summen, um die Stadt ihrem Status entsprechend auszustatten. Schließlich unterhielt die lokale Elite beste Verbindungen zu zwei der berühmten senatorischen Häuser des 4. Jh.: den aus Canusium stammenden Nicomachi und den ihnen verwandtschaftlich verbundenen Symmachi, deren Einfluss sich vielleicht in der bis gegen Ende des Jahrhunderts anhaltenden Vitalität heidnischer Kultplätze niederschlug. Von dem aufstrebenden Zentrum Canusium profitierte auch dessen Hinterland. So nahm die suburbane Siedlungstätigkeit im 4. Jh. signifikant zu, und vor allem Kleinbauern scheint der expandierende städtische Markt zugutegekommen zu sein.

Besonders markant hoben sich die Funktionen der italischen Statthaltersitze im Hauptort der Region Venetia et Histria ab: Die 181 v. Chr. als Veteranenkolonie gegründete Stadt Aquileia nahm seit dem 3. Jh. n. Chr. regen Aufschwung. An keinem Ort ist das urbane Leben des spätantiken Italien noch heute so präsent wie in der Ruinenstätte im Friaul: Im Stadtgebiet machte sich die Fürsorge der Reichszentrale an vielen Orten bemerkbar: Unter den Tetrarchen und der konstantinischen Dynastie entstanden Thermen, ein Circus, eine Münze und große Getreidespeicher, das Forum im Herzen des orthogonalen Straßenrasters wurde restauriert und ausgebaut. Hier investierte man in jene Orte, an denen sich die Bürgergemeinde einer antiken Stadt traditionsgemäß selbst inszenierte, während gleichzeitig Gebäude den öffentlichen Raum eroberten, die für neue Entwicklungen standen: eine großräumige, ausgesprochen luxuriöse Anlage am Stadtrand, in der man wohl die Residenz des Statthalters sehen darf, und die Basilika, die dazu bestimmt war, bald Sitz eines der beiden westlichen Patriarchen zu werden. Mit der Stadt wuchs auch der Flusshafen, der Aquileia zum zentralen Umschlagsplatz eines florierenden Handelsnetzes machte. Von dem Boom profitierte schließlich, wie in Canusium, auch das Umland, wo die Siedlungsdichte im 4. Jh. signifikant zunahm.[73]

In der Bilanz profitierten die neuen Verwaltungszentren von der Sogwirkung, die imperiale Patronage, private Wohltätigkeit und familiäre Bindungen zwischen lokaler und imperialer Elite entfalteten. Da zugleich andere Städte an Bedeutung verloren oder völlig von der Bildfläche verschwanden, war das Siedlungsbild der Halbinsel in der Spätantike hierarchischer als zuvor: In weniger Zentralorten konzentrierten sich nun mehr administrative und wirtschaftliche Funktionen, während für immer mehr Städte immer weniger übrig blieb.

Hispaniae, Viennensis, Galliae, Britanniae: Der Westen

Ähnlich wie in Italien wirkte sich die diokletianische Reform des Provinzialsystems auch in den übrigen Provinzen des römischen Westens aus: In Spanien etwa entstanden aus den drei ursprünglichen Provinzen fünf neue, und auch der Westen Nordafrikas fiel in den Verwaltungsbereich des neu ernannten *vicarius Hispaniae.* Der Großraum Gallien zerfiel in die Diözesen Viennensis (bzw. Septem Provinciae) im Süden mit den neuen Provinzen Viennensis, Narbonensis I und II, Aquitania I und II, Novem Populi und Alpes Maritimae sowie Galliae im Nordosten mit den Provinzen Belgica I und II, Germania I und II und Lugdunensis I und II. Britannien bildete eine Diözese für sich, mit insgesamt vier Provinzen: Britannia I und II sowie Maxima Caesariensis und Flavia Caesariensis. Und wie Italien erhielten nun auch die westlichen Provinzen ein deutlich militärischeres Gepräge: Städte wurden ummauert und die Infrastruktur auf die Erhebung und Distribution der *annona militaris* zugeschnitten. Vor allem wurde das Straßennetz dichter; Städte, in denen Statthalter oder gar die *vicarii* ihre Residenz aufschlugen, wie Augusta

73 Magrini 1997; Marazzi 2006, 44–46; Glaser et al. 2012.

Emerita (Mérida) und Corduba (Córdoba) in Spanien, wurden großzügig mit Repräsentationsbauten ausgestattet: Augusta Emerita, 25 v. Chr. von Augustus als Veteranenkolonie gegründet und ein wichtiger Verkehrsknotenpunkt im westlichen Iberien, besaß prachtvolle Gebäude aus der frühen Kaiserzeit, die jetzt umfassend instand gesetzt wurden. Die spätantike Palastanlage in Corduba, vielleicht geplant als kaiserliche Residenz für Maxentius, entstand am westlichen Stadtrand, außerhalb der Mauern: Sie war eine Stadt in der Stadt, mit Kasernen, Basiliken, Bädern, Portiken und einem luxuriösen Privattrakt, von dem heute noch viel zu sehen ist. Damit verschob sich das Gravitationszentrum der Stadt vom Kern an den Rand.[74]

Ähnliche Schwerpunktverlagerungen sind auch im benachbarten Gallien zu beobachten: In Burdigala (Bordeaux) entstand im 4. Jh. eine neue große Hafenanlage an der Garonne-Mündung; die Neustadt wurde, wie auch Ausonius berichtet, über einem streng orthogonalen Raster angelegt und von einer Stadtmauer umgeben, deren Türme »die Wolken berührten«.[75] Freilich schloss das spätrömische Burdigala, was Ausonius nicht erwähnt, dafür die Reste der frühkaiserzeitlichen Stadt aus, die nun jenseits der Mauern lag: Das alte Stadtzentrum diente, ebenso wie die Nekropolen, als Steinbruch für die Stadtmauer und verödete. Zwar wurden die öffentlichen Gebäude nicht gänzlich dem Verfall preisgegeben, aber die spätantike Stadt reflektiert doch einen gegenüber früheren Epochen gewandelten Lebensstil ihrer Bewohner: Die Bauten des öffentlichen Lebens, die den Kern einer mediterran-antiken Stadt ausgemacht hatten, waren hier, am atlantischen Rand der Oikumene, in den Hintergrund getreten; die Bedeutung eines spätrömischen Burdigala bemaß sich weitaus stärker an seiner praktisch-logistischen Funktion als Teil einer gerade auch militärisch genutzten Infrastruktur. Stadtbefestigungen wurden deshalb auch symbolisch zu Mar-

74 Kulikowski 2006, 137f.

75 Auson. ord. urb. nob. 145–147.

kenzeichen für Urbanität: Nicht zuletzt knüpfte sich, wie bei Ausonius, der Stolz der Bewohner an besonders hoch aufragende Mauern.[76]

In Italien, Gallien und Spanien hatte das frühkaiserzeitliche Städte-Netzwerk die Unruhen des 3. und die administrativen Maßnahmen des frühen 4. Jh. im Großen und Ganzen unbeschadet, wenngleich modifiziert, überdauert. Anders lagen die Dinge in Britannien, das im 3. Jh. ein notorischer Unruheherd gewesen war. Seit Carausius hatten immer wieder Usurpatoren die Insel als relativ leicht zu verteidigende Basis genutzt, außerdem drängten Pikten und Skoten unablässig gegen den Hadrianswall. Im äußersten Nordwesten des Imperiums hatte die urbane Kultur des Mittelmeerraums weit weniger Fuß gefasst als in den anderen Regionen. Gegen Ende des 3. Jh., nach der Rückeroberung durch Constantius I., lagen hier viele öffentliche Bauten in Trümmern oder waren einer Umnutzung als Werkstätten oder Wohngebäude anheim gefallen. In Calleva Atrebatum (Silchester in Hampshire), einer bedeutenden Siedlung mit Amphitheater und Stadtmauer aus dem 3. Jh., etwa wurde die örtliche *curia* seit ca. 300 als Schmiede genutzt. Auch in Britannien reagierten die Reichsbehörden und veranlassten in der ersten Hälfte des 4. Jh. vielerorts den Wiederaufbau oder die Restaurierung von Thermen, Theatern und sonstigen öffentlichen Gebäuden. Allerdings war die ›konstantinische Renaissance‹ des römischen Britannien kurzlebig: Zwar wurden Gebäude wie das Theater von Verulamium (St Albans in Hertfordshire) aufwendig saniert, und auch reiche Privatleute investierten wieder in ihre Häuser und öffentliche Bauwerke, doch wurde noch im 4. Jh. die *orchestra* des Theaters als Schuttabladeplatz zweckentfremdet, neue Wohnhäuser wurden kaum noch gebaut, andere verkamen oder wichen den Behausungen eines neuen städtischen Subproletariats: Habenichtsen, die sich herrenlose, ruinöse Bausubstanz aneigneten und sie

76 Zur urbanen Gestalt spätantik-gallischer Städte: Loseby 2006.

besetzten. Der archäologische Befund lässt in diesem Fall an Eindeutigkeit nichts zu wünschen übrig: Die Stadt verfiel, ganze Straßenzüge verslummten – und das, obwohl Verulamium das ganze Jahrhundert hindurch zu den relativ prosperierenden Städten Britanniens gehörte. Andernorts sanken die Bevölkerungszahlen städtischer Siedlungen noch dramatischer ab.[77]

Früher als im übrigen römischen Westen häuften sich in Britannien also unübersehbare Symptome urbanen Verfalls. Hier, an der äußersten Nordwestperipherie des Reiches, war der Grund für die aus dem Mittelmeer importierte Stadtkultur am unsichersten; die Sogkraft, die die römische Zivilisation auf lokale Eliten ausübte, ließ entsprechend früher nach. War die Dynamik der ›Romanisierung‹ bereits seit dem 3. Jh. – ungefähr seit der folgenreichen *constitutio Antoniniana* – fast überall erlahmt, so offenbarten sich im Britannien des 4. Jh. die Grenzen der Integrationskraft, die Rom auf seine Peripherie ausübte: Die grundbesitzende lokale Notabelnschicht zeigte keine Neigung mehr, ihr Römischsein durch immer neue Bauvorhaben und Stiftungen unter Beweis zu stellen. Zwar investierte auch in Britannien die Reichszentrale in die administrative und militärische Infrastruktur: Die Provinzhauptstädte Londinium (London), Lindum (Lincoln), Eburacum (York) und Corinium Dobunnorum (Cirencester) profitierten ebenso wie kleinere Festungsstädte – Venta Silurum (Caerwent im Südwales) und Venta Icenorum (Caistor St Edmund in Norfolk) – von imperialer Patronage. Doch konnte das kommunale Leben einer römischen *civitas* die Mauern immer weniger füllen. Von oben verordneter Urbanismus war eben nur bedingt in der Lage, schwindende authentische Urbanität zu ersetzen.[78]

77 Eine fesselnde Darstellung dieser Periode des römischen Britannien findet sich bei Faulkner 2000, 169–177. Die historische Seite beleuchtet Salway 1997, 256–277.

78 Ebd., 179.

Zeitenwechsel

Die zugegebenermaßen fragmentarische Momentaufnahme offenbart ein verwirrendes Nebeneinander komplexer und teilweise einander widersprechender Entwicklungen. Die Teile des Römischen Reiches drifteten unübersehbar auseinander: In der östlichen, durch eine Fülle von lokalen Besonderheiten geprägten Grenzprovinz Kappadokien suchte eine hellenisierte und sich rapide christianisierende Elite Anschluss an den Rest des Ostens und übernahm erstmals in größerem Umfang Aufgaben in der imperialen Verwaltung. Die Integrationsmechanismen, die seit der frühen Kaiserzeit die Funktionsfähigkeit des römischen Imperiums gesichert hatten, wirkten hier unvermindert fort und übertrugen sich auch auf die Hierarchie der Kirche: klassische hellenische Bildung, die *paideia*, Maklerpatronage und aristokratische Netzwerke, die in den Dienst persönlicher Ambitionen oder kollektiver – städtischer – Interessen gestellt wurden. Die von Rom an die Peripherie des Mittelmeerraums getragene urbane Revolution gewann hier im 4. Jh. erst richtig an Dynamik.

Anders in Syrien und Mesopotamien: Hier, wo städtisches Leben auf eine Geschichte von 3500 Jahren zurückblickte, blieben Städte zwar auch der Mittelpunkte des öffentlichen Lebens, doch erhielt dieses Leben neue Nuancen durch Konfliktlinien, die sich quer stellten zu den traditionellen Bezugsgrößen kollektiver Identität: Stadt und Stand. Im mesopotamischen Nisibis, der Frontstadt zum Reich der Perser, war die Kluft zwischen den verschiedenen Strömungen des Christentums so groß, dass sich Ressentiments nicht nur in polemischen Streitschriften wie denjenigen Ephraems Luft gemacht haben dürften; ähnlich wie Dura-Europos im 3. Jh. war die Stadt von kulturellen Gräben durchzogen, die lediglich die gemeinsame Feindschaft gegenüber den Persern zu überbrücken vermochte. Im syrischen Antiocheia, das sich als integraler Bestandteil der griechischen Kulturgemeinschaft sah, war dagegen das Heidentum nach wie vor ein wichtiger, wenngleich an Bedeutung verlierender Faktor, auch und gerade unter den Eliten. In kollektiver Realitätsverweigerung verschlossen die heidnischen Intellektuellen die Augen vor dem schleichenden Verfall ihrer Welt. Der christliche Heiland machte indessen auch in Antiocheia Boden gegenüber den paganen Göttern gut.

Zwar beeinflusste das Christentum allmählich auch die materielle Kultur Syriens (Kirchen ersetzten Tempel, neue Motive und Ausdrucksformen beherrschten die bildenden Künste), doch blieb die Stadt des antik-mediterranen Typus' hier gleichwohl ein Erfolgsmodell. So erhielten auch dörfliche Regionen wie das nordsyrische Kalksteinmassiv nun ein eminent städtisches Gepräge. Vom Verfall traditioneller kollektiver Institutionen kann weder hier noch sonst irgendwo in Syrien die Rede sein: Trotz der Mahnungen radikaler Kleriker wandten sich die Menschen nicht von der Stadt als Schicksals- und Wertegemeinschaft ab: Der Marktplatz behauptete neben der Basilika überall seinen Stellenwert – auch in der spirituellen Topographie der Menschen.

Während also antike Urbanität im Osten ungebrochen fortbestand, mancherorts sogar neuen Höhepunkten entgegenstrebte, waren es gerade die städtischen Institutionen des autonomen Kollektivums der *civitas*, die im lateinischen Westen flächendeckend verfielen: In Italien, Spanien und Gallien vermag die wichtige Funktion, die Städten als Zentren der imperialen Verwaltung zukam, über den Schwund an Substanz hinwegtäuschen; Investitionen und Zuwendungen des Staates oder reicher Patrone machten hier den materiellen Verfall vielerorts mehr als wett. Die innere Aushöhlung der das System von innen heraus tragenden Strukturen war jedoch besonders in Britannien unübersehbar. Die Städte als lokale, sich selbst verwaltende Zellen römischer Herrschaft versagten auf der Insel am nordwestlichen Rand des Imperiums zunehmend. Die autonome Bürgergemeinde war in Britannien, anders als im Osten, ein Auslaufmodell.

In dieser Verfassung präsentierte sich das Imperium Romanum, als ein 30-jähriger Julian 361 die Alleinherrschaft und damit das Erbe Constantius' II. antrat: uneindeutig, widerspruchsvoll und januskköpfig gleichermaßen nach hinten wie nach vorn blickend. Es schien, als warteten ein Reich, knapp 100 Provinzen, Tausende Städte und Millionen von Menschen auf ein großes Ereignis, einen Paukenschlag, mit dem sich entscheiden sollte, wohin es mit der römischen Welt gehen würde. Sie sollten nicht lange zu warten haben: Julians anderthalbjähriger Prinzipat begann mit einer unerwarteten Wendung, verlief spektakulär und endete in der vollständigen Katastrophe.[79]

Julian war bereits 355 auf maßgebliches Betreiben der Kaiserin Eusebia zum Caesar ernannt worden, hatte die Schwester des Kaisers, Helena, geheiratet und sich mit großem Engagement und einigem Erfolg der schwierigen Lage an der Rheingrenze Galliens gestellt. Es war ihm gelungen, mit den Alamannen einen Friedensvertrag auszuhandeln, einen fränkischen Teilstamm als *foederati* auf römischem Gebiet anzusiedeln und unter den Germanen Alliierte gegen unbotmäßige Stämme zu gewinnen. Angesichts solcher Erfolge war Constantius' Ansinnen, Julian solle ihm einen Großteil seiner Truppen für den Kampf gegen die nach Armenien eingebrochenen Perser überstellen, ein Schlag ins Gesicht des jungen Caesar. Folgerichtig akklamierten in Gallien Truppenteile Julian als neuem Augustus. Der jedoch zögerte zunächst, die Rolle als Usurpator anzunehmen; schließlich ließ er sich, nach gallischer Sitte, aber doch von den Soldaten auf den Schild heben. Constantius hatte sich der Herausforderung zu stellen, der Bürgerkrieg schien unausweichlich. Da starb, völlig unerwartet, Constantius in Kilikien, und Julian konnte kampflos seine Nachfolge antreten.

Unverzüglich machte Julian seine Konversion zum Heidentum öffentlich: Er ernannte Gesinnungsgenossen zu hohen Amtsträgern, entließ Christen aus Spitzenpositionen und

79 Gleich drei gut lesbare deutschsprachige Biographien liegen zu diesem Kaiser vor, der in der Neuzeit immer wieder die Gelehrten beschäftigt und die Fantasie einer breiten Öffentlichkeit angeregt hat: Giebel 2002; Bringmann 2004; Rosen 2006, außerdem Bowersock [2]1980; Tantillo 2001.

kehrte ostentativ zur sparsamen Hofhaltung der vordiokletianischen Zeit zurück. Offensichtlich ging es ihm programmatisch um die Restauration der Verhältnisse, wie sie unter den ›guten‹ Kaisern des 1. und 2. Jh. n. Chr. geherrscht hatten – oder besser: wie sie sich in der Rückschau darstellten. Julian ließ außerdem heidnische Kulte und Tempel wieder herstellen und förderte sie mit staatlichen Geldern, während an die christliche Kirche keine Mittel mehr flossen. Hingegen erkannte er das Judentum ausdrücklich an und veranlasste sogar den Wiederaufbau des Jerusalemer Tempels, ein Vorhaben, das freilich zugunsten des Perserfeldzugs zurückgestellt wurde. Für besonderen Unmut sorgte das Rhetorenedikt, mit dem der Kaiser es Christen verbot, den Kanon klassischer Bildung zu lehren. Dahinter stand unerklärt die Absicht, der Aneignung eben dieses Kanons durch die Kirche entgegenzuwirken. Julians ehrgeizigstes Projekt war jedoch der Aufbau eines heidnischen Gegenstücks zur christlichen Kirche, mit hierarchisch organisiertem Klerus, verbindlicher Ethik und Dogmatik sowie eigener Armenfürsorge, um die Massen an die wiederbelebten Kulte zu binden. Dass sich aber das Rad der Geschichte nicht zurückdrehen ließ, musste Julian selbst leidvoll während seines Aufenthalts in Antiocheia erfahren, wo es ihm nicht gelang, die Bevölkerung für sein Programm der Repaganisierung zu begeistern, und wo sein asketisches Auftreten bezeichnenderweise dafür sorgte, dass ihm auch die Vertreter des heidnischen Establishment mit unterkühlter Distanz begegneten.[80]

Antiocheia war für Julian Etappe für den Perserfeldzug, den er von seinem Vorgänger, Cousin und Schwager Constantius geerbt hatte. Zwar hatten sich die Perser nach ihren Vorstößen nach Armenien und Mesopotamien (359) wieder zurückgezogen, ein Frieden war aber nicht geschlossen worden – gescheitert war er vor allem an Julian selbst, der jegliche Verhandlungen mit den Sasaniden kategorisch abgelehnt hat-

80 Zum Aufenthalt in Antiocheia siehe oben, S. 390.

te. Man hat deshalb oft gemutmaßt, Julian habe sich im Osten als neuer Alexander inszenieren wollen oder gar nach der Weltherrschaft gestrebt.[81] Mehr Plausibilität hat ein anderes Motiv: Julian hatte selbst in Gallien die Erfahrung gemacht, dass nur ein überzeugender Sieg über Roms äußere Feinde die Grenzen über den Tag hinaus stabilisieren konnte. Er wollte sich daher auf keinen Fall die Chance entgehen lassen, die Perser Schapurs II. von der Überlegenheit der römischen Waffen zu überzeugen. Über die militärischen und logistischen Vorbereitungen für den Feldzug sind wir durch die *Res gestae* (›Tatenberichte‹) des Historikers Ammianus Marcellinus, der als höherer römischer Offizier daran teilnahm, recht gut im Bilde: Etwa 65.000 römische Soldaten marschierten in Syrien und Mesopotamien auf, für das Vorrücken auf dem Euphrat und zur Versorgung wurde eigens eine Flotte von über 1000 Schiffen gebaut, die mit 20.000 Matrosen bemannt waren. Im März 363 sammelte sich das gewaltige Aufgebot bei der Stadt Hierapolis (Bambyke) in der Provinz Augusta Euphratensis, dem alten Kommagene. An Libanios schrieb Julian bei dieser Gelegenheit: »Zeus sandte Vorzeichen, die unbedingt Glück verheißen, und er machte ihre Bedeutung unmißverständlich klar.«[82] Julian ließ das Heer noch einmal in Karrhai, dem Ort zweier römischer Niederlagen und Sitz des berühmten Heiligtums des Mondgottes Sin, haltmachen. Hier zelebrierte er am 27. März das ›Fest der Großen Mutter‹.

Wenig später wälzte sich die Heeresmasse über die Grenze. Die persischen Grenzfestungen ergaben sich oder blieben passiv. Die Römer durchquerten das alte Assyrien, das sie brandschatzten, und erreichten den Tigris, dem sie bis Ktesiphon folgten. Die Einnahme der Stadt scheiterte jedoch, und Julian, dem bereits das Nahen des persischen Hauptkontingents gemeldet worden war, entschloss sich unter Aufgabe der Flotte zum Rückzug, wobei der Plan, an der Diyala, einem

81 Zuletzt Bowersock ^{2}1980, 106.

82 Iul. epist. XCVIII. 399 D. Zu den Motiven und Vorbereitungen: Bringmann 2004, 169–173.

linken Nebenfluss des Tigris, nach Norden zu ziehen, um so die verwüsteten Landstriche zu umgehen, aufgegeben wurde, weil man eine Falle der Perser witterte. Das Heer litt unter Nahrungs- und Wassermangel, Hitze und Insektenplagen – zudem hatte es fortwährend Attacken der Perser abzuwehren, die im Wissen darum, dass die Zeit für sie arbeitete, der offenen Feldschlacht auswichen. Am 26. Juni wurde Julian bei einem Nachhutgefecht von einem Speer getroffen und starb noch in derselben Nacht.

Der Tod des Kaisers war der erwartete Paukenschlag: Die römische Welt hielt für einen Moment den Atem an, in dem sich die Zukunft seines Projekts entscheiden sollte. Das Ereignis löste eine Serie von Schockwellen aus, von denen praktisch alle Lebensbereiche erfasst wurden. Die größte unmittelbare Wirkung entfaltete die Niederlage selbst: Der eilends einberufene Kriegsrat einigte sich auf den Christen Flavius Iovianus, einen entfernten Verwandten Constantius' II., als Nachfolger. Jovian war Präfekt der *protectores*, der kaiserlichen Leibgarde, und politisch ein unbeschriebenes Blatt. Um wenigstens freies Geleit für seine Legionen zu erhalten, blieb ihm nichts anderes übrig, als einen Frieden mit den Persern auszuhandeln. Die Bedingungen konnten unter den gegebenen Umständen nur die eines Schmachfriedens sein: Vor allem verlor Rom die Grenzstadt Nisibis an die Perser:

> Dreißig Jahre lang hatten die Perser auf alle mögliche Weise gegen diese Stadt Krieg geführt, aber trotzdem die Mauer nicht zu überschreiten vermocht. Wohl gelang es ihnen, in dieselbe Breschen zu legen und sie niederzureißen, aber da griff das Kreuz ein und brachte Rettung. Damals aber bot sich mir ein abscheulicher Anblick: auf dem Turme die Flagge des Eroberers und im Sarge die Leiche des Verfolgers,[83]

– so dichtete Ephraem von Nisibis über den von ihm nie verwundenen Fall der Stadt. Die Rumpfprovinz Mesopotamia war damit künftigen persischen Vorstößen fast schutzlos

83 Ephr. syr. hymn. III. 3 (Übers. J. Kösel).

preisgegeben. Jovians Herrschaft hatte dadurch einen nicht wieder gutzumachenden Prestigeverlust erlitten: Wie immer wieder im 3. Jh., so drohte sich auch jetzt die militärische Krise unmittelbar zur politischen Krise auszuwachsen. Dem nach Westen ziehenden Jovian wurde, als er noch in Kleinasien weilte, bereits die erste Usurpation in Gallien gemeldet, die allerdings niedergeschlagen werden konnte. Am 17. Februar 364 starb der Kaiser, entgegen allen Erwartungen, allem Anschein nach friedlich im Bett.

Julians heidnische Restauration war mit seinem Tod endgültig Geschichte. Es ist Jovians Verdienst, den Kurswechsel in halbwegs geordneten Bahnen vollzogen zu haben, denn ohne umgekehrt das Heidentum zu diskriminieren, hob er Julians das Christentum benachteiligende Gesetzgebung wieder auf.[84] Dennoch war den paganen Kulten damit faktisch das Rückgrat gebrochen: Julians Experiment hatte bewiesen, dass sie keine mit der christlichen Kirche konkurrierende Organisation zu tragen vermochten. In dialektischer Umkehrung des Beabsichtigten hatten die 18 Monate, während derer der Apostat regiert hatte, der Christianisierung des Reiches eher Vorschub geleistet, als dass sie sie eingedämmt hätten. Dies war die zweite, praktisch ohne zeitliche Verzögerung spürbare Schockwelle, die sein abruptes Endes auslöste. Unvermeidlich wurde sein Tod von den Christen zur göttlichen Strafe für Julians Abfall vom Christentum erklärt:

> Weil er den gelästert hatte, der den [flammenden] Speer vom Paradies weggenommen hat, darum drang der Speer der Gerechtigkeit in seinen von den Orakeln seiner Zauberer schwangeren Leib und riß ihn auf. Schmerzlich stöhnte er, als er da an die Drohungen denken mußte, die er in seinem Briefe gegen die Kirchen ausgestoßen hatte. Der Finger der Gerechtigkeit hat sein Andenken ausgelöscht.[85]

Julians Scheitern löste indes noch eine dritte, weitaus subtilere Schockwelle aus: Um Truppen für seinen Perserfeldzug zu

84 Allerdings ließ Jovian die Tempelvermögen einziehen.
85 Ephr. syr. hymn. III. 14 (Übers. J. Kösel).

sammeln, hatte der Kaiser die Rhein- und Donaugrenze von den dort stationierten Legionen entblößen und das mobile Feldheer im Osten konzentrieren müssen. Der Druck, der von den Stämmen jenseits der Grenzen ausging, entlud sich mit gewisser zeitlicher Verzögerung, dafür aber um so heftiger: Im Januar 365 fielen Alamannen in Raetien ein und zogen plündernd durch die Provinz und die angrenzenden Teile Galliens, ungefähr gleichzeitig wurde Libyen von aus der Sahara vorstoßenden Stämmen verheert, 367 schließlich überrannten Pikten und Scoten den britannischen Limes und gelangten bis in die Gegend von London.[86] Die große Katastrophe folgte allerdings erst gut zehn Jahre später, und wieder einmal begegnete ein römischer Heerführer seinem Schicksal bei Adrianopel, dem Ort, an dem bereits Licinius Maximinus Daia und sodann Konstantin Licinius besiegt hatte.[87]

86 Zu den Hintergründen: Seeck ^{4}1921, Bd. 5, 22–25; Salway 1997, 278–285.

87 Adrianopel war Schauplatz von insgesamt nicht weniger als neun Schlachten, zuletzt zwischen Bulgarien und dem Osmanischen Reich im 1. Balkankrieg (1913).

Dritter Teil: Imperium Christianum

Mit Julian war der letzte Versuch fehlgeschlagen, die Christianisierung Roms aufzuhalten. Das Reich war mit dem plötzlichen Tod des Herrschers aber keineswegs über Nacht vollständig zum neuen Glauben bekehrt: Noch hielten sich überall, und vor allem in der alten Hauptstadt, Enklaven des Heidentums, hingen Menschen – offen oder im Verborgenen – den alten Göttern an, war selbst die christliche Kirche von paganen Traditionen durchdrungen. Und noch immer stemmten sich Heiden wie der römische Senator und Stadtpräfekt Symmachus, der energisch die Wiederaufstellung des Victoria-Altars in der Kurie forderte, gegen die Zurückdrängung ihres Glaubens – doch waren dies Rückzugsgefechte, die sie sich mit Staat und Kirche lieferten.

Auf dem Rückzug war allerdings nicht nur der alte Glaube, sondern vielerorts auch die römischen Legionen: Zwei verheerende Katastrophen in 15 Jahren – Julians Niederlage gegen die Perser (363) und die Schlacht bei Adrianopel gegen die Westgoten (378) – hatten die Reihen des Militärs so weit gelichtet, dass die Kaiser, um überhaupt noch über ein einsatzfähiges Heer zu verfügen, immer mehr Barbaren – auch in geschlossenen Verbänden – den Übertritt in römische Dienste gestatten mussten. Bald gab es obendrein dauerhaft zwei Kaiser, einen im Westen und einen im Osten, deren Interessen immer häufiger konträr waren. Während es im Osten schließlich gelang, das Kaisertum als politischen Mittelpunkt der Reichshälfte zu erhalten und auf Dauer wieder zu stärken, verfiel im Westen die staatliche Ordnung immer mehr: Die zivilisatorischen Errungenschaften eines Großreichs – vom großräumigen Güteraustausch über Geldwirtschaft und urbanen Lebensstil bis hin zum Gebrauch der Schrift, der unter römischer Herrschaft selbst einfachen Handwerkern selbstverständlich war – gerieten hier innerhalb weniger Jahrzehnte in Vergessenheit. Während sich östlich der Save-Drina-Linie die römische Verwaltung reorganisierte und so manche Provinz eine späte Blüte antik-mediterraner Stadtkultur erlebte, wurden den schrumpfenden Städten im Westen ihre kaiserzeitlichen Mauern bald viel zu weit, die Unterhaltung öffentlicher Gebäude und großzügiger Infrastrukturen zu teuer. Einzig die Kathedralen vermochten den Relikten römischer Urbanität noch einen Rest an Sinn zu verleihen. Ohnehin waren allenthalben die Bischöfe zu Nachlassverwaltern der römischen Administration geworden – zu einer Zeit, da niemand mehr öffentliche Ämter und die damit verbundenen finanziellen Belastungen übernehmen wollte. Die Kaiser des Westens sanken so mit der Zeit zu bloßen Marionetten ihrer – meist germanischstämmigen – Heermeister herab. Die Heermeister wiederum kommandierten Armeen, die häufig kaum von marodierenden Barbarenhorden oder wandernden Stämmen zu unterscheiden waren. Nachdem der letzte von ihnen seinen Sohn, der ausgerechnet Romulus Augustus hieß, zum Kaiser gemacht hatte, und der Führer der germanischen Föderaten, ein Mann obskurer Herkunft namens Odoaker, dieses ›Kaiserlein‹ (Augustulus) wieder abgesetzt hatte, war der Westen endgültig ohne Kaiser.

I. Substanzverlust: von Tarsos nach Rom (364–410)

Zeittafel 14: Von Jovian bis zur Reichsteilung

Die römischen Kaiser sind hervorgehoben.

363 (26./27.6.) Tod **Julians** in Mesopotamien: **Jovian,** Präfekt der kaiserlichen Leibwache, wird vom Heer zum Augustus ausgerufen (bis 364): Friedensschluss mit den Persern, Verlust des östlichen Teils der Provinz Mesopotamia mit Nisbis

364 (17.2.) Tod **Jovians** in Dadastana (Kleinasien); (25.2.) in Nikaia Ausrufung des Flavius **Valentinianus** zum Augustus (bis 375); (28.3.)

Valentinian erhebt seinen Bruder **Valens** zum Augustus für den Osten (bis 378)

365 (28.9.) Usurpation des **Procopius** in Konstantinopel

366 1. Alamannenkrieg **Valentinians**: Sieg über die Alamannen in Gallien; (27./28.5.) Niederlage und Tod des **Procopius**

367 Aufstände in Britannien; (24.8.) Erhebung des **Gratianus**, Sohn **Valentinians**, zum Augustus (bis 383); 1. Gotenkrieg des **Valens** (bis 368): Terwingen unter Athanarich ziehen sich in den Karpatenbogen zurück

368 (Sommer) Alamannen plündern Mainz: 2. Alamannenkrieg: römischer Sieg bei Rottenburg: Befestigung der Rheingrenze; (Herbst) **Valentinian** siegt über Franken und Sachsen; Krieg des Heermeisters Theodosius in Britannien (bis 369)

370 (9.4.) Apostelkirche in Konstantinopel eingeweiht: Mausoleum der römischen Kaiser

374 Alamannenfeldzug; Quaden und Sarmaten fallen in Pannonien ein

375 (17.11.) Tod **Valentinians I.** in Brigetio (Pannonien): **Gratian** selbständiger Augustus im Westen; (22.11.) Valentinianus junior (**Valentinian II.**), Sohn **Valentinians I.**, wird zum Augustus für Italien, Illyricum und Africa erhoben (bis 392)

378 (Frühsommer) Alamannenkrieg **Gratians**; (9.8.) **Valens** fällt bei Adrianopel

379 (19.1.) **Gratian** erhebt seinen Heermeister Flavius Theodosius (**Theodosius I.**), Sohn des gleichnamigen Heermeisters, in Sirmium zum Augustus für den Osten; **Theodosius** siegt über Goten, Alanen und Hunnen

ca. 379 Niederlegung des *pontifex-maximus*-Titels durch **Gratian**

380 (27.2.) Religionsedikt: (katholisches) Christentum wird alleinige Staatsreligion; Feldzug des **Theodosius** gegen die Goten, **Gratians** gegen die Alamannen: Goten werden in Pannonien angesiedelt

381 (11.1.) Athanarich in Konstantinopel; (8.5.) 1. Edikt gegen die Manichäer; (Mai/Juni) 2. ökumenisches Konzil in Konstantinopel; (Sommer) Sieg des **Theodosius** über Karpen und Skiren

382 (31.3.) 2. Edikt gegen die Manichäer; (Sommer) Konzil in Konstantinopel; (3.10.) *foedus* mit den Terwingen: Ansiedlung in der Provinz Dacia ripensis

383 (19.1.) Erhebung des **Arkadios**, Sohn des **Theodosius**, zum Augustus; (Frühjahr) Usurpation des **Magnus Maximus** in Britannien (bis 388); (25.8.) Gefangennahme und Ermordung **Gratians** durch Andragathius, Heermeister des **Magnus Maximus**

384 (21.1.) Ausweisung der Häretiker aus Konstantinopel; Sieg **Valentinians II.** über die Sarmaten; (Herbst) Streit über den Victoriaaltar (bis 385)

386 Sieg des **Theodosius** über die terwingischen Goten: Ansiedlung in Phrygien

387 (Januar) Aufstand in Antiocheia; Friedensschluss mit den Persern; Einmarsch des **Magnus Maximus** in Italien: **Valentinian II.** flüchtet nach Thessalonike

388 (14.3.) Verbot der Eheschließung zwischen Christen und Juden; **Valentinian II.** erobert Italien zurück; (Sommer) Gefangennahme und Tod des **Magnus Maximus**; (Oktober) Streit zwischen **Theodosius** und Ambrosius, Bischof von Mailand

389 Sieg des Heermeisters Arbogast über die Franken; (13.6.) *adventus* des **Theodosius** in Rom

390 (April?) Massaker von Thessalonike: Eskalation des Streits zwischen **Theodosius** und Ambrosius; Ambrosius droht mit Exkommunikation des Kaisers; (25.12.) öffentliche Versöhnung zwischen Ambrosius und **Theodosius**

391 (24.2.) Der Besuch heidnischer Opfer und Tempel wird verboten; (Sommer) Unruhen in Alexandreia: Zerstörung des Serapeion; (16.6.) Verbot heidnischer Kulthandlungen

392 (15.5.) Tod **Valentinians II.** (ermordet?); (22.8.) in Lugdunum (Lyon) Usurpation des dem Heidentum zuneigenden Rhetoriklehrers **Eugenius** mit Unterstützung fränkischstämmigen Heermeisters Arbogast; (8.11.) Verbot des heidnischen Götterkults

393 (23.1.) Erhebung des **Honorius**, Sohn des **Theodosius**, zum Augustus

394 (6.9.) Schlacht am Frigidus: Sieg des **Theodosius** über **Eugenius**; (8.9.) Selbstmord Arbogasts

395 (17.1.) Tod des **Theodosius** in Mailand: faktisch endgültige Reichsteilung zwischen seinen beiden Söhnen; **Arkadios** Augustus des Ostens (bis 408), **Honorius** des Westens (bis 423)

Knapp 50 Jahre liegen zwischen der Beisetzung Julians im kilikischen Tarsos und der Einnahme Roms durch Alarichs Westgoten. Als Julian starb, hatte Rom eine Schlacht und einen Krieg verloren. Die Friedensbedingungen – insbesondere die Rom auferlegte Preisgabe der mesopotamischen Stadt Nisibis – waren hart, aber nichts schien darauf hinzudeuten, dass wenige Jahrzehnte später ganze Stammesverbände durch römische Provinzen ziehen und von keiner römischen Legion daran gehindert werden würden. Als Alarich Rom plünderte, war die Rheingrenze bereits von römischen Truppen entblößt (406), Britannien war von den letzten Legionären geräumt (407), und der Limes, den römische Soldaten über 400 Jahre lang bewacht hatten, hatte aufgehört zu existieren: Germanische Stämme verheerten schon seit einigen Jahren Gallien und den Norden Spaniens; längst waren sie auch in Italien eingedrungen und hatten den Westkaiser Honorius in seiner Residenz Mailand belagert (401); Griechenland und die Balkanprovinzen hatten sie noch in den letzten Jahren des 4. Jh. verheert.

Die Jahrzehnte nach Julians Tod waren offensichtlich eine entscheidende Phase der spätrömischen Geschichte. Doch was war geschehen? Die antiken Autoren nahmen, bemerkenswert genug, zwar auf unterschiedlichen Feldern viele einzelne Krisensymptome wahr, verdichteten sie aber nicht zu einem allgemeinen Szenario universellen Zusammenbruchs, wie es in der modernen Literatur vorherrscht: Der Kriegstheoretiker Vegetius (4./5. Jh.) etwa bezieht sich konkret auf die fortschreitende Germanisierung der Armee,[1] und der Philosoph Synesios (ca. 370–412) haut in dieselbe Kerbe, wenn er verlangt, germanische Spitzenfunktionäre aus Militär und Verwaltung auszuschließen. Heidnische Autoren – wie Ammianus Marcellinus (ca. 330–400), besonders aber Zosimos (Ende 5./Anfang 6. Jh.) – stellen einen Zusammenhang zwischen dem Abfall vom alten Glauben und den römischen Niederlagen her; dass vor allem nach der Einnahme Roms durch Alarichs Westgoten Vorwürfe gegen die Christen laut wurden, belegt gleichsam komplementär dazu die eindeutig apologetische Tendenz von Schriften christlicher Autoren. Einzelne Autoren, wie der im 5. Jh. wirkende Salvianus von Marseille, sahen in den Germaneneinfällen auch eine Strafe Gottes für die Sünden eines durch und durch sittenlosen Römertums; für die meisten christlichen Intellektuellen freilich hatten ganz andere Fragen Priorität,[2] allenfalls glaubten sie, wie Hieronymus und Leo I., an die Renaissance eines Rom, dem seine Rolle als christliches *caput mundi* und Kapitale der Kirche vorbestimmt war. Das Bewusstsein, dass sie in einer Umbruchperiode lebten, in der die antike Mittelmeer-

1 Vgl. Martin 1992b.

2 Für Augustinus etwa barg der politische Niedergang der römischen *civitas* im frühen 5. Jh. die Chance, zur Wahren *civitas Dei* zu finden, in der weltliche Macht keinerlei Bedeutung mehr hätte. Zum intellektuellen Klima vgl. Brown [2]2013, 72–92.

welt an ihr Ende gelangte, scheint den Zeitgenossen indes durchgängig gefehlt zu haben.[3]

Dafür hat Roms rapider Niedergang im Westen der modernen Forschung um so mehr Rätsel aufgegeben: Die Neuzeit begriff den Fall Roms als mächtige Zäsur in der abendländischen Geschichte, ja als Ende der Zivilisation schlechthin. Hatte eine Woge wandernder Stämme – jener Vorgang also, den die deutschsprachige Geschichtswissenschaft ›Völkerwanderung‹ nennt, der im historischen Gedächtnis jenseits des antiken Limes aber meist als ›Invasionen der Barbaren‹ (italienisch ›invasioni barbariche‹, französisch ›invasions des barbares‹ oder ›invasions barbares‹, jetzt häufig auch ›migrations germaniques‹, englisch ›Barbarian Invasions‹, neuerdings aber zunehmend ›Migration Period‹) fortlebt – ein Reich hinweggespült, das militärisch, wirtschaftlich und zivilisatorisch in seiner Blüte stand? Oder war das Imperium unter Constantius II., das vom Atlantik bis zum Tigris gereicht hatte und das allen regionalen Disparitäten zum Trotz ein Bollwerk von Frieden und Wohlstand in einer barbarischen Umwelt zu sein schien, am Ende ein Koloss auf tönernen Füßen gewesen, bereit, bei der ersten Erschütterung in sich zusammenzustürzen? Beide Szenarien sind von der Forschung seit Edward Gibbons[4] epochalem Werk *The History of the Decline and Fall of the Roman Empire* (1776–88) wohl hundertfach durchgespielt worden. Seither stehen Erklärungsansätze, die von innen herrührende Krisenphänomene in den Mittelpunkt stellen (Krisenhypothese), solchen gegenüber, die eine von außen über die römische Welt hereinbrechende Katastrophe als Hauptursache für den Untergang verantwortlich machen (Katastrophenhypothese); als Varianten der Katastrophenhypothese mögen Modelle gelten, die das Geschehen als Verknüpfung zufällig zusammentreffender innerer und äußerer Krisenmomente deuten (Kontingenzhypothese). Ganz abseits schließlich steht die von dem belgischen Mediävisten Henri Pirenne

3 Vgl. dazu: Christ 1983b, 178–183.
4 Zu Leben und Werk: Christ 1972, 8–25.

in die Debatte geworfene Idee, der institutionelle Zusammenbruch Westroms sei keine historische Zäsur im eigentlichen Sinne gewesen, da die unter der Oberfläche wirksamen gesellschaftlichen Grundmuster des Römischen Reiches de facto bis zur endgültigen Teilung des Mittelmeerraums im 7. Jh. wirksam geblieben seien – mithin bis zur Expansion des islamischen Kalifats, das Westeuropa kulturell und wirtschaftlich von der Levante abschnitt (Kontinuitätshypothese).[5]

Der ganz der Tradition der europäischen Aufklärung verhaftete Gibbon selbst hatte die Fäden der antiken Historiographie aufgegriffen und sie zu einem ersten Krisenszenario fortgesponnen: Die zersetzende Wirkung von Luxus, Reichtum und Dekadenz und das bleierne Gewicht einer immer despotischer auftretenden Monarchie hätten die Lebenskraft des römischen Volkstums untergraben, das sich einst in der expansiven Republik voll entfaltet habe; nicht zuletzt das Christentum habe das Römertum von seinen Wurzeln entfremdet und so maßgeblich zu seiner Schwächung beigetragen. Dazu habe sich noch »immoderate greatness« – die übermäßige Größe eines zum Weltreich angeschwollenen Stadtstaats – gesellt, die in sich bereits den Keim des Untergangs geborgen habe.[6]

5 Vgl. Pirenne 1963.

6 Gibbon, 1994, Bd. 2, 509f. » The rise of a city, which swelled into an empire, may deserve, as a singular prodigy, the reflection of a philosophic mind. But the decline of Rome was the natural and inevitable effect of immoderate greatness. Prosperity ripened the principle of decay; the causes of destruction multiplied with the extent of conquest; and as soon as time or accident had removed the artificial supports, the stupendous fabric yielded to the pressure of its own weight. The story of its ruin is simple and obvious; and instead of inquiring why the Roman empire was destroyed, we should rather be surprised that it had subsisted so long. The victorious legions, who, in distant wars, acquired the vices of strangers and mercenaries, first oppressed the freedom of the republic, and afterwards violated the majesty of the purple. The emperors, anxious for their personal safety and the public peace, were reduced to the base expedient of corrupting the discipline which rendered them alike formidable to their sovereign and to the enemy; the vigor of the military government was relaxed, and finally dissolved, by the partial institutions of Constan-

Abb. 35: Edward Gibbon (1737–94), Stich aus dem 19. Jh.

Im 19. Jh. wichen die vor allem moralischen Kategorien, die Gibbon an die antike Geschichte angelegt hatte, neuen Paradigmen, die eng an die Erkenntnisse der rapide Fortschritte machenden Natur- und Sozialwissenschaften angelehnt waren. So fußt Otto Seecks im Vergleich zu Gibbons Opus nicht minder monumentale *Geschichte des Untergangs der antiken Welt* (verfasst zwischen 1895 und 1920) maßgeblich auf Darwins Evolutionstheorie: Seeck interpretiert den Niedergang der römischen Welt als zwangsläufige, biologisch determinierte Entwicklung,[7] die noch dadurch beschleunigt worden sei, dass die römische Monarchie eine Spirale intellektueller Negativauslese in Bewegung gesetzt

tine; and the Roman world was overwhelmed by a deluge of Barbarians.« Das Moment der Dekadenz, das am Ende den Barbaren den Weg nach Rom bahnte, betont in Anlehnung an Gibbon auch Mazzarino (1951; 1959).

7 Seeck [4]1921, Bd. 1, 283: »[…] ergibt sich das Gesetz, daß die Vererbung immer dahin strebt, einen Ausgleich zwischen den besonderen Eigenschaften der Eltern und den allgemeinen der Rasse herbeizuführen.«

habe.[8] Entsprechend sucht Seeck die Ursachen für die Katastrophen des späten 4. und frühen 5. Jh. ausschließlich in der inneren Verfassung eines Imperiums, das unter Julians Nachfolgern nur mehr ein Schatten seiner selbst gewesen sei:

> Es war die angeerbte Feigheit des ganzen Volkes, die nicht nur seine kriegerische Tüchtigkeit vernichtet hatte, sondern es auch unfähig machte, den Übergriffen gewissenloser Beamter mit kühner Entrüstung Einhalt zu gebieten.[9]

Freilich stellt Seeck auch Überlegungen an, die ansatzweise über den sozialdarwinistischen Grundgedanken seines Werks hinausweisen. So analysiert er eingehend die demographische Entwicklung der Mittelmeerwelt und bezieht auch ökonomische Variablen, wie den zunehmenden Mangel an Arbeitskräften, in seine Untersuchung mit ein.[10]

Konsequent wirtschaftliche und soziale Dynamiken sah der Soziologe Max Weber am Werk, der sich mehrfach eingehend mit der Spätantike auseinandersetzte: In dem Aufsatz *Die sozialen Gründe des Untergangs der antiken Kultur* (1896) fragt er nach den Ursachen der »*Kulturdämmerung* in der antiken Welt«,[11] deren Anfänge er weit vor dem politischen Kollaps des Imperiums ansetzt: Weber definiert die Mittelmeerwelt des Altertums als urbane Küstenkultur, die bereits ab dem 3. Jh. unter der Last immer höherer Abgaben und einer fortschreitenden Militarisierung der Gesellschaft zusammengebrochen und deren geldwirtschaftliche Güterzirkulation einer Naturalwirtschaft gewichen sei, die großräumiger politischer Strukturen immer weniger bedurft hätte. Die »Ent-

8 Ebd., 284: »Rottet man aber die Talente aus, so verschwinden solche Ausnahmen bald gänzlich; die geistige Durchschnittshöhe der Bevölkerung sinkt immer tiefer, und zum Schlusse sind auch diejenigen, welche die Masse überragen, nur noch imstande, die Gedanken ihrer grösseren Vorväter schwächlich nachzuempfinden und nachzubeten. Das Vermögen, selbständig über sie hinauszustreben, erlischt, und es erwächst ein Geschlecht matter Epigonen, wie es die Hellenen der späteren Jahrhunderte waren.«

9 Ebd., Bd. 5, 133.

10 Vgl. ebd., Bd. 1, 337–390 (5. Kapitel: »Die Entvölkerung des Reiches«).

11 Weber 2006, 100.

kommunalisierungsstendenz« der großen Agrarbetriebe mit an die Scholle gebundenen, hörigen Bauern habe den Städten das Wasser abgegraben und so auch kulturell zum Auseinanderfallen der römischen Welt beigetragen. Die Lücken, die der Verfall des freien Bauerntums ins Heer gerissen habe, hätten dann durch die Aufnahme von immer mehr Barbaren geschlossen werden müssen.[12] Weber zieht daraus die Konsequenz:

> Das Reich war längst nicht mehr es selbst; als es zerfiel, brach es nicht plötzlich unter einem gewaltigen Stoße zusammen. Die Völkerwanderung zog vielmehr nur das Fazit einer längst im Fluß befindlichen Entwicklung.[13]

Die Annahme, dass innere Zersetzung den Zusammenbruch des Römischen Reiches im Westen einleitete oder doch wenigstens beschleunigte, beherrschte auch im 20. Jh. die wissenschaftliche Auseinandersetzung mit der Spätantike. So postulierte Michael Rostovtzeff – stark unter dem Eindruck der Entwicklung in seiner russischen Heimat stehend – die Erosion des urbanen Bürgertums im Zuge einer »allmählichen Nivellierung in regressivem Sinne«[14] bzw. die »allmähliche Absorbierung der gebildeten Schichten durch die Massen und die daraus folgende Vereinfachung aller Funktionen des politischen, sozialen, wirtschaftlichen und geistigen Lebens«, die am Ende die »Barbarisierung der alten Welt« bewirkt habe.[15] Der britische Althistoriker Frank Walbank hingegen machte die beschränkte Leistungsfähigkeit der griechisch-römischen Stadtstaaten und ihrer Wirtschaft, technologische

12 Vgl. Weber 1891, 302–307.

13 Weber 2006, 99. In Webers Spuren wandelt auch Jones (1940 und 1964), der die ökonomische Dysfunktionalität des antiken Städtewesens herausarbeitet, daneben aber auch andere Faktoren als wirkungsmächtig anerkennt: Christentum, Auswirkungen der Barbareneinfälle, politische Indifferenz der Bevölkerung, demographischer Niedergang, Wertewandel. Als erster betont Jones (ebd.) auch, wie unterschiedlich die Entwicklungen in den unterschiedlichen Teilen des Reiches, namentlich Ost und West, verliefen.

14 Rostovtzeff 1929, 240.

15 Ebd., 247.

Stagnation und das Festhalten an der Sklaverei – kurz: die gesamte innere Verfassung der antiken Gesellschaften – für das Kollabieren der klassischen Zivilisation verantwortlich.[16] Das wirtschaftliche Scheitern der Sklaverei war natürlich auch für Historiker der marxistischen Schule der entscheidende Sargnagel für die römische Gesellschaft.[17] Wieder andere erblickten in der angeblichen Demilitarisierung – erst durch Augustus, dann durch Hadrian[18] –, in der Unterwanderung der griechisch-römischen Zivilisation durch orientalische Religionen[19] bzw. durch das Christentum,[20] in der mit den Grundstrukturen der römischen Gesellschaft unvereinbaren Bürokratisierung der Gesellschaft seit Diokletian und der daraus resultierenden Überstrapazierung imperialer Ressourcen,[21] in der fortschreitenden Auslaugung des Bodens, im Erschöpfen der Vorkommen in den Bergwerken oder gar in der gesundheitsschädigenden Wirkung der für die Wasserversorgung verwendeten Bleirohre Ursachen des Niedergangs.[22]

16 Vgl. Walbank 1946 und 1969.

17 Besonders prominent: De Ste. Croix 1981, 226–259. Differenzierter: Mazza 1973 und 1986.

18 Vgl. Kornemann 1922.

19 Vgl. Cumont ^{4}1959, 178–191.

20 Wie vor allem von Gibbon behauptet. Dagegen differenzierend Burckhardt 1954, 210f.: »Darin liegt eben das große Vorrecht derjenigen Religion, deren Reich nicht von dieser Welt ist, daß sie sich gar nicht die Aufgabe setzt, irgendein bestimmtes Staatswesen, eine bestimmte Kultur zu leiten und zu garantieren, wie die Religionen des Heidentums getan hatten, daß sie vielmehr imstande ist, die verschiedenen Völker und Jahrhunderte, Staaten und Bildungsstufen miteinander zu versöhnen und zu vermitteln. So konnte das Christentum auch dem gealterten Römerreich keine zweite Jugend schenken, wohl aber die germanischen Eroberer so weit vorbereiten, daß sie die Bildung desselben nicht völlig mit Füßen traten.«

21 Vgl. Martin 1992a, 47: »Den zentralen Grund für den Untergang des weströmischen Reiches sehe ich in der Überdehnung eines bürokratischen Apparats, innerhalb dessen die sozialen Nahverhältnisse, die lange Zeit die Stabilität des Reiches garantiert hatten, dysfunktional wurden, zum Beispiel im Hinblick auf die Mobilisierung finanzieller und militärischer Ressourcen.« Vgl. auch Martin 1992b.

22 Zusammenfassend: Christ 1983b, 224–228.

Der Wucht dieser Argumente hielten die Anhänger der Katastrophentheorie entgegen, dass die römische Zivilisation nicht – in der berühmten Formulierung André Piganiols – »eines friedlichen Todes gestorben ist, sondern ermordet wurde.«[23] Welche Barbaren jeweils als ›Mörder‹ infrage kamen, war allerdings auch unter jenen umstritten, die ausschließlich äußere Kräfte für den Zusammenbruch Westroms verantwortlich machten: Abwechselnd wurden Vandalen[24] bzw. Awaren und Langobarden[25] zu Hauptschuldigen erklärt, und auch die Kontinuitätsthese greift im Grunde genommen auf einen externen Faktor – das Kalifat – zurück. Bereits im 3. Jh. setzt dagegen Franz Altheim die Zäsur an, der im großräumigen Wandel der Kampfweise – weg von großen Infanterieverbänden, hin zu kleineren, schnelleren Kavallerietruppen – den entscheidenden Grund für den »Niedergang der alten Welt« sieht, so dass im globalen Maßstab neue ethnische Gruppen die Oberhand über die traditionellen Großmächte Rom, Iran und China behalten hätten: Germanen, Sarmaten, Araber, Hunnen.[26]

Schon frühzeitig wurden jedoch auch Stimmen laut, die darauf aufmerksam machten, dass der Kontakt zwischen Rom und den Germanen beileibe nicht nur kriegerisch war: Weder sei es die Absicht der Germanen gewesen, das Imperium zu zerstören, dessen Wohlstand sie magisch angezogen habe, noch seien sie überall, wo sie auftraten, eine zerstörerische Kraft gewesen.[27] Einzelstudien verwiesen in diesem Zusammenhang auf die überwiegend konstruktive Rolle, die Germanen im römischen Heer spielten,[28] und auf die Kontinuität, die die germanischen Königreiche, die auf römischem

23 Piganiol 1947, 422: »La civilisation romaine n'est pas morte de sa belle morte. Elle a été assassinée.«

24 Vgl. Gautier 1932; Diesner 1966.

25 Vgl. Halphen 1926.

26 Altheim 1952. Dieser Sicht folgt auch die globalgeschichtlich-vergleichend ausgerichtete Studie von McNeill (1984, 24f.).

27 Vgl. dazu: von Stauffenberg 1947.

28 Vgl. Waas 1971.

Reichsboden entstanden, später mit der Tradition des Imperiums verband.[29] Die Germanen und andere Einwanderer seien eher in einem längeren Prozess der ›Akkommodation‹ in die Strukturen des Imperiums hineingewachsen, als dass sie als mordende und brandschatzende Eroberer das Reich überfallen hätten.[30] Überhaupt nahm in den letzten Jahrzehnten die Bereitschaft in der Forschung, die Spätantike als eine Periode des Niedergangs auf breiter Front anzuerkennen, spürbar ab. Man sprach folgerichtig auch der Agonie und dem schließlichen Fall des Westreichs den Charakter einer echten historischen Zäsur ab und betonte stattdessen die auf vielen Feldern zu beobachtenden Kontinuitäten, vor allem aber die gestiegene Bedeutung von Religion und Spiritualität, die den Verlust an materiellem Wohlstand mehr als wettgemacht habe.[31] Vor diesem Hintergrund nimmt sich der politische Kollaps Westroms gleichsam als Betriebsunfall der Weltgeschichte aus.[32]

Freilich ist man damit uneingestanden zu einer Sicht auf die Epoche gelangt, die vor allem den Erfordernissen politischer Korrektheit Genüge tut und stark mit normativen Kategorien durchwirkt ist: Mit einer ›postkolonialen‹ Sicht auf die Dinge ist imperiale Macht in Verruf geraten; die intensive Beschäfti-

29 Boehm ([2]1979, 45f.) etwa macht allenthalben eine »Verlängerung der provinzialrömischen Reichsordnung und des Mittelmeerzusammenhangs unter germanischer Verwaltung« aus. Ähnlich auch Stroheker 1965.

30 So der Tenor dreier so einflussreicher wie kontroverser Monografien des belgisch-amerikanischen Mediävisten Goffart (1980; 1989; 2006).

31 Neu war diese Sichtweise vor allem für die angelsächsische Altertumswissenschaft, während in der deutschsprachigen Forschung der von dem österreichischen Kunsthistoriker Alois Riegl im späten 19. Jh. geprägte Terminus »Spätantike« als Epochenbegriff fest etabliert ist, der allgemein die Periode des Umbruchs zwischen klassischer Antike und Mittelalter (vom Beginn der Tetrarchie bis zum Ende der Herrschaft Justinians) bezeichnet. Der Begriff wurde von Marrou (1937) in Frankreich und von Peter Brown (1989b; 1989a; [2]1992; [6]1993; 1998) im angelsächsischen Raum heimisch gemacht. Vgl. auch die übersichtliche Epochendarstellung von Cameron (1994) und die informativen Beiträge in Bowersock 1999.

32 Vgl. dazu: Goffart 1980, 230: »What we call the Fall of the Western Roman empire was an imaginative experiment that got a little out of hand.«

gung mit religiösen Entwicklungen statt mit schnöder materieller Kultur entspricht einem ›postmateriell‹ sich gebärdenden intellektuellen Zeitgeist. Kaum überraschend scheint deshalb im Augenblick, zumindest in England, das Pendel wieder zurückzuschwingen: Zwei in Umfang und Methode sehr unterschiedliche Monografien haben begründete Zweifel am Modell der friedlich-schiedlichen Integration barbarischer Einwanderer angemeldet; beide konstruieren einen engen kausalen Zusammenhang zwischen der politischen Großwetterlage und dem überall im Westreich zu beobachtenden Schwinden sozialer und ökonomischer Komplexität.[33]

Ob bestimmte Ereignisse in einer Epoche allgemeinen Umbruchs das Prädikat historischer Zäsuren verdienen oder nicht bzw. ob bestimmte Prozesse besser mit dem Stichwort ›Niedergang‹ oder dem neutraleren Ausdruck ›Wandel‹ etikettiert werden sollten, ist und bleibt zu allererst eine Frage des Standpunktes und der Maßstäbe, die wir anlegen.[34] Es lohnt deshalb, diesen Parforceritt durch die Forschungsgeschichte mit einem Blick auf Einiges von dem zu beschließen, was andere Wissenschaftsdisziplinen an Erkenntnissen über das Ende von Imperien beigetragen haben – die allerdings immer wieder gerade das Ende Westroms zur Veranschaulichung bemühen.[35] Das weltgeschichtliche Problem,

33 Im Mittelpunkt der Untersuchung von Heather (2006) steht das langfristige Zusammenwirken von Barbarenangriffen seit dem Auftauchen der Hunnen und den territorialen Verlusten Roms, die den Handlungsspielraum der Westkaiser immer mehr einengten. Derselbe Autor hat jetzt seine Sicht der Dinge in eine noch größere Erzählung eingefügt, die das ganze 1. Jt. n. Chr. umspannt (Heather 2011). Ward-Perkins (2005) legt dagegen den Schwerpunkt auf die rapide verarmende materielle Kultur gerade im Milieu einfacher Menschen.

34 Vgl. in diesem Sinne Liebeschuetz 2006, der die Debatte versachlicht. Derselbe Autor weist in einer monumentalen Studie den Weg für eine chronologisch und regional differenzierende Betrachtungsweise: Liebeschuetz 2001.

35 Beliebte Fallbeispiele sind auch das Ende des spanischen und des britischen Kolonialreichs, die Auflösung des Osmanischen Reiches und der Zusammenbruch der Sowjetunion.

wie Großreiche werden und vergehen, hat, bedingt durch das Ende der Sowjetunion und die globalen Folgekrisen, am Ende des 20 Jh. wieder verstärkt die Aufmerksamkeit von Historikern und Sozialwissenschaftlern gefunden. Zuvor hatte die Dekolonialisierung bereits die Frage nach dem Niedergang kolonialer Hegemonialmächte aufgeworfen, und so publizierte der britische Neuzeithistoriker Paul Kennedy, kurz bevor 1989–91 das Sowjetimperium spektakulär zusammenbrach, eine Studie, die sich jenen Faktoren widmet, die den Aufstieg und Fall von Großmächten bewirken.[36] Entscheidendes Kriterium sei, so Kennedy, die Wettbewerbsfähigkeit einer Großmacht im Kreis anderer Mächte; seine vergleichende Analyse neuzeitlicher Imperien läuft auf einen Primat wirtschaftlicher vor militärischer Leistungsfähigkeit hinaus: Die Überforderung imperialer Ressourcen – Kennedy prägte die seither geläufige Formel vom *imperial overstretch* – drohe unmittelbar in Erschöpfung überzugehen, sobald eine Großmacht mehr als zehn Prozent ihres Bruttoinlandsprodukts für Rüstung ausgebe.[37]

Eine solch krude Definition imperialer Überforderung ist mit Recht kritisiert worden. Überhaupt fragt sich, ob mit ›harten‹ Kategorien wie Militär und Wirtschaftskraft die Leistungsfähigkeit eines Großreichs erschöpfend zu evaluieren ist; eine Fülle von Analysen hat deshalb den ›weichen‹ Quellen imperialer Macht zu ihrem Recht verholfen: kulturellen Aspekten imperialer Herrschaft genauso wie der Frage ihrer Legitimierung bzw. ideologischen Fundierung sowie Loyalitäten und Identitäten der Reichsbevölkerung.[38] So rechnete der kanadische Historiker William H. McNeill die Fähigkeit, marginale, vor allem ländliche, Bevölkerungen zu integrieren,

36 Vgl. Kennedy 1988, der mit seinen Thesen eine intensive Debatte auslöste; vgl. dazu vor allem die Beiträge in Lundestad 1994.

37 Vgl. Kennedy 1988, 609.

38 Eine mit unzähligen historischen Beispielen unterfütterte, vergleichende Analyse der Quellen und Organisationsformen von Macht in vorindustriellen Gesellschaften liefert Mann (1990; 1991).

kulturelle Gegensätze in per definitionem polyethnischen und multikulturellen Imperien zu überbrücken sowie nachwachsenden Generationen das Rüstzeug dafür mitzugeben, in ihrer Gesellschaft Erwachsenenrollen einzunehmen, zu den elementaren Bedingungen für den Erhalt einer Großmacht. Entsprechend münde der Verlust dieser Fähigkeiten in den Niedergang imperialer Machtzentren.[39] Der Bremer Historiker Imanuel Geiss hat dagegen in mehreren Untersuchungen die Rolle herausgearbeitet, die imperiale Peripherien beim Aufstieg neuer und beim Niedergang alter Machtzentren spielen, und damit wiederum die Wichtigkeit ›harter‹ Faktoren betont: Macht in Imperien verteile sich nicht gleichmäßig über den Raum, sondern nehme idealtypisch zum Rand hin ab. Der Kollaps von Großreichen beginne meist mit vermeintlich wenig signifikanten Niederlagen an der Peripherie – da Expansion, Beute und die Mehrung von Macht aber den eigentlichen Daseinszweck von Imperien darstellten, mündeten solche Niederlagen in interne Konflikte, Legitimitätsverfall der Eliten und schließlich in den Zusammenbruch politischer Stabilität. Doch auch hier bestätigen Ausnahmen die Regel: Geiss nennt ausdrücklich das *British Empire* und das Römische Reich, die beide nach Niederlagen wiederholt Perioden der Regeneration durchliefen.[40] Der Niedergang von Großreichen münde seinerseits entweder in die Übernahme durch ein Nachfolgeimperium oder in ein sekundäres Machtvakuum, in dem kleinere Nachfolgestaaten, meist an der alten imperialen Peripherie, bald zum fruchtbaren Nährboden neuer Großmachtbildungen würden.[41]

39 Vgl. McNeill 1994, 10–14.

40 Geiss 1994, 37; vgl. auch Geiss 1991 und 2007, 157–186.

41 Vgl. Geiss 1991; 1994 und 1996. Ähnlich unterscheidet Reinhard (1991, 170) als Grundtypen des Scheiterns von Imperien (a) Ablösung durch »Verstaatlichung« bzw. durch den Druck »versuchter Verstaatlichung« (z. B. durch Nationalstaaten im Zuge der Dekolonialisierung) und (b) Auflösung durch Eroberung. Der Verlauf von Dekolonialisierungsprozessen sei durch das »klassische, dekolonisatorische Dreieck aus weltpolitischer Konstellation, Initiativen der Kolonisierten und Gemütslage der Kolonisatoren« bedingt.

Die umfassendste deutschsprachige Untersuchung über Imperien hat unlängst der Berliner Politikwissenschaftler Herfried Münkler vorgelegt. Münkler äußert sich auch dezidiert zum Scheitern imperialer Macht, wobei er – in der Sache ähnlich wie Geiss – das wiederholte und vorderhand überraschende Scheitern von Großmächten an marginalen, schwachen Gegnern in den Mittelpunkt seiner Überlegungen stellt. Ursache ist auch für Münkler der *imperial overstretch*, und zwar desto mehr, je geringer die technologischen Möglichkeiten des Zentrums seien. Doch auch eine eindeutige technologische und organisatorische Überlegenheit von Imperien könnten »antiimperiale Akteure« häufig wettmachen: durch Fanatismus und den Mut der Verzweiflung. Außerdem böte sich ihnen die Möglichkeit, Konflikte mit der Großmacht zu »entschleunigen« – durch Guerilla- und Partisanentaktik, Terrorismus und Vermeidung direkter Konfrontation: Die Zeit arbeite dann gegen das Imperium, der Druck auf die Verantwortlichen, Konflikte auch dann zu beenden, wenn das die Niederlage bedeute, wachse, Terror lähme politische Entscheidungen. Asymmetrische Überlegenheit durch technologischen und organisatorischen Vorsprung verschaffe dem ›überdehnten Imperium‹ also nur eine Atempause – die Überforderung durch *imperial overstretch* drohe früher oder später ohnehin.[42]

So unterschiedlich die Akzente im Einzelnen gesetzt werden, in einem Punkt herrscht Einigkeit: Monokausale Erklärungsmuster werden der Komplexität imperialer Auflösungsprozesse nie gerecht, schon gar nicht im Fall Roms, das in seiner langen Geschichte mehrere Stadien von Krise und Regeneration durchlief. Was folgt daraus für die Krise Westroms zwischen 363 und 410 n. Chr. und sein letztliches Scheitern? Erstens sind innere und äußere Variablen eng miteinander verknüpft und beeinflussen sich gegenseitig: Zwischen internen Krisen und Gefährdung von außen besteht eine un-

42 Vgl. Münkler 2005, 167–212. Zur Asymmetrie der Kriege zwischen etablierten Staaten und marginalen Gruppen vgl. auch Münkler 2006.

mittelbare Wechselbeziehung, auch in Rom, was bereits am Beispiel der Krise des 3. Jh. zu beobachten war und was sich ab der Mitte des 4. Jh. wieder zeigen sollte.[43] Zweitens konvergieren innere und äußere Krise im *imperial overstretch*, der Überstrapazierung von Ressourcen durch wachsende Entfernungen, Überforderung der Infrastruktur und überbordende Verteidigungskosten: Tatsächlich bildeten die wachsende Bedrohung von außen, die Erschöpfung der finanziellen Ressourcen, politische Instabilität, Bürokratisierung und die Unfähigkeit der kaiserlichen Zentralgewalt, an den Brennpunkten Präsenz zu zeigen, im Rom des 4. Jh. einen *circulus vitiosus*, dem kaum zu entrinnen war. Die asymmetrische Überlegenheit des imperialen Machtzentrums – Roms – über die antiimperialen Akteure – die Barbaren[44] – wogen, drittens, Faktoren auf, die den Germanen in die Hände arbeiteten: ihre Mobilität, ihre Taktik des *hit and run* und die Entschlossenheit von Habenichtsen, sich um jeden Preis in den Besitz der imperialen Ressourcen zu bringen. Viertens schließlich gilt es, die sich wandelnde Reichskonzeption in die Kalkulation mit einzubeziehen: die ›Gemütslage‹ derjenigen, die das Imperium beherrschten und bewohnten, und das, was sie sich vom Reich versprachen.

Verzahnung von innerer und äußerer Krise: der kurze Weg nach Adrianopel (364–378)

Bereits in der Krise nach Julians grandios gescheitertem Perserkrieg verknüpften sich fatal innere und äußere Stränge. Der Krieg selbst war eine weitere Eskalationsstufe in den rö-

43 Siehe oben, S. 258–307.

44 Sie waren freilich nur bedingt ›antiimperial‹. Schließlich brauchten die Germanen, wie vielfach erkannt wurde, das Imperium; sie wollten es nicht zerstören. Insofern waren Krise und Niedergang der römischen Macht im Westen tatsächlich eher eine kontingente Nebenwirkung ihres Handelns; vgl. dazu auch Martin 1992b, 11–13.

misch-persischen Grenzstreitigkeiten in Mesopotamien, die bereits seit Jahrzehnten anhielten und nach einer militärischen Entscheidung verlangten; allerdings mögen bei dem Unternehmen auch andere, weitergehende Überlegungen eine Rolle gespielt haben. So war Julian fraglos auf einen großen Sieg aus,[45] und womöglich wollte er damit nicht nur die Perser in ihre Schranken weisen, sondern auch die Kritiker im eigenen Lager verstummen lassen.[46] Der imperiale Imperativ, der die Kaiser seit Augustus zu immer neuen Höchstleistungen auf dem Schlachtfeld antrieb, war noch immer wirksam. Denkbar ist auch, dass Julian die innere Krise, die er selbst durch seinen Versuch, den angestammten Göttern wieder zu alter Herrlichkeit zu verhelfen, ausgelöst hatte, nach außen abzuleiten gedachte. Kaum überraschend aber hatten Julians Scheitern und die schmachvollen Friedensbedingungen sogleich Auswirkungen auf die innere Stabilität: Nach Jovians raschem Tod (364) einigte sich die militärische Führung auf einen Überraschungskandidaten; die Verwandtschaft Jovians wurde übergangen und stattdessen ein nahezu Unbekannter mit dem Kaisertum betraut: der 43-jährige christliche Pannonier Flavius Valentinianus. Der Sohn eines Heerführers unter Konstantin dem Großen wurde vom Heer in Nikaia (26. Februar 364) zum Kaiser ausgerufen und berief wenig später seinen Bruder Valens zum zweiten Augustus. Im moesischen Naissus (Niš im heutigen Serbien) konferierten die Brüder im Sommer über die Aufteilung der Diözesen: An Valentinian fiel der Westen mit Italien, Spanien, Gallien, Britannien, Nordafrika und dem westlichen Balkanraum, Valens erhielt den Osten mit dem östlichen Teil der Balkanhalbinsel, Kleinasien, die Levante und Ägypten. Dieselbe Demarkationslinie entlang von Save und Drina teilte das Imperium 30 Jahre später endgültig in zwei Hälften. 367 erhielt auch Valentinians 8-jähriger Sohn, Flavius Gratianus, den Augustus-Titel, der für das gesamte Reich galt.

45 Vgl. Amm. XX. 12, 2; XXV. 4, 26f.

46 Vgl. dazu: Potter 2004, 523.

Abb. 36: Solidus Valentinians. Auf der Vorderseite Büste Valentinians I. mit Brustpanzer, Paludamentum und Diadem, auf der Rückseite Valentinian und Valens, einander gegenüber sitzend, einen Globus haltend, darüber eine geflügelte Siegesgöttin. Legende: VICTOR-IA AVGG(ustorum) (RIC IX. 17).

Während Valentinian und Valens noch damit beschäftigt waren, ihre Herrschaft in den Provinzen zu festigen, drohte ihr bereits der Zusammenbruch – und zwar direkt vom Herzen des östlichen Reichsteils aus, von Konstantinopel. Dort nämlich hatte sich in den Anastasia-Thermen ein gewisser Procopius selbst zum Kaiser ausgerufen (28. September 365) und auch sogleich Fakten geschaffen: Er hatte die Stadt einschließlich des Palasts in seine Gewalt gebracht sowie Valens' Verwaltungsspitze in der Hauptstadt – den Stadtpräfekten Caesarius und den Prätorianerpräfekten Nebridius – festgesetzt und durch Männer ersetzt, die gleich ihm unter Julian gedient hatten. Procopius hatte den Perserfeldzug überlebt, war aber untergetaucht, nachdem Jovian die Nachfolge seines Kaisers angetreten hatte. Als Valentinian und Valens damit begonnen hatten, unter den früheren Gefolgsleuten Julians aufzuräumen, hatte er sich auf die Krim geflüchtet, von dort aus Kontakte nach Konstantinopel geknüpft, die Soldaten zweier zur Bewachung der Hauptstadt abgestellter Legionen bestochen und war schließlich zurückgekehrt, um das wenig beliebte Brüderpaar zu stürzen. Procopius hatte es geschickt verstanden, die in langen Jahren gewachsene Loyalität zur konstantinischen Dynastie für seine Zwecke zu instrumentalisieren: Zwei Offiziere, die bereits unter Constantius II. gedient hatten, hatten in seinem Auftrag ein Heer aufgebaut, das rasch Zulauf erhalten hatte, vermutlich auch aus den Reihen der Goten,[47] mit deren Stammesführern der Usurpator in Verbindung stand und die er, sich auf ein unter Konstantin abgeschlossenes *foedus*[48] – ein Bündnis, das die Stämme dazu verpflichtete, Soldaten zu stellen – berufend, nach Thrakien geholt hatte.

Während Procopius allmählich nach Kleinasien vorrückte, erhielt Valens von seinem Bruder keinerlei Unterstützung; Valentinian berief sich für dieses Vorgehen – auf striktes Zuraten seiner militärischen Fachleute – auf den Primat, die Sicherheit der Rheingrenze wiederherzustellen, die von Alamannen bedroht wurde. Trotzdem gelang es Valens schließlich, Truppen zur Verstärkung aus Antiocheia heranzuführen und so über Procopius zu triumphieren. Procopius' Herrschaft über Konstantinopel war also nur ein kurzes Intermezzo, aber sie sagt viel aus über die Konstellation nach 364. So stand die in der Zeit der konstantinischen Dynastie recht gefestigte Autorität der Kaiser offensichtlich abermals zur Disposition; ein altes Gespenst war zurückgekehrt: Usurpationen und Bürgerkriege waren, wie schon im 3. Jh., wiederum bestimmende Größen der römischen Politik.[49] Außerdem bezogen im politischen Mächtespiel nun erstmals auch Ele-

47 Es handelte sich um Terwingen (›Waldleute‹), Westgoten, die Nachfahren jener Goten, die im 3. Jh. am Schwarzen Meer erschienen waren und den römischen Chronisten der Epoche noch als ›Skythen‹ gegolten hatten; vgl. dazu: Wolfram [3]1990 und 1990, 86–88, 119–132; Heather 1991; Van Dam 2002, 103–106; Heather 2006, 72–76.

48 Konstantin hatte 332 mit den gotischen Terwingen einen Bündnisvertrag geschlossen, durch den die Goten nördlich der Donau in ein Klientelverhältnis zu Rom geraten waren. In diesem Sinne über das in seiner Bedeutung nicht unumstrittene *foedus*: Wolfram [3]1990, 397; Heather 1991, 115; Martin [4]2001, 164; Heather 2006, 162; Martin [4]2001, 164. Die Entwicklung der *foederati* und ihrer Integration ins römische Heer beleuchtet in all ihren Aspekten Stickler 2007.

49 Zur Usurpation im 4. Jh.: Szidat 1989; Flaig 1997 und jetzt, als systematische, keinen Aspekt auslassende Untersuchung, Szidat 2010.

mente von außen – in diesem Fall die Goten – Partei. Schließlich handelten die Augusti des Westens und des Ostens, obwohl Brüder, in der Krise mitnichten in brüderlicher Eintracht; vielmehr setzten sie, je nach Interessenlage, ganz unterschiedliche Prioritäten. Usurpationen, Parteinahme auswärtiger Gruppen und Zwietracht zwischen den politisch Verantwortlichen – all das sollte von jetzt an die gesamte Dynastie überschatten.

Procopius wurde am 27. Mai 366 hingerichtet. Die Goten, die er gerufen hatte, standen aber immer noch in Thrakien. Mit ihnen hatte sich nun Valens auseinanderzusetzen. Er bezog Quartier in der moesischen Stadt Markianopolis und sicherte die Donaugrenze; dann griff er die Goten in ihrem Stammesgebiet nördlich der Donau an und zwang sie zum Rückzug aus Thrakien; mit ihrem Stammesführer Athanarich handelte er ein neues *foedus* aus, das den Römern zumindest eine Atempause verschaffte. Den Bürgerkrieg zwischen Procopius und Valens hatten aber nicht nur die Goten genutzt, sondern auch Roms Erbfeind im Osten: 368 rückten die Perser unter Schapur II. in den Westteil des 363 zwischen beiden Reichen geteilten Armenien ein und setzten den römischen Klientelkönig Arsakes III. gefangen. Valens antwortete mit einer direkten Intervention, die Schapurs Vormarsch nicht nur stoppte, sondern den Römern auch bedeutende territoriale Zugewinne einbrachte, die ein Quasi-Waffenstillstand zunächst auch sicherte (371). Arsakes' Sohn Papas wurde als neuer Klientelfürst eingesetzt. Bald aber fürchtete man in Konstantinopel, Papas könne ins persische Lager abfallen: Valens ließ ihn gefangen nehmen und ermorden (374) – und provozierte so ohne Not eine Fortsetzung des Krieges mit den Persern.

Unterdessen hatte Valentinian ein Germanenproblem: Die mit Rom föderierten germanischen Stämme waren seit den Tagen Konstantins daran gewöhnt, dass ihre Loyalität mit Geld oder Nahrungsmitteln vergolten wurde. Als Valentinian in seine neue Hauptstadt Mailand, das jetzt endgültig Rom als politisches Zentrum Italiens abgelöst hatte, Einzug hielt (365), erwartete ihn dort eine Delegation Alamannen und forderte ›Geschenke‹. Ammianus berichtet, wie Valentinian die Zahlung der bis dato üblichen Jahrgelder verweigerte und stattdessen »kleinere und billigere« Geschenke verteilte, »welche sie mit Empörung aufnahmen und als ihrer unwürdig fortwarfen.«[50] Damit war der Krieg am Rhein unvermeidlich geworden: Valentinian übertrug dem Franken Charietto – ursprünglich selbst ein germanischer Warlord, der sich jedoch in Trier niedergelassen und als Kopfjäger gegen germanische Plünderer betätigt hatte, bis er unter Julian eine Blitzkarriere in der römischen Armee gemacht hatte[51] – als *comes* das Kommando am Rhein; als Charietto 365 nach einem Gefecht von Alamannen getötet wurde, übernahm der Kaiser persönlich den Oberbefehl, vertrieb die Alamannen aus Gallien und ließ deren Anführer Vithikab ermorden (367/368). Valentinian setzte den flüchtenden Germanen über den Rhein bis ins Dekumatland nach, erlitt aber bei Rottweil eine Niederlage. Er erneuerte daraufhin das *foedus* mit den Alamannen und widmete sich dem Ausbau der Rheingrenze. Es war dies der letzte Versuch, den jahrhundertealten Limes zu stabilisieren – gut 30 Jahre, bevor die Rhein-Donau-Linie endgültig Geschichte werden sollte.

Ein weiterer Krisenherd jener Jahre war Britannien: Bereits 360 waren die Pikten (aus dem heutigen Schottland) und Scoten (aus Irland) ins römische Gebiet eingefallen und hatten die vier Provinzen, aus denen das römische Britannien seit Anfang des 4. Jh. bestand, verheert. Gleichzeitig scheint sich der Zustrom aus dem heutigen Nordwestdeutschland wieder verstärkt zu haben, von wo bereits seit dem 3. Jh. Jüten, Friesen und Niederfranken – die späteren Angelsachsen – auf die Insel drängten. Die von starken Nachbarn sowie Hungersnöten bedrängten Stämme im nordwestdeutschen Raum suchten ihr Heil zunächst in der Piraterie, bevor sie ab Mitte des 3. Jh. unmittelbar die ostenglische Küste bedrohten. Die rö-

50 Amm. XXVI. 5, 7.
51 Zu Charietto: Welwei/Meier 2003.

mische Antwort bestand in der Errichtung eines massiven Verteidigungssystems entlang der Kanalküste und in East Anglia. Für die erste Hälfte des 4. Jh. liegen keine Berichte über Einfälle von Stämmen in Britannien vor – möglicherweise, weil die Küstenverteidigung funktionierte und potenzielle Eindringlinge abwehrte; erst in den 360er Jahren wurde das Problem wieder virulent. Entweder drängten also mehr und besser organisierte Gruppen nach Britannien oder das Verteidigungssystem entlang der Küste hatte zu funktionieren aufgehört.[52] Bald loderten im ganzen Land die Flammen; besonders schwer traf es den stark romanisierten Südosten der Insel mit der größten Stadt: Londinium. In der »barbarischen Verschwörung«, die Ammianus[53] hier am Werk sieht, liefen wohl tatsächlich die unterschiedlichsten Fäden zusammen: Offenbar schlossen sich einfallende Barbaren revoltierenden Einheimischen an, die zwar in den römischen Provinzen lebten, aber kaum je romanisiert worden waren. Soziale Verwerfungen, wie sie sich möglicherweise in der Verarmung der materiellen Kultur im 4. Jh. äußerten, mögen das Ihre zur weiteren Eskalation beigetragen haben. Der Südosten Britanniens dürfte damit, obwohl inmitten römischen Territoriums gelegen, bereits seit geraumer Zeit einer belagerten Festung geglichen haben.[54]

Der dritte Brennpunkt im Westen war Nordafrika.[55] Hier hatte Romanus, der korrupte *comes Africae* – der für die militärische Sicherheit Afrikas zuständige regionale Befehlshaber –, die Provinz Tripolitana und insbesondere die Stadt Lepcis Magna Überfällen nomadischer Stämme preisgegeben, weil sich die Bewohner geweigert hatten, seine Truppen über die *annona militaris* hinaus zu versorgen und Schutzgeld zu zahlen. Romanus nutzte jedoch seine guten Verbindungen bei Hofe, um die Verantwortung auf den *praeses* der Provinz

52 Dazu: de Souza 1999, 225–229.
53 Amm. XXVII. 8, 1–6.
54 Vgl. dazu: Brodersen 1998, 231–234; Faulkner 2000, 221–231.
55 Zum Hergang: Amm. XIX. 2.

abzuschieben; der Statthalter und zahlreiche Provinznotabeln wurden hingerichtet. Auf dem Höhepunkt dieser Krise ermordete Firmus, Sohn des Berberfürsten Nubel, seinen Halbbruder Zammac, weil der sich unrechtmäßig in den Besitz des väterlichen Erbes gebracht hatte. Nubel war Christ und römischer Offizier gewesen, und sein Sohn Zammac hatte hoch in der Gunst des Romanus gestanden.[56] Der *comes Africae* begann deshalb, Firmus, der ebenfalls eine wichtige militärische Position innehatte, bei Hofe zu denunzieren. Der trat nun die Flucht nach vorne an und rief zur offenen Rebellion auf. Die Revolte zog rasch Kreise, auch deshalb, weil Firmus die Sache der in Afrika noch immer stark verwurzelten Donatisten vertrat. Er löschte gar eine ganze Stadt aus, den Bischofssitz Rusuccuru in der Mauretania Caesariensis, nur weil die Bewohner dem nizänischen Glauben anhingen. Wie so oft in der Spätantike verbanden sich hier machtpolitische Auseinandersetzungen mit dem Ringen um das ›wahre‹ Christentum.[57]

Drei Krisenherde, ein Krisenmanager: Auf den Kriegsschauplätzen Britannien, Gallien und Nordafrika bewährte sich nacheinander ein Mann aus dem relativ wenig romanisierten Nordwesten Spaniens: Flavius Theodosius[58] entstammte einer bereits seit längerem christlichen Familie und gehörte zur lokalen Elite seiner Heimatstadt Cauca in der Provinz Galaecia. Am 11. Januar wurde sein ältester Sohn geboren, der ebenfalls Theodosius hieß und dem es bestimmt

56 Nubel und seine Söhne Firmus und Zammac spielten ähnlich den tribalen Eliten Vorderasiens und Germaniens eine Doppelrolle: Sie waren Stammesführer und römische Offiziere in einer Person: Nubel war *praepositus* (Chef) einer *vexillatio comitatensis*, also einer zum mobilen Feldheer gehörenden Kavallerieeinheit mit einer Stärke von 300 bis 600 Mann und zugleich das Oberhaupt eines Berberstammes. Als Christ hatte er bei der mauretanischen Küstenstadt Rusguniae eine Kirche mit einem Fragment des heiligen Kreuzes als Reliquie gestiftet.

57 Aug. epist. 87, 10. Zur Bedeutung der religiösen Spannungen: Matthews 1976, 178.

58 Vgl. Leppin 2003, 29–33.

war, römischer Kaiser zu werden. 368 übernahm der ältere Theodosius das Kommando in Britannien. Im Stab diente sein Sohn, der so das Kriegshandwerk von der Pike auf lernte. Theodosius agierte mit Umsicht und Geschick: Er hob in Gallien bei Herulern, Batavern und anderen Stämmen neue Truppen aus und setzte nach Britannien über, wo er die Unruhegebiete rasch befriedete, Plünderer dingfest machte und das Beutegut an die Bevölkerung zurückgab; außerdem verstärkte er den alten Hadrianswall noch einmal. Nächste Station seines Wirkens wurde Gallien, wo er – nunmehr als *magister equitum Gallias*, als Oberbefehlshaber der Kavallerie für die gallischen Provinzen[59] – die Bekämpfung der nun wieder unruhig gewordenen Alamannen am Rhein übernahm, unter dem nominellen Oberkommando von Gratian, dem jetzt 13-jährigen Sohn Valentinians. Er überquerte auch den Rhein und intervenierte in einem Stammeskrieg im Dekumatland, wo er viele Gefangene gemacht haben soll,[60] aber seiner plündernden Soldaten nicht Herr werden konnte. Deshalb verfehlte das Kommandounternehmen letztlich sein Hauptziel: Ein mächtiger Stammesführer, der den Römern in die Falle gehen sollte, entkam (372).

Erfolgreicher war sein nächster Einsatz, in Mauretanien, wo Firmus' Rebellion sich inzwischen zum offenen Bürgerkrieg in den Provinzen Mauretania Caesariensis und Mauretania Sitifensis ausgeweitet hatte, in den immer mehr Stammesgruppen eingriffen, teils unter Führung von Firmus' Verwandten. Theodosius setzte mit seinem Heer von Arles über

59 Die Führung des Militärs war unter Konstantin und seinen Nachfolgern neu geordnet worden: Die Prätorianerpräfekten nahmen nur mehr zivile Aufgaben wahr, während als militärische Oberbefehlshaber jetzt der *magister peditum* für die Infanterie und der *magister equitum* für die Kavallerie nachrückten. Auch auf der Ebene der Prätorianerpräfekturen amtierten *magistri peditum* und *magisti equitum*, bisweilen auch mit beiden Kommandos in Personalunion als *magistri utriusque militiae*. Später führten *magistri utriusque militiae* bzw. *magistri militum* mit Verantwortung für beide Truppengattungen auch die Armee des Westreichs; vgl. dazu: Liebeschuetz 2007.

60 Amm. XXVIII. 5, 15.

das Mittelmeer und landete in der Nähe der Stadt Sitifis im Grenzbereich zwischen Mauretanien und Numidien, wo er Romanus, den *comes Africae*, vorübergehend in Gewahrsam nahm. Der von seinem Erscheinen überraschte Firmus – der sich vielleicht schon vor Theodosius' Eintreffen auf dem Kriegsschauplatz zum Kaiser ausgerufen hatte – bot Friedensverhandlungen an und sandte wiederholt christliche Kleriker als Gesandte zu Theodosius; der jedoch lehnte ab, obwohl Firmus' Truppen seinen eigenen bei Weitem überlegen waren. Firmus fiel schließlich durch Verrat: Ein Stammesführer, der Theodosius' Gunst gewinnen wollte, nahm ihn gefangen, der Usurpator gab sich selbst den Tod (374). Der Sieger wütete unter den Firmus-Anhängern, dessen Usurpation jetzt zur Revolte von Barbaren gegen das römische Imperium umgedeutet wurde.

Theodosius, den sein Sohn auf allen Einsätzen begleitet hatte, stand damit im Zenit seines Ruhms. Er hatte sich aber in Romanus einen mächtigen Gegner geschaffen, und Romanus war es auch, der ihn wenig später bei Hofe anschwärzte: 376 wurde der ältere Theodosius wegen Hochverrats angeklagt und hingerichtet. Da war Valentinian bereits tot, der halbwüchsige Gratian seinem Vater nachgefolgt. Außerdem hatte das Donauheer den gerade vierjährigen, jüngeren Sohn Valentinians zum Kaiser ausgerufen, der ebenfalls Valentinian (II.) hieß. Gratian übernahm daher die gallischen Provinzen (einschließlich Britanniens und Spaniens) und überließ seinem Bruder Afrika, Italien und den westlichen Balkan. Die Hinrichtung des älteren Theodosius dürfte deshalb im Zusammenhang mit Machtkämpfen am westlichen Hof gestanden haben – schließlich ging es darum, wer für die beiden Knaben im kaiserlichen Purpur Politik machen durfte.

Unterdessen beging Valens, der Kaiser des Ostens, einen tödlichen Fehler: Die im Donauraum ansässige gotische *gens* der Terwingen hatte nach Abschluss des neuen *foedus* nur für wenige Jahre stillgehalten: Athanarich, der als Richter (*kindins*) auf Zeit amtierte, hatte direkt nach dem Friedensschluss

369 begonnen, die unter den Goten mittlerweile zahlreichen arianischen Christen zu verfolgen.[61] Er hatte sich dazu die zeitlich befristete Machtfülle seines Amtes auf unbestimmte Zeit verlängern lassen. Damit beschwor er den Widerstand vieler gotischer Großer herauf, die argwöhnten, Athanarich wolle durch die Hintertür eine Monarchie errichten. Zu ihrem und dem Sachwalter der arianischen Christen schwang sich ein Stammesführer (*reiks*) namens Fritigern auf, der prompt in Konstantinopel vorstellig wurde. Der Konflikt erschütterte die gesamte *gens*, doch Athanarich gelang es, sich an der Spitze zu halten. Wenig später traf ein zweiter Schlag die Terwingen, diesmal von außen: Die nach Westen vordringenden Hunnen hatten die Alanen an der Wolga und im nördlichen Kaukasus unterworfen und wenig später den Don überschritten (375). Als erstes trafen sie auf das Territorium der Greutungen (›Steppenleute‹), der zwischen Dnjepr und Dnjestr siedelnden ›Ostgoten‹, die unter ihrem König Ermanarich ein Machtzentrum mit gewaltigem Einflussgebiet errichtet hatten, das wohl vom Baltikum bis zum Schwarzen Meer reichte. Gegen die vereinten Hunnen und Alanen hatten die Greutungen freilich keine Chance: Ihr König fand den Tod, seine Leute wurden unterworfen und gingen bis auf wenige, die Tradition der Königssippe der Amaler weiterführende Reste in der hunnisch-alanischen Stammeskonföderation auf.[62] Am Dnjestr stellte sich den Hunnen und Alanen nun Athanarich mit seinen Terwingen entgegen – Auftakt zu einem längeren Krieg, in dem sich Athanarich dem überlegenen Gegner zwar immer entziehen konnte, das Land der Donaugoten aber so schwer in Mitleidenschaft gezogen wurde, dass eine Hungersnot ausbrach. In dieser Situation konnten

61 Die Missionierung war von dem 341 in Antiocheia zum Bischof geweihten Goten Wulfila (›Wölfchen‹) vorangetrieben worden, der die Bibel in seine Muttersprache übersetzt und damit seinen Stammesbrüdern zugänglich gemacht hatte.

62 Der hunnische Heerkönig heiratete eine Gotin aus der Königssippe der Amaler und legitimierte so seine Herrschaft über die Greutungen.

sich die christlichen, proromischen Athanarich-Gegner um Fritigern als glaubwürdige Alternative präsentieren: Erfolgreich warben sie für eine Flucht ins römische Imperium. Und das Wunder geschah: Kaiser Valens gewährte den Flüchtlingen Aufnahme (376).[63]

Die Ansiedlung fremder Völker, auch geschlossener Verbände, auf Reichsboden war an sich kein Novum: Aufnahmewilligen Gruppen wurde die *deditio* – die formelle Unterwerfung auf Treu und Glauben, die mit dem Niederlegen der Waffen ausgedrückt wurde – abverlangt; damit hörte die Gruppe auf, ein völkerrechtliches Subjekt und ein sozial intakter Verband zu sein. Wie nach einer Eroberung waren die sich Unterwerfenden abgabenpflichtige Untertanen des Kaisers, zum Heeresdienst verpflichtete Kolonen.[64] Zu diesen Bedingungen hatten noch kurz zuvor alamannische, fränkische und sarmatische Gruppen Aufnahme im Reich gefunden. Im Fall der Goten Fritigerns führte der Weg aber nicht zu ihrer Integration, sondern nach Adrianopel.

Das überforderte Imperium: von Adrianopel zur Reichsteilung (378–395)

Zeittafel 15: Die Völkerwanderung

Heermeister und Herrscher sind hervorgehoben.

ca. 290	Spaltung der Goten in Westgoten (Terwingen) und Ostgoten (Greutungen)
375	Die Hunnen überschreiten den Don und unterwerfen Teile der Greutungen
378	(9.8.) Sieg der **Fritigern**-Terwingen bei Adrianopel: Untergang des oströmischen Heeres, Tod des Kaisers **Valens**
380	*Foedus* von Greutungen mit **Gratian**: Ansiedlung in Pannonien

63 Hierzu und zum Folgenden jetzt der gelungene Überblick von Barbero ²2008.

64 Vgl. dazu: Nörr 1991; zum Umgang des Imperiums mit auf Reichsboden einwandernden Barbaren: Barbero 2006.

382 (3.10.) *Foedus* des Kaisers **Theodosius** mit den Terwingen
391 **Alarich I.** König der Westgoten (bis 410)
394 Schlacht am Frigidus: hohe Verluste der westgotischen Truppen; **Stilicho** führender Heermeister im Westen (bis 408)
395 (17.1.) Tod des **Theodosius**: endgültige Reichsteilung in West- und Ostrom
400 Massaker an Goten in Konstantinopel; Tod des gotischen Heermeisters **Gainas**
401 Aufbruch der Westgoten unter **Alarich** nach Italien
405/406 Ostgoten unter **Radagaisus** fallen in Italien ein
406 Vandalen, Alanen und Sueben überschreiten den Rhein
408 Sturz und Ermordung **Stilochos**
409 Vandalen, Alanen und Sueben in Spanien
410 (24.8.) Eroberung Roms durch die **Alarich**-Goten; Tod **Alarichs**: **Athaulf** König der Westgoten (bis 415); Rückzug Roms aus Britannien
413 Burgunderreich um Worms, Mainz und Speyer (bis 436)
414 Hochzeit zwischen **Athaulf** und Galla Placidia, der Schwester des weströmischen Kaisers **Honorius**
418 Gründung des Tolosanischen Reiches der Westgoten (bis 507)
428 **Geiserich** König der Vandalen (bis 477)
429 Vandalen setzen nach Afrika über; Einfall von Pikten und Sachsen in Britannien
430 Belagerung der Stadt Hippo Regius in Nordafrika durch Vandalen: Tod des Augustinus; **Aëtius** führender Heermeister im Westen
433 Pannonien wird zum Zentrum des Hunnenreichs
435 *Foedus* zwischen **Geiserich** und dem Westreich; **Attila** König der Hunnen (bis 453); Bagaudenaufstand in Gallien (bis 437); Zerstörung des Burgunderreichs durch Hunnen; Ansiedlung der Reste des Stammes südlich des Genfer Sees
439 Vandalen erobern Karthago
441 Hunneneinfälle in Moesien und Thrakien
442 Vertrag der Vandalen mit Ravenna: Anerkennung des Vandalenreiches in Nordafrika durch **Valentinian III.**; erneut Sachseneinfälle in Britannien; Einfälle der Hunnen auf dem Balkan
443 Reich der Burgunder an der Rhône (bis 534); Friedensschluss zwischen Konstantinopel und den Hunnen: Tributzahlungen an die Hunnen
447 Hunneneinfälle in Thrakien
451 Schlacht auf den Katalaunischen Feldern: knappe Niederlage der hunnischen Konföderation unter **Attila**; der Westgotenkönig **Theoderid** fällt in der Schlacht;
452 Hunnen fallen in Italien ein
453 Tod **Attilas**
454 Ermordung des **Aëtius** durch **Valentinian III.**; (ca.) **Theoderich (der Große)**, später König der Ostgoten in Italien, wird geboren
454/455 Niederlage der Hunnen am Nedao: Zerfall des Hunnenreiches; Ansiedlung von Ostgoten in Pannonien

455	(2.6.) Vandalen erobern und plündern Rom
457	**Ricimer** führender Heermeister im Westen
459	**Theoderich** als Geisel in Konstantinopel (bis ca. 469)
466	**Eurich** wird König der Westgoten (bis 484): größte Ausdehnung des Tolosanischen Reiches; Konfrontationskurs gegen Westrom
468	Krieg in Gallien und Spanien (bis 475): Westgoten besetzen Augusta Emerita in Spanien und siegen über die Bretonen; Expansion in Gallien
474	Erhebung **Theoderichs** zum König der Ostgoten (bis 526)
476	**Romulus** (Augustulus) wird von **Odoaker**, dem Anführer der germanischen Föderaten in Norditalien, abgesetzt; Ende des römischen Westreichs

Bei der Ansiedlung der Goten ging schief, was schiefgehen konnte: Die jenseits der Donau Zuflucht suchenden Goten waren, erstens, schon ihrer großen Zahl wegen nur schwer zu integrieren; einen Präzedenzfall für die Aufnahme fast eines ganzen Großstammes gab es nicht. Außerdem waren, zweitens, die Loyalitäts- und Gefolgschaftsstrukturen bei den Terwingen intakt geblieben. So war Fritigern zwar kein König und auch kein Richter wie Athanarich, sondern ein *dux*, ein Heerführer, der in der Anfangsphase noch nicht einmal den alleinigen Oberbefehl über die Flüchtlinge führte,[65] doch waren seine Autorität und sein Charisma so unangefochten, dass an einen Zerfall der Gefolgschaft von vornherein nicht zu denken war. Die Goten blieben deshalb auch auf römischem Boden als soziale, durch die Gefolgschaft zusammengehaltene Gruppe intakt und entsprechend handlungsfähig. Drittens versagte eine inkompetente, partiell korrupte römische Obrigkeit, die für die organisatorische Abwicklung der Ansiedlung Sorge zu tragen hatte, auf der ganzen Linie: Die römischen Verantwortlichen versäumten es, die Terwingen zu entwaffnen und ihren Status als abgabenpflichtige, zum Heeresdienst verpflichtete Kolonen festzuschreiben; sie versagten, als es darum ging, die Goten mit Nahrung zu versorgen; Einzelne ließen sich gar bestechen und versuchten so auch noch, von der kritischen

65 Allerdings starb der ihm übergeordnete Heerführer Alavivus bald, und Fritigern wurde zum alleinigen Führer der Terwingen im Römischen Reich.

Lage der Flüchtlinge zu profitieren. Des anhaltenden Zustroms über die Donau – über die längst nicht mehr nur die Fritigern-Goten kamen, sondern auch andere Gruppen auf der Flucht, darunter Greutungen – konnten sie auch nicht Herr werden, denn der Kaiser und sein Heer waren weit weg, in Mesopotamien, wo sie gegen die Perser kämpften. Die unzureichende militärische Sicherung der Ansiedlung, die von der kleinen, mangelhaft ausgebildeten thrakischen Streitmacht nicht auch nur annähernd zu bewältigen war, wurde schließlich der vierte Faktor römischer Überforderung, die das ganze Unternehmen zum Fiasko werden ließ.[66]

Während die Situation der Goten an der Donau immer kritischer wurde, stieg begreiflicherweise ihre Wut auf das Imperium. Die Situation geriet vollends außer Kontrolle, als der lokale römische Militärbefehlshaber, der von der Situation völlig überforderte *comes* Thrakiens, Flavius Lupicinus, vergeblich versuchte, Fritigern und den zweiten gotischen Anführer, Alavivus, in einen Hinterhalt zu locken und zu töten. In den nun folgenden Kämpfen erlitt Lupicinus' Heer eine verheerende Niederlage bei Markianopolis. Als wäre dies nicht alarmierend genug, gingen Fritigerns Terwingen nun ein Bündnis mit der jenseits der Donau immer bedrohlicher werdenden Konföderation aus Hunnen, Alanen und Greutungen ein.

Jetzt, endlich, reagierte auch Valens und verlegte sein Heer aus dem Osten, wo er in Antiocheia einen neuerlichen Schlag gegen Schapurs Perser vorbereitet hatte, nach Thrakien.[67] Zusätzlich forderte er Verstärkung aus dem Westen

66 Vgl. dazu: Wolfram 1990, 135f.; Todd 2000, 141; Potter 2004, 527f.; Heather 2006, 162f.

67 Valens legte die ehrgeizigen Pläne eines Perserkriegs zu den Akten, auch weil in seinem Rücken, in Isaurien und Phönizien-Palästina, Rebellionen aufgeflammt waren: Die Römer und Schapurs Sasaniden hatten sich nach der Ermordung des Papas einen zähen Kleinkrieg um Armenien geliefert, während zugleich Gesandtschaften ausgetauscht und Forderungen erhoben wurden; vgl. Gutmann 1991, 187f.; Greatrex/Lieu 2002, 21–27.

an. Sein Neffe Gratian sicherte tatsächlich Unterstützung zu, die jedoch wegen eines erneuten Alamannen-Einfalls erst mit Verspätung in Marsch gesetzt werden konnte. Noch bevor Gratians Kontingent eintraf, entschloss sich Valens – der inzwischen mit seinem *comitatus* von angeblich 40.000 Mann in Thrakien eingetroffen war und sich einer Streitmacht von ungefähr 10.000 Goten gegenüber wähnte – daher gegen den Rat vieler seiner hohen Offiziere zum Angriff auf die Terwingen, die in Wirklichkeit weitaus zahlreicher waren und unweit der Stadt Adrianopel (Hadrianopolis, heute Edirne) ihr Lager aufgeschlagen hatten. Ein Eilbote, den Gratian mit der dringenden Aufforderung zu Valens gesandt hatte, sein Erscheinen abzuwarten, konnte den Ostkaiser nicht mehr umstimmen, und auch Versuche der Goten, noch im letzten Moment den Frieden zu retten, verpufften wirkungslos.

Ausschlaggebend für Valens' katastrophale Fehlentscheidung, sofort, an jenem 9. August 378, den Fritigern-Goten die Schlacht anzubieten, war wohl eine Kombination verschiedener Faktoren: Unzureichende Feindaufklärung mischte sich mit der Hybris vermeintlicher Unbesiegbarkeit im Angesicht eines Feindes, der hoffnungslos unterlegen schien. Zu eitler Ruhmsucht, die dem Herrscherkollegen Gratian den militärischen Erfolg missgönnte, gesellte sich völlige Planlosigkeit, denn bis zum letzten Moment wusste Valens nicht, ob er einen totalen Sieg über die Goten erringen oder Fritigerns Männer in seinen Diensten haben wollte. Schließlich haperte es auch am Organisatorischen: Proviantknappheit zwang zum Handeln, und als Valens noch einmal mit den Goten verhandelte, hatten einige seiner Offiziere am linken Flügel bereits den Angriff befohlen. Die nun unaufhaltsame Dynamik des Schlachtgeschehens überrollte die Römer, die ihre zahlenmäßige Überlegenheit nicht ausspielen konnten und von der feindlichen Reiterei förmlich zermalmt wurden:

> Auf beiden Seiten stießen Rüstungen und Waffen aufeinander, und Bellona [die Göttin des Krieges], die mit größerem In-

grimm als gewöhnlich unter den Römern wütete, blies in ihre kläglichen Kriegstrompeten.[68]

Am Ende waren drei Viertel des römischen Heeres gefallen, der Kaiser, von einem Pfeil getroffen, tot, die Stadt Adrianopel, wo ein bedeutender Teil des römischen Staatsschatzes lagerte, nur durch ihre starken Mauern und die Unerfahrenheit der Goten in Sachen Belagerungstechnik gerettet. Die von ihrem Erfolg angespornten Goten zogen nun plündernd durch die Balkanprovinzen und unternahmen sogar noch einen Vorstoß, der sie bis in die Nähe Konstantinopels führte, bevor sie von der sarazenischen Reiterei zurückgeschlagen wurden. Die Terwingen waren jeder Kontrolle Roms entglitten, das auf einen Schlag einen beträchtlichen Teil seines militärischen Potenzials verloren hatte. Dass sie freiwillig wieder aus dem Reichsgebiet abziehen würden, stand nach Lage der Dinge nicht zu erwarten. Nie wieder sollte ein römischer Befehlshaber in der Lage sein, eine Armee ins Feld zu führen, die ihrer Stärke nach derjenigen des Valens gleichkam. *Imperial overstretch* war nach Adrianopel nicht das Ergebnis expansiven Wachstums und vergrößerter Entfernung, die Überdehnung war schlichte Folge dramatisch verringerter Ressourcen. Das militärisch geschwächte Imperium war deshalb auch mehr als je zuvor von fremdstämmigen Kontingenten abhängig, die als *foederati* unter römischen Feldzeichen kämpften.

In der Zwischenzeit hatte sich auch im Westen die Lage zugespitzt: Alamannen hatten im Winter 377/378 bei Breisach den Rhein überschritten und waren zunächst zurückgeschlagen worden. Die Germanen kehrten aber bald zurück und schlugen ein Heer, das der Chef der kaiserlichen Leibwache, der Franke Mallobaudes, gegen sie geführt hatte. Gratian griff daraufhin selbst mit seinem Heer ein, warf die Alamannen zurück und zwang sie in ein neues *foedus*. Von Sirmium aus be-

68 Amm. XXXI. 13, 1. Eine detaillierte Schilderung des Schlachtablaufs bei Heather 2006, 167–181, der (ebd., 180) die Größe des römischen Heeres auf »more like« 15.000 Mann, die Stärke der Goten auf tatsächlich 10.000 schätzt, was den Römern ein Übergewicht von 1,5 : 1 verschafft hätte.

rief er den jüngeren Theodosius, den Sohn von Valentinians gleichnamigem *magister equitum*, der wenige Jahre zuvor hingerichtet worden war, zum *magister militum*, mit dem Auftrag, den Balkan zu befrieden. Der hatte zuvor als *dux Moesiae* (seit 374) einige Erfolge an der Donau errungen und vermutlich auch danach Gelegenheit gehabt, sich militärisch zu bewähren. Nach einem Sieg über die Sarmaten und vielleicht auch über die Goten auf dem Balkan ernannte Gratian ihn zum Augustus des Ostens (19. Januar 379) – und nicht seinen eigenen Bruder Valentinian II., wie der gehofft haben mochte.[69]

Theodosius stand nun vor der Aufgabe, das Gotenproblem zu lösen. Der Kaiser versuchte, dem Truppenmangel durch neue Rekrutierungen abzuhelfen; er selbst und sein gotischer Heermeister Modares operierten 379–381 auf dem Balkan, unter schwierigen Bedingungen und mit wechselndem Glück. 380 zog Theodosius sich dort eine empfindliche Niederlage zu und musste bei seinem Kollegen Gratian um Hilfe nachsuchen, die auch gewährt wurde: Immerhin gelang es im westlichen Balkan, mit Teilen der Goten ein *foedus* zu schließen und die Germanen auf Reichsboden anzusiedeln (380). Eine unerwartete moralische Trumpfkarte wurde Theodosius in die Hand gespielt, als am 11. Januar 381 Athanarich, der ehemalige Terwingen-Richter, in Konstantinopel erschien und feierlich Aufnahme fand; während auf dem Balkan noch gekämpft wurde, strebten auch die Verhandlungen mit den übrigen Goten einem Abkommen entgegen. Am 3. Oktober 382 war es so weit: Theodosius schloss ein *foedus* mit den verbliebenen Terwingen im Römischen Reich, die in Moesien angesiedelt wurden.

69 Der faktenreiche und im Großen und Ganzen zuverlässige Bericht Ammians endet mit der Schlacht von Adrianopel. Die Chronologie der folgenden Ereignisse ist verworren. So ist unklar, ob Theodosios erst seine Siege auf dem Balkan errang oder schon zuvor seine Berufung zum Augustus erhalten hatte. Die weitere Darstellung folgt als Referenzwerk zu Theodosius Leppin 2003, 39–44.

Abb. 37: Solidus des Theodosius (vor 383). Auf der Vorderseite Porträtbüste des Kaisers mit Brustpanzer, Paludamentum und Diadem. Auf der Rückseite die personifizierte Constantinopolis, auf einem Thron sitzend, mit Helm und Löwenkopf, in den Händen Szepter und Weltkugel haltend. Legende: CONCOR-DIA AVGGG(ustorum) – gemeint sind Gratian, Theodosius und Valentinian II. (RIC IX. 45d).

Der Redner Themistios pries das Abkommen in den höchsten Tönen: Die Goten seien dem kaiserlichen Unterhändler Saturninus gefolgt,

> als er sie zum Kaiser führte, wie bei einem festlichen Umzug, wobei sie den Erdboden ehrfurchtsvoll behandelten, gegen den sie vorher gewütet hatten, und die Überreste wie Heiligtümer schonten. […] Im Übrigen waren sie unbewaffnet und friedfertig, bezwungen durch Einsicht, nicht durch körperliche Gewalt.[70]

Die Wirklichkeit sah sehr viel prosaischer aus: Die Goten wurden mitten im Reich als *foederati* anerkannt; sie wurden Reichsangehörige, blieben aber Fremde ohne das Recht, Römerinnen zu heiraten (*conubium*). Entlang der Donau erhielten sie Siedlungsland, das von Abgaben befreit war. Zwar blieb das Land römisches Territorium, doch unterstanden die Terwingen der Gerichtsbarkeit und Regierungsgewalt ihrer Stammesführer. Außerdem waren sie zum Heeresdienst unter ihren eigenen Stammesführern verpflichtet, die jedoch ihrerseits römischen Befehlshabern unterstellt sein sollten.

70 Them. or. XVI, 209.

Schließlich wurde festgesetzt, dass die Goten mit der provinzialen Bevölkerung ›unter einem Dach‹ leben sollten: Sie ernährten sich, indem sie das Land, das ihnen zugewiesen worden war, selbst bebauten.[71]

Auf kurze Sicht war damit der Druck gemildert worden. Langfristig aber belasteten die vertraglichen Regelungen das Verhältnis der Römer zu den Germanen mit einer schweren Hypothek, denn erstmals formierte sich auf römischem Boden ein Staat im Staate, und noch weitaus stärker als nach dem Gotenvertrag von 376 war es den Terwingen möglich, auch hier noch ihren sozialen und organisatorischen Zusammenhalt zu wahren. Evidentermaßen handelten die römischen Verantwortlichen beim Abschluss des *foedus* aus einer Position der Schwäche heraus: Die Verhandlungsspielräume waren im Jahre 382 dramatisch zusammengeschmolzen. Dazu, einem potenziell tödlichen Gegners politisch entgegenzukommen, gab es grundsätzlich keine Alternative. Das war auch Themistios bewusst, der sich mit dem Glauben an die göttliche Vorsehung tröstete. So sei Theodosius der erste gewesen,

> der es wagte, daran zu glauben, dass die Macht der Römer nicht in Waffen ruhte noch in Brustpanzern, Speeren und einer unermesslichen Mannschaftsstärke, sondern dass es eine andere Macht und eine Vorsehung geben müsse, die zu jenen, die im Einverständnis mit dem Willen Gottes herrschen, im Stillen von einer Quelle kommt, die alle Völker unterwirft, alles Wüten in Milde verwandelt und der allein sich Waffen, Bogen, Reiter, die Unnachgiebigkeit der Skythen, die Kühnheit der Alanen, die Tollheit der Massageten beugen.[72]

Kaum war der Balkan durch das neue *foedus* einigermaßen befriedet, erschütterte eine Usurpation den Westen des Reiches: In Britannien riefen die Truppen ihren Befehlshaber Magnus Maximus, einen Spanier, der unter dem älteren Theodosius gedient hatte und möglicherweise mit diesem

71 Zur Rekonstruktion des *foedus*: Wolfram 1990, 281f.; Heather 2006, 184–186; vgl. auch Gutmann 1991, 211.

72 Them. or. XVI.

verwandt war, zum Kaiser aus (383). Er setzte nach Gallien über und siegte dort über Gratian, der ihm entgegengezogen war; der Westkaiser kam auf der Flucht um (25. August 383). Erst eine von Theodosius veranlasste Intervention östlicher Truppen hielt Maximus' Vormarsch nach Italien auf und rettete so den in Mailand residierenden, inzwischen 12-jährigen zweiten Augustus des Westens, Valentinian II. Die Kontrahenten gelangten zu einer Verständigung, die Maximus als Augustus anerkannte (384); der neue Westkaiser bezog in Trier seine Residenz. Wenig später brach der Bürgerkrieg jedoch von Neuem aus, und Maximus gelang es, Valentinian II. aus Italien zu vertreiben. Der flüchtete sich zu Theodosius, der nun energisch gegen Maximus vorging. Nach mehreren Niederlagen kapitulierte Maximus und wurde am 28. August 388 hingerichtet.

Theodosius war damit faktisch Alleinherrscher, obwohl der Form nach Valentinian der erste Rang gebührt hätte. Theodosius selbst wählte Mailand als Residenz, Valentinian schickte er nach Trier, wo er ihn unter die Aufsicht des fränkischstämmigen Heermeisters Arbogast stellte, eines Heiden, der zielstrebig am Aufbau einer eigenen Hausmacht in den gallischen Provinzen arbeitete. Dessen Macht wuchs beträchtlich, als Theodosius 391 Mailand den Rücken kehrte, um das Chaos im von religiösem Hader geschüttelten Konstantinopel zu ordnen. Als man Valentinian 392 erhängt im Palast von Vienne fand, hoffte Arbogast darauf, dass Theodosius ihm Honorius, den jüngeren seiner beiden unmündigen Söhne, als neuen Augustus des Westens nach Trier senden würde.[73] Da nichts dergleichen geschah, sah sich der Franke veranlasst, einen eigenen Kandidaten zu proklamieren: den Rhetoriklehrer und Hofbeamten Eugenius, der das Vertrauen der heidnischen senatorischen Oberschicht in Rom genoss. Denn obgleich selbst Christ, war Eugenius den Anliegen der

73 Pro forma amtierte bereits seit 383 der ältere Arkadios als faktisch bedeutungsloser Augustus des Ostens, ab 392 mit dem aus Gallien stammenden Prätorianerpräfekten Rufinus als Vormund.

Heiden gegenüber aufgeschlossen. Damit aber war das Band zwischen ihm und Arbogast im Westen sowie Theodosius im Osten zerschnitten: Obwohl der germanische Heermeister und sein Kandidat für den Purpur in dem Bemühen, die kaiserliche Anerkennung aus Konstantinopel zu erhalten, Gesandtschaft um Gesandtschaft in die Stadt am Bosporus schickten, war die Entscheidung dort bereits gefallen: Theodosius erhob seinen jüngeren Sohn Honorius zum Augustus des Westens und rüstete zur Schlacht.

Das Kommando führte Theodosius gemeinsam mit seinem Heermeister Stilicho, einem mit Theodosius' Pflegetochter Serena vermählten Vandalen. Angeblich soll das Aufgebot 100.000 Mann gezählt haben, darunter auch die Gefolgschaftsgruppe um einen Terwingen namens Alarich, doch sind die Zahlen wohl maßlos übertrieben: Das Heer wird auf keinen Fall größer gewesen sein als der oströmische *comitatus*, den Valens in die Schlacht von Adrianopel geführt hatte.[74] Ohne auf Widerstand zu treffen, überquerten die Soldaten die Alpen und erreichten Italien; am Flüsschen Frigidus, einem Isonzo-Seitenarm östlich von Aquileia, prallten die Heere aufeinander (5./6. September 394): Während am Abend des ersten Schlachttages der Sieg für Arbogast und Eugenius in greifbarer Nähe schien, wendete sich das Schlachtenglück am folgenden Tag, und Theodosius errang einen grandiosen Sieg. Der um Gnade bittende Eugenius wurde hingerichtet, Arbogast beging zwei Tage später Selbstmord.[75]

Theodosius war nun aller Rivalen ledig. Die drängendsten Probleme schienen aus dem Weg geräumt – aber viel, allzu viel, harrte noch oder bereits wieder der Lösung: Der Bürgerkrieg hatte die Grenzen wieder für Einfälle von außen durchlässig gemacht; unter den Goten gärte es; im Westen musste ein Vormund für den gerade zehnjährigen Honorius gefunden werden, der in Lage war, die Verwaltung der

74 So jedenfalls plausibel Potter 2004, 532f.

75 »Die Niederlage am kalten Fluss war für die heidnische Partei der Todesstoß«, bilanziert Veyne 2008, 108.

Reichshälfte zu reorganisieren; Afrika hatte sich der Kontrolle durch die Zentralmacht fast gänzlich entzogen; die Kornkammer Ägypten wurde von einfallenden Stämmen heimgesucht; Hunnen bedrohten die Ostgrenze; beide Reichshälften versanken im Chaos je ganz unterschiedlichen religiösen Haders, und schließlich galt es, die Gräben zu überbrücken, die der Bürgerkrieg aufgerissen hatte, der ja faktisch ein Krieg zwischen östlicher und westlicher Reichshälfte, aber auch zwischen Anhängern einer aggressiveren und einer toleranteren Gangart gegenüber dem Heidentum gewesen war. Theodosius begab sich nach Mailand, berief Stilicho zum Vormund für Honorius und feierte ausgiebig den Sieg. Am 17. Januar erlag er, während in der Stadt Wagenrennen veranstaltet wurden, einer Krankheit, die ihn offenbar schon seit geraumer Zeit gezeichnet hatte. Der letzte Kaiser, der über das Gesamtreich geherrscht hatte, war tot.

Das Paradox der Asymmetrie und der Fall Roms: Römer und Germanen (395–410)

Die beiden etwa 18 und 10 Jahre alten Brüder Arkadios[76] und Honorius waren damit formal die Souveräne in einem Reich, das sich noch immer vom Atlantik bis zum Euphrat erstreckte. Die Teilung des Riesenreiches in zwei Hälften war für die Zeitgenossen bereits ein ganz selbstverständlicher Vorgang und angesichts der Herausforderungen auch objektiv gerechtfertigt. Dass sie diesmal von Dauer sein würde, ahnte deshalb niemand am Totenbett des Theodosius in Mailand, um das sich nun Stilicho, Honorius und dessen Schwester Galla Placidia versammelten. Die wirkliche Macht lag ohnehin nicht in den Händen der beiden Augusti, sondern bei den respektiven Vormündern: Rufinus und Stilicho.

76 Es bietet sich an, für die Akteure der Osthälfte künftig die griechische Namensform zu benutzen: Arkadios statt Arcadius, Theodosios II. statt Theodosius II. etc.

Der aus Gallien stammende, etwa 335 geborene Rufinus, bei dem sich Ehrgeiz mit grenzenloser Frömmigkeit paarte, hatte sich unter Theodosius in der Hofverwaltung emporgearbeitet: Bis 388 war er zum *magister officiorum* aufgestiegen, dem leitenden Hofbeamten. Als solcher übte er immensen Einfluss auf den Kaiser aus: Vor allem kontrollierte er – wie ehedem einzelne Prätorianerpräfekten oder die kaiserlichen Freigelassenen unter Caligula und Claudius – den Zugang zum Herrscher. Rufinus besaß auch exzellente Verbindungen zum Klerus, die ihn zum idealen Vermittler machten, nachdem es zwischen Theodosius und dem Mailänder Bischof Ambrosius zum Zerwürfnis gekommen war.[77] 392 wurde er Konsul und noch im selben Jahr Prätorianerpräfekt des Ostens. Rufinus war die graue Eminenz im Schatten des östlichen Kaisers.[78]

Rufinus' Gegenspieler im Westen war Stilicho, geboren zwischen 360 und 370 als Sohn einer Römerin und eines Vandalen. Vermutlich hatte Stilicho bereits als Knabe unter dem älteren Theodosius in Pannonien gedient. Er wurde Offizier der kaiserlichen Leibgarde und nahm 383 an einer Gesandtschaft an den Hof Schapurs III. ins Sasanidenreich teil, die in den Abschluss eines Friedens mündete (384).[79] Er heiratete die kaiserliche Nichte und Pflegetochter Serena und machte bald weiter Karriere: 385 wurde er Chef der kaiserli-

77 Siehe unten, S. 476–479.

78 Vgl. Leppin 2003, 181f.

79 Schapur III. war inzwischen seinem Vater Ardaschir II. nachgefolgt, der nach dem Tod Schapurs II. (379) nur wenige Jahre lang regiert hatte (bis 383), aber noch die Friedensverhandlungen mit dem Römischen Reich in die Wege geleitet hatte, an denen Stilicho teilgenommen hatte. Zwischen Persien und Rom setzte daraufhin eine Phase der Entspannung ein – nicht zuletzt weil beide Reiche erheblicher Bedrohung durch wandernde Völker ausgesetzt waren. Man einigte sich auf die Teilung Armeniens (384 oder 387); Rom und das Perserreich unternahmen sogar gemeinsame Anstrengungen, die armenische Kaukasusgrenze gegen Hunnen und Alanen zu sichern – wie sich zeigen sollte, mit gutem Grund: Die Hunnen fielen 395 über den Kaukasus in Armenien ein und drangen tief auf römisches und persisches Territorium vor, bis nach Syrien und Kleinasien; vgl. dazu: Winter/Dignas 2001, 53f.; Greatrex/Lieu 2002, 28f.

chen Garde, 391 als *magister peditum praesentalis* einer der beiden führenden Militärs der östlichen Reichshälfte, nach der Usurpation des Eugenius *comes et magister utriusque militiae praesentalis*, der nur noch hinter dem ersten Heermeister Timasius rangierte. Stilicho hatte damit im Alter von nicht einmal 30 Jahren eine der höchsten Stellen erklommen, die für einen Mann seiner Herkunft erreichbar waren.

Seine eigentlich große Stunde aber schlug mit Theodosius' Tod: Stilicho war nun, als Vormund des Honorius, faktisch Reichsverweser des Westens: Er eilte sogleich an die gefährdete Rheingrenze und sorgte vor allem dafür, dass die Goten Alarichs, die am Frigidus auf Seiten des Theodosius gekämpft hatten, nach Moesien zurückkehrten. Diese Goten, in Wirklichkeit ein ethnisch bunt zusammengewürfelter Haufen, der sich um Alarich als Heerkönig geschart hatte, waren empört: Nicht nur hatten sie in der Schlacht den höchsten Blutzoll zu entrichten gehabt, man hatte ihnen auch in Aussicht gestellte Zahlungen vorenthalten, und jetzt war zu allem Überfluss noch der Kaiser, mit dem man das *foedus* geschlossen hatte, der Gotenfreund Theodosius, tot. Nach gotischer Lesart war man damit von den vertraglichen Verpflichtungen entbunden. Nachdem sich die Alarich-Goten in Moesien – möglicherweise – mit den dort verbliebenen Terwingen vereinigt hatten,[80] zogen sie weiter nach Konstantinopel, wo sie vom Kaiser ein neues *foedus* forderten – das sie von Rufinus auch erhielten: Alarich, der sich spätestens jetzt König nannte, wurde mit einem hohen römischen Militäramt belehnt, vielleicht dem des *magister militum per Illyricum*, wo den Goten jetzt – statt in Moesien – Land zugewiesen wurde.

Das östliche Illyrien, wo die Goten nun angesiedelt werden sollten, wurde indes auch von Stilicho für den Westen beansprucht. Der dachte überhaupt nicht daran, die *foederati* des Ostkaisers hier aufzunehmen, zumal das *foedus* auch im Ost-

80 Ob sich die in Moesien ansässigen Terwingen tatsächlich Alarich anschlossen, ist in der Forschung umstritten. Pro: Wolfram 1990, 150; Heather 2006, 212f. Contra, mit guten Argumenten: Liebeschuetz 1990, 48–60.

Abb. 38: Diptychon aus Elfenbein. Dargestellt sind Stilichos Sohn Eucherius, seine Frau Serena (linke Hälfte) und der Heermeister selbst (rechte Hälfte). Monza, Duomo.

reich höchst unpopulär war und das östliche Heer Rufinus nicht Folge leistete. Stilicho nahm deshalb mit beiden mobilen Feldarmeen (*comitatenses*), der des Ostens und der des Westens, die Verfolgung der Goten auf, die nach Makedonien auswichen. In Thessalien, südwestlich des Berges Olymp, standen sich die beiden römischen Heere – denn auch Alarichs Goten waren ja eine reguläre Einheit des Ostheeres – monatelang lauernd gegenüber. Schließlich gab Stilicho das Unternehmen auf Druck Konstantinopels auf und zog sich mit dem westlichen Heer nach Italien zurück, während die östlichen *comitatenses* dem von Stilicho mit der Führung beauftragten gotischen Offizier Gainas nach Konstantinopel folgten (November 395).

Konstantinopel empfing das Heer mit offenen Armen, doch kaum in der Hauptstadt eingetroffen, sorgte Gainas dafür, dass Rufinus, der gerade einer Parade beiwohnte, von Soldaten erschlagen wurde. Möglicherweise war die Aktion von langer Hand geplant worden, und Stilicho steckte hinter dem Anschlag, um sich so seines Hauptrivalen und persönlichen Feindes zu entledigen. Rufinus' Stelle als Vormund des Arkadios nahm bald Eutropios ein, ein Hofeunuch, der auf diese Weise zum mächtigsten Mann im Ostreich avancierte. Während Gainas – gleichsam als Stilichos Mann in Konstantinopel und Eutropios' führender Militär – in den Machtzirkel der östlichen Hauptstadt aufstieg, wurde Alarich seine militärische Stellung aberkannt, der Gote zum Reichsfeind erklärt. Damit waren die Alarich-Terwingen wieder das, was sie vor dem *foedus* von 382 gewesen waren: Rebellen, die auf dem Balkan ihr Unwesen trieben: Sie fielen in Boiotien ein und eroberten in Attika den Hafen Piräus, während sich Athen freizukaufen verstand. Ein ganzes Jahr lang durchzog Alarich daraufhin mit seinen Goten die Peloponnes, bis Stilicho sie in Elis, in der Nähe von Olympia, stellte. Die Übermacht seiner Truppen war erdrückend, doch Stilicho schlug nicht zu und ließ Alarich entkommen.[81] Der setzte über den Golf von Korinth und fiel in Nordwestgriechenland und Epeiros ein.

Angesichts der Verheerungen war Konstantinopel zu Zugeständnissen bereit: Die Goten erhielten ein neues *foedus* und wurden diesmal in Epeiros, Makedonien und der Aurelianischen Donauprovinz Dacia ripensis angesiedelt, Alarich erhielt das Amt eines regionalen Heermeisters für das Illyricum zurück (397). Der Gotenkönig schien damit seinem Ziel,

81 Was Stilicho dazu bewogen haben mag, Alarich entkommen zu lassen, ist unklar. Die antiken Autoren witterten Verrat, aber der war wohl nicht im Spiel. Eher betrachtete der Heermeister Alarichs Goten als eine mögliche Trumpfkarte in der Auseinandersetzung mit seinen Widersachern in Konstantinopel.

endlich ein Siedlungsgebiet für seine Gefolgschaftsgruppe zu finden, einen entscheidenden Schritt näher gekommen zu sein. Wie schon bei den Germanenführern Arminius, Marbod und Kniva beruhte auch Alarichs Autorität über sein ›Volk‹ maßgeblich auf dem Charisma, das ihm als demjenigen zuwuchs, der die Hoffnung auf ein schließliches Ende der Wanderung realistisch verkörperte: Zwar zogen die Goten in der direkten Konfrontation mit römischen Heeren meist den Kürzeren, doch bestand Alarichs Leistung gerade darin, Kämpfen aus dem Wege zu gehen und stattdessen Spielräume zu nutzen, die ihm der Interessengegensatz zwischen Ost- und Westrom öffnete. Wem, wenn nicht Alarich, konnte man sich in verzweifelter Lage anvertrauen? Wer, wenn nicht er, verstand es, im diplomatischen Dickicht zwischen Ost und West so geschickt zu lavieren, dass sich den Goten immer wieder ein Ausweg bot?

Ein einziges Mal hatte Alarich, wohl ein entfernter Verwandter Athanarichs, gegen ein Abkommen mit der römischen Obrigkeit verstoßen: 391, noch zu Lebzeiten Theodosius' und damit während der Gültigkeit des *foedus* von 382, hatte eine zusammengewürfelte Schar aus Fritigern-Goten und illegalen Einwanderern aus dem norddanubischen Barbaricum das Balkangebirge – die 382 vereinbarte Südgrenze des terwingischen Siedlungsgebiets – überschritten und war in Thrakien eingefallen. Als ihr Führer hatte sich Alarich einen Namen gemacht und prompt einen Sieg über Theodosius errungen. Erst im Folgejahr (392) hatte Stilicho zurückgeschlagen und Alarich zur Anerkennung des *foedus* von 382 gezwungen. Alarichs Sieg über Theodosius war also gleichsam seine primordiale Tat, die ihn zum Führer, zum Heerkönig, qualifizierte, um den sich eine Gefolgschaft scharte. Wenig später nahm Alarich, dieses Mal auf Theodosius' Seite, an der Frigidus-Schlacht teil und stieg als erster Germanenkönig ins Amt eines regionalen Heermeisters auf, der zudem einen geschlossenen proto-ethnischen Gefolgschaftsverband als römische Föderatenarmee kommandierte. Fortan ließ er die jeweils andere Seite Verträge brechen und manövrierte geschickt zwischen den zunehmend antagonistischen Reichshälften. Eine andere Handlungsoption hatten die Alarich-Goten auch nicht: Sie wurden, je länger der Konflikt anhielt, desto mehr, zur Manövriermasse im latenten Bruderkrieg zwischen Mailand und Konstantinopel, denn jede der beiden Seiten war darauf bedacht, Alarichs Leute aus dem eigenen Territorium herauszuhalten, sie jedoch zugleich als Schachfiguren im großen Spiel um die Macht im Reich einzusetzen.

Gainas wurde unterdessen seiner Rolle als zweiter Mann im Osten und vor allem seines Vorgesetzten Eutropios überdrüssig: Als dieser ihm befahl, gegen den Greutungen Tribigild vorzugehen, der als *comes* einer gotischen Kolonie in Phrygien vorgestanden, dann aber mit Konstantinopel gebrochen und mit einem Raubzug Kleinasien verheert hatte, rief Gainas stattdessen zur Absetzung des Eunuchen auf. Sein Hass auf Eutropios machte Gainas zum natürlichen Verbündeten des von Eutropios geschassten *magister officiorum* Aurelianus und des Heermeisters Johannes sowie der Kaiserin Eudoxia, der Gattin des Theodosius. Aurelianus und Johannes kämpften eigentlich gegen den wachsenden Einfluss von Barbaren bei Hofe, aber in diesem speziellen Fall hatten sie nichts gegen ein Bündnis mit Gainas einzuwenden: Der Coup gelang, Eutropios wurde hingerichtet (399).

Sofort war das Zweckbündnis zwischen Gainas einer-, Eudoxia, Aurelianus – nun Prätorianerpräfekt des Orients – und Johannes andererseits Makulatur: Gainas, das Ziel vor Augen, ein Stilicho des Ostens zu werden, suchte das Bündnis mit Tribigild und besetzte mit dessen Gotenschar Chalkedon am Konstantinopel gegenüberliegenden Bosporusufer. Er zwang Arkadios, die Germanenfeinde Aurelianus und Johannes fallenzulassen und zu verbannen, Konstantinopel den Goten zu öffnen und den arianischen Germanen eine Kirche abzutreten. Angeblich strömten nun auf einen Schlag 35.000 Menschen[82] in die Hauptstadt am Bosporus, eine Masse, die ein-

82 Nach: Synes. prov. II, 2.

zuquartieren unmöglich war. So überrascht es nicht, dass religiöse und fremdenfreindliche Ressentiments rasch überbordeten: Der so redegwandte wie populäre Patriarch Johannes von Antiocheia, genannt Chrysostomos (›Goldmund‹), schürte den Hass mit seinen Predigten, in denen er den Arianismus der Goten anprangerte. Schließlich entlud sich die aufgestaute Wut in einem Massaker, dem außer Gainas nur wenige Goten entkamen (400). Gainas selbst fiel später gegen die Hunnen, sein Heer wurde von dem ebenfalls gotischstämmigen oströmischen Heermeister Fravitta geschlagen, der seinerseits schon kurze Zeit später einer Intrige der germanenfeindlichen Partei um Johannes und Aurelianus zum Opfer fiel (401).

Nach 395 braute sich aber auch über den Westprovinzen neues Unheil zusammen: Ein Krisenherd war bereits seit 386 Afrika, wo der örtliche Militärbefehlshaber Gildo sich als quasi-souveräner Herrscher gebärdete. Gildo war ein weiterer Sohn des Berberfürsten Nubel und damit der Bruder des Usurpators Firmus, dessen Unterwerfung durch den älteren Theodosius er seinerzeit unterstützt hatte. Zum Dank hatte der jüngere Theodosius ihn zum *comes* erhoben und seinen donatistischen Kurs in Kirchenfragen toleriert. Gildo hatte Magnus Maximus gegen Valentinian II. unterstützt, sich dann aber gegenüber Eugenius neutral verhalten. Nach Theodosius' Tod paktierte der Berber mit Konstantinopel und stellte sich damit gegen Honorius und Stilicho, denen er die Getreidelieferungen verweigerte, von denen Italien abhing. In Rom brach daher 397 eine schwere Hungersnot aus, was für Stilicho das Maß vollmachte: Ein gallisches Heer setzte nach Mauretanien über und besiegte Gildo, der am 31. Juli 398 öffentlich hingerichtet wurde; die Beute war so gewaltig, dass die finanzielle Not des weströmischen Fiskus behoben war:

> Das Reich des Südens ist unserem Imperium wiedergegeben, der Himmel über jener Hemisphäre erneut unter unsere Herrschaft gebracht. Ost und West leben in Freundschaft Seit' an Seit', unter der starken Hand eines Herrschers. Wir haben Europa wieder fest an Afrika gebunden, und unerschütterliche

> Eintracht verbindet die Bruderreiche. […] Der Feind, den früher Winter uns gebracht, Frühling hat ihn schon zerstört.[83]

In diesen Versen des aus Alexandreia stammenden Dichters Claudian macht sich verständliche Erleichterung über die überstandene Hungersnot Luft, und fraglos hatte Stilicho einen Sieg errungen, der ihn in Italien populär machte. Doch um welchen Preis? Um Afrika zurückzuerobern, hatte er die Grenzgarnisonen Galliens ausgedünnt und dem Bewegungsheer zugeschlagen, wo sie verblieben. Noch mehr Soldaten wurden kurz nach der Jahrhundertwende vom Rhein und aus Britannien abgezogen, um Italien gegen Eindringlinge von außen zu schützen. Diesen Schutz hatte die Halbinsel bitter nötig, denn 401 waren vandalische und alanische Gruppen in Raetien eingefallen, die Stilicho zurückschlagen musste. Noch 398 war es dem Heermeister allerdings gelungen, mit Franken und Alamannen günstige Abkommen zu schließen, die immerhin eine Verschnaufpause im Ringen um die Sicherheit Galliens versprachen. Stilichos riskantes Spiel schien aufzugehen: Der Vandale bekleidete im Jahr 400 den Konsulat und verheiratete seine Tochter Maria mit Kaiser Honorius.

Seit 397 herrschte außerdem Ruhe an der Balkanfront, denn seit der Ansiedlung seiner Gefolgschaft im Reichsgebiet hatte sich Alarich ruhig verhalten. Im Windschatten der Kämpfe in Raetien jedoch verließen die Alarich-Goten 401 die ihnen zugewiesenen Siedlungsräume in Makedonien und Epeiros, fielen in Norditalien ein und standen bald vor der kaiserlichen Residenz Mailand. Der Hof wich in das gut befestigte und leicht zu verteidigende Ravenna aus, das damit zur letzten Hauptstadt des Westreiches avancierte. Allerdings war Stilicho rasch zur Stelle: Er entsetzte Mailand und drängte die Alarich-Gruppe weiter nach Westen ab, wo ein von Gallien her anrückendes Heer sie zu erdrücken drohte. Bei Asti erlitt Alarich am 6. April 402 durch einen Überraschungsan-

83 Claud. bel. Gild. I. 1–3; 16.

griff Stilichos schließlich eine schwere Niederlage, wobei Teile seines Heeres und selbst Familienangehörige in Gefangenschaft gerieten. Alarich selbst konnte sich aber mit seiner Reiterei absetzen und stellte Stilicho wenige Monate später bei Verona zur zweiten Schlacht, die er katastrophal verlor: Diesmal konnte Alarich nur kümmerliche Teile seiner Gruppe retten, die zwar ihren Zusammenhalt bewahrte, aber auf den Balkan abziehen musste, wo sie zunächst ziellos umherirrte und Teile Illyriens in Schutt und Asche legte. Dann aber schloss Ravenna mit den Alarich-Goten ein *foedus*, Alarich selbst wurde wieder Heermeister, diesmal des Westens (405). Hintergrund des Bündnisses waren die Pläne Stilichos auf dem Balkan: Er hatte das Projekt, über Handlanger selbst Einfluss in Konstantinopel zu gewinnen, aufgegeben und wollte nun stattdessen das zwischen Ravenna und Konstantinopel geteilte Illyricum unter westlicher Herrschaft wiedervereinigen: Die bei der Teilung 395 an Arkadios gefallenen Provinzen Makedonien und Dacia ripensis trachtete er als Rekrutierungsgebiete für die dringend gebotene Aufstockung seiner Armee dem Westreich einzuverleiben. Im Jahr 407 bereiteten sich die Alarich-Goten in Epeiros auf die Invasion der östlichen Balkanhalbinsel vor.

Wie nötig das Westreich neue Aushebungen tatsächlich hatte, offenbarte noch im Jahr des Bündnisses mit Alarich (405) der Einfall einer neuen Barbarengruppe über die Donau: Ein Gote vermutlich greutungischer Herkunft, Radagaisus, führte eine Schar von ca. 20.000 Kriegern wohl vorwiegend gotischer Herkunft – insgesamt ca. 100.000 Personen – an, die sich der hunnischen Herrschaft jenseits der Donau zu entziehen trachteten und ihr Heil auf römischem Reichsboden suchten; er brach bis nach Mittelitalien durch, wo er bei Florenz von Stilicho gestellt und geschlagen wurde (406). Nur wenig später trafen neue Hiobsbotschaften aus dem Westen ein: In Britannien machte sich seit 406 der Unmut der Garnison, die sich von der Reichszentrale im Stich gelassen wähnte, in einer Serie von Usurpationen Luft, die schließlich einen gewissen Flavius Claudius Constantinus als

Konstantin III. an die Macht spülte (407). Hintergrund war auch die Lage in Gallien, in das zum Jahreswechsel 406/407[84] Alanen sowie mehrere germanische *gentes* eingefallen waren, darunter Sueben, Vandalen, Franken und Burgunder. Konstantin zog also mit seinem Heer von Britannien – das damit von römischen Truppen vollständig geräumt war – nach Gallien, siegte über nicht näher zu bestimmende Gruppen und bezog seine Residenz in Arelate (Arles). Mit den Burgundern unter ihrem König Gundahar schloss er ein *foedus*, das ihnen ein geschlossenes Siedlungsgebiet am Rhein mit den Zentren Worms, Speyer und Straßburg einbrachte – Keimzelle einer autonomen Machtspähre auf römischem Reichsboden. Damit war der Präzedenzfall für alle künftigen germanischen Reichsgründungen auf römischem Territorium geschaffen.[85]

Die Jahre 406 und 407 waren die entscheidende Wendemarke im römischen Westen: Britannien war aufgegeben, die Rheingrenze – obwohl vereinzelt Garnisonen auf ihrem Posten blieben – nur noch virtuell existent, Gallien den eindringenden Alanen und Germanen preisgegeben. Die gallische Krise offenbarte ebenso wie der Zug der Alarich-Goten das Paradoxon der Asymmetrie zwischen dem Reich und seinen Feinden: Das Imperium war den Invasoren organisatorisch, technologisch, wirtschaftlich und demographisch noch immer haushoch überlegen. Aber die Macht der Schwachen sorgte dafür, dass das Pendel gleich mehrfach zugunsten der Stämme ausschlug, und darauf fand man weder in Mailand bzw. Ravenna noch in Konstantinopel eine Antwort: Die Stämme tauchten stets unvermittelt auf, und zwar genau dort, wo man sie am wenigsten vermutete; sie vermieden große Feldschlachten und standen spätestens seit dem Gotenvertrag, den Valens 376 abgeschlossen hatte, mitten im Imperium, im Rücken jener Heere, welche die Grenzen verteidigten. Wäh-

84 Nach Ansicht mancher Forscher 405/406: vgl. etwa Kulikowski 2000. Für die traditionelle Datierung: Heather 2006, 210, der die Ereignisse der Jahre 405–410 auch prägnant in einen Zusammenhang stellt.

85 Vgl. dazu: Todd 2000, 195.

rend die Barbaren kaum etwas besaßen und daher hochgradig mobil waren, waren Bevölkerung und Ressourcen des Imperiums nahezu unbeweglich – und damit äußerst verwundbar. Vor allem aber war für die germanischen Männer Kriegsdienst etwas Selbstverständliches – ihre Heere waren wandernde Völker in Waffen. Die Sicherheit des römischen Imperiums hingegen hing von professionellen, stehenden Heeren ab, und damit vom Steueraufkommen, das nicht beliebig vermehrbar war. Dieses Moment militärischer Asymmetrie bedingte letztlich die entscheidende offene Flanke, die Rom seinen barbarischen Gegnern bot.[86]

Obwohl sie an sich keine waren – denn sie wollten das Römische Reich ja nicht vernichten, sondern nur an seinen Ressourcen partizipieren – verhielten sich die Germanen im Ergebnis doch wie klassische antiimperiale Akteure, bewirkte ihr Handeln doch im Endeffekt, dass das Imperium seiner eigenen Bevölkerung gegenüber zusehends an Glaubwürdigkeit verlor: Schutz vor den vagabundierenden Horden, die ihrem Status nach bald römische Heere, bald geächtete Reichsfeinde waren, vermochte es nicht mehr zu gewähren. Um Glaubwürdigkeit zurückzugewinnen, musste das Imperium – bzw. die Imperien, denn die beiden Reichshälften rivalisierten seit 395 mal offen, mal verdeckt um strategische Vorteile und Territorien – die verfügbaren Ressourcen aufs Äußerste strapazieren. Neue Ressourcen wiederum waren nur auf Kosten der jeweils anderen Reichshälfte zu gewinnen – und so eskalierte auf der Jagd danach die Rivalität zwischen Mailand bzw., seit 402, Ravenna und Konstantinopel zum offenen Konflikt, in dem sich ausgerechnet jene Kräfte als wohlfeile Bündnispartner anboten, die tatsächlich aktiv die Aushöhlung der staatlichen Integrität betrieben.

Hinzu kamen Zufälligkeiten: vor allem die persönliche Rivalität zwischen Figuren wie Stilicho und Rufinus sowie die Intrigen an den Höfen von Konstantinopel und Mailand/

86 So zutreffend: Ward-Perkins 2005, 49–51.

Ravenna. Das mehr oder weniger zufällige Moment, dass Stilicho und die jeweils Verantwortlichen in Konstantinopel sich nicht auf eine gemeinsame Linie verständigen konnten, sondern auf der Suche nach Alliierten im Zweifel den Alarich-Goten den Vorzug gaben, dürfte am Ende sogar den Ausschlag gegen Rom gegeben haben: Es war das einzige wirklich neue Element gegenüber der Konstellation des 3. Jh., denn auch die Soldatenkaiser waren mit dem Paradox der Asymmetrie konfrontiert gewesen: Schließlich hatten auch sie ihre liebe Not damit gehabt, sich mit einer immer höher gerüsteten Armee technologisch und organisatorisch weit unterlegener Feinde zu erwehren. So hatte es auch damals Schwierigkeiten bei der Koordinierung von Strategien und angesichts epidemisch um sich greifender Usurpationen auch interne Rivalität gegeben, doch hatte im 3. Jh. keiner der imperialen Akteure auf auswärtige Kräfte zurückgegriffen, um seinen inneren Feind außer Gefecht zu setzen. Selbst das ›Sonderreich‹ in Gallien hatte per Saldo stabilisierend gewirkt und einen positiven Beitrag zur Grenzverteidigung geleistet.

Nach stabilisierenden Faktoren sucht man in den entscheidenden Jahren 395–410 und vor allem auf dem Höhepunkt der Krise 406/407 vergebens. Nur allzu gerne hätte Stilicho die Alarich-Goten gegen Konstantinopel in Marsch gesetzt, hätte er nur gekonnt. Freilich: Zur gleichen Zeit litt das Ostreich unter Hunneneinfällen in Thrakien. Beide Reichshälften mussten deshalb zähneknirschend einen modus vivendi finden, wollten sie die Krise meistern. In der Tat gab Stilicho im Streit um den Balkan nach. Damit aber war Alarich in seinem Kalkül überflüssig geworden – und reagierte entsprechend: 408 besetzten seine Goten Pannonien und Noricum und standen damit wieder an der Schwelle Italiens. Als Entschädigung und als Gegenleistung für sein künftiges Wohlverhalten verlangte der Gote eine immense Summe – die Stilicho zu zahlen bereit war, denn er plante, Alarich zum Heermeister Galliens zu machen und ihn gegen den Usurpator Konstantin einzusetzen.

Da, plötzlich, stürzte der große Mann des Westens. Bereits seit Längerem hatten antigermanische Kreise gegen ihn intrigiert und seine Position bei Hofe zu schwächen versucht. Der konkrete Anlass seines Sturzes war vergleichsweise banal: Am 1. Mai 408 starb Arkadios, der Kaiser des Ostens, und sein Sohn Theodosios II. folgte ihm als Augustus nach. Da Theodosios jedoch erst sieben Jahre alt war, benötigte er einen Vormund, und diese Rolle wollte Honorius selbst spielen. Stilicho indes bestand darauf, persönlich nach Konstantinopel zu gehen und für den Knaben die Regierung zu führen, was ihm den Vorwurf eintrug, er strebe für seinen Sohn Eucherius nach dem Purpur. Seine Feinde am kaiserlichen Hof hetzten die Soldaten auf, die Stilichos *bucellarii* – seine auf Gefolgschaft eingeschworene Haustruppe – außer Gefecht setzten; Stilicho selbst wurde in Ravenna in Gewahrsam genommen und am 22. August 408 hingerichtet.

Somit war Alarich wieder einmal sein Vertragspartner abhanden gekommen. Er forderte dennoch energisch die Zahlung der vereinbarten Gelder ein und verlieh seinen Forderungen dadurch Nachdruck, dass er in Italien einfiel und bis vor Rom zog, das er belagerte. Die Belagerung hob er erst auf, nachdem der Senat ihn mit 5000 Pfund Gold, 35.000 Pfund Silber, 4000 seidenen Gewändern, 3000 purpurgefärbten Fellen und 3000 Pfund Pfeffer beschwichtigt hatte. Außerdem musste Rom es allen Sklaven – namentlich den zuvor gefangenen Radagaisus-Goten – freistellen, sich Alarich anzuschließen (408).[87] Honorius, dessen eigenes Heer mit dem kaiserlichen Krisenmanagement keineswegs zufrieden war und rebellisch wurde, konnte sich jetzt Verhandlungen mit Alarich nicht mehr widersetzen, als dieser die Ansiedlung seiner Gruppe in Norditalien, Noricum und Dalmatien sowie die Anerkennung des mit Stilicho geschlossenen *foedus* forderte.

87 Vgl. dazu: König 2007, 81.

Honorius indes trieb ein doppeltes Spiel: Er verhandelte mit Alarich, versuchte aber zugleich, hunnische Hilfstruppen anzuwerben, um die Goten aus Italien zu vertreiben. Der erboste Alarich erschien erneut vor Rom, erhob dort den Stadtpräfekten Priscus Attalus zum Gegenkaiser und erklärte sich selbst zu dessen Heermeister (409).

Abb. 39: Solidus des Priscus Attalus (409/410). Auf dem Avers Porträtbüste des Usurpators mit Brustpanzer, Paludamentum und Diadem. Das Revers zeigt Priscus Attalus in militärischer Tracht, in der rechten Hand ein Labarum, in der linken eine Victoria auf einer Weltkugel haltend. Unter seinem linken Fuß ein gefesselter Gefangener. Legende: VICTORIA AVGVSTI (RIC X. 1401).

Erst als Attalus sich seinerseits weigerte, den Goten Siedlungsgebiete in Nordafrika zuzuweisen und sich in seinem Heer Hunger breitmachte, verhandelte Alarich wieder mit Honorius. So erklärte er sich dazu bereit, Attalus fallenzulassen, wenn Ravenna ihm Getreide zur Verfügung stellte. Während Alarich wieder einmal seinen Teil der Vereinbarung erfüllte und Attalus für abgesetzt erklärte, lehnte Honorius die Herausgabe des Getreides ab. Alarich erschien nun zum dritten Mal vor Rom und nahm die Stadt am 24. August 410 ein: Nach dreitägigem, intensivem Plündern war das Gotenheer beladen mit reicher Beute, aber so hungrig wie zuvor. Die Anekdote will es, dass der Westkaiser und passionierte Hühnerzüchter Honorius sich auf die Nachricht hin, dass es nun mit *Roma* zu Ende sei, erst wieder beruhigte, als ihm klar wurde, dass mit *Roma* nicht seine Lieblingshenne, sondern lediglich die Stadt Rom gemeint war.[88]

Rombilder in der Krise: Wertewandel und neue Loyalitäten

In der kollektiven Psyche der Reichsbevölkerung richtete der erste Fall Roms seit dem Galliersturm 387 v. Chr. schlimmere Verwüstungen an als die Alarich-Goten mit ihren Plünderungen in der Tiberstadt: Heiden gaben den Christen die Schuld, die von den alten Göttern abgefallen waren, orthodoxe Christen schoben die Verantwortung den diversen Heterodoxien zu, andere wähnten das Ende aller Tage nahe. Ein Mann wie Augustinus erklärte, das Kommen des Gottesstaates sei nicht an die Existenz Roms geknüpft. Viele wandten sich von der Welt ab, fanden Trost in Askese und Spiritualität, in Einsiedelei und Mönchtum; sie suchten Zuflucht auf ihren Landgütern, um in sich zu gehen, oder in Gemeinschaften religiös Gleichgesinnter. Damit stellt sich die Frage, welche Einstellung jene Menschen zum Imperium hatten, die Umwälzendes wie den Fall Roms erlebten, wie sehr sie sich tatsächlich noch mit dem Reich identifizierten und in welchem Maße sie bereit waren, für seine Erhaltung und Verteidigung Opfer zu bringen.[89]

In der Republik war diese Frage einfach zu beantworten gewesen: Die in der Volksversammlung stimmberechtigten römischen Bürger, die kollektiven Herren über die römische Welt, waren bei allen Rangunterschieden eine Schicksalsgemeinschaft gewesen, zusammengeschweißt durch gemeinsame Interessen, Werte und Kampfgenossenschaft. Das Überschreiten der ›augusteischen Schwelle‹ hatte dann auch die Provinzialen sukzessive zu Teilhabern des Imperiums ge-

88 Nach: Prok. Vand. I. 2, 25f.

89 Die Spuren im kollektiven Gedächtnis Europas von der Spätantike bis zur Neuzeit untersuchen Meier/Patzold ^{2}2010.

macht – ein Prozess, der mit der *constitutio Antoniniana* 212 seinen Abschluss gefunden hatte, als alle freien Reichsbewohner das Bürgerrecht erhalten hatten. In den ersten zweieinhalb Jahrhunderten nach Christi Geburt werden sich wohl die meisten Menschen – zwischen Atlantik und Euphrat und von der Themse bis zum Nil – in irgendeiner Form mit dem Imperium identifiziert haben, das ihnen Frieden und Sicherheit, Recht und vielen von ihnen auch Wohlstand bot. Randgruppen wie die Juden waren eben die Ausnahme, die auch hier die Regel bestätigt. Die meisten seiner Bewohner werden, soweit sich das sagen lässt, die Herrschaft des Imperiums als gerecht empfunden haben; zugleich war das lokale Umfeld, war die Stadt oder der Stamm, für viele auch die Provinz, ein starker Bezugsrahmen für die Ausbildung kollektiver Identitäten.

Im 3. Jh. geriet dieser grundsätzliche Konsens auf lokaler wie imperialer Ebene unter Druck: Neue religiöse Gemeinschaften formierten sich, die mehr als die klassischen Kulte den Menschen ganz und gar einnahmen; sie wurden, wie in Dura-Europos am Ostrand des Reiches zu sehen war, als Identifikationspunkte wenigstens punktuell wichtiger als die Stadtgemeinde. Seit der Jahrhundertmitte griffen Kaiser und Staat zudem immer wieder in religiöse Belange – und damit in eine Sphäre, die sowohl privat als auch kommunal war – ein und schufen so neue Verwerfungslinien: Maßnahmen wie das Decius-Edikt polarisierten die Reichsbevölkerung und hinterließen Narben, die lange nicht verheilten. Der Donatistenstreit etwa spaltete mit seinen Folgekonflikten die Gesellschaft der afrikanischen Provinzen bis ins 5. Jh. hinein. Die sozialen und rechtlichen Scheidewände, die zuvor das Bürgerrecht aufrechterhalten hatte, waren kulturellen Grenzen gewichen, die sich quer durch die Gemeinden und Provinzen, oft auch quer durch sprachliche und ethnische Gruppen zogen. Die hierarchische, ebenfalls durch das Bürgerrecht abgesteckte Zentrum-Peripherie-Struktur, die dem Imperium der Republik und der frühen Kaiserzeit sein Gepräge gegeben hatte, war damit einem Flickenteppich partikularer kultureller und religiöser Identitäten gewichen, die immer weniger verband. Der Siegeszug des Christentums, mit dem seit Konstantin die schrittweise Marginalisierung, Diskriminierung und schließlich gezielte Zurückdrängung des Heidentums einherging, wirkte nicht etwa einend auf die Reichsgesellschaft, sondern ließ sofort eine Fülle neuer, teilweise nur vorderhand religiöser Konfliktlinien aufbrechen, die teilweise auch auf ältere kulturelle Brüche zurückgingen.

Seine kulturelle Uneinheitlichkeit war für das römische Imperium an sich nie ein Problem gewesen. Diversität auf allen Ebenen gehört schließlich zu den Wesensmerkmalen von Imperien. Die religiöse Heterogenität wurde aber in dem Moment zum Problem, als die Kaiser selbst sich daran machten, aus der Vielzahl christlicher Gemeinschaften eine Staatskirche zu formen,[90] denn mit einem Mal war nun die Unterscheidung zwischen Orthodoxie und Heterodoxie in der Welt, und die Frage, in welchem Verhältnis der göttliche Vater zu seinem göttlichen Sohn stand, begann alle anderen Machtfragen in den Schatten zu stellen. Die Kaiser erachteten es fortan als ihre wichtigste Aufgabe sicherzustellen, dass eine möglichst große Zahl von Reichsuntertanen sich zur Orthodoxie bekannte – ganz gleich, wie diese Orthodoxie im Einzelfall aussah. Umgekehrt gab es viele Christen, denen die Kaiser als Häretiker erschienen; und für sie war der Glaube immer wieder ein Grund, ihnen auch politisch die Loyalität aufzukündigen.

Religiöse Spannungen machten selbst vor Familien und Dynastien nicht halt. So stand nach dem Tod Konstantins des Großen einer seiner Söhne, der Westkaiser Constans, fest auf dem Boden des nizänischen Konzils, während sein Bruder Constantius den Arianern zuneigte. Beide verfochten kompromisslos ihre Vorstellung vom wahren Christentum, wie das Schicksal des Kirchenvaters Athanasios von Alexandreia

90 Vgl. dazu: Mitchell 2007, 276f.

(298–373)[91] plastisch illustriert: Seit Arius hier gelehrt hatte, dass Christus von Gott geschaffen worden sei,[92] war seine Heimatstadt im Nildelta ein Brennpunkt der innerchristlichen Auseinandersetzungen um die Natur Christi, denn Arius' Gegner – darunter vor allem der Bischof der Stadt, Alexander – hatten ihn bezichtigt, er habe behauptet, Christus sei nur ein Mensch gewesen. Nachdem das Konzil von Nikaia die Verdammung der Arius-Lehre erwirkt hatte, wurde Athanasios Alexanders Nachfolger (328) – und vertrat dessen Position mit noch mehr Eifer.

Konstantin aber suchte bald den Ausgleich mit den Arianern und zitierte Athanasios, der sich nun wie ein Störenfried ausnahm, erst vor eine Synode nach Kaisareia (vor der er nicht erschien), dann vor ein Konzil nach Tyros – und diesmal leistete er der Vorladung Folge. Das Konzil schickte ihn in die Verbannung nach Trier (335), aus der ihn der Tod Konstantins erlöste (337): Während Constantius nun im Osten die Arianer zu integrieren trachtete, machte Athanasios wieder als Radikaler von sich reden. Erneut wurde er verbannt (339) und ging in den Westen. Constans, der Caesar Italiens, benutzte den grundsatztreuen Alexandriner, um massiv in die religiösen (und sonstigen) Belange des Ostens eingreifen zu können, während sich das Schisma zwischen West und Ost immer weiter vertiefte. Die Synode von Serdica (342/343) war der bizarre Höhepunkt des Haders: Hierhin, an den Grenzsaum zwischen den auseinanderdriftenden Reichshälften, strömten zwar die Bischöfe aus Ost und West, doch tagten sie getrennt voneinander – und natürlich ohne gemeinsame Beschlüsse zu fassen. 346 jedoch gestattete ein politisch geschwächter Constantius Athanasios die Rückkehr nach Alexandreia – allerdings nur, um ihn, kaum hatte er nach Constans' Tod seine Herrschaft über das Gesamtreich konsolidiert, erneut in Acht zu nehmen (356). Athanasios entkam seinen Häschern und tauchte in der Wüste unter. Als Julian schließlich 361 seine

91 Zum Folgenden: Leppin 2000, 13–25.

92 Vgl. dazu S. 364f.

Herrschaft antrat, gestattete er, um die Diözesen zu spalten, allen verbannten Bischöfen die Rückkehr, und so kehrte auch Athanasios nach Alexandreia zurück (362), wo es ihm gelang, die verschiedenen miteinander streitenden Richtungen der Nizäner miteinander zu versöhnen. Darin freilich war der Bischof für Julians Geschmack zu erfolgreich: Wieder musste er für kurze Zeit ins Exil gehen (363). Nach Julians Tod kaum nach Alexandreia zurückgekehrt, eckte er abermals an, diesmal bei dem arianerfreundlichen Kaiser Valens – und musste prompt in eine Vorstadt der ägyptischen Metropole flüchten (365). Valens hatte indes bald ein Einsehen und rief Athanasios, für den sich lokale Würdenträger verwandt hatten, zurück. Seine letzten Jahre verbrachte der hoch geachtete Bischof unbehelligt in Alexandreia.

In der Zeit nach Julian (ab 363) war das konfessionelle Klima auch insgesamt erstaunlich entspannt. Zwar waren Valentinian und Valens beide im arianischen Bekenntnis groß geworden, doch bewahrten sie sich in Glaubensdingen weise Zurückhaltung. Gerade das kreideten ihnen – besonders Valens – die radikaleren unter den Nizänern an, während sich andere, wie Basileios, der Bischof des kilikischen Kaisareia, durchaus mit Valens zu arrangieren wussten.[93] Wie bei seinem Bruder bestimmte auch bei Valens Pragmatismus seine Haltung den Bischöfen – wie auch dem Heidentum – gegenüber. Von Pragmatismus war freilich wenige Jahre später nichts mehr zu spüren: Im Zeichen der Krise, die das Desaster von Adrianopel ausgelöst hatte, gewann die ›rechte Einstellung‹ zu den letzten Dingen rapide an Bedeutung. Das bekamen auch die Heiden zu spüren: Im Westen war unter Valentinian Ambrosius (ca. 333–397), ein Mann von vornehmster Abstammung, ehemaliger Provinzstatthalter und seit 374 Bischof von Mailand, zum hellsten Stern am christlichen Firmament aufgestiegen. Dem überzeugten Nizäner fiel es leicht, bestimmenden Einfluss auf den jungen Gratian auszuüben,

93 Vgl. dazu: Van Dam 2002, 109–135.

und so erreichte Ambrosius auf dem Konzil von Aquileia (381) die endgültige Verdammung des Arianismus im Westen. Seine Unduldsamkeit sollten bald auch die Heiden fühlen.

Deren Bastion war noch immer die alte Hauptstadt, Rom. Die neuen Realitäten brachen unvermittelt über die Stadt herein, als Gratian im Winter 382/383 den großen Altar der Göttin Victoria, der die Kurie, den Sitzungssaal des Senats, schmückte, entfernen ließ.[94] Außerdem strich er die staatliche Finanzierung des Vesta-Kults ersatzlos. Nachdem Gratian 383 dem Usurpator Maximus erlegen war, setzten die heidnischen Senatoren auf die Schwäche des nunmehr alleinigen Westherrschers Valentinian II. und forderten das religiöse Symbol zurück. In einem hitzigen Duell stritten der soeben aus dem Exil nach Rom zurückgekehrte Senator und Redner Quintus Aurelius Symmachus (ca. 342–403), einer der führenden Intellektuellen der Hauptstadt, und der nicht minder scharfzüngige Mailänder Bischof Ambrosius um die Angelegenheit, in der es für beide Seiten nicht zuletzt darum ging, das Gesicht zu wahren:

> Vortreffliche Fürsten, Väter eures Landes, habt Achtung vor meinem Alter, in das fromme Riten mich gebracht haben. Lasst mich die altehrwürdigen Feierlichkeiten begehen, denn ich bereue sie nicht. Lasst mich nach meiner Fasson leben, denn ich bin frei.[95]

– so ließ Symmachus in seiner Rede eine personifizierte Roma bitten. Mit seinen Worten machte er auf die Umgebung des Kaisers, selbst auf Christen, unverkennbar Eindruck. Doch Ambrosius gab nicht auf:

> Sie bitten darum, den Altar in Roms Kurie aufzustellen – dort, wo sich in der Mehrheit Christen treffen!,

ereiferte sich der Bischof in einem Brief an den Kaiser,

94 Bereits 357 hatte Constantius II. den Altar entfernen lassen, doch Julian hatte später seine Wiederaufstellung angeordnet.

95 Symm. epist. 3, 9.

> Altäre stehen in allen Tempeln und ein Altar auch im Siegestempel. Da sie so wild auf ihre Zahlen sind, sollen sie doch ihre Opfer anderswo feiern. Auf diesem einen Altar Opfer einzufordern, was heißt das anderes, als den Glauben zu beleidigen?[96]

Der Altar wurde nicht wieder aufgestellt, zu stark war der Einfluss des Bischofs auf den jungen Kaiser. Wenige Jahre später, 389, besuchte Theodosius, seit 379 Augustus, Rom. Er kam in bester Absicht: Er wollte den alten Institutionen und ihren Vertretern, den weithin heidnischen Senatoren, seine Aufwartung machen und seinen vierjährigen Sohn Honorius zum Caesar ausrufen: angesichts der verworrenen Machtverhältnisse im Reich ein unmissverständlicher weiterer Schritt in Richtung Dynastiebildung. Theodosius reichte der heidnischen Aristokratie beide Hände: Er ernannte den Senator Ceionius Rufius Albinus, einen Heiden, zum Stadtpräfekten und den ebenfalls heidnischen Senator Nicomachus Flavianus zum Prätorianerpräfekten der orientalischen Provinzen. Außerdem ließ er eine großzügige Getreidespende (*congiarium*) an die römische *plebs* verteilen.[97]

Für die altgläubigen Senatoren müssen die 380er Jahre ein Wechselbad der Gefühle gewesen sein: Einerseits erwies ihnen der Kaiser unübersehbar seinen Respekt, andererseits machte ihnen allzu Vieles bewusst, dass die Zeit gegen sie und ihre Welt arbeitete. Ein religiöses Symbol nach dem anderen wurde ihnen genommen, die letzten Bindeglieder, die den Staat mit den alten Göttern verbanden, wurden gekappt, das Heer, einst Hort altrömischer Werte, war im Stadium fortgeschrittener Barbarisierung. Von staatlicher und kirchlicher Seite wurden die paganen Kulte immer aggressiver bekämpft: Obwohl Theodosius den heidnischen Senatoren in Rom Respekt erwiesen hatte, ließ er in Ägypten die Tempel schließen (384) und verbot heidnische Opfer und Kulthandlungen (391/392); der Bischof von Alexandreia ließ den berühmten Serapis-Tempel der Stadt zerstören (392). Schließlich schei-

96 Ambr. epist. 18, 31.

97 Vgl. dazu: Leppin 2003, 143–153.

terte mit der Usurpation des Eugenius auch der letzte Versuch, dem Heidentum von staatlicher Seite mit Toleranz zu begegnen.

Vieles deutet also eher auf Konfrontation als auf Koexistenz zwischen Christen und Heiden. Doch ist der Eindruck trügerisch, denn in Wahrheit waren auch die Einstellungen und Wertorientierungen der senatorischen Oberschicht durchaus nicht starr auf die Bewahrung des Vergangenen gerichtet, sondern ihrerseits im Wandel begriffen: Die meisten hatten sich im Grunde genommen mit dem Christentum längst arrangiert; an der traditionellen Bildung, der *paideia*, der jetzt das Odium einer ›klassischen‹ Kultur anzuhaften begann, hielten sie dennoch fest – als etwas, das abgeschlossen, aber nicht verloren war. So lasen die Kinder der Oberschicht weiter Cicero, Horaz, Vergil und Sallust; sie erhielten Unterricht in Grammatik und Rhetorik, in Philosophie und etliche auch in Jurisprudenz.[98]

Viele Christen lehnten aber auch die Bildungsgüter heidnischer Tradition ab. Sie, die oft selbst aus eher bildungsfernen Schichten stammten, hielten es für besser, ihre Kinder in den Psalmen oder Evangelien zu unterweisen. So preist Gregor von Nyssa, der jüngere Bruder Basileios' von Kaisareia, seine Schwester Makrina ausdrücklich für ihre Einfachheit: Gerade das Fehlen polierter Rafinesse, so Gregor in seiner Biographie Makrinas, habe ihr Leben so gottgefällig gemacht, im Gegensatz zu dem gemeinsamen Bruder, dem hochgebildeten, doch allzu oft anmaßenden Basileios.[99] Gregor und Basileios stammten aus einer wohlhabenden und gebildeten kappadokischen Familie, ihr früh verstorbener Vater war Rhetoriklehrer gewesen. Ihr Beispiel, das Verhalten zweier Brüder, zeigt aber sehr deutlich, dass sich auch die Haltung von Christen zum klassischen Kanon allmählich wandelte: Während immer mehr Angehörige der Ober- oder doch der

98 Zur *paideia* in der Spätantike: Cameron 1994, 178–180; Martin [4]2001, 114f.

99 Greg. Nyss. vit. Macr. 1.

vermögenden Mittelschicht Karriere im Klerus machten, nahm auch die Akzeptanz der *paideia* und ihrer Werte in der christlichen Elite zu: Männer wie Basileios und Gregor von Nyssa und ihr kappadokischer Landsmann Gregor von Nazianz, der Antiochener Johannes Chrysostomos und die Lateiner Hieronymus und Ambrosius stammten alle aus gebildeten Familien und durchliefen selbst die Stationen klassischer Bildungsaneignung.

So bewegten sich christliche und heidnische Eliten insgesamt aufeinander zu: Während weltanschauliche Unterschiede selbstverständlich fortbestanden, näherten sich Bildungsgrad und Habitus einander an. In diesem Milieu sollten ausgerechnet die Katastrophen der Jahre 378 und 410 zu Katalysatoren eines neuen Rombildes werden, das sich von den politischen Realitäten zu lösen begann: Rom war nicht mehr das Machtzentrum der römischen Welt, aber es fuhr fort, diese Welt zu beherrschen – mit der schieren Macht seiner Tradition als Inbegriff von Zivilisation. In der Formulierung dieser neuen Rom-Idee konvergierten Christentum und Heidentum: »Das Heidentum wird zum Ausdruck einer kulturellen Tradition, zum Medium der Bildung und künstlerischen Produktion; das Christentum wird zu einer Sache Roms.«[100] Intellektuelle beider Religionen, deren Generationen durch die Schockerlebnisse 378 und 410 geprägt waren, machten es möglich, die heidnische Tradition in eine christliche Sprache zu übersetzen: So wurde das antike Erbe kanonisiert und für ein kommendes Zeitalter konserviert.

Institutionelles Rückgrat des neuen Rombildes wurde das Papsttum, das just in den Jahrzehnten der Krise schärfere Konturen gewann: Die römischen Bischöfe hatten aus der Bedeutung der alten Hauptstadt – und unter Berufung auf den Apostel Petrus – bereits im 4. Jh., in Konkurrenz zu den Konzilien und Synoden, eine innerkirchliche Sonderrolle abgeleitet: Julius I. (337–352) hatte gegen das drohende Überge-

100 Martin [4]2001, 117; vgl. Brown [2]2013, 84–88; Leppin 2010, 245f.; Veyne 2008, 116–119.

wicht der östlichen Kirche erstmals auf die Solidarität unter den Bischöfen der westlichen Reichshälfte gesetzt und es im Vorfeld des Konzils von Serdica (342/343) sogar auf einen Bruch mit dem Osten ankommen lassen. Unter Liberius (352–366) und Damasus (366–384) schälte sich dann allmählich Roms Primat als ›apostolischer Stuhl‹ heraus; der nächste Bischof, Siricius (384–399), bezeichnete sich schon explizit als Nachfolger Petri und erhob den Anspruch auf Vorrang vor allen übrigen Bischöfen des Westens, Innozenz I. (401–417) beanspruchte schließlich, ohne im Westen auf Widerstand zu stoßen, die Richtlinienkompetenz in dogmatischen Fragen für den römischen Bischofsstuhl. Ausgerechnet auf ihrem politischen Tiefpunkt festigte also die alte, von Alarichs Goten geplünderte Hauptstadt endgültig ihre Hegemonie in der westlichen Kirche. Erst Leo der Große (440–461) allerdings verdichtete die bisherigen Ansätze zu einer universellen Theorie des römischen Primats, indem er die gesamte kirchliche Gewalt auf Petrus zurückführte, deren natürliches Haupt der Stellvertreter Petri war, der jetzt zugleich als ›Patriarch des Okzidents‹ firmierte. Obendrein verknüpfte er den Vorrang des apostolischen Stuhls mit der Tradition des antiken Rom, indem er den ehedem von allen Kaisern geführten, seit Gratians Tod aber verwaisten Titel des römischen Oberpriesters (*pontifex maximus*) annahm. Damit war das Papsttum begründet.

II. Zweimal Rom: eine Verwandlung und ein Untergang

Zeittafel 16: Von der Reichsteilung bis zum Ende Westroms

Alle Herrscher sind hervorgehoben.

395 (17.1.) Tod des **Theodosius**: Reichsteilung zwischen **Arkadios** (Osten, bis 408) und **Honorius** (Westen, bis 423): Konflikt zwischen beiden Reichsteilen um die Balkanprovinzen und Teile des Ostheeres, die im Westen von Stilicho kommandiert werden; Hunneneinfälle in Kleinasien

396 Einfall der **Alarich**-Westgoten in Griechenland; Eroberung Athens; **Alarich** wird von **Arkadios** zum Heermeister für Illyricum ernannt

397 Konfrontation zwischen Stilicho und **Alarich** in Elis; Abfall Gildos, Statthalter Afrikas, vom Westreich

398 Niederwerfung Gildos

399 Sturz und Hinrichtung des *praepositus sacri cubiculi* Eutropios in Konstantinopel

400 Massaker an Goten in Konstantinopel; Gainas wird zum Heermeister ernannt, besetzt Konstantinopel, wird vertrieben, flieht zu den Hunnen und wird getötet

401 Einfall der **Alarich**-Goten in Oberitalien; Belagerung von Mailand; Stilicho kämpft mit Vandalen und Alanen in Raetien

402 Verlegung der Westresidenz von Mailand nach Ravenna; (6.4.) Stilicho entsetzt Mailand und schlägt **Alarich** bei Pollentia

403 Sieg Stilichos über **Alarich** bei Verona; Westgoten ziehen aus Illyricum ab und werden an der Save angesiedelt

405 Ernennung **Alarichs** zum Heermeister durch **Honorius**

406 Vandalen, Sueben und Alanen überschreiten den Rhein

407 Usurpation des Flavius Claudius Constantinus (**Konstantin III.**) in Britannien (bis 411): Räumung Britanniens durch römische Truppen; Sieg **Konstantins III.** über germanische Stämme in Gallien; *foedus* **Konstantins III.** mit den Burgundern: Ansiedlung der Burgunder links des Rheins um Worms

408 (1.5.) Tod des **Arkadios**: **Theodosios II.** Augustus im Ostreich (bis 450): Anthemios als Prätorianerpräfekt; erneuter Einfall der **Alarich**-Goten in Italien; Sturz und Hinrichtung Stilichos

409 **Alarich** vor Rom: Einsetzung des Priscus **Attalus** als Gegenkaiser (bis 410); **Alarich** als Heermeister des **Attalus**; Sueben, Alanen und Vandalen dringen nach Spanien vor: Aufteilung Spaniens

410 Erneuter Vorstoß **Alarichs** nach Italien: (24.8.) Einnahme Roms; Absetzung des **Attalus** durch **Alarich**; Tod **Alarichs**

411 Usurpation des Jovinus in Gallien (bis 413)

412 Westgoten räumen Italien und ziehen nach Gallien ab: *foedus* mit **Honorius**

413 Usurpation des Heraclianus, *comes* der Diözese Africa, in Karthago; Bau der Theodosianischen Landmauer in Konstantinopel
414 Hochzeit des westgotischen Königs **Athaulf** mit Galla Placidia, Tochter **Theodosius' I.**, in Narbo
415 Westgoten ziehen nach Spanien ab; **Athaulf** ermordet
416 *Foedus* der Westgoten mit **Honorius**; Rückkehr Galla Placidias an den Hof in Ravenna
417 Hochzeit Galla Placidias mit Flavius Constantius, Heermeister des Westens
418 Sieg der Westgoten unter Valia über Vandalen und Alanen in Spanien
421 Erhebung des Flavius **Constantius (III.)** zum Augustus im Westen; (2.9.) Tod **Constantius' III.** in Ravenna; Hochzeit **Theodosios' II.** mit Athanais (Eudokia); Perserkrieg Ostroms um Armenien (bis 422)
423 (15.8.) Tod des **Honorius**: Westreich wird zum Machtvakuum; der Hofbeamte **Johannes** wird in Rom zum Kaiser ausgerufen; Bonifatius, *comes* der Diözese Africa, schneidet Italien von der Getreidezufuhr ab
424 (23.10.) **Valentinian III.**, Sohn **Constantius' III.** und Galla Placidias, wird auf Veranlassung **Theodosios' II.** in Rom zum Caesar ausgerufen; ein oströmisches Heer besiegt **Johannes**
425 (Mai) Hinrichtung des **Johannes**; (23.10.) **Valentinian III.** wird zum Augustus des Westens erhoben (bis 455)
428 Flavius Aëtius wird Heermeister im Westen und erringt Siege gegen Alamannen und Juthungen in Raetien, gegen Franken am Rhein
429 **Geiserichs** Vandalen landen in Nordafrika
430 Tributzahlungen des Ostreichs an die Hunnen; (28.10.) Tod des Augustinus in Hippo Regius
432 Bonifatius löst Aëtius als Heermeister ab; Bürgerkrieg zwischen Bonifatius und Aëtius: Tod des Bonifatius bei Ariminum (Rimini)
433 Aëtius wird erneut Heermeister
434 **Attila** wird König der Hunnen
435 Aufstand der Bagauden in Gallien (bis 437)
437 Hochzeit **Valentinians III.** mit Licinia Eudoxia, Tochter **Theodosios' II.**, in Konstantinopel; Aëtius vernichtet mit hunnischer Hilfe das Burgunderreich am Rhein: Worms wird zerstört
438 Veröffentlichung des *Codex Theodosianus*: Gültigkeit im Gesamtreich (ab 439)
439 Niederlage des weströmischen Heermeisters Litorius gegen die Westgoten bei Tolosa: *foedus* und Anerkennung des Westgotenreichs; (19.10.) Karthago von Vandalen erobert
442 **Valentinian III.** erkennt das Vandalenreich in Nordafrika an
446 Sieg des Aëtius über die salischen Franken in Gallien
450 (28.7.) **Theodosios II.** stirbt: Der Offizier **Markianos** heiratet auf Betreiben des Heermeisters Aspar **Theodosios'** Schwester Pulcheria und wird durch den Patriarchen von Konstantinopel zum Augustus des Ostens erhoben; (27.11.) Galla Placidia stirbt
451 Niederlage der Hunnen auf den Katalaunischen Feldern: Auflösung des Hunnenreiches beginnt

452 Einfall der Hunnen in Oberitalien: Vordringen nach Rom wird durch Papst Leo I. abgewendet

454 Sturz und Ermordung des Aëtius durch **Valentinian III.**

455 (16.3.) **Valentinian** wird ermordet: Der Senator **Petronius Maximus** wird zum Augustus erhoben; (31.5.) **Petronius Maximus** wird ermordet; (2.6.) Eroberung und Plünderung Roms durch die Vandalen; Usurpation des Heermeisters Avitus in Gallien

456 Der germanischstämmige Heermeister Ricimer schlägt Avitus und wird zur bestimmenden Figur in Westrom

457 (Januar) Tod des **Markianos**: der thrakische Offizier **Leon I.** wird durch Aspar zum Augustus des Ostens bestellt (bis 474)
(1.4.) der Heermeister Flavius Maiorianus (**Majorian**, bis 461) wird zum Augustus des Westens erhoben und später von Konstantinopel anerkannt

458 Sieg **Majorians** über die Burgunder

460 Niederlage **Majorians** gegen die Vandalen

461 Ricimer lässt **Majorian** ermorden und setzt den Senator **Libius Severus** (bis 465) als Augustus ein.

463 Der weströmische Heermeister Aegidius führt mit fränkischer Unterstützung Krieg gegen die Westgoten in Gallien (bis 464)

464 Ermordung des Aegidius: Sein Sohn Syagrius tritt die Nachfolge in Gallien an

465 Tod des Libius Severus: **Leon I.** übernimmt die Verwaltung des Westens

467 Einsetzung des Heermeisters **Anthemius** als Augustus des Westens (bis 472)

468 Gemeinsamer Feldzug Ost- und Westroms gegen die Vandalen in Afrika scheitert nach ersten Erfolgen

471 Sturz und Ermordung Aspars in Konstantinopel

472 Ricimer erhebt sich gegen **Anthemius**, besetzt Rom und erhebt **Olybrius** zum Kaiser: Tod des **Anthemius**, Ricimers und des **Olybrius**

473 Erhebung des **Glycerius** zum Augustus des Westens in Ravenna durch den Burgunder Gundobad (bis 474)

474 (18.1.) Tod **Leons I.**: **Leon II.**, Sohn des isaurischen Heerführers Zenon, wird zum Augustus erhoben; (Frühjahr) der Heermeister Dalmatiens, **Julius Nepos**, wird von Konstantinopel zum Caesar des Westens bestellt: wenig später Erhebung zum Augustus; (17.11.) **Leon II.** stirbt und sein Vater **Zenon** wird Augustus des Ostens (bis 491)

475 (31.10.) Der Heermeister Orestes lässt seinen Sohn **Romulus Augustus** (Augustulus) zum Augustus des Westens ausrufen

476 (23.8.) Der Söldnerführer **Odoaker** wird von seinem Heer zum *rex* (König) Italiens ausgerufen; Orestes wird in Pavia belagert und wenig später in Placentia getötet: Absetzung des **Romulus Augustus**

Der Fall Roms 410, ein Ereignis, das man jahrhundertelang für undenkbar gehalten hatte, wühlte die Menschen in ihrem Innersten auf, aber realpolitisch hatte das Ereignis kaum direkte Auswirkungen: Die Agonie des Westreichs, die 406 mit der Aufgabe der Rheingrenze begonnen hatte, sollte sich noch weitere 66 Jahre hinziehen. Immer ohnmächtigere Kaiser herrschten über ein Reich, das zusehends den Charakter einer Hülle annahm, die von ganz neuen politischen Gebilden ausgefüllt wurde: den allmählich Gestalt annehmenden germanischen Königreichen. Im Westen war das 5. Jh. – allen Kontinuitäten zum Trotz, die es auch gab – grundsätzlich eine Zeit des Verfalls, ja in letzter Konsequenz des Untergangs: des demografischen und urbanen Verfalls, des Verfalls imperialer Hegemonie, aber auch des Verfalls materieller und kultureller Werte und vor allem, schließlich und endlich, des Untergangs der elementaren staatlichen Institutionen, des Kaisertums, der Magistrate, des Senats, der Armee, der munizipalen Autonomie. Viele Städte waren am Ende des Jahrhunderts nur noch ein Schatten dessen, was sie unter Theodosius gewesen waren. Die Hauptstadt Rom, die unter Konstantin eine Millionenstadt gewesen war, zählte um 500 nur noch ca. 100.000 Einwohner – nach der Belagerung durch die Goten 537/538 waren von ihnen noch 30.000 übrig. Westrom stand 410 an der Schwelle zu einer neuen Ära, einer Ära mit geringerem Urbanisierungsgrad, geringerer sozialer Komplexität und geringerem Wohlstand.[1]

Für viele Provinzen des Ostens hingegen sollte das 5. Jh. eine Periode des Aufbruchs werden: Die Städte in Kleinasien und Syrien wuchsen noch einmal beträchtlich, Regionen, die bis dato nur spärlich oder nur von militärischer Infrastruktur erschlossen waren, erlebten den Zuzug ziviler Siedler. Freilich sind in anderen Teilen des römischen Ostens genau gegenläufige Trends zu beobachten: Besonders in Griechenland und auf dem östlichen Balkan, aber auch in Ägypten schrumpften die Städte, nahm der Wohlstand ab. Doch jenseits solcher, vor allem wirtschaftlich bedingter Faktoren des Niedergangs änderte das Reich östlich der Save-Drina-Linie gründlich seine

1 So insgesamt überzeugend die Generalthese von Ward-Perkins 2005.

Gestalt. Die Osthälfte Roms mit der Hauptstadt Konstantinopel koppelte sich politisch, gesellschaftlich, wirtschaftlich, rechtlich, kulturell, religiös und auch sprachlich immer mehr vom lateinischen Westen ab. In diesem neuen Imperium schälten sich – zunächst zögernd und undeutlich, dann aber immer bestimmter – die Umrisse eines ›griechischen‹ Römischen Reiches heraus, eines Reiches, das genauso an der Schwelle zu einer neuen Ära stand wie der Westen.[2]

Ein ›griechisches‹ Imperium Romanum: der Osten unter Theodosios II.

Am 1. Mai 408 starb Arkadios, der Augustus des Ostens, mit kaum 30 Jahren. Sein Sohn Theodosios II. war zu diesem Zeitpunkt erst sieben Jahre alt und stand deshalb von Anfang an unter dem Einfluss starker Persönlichkeiten seiner Umgebung. Darunter ragte zunächst der Prätorianerpräfekt des Orients, Flavios Anthemios, heraus, der Aurelianus 404 in diesem Amt nachgefolgt war, dessen antigermanischen Kurs fortsetzte und im übrigen gute Beziehungen zu den persischen Nachbarn pflegte. Arkadios soll sogar noch zu Lebzeiten den persischen König, Yazdgird I., zu einer Art Vormund für Theodosios bestellt haben.[3] Anthemios war es dann, der Konstantinopel mit einem starken Mauerring befestigte, den ›Theodosianischen Mauern‹, welche die Hauptstadt am Bosporus zu einer praktisch uneinnehmbaren Festung machten und die, immer wieder verstärkt und ausgebessert, nur zweimal überwunden wurden: 1204 von den

2 Die These von einem »Greek Roman Empire« als einer sukzessive aus dem Verband des Imperium Romanum fortdriftenden politisch-kulturellen Formation sui generis, gleichsam als Überleitung von Rom nach Byzanz, hat unlängst Millar (2006) verfochten; vgl. vor allem ebd., 7: »In reality, the claim made here is, there was a seperate ›Greek Roman Empire‹, twinned with its western, Latin speaking counterpart – but separate all the same.«

3 Agath., hist. IV. 26, 6–7; Prok., Pers. I. 2, 1–10. Zu der wenig glaubwürdigen Episode und ihrer Reflexion in den Quellen: Börm 2007, 308–317.

Abb. 40: Solidus Theodosios' II. (420–422). Brustbild des Kaisers mit Helm, Schild und Speer in Frontalansicht. Auf der Rückseite geflügelte Victoria mit Kreuz (RIC X. 219).

Kreuzfahrern und 1453 beim endgültigen Fall Konstantinopels von den Osmanen.

Obwohl das römisch-persische Verhältnis im frühen 5. Jh. so entspannt war wie lange nicht mehr, war der Handel mit den östlichen Nachbarn strengstens reguliert: Die Grenzen kontrollierte eine eigens dafür eingerichtete Grenzpolizei, und den Handel beaufsichtigte in den Grenzprovinzen ein *comes commerciorum*, der das alleinige Recht hatte, bestimmte Waren von den Persern zu erwerben.[4] Beide Seiten schlossen aber ein Handelsabkommen, in dem die Rahmenbedingungen für Fernhandel zwischen den Reichen genauestens festgeschrieben wurden:

> Es ist keinesfalls gestattet, daß Kaufleute, weder Untertanen unseres Reiches noch des Perserkönigs, über die Orte hinaus Märkte abhalten, die wir zur Zeit des Friedensschlusses mit erwähnter Nation vereinbart haben, damit sie nicht die Geheimnisse des fremden Königreiches auf unangebrachte Weise erforschen. Kein Händler soll es künftig wagen, über Nisibis, Kallinikos und Artaxata hinaus zu reisen, um Waren zu kaufen oder zu verkaufen, und nicht erwarten, außerhalb der erwähnten Städte Waren mit einem Perser tauschen zu dürften.[5]

4 Vgl. dazu: Winter/Dignas 2001, 212f.

5 Dig. IV. 63, 4. Vgl. dazu: Winter/Dignas 2001, 213f.; Greatrex/Lieu 2002, 33f. Wie üblich hatte das ›Gesetz‹ die Form eines Briefes, den die Kaiser an

So wurde es im Namen der beiden Kaiser Honorius und Theodosios II. beschlossen (408/409).

Tatsächlich wurden noch bis 423, dem Todesjahr des Honorius, alle Gesetze im Namen beider Kaiser – und zwar in der Reihenfolge ihres Dienstalters, also zuerst Honorius, dann Theodosios – verkündet. Gesetze erschienen grundsätzlich in lateinischer Sprache, auch im griechischsprachigen Osten, und der 438 in Konstantinopel publizierte *Codex Theodosianus*, jene gewaltige Sammlung der seit 312 n. Chr. erlassenen römischen Gesetze und *constitutiones* (kaiserlichen Edikte), erschien gleichfalls in der Sprache Caesars und Ciceros – schließlich sollte er reichsweit gelten und verstanden werden. Die hierin sich demonstrativ äußernde Rechtseinheit zwischen Ost- und Westreich spiegelt also im Prinzip die Verhältnisse, die im Römischen Reich der Tetrarchie herrschten: Alle Gesetze, auch solche, die von einem Kaiser allein verkündet wurden, erlangten reichsweit Gültigkeit. Juristisch war und blieb das Reich vom Atlantik bis zum Euphrat eine Einheit; regierten mehrere Kaiser, so bildeten sie ein Kollegium, unabhängig davon, welchen Reichsteil sie verwalteten. So weit die Theorie.

In der Praxis freilich war die Reichweite von Gesetzen einigermaßen beschränkt, denn faktisch handelte es sich meist um Anweisungen, die Probleme oder Missstände betrafen, die konkret an Zeit und Raum gebunden waren – wie das Beispiel des Handelsabkommens mit dem Sasanidenreich zeigt, das eben nur für die orientalischen Grenzprovinzen Relevanz hatte; die meisten Gesetze waren sogar noch weitaus enger an lokale Kontexte geknüpft. Außerdem zirkulierten Gesetze, die sich an bestimmte Amtsträger richteten, ihrer Briefform wegen ohnehin nur unter denjenigen, die sie direkt angingen. In der Regel waren dies die Prätorianerpräfekten, und Theodosios' Ostreich bestand zum überwiegenden Teil aus einer

einen Offiziellen – in diesem Fall den Prätorianerpräfekten Anthemios – richteten.

einzigen Prätorianerpräfektur: Oriens.[6] Damit waren ganz verschiedene Sphären nahezu kongruent: politisch der Herrschaftsbereich des Ostkaisers, administrativ der Amtsbezirk des wichtigsten Adressaten von Gesetzen (des *praefectus pro praetorio orientis*), linguistisch der griechische Sprachraum,[7] kulturell das engere Verbreitungsgebiet der griechischen Oikumene, kirchenpolitisch der Raum, in dem der Obermetropolit, der spätere Patriarch, von Konstantinopel Vorrang vor allen anderen Bischöfen genoss.

Das Überlappen dermaßen vieler Wirkungskreisläufe gebiert seine eigene Logik der Netzwerkbildung: Wer Karriere machen oder politische Ziele erreichen will, sucht sich Verbündete, die ihm in seiner eigenen Sphäre nützlich werden können. So auch im Reich Theodosios' II.: Wer etwas durchsetzen wollte, hatte zunächst herauszufinden, wer am Hof über Einfluss verfügte – in Betracht kamen höchste Funktionsträger, Angehörige kollektiver Gremien (wie Senat und kaiserliches *consistorium*), Höflinge, aber auch zahllose Personen, die nicht aufgrund ihrer Stellung, sondern einfach, weil sie dem Kaiser nahe waren, Einfluss auf ihn ausübten. Sodann musste man sich diesen Personenkreis gewogen stimmen: durch Überzeugungsarbeit (*persuasio*), zu der neben dem intellektuell stichhaltigen Element auch gezielte Schmeichelei gehörte und die durch das Verteilen von ›Segnungen‹ (*benedictiones*), eine vornehme Umschreibung für Schmiergelder, vorbereitet wurde.[8]

Ein Meister in der Kunst professioneller *persuasio* war Kyrillos (ca. 375–444), der Patriarch von Alexandreia. Seinen gro-

6 Lediglich die Diözesen Dacia (zentrale Balkanhalbinsel) und Macedonia (Griechenland) gehörten zur gleichfalls zum Ostreich zählenden – wiewohl anfangs umstrittenen – Prätorianerpräfektur Illyricum.

7 Nur im Westen von Illyricum wurde Latein gesprochen; in Syrien hielten sich aramäische Idiome, vor allem das Syrische im Raum um Edessa. Besonders den sprachlichen Aspekt betont Millar 2006, 15: »In broad terms, Theodosius' empire was not only *a* Greek-speaking world, it was *the* Greek-speaking world.«

8 Vgl. ebd., 201.

ßen Auftritt hatte er auf dem Konzil zu Ephesos, das 431 die Gottesmutterschaft Marias debattierte. Die Frage, ob Maria Gottesgebärerin (*theotokos*) oder nur Christusgebärerin (*Christotokos*) war, war ein weiterer christologischer Streitpunkt, der in jenen Jahren die östliche Kirche spaltete: Nestorius (381–451), seines Zeichens Patriarch von Konstantinopel und geprägt durch die theologische Schule des syrischen Antiocheia, hatte gelehrt, in Christus wohnten zwei Personen, eine göttliche und eine menschliche; Maria sei lediglich die Mutter des Menschen Jesus Christus. Für Kyrillos und die Mehrheit der östlichen Bischöfe war das pure Ketzerei: Für sie waren die zwei Naturen Christi untrennbare Bestandteile ein und derselben Person, Maria damit auch die Muttergottes. Kyrillos ließ eine Synode im heimatlichen Ägypten abhalten und Nestorios als Häretiker verdammen.[9]

Es ging bei diesem Streit in Wahrheit um weit mehr als lediglich um theologische Haarspaltereien: In der Prestigeskala der Patriarchate drohte das Patriarchat der Hauptstadt Konstantinopel dem altehrwürdigen Bischofsstuhl von Alexandreia, der traditionell den Primat innehatte, den Rang abzulaufen. Die auf ihre Ehre bedachten Bischöfe registrierten die Entwicklung sehr aufmerksam: Eine christologische Kontroverse war für Kyrillos ein Geschenk des Himmels, um den in Konstantinopel außerordentlich populären Nestorios elegant in seine Schranken verweisen zu können. Tatsächlich geriet das von Theodosios II. einberufene Konzil zum Triumph für den Alexandriner: Die versammelten ca. 150 Bischöfe missbilligten einmütig die Lehre des Nestorios, der prompt exkommuniziert wurde; allerdings – so viel zur Einmütigkeit – hatte der örtliche Bischof, der für die Organisation des Konzils verantwortlich war, das Erscheinen der syrischen Bischöfe, allesamt Verbündete des Nestorios, erst gar nicht abgewartet. Von Ephesos ging dennoch eine klare Botschaft aus, zumal die Bevölkerung begeistert für Kyrillos' Sache Partei

9 Vgl. dazu: von Campenhausen [3]1961, 156–162; Martin [4]2001, 139; Gregory 2005, 103f.; Mitchell 2007, 290f.; Traina 2007, 15–30 und oben S. 366f.

ergriff. Weniger leicht ließ sich der Kaiser überzeugen, auf den es letztlich ankam: Theodosios wollte erst beide Seiten hören und nahm daher beide Bischöfe in Konstantinopel in Gewahrsam. Um seinen guten Willen zu demonstrieren, trat Nestorios daraufhin von seinem Bischofsamt zurück – wie sich zeigen sollte, ein schwerer taktischer Fehler.

Kyrillos nämlich entfaltete in der Zwischenzeit die ganze Kunst seiner *persuasio*. Mit Engelszungen redete er auf den Kaiser und dessen Berater ein. Vor allem verstärkte er die Überzeugungskraft seiner Argumente mit materiellen Zuwendungen an all jene, auf die es ankam. Seine Gegner brachten später ein Schreiben an die Öffentlichkeit, das Epiphanios, Archidiakon in Alexandreia und Kyrillos' Privatsekretär, an Maximianos von Konstantinopel, Nestorios' Amtsnachfolger und ein enger Vertrauter des Kyrillos, gerichtet hatte:

> Und jetzt, mein hochheiliger Herr, stell all deinen Eifer in den Dienst dieser Sache!,

heißt es da. Und weiter:

> Eile nun also, Heiligster, die Dienerin Gottes, die Herrin Pulcheria Augusta, zu bitten, dass sie auf Christus unseren Herrn hört, denn ich fürchte, dass dein hochheiliger Bruder Kyrillos noch zu wenig Aufmerksamkeit findet. Frag also alle Palastangehörigen und gib ihnen, wonach immer ihre Habgier verlangt.[10]

Dem Schreiben lag eine Liste von Geschenken bei, die bereits an – offizielle und weniger offizielle – Entscheidungsträger bei Hofe verteilt worden waren. Unter den Empfängern waren die *cubicularia* (Kammerdienerin) Marcella, »damit sie die Augusta durch Anflehen überzeuge«, eine andere *cubicularia*, damit sie Marcella unterstütze, der *praepositus sacri cubiculi* (›Vorsteher des kaiserlichen Schlafgemachs‹, ein Eunuche) Chryseros, um ihn von seiner Oppositionshaltung abzubrin-

10 ACO I. 4, § 293; vgl. dazu auch: Millar 2006.

gen, und Heleniana, Gattin des Prätorianerpräfekten, damit dieser, von seiner Gattin überzeugt, »unserer Sache helfe«.[11]

Kyrillos hatte seine Überzeugungsarbeit also mit einer groß angelegten Bestechungsoffensive orchestriert. Auch deshalb kann das Ergebnis der kaiserlichen Untersuchung nicht überraschen: Obwohl Theodosios anfangs dazu geneigt hatte, sich für seinen Bischof Nestorios zu entscheiden, fand sich der am Ende in Antiocheia, im Exil, wieder. Trotzdem schwelte der Streit zwischen den Antiochenern, die sich jetzt Nestorianer nannten, und den Alexandrinern, die wegen ihres Glaubens an die unteilbare göttliche Natur Christi Monophysiten genannt wurden, weiter. Zwar einigte man sich 433 auf eine Kompromissformel, doch brach der Hader zwischen den Anhängern des Kompromisses, der auf dem Konzil von Chalkedon 451 zur neuen Orthodoxie erhoben wurde,[12] und den jetzt zu Häretikern erklärten Parteigängern der monophysitischen bzw. nestorianischen Extrempositionen immer wieder auf. Damit war der Grundstein zu einer der großen christologischen Kontroversen des 5. und 6. Jh. gelegt: Der Streit schwächte Konstantinopels Macht in den Provinzen des Orients und bereitete indirekt die spätere Ablösung Syriens und Ägyptens vom Ostreich, die im Zuge der islamischen Expansion erfolgen sollte, vor. Der Nestorianismus wurde außerdem zur vorherrschenden Richtung im persischen Christentum, nachdem nestorianische Christen im Sasanidenreich Schutz vor Verfolgung gesucht hatten (457). Fortan sahen sich die im Römischen Reich verbliebenen Nestorianer stets dem Vorwurf ausgesetzt, eine ›Fünfte Kolonne‹ der Perser auf Reichsboden zu sein.

11 ACO I. 4, § 220. Die Geldmittel, die Kyrillos nach Konstantinopel pumpte, überstiegen bei Weitem die Finanzkraft seiner Diözese. Er musste deshalb ein Darlehen aufnehmen, um die Kosten zu decken; vgl. Clauss 2002, 414.

12 In Chalkedon setzte sich die Trinitätslehre als Dogma durch: Christus war zugleich ›wahrer Gott‹ und ›wahrer Mensch‹, ›unvermischt und ungetrennt‹.

Die Episode um Nestorios und Kyrillos hatte weitreichende Konsequenzen für das östliche Imperium. Sie veranschaulicht zugleich, wie sehr sich Ost und West inzwischen auseinandergelebt hatten: Zwar bezog auch der Oberhirte von Rom in dem Konflikt – für Kyrillos – Partei, doch ausschlaggebend für die Entscheidung waren Netzwerke und Allianzen, die zwischen den östlichen Bischöfen bestanden (so etwa das Bündnis zwischen Kyrillos und dem Bischof von Ephesos im Vorfeld des Konzils) und zwischen den Bischöfen und Personen, die Einfluss am kaiserlichen Hof hatten (bis hin zu den Empfängern von Geschenken, die Kyrillos durch diese Form der *persuasio* für seine Sache eingenommen hatte). Der Brief des Archidiakons Epiphanios zeigt, dass Kyrillos seine Anstrengungen auf Pulcheria konzentrierte, die Schwester des Kaisers, die seit 414 den Titel ›Augusta‹ trug.

Ihr Porträt hing nun neben dem ihres Bruders und dem des Honorius in der Kurie von Konstantinopel. Pulcheria löste unmittelbar nach dessen Tod (414/415) den Prätorianerpräfekten Anthemios als Graue Eminenz in Konstantinopel ab, mit gerade einmal 15 Jahren. Die Kaiserschwester hatte ein Keuschheitsgelübde abgelegt und entkam so der sonst drohenden dynastischen Verheiratung. Lieber beaufsichtigte sie die Erziehung ihres Bruders, dessen bisherige Lehrer sie kurzerhand vom Hof entfernte. Geschickt verstand sie es, Netzwerke am Hof zu bilden und Meinungen zu mobilisieren, wobei ihr vor allem ein guter Draht zu den Hofeunuchen so manchen Dienst erwies. Als Gegnerin des Nestorios war sie am Zustandekommen der Beschlüsse 431 und 433 maßgeblich beteiligt – sehr zum Gefallen des Kyrillos, dessen *persuasio*-Kampagne ihr Ziel erreicht hatte.[13]

Pulcheria war nur eine von mehreren starken Frauen der theodosianischen Dynastie. Zweite Schlüsselfigur am Hof des Theodosios war die Kaisergattin Athenaïs, die aus Athen stammende, hochgebildete Tochter eines heidnischen Philo-

13 Vgl. dazu: Clauss 2002, 402–405.

Abb. 41: Solidus mit dem Bild der Pulcheria mit Diadem, darüber Hand Gottes mit einem Kranz. Legende: AEL(ia) PVLCH-ERIA AVG(usta). Auf dem Revers eine Victoria mit einem Schild, auf dem das Christogramm prangt. Legende: SALVS REI – PVBLICAE (RIC X. 205).

sophen, die Theodosios 421 geheiratet hatte und seit 423 ebenfalls den Augusta-Titel trug. Athenaïs empfing die Taufe und nannte sich fortan Eudokia. Im Kampf um die Macht bei Hofe war sie die natürliche Rivalin der Kaiserschwester. Athenaïs' Position verbesserte sich drastisch, als sie mit Arkadios junior einen Thronfolger gebar und zudem ihre Tochter Eudoxia den Westkaiser Valentinian III. heiratete (437). Zeitweilig gelang es ihr sogar, Pulcheria an den Rand zu drängen und aus dem Palast zu vertreiben (439). Ihre Vertrauten erlangten hohe Funktionen, wie das Amt des *magister officiorum* oder die Stadtpräfektur von Konstantinopel, doch bald machten Gerüchte die Runde, die Kaiserin habe sich Ehebruch zuschulden kommen lassen. Vermutlich waren im Hintergrund Intrigen gesponnen worden: 443/444 kehrte Athenaïs der Hauptstadt den Rücken und zog sich ins Heilige Land zurück, wo sie sich in ihrem Palast in Bethlehem gottgefälligen Werken und der Dichtkunst widmete.[14]

Pulcheria kehrte an den Hof zurück und übte in den folgenden Jahren erheblichen Einfluss aus. Als Theodosios am 28. Juli 450 völlig überraschend nach einem Sturz vom Pferd

14 Vgl. ebd., 415–432.

starb, fiel ihr, wenigstens zum Teil, die Rolle der Kaisermacherin zu. Theoretisch hätte der Westkaiser Valentinian III. nun auch die Herrschaft im Osten übernehmen können. Dass diese Variante nicht einmal in Erwägung gezogen wurde, spricht Bände. In den 41 Jahren, die Theodosios über den Osten des Imperiums geherrscht hatte, waren die beiden Reichshälften de facto zu selbständigen Gebilden mutiert: politisch, administrativ und zunehmend auch kulturell wie religiös. Eine ›Wiedervereinigung‹ kam nicht mehr infrage. Pulcheria, als einzige Vertreterin der theodosianischen Dynastie, bürgte im Ostreich für Kontinuität: Maßgeblich auf Betreiben des Heermeisters Aspar – eines Alanen – wurde sie mit dessen Adjutanten Markianos vermählt. Eine ausgeklügelte Konstruktion machte es möglich, dass Pulcheria nicht gegen ihr Keuschheitsgelübde verstieß: Sie schloss mit Markianos eine Jakobsehe, die nicht vollzogen wurde. Der Gefolgsmann Aspars wurde Kaiser, und Pulcheria blieb für die restlichen Jahre ihres Lebens – die Augusta starb 453 – Jungfrau.

Kaiser und Heermeister: der Westen unter Honorius und Valentinian III.

Als Eudoxia 437 mit Valentinian III. vermählt wurde, konnte das theodosianische Kaiserhaus ein letztes Mal feierlich die dynastische Eintracht zwischen West und Ost inszenieren. Im folgenden Jahr erschien der *Codex Theodosianus*, der die Fiktion der Rechtseinheit fortsetzte, aber nicht davon ablenken konnte, dass beide Reichshälften in Wirklichkeit längst getrennte Wege gingen. Knapp zehn Jahre später, 447, musste sich der Ostkaiser Theodosios bei Valentinian per Brief wortreich dafür entschuldigen, dass er es seit Jahren versäumt hatte, seine Erlasse dem Westkaiser zukommen zu lassen. Die Rechtseinheit bestand nicht einmal mehr auf dem Papier.

Freilich hatte Valentinian um die Jahrhundertmitte drängendere Probleme zu bewältigen, als die Edikte des Ostkaisers zu ratifizieren: Zwar hatte der Heermeister Aëtius gerade mühsam die Franken geschlagen und damit die Rheingrenze, pro forma wenigstens, wiederhergestellt, doch der Ansturm der Hunnen auf Gallien und Italien stand unmittelbar bevor. Die Vandalen beherrschten Nordafrika und somit die Kornkammer Italiens. In Valentinians Reichshälfte hatten staatliche Strukturen längst lokaler Selbsthilfe Platz gemacht. Der Fortbestand des Imperiums hing am seidenen Faden.

Wir erinnern uns: 410 war Rom ein Opfer der Alarich-Goten geworden, während sich in Gallien gleichzeitig jene Stämme häuslich einrichteten, die 406/407 über die Rheingrenze gedrängt waren. Honorius' Lage in seiner Residenz Ravenna war kaum beneidenswert. Wenig komfortabel war aber auch die Position, in der sich die Alarich-Goten befanden: In einem Land, das teilweise vom Krieg zerstört war und seinen Goten wenig Gastfreundschaft entgegenbrachte, litten sie Hunger. Alarich hegte daher einen Plan, den knapp 20 Jahre später auch ein anderer großer Germanenführer, der Vandale Geiserich, verfolgen sollte: Er zog nach Kalabrien, um von dort aus erst nach Sizilien und dann in das reiche Afrika überzusetzen. Doch das Vorhaben misslang: Die Flotte wurde das Opfer eines Sturms, und Alarich selbst starb in Kalabrien.[15]

Alarichs Nachfolger wurde sein Schwager Athaulf. Er nahm Abstand von dem Plan, Afrika zu erobern, und zog mit seinen Goten entlang der Westküste Italiens – wo sie eine Schneise der Verwüstung hinterließen – in Richtung Norden. Dort hatte inzwischen der Heermeister Constantius, der die Nachfolge Stilichos angetreten und recht erfolgreich gegen die eingefallenen Germanenstämme operiert hatte, in Honorius' Auftrag Konstantin III. in dessen Residenz Arles eingeschlossen und zur Aufgabe gezwungen. Wenig später war Konstantin hingerichtet, zwei weitere Usurpatoren, die versucht hatten, die Gunst der Stunde zu nutzen, waren aus

15 Hierzu und zum Folgenden: Wolfram [3]1990, 212f.; Heather 1991; Todd 2000, 147–149; Heather 2006, 224–240; Todd 2000, 147–149.

dem Feld geschlagen worden. Die strategische Lage hatte sich entscheidend verändert: Während Alarichs bzw. Athaulfs Zug durch Italien war ein Eingreifen des römischen Heeres in Italien vor allem dadurch vereitelt worden, dass Italien gegen den Usurpator geschützt werden musste. Jetzt hatte Constantius den Rücken nahezu frei und konnte sich dem Hauptproblem zuwenden: Athaulfs Goten.

Tatsächlich gelang es ihm, die Athaulf-Gruppe aus Italien zu vertreiben und nach Gallien abzudrängen, wo sie prompt in eine weitere Usurpation verstrickt wurde: In Mainz hatte sich, gestützt hauptsächlich auf Burgunder und Alanen, der gallorömische Aristokrat Jovinus zum Kaiser ausrufen lassen und den Burgundern, die bereits Konstantin III. um Worms angesiedelt hatte, die Gründung eines Königreiches gestattet. Attalus, der einst als Usurpator von Alarichs Gnaden in Rom aufgetreten war und jetzt die Athaulf-Gruppe begleitete, vermittelte zwischen Jovinus und dem Gotenkönig, der offensichtlich auf eine Teilhabe an der römischen Herrschaft hoffte und deshalb auf den gallischen Usurpator setzte. Doch er hatte sich getäuscht: Jovinus erhob seinen Bruder zum Mitkaiser, ohne Athaulf zu konsultieren, worauf der wendige Gotenkönig die Seiten wechselte und sich nun von Honorius und dessen Heermeister Constantius gegen Jovinus einspannen ließ. Als Gegenleistung stellte Ravenna in Aussicht, die Goten endlich mit Nahrungsmitteln zu versorgen. Tatsächlich schlugen die Athaulf-Goten das Heer des Jovinus bei Valentia und nahmen die beiden Usurpatoren gefangen: Ihre Köpfe wurden aufgespießt und in Ravenna öffentlich ausgestellt (413).

Honorius brauchte nicht lange, um wieder einen Vorwand zu finden, um den Goten das versprochene Getreide vorzuenthalten: In der Gewalt der Athaulf-Gruppe befand sich seit der Einnahme Roms nämlich nicht nur Attalus, sondern auch die jetzt 23-jährige Galla Placidia, Honorius' Schwester. Honorius forderte nun ultimativ die Herausgabe dieses Faustpfandes – vorher sei mit der Getreidelieferung nicht zu rechnen. Die Goten wüteten daraufhin im südlichen Gallien und nahmen die Städte Narbo (Narbonne), Tolosa (Toulouse) und

Burdigala (Bordeaux) ein. Noch 414 wurden die Einwohner von Narbo Zeugen eines denkwürdigen Ereignisses: Athaulf heiratete seine Geisel Galla Placidia – nach römischem Ritus und im Haus eines vornehmen Römers. Glauben wir einem Bericht des christlichen Historikers Orosius, so hatte Athaulf eine neue Rolle für sich gefunden:

> Es scheint, dass er zuerst von dem glühenden Wunsch erfüllt gewesen sei, den römischen Namen zu tilgen und aus dem gesamten römischen Territorium ein gotisches Reich zu machen – der Substanz wie dem Namen nach. So sollte, um einen gängigen Ausdruck zu verwenden, die Gothia den Platz der Romania einnehmen, und er, Athaulf, sollte all das werden, was Caesar Augustus einst gewesen war. Da ihn jedoch lange Erfahrung gelehrt habe, dass die Goten, ihrer ungezügelten Barbarei wegen, zutiefst unfähig seien, den Gesetzen zu gehorchen, und er davon überzeugt sei, der Staat dürfe auf keinen Fall der Gesetze beraubt werden, ohne die ein Staat kein Staat ist, habe er [Athaulf] für sich entschieden, er wolle wenigstens den Ruhm für sich erstreben, das Ansehen der Römer durch die Macht der Goten wieder herzustellen und zu erweitern, um so von der Nachwelt als Erneuerer des römischen Imperiums gefeiert zu werden.[16]

Zugleich präsentierte er der staunenden römischen Welt abermals Attalus als Kaiser. Im folgenden Jahr kam Galla Placidia mit einem Knaben nieder, der den programmatischen Namen Theodosius erhielt. Athaulf, der inzwischen nach Spanien ausgewichen war, schien entschlossen, seinen Nachkommen die Herrschaft über Westrom zu sichern und selbst die Rolle des Kaisermachers zu spielen. Doch er hatte zu hoch gepokert: Der kleine Theodosius lebte nicht lange, und bald schon starb auch Athaulf von Mörderhand, der es nicht vermocht hatte, das Ernährungsproblem seiner Goten zu beheben (415). Valia, der nach einigen Wirren Athaulfs Nachfolge angetreten hatte, gelang es schließlich, mit dem in Gallien völlig autonom agierenden Constantius ein *foedus* zu schließen und seinem Volk endlich, nach 40 Jahren Wander-

16 Oros. hist. VII. 43, 2f.

schaft, in Spanien auf Dauer eine Heimat zu schaffen (416). Die ehemaligen Donaugoten Alarichs waren damit zu einem integralen Bestandteil des Westreichs geworden.

Der wichtigste Preis, der Constantius mit dem neuen Goten-*foedus* in die Hände gefallen war, war Athaulfs Witwe Galla Placidia, die er nun, am Tag der Einführung in seinen zweiten Konsulat, auch prompt heiratete (1. Januar 417). Spätestens jetzt war Constantius, der, seitdem er die Goten aus Gallien vertrieben hatte, den Titel *patricius*[17] führte, der eigentlich starke Mann im römischen Westen. In engem Zusammenspiel mit der gallorömischen Elite[18] siedelte er die Goten, nunmehr unter ihrem neuen König Theoderid, der wiederum Valia nachgefolgt war, von Spanien in das südwestliche Gallien – die Provinz Aquitania II um das Tal der Garonne von Burdigala bis Tolosa – um. Dort fiel ihnen die Aufgabe zu, die gallischen Provinzen zu befrieden, die noch immer von Usurpationen und innerem Unfrieden erschüttert wurden. Der einheimischen, gallorömischen Oberschicht machten vor allem vagabundierende Barbarengruppen sowie Aufstände der Bagauden zu schaffen.[19] Die Goten waren deshalb als Garanten sozialer Stabilität hochwillkommen. Erstmals wurden Germanen nicht wie bisher als Soldaten einquartiert und von römischer Seite mit Nahrungsmitteln versorgt, sondern erhielten Land zur Selbstversorgung zugewiesen. Das ›Tolosanische Reich‹, das nun unter Führung Theoderids auf römischem

17 Den Ehrentitel erhielten seit Konstantin enge Vertraute des Kaisers, nachdem sie den Konsulat oder einen sonstigen herausragenden Posten (wie *magister officiorum*, *magister militum*, Stadtpräfekt einer der beiden Hauptstädte oder eine Prätorianerpräfektur) bekleidet hatten.

18 Bestehend aus Senatoren und Kurialen, den munizipalen Oberschichten der Spätantike.

19 Der unspezifische Begriff ›Bagauden‹, der erstmals im Gallien des 3. Jh. begegnet, bezeichnet wohl eine in der Tat bunt zusammengewürfelte Schar landloser, entwurzelter Bauern, Banditen und Gruppen, die – vor dem Hintergrund einer zusammenbrechenden staatlichen Ordnung – ihr Heil in bewaffneter Selbsthilfe suchten. Zur Identität der Bagauden: Ward-Perkins 2005, 45; Heather 2006, 282f.

Boden Konturen gewann, verdankte seine Stabilität maßgeblich diesem Faktor.

Während die Goten sich in Aquitanien niederließen, schien der Aufstieg des Mannes, der ihnen dort im Zusammenspiel mit den gallorömischen Eliten ihr Land verschafft hatte, unaufhaltsam: Galla Placidia brachte zunächst eine Tochter, Honoria, zur Welt, wenig später auch den erhofften Sohn, Valentinianus (419); Honorius zeichnete Constantius 420 mit einem dritten Konsulat aus und erhob ihn am 8. Februar 421 als Constantius III. zum Augustus, Galla Placidia wenig später zur Augusta. Nach einigem Zögern erfolgte schließlich auch die Anerkennung durch den Ostkaiser Theodosios. Bereits am 2. September 421 aber starb der neue Augustus – und hinterließ im Westreich ein gefährliches Machtvakuum, denn kaum war Constantius tot, fühlten sich die germanischen Stämme in Gallien und Spanien nicht mehr an frühere Vereinbarungen gebunden: Theoderids Goten expandierten über die Grenzen der Provinz Aquitania II hinaus bis zu den Flüssen Loire und Rhône; in Spanien erhoben sich die zu einem Großstamm verschmolzenen Vandalen und Alanen, schlugen den römischen *patricius* Castinus, der von Mauretanien nach Spanien übergesetzt war und versucht hatte, die Stämme gegeneinander auszuspielen, und fielen in den Süden der Halbinsel, die Provinz Baetica, ein. Auch die im Nordwesten Spaniens ansässigen Sueben erkannten die Oberhoheit des Kaisers in Ravenna nicht mehr an und drangen bis nach Lusitanien, das heutige Portugal, vor. Obendrein verbündeten sich die Vandalen mit den Goten Theoderids und begannen mit der Eroberung der Tarraconensis und des suebischen Galicien.

So war Spanien vollständig der Kontrolle Ravennas entglitten, als am 15. August 423 auch Honorius starb. Zuvor hatte sich der Kaiser zu allem Überfluss mit der erneut verwitweten Galla Placidia überworfen, die daraufhin mit ihren Kindern nach Konstantinopel geflüchtet war. Dort hatte sie Aufnahme gefunden, allerdings nur unter der Bedingung, für sich und ihre Nachkommenschaft auf alle kaiserlichen Insignien zu verzichten. Damit war das Westreich kaiserlos, die letzten

Vertreter der theodosianischen Dynastie fernab von Italien, Theodosios im Prinzip Kaiser des Gesamtreichs; doch in Wirklichkeit blieb der römische Westen das Machtvakuum, das er bereits seit Constantius' Tod gewesen war, zumal Theodosios selbst fern seiner Hauptstadt Katastrophengebiete in Kleinasien besuchte, die ein Erdbeben heimgesucht hatte. Er verzichtete darauf, seine Ansprüche in Ravenna geltend zu machen, und überließ die Politik im Westen den diversen zentrifugalen Kräften, die die letzten Reste zentralstaatlicher Gewalt zwischen sich zerrieben. Außer den germanischen Völkern waren die Hauptakteure der *comes Africae* Bonifatius, der die letzte intakte Diözese des Westens befehligte und kundtat, die Sache Galla Placidias zu vertreten, und der römische Senat, der nach einigem Zögern Johannes, einem Hofbeamten des Honorius, das Kaisertum des Westens antrug. Wie zu erwarten stand, verweigerte Bonifatius dem Kaiser von Senates Gnaden die Gefolgschaft, worauf Johannes sein Heer gegen Afrika in Marsch setzte.

Erst jetzt, am 23. Oktober 424, erklärte man in Konstantinopel den neuen Westkaiser offiziell zum Usurpator und erhob Placidias Sohn, den fünfjährigen Valentinian (III.), zum Caesar des Westens – wohlgemerkt nicht zum Augustus, da Theodosios auch weiterhin den Primat für sich beanspruchte. Da Johannes' Truppen in Afrika kämpften, blieb dem Westkaiser nichts anderes übrig, als sich hinter die Mauern seiner Hauptstadt Ravenna zurückzuziehen und den Angreifern einstweilen die Initiative zu überlassen. Von dort schickte er einen jungen Mann aus Moesien, der erst römische Geisel am Hof Alarichs, dann bei den Hunnen gewesen war, mit viel Geld zu den Hunnen an die Donau, um Hilfstruppen anzuwerben. Der Mann hieß Aëtius, und eine steile Karriere sollte ihn bald zum mächtigsten Mann im römischen Westen machen.[20]

Zu Beginn allerdings sah alles danach aus, dass er scheitern würde: Aëtius kehrte, erleichtert um sein Geld, aber in

20 Zu den biographischen Details: Mommsen 1901; Zecchini 1983; Stickler 2002; Leppin 2005.

Begleitung von 60.000 hunnischen Kriegern, nach Italien zurück – nur um festzustellen, dass er aufs falsche Pferd gesetzt hatte: Johannes war bereits von den eigenen Soldaten verraten und enthauptet worden, Valentinian als Augustus des Westens anerkannt. Mit noch mehr Geld sollte Aëtius Italien nun wieder von den Hunnen befreien, die er gerufen hatte. Der Plan glückte, und Aëtius wurde mit einem Militärkommando in Gallien belohnt. Sein Auftrag: Er sollte die Goten bändigen, die unter ihrem König Theoderid in Gallien und Spanien auf eigene Rechnung Bündnispolitik betrieben. Insgesamt gelang ihm der realpolitische Balanceakt zwischen militärischer Keule und diplomatischem Florett: Die Autorität des Westkaisers über Gallien konnte wenigstens pro forma restauriert werden (329). Dem Aufstieg des von Galla Placidia protegierten Aëtius zum Heermeister des Westreichs stand nun nur noch der Amtsinhaber Flavius Felix im Weg – er wurde in Ravenna ermordet, und Aëtius war am Ziel.

Inzwischen freilich war die Lage des Westreichs noch verzweifelter geworden: Die Vandalen hatten unter ihrem König Gunderich in den 420er Jahren den Übergang nach Nordafrika vorbereitet und 429 – Gunderich war inzwischen gestorben, sein Halbbruder Geiserich ihm als Herrscher nachgefolgt – mit 80.000 Menschen die Straße von Gibraltar überquert. Bei Hippo Regius, dem Bischofssitz des Augustinus, fügten sie dem römischen Heer unter dem *comes* Bonifatius eine schwere Niederlage zu; während der 18-monatigen Belagerung von Hippo starb der 75-jährige Kirchenvater (28. August 430), Ende 431 fiel die Festung. Die von ihren Bewohnern geräumte Stadt wurde zu Geiserichs Residenz: In Hippo schloss er mit Ravenna ein *foedus*, das den Vandalen die Ansiedlung in der Provinz Numidia und den angrenzenden Teilen der Nachbarprovinzen Proconsularis und Mauretania Sitifensis gestattete.[21]

21 Referenzwerk ist noch immer Courtois 1955.

Damit verblieb nur noch Karthago, die größte Stadt des römischen Afrika, in der Einflusssphäre Konstantinopels, das seit dem Fall Hippos anstelle des völlig überforderten Westreichs die Hauptlast der militärischen Operationen in Afrika trug. Aber nicht für lange: Am 19. Oktober 439 schlugen Geiserichs Vandalen völlig überraschend zu und eroberten, anscheinend ohne auf Widerstand zu stoßen, die Kapitale der Proconsularis. Geiserich untermalte seinen Sieg mit subtiler Selbstdarstellung, mit der er an die vorrömische Tradition des nördlichen Afrika anknüpfte: Er ließ Kupfermünzen prägen, die einen Pferdekopf zeigten – wie einst die Münzen Karthagos, dessen Name nun als Legende auf der Rückseite prangte.

Außerdem ließ der Vandalenkönig eine neue Zeitrechnung anbrechen, in der die Eroberung Karthagos das Jahr 1 markierte. Beides lässt darauf schließen, dass Geiserich die Karte einer regionalen afrikanischen Identität gegen Rom zu spielen gedachte. Im Übrigen allerdings stand seine Herrschaft eher im Zeichen der Kontinuität: Die römische Verwaltung funktionierte weitgehend in den alten Bahnen weiter, und weder Geiserich noch seine Nachfolger suchten ernsthaft die Konfrontation mit der oströmischen Macht;[22] Römer besetzten nach wie vor die höchsten Chargen der Verwaltung, und manche zeigten ihr Entgegenkommen den neuen Herren gegenüber auch dadurch, dass sie vandalische Tracht anlegten. So stieg noch 484 ein gewisser Victorianus aus Hadrumetum/Unuricopolis in das Amt eines *proconsul Carthaginis* auf. In der Quelle heißt es, Victorianus – der unermesslich reich gewesen sein soll – habe aus Eigennutz dem »gottlosen König« (*impius rex*) Hunerich »überloyal« (*fidelissimus*) gedient.[23]

22 Lediglich durch den Gebrauch monarchischer Insignien (Thron, Purpur) und Aktionen wie die von Geiserichs Sohn und Nachfolger Hunerich durchgesetzte Umbenennung der Stadt Hadrumetum (Proconsularis, heute in Tunesien) in Unuricopolis provozierten die Vandalen in Konstantinopel Unmut; vgl. dazu: Wolfram 1990, 241f.

23 Vict. Vit. hist. persec. III. 27; vgl. dazu: Maier 2005, 267.

Abb. 42: Kupfermünze des Geiserich aus Afrika mit Pferdekopf auf der Vorderseite, Soldat mit Lanze und Legende CARTHAGO auf der Rückseite (MEC I. 46).

Freilich gab es zwischen Vandalen und Einheimischen eine unsichtbare, aber höchst wirkungsvolle Schranke: Die neuen Herren, die ursprünglich selbst aus einer Vielvölkerkoalition hervorgegangen waren, einte ihr arianischer Glaube, während die ›Römer‹ entweder Nizäner waren oder noch dem Donatismus anhingen. Auf Dauer verhinderten sie deshalb die Integration und Assimilation der barbarischen Neuankömmlinge, die – trotz aller Versuche, die lokale Bevölkerung für sich einzunehmen – immer Fremde blieben. Auch gelang es nicht, ganz Nordafrika unter vandalischer Vorherrschaft zu einen: Im Westen und Süden hielt sich ein Kranz römisch-maurischer Kleinkönigtümer, die zunächst durchaus freundliche Beziehungen zu Karthago pflegten, die sich später allerdings immer schwieriger gestalteten. Freilich schlugen vorerst alle Versuche von innen wie außen fehl, die Vandalen wieder aus Nordafrika zu vertreiben: 441 scheiterte eine von Theodosios II. veranlasste Flottenexpedition, 442 eine Adelsrevolte gegen Geiserich, die das Vandalenreich an den Rand des Zusammenbruchs gebracht hatte, und 468 endete ein gemeinschaftlicher Vorstoß Ost- und Westroms nach Afrika im Fiasko. Zähneknirschend hatte Ravenna außerdem bereits 442 einen Vertrag mit Geiserich schließen müssen, der die territoriale Integrität des Vandalenreichs auf römischem Boden anerkannte. Geiserich war fortan kein Heerkönig germanischer Tradition mehr, sondern Herrscher über einen lose mit Rom konföderierten Staat. Sein ›Reich des Getreides‹ kontrollierte die Versorgung Italiens mit Nahrungsmitteln und war schon allein deshalb ein wesentlicher Faktor in der imperialen Politik geworden.[24]

Nach seinem Scheitern bei Hippo Regius hatte sich der *comes* Bonifatius nach Italien abgesetzt, wo er die Gunst der für ihren Sohn die Geschäfte führenden Galla Placidia erlangte. Aëtius, der um seine Stellung als Heermeister des Westreichs fürchtete, blieb nichts anderes übrig als mit seinem Heer in Italien einzufallen und Bonifatius bei Ariminum (Rimini) zur Schlacht zu stellen. Aëtius unterlag – und war doch am Ende der Sieger, weil Bonifatius einer Verwundung erlag, die er sich in der Schlacht zugezogen hatte. Als Placidia jetzt aber auf Sebastianus, den Schwiegersohn des Bonifatius, setzte, entwich Aëtius zu den Hunnen, wo er ein neues Heer anwarb: Sebastianus flüchtete nach Konstantinopel, und Aëtius, der nun die Witwe des Bonifatius zur Frau nahm, den Titel eines *patricius* erhielt und wieder in sein Amt als Heermeister eingesetzt wurde, war fortan unangefochtener Herr des Westens, während Valentinian völlig in seinem Schatten stand (433).

So blieb es für die kommenden 20 Jahre. Während weite Teile Spaniens und Afrikas für das Westreich praktisch verloren waren und im Donauraum Barbaren wüteten, richtete der Heermeister sein Augenmerk auf Gallien: Er protegierte dessen Oberschicht und ließ ihre Angehörigen in höchste Ämter in Ravenna und Rom aufsteigen; außerdem bemühte er sich darum, die komplizierte ethnische Gemengelage in den gallischen Provinzen unter Kontrolle zu bringen. Geschickt spielte er die Animositäten zwischen den Stämmen aus. Immer wieder stützte er sich auch auf hunnische Verbände, mit denen er auf Reichsgebiet siedelnde Stämme zur Räson brachte und solche, die von außen auf gallisches Gebiet

24 Vgl. dazu: Diesner 1966; Wolfram 1990, 245–248; Todd 2000, 175f.; Ausbüttel 2010, 78–81; Bleckmann 2009, 249–256.

drängten, über den Rhein zurückwarf. Schließlich vernichtete Aëtius mit hunnischen Truppen das Burgunderreich Gundahars um Worms (437) – die Ereignisse sollten später in der Sage des Nibelungenliedes einen fernen Reflex finden. Der aus Spanien stammende lateinische Panegyriker Flavius Merobaudes besang das angeblich jeder Eitelkeit bare Heldentum des ›letzten Römers‹ mit den Worten:

> Denn dein Lager ist nackter Fels oder ein dünnes Laken auf dem Boden; du verbringst deine Nächte auf Wache, deine Tage mit Mühe; und du nimmst alle Beschwernis willig auf dich; dein Brustpanzer ist weniger Schutz als Kleid, nicht so sehr großartige Zurschaustellung, sondern vielmehr Lebensstil.[25]

Die Hunnische Alternative

Doch hatte sich Aëtius mit gefährlichen Bundesgenossen eingelassen: Die Hunnen waren seit ihrem Zug nach Westen ein kontinuierlich präsenter Machtfaktor gewesen und hatten zwischen Schwarzem Meer und Atlantik allenthalben für Unruhe gesorgt. Aber die ›neuen Skythen‹, wie sie von den römischen Chronisten zunächst genannt wurden, waren weder ein ethnisch einheitlicher Verband noch verfügten sie – wie die verschiedenen germanischen Gruppen, die ihre je eigene Landnahme auf römischem Boden vollzogen hatten – über ein Heerkönigtum als zentrale Institution: Sie hatten zahlreiche ethnische Gruppen – darunter die ostgotischen Greutungen und Alanen, die auch eine ›hunnische‹, das heißt nomadische, Lebensweise angenommen hatten – absorbiert, blieben aber nach innen in zahlreiche Gefolgschaftsgruppen um mehr oder weniger mächtige charismatische Anführer fragmentiert. Nach 400 hatte sich diese Konföderation im dakischen Karpatenbogen an der Donau niedergelassen und ihr Einflussgebiet bis nach Pannonien ausgedehnt. Allmählich

25 Merob. paneg. I. 15–19.

hatte sich bei den Balkan-Hunnen dann schließlich doch eine zentrale Führung um das Brüderpaar Oktar und Rua herausgeschält, denen um 435 wiederum zwei Brüder nachgefolgt waren: ihre Neffen Bleda und Attila. Unter den neuen Königen hatte sich der Großteil der bis dato lose gefügten hunnischen Konföderation rasend schnell zu einem schlagkräftigen Machtblock formiert, der freilich zunächst dem Osten gefährlich wurde: Die Hunnen pressten Konstantinopel nicht nur seit ca. 430 Jahrgelder ab, sondern hatten bei der politischen Führung des Ostreichs auch durchgesetzt, dass Personen – gleichgültig, ob ›Hunnen‹ oder ›Römer‹ –, die sich ins Reich geflüchtet hatten, den Hunnen auszuliefern waren.[26]

Indes: Konstantinopel wurde bald vertragsbrüchig, worauf die Hunnen weite Teile des Balkans verwüsteten. Attila ermordete seinen Bruda Bleda nach einigen Jahren gemeinsamen Regiments 444/445 und wurde so alleiniger König der Hunnen. Wenig später überschritt er mit seinem Heer die Donau, schlug ein oströmisches Heer in der Dacia ripensis und drang bis nach Griechenland vor, wo er auf dem geschichtsträchtigen Schlachtfeld der Thermopylen abermals einen Sieg errang. Erst durch weitreichende Zugeständnisse ließ sich der Hunnenkönig schließlich zum Abzug bewegen. Spätestens jetzt war Attilas Position bei den Hunnen unangefochten: Mit dem Wüten seiner Heere zwischen Donau und Griechenland hatte er sich den Namen *flagellum Dei* (›Geißel Gottes‹) redlich verdient. Der Frieden kam Konstantinopel teuer zu stehen: Nicht nur waren sofort 6000 Pfund Gold fällig, auch die Jahrgelder wurden auf stattliche 2100 Pfund angehoben; vor allem aber musste Ostrom einen breiten Streifen Landes südlich der Donau räumen (Herbst 447). Anderthalb Jahre später machte sich der oströmische Historiker Priskos als Gesandter an den Hof Attilas auf. Seine Reise

26 Zu den Hunnen: Halphen 1926; Maenchen-Helfen 1978; Wolfram 1990, 183–209; Bóna 1991; Anke 1998; Schäfer 1998; Wirth 1999; Heather 2006, 300–348; Heather 2011, 194–24.

führte ihn auch durch die ehemals florierende Stadt Naissus (Niš) in Moesien, jetzt Grenzstadt:

> Als wir in Naissus eintrafen, fanden wir die Stadt verlassen vor, als ob sie geplündert worden wäre; nur einige Kranke lagen in den Kirchen herum. Wir machten nahe des Flusses Rast, auf freiem Feld, denn der Boden in der Nähe des Ufers war mit den Gebeinen jener Männer übersät, die im Krieg erschlagen worden waren.[27]

Immerhin: Die Gesandtschaft erreichte ihr Ziel: Sie wurde von Attila vorgelassen, großzügig bewirtet und bat erfolgreich um die Freilassung einiger hochrangiger Gefangener. Wenig später waren jedoch alle Verträge erneut hinfällig, als in Konstantinopel Kaiser Markianos, der Nachfolger Theodosios' II., jede weitere Zahlung verweigerte und alle Verhandlungen abbrach (ab 450). Attila hätte nun den Balkan in Schutt und Asche legen und gegen die Hauptstadt am Bosporus marschieren können. Er entschied sich aber anders: Die Hunnen gaben ihr Land an der Donau auf und wandten sich nach Westen.[28] Damit wurden sie zum Problem des Westreichs: 451 erreichten sie Gallien, das sie schutzlos wähnten. Dort freilich hatte Aëtius bereits eine breite Koalition aus Einheimischen sowie germanischen und sarmatischen Stämmen – von den Westgoten über die Franken, Bretonen, Sarmaten, Laeten, Burgunder und die gallischen Sachsen bis hin zu den verbliebenen römischen Einheiten – geschmiedet, die auf den ›Campi Mauriaci‹ (›Katalaunischen Feldern‹, bei Châlons-en-Champagne) einen schwer erkämpften, schließlich aber doch triumphalen Sieg über Attilas Hunnen errang; nur

27 Priskos, FHG IV, fr. 8.

28 Für diese Entscheidung waren wohl verschiedene Faktoren ausschlaggebend: vor allem das angebliche Eheversprechen, das Honoria die Schwester von Kaiser Valentinian, Attila gegeben haben soll, und eine diplomatische Intervention Geiserichs, der versuchte, Attila zu einem Krieg gegen die Westgoten zu überreden. Außerdem hatte auch das Westreich die Jahrgelder eingestellt und schien der verwundbarere Gegner. Schließlich hatte sich Attila mit Aëtius über einem dynastischen Streit bei den Franken überworfen und das bisherige Bündnis aufgekündigt.

der Tod des Westgotenkönigs Theoderid, dessen Sohn das gotische Kontingent unverzüglich in die Heimat führte, rettete Attila vor dem Untergang. Der geschlagene Hunnenkönig blies zum Rückzug nach Pannonien, von wo aus die Hunnen im Folgejahr in Italien einfielen und Aquileia sowie Mailand eroberten. Doch befiel eine Seuche das Heer, und als Papst Leo dem gen Rom vorrückenden Attila entgegentrat und ihm das warnende Beispiel Alarichs entgegenhielt, ließ der Hunne von der alten Hauptstadt ab und trat abermals den Rückzug an. Leo verdiente sich damit füglich den Beinamen ›der Große‹.

So mächtig sich das Attila-›Reich‹ – in Wirklichkeit nur das keineswegs konsolidierte Verbreitungsgebiet eines waffenstarrenden, wandernden Volkes – auf seinem Höhepunkt auch ausnahm, so verwundbar war es in Wirklichkeit. Attilas Lebenselixier war seine Sieghaftigkeit, und so war auch für den hunnischen Herrscher – wie im Prinzip für alle Heerkönige der Völkerwanderungszeit – eine Niederlage potenziell tödlich. Nur waren, angesichts der ethnischen Heterogenität seiner Gefolgschaft, im Fall Attilas die Folgen noch ungleich drastischer: Zwei Misserfolge in zwei aufeinanderfolgenden Jahren stellten den Zusammenhalt der hunnischen Konföderation auf eine Probe, die sie nicht bestand: Attila starb bereits im Jahr nach dem Italien-Fiasko (453), seine Stammeskonföderation zerfiel in ihre Einzelbestandteile, von denen den Greutungen als nunmehrigen Ostgoten bald eine prominente Rolle zufallen sollte.

Doch auch der Sieger der Katalaunischen Felder, Aëtius, wurde seines Triumphes nicht recht froh. Der Heermeister hatte in weiser Selbstbescheidung darauf verzichtet, den Weg zu gehen, den einst Constantius III. beschritten hatte, und das Kaisertum für sich zu fordern. Doch für seine beiden Söhne Carpilio und Gaudentius strebte er die Einheirat in die Dynastie an: 437 hatte Valentinian III. als 18-jähriger Eudoxia, die Tochter des Ostkaisers Theodosios, seines Cousins, geheiratet. Aus der Ehe waren zwei Töchter hervorgegangen: die jüngere Placidia und Eudocia, die später – mitsamt ihrer Mutter – eine Beute der Vandalen werden sollte. Valentinian, der sich nach seiner Eheschließung zusehends von seiner Mutter Placidia emanzipierte, versprach Aëtius, eine dieser Töchter einem der beiden Söhne des Heermeisters zur Frau zu geben, und verlobte, nach der Schlacht auf den Katalaunischen Feldern, tatsächlich Placidia mit einem der Aëtius-Söhne. Gleichwohl wurde das Verhältnis der beiden Männer niemals herzlich: Valentinian soll dem *patricius* seine militärischen Erfolge geneidet haben, und ein Übriges taten wohl die Hofintrigen, die ein Eunuch namens Heraclius sowie der Konsular und Prätorianerpräfekt Petronius Maximus spannen. Als Aëtius immer dringender die Verheiratung Placidias mit seinem Sohn anmahnte, sah Valentinian die Stunde zum Handeln gekommen: Er lud den Heermeister nach Ravenna ein, wohin dieser sich ohne seine Leibwache begeben musste. Im Palast erstach der Kaiser seinen Feldherrn höchstpersönlich mit dem Schwert: Der ›letzte Römer‹ verblutete in der Palastaula von Ravenna, und die Senatoren, von denen viele gerade ihm ihren Rang verdankten, stimmten in die Jubelchöre ein, die zu Ehren von Valentinians Heldentat erklangen (21./22. September 454).

Das Ende im Westen

Valentinians Uhr war ebenfalls abgelaufen: Der Zorn der militärischen Gefolgschaft des ermordeten Heermeisters ereilte ihn nur wenige Monate später, am 16. März 455. Damit erlosch auch im Westen die valentinianisch-theodosianische Dynastie, die insgesamt rund 90 Jahre lang über ein zuerst geeintes, später geteiltes Imperium geherrscht hatte. Was folgte, waren Katastrophen (wie die erneute Einnahme und Plünderung Roms durch Germanen, diesmal Geiserichs Vandalen, 455), Bürgerkriege (wie der zwischen dem ›gallischen‹ Kaiser Avitus und dem Heermeister Ricimer 456) und fast durchgängig ohnmächtige Kaiser, die ganz im Schatten ihrer stets germanischstämmigen Heermeister standen (wie Petronius

Maximus, der Valentinian nachfolgte und der 455, am Vorabend des Vandalensturms, von der aufgebrachten stadtrömischen Bevölkerung gesteinigt wurde).

Der Mann, der das von Aëtius hinterlassene Machtvakuum noch am besten füllte, war der Suebe Ricimer (ca. 405–472). Ricimer hatte nach dem Abzug Geiserichs aus Rom bei Korsika einen Seesieg über die vandalische Flotte errungen und auch in einer Landschlacht bei Agrigent die Oberhand über die Vandalen behalten (456). In Italien hatten ihm diese Siege große Popularität eingetragen, auf die er sich stützen konnte, als er bei Placentia Avitus entgegentrat (457), der als Kaiser ein Geschöpf der Westgoten und des gallischen Adels war. Avitus, der nie die Anerkennung Konstantinopels erhalten hatte, unterlag, und der Westen war wieder einmal kaiserlos. Ricimer, dem der neue oströmische Kaiser Leo (I.) den Titel eines *patricius* verliehen hatte, zögerte zunächst mit der Auswahl eines neuen Augustus, präsentierte dann aber den Soldaten Flavius Maiorianus (1. April 457), einen alten Gefolgsmann des Aëtius, der einige Zeit später tatsächlich auch die Anerkennung durch Konstantinopel erhielt (28. Dezember 458).

Majorian wiederum hielt sich immerhin vier Jahre lang, in denen er manchen militärischen Erfolg feiern konnte, vor allem in Gallien, und geschickt zwischen den diversen politischen Kräften lavierte. Schließlich aber ließ Ricimer ihn fallen und hinrichten (2. August 461). Der nächste von ihm inthronisierte Kaiser, ein Senator namens Libius Severus, entpuppte sich als eklatante Fehlbesetzung und starb nach wenigen Jahren (14. November 465), in denen Gallien praktisch zur Gänze an Burgunder und Westgoten verloren ging, während sich im Norden unter dem gallo-römischen *magister militum per Gallias* Aegidius bzw., nach dessen Ermordung (464), unter dessen Sohn Syagrius noch eine römische Enklave hielt.[29] Die Kräf-

29 Als selbstproklamierter *Romanorum rex* konnte sich Syagrius in seinem Territorium um Soissons noch zehn Jahre über den Fall des Westreichs hinaus behaupten: bis 486/487, als er von den Franken unter Chlodwig besiegt wurde.

tebalance in Gallien verschob sich auch deshalb, weil der auf Ausgleich mit Ravenna bedachte König Theoderid II. im Westgotenreich einer Palastverschwörung zum Opfer fiel (466) und sein Bruder und Nachfolger Eurich sich rasch als Hardliner entpuppte, der die ethnische und religiöse Identität der Goten, vor allem ihren arianischen Glauben, stärker betonte und in Gallien und Spanien, zu dessen Eroberung er sich 468 anschickte, auf die Schaffung einer souveränen gotischen Machtsphäre hinarbeitete. Das Reich der Westgoten reichte nun vom Ebro bis zur Rhône.

Nach erneutem Interregnum im Westen sandte Ricimer schließlich eine senatorische Gesandtschaft nach Konstantinopel, die von Leo I. einen neuen Kaiser für den Westen erbitten sollte. Er erhielt Anthemius, den Schwiegersohn des verstorbenen Ostkaisers Markianos, einen erfahrenen Militär, der einen seiner Offiziere, den *magister militum Dalmatiae* Marcellinus, als Heermeister und Gegengewicht zu Ricimer mitbrachte. Prompt fiel Marcellinus einem Mordanschlag zum Opfer, und Ricimer sammelte in Norditalien ein Heer gegen Anthemius, der sich seinerseits anschickte, eine Streitmacht gegen die Westgoten in Gallien in Marsch zu setzen. Als Anthemius sich weigerte, Ricimer wieder in seine alte Stellung einzusetzen, belagerte der ihn in Rom – wo Anthemius residierte, um sich dem Einfluss des Heermeisters zu entziehen –, nahm die Stadt ein und ließ Anthemius hinrichten (11. Juli 472).

An seinem Sieg sollte sich Ricimer nicht lange freuen; noch im selben Jahr erlag er einem Fieber. An seine Stelle trat sein burgundischer Neffe Gundobad, der für den noch von seinem Onkel eingesetzten Schattenkaiser Olybrius die Geschäfte führte. Als auch Olybrius bereits nach wenigen Monaten starb (2. November 472), inthronisierte er den *comes domesticorum* Glycerius als völlig ohnmächtigen Marionettenherrscher.

Gundobad verließ nun allerdings Italien, da in seiner burgundischen Heimat nach dem Tod seines Onkels Godegisel Thronstreitigkeiten ausgebrochen waren und Gundobad

Abb. 43: Solidus des Glycerius (Ravenna oder Gallien, 473/74). Büste des Kaisers mit Brustpanzer, Paludamentum und Diadem. Auf der Rückseite der stehende Kaiser in Frontalansicht, mit einem langen Kreuz in der rechten Hand, einer Victoria auf einer Weltkugel in der linken, Fuß auf einer Stufe. Legende: VICTORI-A AVGG(ustorum) (RIC X. 3106).

mit seinen Brüdern die Königswürde übernehmen musste. Im römischen Machtvakuum konnte deshalb Konstantinopel ohne Rücksicht auf Glycerius seinen Kandidaten Julius Nepos installieren, der 473 einen wenig günstigen Frieden mit dem Westgotenkönig Eurich schloss, nachdem sein Heermeister Ecdicius auch noch die Auvergne und Südgallien östlich der Rhône hatte preisgeben müssen. Nepos ersetzte ihn daher durch den Pannonier Orestes, der früher in hunnischen Diensten gestanden hatte. Orestes indes, statt gegen die Goten in Gallien zu ziehen, führte sein zusammengewürfeltes Heer gegen Nepos, schlug den Kaiser in die Flucht und inthronisierte an seiner Stelle seinen eigenen halbwüchsigen Sohn Romulus Augustus (31. Oktober 475), dem es bestimmt war, Roms letzter Kaiser zu werden.

Der bunte Haufen aus germanischen Soldaten, den Orestes angeführt hatte, forderte nun die Zuweisung von Land, das der Heermeister ihnen verweigerte. Sofort breitete sich unter den Germanen eine Rebellion aus, die ein Offizier namens Odoaker anführte, ein Mann, dessen Mutter aus dem ostgermanischen Stamm der Skiren stammte und der selbst am Hof Attilas aufgewachsen war, wo sein Vater Edekon eine hohe Position bekleidet hatte. Odoaker tötete Orestes und dessen Bruder, während er den jungen Romulus Augustus schonte: Der Kaiser wurde abgesetzt und konnte sich mit einer stattlichen Pension zur Ruhe setzen. Den Ornat des Westkaisers sandte Odoaker nach Konstantinopel, mit dem trockenen Kommentar, der Westen benötige jetzt keinen Augustus mehr. Damit war, genau 502 Jahre nach Verleihung des Augustus-Namens an den ersten Princeps, die Monarchie in der Westhälfte des römischen Imperiums erloschen.

Epilog

Hier endet unsere Geschichte. Brachte aber das Jahr 476 wirklich das Ende Roms? Im offensichtlichen, physischen Sinne natürlich nicht: Die Stadt Rom verlor im 5. und 6. Jh. einen Großteil ihrer Einwohnerschaft, sie schrumpfte, ihre Prachtbauten verfielen oder wurden zu Kirchen, die Wasserversorgung hörte auf zu funktionieren. Und doch blieb Rom der Mittelpunkt der Welt, für die lateinischen, katholischen Christen bis heute: Hier hatte der Papst, der Patriarch des Abendlandes, seinen Sitz, hier ließen sich später die Kaiser des Heiligen Römischen Reiches krönen, hier entstand die »Kosmopolis«[30] der Renaissance, hierhin verlegte der junge italienische Nationalstaat im europäischen Epochenjahr 1870 seine Hauptstadt, hier ließ ab 1922 der italienische Duce Mussolini seinen Traum von der Kapitale eines erneuerten Imperium Romanum zu Marmor werden.[31]

Doch auch jenseits aller banalen urbanen Kontinuität fragt sich, ob das Ausscheiden eines Halbwüchsigen aus dem Amt

30 Krautheimer 1980; Reinhardt/Sommer 2008, 120. Dort auch ein Abriss der Stadtgeschichte in Mittelalter und Neuzeit. Zur allmählichen Transformation des Stadtbildes im Mittelalter die unvergleichliche Darstellung von Krautheimer (1980).

31 Das bewusste Anknüpfen von Mussolinis Stadtentwicklungspolitik an die Antike, vor allem an das augusteische Zeitalter, beleuchtet in allen seinen Facetten Brock 1995.

des weströmischen Kaisers und sein Eintritt in das saturierte Dasein eines Vorruheständlers wirklich eine hinreichend tiefe Zäsur ist, um den 23. August 476 zur historischen Wasserscheide zu erklären. Odoaker sandte den Kaiserornat nach Konstantinopel zurück. Rein staatsrechtlich war der Fall damit erledigt: Die historische Anomalie eines de facto in zwei souveräne Staaten gespaltenen – und nur lose durch Tradition und dynastische Querverbindungen zusammengehaltenen – Imperiums war wieder der Normalität eines rechtlich einheitlichen Reichsganzen unter einem einzigen Souverän, dem Kaiser in Konstantinopel, gewichen. Seine Souveränität stellte, bis zum Auftauchen der Langobarden, auch im Westen niemand grundsätzlich infrage, weder im vandalischen Afrika oder im westgotischen Spanien noch im fränkischen Gallien oder gar im ostgotischen Italien Theoderichs. Überall herrschte der Gedanke vor, dass die germanischen Monarchien Teile der weiteren christlichen und römischen Welt waren und dass sie staatsrechtlich der Oberhoheit des Kaisers in Konstantinopel unterstanden. Für die germanischen Könige war es ein entscheidender Quell ihrer monarchischen Legitimität, wenn ihnen – wie dem Franken Chlodwig 508 durch Kaiser Anastasios – von Konstantinopel der königliche Ornat und die Ehre eines römischen Konsuls verliehen wurde.[32]

Auch institutionell und administrativ standen die Jahrzehnte nach 476 selbst im Westen durchaus im Zeichen der Kontinuität. So gab es weiterhin einen Senat, es gab Konsuln und es gab einen Stadtpräfekten für Rom: Der letzte *praefectus Urbi* trat erst 1435 von der Bühne der stadtrömischen Politik ab, wobei das ehrwürdige Amt freilich zuletzt zur erblichen Pfründe einer Aristokratenfamilie herabgesunken war. Weitgehend Bestand hatte auch die Wirtschafts- und Sozialordnung: Allen Verwüstungen zum Trotz, die Barbareneinfälle auf der Appeninhalbinsel angerichtet hatten, blieb Italien bis weit ins 6. Jh. hinein ein Land florierender Landgüter. Erst die

32 Vgl. dazu: Pohl 2005, 459–466.

Gotenkriege Justinians, geführt unter dem Banner der *renovatio imperii*, machten das einstige Kernland des Römischen Reiches, einschließlich der alten Hauptstadt, zu einer bettelarmen Grenzprovinz Konstantinopels.

Etwas anders lagen die Dinge in Gallien: Die Briefe des Sidonius Apollinaris (ca. 430–479), Stadtpräfekt von Rom und später Bischof der südgallischen Stadt Clermont-Ferrand, vermitteln einen lebendigen Eindruck von Kontinuität und Wandel in der provinzialen Gesellschaft der Auvergne. In seiner Welt mischt sich viel Altes mit viel Neuem: Sidonius schildert Landleben, Jagd und kultiviertes Gespräch als aristokratische Vergnügungen, die auch unter den neuen Herren seinen Alltag prägten. Und er lobt die Bereitschaft der Barbaren, das antike Bildungsgut in sich aufzunehmen:

> Du gibst vor, dass du mit der Raffinesse tändelst, wo du doch tief am Brunnen römischer Redekunst getrunken hast. Und obgleich die Wasser, die du nun trinkst, jene der Mosel sind, sind doch die Worte, die du hervorbringst, die des Tiber. Du bist der Begleiter von Barbaren, aber gänzlich unerfahren in der Barbarei. In Worten und Taten kommst du unseren alten Großen gleich, die den Griffel so oft zur Hand nahmen wie das Schwert.[33]

An anderer Stelle preist Sidonius seinen Freund und gallorömischen Landsmann Syagrius für dessen Verdienste um Recht und Kultur im Burgunderreich. In das Lob mischt sich freilich ein unüberhörbar ironischer Unterton:

> Du kannst dir kaum vorstellen, wie es uns alle erheitert zu hören, dass, wenn Du anwesend bist, kaum ein Barbar umhin kann zu fürchten, eine Barbarei in seiner eigenen Sprache zu begehen. […] Sie machen dich tatsächlich zum Schiedsrichter und Vermittler in ihren Streitfragen. Als neuer Solon erläuterst du das burgundische Recht, wie ein neuer Amphion stimmst du eine neue Leier, ein Instrument mit nur drei Seiten. […] Du bist erwählt als Ratgeber und Richter, sobald du eine Entscheidung kundtust, wird sie mit Respekt aufgenommen. […] Lass mich mit einem einzigen Rat an den gescheitesten aller Männer en-

33 Sidon. epist. IV. 17, 1.

> den: Lass deine Fähigkeiten dich nicht davon abhalten, das, was dir an Zeit bleibt, aufs Lesen zu verwenden. Lass dein Urteilsvermögen dich die Balance wahren zwischen beiden Sprachen, indem du dich fest an die eine hältst, damit wir dich nicht verspotten, und dich in der anderen übst, damit du unsere Lacher auf deiner Seite hast.[34]

Syagrius, der Sohn eines Konsulars, diente jetzt also einem Barbarenkönig als »neuer Solon«. So ehrenvoll die Stellung gewesen sein mag, die Syagrius am burgundischen Hof einnahm, ein Mann wie er stand doch für die Vergangenheit. In Sidonius' Briefen äußert sich das Bewusstsein vom Anbruch einer neuen Zeit – ebenso wie die Gewissheit, mit dem Schatz antiker Bildung etwas zu besitzen, das unbedingt bewahrt werden musste. Letztlich war die *paideia*, die einst ein Imperium ideell zusammengehalten hatte, etwas Prekäres geworden, das in einer von neuen Mächten beherrschten Umwelt verloren zu gehen drohte.[35]

Freilich war auch der Osten im Wandel begriffen. Vielleicht veränderte er sein Gesicht sogar noch rascher als der Westen, obwohl hier die Integrität der staatlichen Strukturen unangetastet blieb. Nur waren die Erscheinungsformen des Wandels im Herrschaftsbereich Konstantinopels subtiler als im Westen: Das griechische Imperium Romanum unter Theodosius war, so wie die Koexistenz zweier Halbreiche im 5. Jh., ein Übergangsstadium in einer längerfristigen Transformation, an deren Anfang die Gründung Konstantinopels gestanden hatte und deren Endpunkt Byzanz war; Justinian I., der von 527 bis 565 regierte und in einer Serie von Kriegen erst das Vandalenreich in Nordafrika (533/534), dann das Ostgotenreich in Italien (535–555) niederwarf und schließlich auch große Teile Südspaniens (552) eroberte, stand bereits für Byzanz – zugleich aber auch für Vergangenes: Der Bauern-

34 Ebd. V. 5, 3f.

35 Für ein lebendiges Porträt der Melange aus Kontinuität und Umbruch, die den Übergang zum Mittelalter auf geistig-kulturellem Gebiet prägte, Leppin 2010, 243–247.

sohn aus Illyrien war der letzte oströmische Kaiser, der als Muttersprache Latein sprach. Seine Heimatstadt Tauresia war ein Bischofssitz, der dem römischen Patriarchat zugeordnet war. Wohl auch deshalb war für ihn der Gedanke selbstverständlich, dass Konstantinopel, das Zweite Rom, stets der Legitimierung durch das authentische, erste Rom bedurfte. Ein Imperium Romanum ohne die alte Kapitale war für ihn schlechterdings nicht vorstellbar. Dafür führte er blutige Kriege – mit einer Ausdauer, die an Starrsinn grenzte. Als 534 das von Geiserich begründete Vandalenreich zerschlagen, Karthago erobert war, ließ Justinian für den siegreichen Feldherrn Belisar in Konstantinopel ein Spektakel abhalten, das an die Glanzzeit des Imperiums gemahnte:

> Belisar wurde, nachdem er Byzantion mit Gelimer [dem letzten Vandalenkönig] und den Vandalen erreicht hatte, für wert befunden, solche Ehren zu erhalten, wie sie in früheren Zeiten den Heerführern der Römer zuerkannt worden waren, welche die größten und bemerkenswertesten Siege errungen hatten. Und ungefähr 600 Jahre waren nun verstrichen, seit irgend jemand solche Ehrungen erlangt hatte, sieht man einmal von Titus und Trajan ab und anderen Kaisern, die Heere gegen Barbarenstämme geführt und Siege errungen hatten. Denn er präsentierte die Beute und Sklaven aus dem Krieg und führte eine Prozession an, welche die Römer als ›Triumph‹ bezeichneten, allerdings nicht nach alter Sitte, sondern indem er erst zu Fuß von seinem Haus zum Hippodrom ging und dann wiederum von den Schranken bis zu dem Platz, wo sich der kaiserliche Thron befindet.[36]

Dass einem Feldherrn, der nicht der kaiserlichen Familie angehörte, ein Triumphzug zuerkannt wurde, war seit Jahrhunderten aus der Mode gekommen. Dass er zu Fuß marschierte, brachte die Dinge gewissermaßen wieder ins Lot.

Dass sich bei Justinian unter der Maske des Alten viel Neues verbarg, bewies er auch auf anderen Feldern: Er band seine Herrschaft expliziter als alle seine Vorgänger an ein theokratisches Modell: Der Kaiser war der Stellvertreter Gottes auf Er-

36 Prok. Vand. IV. 9.

den und verdiente Loyalität nicht anders, als Gott die Verehrung durch die Menschen zukam. So wie Romulus Rom, Augustus den Prinzipat und Konstantin das neue Rom geschaffen hatten, so begründete Justinian das römische Imperium als neue Oikumene der Gläubigen, die das alte Modell vom Reich als Rechtsgemeinschaft endgültig überwand. Der neuen Ordnung gaben die Bauten der Hauptstadt ihr prägnantes Gesicht, allen voran die ›Hagia Sophia‹, die mit ihren Dimensionen, aber auch mit ihrer ungewöhnlichen architektonischen Konzeption jede Tradition sakralen Bauens hinter sich ließ.[37]

Justinian war bei Weitem nicht der letzte Herrscher, der eine *renovatio* oder *restauratio imperii Romani* proklamierte und dann unter ihrem Banner völlig neue Wege beschritt – Karl der Große, Otto III., Friedrich Barbarossa – sie alle warfen sich zu Erneuerern des antiken Imperiums auf. Die intellektuellen Vordenker imperialer Expansion beriefen sich seit dem Mittelalter auf die Denkfigur der *translatio imperii*; so auch Otto von Freising, der im 12. Jh. die Fackel imperialer Zivilisation von Rom auf Byzanz, von Byzanz auf das Frankenreich, vom Franken- auf das Langobardenreich und vom Langobardenreich auf das Heilige Römische Reich übergehen ließ, in dem sich das Reich Gottes auf Erden materialisiere. Im Osten, wo die imperiale Tradition sich institutionell ungebrochen fortsetzte, fiel die Identifikation mit Rom noch leichter: Als *Rhomaioi* (›Romäer‹) sahen sich die Byzantiner, und noch das erste Türkenreich nannte sich, weil es sich nach der Schlacht von Mandzikert (1071), in der Byzanz den zentralen Teil Kleinasiens verlor, auf ›römischem‹ Boden einrichtete, das Sultanat der ›römischen‹ (Rûm-)Seldschuken. In den Fußstapfen römischer Imperatoren wähnten sich je auf ihre Weise auch die Könige Spaniens, Englands und Frankreichs, in seiner Bildersprache besonders offensichtlich der ›neue Imperator‹ Napoleon.

37 Vgl. dazu: Alchermes 2005, 363f.

Während die Gründerväter der USA vornehmlich an die römische Republik anknüpften, sahen sich die europäischen Kolonialmächte des 19. Jh. in der Nachfolge des Kaiserreichs, am deutlichsten das British Empire, das seine klassisch gebildeten Historiker und Politiker mit Vorliebe als Imperium mit gütigem Antlitz zeichneten, modelliert nach römischem Muster.[38] Als vorerst letzter bediente sich der italienische Diktator Mussolini explizit der römisch-imperialen Symbolik, einschließlich *renovatio imperii*, die Pate stand für seine grandios gescheiterte Mittelmeerpolitik. Die totalitären Führer des 20. Jh. – von Mussolini über Hitler bis zu Lenin und Atatürk – waren es auch, die bis weit in die Nachkriegszeit hinein die wissenschaftliche Auseinandersetzung mit der römischen Kaiserzeit beherrschten: Ohne die Großtotalitarismen des 20. Jh. wäre weder die große Sozial- und Wirtschaftsgeschichte der römischen Kaiserzeit des Russen Rostovtzeff noch Ronald Symes *The Roman Revolution* vorstellbar gewesen.[39]

Allen ›postkolonialen‹ und antiimperialen Holzwegen zum Trotz kann die Gegenwart nach über 1500 Jahren endlich entspannter auf die römische Kaiserzeit zurückblicken: Rom hat in unserer politischen Gegenwart nichts mehr verloren, weder als Dämon noch als Idealbild.[40] Ohnehin hat sich der humanistische Bildungskanon, der die klassische Antike einst zum Ausgangspunkt jeglicher Zivilisation schlechthin erklärte, längst überlebt und nahezu rückstandsfrei verflüchtigt, wenngleich das Interesse an einer nun nicht mehr zum universellen Ideal verklärten Antike gerade in der jüngeren Ge-

38 Vgl. besonders Seeley 1884. Zu Seeleys Imperialismus-Apologie und der von ihr begründeten historiografischen Tradition: Loreto 1999.

39 Vgl. Rostovtzeff 1929; Syme ^{2}1992.

40 Einzelne Ausnahmen bestätigen die Regel, so unlängst das im angelsächsischen Raum sehr populäre Buch des englischen Publizisten und Politikers Boris Johnson, der die Unfähigkeit der Europäischen Union, eine gemeinsame europäische Identität zu schaffen, der vermeintlich erfolgreichen Romanisierung Europas durch das Imperium Romanum gegenüberstellt: Johnson 2006.

Abb. 44: Napoleon, Bronzemedaille von 1806. Stempel von Droz und Brenet. Kopf mit Lorbeerkranz. Auf dem Revers Ansicht des Diokletiansmausoleums im Palast von Split.

neration wieder zunimmt. Eben das gestattet einen frischen, von klassizistischen Substraten ungetrübten Blick auf die römische Antike, die uns zunehmend als Fremdes und eben nicht mehr als Nächstes erscheint. Jeder Generation bleibt es selbst überlassen, sich ihr eigenes Bild von Rom und seinem Imperium zu machen: Die Fragen, auf die dieses Buch eine Antwort zu geben versucht, sind die Fragen von Zeitgenossen, die mit beschleunigtem Wertewandel, Multikulturalität, globaler Vernetzung und dem Glaubwürdigkeitsverlust politischer Eliten konfrontiert sind. Wie jede Generation finden wir viele unserer Probleme in der Vergangenheit wieder. Ihrer unvermeidlichen Zeitgebundenheit wegen trägt diese *Römische Geschichte*, wie ihr Vorgängerwerk, ihr Verfallsdatum also bereits in sich. Bis dahin aber wird sie, so ist zu hoffen, zum Verständnis einer Epoche beigetragen haben, in der wir, gerade weil sie uns so fern liegt, die Wurzeln unserer eigenen Gegenwart ertasten können.

Literatur

van Ackeren 2012: Marcel van Ackeren: *A companion to Marcus Aurelius*, Oxford 2012.

Adams 2002: Colin E. P. Adams: *Transport and travel in the Roman world*, Stroud 2002.

Adams 2007a: Colin E. P. Adams: *Land transport in Roman Egypt. A study of economics and administration in a Roman province*, Oxford 2007.

Adams 2007b: Colin E. P. Adams (Hg.): *Travel, geography and culture in ancient Greece, Egypt and the Near East*, Oxford 2007.

Adams 2007c: Geoff W. Adams: *The Roman emperor Gaius. »Caligula« and his Hellenistic aspirations*, Boca Raton (Fla.) 2007.

Adams/Laurence 2001: Colin E. P. Adams/Ray Laurence (Hg.): *Travel and geography in the Roman Empire*, London 2001.

Albers 2013: Jon Albers: *Campus Martius. Die urbane Entwicklung des Marsfeldes von der Republik bis zur mittleren Kaiserzeit, Studien zur antiken Stadt*, Bd. 11, Wiesbaden 2013.

Albrecht 1938: Christoph Albrecht: *Das Römerlager in Oberaden und das Uferkastell in Beckinghausen an der Lippe*, Dortmund 1938.

von Albrecht 1992: Michael von Albrecht: *Geschichte der römischen Literatur. Von Andronicus bis Boethius mit Berücksichtigung ihrer Bedeutung für die Neuzeit*, München 1992.

Alchermes 2005: Joseph D. Alchermes: »Art and archtitecture in the age of Justinian«, in: Michael Maas (Hg.): *The Cambridge companion to the age of Justinian*, Cambridge 2005, 343–375.

Alföldi 1967: Andreas Alföldi: *Studien zur Geschichte der Weltkrise des 3. Jh. nach Christus*, Darmstadt 1967.

Alföldy 1974: Géza Alföldy: »P. Helvius Pertinax und M. Valerius Maximianus«, in: *Situla 14–15* (1974), 199–215.

Alföldy [2]1979: Géza Alföldy: *Römische Sozialgeschichte*, Wiesbaden [2]1979.

Allen 2009: Robert Allen: »How prosperous were the Romans? Evidence from Diocletian's price edict (AD 301)«, in: Alan K. Bowman/Andrew Wilson (Hg.), *Quantifying the Roman economy. Methods and problems*, Oxford 2009, 327–345.

Altheim 1952: Franz Altheim: *Niedergang der alten Welt. Eine Untersuchung der Ursachen*, Bde. 1–2, Frankfurt am Main 1952.

Ando 2006: Clifford Ando: »The administration of the provinces«, in: David S. Potter (Hg.), *A companion to the Roman Empire*, Oxford 2006, 177–192.

Ando 2007: Clifford Ando: »The army and the urban elite. A competition for power«, in: Erdkamp, 2007, 359–378.

Ando 2012: Clifford Ando: *Imperial Rome AD 193 to 284. The critical century, The Edinburgh history of ancient Rome*, Bd. 6, Edinburgh 2012.

Anke 1998: Bodo Anke: *Studien zur reiternomadischen Kultur des 4. bis 5. Jh.*, Weissbach 1998.

Arand 2002: Tobias Arand: *Das schmähliche Ende. Der Tod des schlechten Kaisers und seine literarische Gestaltung in der römischen Historiographie*, Frankfurt am Main 2002.

Arand 2005: Tobias Arand: »Caligula. Rom, 24. Januar 41 n. Chr.« in: Michael Sommer (Hg.): *Politische Morde. Vom Altertum bis zur Gegenwart*, Darmstadt 2005, 64–72.

Ausbüttel 1998: Frank M. Ausbüttel: *Die Verwaltung des römischen Kaiserreiches. Von der Herrschaft des Augustus bis zum Niedergang des Weströmischen Reiches*, Darmstadt 1998.

Ausbüttel 2007: Frank M. Ausbüttel: *Germanische Herrscher. Von Arminius bis Theoderich*, Darmstadt 2007.

Ausbüttel 2010: Frank M. Ausbüttel: *Die Germanen*, Darmstadt 2010.

Aviam 2002: Mordechai Aviam: »Yodefat/Jotapata. The archaeology of the first battle«, in: Andrea M. Berlin/J. Andrew Overman (Hg.): *The First Jewish Revolt. Archaeology, history, and ideology*, London 2002, 121–133.

Archäologisches Landesmuseum 2005: Archäologisches Landesmuseum Baden-Württemberg/Badisches Landesmuseum (Hg.): *Imperium Romanum*, Bde. 1–2, Stuttgart 2005.

Archäologisches Landesmuseum 2013: Archäologisches Landesmuseum Baden-Württemberg (Hg.): *Caracalla. Kaiser, Tyrann, Feldherr*, Darmstadt 2013.

Bakker 1993: Lothar Bakker: »Raetien unter Postumus. Das Siegesdenkmal einer Juthungenschlacht im Jahre 260 n. Chr. aus Augsburg«, *Germania* 71 (1993), 369–386.

Ball 2003: Larry F. Ball: *The Domus Aurea and the Roman architectural revolution*, Cambridge 2003.

Baltrusch 2004: Ernst Baltrusch: *Caesar und Pompeius*, Darmstadt 2004.

Barbero 2006: Alessandro Barbero: *Barbari. Immigrati, profughi, deportati nell'impero romano*, Roma 2006.

Barbero ²2008: Alessandro Barbero: *9 agosto 378. Il giorno dei barbari*, Bari ²2008.

Barnes 1989: Timothy David Barnes: »Trajan and the Jews«, in: *JJS* 40 (1989), 145–162.

Barrett 1989: Anthony A. Barrett: *Caligula. The corruption of power*, London 1989.

Bassett 2004: Sarah Bassett: *The urban image of late antique Constantinople*, Cambridge 2004.

Beard et al. 1998: Mary Beard et al.: *Religions of Rome*, Bde. 1–2, Cambridge 1998.

Bechert 1999: Tilmann Bechert: *Die Provinzen des römischen Reiches. Einführung und Überblick*, Mainz 1999.

Becker 2007: Armin Becker: »Lahnau-Waldgirmes. Eine römische Stadtgründung im Lahntal aus der Zeit um Christi Geburt«, in: Lehmann/Wiegels, 2007, 321–330.

Becker 2008: Armin Becker: »Die Römer an der Lahn. Die Ausgrabungen in Waldgirmes«, in: Helmuth Schneider (Hg.), *Feindliche Nachbarn. Rom und die Germanen*, Köln 2008, 97–116.

Becker 2010: Armin Becker: »Waldgirmes. Praesidium, oppidum, colonia?«, in: Kai Ruffing et al. (Hg.), *Kontaktzone Lahn. Studien zum Kulturkontakt zwischen Römern und germanischen Stämmen, Philippika. Marburger altertumswissenschaftliche Abhandlungen*, Bd. 38, Wiesbaden 2010, 5–20.

Becker et al. 1999: Armin Becker et al.: *Der römische Stützpunkt von Waldgirmes. Die Ausgrabungen bis 1998 in der spätaugusteischen Anlage in Lahnau-Waldgirmes, Lahn-Dill-Kreis*, Wiesbaden 1999.

Becker/Rasbach 2007: Armin Becker/Gabriele Rasbach: »›Städte in Germanien‹. Der Fundplatz Waldgirmes«, in: Rainer Wiegels (Hg.): *Die Varusschlacht. Wendepunkt der Geschichte?*, Stuttgart 2007, 102–116.

Bender 2013: Stephan Bender: »Der Feldzug gegen die Germanen 213 n. Chr.«, in: Archäologisches Landesmuseum Baden-Württemberg (Hg.), *Caracalla. Kaiser – Tyrann – Feldherr*, Mainz 2013, 104–131.

Bengtson 1979: Hermann Bengtson: *Die Flavier. Vespasian, Titus, Domitian. Geschichte eines römischen Kaiserhauses*, München 1979.

Bennett 1997: Julian Bennett: *Trajan, optimus princeps. A life and times*, London 1997.

Benoît 1966: Fernand Benoît: »La romanisation de la Narbonnaise à la fin de l'époque républicaine«, in: *Revue des études ligures 33* (1966), 287–303.

Berger 2007: Frank Berger: »Unverändert: Die Datierung der Varusschlacht«, in: Lehmann/Wiegels, 2007, 113–117.

Berrens 2004: Stephan Berrens: *Sonnenkult und Kaisertum von den Severern bis zu Constantin I. (193–337 n. Chr.)*, Stuttgart 2004.

Bianchi Bandinelli 1978: Ranuccio Bianchi Bandinelli: *Klassische Archäologie. Eine kritische Einführung*, München 1978.

Birley 1969: Anthony Richard Birley: »The coups d'état of the year AD 193«, in: *BJ* 169 (1969), 247–280.

Birley ²1977: Anthony Richard Birley: *Mark Aurel. Kaiser und Philosoph*, München ²1977.

Birley 2006: Anthony Richard Birley: *Hadrian. Der rastlose Kaiser*, Mainz 2006.

Birt 1916: Theodor Birt: *Römische Charakterköpfe. Ein Weltbild in Biographien*, Leipzig 1916.

Birt 1919: Theodor Birt: *Charakterbilder Spätroms und die Entstehung des modernen Europa*, Leipzig 1919.

Bleckmann 2002: Bruno Bleckmann: »Die Alamannen im 3. Jahrhundert«, *Museum Helveticum* 59 (2002), 145–171.

Bleckmann 2006: Bruno Bleckmann: »Zu den Motiven der Christenverfolgung des Decius«, in: Klaus-Peter Johne et al. (Hg.), *Deleto paene imperio Romano. Transformationsprozesse des Römischen Reiches im 3. Jahrhundert und ihre Rezeption in der Neuzeit*, Stuttgart 2006, 57–71.

Bleckmann 2009: Bruno Bleckmann: *Die Germanen. Von Ariovist bis zu den Wikingern*, München 2009.

Bleicken 1975: Jochen Bleicken: *Die Verfassung der römischen Republik. Grundlagen und Entwicklung*, Paderborn 1975.

Bleicken 1981: Jochen Bleicken: *Verfassungs- und Sozialgeschichte des Römischen Kaiserreiches*, Bde. 1–2, Paderborn 1981.

Bleicken ²1998: Jochen Bleicken: *Augustus. Eine Biographie*, Berlin ²1998.

Boehm ²1979: Laetitia Boehm: *Geschichte Burgunds. Politik – Staatsbildung – Kultur*, Stuttgart ²1979.

Börm 2007: Henning Börm: *Prokop und die Perser. Untersuchungen zu den römisch-sasanidischen Kontakten in der ausgehenden Spätantike*, Stuttgart 2007.

Bóna 1991: István Bóna: *Das Hunnenreich*, Stuttgart 1991.

Borbein 2000: Adolf Heinrich Borbein (Hg.): *Klassische Archäologie. Eine Einführung*, Berlin 2000.

Botermann 2005: Helga Botermann: *Wie aus Galliern Römer wurden. Leben im Römischen Reich*, Stuttgart 2005.

Bowersock ²1980: Glen Warren Bowersock: *Julian the apostate*, Cambridge ²1980.

Bowersock 1994: Glen Warren Bowersock: »The Babatha papyri, Masada, and Rome«, in: *MHR* 9 (1994), 256–266.

Bowersock 1999: Glen Warren Bowersock (Hg.): *Late Antiquity. A guide to the postclassical world*, Cambridge (Mass.) 1999.

Bowman ²1996: Alan K. Bowman: *Egypt after the Pharaohs. 332 BC – AD 642. From Alexander to the Arab conquest*, Berkeley ²1996.

Bowman ²1996: Alan K. Bowman (Hg.): *The Augustan Empire, 43 B.C. – A.D. 69, Cambridge Ancient History*, Bd. 10, Cambridge ²1996.

Bowman ²2000: Alan K. Bowman (Hg.): *The High Empire, A.D. 70–192, Cambridge Ancient History*, Bd. 11, Cambridge ²2000.

Boyle 2003: Anthony James Boyle: *Flavian Rome. Culture, image, text*, Leiden 2003.

Bradley 1972: Keith R. Bradley: »A publica fames in A.D. 68«, in: *AJPh* 93 (1972), 451–458.

Brändle 1999: Rudolf Brändle: *Johannes Chrysostomus. Bischof, Reformer, Märtyrer*, Stuttgart 1999.

Brandt 2001: Hartwin Brandt: *Das Ende der Antike. Geschichte des spätrömischen Reiches*, München 2001.

Braudel 1986: Fernand Braudel: *Der Handel, Sozialgeschichte des 15.–18. Jh.*, Bde. 1–3, München 1986.

Bravi 2006: Alessandra Bravi: »Immagini dell'identità giudaica a Roma in epoca flavia. Il Templum Pacis e la menorah sull'Arco di Tito«, *Mediterraneo Antico* 9 (2006), 449–461.

Briant 1978: Pierre Briant: »Colonisation hellénistique et populations indigènes«, in: *Klio 60* (1978), 1, 57–92.

Bringmann 2004: Klaus Bringmann: *Kaiser Julian*, Darmstadt 2004.

Bringmann 2005: Klaus Bringmann: *Geschichte der Juden im Altertum. Vom babylonischen Exil bis zur arabischen Eroberung*, Stuttgart 2005.

Bringmann 2007: Klaus Bringmann: *Augustus, Gestalten der Antike,* Darmstadt 2007.

Bringmann/Schäfer 2002: Klaus Bringmann/Thomas Schäfer: *Augustus und die Begründung des römischen Kaisertums,* Berlin 2002.

Brock 1995: Ingrid Brock: »Das faschistische Erbe im Herzen Roms. Das Beispiel Piazza Augusto Imperatore«, in: Achim Hubel/Hermann Wirth (Hg.): *Denkmale und Gedenkstätten,* Weimar 1995, 129–156.

Brodersen 1998: Kai Brodersen: *Das römische Britannien. Spuren seiner Geschichte,* Darmstadt 1998.

Brown 1989a: Peter Robert Lamont Brown: *Society and the holy in late antiquity,* Berkeley/Los Angeles/Oxford 1989.

Brown 1989b: Peter Robert Lamont Brown: *The world of late Antiquity. AD 150–750,* New York 1989.

Brown [2]1992: Peter Robert Lamont Brown: *Power and persuasion in late antiquity. Towards a Christian empire,* Madison (Wis.) [2]1992.

Brown [6]1993: Peter Robert Lamont Brown: *The making of late antiquity,* Cambridge (Mass.) [6]1993.

Brown 1998: Peter Robert Lamont Brown: *Late antiquity,* Cambridge (Mass.) 1998.

Brown [2]2013: Peter Robert Lamont Brown: *The rise of Western Christendom. Triumph and diversity, A.D. 200–1000,* Malden, MA [2]2013.

Brunt 1977: Peter A. Brunt: »Lex de imperio Vespasiani«, in: *JRS* 67 (1977), 95–116.

Buchner 1988: Edmund Buchner: »Horologium solarium Augusti«, in: Wolf-Dieter Heilmeyer et al. (Hg.): *Kaiser Augustus und die verlorene Republik,* Mainz 1988, 240–245.

Buchsenschutz 1984: Olivier Buchsenschutz: *Structures d'habitats et fortifications de l'âge du fer en France septentrionale,* Paris 1984.

Buraselis 2006: Kostas Buraselis: »Zum hadrianischen Regierungsstil im griechischen Osten oder vom kaiserlichen Agieren und Reagieren«, in: Ulrich Wiemer (Hg.): *Staatlichkeit und politisches Handeln in der römischen Kaiserzeit,* Berlin 2006, 41–53.

Buraselis 2007: Kostas Buraselis: *Theia dorea. Das göttlich-kaiserliche Geschenk. Studien zur Politik der Severer und zur constitutio Antoniniana, Akten der Gesellschaft für griechische und hellenistische Rechtsgeschichte,* Bd. 18, Wien 2007.

Burckhardt 1954: Jacob Burckhardt: *Die Zeit Constantins des Großen,* Frankfurt am Main 1954.

Burckhardt 1957: Jacob Burckhardt: *Historische Fragmente,* Stuttgart 1957.

Butcher 2003: Kevin Butcher: *Roman Syria and the Near East,* London 2003.

Calza et al. 2005: Guido Calza et al.: *Ostia,* Roma 2005.

Cameron 1994: Averil Cameron: *Das späte Rom. 284–430 n. Chr.,* München 1994.

Cameron [3]2006: Averil Cameron: *Late antiquity. Empire and successors, A.D. 425–600,* Cambridge [3]2006.

Campbell [2]2005: Brian Campbell: »The Severan dynasty«, in: Alan K. Bowman et al. (Hg.): *The crisis of empire. A.D. 193–337*, *CAH*, Bd. 12, Cambridge [2]2005, 1–27.

von Campenhausen [3]1961: Hans von Campenhausen: *Griechische Kirchenväter*, Stuttgart [3]1961.

Canfora 2001: Luciano Canfora: *Caesar. Der demokratische Diktator. Eine Biographie*, München 2001.

Capelle 2008: Wilhelm Capelle, Marc Aurel, *Selbstbetrachtungen*, Stuttgart 2008.

Carandini 1989: Andrea Carandini: »La villa romana e la piantagione schiavistica«, in: Emilio Gabba/Aldo Schiavone (Hg.), *Caratteri e morfologie*, *Storia di Roma*, Bd. 4, Torino 1989, 101–200.

Carrié [2]2005: Jean-Michel Carrié: »Developments in provincial and local administration«, in: Alan K. Bowman et al. (Hg.): *The crisis of empire. A.D. 193–337*, *CAH*, Bd. 12, Cambridge [2]2005, 269–312.

Castritius 2002: Helmut Castritius: »Die flavische Familie. Frauen neben Vespasian, Titus und Domitian«, in: Hildegard Temporini-Gräfin Vitzthum (Hg.), *Kaiserinnen Roms. Von Livia bis Theodora*, München 2002, 164–186.

Champlin 1981: Edward Champlin: »Owners and neighbours at Ligures Baebiani«, in: *Chiron 11* (1981), 239–264.

Champlin 2003: Edward Champlin: *Nero*, Cambridge (Mass.) 2003.

Chantraine 2002: Heinrich Chantraine: »Varus oder Germanicus? Zu den Fundmünzen von Kalkriese«, in: *Thetis 9* (2002), 81–93.

Chilver 1957: G. E. F. Chilver: »The army in politics, A.D. 68–70«, in: *JRS* 47 (1957), 29–35.

Christ 1972: Karl Christ: *Von Gibbon zu Rostovtzeff. Leben und Werk führender Althistoriker der Neuzeit*, Darmstadt 1972.

Christ 1977: Karl Christ: »Zur augusteischen Germanienpolitik«, in: *Chiron 6* (1977), 149–205.

Christ 1982: Karl Christ: »Die Dialektik des augusteischen Prinzipats«, in: *RGW*, Bd. 1, 1982, 253–253.

Christ 1983a: Karl Christ: »Der Niedergang des römischen Reiches aus der Sicht der neueren Geschichtsschreibung«, in: *RGW*, Bd. 2, 1983, 199–233.

Christ 1983b: Karl Christ: »Der Untergang des Römischen Reiches in antiker und moderner Sicht«, in: *RGW*, Bd. 2, 1983, 177–198.

Christ 1983c: Karl Christ: »Tacitus und der Principat«, in: *RGW*, Bd. 2, 1983, 101–139.

Christ 1983d: Karl Christ: »Theodor Mommsen und die ›Römische Geschichte‹«, in: *RGW*, Bd. 3, 1983, 26–73.

Christ [3]1995: Karl Christ: *Geschichte der römischen Kaiserzeit von Augustus bis zu Konstantin*, München [3]1995.

Christ 2001: Karl Christ: *Die römische Kaiserzeit von Augustus bis Diokletian*, München 2001.

Christol [2]1997: Michel Christol: *L'empire romain du IIIe siècle. Histoire politique (de 192, mort de Commode, à 325, concile de Nicée)*, Paris [2]1997.

Clarke 2002: Katherine Clarke: »*In arto et ingloribus labor.* Tacitus's anti-history«, in: Alan K. Bowman et al. (Hg.): *Representations of empire. Rome and the Mediterranean world*, London 2002, 83–103.

Clarke ²2005: Graeme Clarke: »Third-century Christianity«, in: Alan K. Bowman et al. (Hg.): *The crisis of empire. A.D. 193–337, CAH* Bd. 12, Cambridge ²2005, 589–671.

Clauss 1999: Manfred Clauss: *Kaiser und Gott. Herrscherkult im römischen Reich*, Stuttgart 1999.

Clauss ²2001: Manfred Clauss: *Die römischen Kaiser. 55 historische Portraits von Caesar bis Iustinian*, München ²2001.

Clauss 2002: Manfred Clauss: »Die Frauen der theodosianischen Familie«, in: Hildegard Temporini-Gräfin Vitzthum (Hg.): *Die Kaiserinnen Roms. Von Livia bis Theodora*, München 2002, 370–436.

Coarelli 1975: Filippo Coarelli: *Rom. Ein archäologischer Führer*, Freiburg 1975.

Collis 1984: John Collis: *Oppida. Earliest towns north of the Alps*, Sheffield 1984.

Corbett 1974: John H. Corbett: »The succession policy of Augustus«, in: *Latomus 33* (1974), 87–97.

Cotton 1993: Hannah M. Cotton: »The guardianship of Jesus son of Babatha«, in: *JRS* 83 (1993), 94–108.

Cotton/Greenfield 1995: Hannah M. Cotton/Jonas C. Greenfield: »Babatha's patria. Mahoza, Mahoz 'Eglatain and Zo'ar«, in: *ZPE* 107 (1995), 126–134.

Courtois 1955: Christian Courtois: *Les vandales et l'Afrique*, Paris 1955.

Cumont ⁴1959: Franz Cumont: *Die orientalischen Religionen im römischen Heidentum*, Stuttgart ⁴1959.

Dahlheim ²1989: Werner Dahlheim: *Geschichte der römischen Kaiserzeit*, München ²1989.

Dahlheim 2010: Werner Dahlheim: *Augustus. Aufrührer, Herrscher, Heiland. Eine Biographie*, München 2010.

Deininger 1965: Jürgen Deininger: *Die Provinziallandtage der römischen Kaiserzeit von Augustus bis zum Ende des dritten Jh. n. Chr.*, München 1965.

Demandt 1998: Alexander Demandt: *Geschichte der Spätantike. Das römische Reich von Diocletian bis Justinian 284–565 n. Chr.*, München 1998.

De Martino 1979: Francesco De Martino: *Storia economica di Roma antica*, Bde. 1–2, Firenze 1979.

De Martino 1995: Francesco De Martino: *Diritto, economia e società nel mondo romano*, Napoli 1995.

Deschler-Erb 2007: Eckhard Deschler-Erb: »Bemerkungen zu den Militaria von Kalkriese«, in: Lehmann/Wiegels, 2007, 75–88.

Desideri 1991: Paolo Desideri: »La romanizzazione dell'Impero«, in: Clemente et al., Bd. 2, Torino 1991, 577–626.

de Souza 1999: Philip de Souza: *Piracy in the Graeco-Roman world*, Cambridge 1999.

De Ste. Croix 1981: Geoffrey E. M. De Ste. Croix: *The class struggle in the ancient Greek world from the archaic age to the Arab conquests*, London 1981.

Di Paola 1999: Lucietta Di Paola: *Viaggi, trasporti e istituzioni. Studi sul cursus publicus*, *Pelorias*, Bd. 5, Messina 1999.

Diederich 2007: Silke Diederich: *Römische Agrarhandbücher zwischen Fachwissenschaft, Literatur und Ideologie*, *Untersuchungen zur antiken Literatur und Geschichte*, Berlin 2007.

Diesner 1966: Hans Joachim Diesner: *Das Vandalenreich. Aufstieg und Untergang*, Stuttgart 1966.

Dieter/Günther 1979: Horst Dieter/Rigobert Günther: *Römische Geschichte*, Berlin 1979.

Dietz 2012: Karlheinz Dietz: »Zum Kampf zwischen Gallienus und Postumus«, in: H. Thomas Fischer (Hg.), *Die Krise des 3. Jahrhunderts n. Chr. und das Gallische Sonderreich. Akten des interdisziplinären Kolloquiums Xanten 26. bis 28. Februar 2009*, *Schriften des Lehr- und Forschungszentrums für die antiken Kulturen des Mittelmeerraumes – Centre for Mediterranean Cultures*, Bd. 8, Wiesbaden 2012, 29–62.

Dilke 1962: Oswald O. W. Dilke: »The Roman surveyors«, in: *GaR* II 9 (1962), 170–180.

Dirven 1999: Lucinda Dirven: *The Palmyrenes of Dura-Europos. A study of religious interaction in Roman Syria*, Leiden 1999.

Dirven 2013: Lucinda Dirven (Hg.): *Hatra. Politics, culture and religion between Parthia and Rome*, *Oriens et occidens*, Bd. 21, Stuttgart 2013.

Domaszewski [3]1921: Alfred von Domaszewski: *Geschichte der römischen Kaiser*, Bde. 1–2, Leipzig [3]1921.

Downey 1961: Glanville Downey: *A history of Antioch in Syria. From Seleucus to the Arab conquest*, Princeton (N.J.) 1961.

Downey 1963: Glanville Downey: *Ancient Antioch*, Princeton (N.J.) 1963.

Doyle [2]1988: Michael W. Doyle: *Empires*, Ithaca [2]1988.

Dreyer 2009: Boris Dreyer: *Arminius und der Untergang des Varus. Warum die Germanen keine Römer wurden*, Stuttgart 2009.

Drijvers 1977: Hendrik Jan Willem Drijvers: »Hatra, Palmyra und Edessa. Die Städte der syrisch-mesopotamischen Wüste in politischer, kulturgeschichtlicher und religionsgeschichtlicher Beleuchtung«, in: *ANRW* II. 9, 1 Berlin 1977.

Drinkwater 1983: John F. Drinkwater: *Roman Gaul. The three provinces, 58 BC – AD 260*, Ithaca 1983.

Drinkwater 1987: John F. Drinkwater: *The Gallic Empire. Separatism and continuity in the north-western provinces of the Roman Empire. A.D. 260–274*, Stuttgart 1987.

Duncan-Jones 1996: Richard P. Duncan-Jones: »The impact of the Antonine Plague, in: *JRA* 9 (1996), 108–136.

Duval 1979: Paul-Marie Duval: *Gallien. Leben und Kultur in römischer Zeit*, Stuttgart 1979.

Eberhardt 2005: Barbara Eberhardt: »Wer dient wem? Die Darstellung des Flavischen Triumphzuges auf dem Titusbogen und bei Josephus (BJ 7.123–162)«, in: Joseph Sievers/Gaia Lembi (Hg.), *Josephus and Jewish history in Flavian Rome and beyond, Supplements to the Journal for the Study of Judaism*, Bd. 104, Leiden 2005, 257–278.

Eck 1976: Werner Eck: »Neros Freigelassener und die Aufdeckung der Pisonischen Verschwörung«, in: *Historia 25* (1976), 381–384.

Eck et al. 1996: Eck, Werner et al.: *Das senatus consultum de Cn. Pisone patre, Vestigia,* Bd. 48, München 1996.

Eck 1998: Werner Eck: *Augustus und seine Zeit*, München 1998.

Eck 1999: Werner Eck: »The Bar Kokhba Revolt. The Roman point of view«, in: *JRS* 89 (1999), 76–89.

Eck 2002: Werner Eck: »Die iulisch-claudische Familie. Frauen neben Caligula Claudius und Nero«, in: Hildegard Temporini-Gräfin Vitzthum (Hg.): *Die Kaiserinnen Roms. Von Livia bis Theodora*, München 2002, 103–163.

Eck 2004: Eck, Werner: *Köln in römischer Zeit. Geschichte einer Stadt im Rahmen des Imperium Romanum, Geschichte der Stadt Köln*, Bd. 1, Köln 2004.

Eck 2006: Werner Eck: »Der Kaiser und seine Ratgeber. Überlegungen zum inneren Zusammenhang von amici, comites und consiliarii am römischen Kaiserhof«, in: Anne Kolb (Hg.): *Herrschaftsstrukturen und Herrschaftspraxis. Konzepte, Prinzipien und Strategien der Administration im römischen Kaiserreich*, Berlin 2006, 67–77.

Eck 2007: Werner Eck: *Rom herausfordern: Bar Kochba im Kampf gegen das Imperium Romanum. Das Bild des Bar Kochba-Aufstandes im Spiegel der neuen epigraphischen Überlieferung*, Roma 2007.

Eck 2012a: Werner Eck: »Das Gallische Sonderreich. Eine Einführung zum Stand der Forschung«, in: H. Thomas Fischer (Hg.), *Die Krise des 3. Jahrhunderts n. Chr. und das Gallische Sonderreich. Akten des interdisziplinären Kolloquiums Xanten 26. bis 28. Februar 2009, Schriften des Lehr- und Forschungszentrums für die antiken Kulturen des Mittelmeerraumes – Centre for Mediterranean Cultures*, Bd. 8, Wiesbaden 2012, 63–84.

Eck 2012b: Werner Eck: »Der Bar Kochba-Aufstand der Jahre 132–136 und seine Folgen für die Provinz Judaea/Syria Palaestina«, in: Gianpaolo Urso (Hg.), *Iudaea Socia – Iudaea Capta. Atti del convegno internazionale Cividale del Friuli, 22–24 settembre 2011, I convegni della Fondazione Niccolò Canussio*, Bd. 11, Pisa 2012, 249–266.

Edmondson 2006: Jonathan Edmondson: »Cities and urban life in the western provinces of the Roman Empire. 30 BCE–250 CE«, in: David S. Potter (Hg.), *A companion to the Roman Empire*, Oxford 2006, 250–280.

Edwell 2008: Peter M. Edwell: *Between Rome and Persia. The middle Euphrates, Mesopotamia and Palmyra under Roman control*, London 2008.

Ehling 2008: Kay Ehling: *Untersuchungen zur Geschichte der späten Seleukiden (164–63 v.Chr.). Vom Tode des Antiochos IV. bis zur Einrichtung der Provinz Syria unter Pompeius, Historia Einzelschriften*, Bd. 196, Stuttgart 2008.

Eich 2003: Armin Eich: »Die Idealtypen ›Propaganda‹ und ›Repräsentation‹ als heuristische Mittel bei der Bestimmung gesellschaftlicher Konvergenzen und Divergenzen von Moderne und römischer Kaiserzeit«, in: Gregor

Weber/Martin Zimmermann (Hg.): *Propaganda – Selbstdarstellung – Repräsentation im römischen Kaiserreich des 1. Jh. n. Chr.*, Stuttgart 2003, 41–84.

Eich 2005: Peter Eich: *Zur Metamorphose des politischen Systems in der römischen Kaiserzeit. Die Entstehung einer ›personalen Bürokratie‹ im langen dritten Jh.*, Berlin 2005.

Eisenstadt 1981: Shmuel N. Eisenstadt: »Cultural traditions and political dynamics. The origins and modes of ideological politics«, in: *British Journal of Sociology 32* (1981), 155–181.

Eisenstadt 1987: Shmuel N. Eisenstadt: »Allgemeine Einleitung«, in: Ders. (Hg.): *Griechenland, Israel, Mesopotamien, Kulturen der Achsenzeit, Bd. 1: Ihre Ursprünge und ihre Vielfalt*, Frankfurt am Main 1987, 10–40.

Ellerbrock/Winkelmann 2012: Uwe Ellerbrock/Sylvia Winkelmann: *Die Parther. Die vergessene Großmacht*, Darmstadt 2012.

Elsner 2001: Jas Elsner: »Cultural resistance and the visual image. The case of Dura Europos«, in: *ClPh* 96 (2001), 269–304.

Elton 1996: Hugh Elton: *Frontiers of the Roman Empire*, London 1996.

Erdkamp 2002: Paul Erdkamp: *The roman army and the economy*, Amsterdam 2002.

Erdkamp 2007: Paul Erdkamp: *A companion to the Roman army*, Oxford 2007.

Fabbricotti 1976: Emanuela Fabbricotti: *Galba*, Roma 1976.

Facella 2006: Margherita Facella: *La dinastia degli orontidi nella commagene ellenistico-romana*, Pisa 2006.

Faulkner 2000: Neil Faulkner: *The decline and fall of Roman Britain*, Stroud 2000.

Fell 1992: Martin Fell: *Optimus Princeps? Anspruch und Wirklichkeit der imperialen Programmatik Kaiser Traians*, München 1992.

Fellmeth 2008: Ulrich Fellmeth: *Pecunia non olet. Die Wirtschaft der antiken Welt*, Darmstadt 2008.

Ferrary 1988: Jean-Louis Ferrary: *Philhellénisme et impérialisme. Aspects idéologiques de la conquête romaine du monde hellénistique, de la seconde guerre de Macédoine à la guerre contre Mithridate*, Rome 1988.

Ferrill 1965: Arther Ferrill: »Otho, Vitellius, and the propaganda of Vespasian«, in: *ClJ* 60 (1965), 267–269.

Ferrill 1991: Arther Ferrill: *Caligula. Emperor of Rome*, London 1991.

Fischer 2001: H. Thomas Fischer (Hg.): *Die römischen Provinzen. Eine Einführung in ihre Archäologie*, Darmstadt 2001.

Flach [3]1998: Dieter Flach: *Römische Geschichtsschreibung*, Darmstadt [3]1998.

Flaig 1992: Egon Flaig: *Den Kaiser herausfordern. Die Usurpation im Römischen Reich*, Frankfurt am Main 1992.

Flaig 1997: Egon Flaig: »Für eine Konzeptionalisierung der Usurpation im spätrömischen Reich«, in: François Paschoud/Joachim Szidat (Hg.): *Usurpationen in der Spätantike*, Stuttgart 1997, 15–34.

Flaig 2000: Egon Flaig: »An den Grenzen des Römerseins. Die Gladiatur aus historisch-anthropologischer Sicht«, in: Wolfgang Eßbach (Hg.): *wir/ihr/sie. Identität und Alterität in Theorie und Methode, Identitäten und Alteritäten*, Würzburg 2000.

Flaig 2003: Egon Flaig: *Ritualisierte Politik. Zeichen, Gesten und Herrschaft im Alten Rom*, Göttingen 2003.

Flower 2006: Harriet I. Flower: *The art of forgetting. Disgrace and oblivion in Roman political culture*, Chapel Hill (N.C.) 2006.

Fowler 2010: Richard Fowler: »King, bigger king, king of kings. Structuring power in the Parthian world«, in: Ted Kaizer/Margherita Facella (Hg.), *Kingdoms and principalities in the Roman Near East, Oriens et Occidens*, Bd. 19, Stuttgart 2010, 57–77.

Fraschetti 2000: Augusto Fraschetti: »Tra pagani e cristiani«, in: Andrea Giardina (Hg.): *Roma antica*, Bari 2000, 307–328.

Freeman 1997: Philip Freeman: »Mommsen through to Haverfield. The origins of romanization studies in Late 19th century Britain«, in: David J. Mattingly/Susan Alcock (Hg.): *Dialogues in Roman imperialism. Power, discourse and discrepant experience in the Roman Empire, JRA supplementary series 23*, Portsmouth (R.I.) 1997, 27–50.

Frend 1972: William Hugh Clifford Frend: *The rise of the Monophysite movement. Chapters in the history of the church in the fifth and sixth centuries*, Cambridge 1972.

Frey 1989: Martin Frey: *Untersuchungen zur Religion und zur Religionspolitik des Kaisers Elagabal, Historia Einzelschriften*, Bd. 62, Stuttgart 1989.

Freyberger 1998: Klaus Stefan Freyberger: *Die frühkaiserzeitlichen Heiligtümer der Karawanenstationen im hellenisierten Osten. Zeugnisse eines kulturellen Konflikts im Spannungsfeld zweier politischer Formationen*, Mainz 1998.

Freyberger 2013: Klaus S.Freyberger: *Ostia. Facetten des Lebens in einer römischen Hafenstadt*, Mainz am Rhein 2013.

Freyne 2002: Sean Freyne: »The Revolt from a regional perspective«, in: Andrea M. Berlin/J. Andrew Overman (Hg.): *The First Jewish Revolt. Archaeology, history, and ideology*, London 2002, 43–56.

Frye ²2005: Richard Frye: »The Sassanians«, in: Alan K. Bowman et al. (Hg.): *The crisis of empire. A.D. 193–337, CAH*, Bd. 12, Cambridge ²2005, 461–480.

Fündling 2008: Jörg Fündling: *Marc Aurel. Kaiser und Philosoph*, Darmstadt 2008.

Fuhrmann 1997: Manfred Fuhrmann: *Seneca und Kaiser Nero. Eine Biographie*, Berlin 1997.

Fuks 1961: Alexander Fuks: »Aspects of the Jewish Revolt in A.D. 115–117«, in: *JRS* 51 (1961), 98–104.

Galinsky 2005: Karl Galinsky (Hg.): *The Cambridge companion to the Age of Augustus*, New York 2005.

Galinsky 2013: Karl Galinsky: *Augustus. Sein Leben als Kaiser*, Darmstadt 2013.

Galli 2002: Marco Galli: *Die Lebenswelt eines Sophisten. Untersuchungen zu den Bauten und Stiftungen des Herodes Atticus*, Mainz 2002.

Galsterer 1988: Hartmut Galsterer: »Municipium Flavium Irnitanum. A Latin town in Spain«, in: *JRS* 78 (1988), 78–90.

Ganzert et al. 1984: Joachim Ganzert et al.: *Das Kenotaph für Gaius Caesar in Limyra. Architektur und Bauornamentik, Istanbuler Forschungen*, Bd. 35, Tübingen 1984.

Gardner 1995: Jane F. Gardner: *Frauen im antiken Rom. Familie, Alltag, Recht*, München 1995.

Garnsey 1983: Peter Garnsey: »Grain for Rome«, in: Peter Garnsey et al. (Hg.), *Trade in the ancient economy*, London 1983, 118–130.

Gautier 1932: Emile-Félix Gautier: *Genséric, roi des Vandales*, Paris 1932.

Gawlikowski ³2005: Michal Gawlikowski: »Tempel, Gräber und Kasernen. Die polnischen Ausgrabungen im Diokletianslager«, in: Andreas Schmidt-Colinet (Hg.): *Palmyra. Kulturbegegnung im Grenzbereich*, Mainz ³2005, 22–28.

Gebhardt 2002: Axel Gebhardt: *Imperiale Politik und provinziale Entwicklung. Untersuchungen zum Verhältnis von Kaiser, Heer und Städten im Syrien der vorseverischen Zeit*, Berlin 2002.

Gehrke 1982: Hans-Joachim Gehrke: »Der siegreiche König. Überlegungen zur hellenistischen Monarchie«, in: *AKG* 64 (1982), 247–277.

Gehrke ²1995: Hans-Joachim Gehrke: *Geschichte des Hellenismus*, München ²1995.

Gehrke 2005: Hans-Joachim Gehrke: »Die Bedeutung der (antiken) Historiographie für die Entwicklung des Geschichtsbewusstseins«, in: Eve-Marie Becker (Hg.): *Die antike Historiographie und die Anfänge der christlichen Geschichtsschreibung*, Berlin 2005, 29–51.

Geiss 1991: Imanuel Geiss: »Kontinuitäten des Imperialismus«, in: Wolfgang Reinhardt (Hg.): *Imperialistische Kontinuität und nationale Ungeduld im 19. Jh.*, Frankfurt am Main 1991, 12–30.

Geiss 1994: Imanuel Geiss: »Great powers and empires. Historical mechanisms of their making and breaking«, in: Geir Lundestad (Hg.): *The fall of the great powers. Peace, stability and legitimacy*, Oslo 1994, 23–43.

Geiss 1996: Imanuel Geiss: »Historische Mechanismen. Ein Versuch zur Übertragung naturwissenschaftlicher Kategorien auf die Geschichte«, in: Frank-Lothar Kroll (Hg.): *Neue Wege der Ideengeschichte. Festschrift für Kurt Kluxen zum 85. Geburtstag*, Paderborn 1996, 3–26.

Geiss 2007: Imanuel Geiss: *Nation und Nationalismen. Versuche über ein Weltproblem. 1962–2006*, Bremen 2007.

Gibbon 1994: Edward Gibbon: *The history of the decline and fall of the Roman Empire*, Bd. 1–4 [1781–89], hg. v. David Womersley, London 1994.

Giebel 1999: Marion Giebel: *Reisen in der Antike*, Darmstadt 1999.

Giebel 2002: Marion Giebel: *Kaiser Julian Apostata. Die Wiederkehr der alten Götter*, Düsseldorf 2002.

Gilliam 1941: J. Frank Gilliam: »The Dux Ripae at Dura«, in: *Proceedings of the American Philological Association 72* (1941), 157–175.

Girardet 2006: Klaus Martin Girardet: *Die konstantinische Wende. Voraussetzungen und geistige Grundlagen der Religionspolitik Konstantins des Großen*, Darmstadt 2006.

Girardet 2010: Klaus Martin Girardet: *Der Kaiser und sein Gott. Das Christentum im Denken und in der Religionspolitik Konstantins des Grossen, Millennium-Studien*, Bd. 27, Berlin 2010.

Glas 2014: Toni Glas: *Valerian. Kaisertum und Reformansätze in der Krisenphase des Römischen Reiches*, Paderborn 2014.

Glaser et al. 2012: Franz Glaser et al.: *Aquileia. Der archäologische Führer*, Mainz 2012.

Gleason 2006: Maud W. Gleason: »Greek cities under Roman rule«, in: David S. Potter (Hg.), *A companion to the Roman Empire*, Oxford 2006, 228–249.

Goffart 1980: Walter André Goffart: *Barbarians and Romans, A.D. 418–584. The techniques of accommodation*, Princeton 1980.

Goffart 1989: Walter André Goffart: *Rome's fall and after*, London 1989.

Goffart 2006: Walter André Goffart: *Barbarian tides. The migration age and the later Roman Empire*, Philadelphia (Pa.) 2006.

Goldsworthy 1996: Adrian Keith Goldsworthy: *The Roman army at war. 100 BC – AD 200*, Oxford 1996.

Goltz 2008a: Andreas Goltz: »Das Imperium Romanum in der Defensive. Von den Markomannenkriegen des Marcus Aurelius bis zu den Siegen des Iulianus Apostata«, in: Helmuth Schneider (Hg.), *Feindliche Nachbarn. Rom und die Germanen*, Köln 2008, 201–227.

Goltz 2008b: Andreas Goltz: »Die Völker an der mittleren und nordöstlichen Reichsgrenze«, in: Klaus-Peter Johne (Hg.), *Die Zeit der Soldatenkaiser*, Bde. 1–2, Bd. 1, Berlin 2008, 449–464.

Goltz 2008c: Andreas Goltz: »Die Völker an der nordwestlichen Rheingrenze (Rhein und obere Donau)«, in: Klaus-Peter Johne (Hg.), *Die Zeit der Soldatenkaiser*, Bde. 1–2, Bd. 1, Berlin 2008, 427–447.

González/Crawford 1986: Julian González/Michael H. Crawford: »The Lex Irnitana. A new copy of the Flavian municipal law«, in: *JRS* 76 (1986), 147–243.

Goodman 1987: Martin Goodman: *The ruling class of Judaea. The origins of the Jewish revolt against Rome A.D. 66–70*, Cambridge 1987.

Goodman 1997: Martin Goodman: *The Roman World, 44 BC – AD 180, Routledge history of the ancient world*, London 1997.

Goodman 2002: Martin Goodman: »Current scholarship on the First Revolt«, in: Andrea M. Berlin/J. Andrew Overman (Hg.): *The First Jewish Revolt. Archaeology, history, and ideology*, London 2002, 15–24.

Gradel 2002: Ittai Gradel: *Emperor worship and Roman religion*, Oxford 2002.

Grainger 1991: John D. Grainger: *Hellenistic Phoenicia*, Oxford 1991.

Grainger 2003: John D. Grainger: *Nerva and the Roman succession crisis of AD 96–99*, London 2003.

Grassl 1973: Herbert Grassl: *Untersuchungen zum Vierkaiserjahr 68/69 n. Chr. Ein Beitrag zur Ideologie und Sozialstruktur des frühen Prinzipats*, Wien 1973.

Greatrex/Lieu 2002: Geoffrey Greatrex/Samuel N. C. Lieu: *The Roman eastern frontier and the Persian Wars. Part II: AD 363–630*, London 2002.

Gregory 2005: Timothy E. Gregory: *A history of Byzantium*, Malden (Mass.) 2005.

Gruen 1984: Erich S. Gruen: *The Hellenistic world and the coming of Rome*, Berkeley 1984.

Gruen 1992: Erich S. Gruen: *Culture and national identity in Republican Rome*, Ithaca (N.Y.) 1992.

Gruen 2002a: Erich S. Gruen: *Diaspora. Jews amidst Greeks and Romans*, Cambridge (Mass.) 2002.

Gruen 2002b: Erich S. Gruen: »Roman perspectives on the Jews in the age of the Great Revolt«, in: Andrea M. Berlin/J. Andrew Overman (Hg.): *The First Jewish Revolt. Archaeology, history, and ideology*, London 2002, 27–42.

Gschlößl 2006: Roland Gschlößl: *Im Schmelztiegel der Religionen. Göttertausch bei Kelten, Römern und Germanen*, Darmstadt 2006.

Günther 2009: Sven Günther: »Zwischen *gens Flavia* und *gens Iulia*. Domitians Herrschaftsübernahme und Kaiserkonzeption«, in: Hartwin Brandt et al. (Hg.), *Genealogisches Bewusstsein als Legitimation. Inter- und intragenerationelle Auseinandersetzungen sowie die Bedeutung von Verwandtschaft bei Amtswechseln, Bamberger Historische Studien*, Bd. 4, Bamberg 2009, 83–114.

Gutmann 1991: Bernhard Gutmann: *Studien zur römischen Außenpolitik in der Spätantike (364–395 n. Chr.)*, Bonn 1991.

Haehling 2012: Raban von Haehling: »Die Friedensverheißungen des Kaisers Probus in der Historia Augusta«, *Gymnasium* 119 (2012), 371–395.

Hales 2003: Shelley Hales: »The houses of Antioch. A study of the domestic sphere in the imperial Near East«, in: Sarah Scott/Jane Webster (Hg.): *Roman imperialism and provincial art*, Cambridge 2003, 171–191.

Halphen 1926: Louis Halphen: *Les barbares. Des grandes invasions aux conquêtes turques du XIe siècle*, Paris 1926.

Halsberghe 1972: Gaston H. Halsberghe: *The cult of Sol Invictus*, Leiden 1972.

Harnecker/Moosbauer 2007: Joachim Harnecker/Günther Moosbauer: »Die Fundregion ›Kalkrieser-Niewedder Senke‹ (Lkr. Osnabrück). Untersuchungen zu den militärischen Auseinandersetzungen«, in: Lehmann/Wiegels, 2007, 47–73.

Harris 1962: B. F. Harris: »Tacitus on the death of Otho«, in: *ClJ* 58 (1962), 73–77.

Hartmann 2001: Udo Hartmann: *Das palmyrenische Teilreich, Oriens et Occidens*, Bd. 2, Stuttgart 2001.

Hartmann 2010: Andreas Hartmann: *Zwischen Relikt und Reliquie. Objektbezogene Erinnerungspraktiken in antiken Gesellschaften, Studien zur Alten Geschichte*, Bd. 11, Berlin 2010.

Hauser 1998: Stefan R. Hauser: »Hatra und das Königreich der Araber«, in: Josef Wiesehöfer (Hg.): *Das Partherreich und seine Zeugnisse. Beiträge des internationalen Colloquiums Eutin 1996*, Stuttgart 1998, 493–528.

Haverfield [4]1923: Francis Haverfield: *The romanization of Roman Britain*, Oxford [4]1923.

Heather 1991: Peter J. Heather: *Goths and Romans 332–489*, Oxford 1991.

Heather 2006: Peter J. Heather: *The fall of the Roman Empire. A new history*, London 2006.

Heather 2011: Peter J. Heather: *Invasion der Barbaren. Die Entstehung Europas im ersten Jahrtausend nach Christus*, Stuttgart 2011.

Heilmeyer et al. 1988: Wolf-Dieter Heilmeyer et al. (Hg.): *Kaiser Augustus und die verlorene Republik*, Mainz 1988.

Heinrichs 2007: Johannes Heinrichs: »Vor dem *oppidum Ubiorum*. Münzen iner Zivilsiedlung im Kölner Domareal in ihren Aufschlüssen für das augusteische Köln, die Datierung von Kalkriese und das Problem fehlender nachvaruszeitlicher Befunde östlich des Rheins«, in: Lehmann/Wiegels, 2007, 225–320.

Heisterbergk 1885: Bernhard Heisterbergk: *Name und Begriff des Jus italicum*, Tübingen 1885.

Hekster 2002: Olivier Hekster: *Commodus. An emperor at the crossroads*, Amsterdam 2002.

Hekster 2008: Olivier Hekster: *Rome and its Empire. AD 193–284*, Edinburgh 2008.

Hekster 2010: Olivier Hekster: »Trophy kings and Roman power. A Roman perspective on client kingdoms«, in: Ted Kaizer/Margherita Facella (Hg.), *Kingdoms and principalities in the Roman Near East*, *Oriens et Occidens*, Bd. 19, Stuttgart 2010, 45–55.

Hekster/Kaizer 2004: Olivier Hekster/Ted Kaizer: »Mark Antony and the raid on Palmyra. Reflections on Appian, Bella Civilia V, 9«, *Latomus* 63 (2004), 70–80.

Herder 1966: Johann Gottfried Herder: *Ideen zur Philosophie der Geschichte der Menschheit* [1784–91], Darmstadt 1966.

Hingley 2005: Richard Hingley: *Globalizing Roman culture. Unity, diversity and empire*, London 2005.

Hölscher 2002: Tonio Hölscher (Hg.): *Klassische Archäologie. Grundwissen*, Stuttgart 2002.

Holl et al. 2001: Karl Holl et al.: *Caligula – Wilhelm II. und der Caesarenwahnsinn. Antikenrezeption und wilhelminische Politik am Beispiel des ›Caligula‹ von Ludwig Quidde*, Bremen 2001.

Holzberg 1990: Niklas Holzberg: *Die römische Liebeselegie. Eine Einführung*, Darmstadt 1990.

Holzberg 2006: Niklas Holzberg: *Vergil. Der Dichter und sein Werk*, München 2006.

Horst 2013: Horst, Claudia: *Marc Aurel. Philosophie und politische Macht zur Zeit der Zweiten Sophistik, Historia. Einzelschriften*, Bd. 225, Stuttgart 2013.

Howgego 1994: Christopher Howgego: »Coin circulation and the integration of the Roman economy«, in: *JRA* 7 (1994), 5–31.

Howgego 1996: Christopher Howgego: »The circulation of silver coins, models of the Roman economy, and crisis in the third century A. D. Some numismatic evidence«, in: David G. Wigg/Cathy E. King (Hg.): *Coin finds and coin use in the Roman world*, Berlin 1996, 219–236.

Huskinson 2004: Janet Huskinson: »Surveying the scene. Antioch mosaic pavements as a source of historical evidence«, in: Isabella Sandwell/Janet Huskinson (Hg.): *Culture and society in later Roman Antioch*, Oxford 2004, 134–152.

Huskinson [2]2005: Janet Huskinson: »Art and architecture. AD 193–337«, in: Alan K. Bowman et al. (Hg.): *The crisis of empire. A.D. 193–337, CAH*, Bd. 12, Cambridge [2]2005, 672–703.

Icks 2006: Martijn Icks: »Priesthood and imperial power. The religious reforms of Heliogabalus«, in: Lukas de Blois et al. (Hg.), *The impact of imperial Rome on religions, ritual and religious life in the Roman Empire. Proceedings of the fifth workshop of the international network Impact of Empire (Roman Empire, 200 BC – AD 476)*, Leiden 2006, 169–178.

Icks 2008: Martijn Icks: »Heliogabalus, a monster on the Roman throne. The literary construction of a ›bad‹ emperor«, in: Ineke Sluiter/Ralf Mark Rosen (Hg.), *KAKOS. Badness and anti-value in Classical Antiquity*, Leiden 2008, 477–488.

Icks 2011: Martijn Icks: *The crimes of Elagabalus. The life and legacy of Rome's decadent boy emperor*, London 2011.

Jacques/Scheid 1998: François Jacques/John Scheid: *Die Struktur des Reiches, Rom und das Reich in der hohen Kaiserzeit*, Stuttgart 1998.

James 2013: Simon James: *Rom und das Schwert. Wie Krieger und Waffen die römische Geschichte prägten*, Darmstadt 2013.

Johne 2008: Klaus-Peter Johne: *Die Zeit der Soldatenkaiser. Krise und Transformation des Römischen Reiches im 3. Jahrhundert n. Chr. (235–284)*, Bde. 1–2, Berlin 2008.

Johnson 2006: Boris Johnson: *The dream of Rome*, London 2006.

Jones 1940: Arnold Hugh Martin Jones: *The Greek city from Alexander to Justinian*, Oxford 1940.

Jones 1959: Arnold Hugh Martin Jones: »Were ancient heresies national or social movements in disguise?«, in: *Journal of Theological Studies New Series 10* (1959), 280–298.

Jones 1964: Arnold Hugh Martin Jones: *The Later Roman Empire 284–602. A social, economic and administrative survey*, Bde. 1–4, Oxford 1964.

Jones 1979: Brian William Jones: *Domitian and the senatorial order. A prosopographical study of Domitian's relationship with the Senate, A.D. 81–96*, Philadelphia 1979.

Jones 1992: Brian William Jones: *The Emperor Domitian*, London 1992.

Jones 1996: Christopher P. Jones: »The Panhellenion«, in: *Chiron 26* (1996), 29–56.

Jongman 2007: Willem Jongman: »The early Roman empire. Consumption«, in: Walter Scheidel et al. (Hg.), *The Cambridge economic history of the Greco-Roman world*, Cambridge 2007, 592–618.

Jourdan 2000: Annie Jourdan: *L' empire de Napoléon*, Paris 2000.

Jursa 2004: Michael Jursa: *Die Babylonier. Geschichte, Gesellschaft, Kultur*, München 2004.

Kaizer 2002: Ted Kaizer: *The religious life of Palmyra. A study of the social patterns of worship in the Roman period*, Stuttgart 2002.

Kaizer 2005: Ted Kaizer: »Odaentathus von Palmyra. Römischer Orient, 267/68«, in: Michael Sommer (Hg.), *Politische Morde. Vom Altertum bis zur Gegenwart*, Darmstadt 2005, 73–79.

Kaser [2]1971: Max Kaser: *Das altrömische, das vorklassische und klassische Recht, Das römische Privatrecht*, Bd. 1, München [2]1971.

Kasher 1977: Aryeh Kasher: »The isopoliteia question in Caesarea Maritima«, in: *JQR* 68 (1977), 16–27.

Kehne 2000: Peter Kehne: »Zur Datierung von Fundmünzen aus Kalkriese und zur Verlegung des Enddatums des Halterner Hauptlagers in die Zeit der Germanienkriege unter Tiberius und Germanicus (10–16 n. Chr.)«, in: Rainer Wiegels (Hg.): *Die Fundmünzen von Kalkriese und die frühkaiserzeitliche Münzprägung*, Möhnesee 2000, 47–79.

Kehoe 1988: Dennis P. Kehoe: *The economics of agriculture on Roman imperial estates in North Africa*, *Hypomnemata*, Göttingen 1988.

Kehoe 2006: Dennis P. Kehoe: »Landlords and tenants«, in: David S. Potter (Hg.), *A companion to the Roman Empire*, Oxford 2006, 298–311.

Kehoe 2007: Dennis P. Kehoe: »The early Roman empire. Production«, in: Walter Scheidel et al. (Hg.), *The Cambridge economic history of the Greco-Roman world*, Cambridge 2007, 543–569.

Kennedy 1988: Paul Michael Kennedy: *The rise and fall of the great powers. Economic change and military conflict from 1500 to 2000*, London 1988.

Kienast 1982: Dietmar Kienast: *Augustus. Prinzeps und Monarch*, Darmstadt 1982.

Kienast [2]1996: Dietmar Kienast: *Römische Kaisertabelle Grundzüge einer römischen Kaiserchronologie*, Darmstadt [2]1996.

Kinder et al. [38]2005: Hermann Kinder et al.: *dtv-Atlas Weltgeschichte*, Bde. 1–2, München [38]2005.

Klee 2006: Margot Klee: *Grenzen des Imperiums. Leben am römischen Limes*, Stuttgart 2006.

Klee 2010: Margot Klee: *Lebensadern des Imperiums. Straßen im Römischen Reich*, Darmstadt 2010.

Klein 1979: Richard Klein (Hg.): *Marc Aurel*, Darmstadt 1979.

Klengel 1989: Horst Klengel: *Kulturgeschichte des alten Vorderasien*, Berlin 1989.

Kloft 1970: Hans Kloft: *Liberalitas principis. Herkunft und Bedeutung. Studien zur Prinzipatsideologie*, Köln 1970.

Kloft 1992: Hans Kloft: *Die Wirtschaft der griechisch-römischen Welt. Eine Einführung*, Darmstadt 1992.

Kloft 2006: Hans Kloft: *Die Wirtschaft des Imperium Romanum*, Mainz 2006.

Knell 2004: Heiner Knell: *Bauprogramme römischer Kaiser*, Mainz am Rhein 2004.

König [2]1981: Ingemar König: *Die gallischen Usurpatoren von Postumus bis Tetricus*, München [2]1981.

König 2007: Ingemar König: *Die Spätantike*, Darmstadt 2007.

Körner 2002: Christian Körner: *Philippus Arabs – ein Soldatenkaiser in der Tradition des antoninisch-severischen Prinzipats*, Berlin 2002.

Kolb 1987: Frank Kolb: *Diocletian und die Erste Tetrarchie. Improvisation oder Experiment in der Organisation monarchischer Herrschaft?*, Berlin 1987.

Kolb 1995: Frank Kolb: *Rom. Die Geschichte der Stadt in der Antike*, München 1995.

Kolb 2000: Anne Kolb: *Transport und Nachrichtentransfer im Römischen Reich*, Berlin 2000.

Kornemann 1922: Ernst Kornemann: »Das Problem des Untergangs der antiken Welt«, in: *Vergangenheit und Gegenwart 12* (1922), 193–202; 241–254.

Kornemann 1938: Ernst Kornemann: *Römische Geschichte*, Bde. 1–2, Stuttgart 1938.

Kornemann [2]1980: Ernst Kornemann: *Tiberius*, Frankfurt am Main [2]1980.

Kracker/Scholz 2012: Janken Kracker/Markus Scholz: »Zur Reaktion auf die *Constitutio Antoniniana* und zum Umfang der Bürgerrechtsverleihungen anhand des kaiserlichen Familiennamens *Aurelius*«, in: Barbara Pferdehirt/Markus Scholz (Hg.), *Bürgerrecht und Krise. Die Constitutio Antoniniana 212 n. Chr. und ihre innenpolitischen Folgen*, Mainz 2012, 67–75.

Krautheimer 1980: Richard Krautheimer: *Rome. Profile of a city. 312–1308*, Princeton (N.J.) 1980.

Krebs 2012: Christopher B. Krebs: *Ein gefährliches Buch. Die »Germania« des Tacitus und die Erfindung der Deutschen*, München 2012.

Kreucher 2003: Gerald Kreucher: *Der Kaiser Marcus Aurelius Probus und seine Zeit*, Stuttgart 2003.

Kron 2012: Geoffrey Kron: »Food production«, in: Walter Scheidel (Hg.), *The Cambridge companion to the Roman economy*, Cambridge 2012, 156–174.

Kuhoff 2001: Wolfgang Kuhoff: *Diokletian und die Epoche der Tetrarchie. Das römische Reich zwischen Krisenbewältigung und Neuaufbau (284–313 n. Chr.)*, Frankfurt am Main 2001.

Kuhrt 1995: Amélie Kuhrt: *The ancient Near East*, Bde. 1–2, London 1995.

Kulikowski 2000: Michael Kulikowski: »Barbarians in Gaul, usurpers in Britain«, in: *Britannia 31* (2000), 325–345.

Kulikowski 2006: Michael Kulikowski: »The Late Roman City in Spain«, in: Krause/Witschel, 2006, 129–149.

Kunst 2000: Christiane Kunst: *Römische Wohn- und Lebenswelten. Quellen zur Geschichte der römischen Stadt*, Darmstadt 2000.

Kunst 2006: Christiane Kunst: *Leben und Wohnen in der römischen Stadt*, Darmstadt 2006.

Landesmuseum 2013: Braunschweigisches Landesmuseum (Hg.): *Roms vergessener Feldzug : die Schlacht am Harzhorn, Veröffentlichungen des Braunschweigischen Landesmuseums*, Darmstadt 2013.

Landskron 2005: Alice Landskron: *Parther und Sasaniden. Das Bild der Orientalen in der römischen Kaiserzeit*, Wien 2005.

Lang 2002: Franziska Lang: *Klassische Archäologie. Eine Einführung in Methode, Theorie und Praxis*, Tübingen 2002.

Langmann 1981: Gerhard Langmann: *Die Markomannenkriege 166/167 bis 180*, Wien 1981.

Lauffer [3]1987: Siegfried Lauffer: *Daten der griechischen und römischen Geschichte*, München [3]1987.

Laurence 1999: Ray Laurence: *The roads of Roman Italy. Mobility and cultural change*, London 1999.

Le Bohec 1989: Yann Le Bohec: *L' armée romaine sous le Haut-Empire*, Paris 1989.

Le Roux 1995: Patrick Le Roux: *Romains d'Espagne. Cités et politique dans les provinces, IIe siècle av. J.-C.-IIIe siècle ap. J.-C*, Paris 1995.

Lehmann 2007: Gustav Adolf Lehmann: »Tacitus und die Dokumente – einige Überlegungen«, in: Ders./Wiegels, 2007, 419–430.

Lendon 1997: John E. Lendon: *Empire of honour. The art of government in the Roman world*, Oxford 1997.

Lepelley 2001: Claude Lepelley: *Die Regionen des Reiches, Rom und das Reich in der hohen Kaiserzeit,* Bd. 2, Stuttgart 2001.

Lepper 1948: Frank A. Lepper: *Trajan's Parthian war*, London 1948.

Leppin 2000: Hartmut Leppin: *Die Kirchenväter und ihre Zeit. Von Athanasius bis Gregor dem Großen*, München 2000.

Leppin 2003: Hartmut Leppin: *Theodosius der Große. Auf dem Weg zum christlichen Imperium*, Darmstadt 2003.

Leppin 2005: Hartmut Leppin: »Aëtius. Ravenna, 21./22. September 454«, in: Michael Sommer (Hg.): *Politische Morde. Vom Altertum bis zur Gegenwart*, Darmstadt 2005, 80–88.

Leppin 2006: Hartmut Leppin: »Das neue Rom im Osten. Konstantinopel: Von Byzanz zur christlichen Stadt«, in: Walter Ameling: *Antike Metropolen*, Darmstadt 2006, 109–125.

Leppin 2007: Hartmut Leppin/Hauke Ziemssen: »Old religions transformed. Religions and religious policies from Decius to Constantine«, in: Jörg Rüpke (Hg.), *A companion to Roman religion*, Oxford 2007, 98–108.

Leppin 2010: Hartmut Leppin: *Das Erbe der Antike*, München 2010.

Leppin/Ziemssen 2007: Hartmut Leppin/Hauke Ziemssen: *Maxentius. Der letzte Kaiser in Rom*, Mainz 2007.

Leriche 2003: Pierre Leriche: »Europos-Doura hellénistique«, in: Maurice Sartre (Hg.): *La Syrie hellénistique*, Lyon 2003, 171–191.

Lerouge 2007: Charlotte Lerouge: *L'image des Parthes dans le monde gréco-romain. Du début du 1er siècle av. J.-C. jusqu'à la fin du Haut-Empire romain*, Stuttgart 2007.

Levi 1947: Doro Levi: *Antioch mosaic pavements,* Bde. 1–2, Princeton 1947.

Levi [2]1994: Mario Attilio Levi: *Augusto e il suo tempo*, Milano [2]1994.

Levick 1985: Barbara Levick: *The government of the Roman Empire. A sourcebook*, London 1985.

Levick 1999: Barbara Levick: *Vespasian*, London 1999.

Levick ²1999: Barbara Levick: *Tiberius the politician*, London ²1999.

Lewit 1991: Tamara Lewit: *Agricultural production in the Roman economy. A. D. 200–400*, Oxford 1991.

Liebeschuetz 1990: John Hugo Wolfgang Gideon Liebeschuetz: *Barbarians and bishops. Army, church, and state in the age of Arcadius and Chrysostom*, Oxford 1990.

Liebeschuetz 2001: John Hugo Wolfgang Gideon Liebeschuetz: *Decline and fall of the Roman city*, Oxford 2001.

Liebeschuetz 2006: John Hugo Wolfgang Gideon Liebeschuetz: »Transformation and decline. Are the two really incompatible?« in: Krause/Witschel, 2006, 463–483.

Liebeschuetz 2007: John Hugo Wolfgang Gideon Liebeschuetz: »Warlords and landlords«, in: Erdkamp, 2007, 479–494.

Liverani 1988: Mario Liverani: *Antico Oriente. Storia, società, economia*, Bari 1988.

Lo Cascio 1991a: Elio Lo Cascio: »Forme dell'economia imperiale«, in: Clemente et al., 1991, 313–366.

Lo Cascio 1991b: Elio Lo Cascio: »Le tecniche dell'amministrazione«, in: Clemente et al., 1991, 119–191.

Lo Cascio 1996: Lo Cascio, Elio: »Teoria e politica monetaria a Roma tra III e IV secolo d. C.« in: Andrea Giardina (Hg.): *Società romana e impero tardoantico,* Bd. 1, Bari 1996, 535–557.

Lo Cascio ²2005a: Elio Lo Cascio: »The government and administration of the Empire in the central decades of the third century«, in: Alan K. Bowman et al. (Hg.): *The crisis of empire. A.D. 193–337*, *CAH*, Bd. 12, Cambridge ²2005, 156–169.

Lo Cascio ²2005b: Elio Lo Cascio: »The new state of Diocletian and Constantine: from the tetrarchy to the reunification of the empire«, in: Alan K. Bowman et al. (Hg.): *The crisis of empire. A.D. 193–337*, *CAH*, Bd. 12, Cambridge ²2005, 170–183.

Lo Cascio 2007: Elio Lo Cascio: »The early Roman empire. The state and the economy«, in: Walter Scheidel et al. (Hg.), *The Cambridge economic history of the Greco-Roman world*, Cambridge 2007, 619–647.

Loreto 1999: Luigi Loreto: *Guerra e libertà nella Repubblica Romana. John R. Seeley e le radici intellettuali della ›Roman revolution‹ di Ronald Syme*, Roma 1999.

Loseby 2006: Simon T. Loseby: »Decline and change in the cities of late antique Gaul«, in: Krause/Witschel, 2006, 67–104.

Lundestad 1994: Geir Lundestad (Hg.): *The fall of great powers. Peace, stability, and legitimacy*, Oslo 1994.

MacMullen 2000: Ramsay MacMullen: *Romanization in the time of Augustus*, New Haven 2000.

Maenchen-Helfen 1978: Otto J. Maenchen-Helfen: *Die Welt der Hunnen. Eine Analyse ihrer historischen Dimensionen*, Wien 1978.

Magrini 1997: Chiara Magrini: »Il territorio di Aquileia tra tardo antico e alto medioevo«, in: *Archeologia Medievale 24* (1997), 155–171.

Maier 1968: Franz Georg Maier: *Die Verwandlung der Mittelmeerwelt*, Frankfurt am Main 1968.

Maier 2005: Gideon Maier: *Amtsträger und Herrscher in der Romania Gothica. Vergleichende Untersuchungen zu den Institutionen der ostgermanischen Völkerwanderungsreiche*, Stuttgart 2005.

Maier ²1989: Johann Maier: *Geschichte des Judentums im Altertum*, Darmstadt ²1989.

Malitz 1999: Jürgen Malitz: *Nero*, München 1999.

Mango 1985: Cyril Mango: *Le développement urbain de Constantinople (IVe–VIIe siècles)*, Paris 1985.

Mann 1990: Michael Mann: *Geschichte der Macht. Von den Anfängen bis zur Griechischen Antike*, Frankfurt am Main 1990.

Mann 1991: Michael Mann: *Geschichte der Macht. Vom Römischen Reich bis zum Vorabend der Industrialisierung*, Frankfurt am Main 1991.

Marazzi 2001: Federico Marazzi: »Da *suburbium* a *territorium*. Il rapporto tra Roma e il suo hinterland nel passaggio dall'antichità al medioevo«, in: *Roma nell'alto medioevo, Settimane di Studio del Centro Italiano di Studi sull'Alto Medioevo*, Bd. 48, Spoleto 2001, 713–755.

Marazzi 2006: Federico Marazzi: »*Cadavera urbium*, nuove capitali e *Roma aeterna*: l'identità urbana in Italia fra crisi, rinascita e propaganda (secoli III–V)«, in: Krause/Witschel, 2006, 33–65.

Marek 2010: Christian Marek: *Geschichte Kleinasiens in der Antike*, München 2010.

Markschies 2001: Christoph Markschies: *Die Gnosis*, München 2001.

Marrou 1937: Henri Irénée Marrou: *Saint Augustin et la fin de la culture antique*, Paris 1937.

Martin 2006: Gunther Martin: *Dexipp von Athen. Edition, Übersetzung und begleitende Studien*, Tübingen 2006.

Martin 1992a: Jochen Martin: »Imperium Romanum«, in: Helga Breuninger/Renate Breuninger (Hg.): *Ablösungen aus Imperien*, Frankfurt am Main 1992, 36–48.

Martin 1992b: Jochen Martin: »Universalmonarchie und partikulare Gewalten. Die Germanen in und nach dem Imperium Romanum«, in: Bernd Martin (Hg.): *Deutschland in Europa. Ein historischer Rückblick*, München 1992, 9–22.

Martin ⁴2001: Jochen Martin: *Spätantike und Völkerwanderung*, München ⁴2001.

Mathews 1998: Thomas Francis Mathews: *Byzantium. From antiquity to the Renaissance*, New York 1998.

Matthews 1976: John F. Matthews: »Mauretania in Ammianus and the Notitia«, in: Roger Goodburn (Hg.): *Aspects of the Notitia Dignitatum*, Oxford 1976, 157–186.

Matthews 1984: John F. Matthews: »The tax law of Palmyra. Evidence for economic history in a city of the Roman east«, in: *JRS* 74 (1984), 157–180.

Mattingly 1995: David J. Mattingly: *Tripolitania*, London 1995.

Mattingly 2000: David J. Mattingly: »The feeding of imperial Rome. The mechanics of the food supply system«, in: John C. Coulston/Hazel Dodge (Hg.), *Ancient Rome. The archaeology of the eternal city, Oxford University School of Archaeology. Monograph*, Bd. 54, Oxford 2000, 142–165.

Mattingly/Alcock 1997: David J. Mattingly/Susan E. Alcock (Hg.): *Dialogues in Roman imperialism. Power, discourse, and discrepant experience in the Roman Empire*, Portsmouth (R.I.) 1997.

Mazza 1973: Mario Mazza: *Lotte sociali e restaurazione autoritaria nel III secolo d.C.*, Roma 1973.

Mazza 1986: Mario Mazza: *Le maschere del potere. Cultura e politica nella tarda antichità*, Napoli 1986.

Mazzarino 1951: Santo Mazzarino: *Aspetti sociali del quarto secolo. Ricerche di storia tardo-romana*, Roma 1951.

Mazzarino 1959: Santo Mazzarino: *La fine del mondo antico*, Milano 1959.

McKay 1980: Alexander Gordon McKay: *Römische Häuser, Villen und Paläste*, Zürich 1980.

McNeill 1984: William Hardy McNeill: *Krieg und Macht. Militär, Wirtschaft und Gesellschaft vom Altertum bis heute*, München 1984.

McNeill 1994: William Hardy McNeill: »Introductory historical comments«, in: Geir Lundestad (Hg.): *The fall of great powers. Peace, stability, and legitimacy*, Oslo 1994, 3–21.

Mecella 2006a: Laura Mecella: »Panta men ne avarka te kai aboethenta. Le città dell'Oriente romano e le invasioni barbariche del III secolo d.C.«, *MedAnt* 9 (2006), 241–266.

Mecella 2006b: Laura Mecella: »Publio Herennio Dexippo. Osservazioni in margine ad una nuova edizione dei frammenti«, *MedAnt* 9 (2006), 9–31.

Mehl 2001: Andreas Mehl: *Römische Geschichtsschreibung. Grundlagen und Entwicklungen eine Einführung*, Stuttgart 2001.

Meier/Patzold [2]2010: Mischa Meier/Steffen Patzold: *August 410 – ein Kampf um Rom*, Stuttgart [2]2010.

Meiggs [2]1985: Russell Meiggs: *Roman Ostia*, Oxford [2]1985.

Meißner 2000: Burkhard Meißner: »Über Zweck und Anlaß von Diokletians Preisedikt«, in: *Historia 49* (2000), 79–200.

Meyers 2002: Eric M. Meyers: »Sepphoris. City of peace«, in: Andrea M. Berlin/J. Andrew Overman (Hg.): *The First Jewish Revolt. Archaeology, history, and ideology*, London 2002, 110–120.

Miethke 2008: Jürgen Miethke: »Die «Konstantinische Schenkung» in der mittelalterlichen Diskussion. Ausgewählte Kapitel einer verschlungenen Rezeptionsgeschichte«, in: Andreas Goltz/Heinrich Schlange-Schöningen (Hg.), *Konstantin der Große. Das Bild des Kaisers im Wandel der Zeiten, Beihefte zum Archiv für Kulturgeschichte*, Bd. 66, Köln 2008, 35–108.

Mildenberg/Schäfer 2003: Leo Mildenberg/Peter Schäfer (Hg.): *The Bar Kokhba war reconsidered. New perspectives on the Second Jewish Revolt against Rome*, Tübingen 2003.

Millar 1964: Sir Fergus Millar: *A study of Cassius Dio*, Oxford 1964.

Millar 1966: Sir Fergus Millar: *Das Römische Reich und seine Nachbarn, Fischer Weltgeschichte*, Bd. 8, Frankfurt am Main 1966.

Millar 1971: Sir Fergus Millar: »Paul of Samosata, Zenobia, and Aurelian. The Church, local culture, and political allegiance in third-century Syria«, in: *JRS* 61 (1971), 1–17.

Millar 1977: Sir Fergus Millar: *The emperor in the Roman world (31 BC – AD 337)*, Ithaca (N.Y.) 1977.

Millar 1983: Sir Fergus Millar: »The Phoenician cities. A case-study of Hellenisation«, in: *PCPhS* 209 (1983), 54–71.

Millar 1984: Sir Fergus Millar: »State and subject. The impact of monarchy«, in: Ders./Erich Segal (Hg.): *Caesar Augustus. Seven aspects*, Oxford 1984, 37–60.

Millar 1993: Sir Fergus Millar: *The Roman Near East. 31 BC – AD 337*, Cambridge (Mass.) 1993.

Millar 1998: Sir Fergus Millar: »Dura-Europos under Parthian rule«, in: Josef Wiesehöfer (Hg.): *Das Partherreich und seine Zeugnisse*, Stuttgart 1998, 473–492.

Millar 2004: Sir Fergus Millar: »Emperors at work«, in: Ders.: *Rome, the Greek world, and the east, Bd. 2: Government, society, and culture in the Roman Empire*, Chapel Hill 2004, 3–22.

Millar 2005: Sir Fergus Millar: »Last year in Jerusalem. Monuments of the Jewish War in Rome«, in: Jonathan Edmondson et al. (Hg.), *Flavius Joesephus and Flavian Rome*, Oxford 2005, 101–128.

Millar 2006: Sir Fergus Millar: *A Greek Roman Empire. Power and belief under Theodosius II (408/450)*, Berkeley (Cal.) 2006.

Millett 1990: Martin Millett: *The Romanization of Britain. An essay in archaeological interpretation*, Cambridge 1990.

Mitchell 2007: Stephen Mitchell: *A history of the later Roman Empire. AD 284–641. The transformation of the ancient world*, Oxford 2007.

Mommsen 1885: Theodor Mommsen: *Die Örtlichkeit der Varusschlacht*, Berlin 1885.

Mommsen 1901: Theodor Mommsen: »Aetius«, in: *Hermes 36* (1901), 516–547.

Mommsen $^{9/5}$1902–04: Theodor Mommsen: *Römische Geschichte*, Bde. 1–5, Berlin $^{9/5}$1902–04.

Mommsen ^{2}1907: Theodor Mommsen: *Abriß des römischen Staatsrechts*, Leipzig ^{2}1907.

Mommsen 1992: Theodor Mommsen: *Römische Kaisergeschichte* [1882/86], München 1992.

Moosbauer 2009: Günther Moosbauer: *Die Varusschlacht*, München 2009.

Moosbauer/Wilbers-Rost 2007: Günther Moosbauer/Susanne Wilbers-Rost: »Kalkriese – Ort der Varusschlacht?« in: Rainer Wiegels (Hg.): *Die Varusschlacht. Wendepunkt der Geschichte?*, Stuttgart 2007, 23–36.

Moosbauer/Wilbers-Rost 2009: Günther Moosbauer/Susanne Wilbers-Rost: »Kalkriese und die Varusschlacht. Multidisziplinäre Forschungen zu einem militärischen Konflikt«, in: Varusschlacht im Osnabrücker Land/ Museum und Park Kalkriese (Hg.), *Konflikt, 2000 Jahre Varusschlacht*, Stuttgart 2009, 56–67.

Morgan 2000: Gwyn Morgan: »The publica fames of A.D. 68 (Suet. Nero 45.1)«, in: *ClQ* 50 (2000), 210–222.

Morgan 2006: Gwyn Morgan: *69 A.D. The year of the four emperors*, New York 2006.

Mortensen 2004: Susanne Mortensen: *Hadrian. Eine Deutungsgeschichte*, Bonn 2004.

Münkler 2005: Herfried Münkler: *Imperien. Die Logik der Weltherrschaft – vom Alten Rom bis zu den Vereinigten Staaten*, Berlin 2005.

Münkler 2006: Herfried Münkler: *Der Wandel des Krieges. Von der Symmetrie zur Asymmetrie*, Weilerswist 2006.

Murison 1993: Charles Leslie Murison: *Galba, Otho and Vitellius. Careers and controversies*, Hildesheim 1993.

Nörr 1991: Dieter Nörr: *Die Fides im römischen Völkerrecht*, Heidelberg 1991.

Nünnerich-Asmus 2002: Annette Nünnerich-Asmus: *Traian. Ein Kaiser der Superlative am Beginn einer Umbruchzeit?*, Mainz 2002.

Ogilvie 1984: Robert Maxwell Ogilvie: *… und bauten die Tempel wieder auf. Die Römer und ihre Götter im Zeitalter des Augustus*, München 1984.

Okoń 2013a: Danuta Okoń: *Imperatores severi et senatores. The history of the Imperial Personnel Policy*, Szczecin 2013.

Okoń 2013b: Danuta Okoń: *Septimius Severus et senatores. Septimius Severus' personal policy towards senators in the light of prosopographic research (193–211 A.D.)*, Szczecin 2013.

Oliver 1968: James H. Oliver: *The civilizing power. A study of the Panathenaic Discourse against the background of literature and cultural conflict, with text, translation and commentary*, Philadelphia 1968.

Opper 2008: Thorsten Opper: *Hadrian. Empire and conflict*, London 2008.

Osterhammel 1992: Jürgen Osterhammel: »Imperien«, in: Helga Breuninger/ Renate Breuninger (Hg.): *Ablösungen aus Imperien. Symposium vom 14. bis 16. Juni 1991 Titisee*, Stuttgart 1992, 33–35.

Osterhammel [2]1997: Jürgen Osterhammel: *Kolonialismus. Geschichte, Formen, Folgen*, München [2]1997.

Pabst 1997: Angela Pabst: *Comitia imperii. Ideelle Grundlagen des römischen Kaisertums*, Darmstadt 1997.

Packer 1997: James E. Packer: *The Forum of Trajan in Rome. A study of the monuments,* Bde. 1–2, Berkeley 1997.

Pani 1991: Mario Pani: »Lotte per il potere e vicende dinastiche. Il principato fra Tiberio e Nerone«, in: Clemente et al., 1991, 221–252.

Panzram 2002: Sabine Panzram: *Stadtbild und Elite. Tarraco, Corduba und Augusta Emerita zwischen Republik und Spätantike*, Stuttgart 2002.

Parry 1963: Adam Parry: »The two voices of Virgil's *Aeneid*«, *Arion* 2 (1963), 66–80.

Pfanner et al. 1983: Michael Pfanner et al.: *Der Titusbogen, Beiträge zur Erschließung hellenistischer und kaiserzeitlicher Skulptur und Architektur*, Bd. 2, Mainz am Rhein 1983.

Pfeiffer 2009: Stefan Pfeiffer: *Die Zeit der Flavier. Vespasian – Titus – Domitian*, Darmstadt 2009.

Pferdehirt 2012a: Barbara Pferdehirt: »Die rechtlichen Auswirkungen«, in: Barbara Pferdehirt/Markus Scholz (Hg.), *Bürgerrecht und Krise. Die Constitutio Antoniniana 212 n. Chr. und ihre innenpolitischen Folgen*, Mainz 2012, 59–61.

Pferdehirt 2012b: Barbara Pferdehirt: »Die steuerlichen Auswirkungen«, in: Barbara Pferdehirt/Markus Scholz (Hg.), *Bürgerrecht und Krise. Die Constitutio Antoniniana 212 n. Chr. und ihre innenpolitischen Folgen*, Mainz 2012, 62–66.

Pferdehirt/Scholz 2012a: Barbara Pferdehirt/Markus Scholz (Hg.): *Bürgerrecht und Krise. Die Constitutio Antoniniana 212 n. Chr. und ihre innenpolitischen Folgen*, Mainz 2012.

Pferdehirt/Scholz 2012b: Barbara Pferdehirt/Markus Scholz: »Die Gründe für die *Constitutio Antoniniana* und ihre langfristigen Folgen«, in: Barbara Pferdehirt/Markus Scholz (Hg.), *Bürgerrecht und Krise. Die Constitutio Antoniniana 212 n. Chr. und ihre innenpolitischen Folgen*, Mainz 2012, 85–88.

Piepenbrink 2007: Karen Piepenbrink: *Antike und Christentum*, Darmstadt 2007.

Pietrzykowski 1986: Michael Pietrzykowski: »Die Religionspolitik des Kaisers Elagabal«, in: *ANRW* II 16. 3, Berlin 1986, 1806–1825.

Piganiol 1947: André Piganiol: *L' Empire chrétien (325–395)*, Paris 1947.

Pippidi 1976: D. M. Pippidi (Hg.): *Assimilation et résistance à la culture gréco-romaine dans le monde ancien. Travaux du VIe Congrès international d'études classiques (Madrid, Septembre 1974)*, Bucuresti 1976.

Pirenne 1963: Henri Pirenne: *Mahomet und Karl der Große. Untergang der Antike am Mittelmeer und Aufstieg des germanischen Mittelalters*, Frankfurt am Main 1963.

Pohl 2005: Walter Pohl: »Justinian and the barbarian kingdoms«, in: Michael Maas (Hg.): *The Cambridge companion to the age of Justinian*, Cambridge 2005, 448–476.

Potter 1990: David Stone Potter: *Prophecy and history in the crisis of the Roman empire. A historical commentary on the thirteenth Sibylline Oracle*, Oxford 1990.

Potter 2004: David Stone Potter: *The Roman Empire at bay. AD 180–395*, London 2004.

Price 1992: Jonathan J. Price: *Jerusalem under Siege. The collapse of the Jewish State 66–70 C.E.*, Leiden 1992.

Pucci 1981: Marina Pucci: *La rivolta ebraica al tempo di Traiano*, Pisa 1981.

Purcell 1995: Nicholas Purcell: »The Roman villa and the landscape of production«, in: Tim J. Cornell/Kathryn Lomas (Hg.), *Urban society in Roman Italy*, London 1995, 151–179.

Rajak [2]2002: Tessa Rajak: *Josephus. The historian and his society*, London [2]2002.

Ranke 1989: Leopold von Ranke: *Ueber die Epochen der Neueren Geschichte. Vorträge dem Könige Maximilian II. von Bayern gehalten*, Darmstadt 1989.

Rasbach 2007: Gabriele Rasbach: »Das Fundmaterial von Waldgirmes. Ein Überblick«, in: Lehmann/Wiegels, 2007, 331–336.

Rasbach 2010: Gabriele Rasbach: »Kelten, Germanen und Römer im deutschen Mittelgebirgsraum. Die augusteische Stadtgründung von Waldgirmes und die Einordnung in ihr kulturelles Umfeld«, in: Kai Ruffing et al. (Hg.), *Kontaktzone Lahn. Studien zum Kulturkontakt zwischen Römern und germanischen Stämmen, Philippika. Marburger altertumswissenschaftliche Abhandlungen*, Bd. 38, Wiesbaden 2010, 95–110.

Rathbone 2009: Dominic Rathbone: »Earnings and costs. Living standards and the Roman economy«, in: Alan K. Bowman/Andrew Wilson (Hg.), *Quantifying the Roman economy. Methods and problems*, Oxford 2009, 299–326.

Rebenich 2000: Stefan Rebenich: »Vom dreizehnten Gott zum dreizehnten Apostel? Der tote Kaiser in der Spätantike«, in: *Zeitschrift für antikes Christentum 4* (2000), 300–324.

Redfield 1955a: Robert Redfield: *The little community. Viewpoints for the study of a human whole*, Uppsala 1955.

Redfield 1955b: Robert Redfield: »The social organization of tradition«, *The Far Eastern Quarterly* 15 (1955), 13–21.

Rehak 2007: Paul Rehak: *Imperium and cosmos. Augustus and the Northern Campus Martius*, Madison (Wis.) 2007.

Reinhard 1991: Wolfgang Reinhard: »Schlußdiskussion und Ausblick«, in: Helga Breuninger/Renate Breuninger (Hg.): *Ablösungen aus Imperien*, Stuttgart 1991, 169–184.

Reinhardt/Sommer 2008: Volker Reinhardt/Michael Sommer: *Rom. Geschichte der Ewigen Stadt*, Darmstadt 2008.

Revell 2009: Louise Revell: *Roman imperialism and local identities*, Cambridge 2009.

Richter 2011: Daniel S. Richter: *Cosmopolis. Imagining community in late classical Athens and the early Roman empire*, Oxford 2011.

Riemer 2006: Ulrike Riemer: *Die römische Germanienpolitik von Caesar bis Commodus*, Darmstadt 2006.

Riese 1878: Alexander Riese: *Geographi Latini minores*, Heilbronn 1878.

Rives 1999: James B. Rives: »The decree of Decius and the religion of the Empire«, in: *JRS* 89 (1999), 135–153.

Rives 2007: James B. Rives: *Religion in the Roman Empire*, Malden (Mass.) 2007.

Rodenwaldt 1939: Gerhart Rodenwaldt: »The transition to late-classical art«, in: Stanley Arthur Cook (Hg.): *The imperial crisis and recovery. AD 193–324, CAH*, Bd. 12, Cambridge 1939, 544–570.

Romeo 2002: Ilaria Romeo: »The Panhellenion and ethnic identity in Hadrianic Greece«, in: ClPh 97 (2002), 21–40.

Rosen 1997: Klaus Rosen: *Marc Aurel*, Reinbek 1997.

Rosen 1998: Klaus Rosen: »Julian in Antiochien oder ›Wie eine Theorie in der Praxis scheitert‹«, in: Wolfgang Schuller (Hg.): *Politische Theorie und Praxis im Altertum*, Darmstadt 1998, 217–230.

Rosen 2006: Klaus Rosen: *Julian. Kaiser, Gott und Christenhasser*, Stuttgart 2006.

Rost 2007: Achim Rost: »Characteristics of ancient battlefields. Battle of Varus (9 AD)«, in: Douglas D. Scott et al. (Hg.): *Searching for war in the ancient and early modern world, Fields of conflict. Battlefield archaeology from the Roman Empire to the Korean War*, Bd. 1, Westport (Conn.) 2007, 50–132.

Rost 2009: Achim Rost: »Das Schlachtfeld von Kalkriese. Eine archäologische Quelle für die Konfliktforschung«, in: Varusschlacht im Osnabrücker Land/Museum und Park Kalkriese (Hg.), *Konflikt, 2000 Jahre Varusschlacht*, Stuttgart 2009, 68–76.

Rost/Wilbers-Rost 2007: Achim Rost/Susanne Wilbers-Rost: »Überlieferungsprobleme von Schlachtfeldern. Das Beispiel ›Kalkriese‹«, in: *Local land & soil news 20/21* (2007), 1, 11–13.

Rost/Wilbers-Rost 2012: Achim Rost/Susanne Wilbers-Rost: »Kalkriese. Archäologische Spuren einer römischen Niederlage«, in: Ernst Baltrusch et al. (Hg.), *2000 Jahre Varusschlacht. Geschichte – Archäologie – Legenden, Topoi. Berlin Studies of the Ancient World*, Bd. 7, Berlin 2012, 163–176.

Rostovtzeff 1929: Michael Rostovtzeff: *Gesellschaft und Wirtschaft im Römischen Kaiserreich*, Bde. 1–2, Leipzig 1929.

Rubel 2013: Alexander Rubel (Hg.): *Imperium und Romanisierung. Neue Forschungsansätze aus Ost und West zu Ausübung, Transformation und Akzeptanz von Herrschaft im Römischen Reich, Studien zu Archäologie und Geschichte des Altertums*, Bd. 1, Konstanz 2013.

Rüpke 2001: Jörg Rüpke: *Die Religion der Römer. Eine Einführung*, München 2001.

Russell 2005: Paul S. Russell: »Nisibis as the background of the Life of Ephraim the Syrian«, in: *Hugoye. Journal of Syriac Studies 8* (2005), 2, §§ 1–152.

Saller 1989: Richard Saller: »I rapporti di parentela e l'organizzazione familiare«, in: Emilio Gabba/Aldo Schiavone (Hg.): *Caratteri e morfologie, Storia di Roma*, Bd. 4, Torino 1989, 515–555.

Salway 1997: Peter Salway: *A history of Roman Britain*, *Oxford paperbacks*, Oxford 1997.

Sandwell 2004: Isabella Sandwell: »Christian self-definition in the fourth century AD. John Chrysostom on Christianity, imperial rule and the city«, in: Dies./Janet Huskinson (Hg.): *Culture and society in later Roman Antioch*, Oxford 2004, 35–58.

Sartre 1996: Maurice Sartre: »Palmyre, cité grecque«, in: *Annales Archéologiques Arabes Syriennes 43* (1996), 385–405.

Sartre-Fauriat 1998: Annie Sartre-Fauriat: »Culture et société dans le Hauran (Syrie du Sud) d'après les épigrammes funéraires (IIIe–IVe siècles apr. J.-C.)«, in: *Syria 75* (1998), 213–224.

Sartre-Fauriat 1999: Annie Sartre-Fauriat: »Les notables et leur rôle dans l'urbanisme du Hauran à l'époque romaine«, in: Claude Petitfrère (Hg.):

Construction, représentation et représentation des patriciats urbains, de l'Antiquité au XXe siècle, Tours 1999, 223–240.

Sauron 2013: Gilles Sauron: *Römische Kunst. Von der mittleren Republik bis Augustus*, Mainz 2013.

Schäfer 1981: Peter Schäfer: *Der Bar Kokhba-Aufstand. Studien zum zweiten jüdischen Krieg gegen Rom*, Tübingen 1981.

Schäfer 1998: Tibor Schäfer: *Untersuchungen zur Gesellschaft des Hunnenreiches auf kulturanthropologischer Grundlage*, Hamburg 1998.

Scharrer 2010: Ulf Scharrer: »The problem of nomadic allies in the Roman Near East«, in: Margherita Facella/Ted Kaizer (Hg.), *Kingdoms and principalities in the Roman Near East*, Bd. 19, Stuttgart 2010, 241–335.

Schipp 2011: Oliver Schipp: *Die Adoptivkaiser. Nerva, Trajan, Hadrian, Antoninus Pius, Marc Aurel, Lucius Verus und Commodus*, Darmstadt 2011.

Schippmann 1980: Klaus Johann Schippmann: *Grundzüge der parthischen Geschichte*, Darmstadt 1980.

Schlange-Schöningen 2005: Heinrich Schlange-Schöningen: *Augustus*, Darmstadt 2005.

Schlüter 1999: Wolfgang Schlüter: »Zum Stand der archäologischen Erforschungen der Kalkrieser-Niewedder Senke«, in: Ders./Rainer Wiegels (Hg.): *Rom, Germanien und die Ausgrabungen von Kalkriese*, Osnabrück 1999, 13–60.

Schmidt-Colinet 2003a: Andreas Schmidt-Colinet: »Nouvelles données sur Palmyre hellénistique«, in: Maurice Sartre (Hg.): *La Syrie hellénistique, Topoi Supplément*, Bd. 4, Paris 2003, 299–302.

Schmidt-Colinet 2003b: Andreas Schmidt-Colinet: »Untersuchungen zur Urbanistik des hellenistischen Palmyra«, in: Klaus Stefan Freyberger et al. (Hg.): *Kulturkonflikte im Vorderen Orient an der Wende vom Hellenismus zur römischen Kaiserzeit, Orient-Archäologie*, Bd. 11, Rahden/Westfalen 2003, 19–22.

Schmidt-Colinet/al-As'ad 2000: Andreas Schmidt-Colinet/Khaled al-As'ad: »Zur Urbanistik des hellenistischen Palmyra. Ein Vorbericht«, in: *Damaszener Mitteilungen 12* (2000), 61–93.

Schmidt-Colinet/Al-As'ad 2013: Andreas Schmidt-Colinet/Waleed Al-As'ad: *Palmyras Reichtum durch weltweiten Handel. Archäologische Untersuchungen im Bereich der hellenistischen Stadt*, Bde. 1–2, Wien 2013.

Schmitthenner [2]1985: Walter Schmitthenner (Hg.): *Augustus*, Darmstadt [2]1985.

von Schnurbein 2010: Siegmar von Schnurbein: »Waldgirmes. Une ville romaine éphémère située en Germanie à l'est du Rhin«, in: Pierre Ouzoulias/Laurence Tranoy (Hg.), *Comment les Gaules devinirent romaines*, Paris 2010, 85–96.

Schollmeyer 2005: Patrick Schollmeyer: *Römische Plastik. Eine Einführung*, Darmstadt 2005.

Schörner 2005: Günther Schörner (Hg.): *Romanisierung – Romanisation. Theoretische Modelle und praktische Fallbeispiele*, Oxford 2005.

Schubert 1996: Charlotte Schubert: *Land und Raum in der römischen Republik. Die Kunst des Teilens*, Darmstadt 1996.

Schulz 2012: Raimund Schulz: *Feldherren, Krieger und Strategen. Krieg in der Antike von Achill bis Attila*, Stuttgart 2012.

Schütz 1990: Michael Schütz: »Zur Sonnenuhr des Augustus auf dem Marsfeld«, in: *Gymnasium 92* (1990), 432–457.

Schuol 2000: Monika Schuol: *Die Charakene. Ein mesopotamisches Königreich in hellenistisch-parthischer Zeit*, Stuttgart 2000.

Schwemin 1998: Friedhelm Schwemin: *Die Römer in Oberaden. Geschichte, Aufbau und Archäologie des römischen Legionslagers in Bergkamen-Oberaden an der Lippe*, Werne 1998.

Scott 2003: Sarah Scott: »Provincial art and Roman imperialism: an overview«, in: Dies./Jane Webster (Hg.): *Roman imperialism and provincial art*, Cambridge 2003, 1–7.

Seager 1972: Robin Seager: *Tiberius*, London 1972.

Seeck 1876: Otto Seeck: *Notitia dignitatum accedunt notitia urbis Constantinopolitanae et Laterculi Provinciarum Accedunt*, Berlin 1876.

Seeck [4]1921: Otto Seeck: *Geschichte des Untergangs der antiken Welt*, Bde. 1–6, Stuttgart [4]1921.

Seelentag 2004: Gunnar Seelentag: *Taten und Tugenden Traians. Herrschaftsdarstellung im Principat*, Stuttgart 2004.

Seeley 1884: John Robert Seeley: *The Expansion of England. Two courses of lectures*, Leipzig 1884.

Seland 2007: Eivind Heldaas Seland (Hg.): *The Indian Ocean in the ancient period. Definite places, translocal exchange*, Oxford 2007.

Selinger [2]2004: Reinhard Selinger: *The mid-third century persecutions of Decius and Valerian*, Frankfurt am Main [2]2004.

Serrao 1991: Feliciano Serrao: »Il modello di costituzione. Forme giuridiche, caratteri politici, aspetti economico-sociali«, in: Clemente et al., 1991, 29–71.

Seston 1946: William Seston: *Dioclétien et la Tétrarchie*, Paris 1946.

Settis 1988: Salvatore Settis: »Die Ara Pacis«, in: Wolf-Dieter Heilmeyer et al. (Hg.): *Kaiser Augustus und die verlorene Republik*, Mainz 1988, 400–426.

Seyrig et al. 1975: Henri Seyrig et al.: *Le temple de Bêl à Palmyre*, Bde. 1–2, Paris 1975.

Sherwin-White 1973: Adrian Nicholas Sherwin-White: »The *Tabula* of Banasa and the *constitutio Antoniniana*«, in: *JRS* 63 (1973), 86–98.

Sherwin-White [2]1973: Adrian Nicholas Sherwin-White: *The Roman citizenship*, Oxford [2]1973.

Sherwin-White/Kuhrt 1993: Susan M. Sherwin-White/Amélie Kuhrt: *From Samarkhand to Sardis. A new approach to the Seleucid empire*, London 1993.

Shotter 1967: David C. A. Shotter: »Tacitus and Verginius Rufus«, in: *ClQ* 17 (1967), 370–381.

Shotter [2]2004: David C. A. Shotter: *Tiberius Caesar*, New York [2]2004.

Siegert 2003: Bernhard Siegert: »Translatio imperii. Der cursus publicus im römischen Kaiserreich«, in: Lorenz Engell et al. (Hg.), *Medien der Antike*, Weimar 2003.

Sievers 2003: Susanne Sievers: *Manching. Die Keltenstadt*, Stuttgart 2003.

Sommella/Migliorati 1991: Paolo Sommella/Luisa Migliorati: »Il segno urbano«, in: Clemente et al., 1991, 287–309.

Sommer 2003a: Michael Sommer: *Hatra. Geschichte und Kultur einer Karawanenstadt im römisch-parthischen Mesopotamien*, Mainz 2003.

Sommer 2003b: Michael Sommer: »Hatra – imperiale und regionale Herrschaft an der Steppengrenze«, in: *Klio 85* (2003), 384–398.

Sommer 2004a: Michael Sommer: »A map of meaning. Approaching cultural identities at the middle Euphrates (1st to 3rd centuries AD)«, in: *Egitto e Vicino Oriente 27* (2004), 153–183.

Sommer 2004b: Michael Sommer: »Dura-Europos ed il medio Eufrate. Osservazioni su diaspora e costruzioni di identità culturali nella Mesopotamia parto-romana«, in: *MedAnt* 7 (2004), 837–857.

Sommer 2004c: Michael Sommer: »Elagabal – Wege zur Konstruktion eines ›schlechten‹ Kaisers«, in: *SCI* 23 (2004), 95–110.

Sommer 2005a: Michael Sommer: »Der Kaiser spricht. Die *adlocutio* als Motiv der Kommunikation zwischen Kaiser und Heer von Caligula bis Konstantin«, in: Burkhard Meissner et al. (Hg.): *Krieg – Gesellschaft – Institutionen. Beiträge zu einer vergleichenden Kriegsgeschichte*, Berlin 2005, 335–354.

Sommer 2005b: Michael Sommer: *Die Phönizier. Handelsherren zwischen Orient und Okzident*, Stuttgart 2005.

Sommer 2005d: Michael Sommer: »Palmyra and Hatra. ›Civic‹ and ›tribal‹ institutions at the Near Eastern steppe frontier«, in: Erich S. Gruen (Hg.): *Cultural borrowings and ethnic appropriations in antiquity, Oriens et Occidens*, Bd. 8, Stuttgart 2005, 285–296.

Sommer 2005e: Michael Sommer: *Roms orientalische Steppengrenze, Oriens et Occidens*, Bd. 9, Stuttgart 2005.

Sommer 2006a: Michael Sommer: *Der römische Orient. Zwischen Mittelmeer und Tigris*, Darmstadt 2006.

Sommer 2006b: Michael Sommer: »Kulturelle Identität im Zeichen der Krise. Die Juden von Dura-Europos und das Römische Reich«, in: *Chilufim 1* (2006), 12–31.

Sommer 2008a: Michael Sommer: *Die Phönizier. Geschichte und Kultur*, München 2008.

Sommer 2008: Michael Sommer: »Der Löwe von Tadmor. Palmyra und der unwahrscheinliche Aufstieg des Septimius Odaenathus«, *Historische Zeitschrift* 287 (2008), 281–318.

Sommer 2009: Michael Sommer: *Die Arminiusschlacht. Spurensuche im Teutoburger Wald*, Stuttgart 2009.

Sommer 2010: Michael Sommer: »Modelling Rome's eastern frontier. The case of Osrhoene«, in: Ted Kaizer/Margherita Facella (Hg.), *Kingdoms and principalities in the Roman Near East, Oriens et Occidens*, Bd. 19, Stuttgart 2010, 217–226.

Sommer 2011: Michael Sommer: »Empire of glory. Weberian categories and the complexities of authority in imperial Rome«, *Max Weber Studies* 11 (2011), 155–191.

Sommer 2013a: Michael Sommer: »In the twilight. Hatra between Rome and Iran«, in: Lucinda Dirven (Hg.), *Hatra. Politics, culture and religion between Parthia and Rome*, Bd. 21, Stuttgart 2013, 33–44.

Sommer 2013b: Michael Sommer: *Wirtschaftsgeschichte der Antike*, München 2013.

Sommer ^{3}2014: Michael Sommer: *Die Soldatenkaiser*, Darmstadt ^{3}2014.

Späth 2000a: Thomas Späth: »Agrippina minor. Frauenbild als Diskurskonzept«, in: Christiane Kunst/Ulrike Riemer (Hg.): *Grenzen der Macht. Zur Rolle der römischen Kaiserfrauen*, Stuttgart 2000, 115–133.

Späth 2000b: Thomas Späth: »Skrupellose Herrscherin? Das Bild der Agrippina minor bei Tacitus«, in: Ders. (Hg.): *Frauenwelten in der Antike. Geschlechterordnung und weibliche Lebenspraxis*, Stuttgart 2000, 262–280.

Spawforth 1999: Antony J. S. Spawforth: »The Panhellenion again«, in: *Chiron 29* (1999), 339–352.

Speck 2000: Paul Speck: »Konstantins Mausoleum. Zur Geschichte der Apostelkirche in Konstantinopel«, *Poikla Byzantina* 18 (2000), 113–166.

Spickermann 2001: Wolfgang Spickermann: »Romanisation«, *Der neue Pauly* 10 (2001), 1121–1122.

Spielvogel 2006: Jörg Spielvogel: *Septimius Severus*, Darmstadt 2006.

Stäcker 2003: Jan Stäcker: *Princeps und miles*, Hildesheim 2003.

von Stauffenberg 1947: Alexander von Stauffenberg: *Das Imperium und die Völkerwanderung*, München 1947.

Stefan 2005: Alexandre Simon Stefan: *Les guerres daciques de Domitien et de Trajan. Architecture militaire, topographie, images et histoire*, Rome 2005.

Stemberger 1999: Günter Stemberger: »Die Umformung des palästinischen Judentums nach 70: Der Aufstieg der Rabbinen«, in: Aharon Oppenheimer (Hg.): *Jüdische Geschichte in hellenistisch-römischer Zeit. Vom alten zum neuen Schürer*, München 1999, 85–99.

Stephan 2002: Eckhard Stephan: *Honoratioren, Griechen, Polisbürger. Kollektive Identitäten innerhalb der Oberschicht des kaiserzeitlichen Kleinasien*, Göttingen 2002.

Steuer 2005: Heiko Steuer: »Die Alamannia und die alamannische Besiedlung des rechtsrheinischen Hinterlands«, in: Badisches Landesmuseum Karlsruhe (Hg.), *Imperium Romanum. Römer, Christen, Alamannen. Die Spätantike am Oberrhein*, Stuttgart 2005, 26–41.

Stickler 2002: Timo Stickler: *Aëtius. Gestaltungsspielräume eines Heermeisters im ausgehenden Weströmischen Reich*, München 2002.

Stickler 2007: Timo Stickler: »The foederati«, in: Paul Erdkamp: *A companion to the Roman army*, Oxford 2007, 495–514.

Straub [2]1964: Johannes Straub: *Vom Herrscherideal in der Spätantike*, Stuttgart [2]1964.

Strobel 1989: Karl Strobel: *Die Donaukriege Domitians*, Bonn 1989.

Strobel 1990: Karl Strobel: »Ulpia Severina. Eine Frau in der Reihe der illyrischen Kaiser«, in: Edmond Frézouls/Hélène Jouffroy (Hg.): *Les empereurs illyriens. Actes du colloque de Strasbourg (11–13 Octobre 1990)*, Strasbourg 1990, 119–153.

Strobel 2007: Karl Strobel: »Strategy and army structure between Septimius Severus and Constantine the Great«, in: Erdkamp, 2007, 267–285.

Stroheker 1965: Karl Friedrich Stroheker: *Germanentum und Spätantike*, Zürich/Stuttgart 1965.

Stroumsa 2011: Guy G. Stroumsa: »Purification and its discontents. Mani's rejection of baptism«, in: John North/Simon Price (Hg.), *The religious history of the Roman Empire, Oxford Readings in Classical Studies*, Oxford 2011, 460–478.

Strube [2]2000: Christine Strube: *Die ›Toten Städte‹. Stadt und Land in Nordsyrien während der Spätantike*, Mainz [2]2000.

Syme 1958: Ronald Syme: *Tacitus*, Oxford 1958.

Syme 1970: Ronald Syme: »Domitius Corbulo«, in: *JRS* 60 (1970), 27–39.

Syme [2]1992: Ronald Syme: *Die römische Revolution*, München [2]1992.

Syon 2002: Danny Syon: »Gamla. City of refuge«, in: Andrea M. Berlin/J. Andrew Overman (Hg.): *The First Jewish Revolt. Archaeology, history, and ideology*, London 2002, 134–153.

Szidat 1989: Joachim Szidat: »Usurpationen in der römischen Kaiserzeit. Bedeutung, Gründe, Gegenmaßnahmen«, in: Heinz E. Herzig/Regula Frei-Stolba (Hg.): *Labor omnibus unus. Festschrift Gerold Walser*, Stuttgart 1989, 232–243.

Szidat 2010: Joachim Szidat: *Usurpator tanti nominis. Kaiser und Usurpator in der Spätantike (337–476 n. Chr.), Historia Einzelschriften*, Bd. 210, Stuttgart 2010.

Talbert 2000: Richard J. A. Talbert: *Barrington Atlas of the Greek and Roman world*, Princeton 2000.

Tantillo 2001: Ignazio Tantillo: *L' imperatore Giuliano*, Roma/Bari 2001.

Tate 1992: Georges Tate: *Les campagnes de la Syrie du Nord du IIème au VIIème siècle. Un exemple d'expansion démographique et économique à la fin de l'antiquité*, Paris 1992.

Teichner 2008: Felix Teichner: *Entre tierra y mar – Zwischen Land und Meer. Architektur und Wirtschaftsweise ländlicher Siedlungsplätze im Süden der römischen Provinz Lusitanien (Portugal)*, Bde. 1–2, *Studia Lusitana*, Bd. 3, Mérida 2008.

Timpe 1967: Dieter Timpe: »Zur Geschichte und Überlieferung der Okkupation Germaniens unter Augustus«, in: *Saeculum 18* (1967), 278–293.

Timpe 1971: Dieter Timpe: »Der römische Verzicht auf die Okkupation Germaniens«, in: *Chiron 1* (1971), 267–284.

Timpe 1975: Dieter Timpe: »Zur Geschichte der Rheingrenze zwischen Caesar und Drusus«, in: Eckard Lefèvre (Hg.): *Monumentum Chiloniense. Festschrift für Erich Burck*, Amsterdam 1975, 124–147.

Timpe 1995: Dieter Timpe: »Geographische Faktoren und politische Entscheidungen in der Geschichte der Varuszeit«, in: Rainer Wiegels/Winfried Woesler (Hg.): *Arminius und die Varusschlacht. Geschichte – Mythos – Literatur*, Paderborn 1995, 13–27.

Timpe 1996: Dieter Timpe: »*Memoria* und Geschichtsschreibung bei den Römern«, in: Hans-Joachim Gehrke/Astrid Möller (Hg.): *Vergangenheit und Lebenswelt. Soziale Kommunikation, Traditionsbildung und historisches Bewusstsein*, Tübingen 1996, 277–299.

Timpe 2007: Dieter Timpe: »Geschichtsschreibung und Prinzipatsopposition«, in: Ders.: *Antike Geschichtsschreibung. Studien zur Historiographie*, Darmstadt 2007, 237–258.

Tobin 1997: Jennifer Tobin: *Herodes Attikos and the city of Athens. Patronage and conflict under the Antonines*, Amsterdam 1997.

Todd 2000: Malcolm Todd: *Die Germanen. Von den frühen Stammesverbänden zu den Erben des Weströmischen Reiches*, Stuttgart 2000.

Tolksdorf-Lienemann 2007: Eva Tolksdorf-Lienemann: »Archäologische Forschungen in der Kalkrieser-Niewedder Senke. Bodenkundliche Untersuchungen zu Geländestrukturen und Nutzungen der historischen Oberfläche zur Zeit um Christi Geburt«, in: Lehmann/Wiegels, 2007, 37–46.

Tomei 2000: Maria Antonietta Tomei: »Le case di Augusto sul Palatino«, in: *RM* 107 (2000), 7–36.

Tomei ²2006: Maria Antonietta Tomei: »Die Residenz des ersten Kaisers. Der Palatin in augusteischer Zeit«, in: Adolf Hoffmann/Ulrike Wulf (Hg.): *Die Kaiserpaläste auf dem Palatin in Rom*, Mainz ²2006, 6–17.

Traina 2007: Giusto Traina: *428 dopo Cristo. Storia di un anno*, Roma 2007.

Trampedach 2001: Kai Trampedach: »Die Konstruktion des Heiligen Landes. Kaiser und Kirche in Palästina von Constantin bis Justinian«, in: Michael Sommer (Hg.): *Die Levante. Beiträge zur Historisierung des Nahostkonflikts*, Freiburg 2001, 83–110.

Treitschke ²1898: Heinrich von Treitschke: *Politik. Vorlesungen gehalten an der Universität zu Berlin,* Bde. 1–2, Leipzig ²1898.

Trombley 2004: Frank R. Trombley: »Christian demography in the territorium of Antioch (4th–5th c.). Observations on the epigraphy«, in: Isabella Sandwell/Janet Huskinson (Hg.): *Culture and society in later Roman Antioch,* Oxford 2004, 59–85.

Urban 1985: Ralf Urban: *Der ›Bataveraufstand‹ und die Erhebung des Iulius Classicus,* Trier 1985.

Van Dam 2002: Raymond Van Dam: *Kingdom of snow. Roman rule and Greek culture in Cappadocia*, Philadelphia (Penn.) 2002.

Van Dam 2003: Raymond Van Dam: *Families and friends in late Roman Cappadocia*, Philadelphia 2003.

van Veen/Müllers 1978: Otto van Veen/Wilhelm Müllers: *Der Bataveraufstand 69/70 n. Chr. Zerstörung und Schlacht von Vetera,* Bde. 1–3, Köln 1978.

Vervaet 2003: Frederik J. Vervaet: »Domitius Corbulo and the rise of the Flavian dynasty«, in: *Historia 52* (2003), 436–464.

Veyne 1976: Paul Veyne: *Le pain et le cirque. Sociologie historique d'un pluralisme politique*, Paris 1976.

Veyne 1999: Paul Veyne: »L'identité grecque devant Rome et l'Empereur«, *Revue des Études Grecques* 112 (1999), 510–567.

Veyne 2008: Paul Veyne: *Als unsere Welt christlich wurde (312–394). Aufstieg einer Sekte zur Weltmacht*, München 2008.

Vittinghoff 1994a: Friedrich Vittinghoff: *Civitas Romana. Stadt und politisch-soziale Integration im Imperium Romanum der Kaiserzeit*, Stuttgart 1994.

Vittinghoff 1994b: Friedrich Vittinghoff: »Zur Entwicklung der städtischen Selbstverwaltung. Einige kritische Anmerkungen«, in: Ders.: *Civitas Romana. Stadt und politisch-soziale Integration im Imperium Romanum der Kaiserzeit*, Stuttgart 1994, 218–249.

Vittinghoff 1994c: Friedrich Vittinghoff: »Zur Rede des Kaisers Claudius über die Aufnahme von ›Galliern‹ in den römischen Senat«, in: Ders.: *Civitas Romana. Stadt und politisch-soziale Integration im Imperium Romanum der Kaiserzeit*, Stuttgart 1994, 299–321.

Waas 1971: Manfred Waas: *Germanen im römischen Dienst im 4. Jh. n. Chr.*, Bonn 1971.

Walbank 1946: Frank William Walbank: *The decline of the Roman Empire in the west*, London 1946.

Walbank 1969: Frank William Walbank: *The awful revolution. The decline of the Roman Empire in the West*, Liverpool 1969.

Waldherr 2005: Gerhard Waldherr: *Nero. Eine Biografie*, Regensburg 2005.

Walker 1976: D. R. Walker: *The metrology of the Roman silver coinage*, Bde. 1–3, Oxford 1976.

Wallace-Hadrill 1988: Andrew Wallace-Hadrill: »The social structure of the Roman house«, in: *PBSR* 56 (1988), 43–97.

Wallace-Hadrill 1990: Andrew Wallace-Hadrill: »The social spread of Roman luxury. Sampling Pompeii and Herculaneum«, in: *PBSR* 58 (1990), 145–192.

Wallraff 2001: Martin Wallraff: *Christus verus Sol. Sonnenverehrung und Christentum in der Spätantike*, Münster 2001.

Walter 2004: Uwe Walter: *›Memoria‹ und ›res publica‹. Zur Geschichtskultur im republikanischen Rom*, Frankfurt am Main 2004.

Ward-Perkins 2005: John Bryan Ward-Perkins: *The fall of Rome and the end of civilization*, Oxford 2005.

Weaver 1972: Paul Richard Carey Weaver: *Familia Caesaris. A social study of the emperor's freedmen and slaves*, Cambridge 1972.

Weber 1891: Max Weber: *Die römische Agrargeschichte in ihrer Bedeutung für das Staats- und Privatrecht*, Stuttgart 1891.

Weber 1924: Max Weber: »Die sozialen Gründe des Untergangs der antiken Kultur [1896]«, in: Ders.: *Gesammelte Aufsätze zur Sozial und Wirtschaftsgeschichte*, Tübingen 1924, 289–311.

Weber 1956: Max Weber: »Die drei reinen Typen der legitimen Herrschaft [1922]«, in: Ders.: *Weltgeschichtliche Analysen, Politik*, Stuttgart 1956, 151–166.

Weber 2005: Max Weber: *Wirtschaft und Gesellschaft. Grundriß der verstehenden Soziologie* [1922], Frankfurt am Main 2005.

Weber 2006: Max Weber: »Die sozialen Gründe des Untergangs der antiken Kultur [1896]«, in: *Zur Sozial- und Wirtschaftsgeschichte des Altertums, Max Weber Gesamtausgabe,* Bd. I/6, Tübingen 2006, 99–127.

Weber/Zimmermann 2003: Gregor Weber/Martin Zimmermann (Hg.): *Propaganda – Selbstdarstellung – Repräsentation im römischen Kaiserreich des 1. Jh. n. Chr.*, Stuttgart 2003.

Webster 1996: Jane Webster: »Roman imperialism and the post-imperial age«, in: Dies./Nicholas J. Cooper (Hg.): *Roman imperialism. Post-colonial perspectives, Leicester archaeology monographs*, Bd. 3, Leicester 1996, 1–17.

Webster 2001: Jane Webster: »Creolizing the Roman provinces«, in: *AJA* 105 (2001), 2, 209–225.

Weiss 2003: Peter Weiss: »The vision of Constantine«, in: *JRA* 16 (2003), 237–259.

Wellesley ³2000: Kenneth Wellesley: *The year of the four emperors*, London ³2000.

Wells 1985: Colin M. Wells: *Das römische Reich*, München 1985.

Wells ²1992: Colin M. Wells: *The Roman Empire, Fontana history of the ancient world*, London ²1992.

Wells 2007: Peter S. Wells: *Die Barbaren sprechen. Kelten, Germanen und das römische Europa*, Darmstadt 2007.

Welwei/Meier 2003: Karl-Wilhelm Welwei/Mischa Meier: »Charietto. Ein germanischer Krieger des 4. Jh. n. Chr.«, in: *Gymnasium 110* (2003), 41–56.

Wenskus 1961: Reinhard Wenskus: *Stammesbildung und Verfassung. Das Werden der frühmittelalterlichen gentes*, Köln 1961.

Wheeler 1997: Everett L. Wheeler: »The chronology of Corbulo in Armenia«, in: *Klio 79* (1997), 383–397.

Wieacker 1964: Franz Wieacker: *Recht und Gesellschaft in der Spätantike*, Stuttgart 1964.

Wieacker 1988: Franz Wieacker: *Römische Rechtsgeschichte. Quellenkunde, Rechtsbildung, Jurisprudenz und Rechtsliteratur*, München 1988.

Wiedemann 2001: Thomas E. J. Wiedemann: *Kaiser und Gladiatoren. Die Macht der Spiele im antiken Rom*, Darmstadt 2001.

Wiegels 2007: Rainer Wiegels: »Römische Germanienpolitik in nachcaesarischer Zeit«, in: Ders. (Hg.): *Die Varusschlacht. Wendepunkt der Geschichte?*, Stuttgart 2007, 50–64.

Wiegels 2007: Rainer Wiegels (Hg.): *Die Varusschlacht. Wendepunkt der Geschichte?*, Stuttgart 2007.

Wiegels 2008: Rainer Wiegels: »Von der Niederlage des M. Lollius bis zur Niederlage des Varus. Die römische Germanienpolitik in der Zeit des Augustus«, in: Helmuth Schneider (Hg.), *Feindliche Nachbarn. Rom und die Germanen*, Köln 2008, 47–76.

Wiesehöfer 1982: Josef Wiesehöfer: »Die Anfänge sassanidischer Westpolitik«, in: *Klio 64* (1982), 437–447.

Wiesehöfer 1993: Josef Wiesehöfer: *Das antike Persien. Von 550 v. Chr. bis 650 n. Chr.*, Zürich 1993.

Wigg-Wolf 2007: David Wigg-Wolf: »Dating Kalkriese. The numismatic evidence«, in: Lehmann/Wiegels, 2007, 119–134.

Wilbers-Rost 2005: Susanne Wilbers-Rost: »Die Ausgrabungen zur Varusschlacht in Kalkriese bei Osnabrück. Aktuelle Forschungen und neue Ansätze für die Auswertung des Kampfplatzes«, in: Zsolt Visy (Hg.): *Limes XIX. Proceedings of the XIXth international congress of Roman frontier studies*, Pécs 2005, 585–594.

Wilbers-Rost 2007: Susanne Wilbers-Rost: »Die Ergebnisse der archäologischen Untersuchungen auf dem ›Oberesch‹ in Kalkriese«, in: Lehmann/Wiegels, 2007, 9–28.

Will 1957: Ernest Will: »Marchands et chefs de caravanes à Palmyre«, *Syria 34* (1957), 262–277.

Will 1992: Ernest Will: *Les Palmyréniens. La Venise des sables (Ier siècle avant – IIème après J.-C.)*, Paris 1992.

Will 1995: Ernest Will: »Architecture locale et architecture impériale à Palmyre«, in: *Aram* 7 (1995), 29–35.

Winkelmann ³1987: Friedhelm Winkelmann: *Die östlichen Kirchen in der Epoche der christologischen Auseinandersetzungen (5.–7. Jh.)*, Berlin-Ost ³1987.

Winter/Dignas 2001: Engelbert Winter/Beate Dignas: *Rom und das Perserreich. Zwei Weltmächte zwischen Konfrontation und Koexistenz*, Berlin 2001.

Winterling 1999: Aloys Winterling: *Aula Caesaris. Studien zur Institutionalisierung des römischen Kaiserhofes in der Zeit von Augustus bis Commodus (31 v. Chr. – 192 n. Chr.)*, München 1999.

Winterling 2001: Aloys Winterling: »›Staat‹, ›Gesellschaft‹ und politische Integration in der römischen Kaiserzeit«, in: *Klio 83* (2001), 93–112.

Winterling 2003: Aloys Winterling: *Caligula. Eine Biographie*, München 2003.

Wirth 1999: Gerhard Wirth: *Attila. Das Hunnenreich und Europa*, Stuttgart 1999.

Witschel 1999: Christian Witschel: *Krise – Rezession – Stagnation? Der Westen des römischen Reiches im 3. Jh. n. Chr.*, Frankfurt am Main 1999.

Wittke et al. 2007: Anne-Maria Wittke et al.: *Historischer Atlas der antiken Welt*, Stuttgart 2007.

Wolf 2011: Joseph Georg Wolf: *Die Lex Irnitana. Ein römisches Stadtrecht aus Spanien, Texte zur Forschung*, Bd. 101, Darmstadt 2011.

Wolfram 1990: Herwig Wolfram: *Das Reich und die Germanen zwischen Antike und Mittelalter*, Berlin 1990.

Wolfram ³1990: Herwig Wolfram: *Die Goten. Von den Anfängen bis zur Mitte des sechsten Jh. Entwurf einer historischen Ethnographie*, München ³1990.

Wolters 2008: Reinhard Wolters: *Die Schlacht im Teutoburger Wald. Arminius, Varus und das römische Germanien*, München 2008.

Woolf 1992: Greg Woolf: »Imperialism, Empire and the integration of the Roman economy«, in: *WA* 23 (1992), 283–293.

Woolf 1994: Greg Woolf: »Becoming Roman, staying Greek. Culture, identity and the civilizing process in the Roman East«, in: *PCPhS* 40 (1994), 116–143.

Woolf 1997: Greg Woolf: »Beyond Romans and natives«, in: *WA* 28 (1997), 339–350.

Woolf 1998: Greg Woolf: *Becoming Roman. The origins of provincial civilization in Gaul*, Cambridge 1998.

Woolf 2001: Greg Woolf: »Romanisierung«, *Der neue Pauly* 10 (2001), 1122–1127.

Yavetz 1999: Zwi Yavetz: *Tiberius. Der traurige Kaiser*, München 1999.

Yon 2002: Jean-Baptiste Yon: *Les notables de Palmyre*, Beyrouth 2002.

Yon 2003: Jean-Baptiste Yon: »L'identité civique et ethnique de Palmyre«, in: Klaus Stefan Freyberger et al. (Hg.): *Kulturkonflikte im Vorderen Orient an der Wende vom Hellenismus zur römischen Kaiserzeit, Orient-Archäologie*, Bd. 11, Rahden/Westfalen 2003, 11–18.

Young 2001: Gary Keith Young: *Rome's eastern trade. International commerce and imperial policy. 31 BC – AD 305*, London 2001.

Yourcenar 1953: Marguerite Yourcenar: *Ich zähmte die Wölfin. Die Erinnerungen des Kaisers Hadrian*, Stuttgart 1953.

Zahran 2003: Yasmine Zahran: *Zenobia between reality and legend*, Oxford 2003.

Zanker 1970: Paul Zanker: »Forum Traiani«, in: *AA* 85 (1970), 499–544.

Zanker 1995: Paul Zanker: *Pompeji. Stadtbild und Wohngeschmack*, Mainz 1995.

Zanker ²1990: Paul Zanker: *Augustus und die Macht der Bilder*, München ²1990.

Zanker 2002: Paul Zanker: »Domitian's palace on the Palatine and the imperial image«, in: Alan K. Bowman et al. (Hg.): *Representations of empire. Rome and the Mediterranean world, Proceedings of the British Academy*, Bd. 114, London 2002, 105–130.

Zanker 2004: Paul Zanker: »Domitians Palast auf dem Palatin als Monument kaiserlicher Selbstdarstellung«, in: Adolf Hoffmann/Ulrike Wulf (Hg.): *Die Kaiserpaläste auf dem Palatin in Rom*, Mainz 2004, 86–99.

Zanker 2007: Paul Zanker: *Die römische Kunst*, München 2007.

Zecchini 1983: Giuseppe Zecchini: *Aezio. L'ultima difesa dell'Occidente romano*, Roma 1983.

Zecchini 2001: Giuseppe Zecchini: *Cesare e il ›mos maiorum‹*, Stuttgart 2001.

Zilling 2004: Henrike Maria Zilling: *Tertullian. Untertan Gottes und des Kaisers*, Paderborn 2004.

Glossar

ab epistulis: Funktionsträger am kaiserlichen Hof, zuständig für Petitionen und Verwaltungsanordnungen. Das Amt entsteht wohl unter Augustus und wird zunächst mit Freigelassenen (→ *liberti*) besetzt, später, ab Hadrian, mit Angehörigen des Ritterstandes (*ordo equester*)

adlocutio: förmliche Ansprache des Kaisers an das Heer, oft vor oder nach der Schlacht

Adyton: Allerheiligstes eines Tempels, meist der für Nichtpriester unzugängliche Teil mit dem Kultbild, oft im rückwärtigen Teil der → Cella abgeteilter Raum

Ädil: lat. *aedilis* von lat. aedes (›Tempel‹): römischer Magistrat; dritthöchste Stufe der senatorischen Ämterlaufbahn (→ *cursus honorum*) in der Republik zuständig für Bauwesen, die Ausrichtung von Spielen und die Marktgerichtsbarkeit. In der Kaiserzeit bleibt das Amt Teil des *cursus honorum*, hat aber keine politische Bedeutung mehr

Agora: Marktplatz (Forum), Stätte politischer Kommunikation in der griechischen Polis

a libellis: Funktionsträger am kaiserlichen Hof, zuständig für die Bearbeitung von Klagen, die an den Kaiser als Appellationsinstanz gerichtet werden, bezeugt seit der Regierungszeit Neros

amicitia: ›Freundschaft‹ – in Rom förmliches Bündnis zwischen Angehörigen unterschiedlicher aristokratischer Familien

annona militaris: Beitrag für die Unterhaltung der Armee, der von den Städten des Reiches aufzubringen ist, in der Regel in Naturalien

Apoll: (griech. Apollon, lat. Apollo) Olympischer Gott der griechisch-römischen Mythologie, zuständig für Licht, Weissagung und Künste

a rationibus: Leiter der kaiserlichen Finanzverwaltung, bezeugt erstmals unter Tiberius

arbiter elegantiae: ›Schiedsrichter‹ in Sachen Geschmack, vielleicht spaßhaft von Nero dem Dichter Titus Petronius verliehene Funktion

Archon: (Pl. *archontes*) Oberbeamter einer griechischen Polis, auch des von Hadrian begründeten Panhellenion

Arianer: Anhänger des Arius, von den Anhängern des → Konzils von Nikaia oft in polemischer Absicht zur Diffamierung Andersgläubiger gebraucht

Atrium: Teilüberdachter Innenhof und zentraler Raum des römischen Hauses (→ *domus*)

auctoritas: ›Autorität‹: in der Republik ursprünglich der – schriftlich nicht fixierte – Souveränitätsanspruch des Senats; allgemein auch die Kompetenz, Urheber (*auctor*) von Gesetzen zu sein

Augustaion: Heiligtum des Kaiserkults, vor allem in den griechischsprachigen Provinzen

Augustus (der Erhabene): als Teil des Namens erstmals vom Senat an Oktavian verliehen (27 v. Chr.); seit Caligula offizieller Bestandteil der Titulatur römischer Kaiser, seit Galba des amtierenden Herrschers, im Gegensatz zum designierten Nachfolger (Caesar); in der Tetrarchie Titel der beiden höchstrangigen Herrscher, denen jeweils ein Caesar nachgeordnet war

aula: (von griech. *aule* – ›Innenhof‹): ›Halle‹, später Bezeichnung für palastartige Peristylhäuser, seit der Kaiserzeit für den kaiserlichen Palast (*aula Caesaris*)

autokrator: (griech.) ›Imperator‹ (wörtlich ›Selbstherrscher‹)

boule: Ratsversammlung einer griechischen Polis

bucellarii: in der Spätantike (meist barbarischstämmige) Leibwachen von Heermeistern und hohen Beamten

Caesar: Beiname des republikanischen Politikers Gaius Julius Caesar, nach postumer Adoption geführt von Oktavian/Augustus: Caesar Augustus. Bestandteil der kaiserlichen Titulatur, später Titel für im Rang untergeordnete Herrscher, meist als designierte Nachfolger unter dem jeweiligen Augustus als Oberherrscher

Cella: Innenraum eines griechisch-römischen Tempels

cenaculae: Wohnungen in einer *insula*

Cermalus: einer der Gipfel des Palatin

clementia: ›Milde‹ – durch römische Herrscher demonstrativ geübte Nachsicht gegenüber politischen Gegnern

clientela: ›Klientel‹ – Anhängerschaft mächtiger Aristokraten im republikanischen Rom, durch das Schutz- und Treueverhältnis des *patrocinium* an den Patron gebunden

coloni: abhängige, an die Scholle gebundene Pächter

comes: ursprünglich Ehrentitel für enge Freunde des Kaisers; in der Spätantike Titel für hohe Offiziere und Verwaltungsbeamte

comitatus: ›Gefolge‹ – in der Spätantike das Bewegungsheer

comitia tributa: in der Republik Volksversammlung, gegliedert nach Wahlkörpern (*tribus*) – im Gegensatz zu den politisch wichtigeren *comitia centuriata*, zu denen die Volksversammlung nach militärischen Einheiten (*centuriae*) gegliedert zusammentrat

concordia: ›Eintracht‹ – programmatisches Konzept, mit dem in der späten Republik die Solidarität des Senatorenstandes gegen die politischen Ambitionen Einzelner beschworen wird (so immer wieder von Cicero)

conductores: Großpächter meist kaiserlicher Domänen in den Provinzen

conubium: rechtliche Befähigung, mit bestimmten Personen, etwa römischen Bürgern, die Ehe eingehen zu können

consistorium (auch *sacrum consistorium*): in der Spätantike Gremium, das dem Kaiser beratend zur Seite steht

constitutio Antoniniana: Edikt des Kaisers Caracalla (212 n. Chr.), das praktisch allen freien

Reichsangehörigen das römische Bürgerrecht verleiht

constitutiones: Kaiserliche Erlasse

correctores: seit der Regierungszeit Trajans Legaten mit Sondervollmachten, später ordentliche Statthalter bestimmter Provinzen und Regionen Italiens

cubicularius: in der frühen Kaiserzeit enge Vertrauensleute der Kaiser; in der Spätantike Hofbeamte mit leitenden Funktionen

Curia: Versammlungsgebäude des Senats auf dem ›Forum Romanum‹. Das erhaltene Gebäude stammt aus der Zeit Diokletians

cursus honorum: senatorische Ämterlaufbahn seit der Republik: Angehende Senatoren wurden nacheinander → Quästor, → Ädile, → Prätoren, → Konsuln. Für jedes Amt war ein Mindestalter vorgesehen, und die Ämter konnten nicht unmittelbar nacheinander bekleidet werden. Außerdem galten durchgängig die Prinzipien von Kollegialität (mehrere Amtsträger versahen in zeitlicher Parallelität dieselbe Funktion) und Annuität (Begrenzung der Amtsdauer auf ein Jahr)

decumanus: ursprünglich die senkrecht verlaufende Linie im rechtwinkligen römischen Landvermessungssystem. Bei römischen Militärlagern und Städten ist der *decumanus maximus* die Hauptachse in Ost-West-Richtung; senkrecht dazu verläuft der *cardo maximus*

decuriones: Mitglieder der Ratsversammlungen in den Städten römischen Rechts

deditio: (formalrechtlich freiwilliger) Anschluss eines souveränen Staates an das Imperium Romanum

defensor plebis: in der Spätantike Funktionsträger, die die Bevölkerung auf lokaler Ebene gegen ungerechtfertigte Maßnahmen der Finanz- und Justizverwaltung in Schutz nehmen

demos: Kollektiv der Bürger in der griechischen Polis

dies ater: ›Schwarzer Tag‹ – Tag der Niederlage des römischen Heeres gegen die Gallier am Fluss Allia (387 v. Chr.)

dominus: ›Herr‹ – *dominus* lässt sich der Herr von seinen Sklaven nennen; deshalb erreicht der Prinzipat eine neue Qualität, als Domitian diese Anrede von seinen Untertanen – einschließlich der Senatoren – einfordert

domus: ›Haus‹ – der klassische Typus des römischen Stadthauses

Donatistenstreit: erstes bedeutendes Schisma in der antiken Kirche um die Frage, wie mit den während der Christenverfolgungen des 3. Jh. abgefallenen (*lapsi*) Laien und Klerikern zu verfahren sei

Donativ: Geldzahlung, die Kaiser bei Amtsantritt an ihre Soldaten leisten

Eilithya: griechische Göttin der Geburt

Esquilin: Hügel im Osten des römischen Stadtgebiets

ethnarch: (griech.) ›Volksherrscher‹ – Stammesführer ohne Königstitel in den orientalischen Provinzen, vor allem in der frühen Kaiserzeit

euergetes: (Pl. *euergeteis*; griech.) ›Wohltäter‹ – ehrenvolle Bezeichnung für wohlhabende Bürger, die sich um ihre Gemeinde verdient gemacht haben; im Hellenismus auch häufiger Beiname für Könige

Euergetismus: von der Forschung verwendeter Begriff für politisch motiviertes Wohltätertum: Reiche Bürger erwerben sich Prestige und Ansehen, indem sie mit ihrem Vermögen Gemeinschaftsaufgaben finanzieren

exedra: meist halbrund oder halboval gestaltete Mauernische, vor allem bei öffentlichen Gebäuden

fasces: Rutenbündel der → Liktoren, die römischen Obermagistraten voranschreiten; Symbol für deren Amtsgewalt

fasti: römischer Festkalender

Fauces: Türbereich eines römischen → Atriumhauses

fides: etwa ›Garantie‹ im weitesten Sinne – rechtlich bindendes Nahverhältnis zwischen Personen oder Menschen und Göttern, das die Unverbrüchlichkeit des einmal gegebenen Wortes zum Gegenstand hat

foederati: ›Bündnispartner‹ – durch ein *foedus* an das Imperium gebundene Völkerschaften, die in oder jenseits der Reichsgrenzen ansässig sein können; in der Spätantike im Wesentlichen die fremd-, meist germanischstämmigen Verbände des römischen Heeres

foedus: ›Bündnis‹ – Vertrag zwischen Rom und einem anderen Völkerrechtssubjekt, mit Verpflichtung zum gegenseitigen Beistand

Forum: ›Marktplatz‹ – zentraler Platz in römischen Städten, an dem sich wirtschaftliche und administrative Funktionen konzentrieren

genius: göttliche Persönlichkeit eines Menschen

gens: (wörtlich: ›Geschlecht‹). Im frühen Rom war eine *gens* eine Sippe mit gemeinsamem Gentilnomen (zweiter Bestandteil des dreiteiligen römischen Namens) und geglaubter gemeinsamer Abstammung, z. B. *gens Claudia*, *gens Cornelia*
In der Spätantike der (germanische) Stammesverband neuen Typs, der sich um eine Königsdynastie (*stirps regia*) schart

gnomon: (griech.) Zeiger der Sonnenuhr

Halys: Fluss in Kleinasien (heute Kızılırmak, Türkei)

Hippodrom: Pferderennbahn

humanitas: ›Menschlichkeit‹, mit verschiedenen Bedeutungsebenen: Philanthropie, Bildung, Zivilisation, geistreiches Wesen

imago: ›Bild‹ – die Art und Weise, wie eine Persönlichkeit in der Öffentlichkeit erscheint

imperium proconsulare: die Amtsgewalt des → Prokonsuls, vor allem der militärische Oberbefehl in den Provinzen; das *imperium proconsulare* begründet seit Augustus die Kontrolle der Kaiser über das Heer

Impluvium: Oberlicht im → Atrium, durch das Regenwasser einfallen kann

insula: ›Insel‹ – mehrstöckiges Wohnhaus, das in der Regel einen ganzen Straßenblock einnimmt

isopoliteia: (griech.) ›gleiches Bürgerrecht‹ – Instrument zur Verleihung des eigenen Bürgerrechts an Angehörige anderer Gemeinwesen

Jakobsehe: Ehe, die asexuell bleibt, also nicht vollzogen wird

Jupiter Optimus Maximus: (Jupiter, Iuppiter: Göttervater des römischen Pantheons) – höchster Gott der kapitolinischen Trias (Jupiter, Juno, Minerva), auch Iuppiter Capitolinus

Kenotaph: (griech. *kenos*: ›leer‹, *taphos*: ›Grab‹) – Scheingrab, Ehrenmal für Tote

Kohorte: (*cohors*) – Einheit der römischen Armee, Untergliederung einer → Legion (ca. 600 Mann); auch fremdstämmige Hilfstruppen sind nach ›Kohorten‹ gegliedert

koinon: (griech. ›Gemeinschaft‹, ›Gemeinwesen‹) – in der ursprünglichen Bedeutung nicht als Poleis organisierte ›Bundesstaaten‹ im antiken Griechenland; in der römischen Kaiserzeit ›Provinziallandtage‹, deren Hauptaufgabe die Organisation des Kaiserkults ist

Kolonat: in der Spätantike Organisationsform der Landwirtschaft mit an die Scholle gebundenen, nur bedingt freien Pächtern (*coloni*)

Konsul: (*consul*) höchste Stufe der republikanischen Ämterlaufbahn (→ *cursus honorum*)

Konzil von Chalkedon: viertes allgemeines (ökumenisches) Konzil: Verurteilung von Nestorianismus und Monophysitismus als Irrlehren (451 n. Chr.)

Konzil von Nikaia: (erstes Konzil von Nikaia, 325 n. Chr., zugleich erstes ökumenisches Konzil): Das Konzil endet mit der Niederlage der Arius-Anhänger; das Glaubensbekenntnis von Nikaia mit der Formel von der Wesenseinheit von Vater und Sohn wird zur Orthodoxie.

Konzil zu Ephesos: drittes allgemeines (ökumenisches) Konzil, auf dem die Lehre des Nestorios verurteilt wird (431 n. Chr.)

lares compitales: Schutzgötter von Stadtvierteln in Rom und anderen großen Städten

latifundium: landwirtschaftlicher Großgrundbesitz, basierend auf Sklavenarbeit

Legat: Oberkommandierender einer Legion; auch Titel für die Statthalter der Provinzen: *legatus Augusti pro praetore* bzw. *pro consule* für Statthalter mit prätorischem oder konsularischem Rang

Legion: größte Einheit der römischen Armee (ca. 6000 Soldaten)

liberti: freigelassene ehemalige (Sklaven) mit rechtlich fortdauerndem Abhängigkeitsverhältnis zum ehemaligen Herrn: Freigelassene sind römische Bürger mit eingeschränktem Bürgerrecht, was ihnen die Wahrnehmung politischer Funktionen verbietet. Kaiserliche Freigelassene erlangen im frühen Prinzipat erhebliche Bedeutung in der Palastorganisation

Liktoren: Träger der → *fasces*, die den hohen Amtsträgern der Republik (hauptsächlich → Konsuln und → Prätoren) voranschreiten

Lupercal: Kultstätte am Fuß des Palatin, wo der Sage nach die Wölfin die Zwillinge Romulus und Remus säugte

Manichäer: Religionsgemeinschaft im Vorderen Orient, gestiftet von Mani um 240 n. Chr., der sich nach mehreren Erweckungserlebnissen in jugendlichem Alter vom Christentum abwandte. Im Manichäismus trafen christliche und zoroastrische Elemente zusammen. Hauptverbreitungsgebiete waren Mesopotamien und Syrien, aber durch intensive Missionstätigkeit strahlte der Manichäismus bis tief ins Römische Reich und sogar bis nach China aus, wo sich die Religion bis ins 14. Jh. hielt.

magister equitum: ›Reiteroberst‹ – in der Republik Stellvertreter eines Diktators; in der Spätantike Oberbefehlshaber der Reiterei (später mit dem → *magister militum* verschmolzen)

magister militum: ›Heermeister‹ – militärischer Oberbefehlshaber auf regionaler Ebene, im Gesamtreich bzw. in den Reichshälften

Mars: römischer Kriegsgott

Menora: siebenarmiger Leuchter, religiöses Symbol des Judentums

Merkur: Götterbote und Gott des Handels im römischen Pantheon

Midrasch: (von hebr. *darasch* – ›suchen‹, ›fragen‹) – Auslegungen der Bibel, vor allem durch das rabbinische Diaspora-Judentum nach Zerstörung des Tempels (70 n. Chr.)

Mischna: (hebr.) ›Wiederholung‹ – wichtigste Sammlung religiöser Gesetze des rabbinischen Judentums

Mithräum: → Mithras-Heiligtum

Mithras: Römischer Lichtgott, verehrt vor allem von Soldaten. Der Kult leitet sich von dem persischen bzw. indischen Gott Mit(h)ra ab, entwickelte aber auf römischem Boden rasch Eigendynamik. Die Mithrasanhänger bildeten fast hermetische Kultgemeinschaften mit ausgeprägter Hierarchie. Kultstätten, sogenannte Mithräen, fanden sich überall im Reich, besonders an Garnisonsorten

Monophysiten: spätantike christliche Heterodoxie, vor allem in Ägypten: Den Monophysiten gilt Christus als ausschließlich göttliche, unteilbare Einheit. Monophysiten lehnten die Lehre der Nestorianer ab, nach der in Jesus Christus zwei Personen mit zwei Naturen – einer menschlichen und einer göttlichen – bestanden hätten. Sie akzeptierten auch die Beschlüsse des → Konzils von Chalkedon (451) nicht, das die Trinität zum Dogma erhob. Wichtigste monophysitische Religionsgemeinschaft ist heute die Koptische Kirche Ägyptens

Nestorianer: → Monophysiten

numen: göttliches Walten

odeion: kleines, meist überdachtes Theater

Oikumene: (griech. *oikoumene*) ›bewohnter Erdkreis‹ – Gemeinschaft der (griech.-röm.) Zivilisation in der Antike, Gegensatz: *barbaricum*

oppidum: proto-städtische Siedlungsform im vorrömischen Gallien und Germanien

Optimaten: (*optimi*: ›die Besten‹) – moderne Bezeichnung für eine Gruppe römischer → Senatoren, die im Bürgerkrieg für ein Festhalten an der traditionellen Dominanz des Senats eintrat. Gegensatz: ›Popularen‹

ordo equester: ›Ritterstand‹ – nach den → Senatoren zweiter Stand der römischen Oberschicht

paideia: (griech.) ›Erziehung‹ – gemeint ist die klassische, in der Spätantike zunehmend kanonisierte Bildung

Palatin: Hügel im römischen Stadtzentrum, Wohngegend der römischen Oberschicht, später politisches Zentrum mit dem Kaiserpalast

Panegyricus: Festvortrag

Parnass: Gebirge in Zentralgriechenland

pater patriae: ›Vater des Vaterlands‹ – Ehrentitel, der als erstem Cicero für die Niederschlagung der Catilinarischen Verschwörung verliehen wird, später tragen ihn Caesar und, seit 2 v. Chr., Augustus

patricius: seit Konstantin Ehrentitel für Personen, die zuvor höchste Ämter bekleidet haben

pax: ›Frieden‹

Peribolos: Einfriedung eines Tempelbezirks (Temenos)

Peripteros: Tempel mit umlaufender Säulenreihe

Peristasis: Säulenkranz, der bei einem → *peripteros* die Cella umgibt

Peristyl: rechteckiger, von Säulenhallen gesäumter Hof

pietas: ›pflichtgemäßes Verhalten‹, das man Göttern, Menschen und der Gemeinschaft entgegenbringt

plebs: ›Volk‹ – ursprünglich im Gegensatz zum Patriziat, der alten Aristokratie der frühen Republik; später bezeichnet der Begriff alle Bürger unterhalb des → Senatoren- und Ritterstandes

plebs urbana: stadtrömische Plebs

Polis: städtisches, seit der griechischen Kolonisation im 7. und 8. Jh. v. Chr. im gesamten Mittelmeerraum verbreitetes Gemeinwesen, charakteristisch für das antike Griechenland: Der Begriff bezeichnet das Kollektiv der Bürger, das frei und in seinen politischen Entscheidungen autonom ist

politeuma: nach landsmannschaftlichen Kriterien differenzierte Gruppe (z. B. Juden) in Städten des hellenistischen Ostens, meist mit eigener Selbstverwaltung und Rechtsprechung

pomerium: sakralrechtliche Grenze des römischen Stadtgebiets

pompa funebris: ›Leichenzug‹

pontifex maximus: in der Republik das ranghöchste Mitglied im Priesterkollegium der *pontifices*, mit Oberaufsicht über alle Sakralangelegenheiten und Zuständigkeit für den Kalender. Seit Augustus trugen alle römischen Kaiser den Titel, bis Gratian ihn 382 niederlegte. Leo der Große war der erste römische Bischof, der den Titel führte

Popularen: (*populus*: ›Volk‹) – moderne Bezeichnung für eine Gruppe römischer → Senatoren, die sich im Bürgerkrieg auf die breite Volksmasse stützten und vorgeblich deren Interessen vertraten. Gegensatz: Optimaten

Portikus: Säulenhalle

praefectus: ›Vorsteher‹

praefectus annonae: für die Getreideversorgung der Hauptstadt Rom zuständiger Funktionsträger (seit 7 v. Chr.)

praefectus pro praetorio: Prätorianerpräfekt, bis zum 3. Jh. Befehlshaber der Prätorianergarde; in der Spätantike seit Konstantin oberster Zivilbeamter einer der drei (später vier) Prätorianerpräfekturen

praepositus sacri cubiculi: ›Vorsteher des heiligen Schlafgemachs‹: Der kaiserliche Kammerherr der Spätantike, meist ein Eunuch, kontrollierte den Zugang zum Kaiser und war in der Regel Mitglied des *sacrum consistorium*, des kaiserlichen Ratgebergremiums

praeses: zunächst inoffizieller Titel von Provinzstatthaltern; ab dem 3. Jh. deren unterste Rangstufe

Prätor: (*praetor*) zweithöchstes, ursprünglich höchstes, Amt im → senatorischen → *cursus honorum*. Der Funktion nach waren sie zunächst hauptsächlich oberste Richter. Später trug der für die Hauptstadt zuständige Prätor den Titel *praetor urbanus*. Wie die → Konsuln besaßen sie ein *imperium* und konnten in den Provinzen selbständig Krieg führen

Prätorianer: von Augustus bis zum 3. Jh. Leibgarde der römischen Kaiser

Prätorianerpräfektur: → *praefectus pro praetorio*

Prätorier: Funktionsträger mit dem Rang eines Prätors

praetorium: Zelt, später Wohngebäude des Kommandanten in einem römischen Legionslager

Prinzipat: von Augustus begründete Regierungsform in der (frühen und hohen) römischen Kaiserzeit, mit zunächst verfassungsrechtlich diffusen Amtsvollmachten des Herrschers

Prokurator: (*procurator*) meist für die Abgabeneintreibung zuständiger Funktionsträger auf unterschiedlichen Ebenen

Prokonsul: (*proconsul*) gewesener → Konsul, der mit der militärischen und zivilen Verwaltung von Provinzen betraut ist; in der Kaiserzeit sind nur noch Africa und Asia prokonsularische Provinzen mit Militär

Propyläen: monumentale Toranlage

Pseudoperipteros: griechisch-römische Tempelform, bei der die seitlichen Säulen des Peripteros durch Halbsäulen ersetzt werden

publicani: (als Privatunternehmer im staatlichen Auftrag tätige) Steuereintreiber

Quästor: (*quaestor*) unterste Stufe der senatorischen Ämterlaufbahn (→ *cursus honorum*), mit Zuständigkeiten in verschiedenen Sektoren der Verwaltung;

verliert in der Kaiserzeit rasch an Bedeutung

Quirinal: Hügel im Nordosten der Stadt Rom

rationarium imperii: Verzeichnis der Staatseinkünfte und der in den Provinzen stationierten Truppen

regiones: ›Regionen‹ – von Augustus eingeführte administrative Bezirke in der Hauptstadt Rom (14); auch Aufgliederung Italiens in 11 *regiones*, ebenfalls durch Augustus

rex datus: ›gegebener König‹ – ein König, der als Symbol politischer Abhängigkeit seine Insignien aus der Hand des römischen Kaisers empfangen hat

Rhetorenedikt: Erlass der Kaisers Julian, der es Christen faktisch verbietet, als Lehrer tätig zu sein (17. Juni 363 n. Chr.)

salutatio: ›Begrüßung‹ des Patrons durch seine → Klienten, jeweils morgens

Senator: Mitglied der höchsten Rangklasse der römischen Gesellschaft

Sikarier: (*sicarii*: ›Dolchträger‹) – militanter Flügel in der Gruppe der jüdischen Zeloten

Subura: Stadtviertel in Rom, Teil der IV. augusteischen *regio*, geprägt durch Elendsviertel und einfache Wohnbauten

Suffektkonsul: in der Kaiserzeit ein → Konsul, der sein Amt nicht am 1. Januar, sondern später, im Gefolge der ›ordentlichen‹ Konsuln antritt. Die Kaiser können so mehr als zwei Männer pro Jahr in den Rang von → Konsularen erheben

tabernae: einfache Gebäude, die der Lagerhaltung, dem Verkauf oder als Werkstatt dienen

Tablinum: im römischen Haus Arbeits- und Empfangszimmer des Hausherrn

Tellus: Göttin des Erdbodens, zuständig auch für Ehe und Fruchtbarkeit

Tetrachie: (griech.) ›Viermännerherrschaft‹ – von Diokletian begründetes System der Herrschaftsteilung und -nachfolge, mit zwei → Augusti an der Spitze und zwei ihnen nachgeordneten → Caesares (ab 293); auch Begriff für kleine Territorialherrschaften im Nahen Osten

theos: (griech.) ›Gott‹

Trias: (griech.) ›Dreiheit‹ in der Regel aus drei Göttern

tribunicia potestas: Amtsbefugnisse des Volkstribunen, die unter anderem das Recht zur Einberufung der Volksversammlung, das *ius intercessionis* (das Recht, ›dazwischenzugehen‹, also gegen Entscheidungen anderer sein Veto einzulegen) und die *sacrosanctitas* (›Unberührbarkeit‹) der eigenen Person einschließen; mit dem → *imperium proconsulare* wesentliche Rechtsgrundlage des augusteischen Prinzipats

Triumvir: Mitglied eines Triumvirats (Machtkartell aus drei Männern im republikanischen Rom: Erstes Triumvirat mit Pompeius, Crassus und Caesar, 60–53 v. Chr.; Zweites Triumvirat mit Oktavian, Marcus Antonius und Lepidus, 43–36 v. Chr.).

tumulus: Grabhügel

Tympanon: dreieckiges Giebelfeld in der griechisch-römischen Architektur

venatio: (Pl. *venationes*) Tierhetze

Vestibulum: Eingangsbereich bzw. Vorhalle eines römischen Hauses

vicarii: ›Stellvertreter‹ der spätantiken → Prätorianerpräfekten; ihr Amtsbereich ist die Diözese

vicus: Stadtviertel im antiken Rom

vigiles urbani: ›Stadtwächter‹ im Rom der Kaiserzeit, mit Polizei- und Feuerwehrfunktion

villa: ›Landhaus‹

villa rustica: Mittelpunkt eines agrarischen Großbetriebs (*latifundium*)

Viminal: Hügel im nordöstlichen Stadtgebiet von Rom

vir clarissimus: ›hochangesehener Mann‹ – ab dem 2. Jh. n. Chr. Rangprädikat für Angehörige des → Senatorenstandes, später ergänzt um weitere, höhere Rangklassen (*vir spectabilis*, *vir illustris*)

vir perfectissimus: ›vollkommenster Mann‹ – ab dem 2. Jh. Rangprädikat für Funktionsträger ritterlichen Standes (unter anderem für *praefecti annonae* und bestimmte Prokuratoren)

Zeloten: (griech. ›Eiferer‹) – gegen die römische Herrschaft gerichtete jüdische Widerstandsgruppe

Zenturie: ›Hundertschaft‹ – Abteilung der römischen Armee

Zikkurat: Tempelterrasse im alten Mesopotamien

Zoroastrismus: Staatsreligion im Sasanidenreich, basierend auf den Lehren Zarathustras, dessen historische Person sich aber jeder kritischen Annäherung entzieht. Der Zoroastrismus, mit Ahura Mazda als universalem Schöpfergott, ist eine Schriftreligion, der die Avesta als Heilige Schrift zugrunde liegt. Bestimmend für die Theologie sind prononcierte Dualismen (wahr vs. falsch, Licht vs. Finsternis, gut vs. böse). Im Mittelpunkt steht der Kult des Feuers als Symbol des Guten und Reinen. Die Priesterschaft avancierte im Sasanidenreich zur auch politisch relevanten Elite.

Quellen

Seitenzahlen im Text sind hervorgehoben

Sachregister

Seitenzahlen zu längeren Passagen zum Begriff sind hervorgehoben

Personenregister

Seitenzahlen zu längeren Passagen zum Begriff sind hervorgehoben.
Folgende Abkürzungen wurden im Register verwendet:
Ämter: cos. = Konsul; cos. des. = Konsul designatus; p. p. = praefectus praetorio; pr. = Prätor; praef. Urb. = praefectus Urbi; praef. Urb. Const. = praefectus Urbi Constantinopolitanae; tr. mil. = tribunus militum
Namen: A. = Aulus, App. = Appius, C. = Gaius, Cn. = Gnaeus, D. = Decimus, L. = Lucius, M. = Marcus, P. = Publius, Q. = Quintus, Ser. = Servius, Sex. = Sextus, Sp. = Spurius, T. = Titus, Ti. = Tiberius

Ortsregister

Seitenzahlen zu längeren Passagen zum Begriff sind hervorgehoben